Geschichts-Kurse
für die Sekundarstufe II
Herausgegeben von Herbert Prokasky und Martin Tabaczek
Band 7

Martin Tabaczek / Herbert Prokasky

Europas Weg in die Moderne

Der Prozeß der Modernisierung und die Europäisierung der Welt

Best.-Nr. 34866-3

Verlag Ferdinand Schöningh

Geschichts-Kurse für die Sekundarstufe II

Herausgegeben von Herbert Prokasky und Martin Tabaczek

Bd. 1 Uwe Horst/Herbert Prokasky
Martin Tabaczek
Europäische Agrargesellschaften
Bäuerliches Leben in der römischen Antike und im mittelalterlichen Deutschland
(Best.-Nr. 34851)

Bd. 2 Herbert Prokasky
Das Zeitalter der Industrialisierung
Das deutsche Beispiel 1815–1914
(Best.-Nr. 34852)

Bd. 3 Peter Böhning/Helga Jung-Paarmann
Revolutionen
Der deutsche Bauernkrieg – Die Französische Revolution – Die Russische Revolution – Die Kubanische Revolution
(Best.-Nr. 34873)

Bd. 4 Dirk Hoffmann/Friedhelm Schütze
Weimarer Republik und nationalsozialistische Herrschaft
Deutschland zwischen Demokratie und Diktatur (Best.-Nr. 34864)

Bd. 5 Martin Tabaczek/Johannes Altenberend
Deutschland nach 1945
Teilung und Einheit im internationalen Kräftefeld
(Best.-Nr. 34875)

Bd. 6 Peter Offergeld/Dieter Schulz
Krieg und Frieden
Friedensordnungen und Konflikte vom Mittelalter bis zur Gegenwart
(Best.-Nr. 34856)

Bildquellenverzeichnis:

Aus: Archives Nationales, Paris: S. 147 u.; Archiv für Kunst und Geschichte, Berlin: S. 143 u., S. 156 M., S. 157 l., S. 171 o., S. 211 r. o. und u./2, S. 215 o.; Archivo General de Indias, Sevilla: S. 128; Bayerisches Landesamt für Denkmalpflege, München: S. 114 u.; Bibliothèque Historique de la Ville de Paris: S. 292 u./2; Bildarchiv Preußischer Kulturbesitz, Berlin: S. 155, S. 170 M., S. 172 u., S. 269; Bodleian Library, Oxford: S. 391. u. und r.; Bridgeman Art Library, London: S. 143 o., S. 169, S. 184, S. 208 u., S. 215 M.; British Library, London: S. 30; British Museum, London: S. 211 l. o., S. 216; Centraal Museum, Utrecht: S. 171 u.; Deutsches Historisches Museum, Berlin: S. 101–104; Deutsches Museum, München: S. 41 M., S. 42 u., S. 67, S. 138 M., S. 179; Dr. Lieselotte Engel, München: S. 127; Foto Marburg: S. 24; foto-present, Essen: S. 278 u.; Germanisches Nationalmuseum, Nürnberg: S. 201, S. 262; aus: J. Gernet, Die chinesische Welt, Suhrkamp/Frankfurt 1979: S. 241 r.; Giraudon, Paris: S. 292 o./2; Guys Hospital, London: S. 189 r.; Hamburgisches Museum für Völkerkunde: S. 144; Herzog-August-Bibliothek, Wolfenbüttel (NB 23): S. 175 l.; Koninklijke Bibliothek Albert I., Brüssel: S. 151; Kulturgüterschutz Kanton Uri, Altdorf: S. 114 o.; laenderpress, Mainz: S. 64; Landesdenkmalamt Baden-Württemberg, Karlsruhe: S. 260; Lookat Photos, Zürich: S. 299; Lotos-Film/E. Thiem, Kaufbeuren: S. 232, S. 233; Louvre, Paris: S. 212 M.; Maggi GmbH, Frankfurt/M.: S. 298 l.; Musée Condé, Chantilly: S. 115 l. u.; Musée Guimet, Paris: S. 229; Musée Magnin, Dijon: S. 173 u.; Musées Royaux des Beaux-Arts de Belgique, Brüssel: S. 170 u.; Musei Civici D'Arte Antica, Bologna: S. 81; Museo del Prado, Madrid: S. 161; Museum der bildenden Künste, Budapest: S. 115 r. u.; Museum für Kunst und Kulturgeschichte, Lübeck: S. 52; National Galleries of Scotland, Edinburgh: S. 195; National Gallery, London: S. 212 u.; National Portrait Gallery, London: S. 189 l.; Österreichische Nationalbibliothek/Fotolabor Leutner, Wien: S. 85; Rheinisches Bildarchiv, Köln: S. 26; Rijksmuseum, Amsterdam: S. 157 r., S. 170 o.; S. 173 o.; Royal Library, Copenhagen: S. 186; Schweizerisches Landesmuseum, Zürich: S. 74; Siemens AG/Bild-archiv, München: S. 278 o.; Stadtarchiv Nürnberg: S. 267; Stadtarchiv Oberhausen: S. 290; Stadtarchiv Volkach: S. 105; Szépmüvészeti Muzeum, Budapest: S. 172 M.; Tiroler Landesmuseum/Ferdinandeum, Innsbruck: S. 41 o.; transparent, Köln (Foto: Hacky Hagemeier): S. 254; Ullstein Bilderdienst, Berlin: S. 271; Universität Lund/Kunstsammlung, Schweden: S. 172 o.; Universitätsbibliothek Freiburg: S. 40 u.; Universitätsbibliothek Leipzig: S. 36 M.; Württembergische Landesbibliothek, Stuttgart: S. 115 l. o.; weitere: Verlagsarchiv Schöningh, Paderborn.

(Verlag Ferdinand Schöningh, Jühenplatz 1, D-33098 Paderborn)

Gedruckt auf umweltfreundlichem, chlorfrei gebleichtem Papier.

Printed in Germany. Gesamtherstellung Ferdinand Schöningh.

Druck 5 4 3 2 1 Jahr 00 99 98 97 96

ISBN 3-506-34866-3

Inhalt

Europa – die Entstehung und Expansion einer historischen Einheit am Beispiel einiger ihrer wichtigsten religiösen, geistigen und sozialen Strukturen

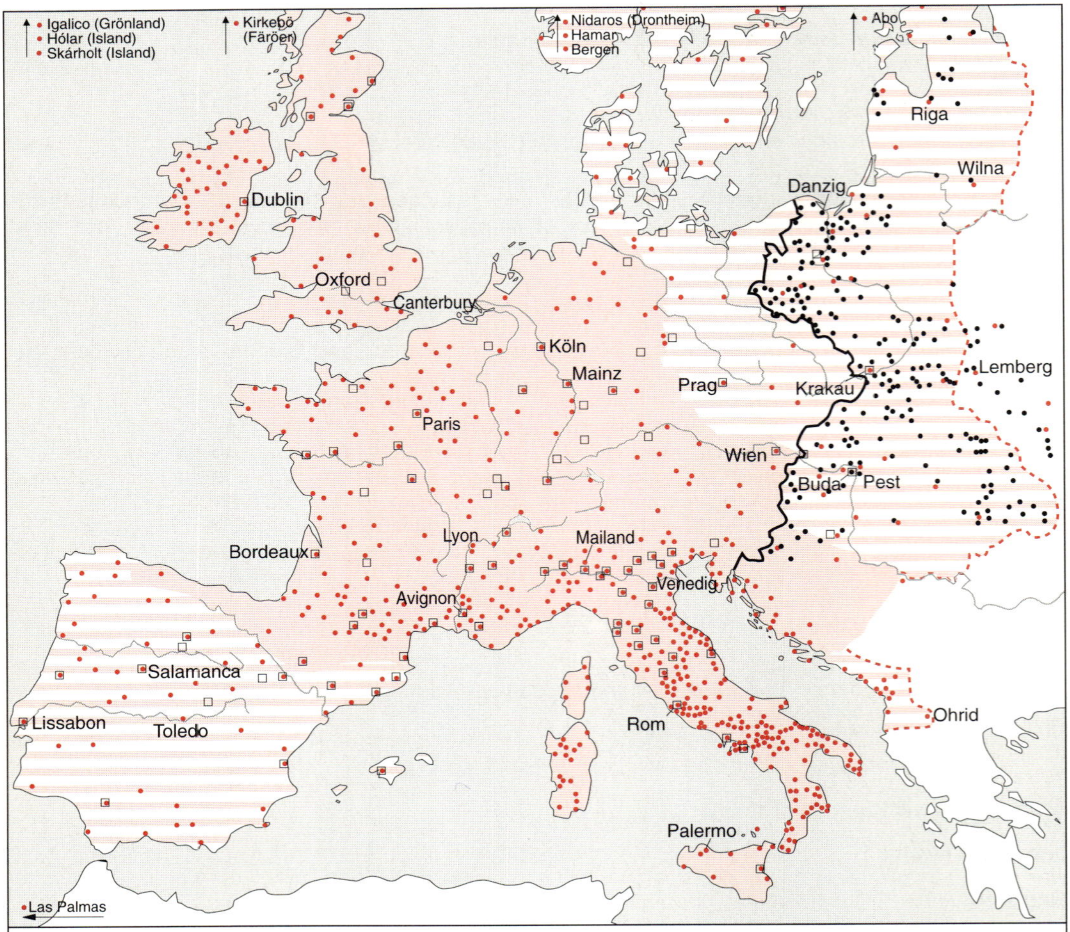

Ausdehnung des römischen Christentums als vorherrschender Religion um 800

Ausdehnung des römischen Christentums als vorherrschender Religion bis um 1500

• **Erzbischofs- und Bischofssitze um 1500**

Die Gemeinsamkeit der Religion förderte weiträumige familiale Beziehungen des Adels, erleichterte Bevölkerungswanderungen und schuf Außengrenzen. Die römische Kirche war seit der Antike eine weiträumige Organisation, deren Provinzen von Bischöfen und Erzbischöfen geleitet wurden. Sie war die älteste Bürokratie Europas mit Rom als Zentrum und Latein als Sprache. Personal und Organisation der Kirche übernahmen von Anfang an wichtige weltliche Aufgaben; Latein war bis zum 16., teilweise 18. Jahrh. Sprache der Diplomatie, der Verträge, der Wissenschaft und des Rechts. Ähnlich organisiert überzogen die Orden mit ihren Klostergründungen Europa und verdichteten die Kommunikation und die Verbreitung der Zivilisation. Allein die Niederlassungen der Franziskaner in die Karte aufzunehmen hätte die Menge der Zeichen vervielfacht.

□ **Universitätsgründungen vor 1500 (auch solcher von kurzer Dauer)**

Universitäten - anfangs häufig von kirchlichen Körperschaften gegründet - waren Vermittler auch vorchristlich-antiken Wissens und Quellen neuer Erkenntnis; Latein als Wissenschaftssprache und die hohe Mobilität der Lehrer und Studenten förderten eine gesamteuopäische intellektuelle Kultur.

Ostgrenze des mittelalterlichen Kaiserreichs

• **Städte mit deutschen Rechtsordnungen östlich der Reichsgrenzen**

Deutsche Stadtrechte in Osteuropa waren nicht notwendig mit deutscher Bevölkerungsmehrheit identisch; sie sind ein Indikator für den Erfolg und Ausbreitung der Stadt als einer alteuropäischen nicht-feudalen Rechtsordnung und belegen die Intensität wirtschaftlicher und sozialer Beziehungen in Europa.

Bearbeitet nach: H. Jedin u.a. (Hg.): Atlas zur Kirchengeschichte. (Herder) Freiburg 1987. S. 64, u. 71 u.a. Quellen.

1 Die Frage nach dem Prozeß der Geschichte

Der Mensch läßt sich als biologische Spezies mehr als 3 Millionen Jahre weit zurückverfolgen; aber nur die letzten 10 000 Jahre davon sind Gegenstand der Geschichte, und davon ist es wiederum nur ein Bruchteil von einigen Jahrhunderten, denen der Mensch größere Aufmerksamkeit schenkt – je näher die Gegenwart, desto mehr. Die Zeit bis zum Auftreten des heutigen Menschen, des *Homo sapiens sapiens*, vor etwa 40 000 Jahren ist das Arbeitsfeld der Paläoanthropologen, die die Entwicklung des Menschen als einen naturgeschichtlichen Prozeß mit naturwissenschaftlichen Methoden erforschen. Sie können Veränderungen von Körperbau und Organen nachweisen und wissenschaftlich begründet nicht nur als eine Entwicklung, sondern auch als eine Höherentwicklung darstellen und positiv bewerten.

Auch die Historiker sprechen von Entwicklungsprozessen und verfügen über ein unübersehbares Material, um dies zu demonstrieren. Sie können aber nicht wie die Paläoanthropologen eindeutige Entwicklungslinien herausarbeiten oder diese gar als einen Fortschritt darstellen, und die Skepsis hinsichtlich der Richtung und des Erfolgs der menschlichen Geschichte scheint Ende des 20. Jahrhunderts eher noch zuzunehmen. Dennoch begnügen wir uns nicht mit der Annahme, daß das, was sich ereignet hat und weiterhin ereignet, nur ein Chaos ohne Zusammenhang und Konsequenz sei. Täten wir dies, müßten wir zugleich alle Zielvorstellungen und Anstrengungen für unsere Zukunft aufgeben. Wenn wir von Geschichte sprechen, machen wir daher eine stillschweigende Annahme, deren Tragweite uns nicht immer bewußt ist. Wir setzen voraus, daß die ungeheure Menge menschlicher Handlungen zumindest in ihrer Tendenz nicht einfach chaotisch ist, sondern einen Zusammenhang bildet und eine Entwicklung beinhaltet.

Über das, was Geschichte ist, haben Menschen aller Kulturen auf unterschiedliche Weise nachgedacht, und die Mythen, Philosophien, Weltanschauungen und Denkmodelle, die daraus hervorgegangen sind, gehen in ebenso unterschiedliche Richtungen. In Europa sind die älteren, christlich geprägten Geschichtsphilosophien von der Wissenschaft weitgehend aufgegeben worden, obwohl sie zu unserem modernen Selbstverständnis Wesentliches beigetragen haben. Selbst die Vorstellungen des 18. und 19. Jahrhunderts erscheinen heute fragwürdig. Eine der noch recht weit verbreiteten Vorstellungen von Geschichte ist die eines Fortschritts. Sie ist vor allem das Erbe der Aufklärung und beruht auf der Annahme, daß die Vernunft nicht nur die praktischen Probleme des Menschen lösen könne, sondern diesen zugleich befähige, eine moralisch bessere Existenz zu begründen. Von diesem Fortschrittsglauben ist Ende des 20. Jahrhunderts nur noch ein begrenzter Optimismus geblieben, daß Naturwissenschaft, Medizin und Technik das Leben der Europäer und der sonstigen Privilegierten der Menschheit immer komfortabler, gesünder und länger machen werden; daß wir dabei moralisch besser werden, glauben wir wohl nicht mehr.

Das Geschichtsbild der Aufklärung

John Millar (1735–1801), einer der großen politischen Denker des Liberalismus, die Schottland im 18. Jahrhundert hervorgebracht hat, sah die Geschichte noch als einen umfassenden Fortschritt der Menschheit:

Werfen wir einen Blick auf die gegenwärtige Verfassung der Erde, so sehen wir, daß die Bewohner in vielen Gegenden so bar jeder Kultur sind, daß sie sich kaum über das Niveau wilder Tiere erheben. Und blättern wir überdies gleichsam in der fernen Geschichte der Kulturvölker, so treffen wir recht schnell auf deren Anfänge in eben solcher wilden Barbarei. Nun aber ist der Mensch mit einem Streben begabt, das ihn zur Höherentwicklung seiner Lebensverhältnisse befähigt. Durch solche Strebungen nimmt sein Fortschritt Stufe für Stufe zu. Seine überall gleichen Bedürfnisse und die Fähigkeiten, mit denen diese Bedürfnisse gestillt werden, haben auch überall eine bemerkenswerte Übereinstimmung in den verschiedenen Stufen seines Fortschritts gezeitigt. Bei einem Volk von Wilden müssen die Menschen, die ja unter dem Mangel an nahezu allem leiden, was zum Leben notwendig ist, ihr Streben auf einige wenige Dinge beschränken – Versorgung mit Nahrung und Bekleidung, oder Schutz und Zuflucht vor den Unbilden der Witterung. Diesen ihren Lebensverhältnissen entsprechend können auch die Gedanken und Gefühle natürlich nur eng umgrenzt sein. [...] Je mehr Erfolg den Menschen in diesen großen Fortschritten beschieden ist – so daß also die puren Lebensnotwendigkeiten weniger schwer erlangbar sind –, desto weitere Bereiche eröffnen sich allmählich; Gelüste und Begierden erwachen zunehmend oder stellen sich im Verfolg einer Reihe von Lebensgewohnheiten ein. Es entwickeln sich die verschiedenen Handwerkszweige und, mit ihnen zugleich untrennbar verbunden, entstehen Handel, daneben Wissenschaft und Literatur, die als natürliche Früchte von Muße und Wohlstand schließlich zu voller Reife gedeihen. Mit dieser schrittweisen Verbesserung der Annehmlichkeiten in den Lebensverhältnissen vollziehen sich auch die bedeutendsten Wandlungen in den Grundbedingungen eines Volkes: die Kopfzahl steigt an, die Beziehungen innerhalb der Gemeinschaft weiten sich aus, und da die Menschen nun nicht mehr vom unmittelbaren Mangel bedrückt werden, sind sie auch viel freier darin, die im eigentlichen Sinne menschlichen Empfindungen zu pflegen: Es entsteht das Eigentum, die große Quelle der Unterschiede zwischen den Menschen. Die verschiedenartigen Rechtsgebräuche innerhalb der Menschheit, wie sie aus der Vielfalt von Beziehungen der Menschen untereinander entstanden sind, finden Schutz und Anerkennung: es werden also die Gesetze eines Landes entsprechend zahlreich. Eine komplexere Regierungsform wird notwendig, wenn einem jeden Recht zugeteilt werden soll, wenn Unordnung und Unruhen vermieden werden sollen, die sich aus den widerstreitenden Interessen und Leidenschaften in einer großen, gutsituierten Gemeinschaft herleiten.

John Millar (Hg. W. Lehmann): Vom Ursprung des Unterschieds in den Rangordnungen und Ständen der Gesellschaft. (Suhrkamp) Frankfurt 1967 (Neuauflage 1985), S. 48 f.; übers. v. Herbert Zirker.

Millar hatte den Fortschritt Großbritanniens im 18. Jahrhundert vor Augen, als er zusammen mit der wachsenden sozialen Differenzierung der Gesellschaft eine Demokratisierung erwartete:

Je größere Fortschritte eine Nation in Wohlstand und Lebensverfeinerung macht, desto größer wird der Bedarf an Kaufleuten, Gewerbetreibenden und technischen Fachleuten. Da aber die einfacheren Menschen hierdurch in zunehmend unabhängige Verhältnisse gelangen, hegen sie auch allmählich jene Gesinnung der Freiheit, die eine natürliche Eigenschaft des menschlichen Geistes ist und die nur äußere Not niederzuhalten vermag. Je weniger sie auf Gunst und Protektion der Großen angewiesen sind, desto weniger bemühen sie sich darum.
[…] Wo aber Menschen niederen Standes die Chance gegeben ist, durch ihre eigene Arbeitskraft zu Wohlstand zu kommen, und sie für ihren Broterwerb kaum noch um die Gunst der Höhergestellten hofieren müssen, dort dürfen wir wirklich erwarten, daß die Ideen der Freiheit allgemeine Verbreitung finden. Dies glückliche Zusammenspiel der Dinge ist der organische Ausfluß von Handel und Gewerbe: Ganz zwecklos aber wäre es, wollte man nach solchen Ideen in den unzivilisierten Gegenden der Erde suchen [...].

John Millar: a.a.O., S. 223 und 230 f.; übers. v. Herbert Zirker.

Das Geschichtsbild des Marxismus

Die Gewißheit der Denker der Aufklärung, daß die Geschichte auf einen materiellen und moralischen Fortschritt hinauslaufe, stieß schon im 18. Jahrhundert auf Zweifel. Vollends zeigte die Frühindustrialisierung, daß wirtschaftlicher und technischer Fortschritt zu massenhaftem tiefem Elend führen konnten. Die neuen sozialistischen Bewegungen zweifelten darum nicht prinzipiell am Fortschritt, aber sie sahen seine Entwicklung nicht mehr als eine gradlinige Bewegung. Karl Marx (1818–1883), ein großer Nachfolger der Aufklärung, ging davon aus, daß der Verlauf der Geschichte in revolutionären Sprüngen erfolge, und sagte die Revolution des Proletariats gegen die Bourgeoisie voraus, in der er die notwendige Bedingung des Fortschritts und das einzige Mittel sah, um den Rückfall der Menschheit in die Barbarei zu verhindern. Das Ende der Weltgeschichte erwartete er von einer kommunistischen Gesellschaft gleicher und freier Menschen, schloß aber ein Scheitern dieses Fortschritts nicht prinzipiell aus. Im „Manifest der Kommunistischen Partei" von 1847/48 führte er zusammen mit Friedrich Engels aus:

Die Geschichte aller bisherigen Gesellschaft ist die Geschichte von Klassenkämpfen.
Freier und Sklave, Patrizier und Plebejer, Baron und Leibeigener, Zunftbürger und Gesell, kurz, Unterdrücker und Unterdrückte standen in stetem Gegensatz zueinander, führten einen ununterbrochenen, bald versteckten, bald offenen Kampf, einen Kampf, der jedesmal mit einer revolutionären Umgestaltung der ganzen Gesellschaft endete oder mit dem gemeinsamen Untergang der kämpfenden Klassen. […]
Die aus dem Untergang der feudalen Gesellschaft hervorgegangene moderne bürgerliche Gesellschaft hat die Klassengegensätze nicht aufgehoben. Sie hat nur neue Klassen, neue Bedingungen der Unterdrückung, neue Gestaltungen des Kampfes an die Stelle der alten gesetzt.
Unsere Epoche, die Epoche der Bourgeoisie, zeichnet sich jedoch dadurch aus, daß sie die Klassengegensätze vereinfacht hat. Die ganze Gesellschaft spaltet sich mehr und mehr in zwei große feindliche Lager, in zwei große, einander direkt gegenüberstehende Klassen: Bougeoisie und Proletariat. […]
Die große Industrie hat den Weltmarkt hergestellt, den die Entdeckung Amerikas vorbereitete. Der Weltmarkt hat dem Handel, der Schiffahrt, den Landkommunikationen eine unermeßliche Entwick-

Landkommunikationen eine unermeßliche Entwicklung gegeben. Diese hat wieder auf die Ausdehnung der Industrie zurückgewirkt, und in demselben Maße, worin Industrie, Handel, Schiffahrt, Eisenbahnen sich ausdehnten, in demselben Maße entwickelte sich die Bourgeoisie, vermehrte sie ihre Kapitalien, drängte sie alle vom Mittelalter her überlieferten Klassen in den Hintergrund. [...]
Unter unsern Augen geht eine ähnliche Bewegung vor. Die bürgerlichen Produktions- und Verkehrsverhältnisse[1], die bürgerlichen Eigentumsverhältnisse, die moderne bürgerliche Gesellschaft, die so gewaltige Produktions- und Verkehrsmittel hervorgezaubert hat, gleicht dem Hexenmeister, der die unterirdischen Gewalten nicht mehr zu beherrschen vermag, die er heraufbeschwor. Seit Dezennien ist die Geschichte der Industrie und des Handels nur die Geschichte der Empörung der modernen Produktivkräfte[1] gegen die modernen Produktionsverhältnisse, gegen die Eigentumsverhältnisse, welche die Lebensbedingungen der Bourgeoisie und ihrer Herrschaft sind. Es genügt, die Handelskrisen zu nennen, welche in ihrer periodischen Wiederkehr immer drohender die Existenz der ganzen bürgerlichen Gesellschaft in Frage stellen. In den Handelskrisen wird ein großer Teil nicht nur der erzeugten Produkte, sondern der bereits geschaffenen Produktivkräfte regelmäßig vernichtet. [...] Die bürgerlichen Verhältnisse sind zu eng geworden, um den von ihnen erzeugten Reichtum zu fassen. – Wodurch überwindet die Bourgeoisie die Krisen? Einerseits durch die erzwungene Vernichtung einer Masse von Produktivkräften; andererseits durch die Eroberung neuer Märkte und die gründlichere Ausbeutung alter Märkte. Wodurch also? Dadurch, daß sie allseitigere und gewaltigere Krisen vorbereitet und die Mittel, den Krisen vorzubeugen, vermindert.
Die Waffen, womit die Bourgeoisie den Feudalismus zu Boden geschlagen hat, richten sich jetzt gegen die Bourgeoisie selbst.
Aber die Bourgeoisie hat nicht nur die Waffen geschmiedet, die ihr den Tod bringen; sie hat auch die Männer gezeugt, die diese Waffen führen werden – die modernen Arbeiter, die *Proletarier*.

Zit. nach F. Borkenau (Hg.): Karl Marx. (Fischer) Frankfurt 1956, S. 98 f. und 103.

[1] Unter *Produktivkräften* verstand Marx die Gesamtheit der geistigen und physischen Fähigkeiten des Menschen und seine materiellen Mittel (Werkzeuge, Maschinen), mit denen er produziert, unter *Produktions- und Verkehrsverhältnissen* die Rechts- und Eigentumsordnung, in deren Rahmen er dies tut. Das Privateigentum der Minderheit bürgerlicher Eigentümer erschien Marx als Widerspruch zu den *Produktivkräften*, die das besitzlose Proletariat verkörperte.

Vorstellungen von Geschichte unter dem Einfluß der Soziologie des 20. Jahrhunderts

Das 20. Jahrhundert hat unter dem starken Einfluß der Sozialwissenschaften die liberale ebenso wie die sozialistische Annahme eines Fortschritts der Geschichte einer strengen Kontrolle unterzogen. Der Soziologe Norbert Elias (1898-1990) unternahm in den dreißiger Jahren den Versuch, dem Fortschrittsgedanken eine wissenschaftliche Basis zu geben und mit historisch-soziologischen Methoden einen Prozeß der Zivilisation nachzuweisen, in dessen Verlauf die Menschen insgesamt „zivilisierter" geworden seien. Er suchte und fand Belege vor allem dafür, wie die Europäer gelernt hatten, ihre Triebe und Affekte mit inneren und äußeren Zwängen zu beherrschen und produktiv zu überformen. So eindrucksvoll die Belege dieser Hypothese sind, die übrigens noch vor 1933 konzipiert wurde, so bleibt doch der Zweifel, ob Elias nicht über das wissenschaftlich Mögliche hinausging. Für unseren Zweck empfiehlt es sich, bescheiden von den soziologisch-historischen Positionen auszugehen, die seit einigen Jahrzehnten die wissenschaftliche Diskussion bestimmen und die Vernunft auf ihre Rolle als methodisches Instrument begrenzen und von den moralischen Erwartungen der Aufklärung abtrennen. Als Beispiel für die Skepsis, daß so etwas wie Ziele der Geschichte sich nicht wissenschaftlich nachweisen lassen, kann Max Weber (1864–1920) gelten, der ein ebenso großer Geschichtsdenker wie Soziologe war und dessen Gedanken sich als sehr fruchtbar für die wissenschaftliche Diskussion erwiesen haben:

Wo immer [...] rational empirisches[2] Erkennen die Entzauberung der Welt und deren Verwandlung in einen kausalen Mechanismus konsequent vollzogen hat, tritt die Spannung gegen die Ansprüche des ethischen Postulates[3]: daß die Welt ein gottgeordneter, also irgendwie ethisch *sinnvoll* orientierter Kosmos sei, endgültig hervor. Denn die empirische und vollends die mathematisch orientierte Weltbetrachtung entwickelt prinzipiell die Ablehnung jeder Betrachtungsweise, welche überhaupt nach einem „Sinn" des innerweltlichen Geschehens fragt.

Zit. nach W. Mommsen: Max Weber. Gesellschaft, Politik und Geschichte. (Suhrkamp) Frankfurt 1982. S. 100.

Auch für Weber war unbestritten, daß die Vernunft der menschlichen Erkenntnis Fortschritte gebracht hatte, und in Wirtschaft und Gesellschaft sah er deutliche langfristige Entwicklungslinien, die aus dem Prinzip der Rationalität resultierten. Die Er-

[2] Wissenschaftliches, besonders naturwissenschaftliches Erkennen.

[3] Logisch unabdingbare Forderung einer sittlichen (auf Normen beruhenden) Ordnung.

gebnisse dieses Prozesses konnte er aber als Wissenschaftler nicht als Fortschritt zu einem Ziel der Geschichte bewerten. Damit verzichtete er auf die Annahme einer zusammenhängenden Weltgeschichte. Für Weber wie für viele andere Denker seit dem späten 19. Jahrhundert gab es mehrere Geschichten, darunter auch die des modernen Europas. Sie verliefen nicht auf Ziele, sondern auf eine offene, nicht vorhersehbare Zukunft hin. Immerhin gab es Prozesse, die sich als Entwicklungen beschreiben ließen, nicht beliebig verliefen und wohl unumkehrbar waren. Ein zentrales Merkmal moderner Gesellschaften war z.B. die Herausbildung großer sozialer und ökonomischer Strukturen von hoher Abstraktheit, die nach einheitlichen formalen und rationalen Verfahren (d.h. bürokratisch) das Leben der Menschen organisieren und bestimmen. Weber sah ferner typische Mentalitäten moderner Gesellschaften im historischen Prozeß sich herausbilden. Als eine solche betrachtete er das Arbeitsethos moderner Menschen, d.h. das Verständnis von Arbeit als Hauptinhalt menschlicher Existenz und individueller Sinngebung. (Im Christentum war die Arbeit Strafe für die Sünde des Menschen, in vormodernen Gesellschaften waren durchweg Muße, Luxus oder Hingabe an einen Gott die Lebensziele der Privilegierten gewesen.) Weber ließ offen, wo dieser Prozeß enden würde, und übergab die Frage nach dem Sinn als zugleich wichtige und private Angelegenheit dem Individuum.

Der Bezug der Geschichte auf die Moderne ist übrigens nicht ganz neu, wie die Begriffe *modern history* und *temps modernes* als Äquivalente für das deutsche Wort *Neuzeit* beweisen. Entgegen manchen Befürchtungen bedeutet das Modell der Modernisierung keine Reduktion der Geschichte auf eine einseitige Sicht. Die heutige Gegenwart enthält die umfassendste und zugleich widersprüchlichste Menge von Erfahrungen, Wissen und Reflexion, die es je gegeben hat. Solange die Wissenschaft und der Pluralismus unserer Gesellschaft funktionieren, muß daher jeder Versuch scheitern, Geschichte ideologisch zu vereinfachen und ihre Widersprüche zu leugnen. Dieser große Vorteil eines gegenwartsbezogenen Geschichtsdenkens ist zugleich sein bleibender Mangel: Weil er alle Ideologien in Frage stellt, gelangt er zu keinem zwingend verbindlichen Ergebnis. Geschichte führt auf einen offenen Horizont zu, der die Möglichkeiten von Positivem und Katastrophen gleichermaßen enthält.

Als erste Konsequenz aus der Anwendung des Begriffs der Modernisierung ergibt sich die Notwendigkeit, die Moderne zu definieren. Es liegt in der Natur der Aufgabe, sich dazu auch und gerade an die modernen Sozialwissenschaften zu wenden. Dieser Gedanke ist für viele Historiker schwer zu akzeptieren, da Sozialwissenschaftler als unhistorisch gelten. Die Geschichte könnte so ihre Eigenständigkeit als Fach verlieren und vielleicht gar zu ideologischen Zwecken mißbraucht werden. Auch die Konseqeuenz des Gegenwartsbezugs, daß nämlich Geschichte immer wieder neu geschrieben werden muß, erscheint manchen als eine Entwertung des Bemühens um verbindliche Aussagen; dabei hatte schon Goethe aus den Erfahrungen seiner Zeit den Schluß gezogen, daß jedes Zeitalter aus der Veränderung seines Bewußtseins heraus die Geschichte neu schreiben müsse.

Die Lösung unseres Problems liegt in der Tatsache, daß auch die Soziologie die Gegenwart nicht ohne Begriffe beschreiben kann, die selbst geschichtlich sind. Sie muß daher, will sie nicht blind sein, historisch denken. Die niederländischen Soziologen Hans van der Loo und Willem van Reijen, auf die wir uns im folgenden stützen, beherrschen nicht nur die modernen empirischen Methoden aus der Schule des Amerikaners Talcott Parsons, sondern sind auch mit dem Denken Max Webers vertraut und verfügen über eine beachtliche historische Qualifikation. Ihre Empirie sichert die Bindung ihres Denkens an die unverkürzte Wirklichkeit und ihr historisches Denken das geschichtliche Verständnis der Gegenwart, woraus zusammen eine kritische Analyse möglich wird.

Van der Loo und van Reijen kennzeichnen die Modernisierung im Anschluß an ein Modell des amerikanischen Soziologen Talcott Parsons unter vier Gesichtspunkten:

1. Hinsichtlich der *sozialen Strukturen* und der Rollen, die die Menschen spielen, sehen sie eine *Differenzierung*, d.h. eine Entfaltung vor sich gehen, die eine ursprüngliche Ganzheit in ein Bündel selbständiger, spezialisierter Funktionen auflöst. (Z.B. werden die Aufgaben einer mittelalterlichen Zunft heute von Verbänden, Versicherungen, Kirchen, Polizei usw. getrennt ausgeübt.) Strukturen wie Staat, Sozialversicherung u.ä. werden differenzierter, ausgedehnter, komplexer und unpersönlicher. Sie funktionieren im Idealfall rational, vorhersehbar und ökonomisch zum Nutzen ihrer Klientel.
2. Die *Rationalisierung* hat unsere gesamte *Kultur* durchdrungen; sie hat zu ihrer Säkularisierung, d.h. Verweltlichung geführt und weitgehend den Glauben an Gott, Traditionen und Rituale verdrängt. Sie verspricht den Menschen die Lösung ihrer Probleme durch Vernunft, Logik und Erfahrung. Forschung und Berechnung haben Glaube und Magie ersetzt; Tabus erkennen wir kaum noch an. Wir versuchen, die Wirklichkeit, soweit sie uns angeht, beherrschbar zu machen; wir verfolgen Zwecke, wenn wir auch keine höheren Ziele haben.
3. Die Modernisierung ist zugleich eine Emanzipation des Menschen, d.h. sie löst die *Person* aus Zwängen und erlaubt ihr mehr Selbstbestimmung als in früheren Gesellschaften; sie schwächt die

Treue (Loyalität) zu überindividuellen Ordnungen ab und trägt zur *Individualisierung* des Menschen bei.

Individualisierung verweist auf die wachsende Bedeutung des Individuums, das sich aus der Kollektivität seiner unmittelbaren Umgebung herauslöst. Individualisierung ist eine Folge des Umstands, daß Menschen es mit mehreren, oft in weitem räumlichem Abstand voneinander verstreuten sozialen Einheiten zu tun haben. Der Anspruch, den jede einzelne Einheit auf die Loyalität des Individuums erhebt, verringert sich dadurch. Infolge der Zugehörigkeit zu unterschiedlichen Einheiten erlangt das Individuum hinsichtlich jeder dieser Einheiten eine gewisse persönliche Unabhängigkeit.

H. van der Loo, W. van Reijen: Modernisierung. (dtv) München 1992, S. 32.

Das Individuum entscheidet nach seinen Interessen, wobei Zweck, Vernunft und Psychologie Vorrang vor Tradition und Solidarität haben; es hält Distanz zu Anforderungen von außen und sieht Mitmenschen als Konkurrenten. Es hat sich verweltlicht und versteht sich seltener als Geschöpf Gottes und häufiger als das Ergebnis von Lebensumständen und eigenem Willen.
4. Hinsichtlich der *Natur* ist die zentrale Tendenz der Neuzeit die *Domestizierung,* d.h. Zähmung und Beherrschung. Hinsichtlich der Umwelt bedeutet das ihre Ausbeutung nach dem individuellen, kurzfristigen Nutzen, hinsichtlich des eigenen Körpers die Sicherung seiner Verfügbarkeit. Wir vertrauen uns den Großstrukturen der Technik und der modernen Medizin an, die der Machbarkeit alles Denkbaren verpflichtet sind.

Domestizierung schließlich bezieht sich auf das Maß, in dem Individuen sich ihren biologischen und natürlichen Begrenzungen entziehen konnten. Kennzeichnend für Modernisierung ist die enorme Beherrschung biologischer und natürlicher Prozesse. Übrigens bringt die zunehmende Beherrschung nicht nur eine Steigerung der Lebensqualität: Mit zunehmender Beherrschung steigt auch die Abhängigkeit von den Mitteln, durch welche beherrscht wird.

H. van der Loo, W. van Reijen: a.a.O. S. 32.

In der Formulierung der beiden Soziologen deutet sich an, daß Modernisierung für sie kein positiv wertender Begriff ist und sich nicht mit dem des Fortschritts deckt. Van der Loo und van Reijen zeigen die Paradoxe der Modernisierung und belegen, daß ihre Prozesse den Menschen, indem sie ihn aus traditionellen Bindungen lösen, zwangsläufig in „Gehäuse neuer Hörigkeit" führen, wie Max Weber es formulierte.
– Die *strukturelle Differenzierung* läßt den Menschen zum sprichwörtlichen Rädchen im Getriebe werden. Individuelle Tüchtigkeit und Fleiß können nicht verhindern, daß eventuell undurchschaubare konjunkturelle Prozesse seinen Lebenserfolg zerstören; er wird von den modernen Medien weltweit informiert, ohne die Vorgänge in seiner unmittelbaren Umgebung immer richtig wahrzunehmen. *Solidarität* zwischen Menschen wird so gefährdet und zunehmend Sache des Zufalls.
– Die *Rationalisierung,* die die Beziehungen zwischen den Menschen auf das Vernünftige reduziert, führt zum Pluralismus, der alle, d.h. auch die dem einzelnen bedeutsamen Werte relativiert. Er erfordert zugleich ein sehr allgemeines und abstraktes Bezugssystem, das Platz für alle Menschen und Lebensstile bieten muß und daher soziale und moralische Widersprüche hinnimmt. Diese „westliche Lebensweise" untergräbt so auch die *Legitimität* dessen, was das Individuum für unverzichtbar hält.
– Der *Individualismus,* das Streben nach Selbstverwirklichung, führt paradoxerweise gleichzeitig in die entgegengesetzte Richtung und gefährdet seine *soziale Integration.*

Gleichzeitig wird es für das Individuum, das in eine Gesellschaft gestellt ist, wo traditionelle Werte und Institutionen keinen Halt mehr bieten, immer schwieriger, die eigene Identität zu wahren. Außerdem entwickeln moderne Menschen in einer Gesellschaft, in der eine Vielfalt direkter Abhängigkeiten auf abstrakte, vielfach anonyme und großdimensionierte Verbände übergegangen sind, vermehrt Gefühle von Machtlosigkeit. Freiheitsgefühle stehen damit Gefühlen von Ohnmacht gegenüber.

H. van der Loo, W. van Reijen: a.a.O., S. 38

– Schließlich erweisen sich die technischen Mittel der *Domestizierung* der Natur selbst als Zwangssysteme, die die menschliche Freiheit massiv beschränken. Sie gefährden das *Gleichgewicht* der Natur und stellen die Überlebensfähigkeit unserer Spezies in Frage.

Die moderne Welt stellte sich für Weber als Gipfelpunkt von Rationalität und Irrationalität dar: Der ungeahnten Fähigkeit, zielstrebig und effizient vorzugehen, steht die Unfähigkeit gegenüber, die Ziele selbst anhand bestimmter fundamentaler und übergreifender Werte kritisch zu prüfen. In der modernen Gesellschaft werden moralische Probleme zumeist auf eine Frage der Handlungseffektivität reduziert: Im Mittelpunkt steht dann nicht die Frage, ob etwas „gut" oder „schlecht" ist, sondern ob das Handeln für das gegebene Ziel, für das zu lösende Problem effektiv ist. Manchmal bleibt der moralische Gesichtspunkt sogar ganz außer Betracht, und die Effektivität selbst wird als moralische Qualität gewertet: „Gut" ist dann, „was funktioniert".

H. van der Loo, W. van Reijen: a.a.O., S. 129.

Diese sehr abstrakten Begriffe auf historische Prozesse zu beziehen, die im Mittelalter begannen und bis in unsere Gegenwart reichen, erscheint auf den ersten Blick fast unmöglich, bietet aber bei genauerer Betrachtung Vorteile:
Der Begriff der *strukturellen Differenzierung* ist geeignet, das Gemeinsame ganz unterschiedlicher Prozesse zu benennen – z.B. der langsamen Auflösung der weitgehend auf Selbstversorgung ausgerichteten Personenverbände des frühen Mittelalters zugunsten von Marktbeziehungen unter Vermittlung des Geldes, durch die zugleich die Spezialisierung von Berufen, Orten und ganzen Landschaften im Rahmen immer größerer Wirtschaftsräume möglich wird. Im Gefolge dieses Prozesses werden gesellschaftliche Strukturen differenziert und in Bewegung gesetzt. Herrschaft, ursprünglich eine primär personale Beziehung, wird zu einem weiträumigen und zunehmend verrechtlichten, formalisierten und abstrakten System von Institutionen, das wir als den modernen Staat bezeichnen. Zugleich bilden sich zwischen diesen Bereichen sowie zwischen ihnen und den Individuen immer komplexere Verhältnisse heraus. Zwischen den Institutionen und ihren Ansprüchen, die die *strukturelle Differenzierung* schafft, und den Interessen und Wünschen der Menschen, die sich in der *Individualisierung* herausbilden, besteht ein Spannungsverhältnis, das gleichermaßen voller Chancen und voller Risiken steckt.
Die Differenzierung ist verbunden mit der zunehmenden *Rationalität,* die die Menschen und Verhältnisse berechenbar und beherrschbar macht. Indem sie dabei die Interessengegensätze auf das „Vernünftige" reduziert, um sie kompromißfähig zu machen, verringert sie die Verbindlichkeit von Werten und fördert eine immer größere Vielfalt (Pluralität) der Denkweisen. In der Geschichte wird dieser Prozeß als Säkularisierung, d.h. Verweltlichung des Lebens und Ablösung von religiösen Vorstellungen bezeichnet. Er wäre nicht weit gediehen, hätte nicht die fortschreitende *Domestizierung* der Natur die materiellen Mittel geschaffen, die immer mehr Menschen von dem Zwang befreiten, allein für ihre physische Selbsterhaltung zu arbeiten.
Die sehr knappe und sehr allgemeine Charakterisierung der Modernisierung, die dieses erste Kapitel anbietet, ist eine Hilfskonstruktion, derer wir uns bedienen, um die Entwicklung der Neuzeit ordnen und erörtern zu können. Bei seiner Anwendung wird sich der Begriff mit Anschauung und konkreten Bedeutungen füllen und damit an Brauchbarkeit gewinnen. Eine genaue Abschätzung seines Nutzens und seiner Grenzen werden wir erst am Ende dieses Arbeitsbuches vornehmen können. Auf dem Wege dahin sind viele Schwierigkeiten zu bewältigen.
Eine erste Schwierigkeit unserer Arbeit liegt in der Festlegung ihres räumlichen und zeitlichen Ausgangspunkts. „Europa" erscheint uns als historische Einheit ganz selbstverständlich, erweist sich aber bei etwas Nachdenken als ein problemgeladener Begriff. So wie schon Europas geographische Abgrenzung von Asien eine willkürliche Setzung ist, ist auch sein Charakter als eine historische Einheit nicht unumstritten. Seit wann und inwieweit bildet es eine solche Einheit, die man der übrigen Welt bzw. einer sehr kleinen Zahl „großer Kulturen" gegenüberstellen darf? Darf man darüber hinaus sogar unterstellen, daß dieses Europa in seiner historischen Wirkung der übrigen Welt überlegen war? Daß sich seit der Antike einzelne europäische Gesellschaften bzw. deren Eliten von der übrigen Welt als überlegen abgegrenzt haben, heißt nicht notwendig, daß sie dies auch waren. Die antiken Griechen haben alle Nicht-Griechen – europäische wie asiatische – als Barbaren bezeichnet und sich nicht als Teil eines größeren Ganzen verstanden. Sie haben Europa nicht begründet, sondern spätere Gesellschaften haben ihre zunehmenden Gemeinsamkeiten mit dem Begriff Europa benannt, in die Vergangenheit zurückverlängert und dabei aus Griechen und Römern nachträglich Europäer gemacht. Den frühmittelalterlichen Kern für dieses Europa bildete die Hinterlassenschaft des Weströmischen Reichs, in der sich römisches Christentum, antikes Denken und germanische Elemente personaler Herrschaft verbanden. Dieser Kern hat sich über viele Jahrhunderte ausgedehnt und verdichtet, die Westslawen integriert, aber Rußland und Südwesteuropa erst spät erfaßt (Karte S. 6). Das Kaisertum Karls des Großen (800) förderte die Vorstellung einer Gemeinschaft von Völkern mit gemeinsamen Werten; das römische Papsttum grenzte dieses „Abendland" (ein Begriff des 16. Jahrhunderts!) gegen die griechisch-orthodoxe Welt des Ostens und gegen den Islam ab. Europa war eine Einheit voller Spannungen und Brüche, die immer wieder in Frage gestellt wurde. Noch im 19. und 20. Jahrhundert hat der Nationalismus oft genug Europa als größere und schöpferische Einheit geleugnet.
In der folgenden Untersuchung können wir Europa nie als etwas Gegebenes nehmen, sondern müssen immer neu prüfen, was es in der einzelnen Epoche ist. Es bleibt in sich vielfältig mit zahlreichen und wechselnden Zentren, versteht sich aber – anders als Asien oder selbst Indien oder Ostasien – zugleich immer mehr auch als eine Einheit. Es ist voller Spannungen und Kriege und zugleich voll schöpferischer Veränderungen. Der nicht-europäischen Welt wendet es sich offensiv, oft genug aggressiv zu, bis es sie im 19. Jahrhundert fast ganz beherrscht und ihr den Lebensrhythmus diktiert. Diese Europäisierung, die zugleich als Modernisierung verstanden wird, ist der Gegenstand der folgenden Untersuchung.
Die Frage nach dem zeitlichen Ausgangspunkt unserer Arbeit ist nicht leichter zu beantworten als die nach dem räumlichen.

Bei etwas Nachdenken erweist sich dieser als prinzipiell unbestimmbar; hätte es nämlich einmal eine Welt ohne eine wenigstens minimale Modernisierung gegeben, so hätte ein von außen kommendes Ereignis sprunghaft und damit wohl unerklärbar die folgende Entwicklung verursacht haben müssen. Tatsächlich erweist sich Europa bis zurück in die „dunklen" Jahrhunderte des frühen Mittelalters als ein erstaunlich dynamischer Kontinent. Wir gehen hier bis ins 13. Jahrhundert zurück. Es bleibt dann aber Teil unserer Aufgabe, nach dem Gewicht dieser Prozesse zu fragen und den Zeitraum zu suchen, in dem die „modernen" Kräfte das Übergewicht gewannen und Europa die „Schwelle" zur Moderne überschritt, wie es der Historiker Reinhart Koselleck nennt.

Schließlich sind noch einige Hinweise nötig, um das Mißverständnis zu vermeiden, die Modernisierung sei dank ihres Bezugs auf die Gegenwart ein eindeutiger und irgendwie gradliniger Prozeß: Modernisierung ist komplex, oft mehrdeutig, ja chaotisch und keineswegs immer zum Erfolg bestimmt. Die europäische Geschichte weist Beispiele dafür auf, daß Modernisierung auf einzelne Gebiete wie Verwaltung, Militär oder Wirtschaft beschränkt blieb und scheiterte. Der gewaltsame Modernisierungsprozeß der Sowjetunion nach 1917 erreichte sein Ziel nicht und führte in eine Krise, und die Katastrophe von 1933 wirft die Frage auf, ob nicht Deutschlands Modernisierung im 19. und frühen 20. Jahrhundert unvollständig geblieben war. Modernisierung kann inhuman sein (Waffenentwicklung) und mit irrationalen und destruktiven Kräften einhergehen, wie nicht erst die Massenbewegungen des 20. Jahrhunderts gezeigt haben. Schließlich bleibt offen, ob nicht auch erfolgreiche Modernisierungsprozesse umkehrbar sind.

So wenig das Arbeitsmodell der Modernisierung erlaubt, Geschichte deterministisch, d.h. als vorherbestimmt, zu verstehen, so wenig hilft es, zwischen relevantem und irrelevantem Geschehen zu unterscheiden. Was sich nicht in den Zusammenhang der europäischen Moderne einfügen läßt, das bleibt im Zusammenhang unserer Fragestellung unberücksichtigt. Es gibt schon in Europa eine unüberschaubare Fülle bedeutsamer historischer Stränge, sozusagen Geschichten, die nicht in den Zusammenhang der Modernisierung passen. Erst recht lassen sich die chinesische Geschichte vor dem 19. Jahrhundert oder die Geschichte des westafrikanischen Königreichs Benin nicht in eine europäische Weltgeschichte einordnen. Sie sind darum aber nicht etwa Nicht-Geschichte oder Geschichte minderen Ranges, sondern etwas Eigenes, das nur im Zusammenhang unserer speziellen Frage nach der Entstehung der modernen Welt aus praktischen Gründen ausgeklammert bleibt. Sie haben ihren eigenen Wert und ihren Ort, nur eben nicht an dieser Stelle.

Viele Entwicklungsprozesse begannen klein und im zeitgenössischen Kontext wenig bedeutend; sie geschahen selten in den großen Machtzentren und durch die „Helden" der Geschichte. Daher werden in diesem Arbeitsbuch viele bekannte Namen und Ereignisse fehlen; Fürsten spielen eine geringere Rolle als viele anonyme Personen; die Niederlande nehmen mehr Platz ein als das Deutsche Reich oder selbst Frankreich. Wenn die Begriffe Mittelalter und Neuzeit verwendet werden, dann geschieht das zur schnellen Verständigung und bedeutet nicht, daß zwischen ihnen eine Trennlinie besteht – im Gegenteil: Die tiefergehenden Veränderungen vollziehen sich in langen Übergängen. Das Arbeitsbuch folgt hier dem französischen Historiker Fernand Braudel, der in seinem monumentalen Werk „Das Mittelmeer und die mediterrane Welt in der Epoche Philipps II." einen der fruchtbarsten Räume der Geschichte dargestellt hat. Auf der Suche nach den Kräften, die diesen langfristig und dauerhaft bestimmten, fand Braudel oberhalb der von der Geographie und dem Klima bestimmten „unbewegten Geschichte" eine Geschichte der langsamen Rhythmen, der *longue durée*:

Oberhalb dieser unbewegten Geschichte läßt sich eine Geschichte langsamer Rhythmen ausmachen; man möchte fast sagen – wäre dem Ausdruck sein voller Sinn nicht verlorengegangen – eine *soziale* Geschichte, die der Gruppen und Gruppierungen. Wie diese Grundsee das mediterrane Leben als Ganzes aufwühlt, das ist die Frage, die ich mir im zweiten Teil meines Buches gestellt habe. Dort werden nacheinander die Ökonomien, die Staaten, die Gesellschaften und die Zivilisationen untersucht; und damit mein Verständnis der Geschichte deutlicher wird, versuche ich schließlich zu zeigen, wie all diese aus der Tiefe wirkenden Kräfte im komplexen Bereich des Krieges am Werk sind. Denn der Krieg ist, wie wir wissen, keine reine Domäne individueller Verantwortlichkeiten.

Der dritte Teil endlich ist der der traditionellen Geschichte; wenn man so will, der Geschichte nicht im Maßstab des Menschen, sondern des Individuums; der Ereignisgeschichte, wie Paul Lacombe und François Simiand sagen würden. Eine ruhelos wogende Oberfläche, vom Strom der Gezeiten heftig erregte Wellen. Eine Geschichte kurzer, rascher und nervöser Schwankungen. Überempfindlich, wie sie ist, versetzt der geringste Schritt all ihre Meßinstrumente in Alarm. So ist sie von allen die leidenschaftlichste, menschlich reichste, doch die gefährlichste auch. Mißtrauen wir dieser Geschichte, deren Glut noch nicht abgekühlt ist, der Geschichte, wie sie die Zeitgenossen im Rhythmus ihres Lebens – das kurz war wie das unsere – empfunden, beschrieben, erlebt haben. Sie hat die Ausmaße ihres Zorns, ihrer Träume und ihrer Illusionen.

Fernand Braudel: Das Mittelmeer und die mediterrane Welt im Zeitalter Philipps II. (Suhrkamp) Frankfurt 1990, Band 1, S. 20.

2 Die Verankerung der Moderne im Mittelalter – Der Beitrag des 13. und 14. Jahrhunderts

Seit der italienische Dichter Petrarca im späten 14. Jahrhundert die vorchristliche Geschichte Europas als eine untergegangene Blütezeit der Menschheit verstand und seiner Gegenwart als das Muster für eine humane Gesellschaft vorstellte und die dazwischenliegende Zeit als „Mittelalter" abwertete, gliedert sich für uns Europäer die Geschichte wie selbstverständlich in die Epochen von Antike, Mittelalter und Neuzeit (diese mittlerweile um die Moderne erweitert.) Auch uns Bürgern der Moderne erscheint, gewöhnlich ungeprüft, das Mittelalter als eine ferne, „dunkle" Zeit – als vollkommener Kontrast zur Gegenwart und nicht als ihr Vorläufer. Es wird als rückständig und unzivilisiert bezeichnet; der Umgang der Menschen miteinander sei roh und brutal gewesen. Hexenglauben und Hexenverfolgung erscheinen als typische Merkmale dieser Zeit. Ganz unbefangen kann ein heutiger Zeitgenosse die Krisen auf dem Balkan und dem Gebiet der ehemaligen Sowjetunion nach 1989/91 als „Rückkehr des Mittelalters" bezeichnen. Es gibt auch noch ein zweites populäres Bild des Mittelalters, dessen Ansätze im frühen 19. Jahrhundert zu suchen sind und das sich noch heute mit Rheinromantik, Ritterspielen und Butzenscheiben touristisch auswerten läßt. Danach wäre das Mittelalter eine Zeit des Einvernehmens zwischen Mensch und Natur gewesen; am Lebensnotwendigen orientiert habe man bescheiden und ohne Konsumzwänge gelebt; kein Fortschrittsdenken und keine Marktzwänge hätten die festen Ordnungen gestört. Beide Bilder vom Mittelalter, die hier skizzenhaft angedeutet worden sind, sind in der Sache falsch – der Höhepunkt der Hexenverfolgungen z.B. lag lange nach dem Mittelalter im 17. Jahrhundert, und kein mittelalterlicher Krieg hat die Menschenopfer gefordert, die für das 17. und 18. Jahrhundert normal waren – vom 20. Jahrhundert ganz zu schweigen. Andererseits waren die Bedrohungen des Lebens durch Hunger und Seuchen so groß, daß sie jedes idyllische Bild Lügen strafen. Aber eins haben alle populären Bilder vom Mittelalter miteinander gemeinsam – den radikalen Gegensatz zu unserer dynamischen Moderne, die Vorstellung einer statischen Welt ohne Änderung und Fortschritt. Damit aber unterliegen wir nicht nur einem sachlichen Irrtum, sondern auch einem tiefgreifenden Mißverständnis vom historischen Wandel im allgemeinen und der europäischen Geschichte im besonderen. Wenn wir die „Moderne Geschichte" und zusammen mit ihr die Europäisierung der Welt um 1500 beginnen lassen, dann unterstellen wir, daß die Geschichte einen Sprung aus einer Art von Statik heraus in eine dynamische, ja revolutionäre Bewegung vollzogen hätte. Ein solcher Vorgang wäre nicht nur völlig unhistorisch, sondern widerspräche auch den elementaren Gesetzen der Logik. – So aber stellt sich uns die Aufgabe, in die Zeit vor 1500 zurückzugehen, um in der europäischen Geschichte nach frühen Formen und Wirkungen eines sehr langen und eigenartigen Veränderungsprozesses zu suchen, der – wann auch immer beginnend – bis in unsere Gegenwart reicht. Dabei wird sich die Epochengrenze, die wir herkömmlich im 15. Jahrhundert sehen, zunehmend auflösen. Da ohnehin die Trennung zwischen Mittelalter und Neuzeit außerhalb Europas sinnlos ist, können wir uns so auch besser auf die Frage konzentrieren, was an der europäischen Entwicklung so eigentümlich war und ist, daß sie sich der übrigen Welt bemächtigten konnte und sich sogar so alte Kulturen wie die Indiens und Chinas unterwarf. Neben der Frage der Modernisierung steht so die der Europäisierung im Mittelpunkt unseres Interesses und verdrängt die untergeordneten Aspekte einer fragwürdigen Epochengrenze.

2.1. Wandlungsprozesse in der europäischen Agrargesellschaft: Wandel der ökonomischen, sozialen und mentalen Strukturen

Was in Band 1 unter dem Titel „Europäische Agrargesellschaften. Bäuerliches Leben in der römischen Antike und im mittelalterlichen Deutschland" dieser Reihe im einzelnen dargestellt wurde, kann hier nur knapp skizziert werden und mag reichen, um typische Elemente einer Agrargesellschaft wiederzuerkennen. *Ein* vorrangiges Merkmal war das Eingebundensein der Menschen in Zwänge, die von der natürlichen Umwelt vorgegeben waren.

Über diese hatten die Menschen durch lange und vielfältige Erfahrungen breites Wissen angesammelt, besaßen jedoch noch kaum die Mittel, um in großem Maßstab und nachhaltig verändernd in sie einzugreifen. Während der heutige Mensch den Eindruck vermittelt, die Natur beherrschen zu können, scheint der vormoderne Mensch eher von der Natur beherrscht worden zu sein.

Während wir heute in einer hochgradig arbeitsteiligen Welt leben, die zudem marktwirtschaftlich orientiert ist, war es für Agrargesellschaften kennzeichnend, daß in ihr Formen von Subsistenzwirtschaft vorherrschten. Charakteristisch für sie ist das Bemühen, die elementaren Bedürfnisse der Mitglieder einer Familie oder Sippe nach Nahrung, Kleidung, Wohnung selbst erfüllen zu können. Im Vordergrund stand also das Bemühen, die Grundbedürfnisse zu befriedigen, was schwierig genug war: der allergrößte Teil der Arbeit war mühsam und zeitaufwendig in Handarbeit zu erledigen, die verwendeten Geräte waren nicht geeignet, die Arbeitsproduktivität nachhaltig zu steigern. Wieviel Mühe es kostete, Dinge des alltäglichen Bedarfs herzustellen, mag folgendes Beispiel zeigen: Um mit einer Handspindel das Garn zu spinnen, das man zur Herstellung eines einzigen Hemdes benötigte, mußte man fast einen ganzen Arbeitstag aufwenden. Wenn man bedenkt, daß noch viele andere Arbeitsgänge notwendig waren, um ein Hemd herzustellen, so bekommt man eine ungefähre Vorstellung, wie sehr die Menschen, die in einer Subsistenzwirtschaft lebten, von der Arbeit *aller* Familienmitglieder abhängig waren, um die Versorgung aller Angehörigen zu gewährleisten. Nicht berücksichtigt ist dabei, wieviel an geleisteter Arbeit – z.B. bei der Herstellung von Nahrungsmitteln – wieder zugrunde ging, weil die Mittel zur Konservierung nur unzureichend waren. Damalige Methoden der Bevorratung, die natürlich entwickelt worden waren, boten nur geringe Möglichkeiten, größere Mengen dauerhaft aufzubewahren. Ferner waren in der Subsistenzordnung die Arbeitsteilung, d.h. die Zerlegung der Arbeit in einzelne Schritte und ihre Ausführung durch spezialisierte Arbeitskräfte, und die Einbindung in Austauschbeziehungen über Märkte noch relativ wenig ausgeprägt.

Daß eine solche Wirtschafts- und Lebensweise insgesamt eher statisch wirkt, ist leicht nachvollziehbar. Wie kommt es nun in einer solchen Ordnung zu Veränderungen, zum Herausbilden von Dynamik? Sicherlich gibt es dafür nicht einen einzelnen Grund, dessen Anstoßwirkung wohl nicht reichen würde, um eine ganze Ordnung umzustoßen. Es ist eher anzunehmen, daß ein ganzes Bündel von Faktoren dafür verantwortlich war. Allerdings sind die Wissenschaftler bisher nicht in der Lage, zu sagen, welche Faktoren von entscheidender Bedeutung und welche von nachrangiger Wichtigkeit waren und wie sie im einzelnen aufeinander wirkten.

In einer Gesellschaft, die wegen ihrer agrarischen Basis als eher statisch galt, waren Wandlungen vor allem dann zu erwarten, wenn die agrarische Basis großen Belastungen und Herausforderungen ausgesetzt war. Dazu zählten sicherlich ein nachhaltiges und dauerhaftes Bevölkerungswachstum (wie kommen die neu hinzugekommenen Menschen zu Arbeit und Brot?), eine radikal veränderte Lebens- und Siedlungsweise in Städten (wie sinnvoll ist in ihr eine Subsistenzordnung?), eine gesellschaftliche Ordnung – der Feudalismus –, in der nennenswerte Teile der Gesellschaft, wie etwa Adel und Klerus, nicht an der Produktion lebensnotwendiger Güter selbst beteiligt waren, sondern sie von anderen Gruppen der Gesellschaft (Bauern, Handwerker) erarbeiten ließen. Letzteres geschah in der Weise, daß die Bevorrechtigten im Adel und beim Klerus von der abhängigen Bevölkerung Abgaben in Form von Naturalien und/oder Geld sowie Dienste (z.B. Fronarbeit) forderten. Allein schon die Leistungen an die Privilegierten verhinderten, daß die von ihr Abhängigen in wirklicher Subsistenzwirtschaft leben konnten, mußten sie doch nicht nur für ihr eigenes Auskommen sorgen, sondern darüber hinaus Abgaben und Dienste für die Bevorrechtigten erwirtschaften. Damit wurde ein andauernder Druck erzeugt, der eine statische Ordnung zur Illusion machte. Ebenso erzeugte das Bevölkerungswachstum eine Dynamik, die die Annahme eines statischen, unbeweglichen Mittelalters als unzutreffend erscheinen läßt. In der Tat wird jeder, der einen genaueren Blick auf die mittelalterliche Geschichte wirft, bald feststellen, daß sich damals Änderungen nicht so schnell vollzogen wie heute, jedoch eine fortdauernde, unterschwellige Dynamik nicht zu übersehen ist.

Allerdings geht es im folgenden nicht darum, allgemein dynamische Vorgänge im Mittelalter zu beobachten, sondern solche, die auf Modernisierung verweisen. Dazu ist es immer wieder notwendig, generelle Wandlungsprozesse mitzubeachten, um den Zusammenhang verstehen zu können.

Bevölkerung und Ernährung im frühen und hohen Mittelalter

Alle Untersuchungen der europäischen Gesellschaften müssen von der Entwicklung der Bevölkerung ausgehen, deren Größe in einem komplizierten Spannungsverhältnis zu ihrer landwirtschaftlichen Ernährungsbasis wuchs und mitunter kräftig schrumpfte. Daraus ergaben sich die Herausforderungen und Möglichkeiten, Lebensbedingungen zu gestalten und zu neuen wirt-

Jahr	650	1000	1340
Mittelmeerländer	9,0	17,0	25,0
Frankreich, Niederlande, Britische Inseln, Deutschland, Skandinavien	5,5	12,0	35,5
Slawische Länder, Ungarn	3,5	9,5	13,0
	18,0	38,5	73,5

Europäische Bevölkerungsentwicklung im Mittelalter (geschätzte Einwohnerzahl in Mio.)

zit. nach Hermann Kellenbenz (Hg.): Handbuch der europäischen Wirtschafts- und Sozialgeschichte. (Klett-Cotta) Stuttgart 1980, Bd. 2, S. 18.

schaftlichen, gesellschaftlichen und politischen Ordnungen zu gelangen. – Auffälligstes Merkmal der Entwicklung Europas im frühen und hohen Mittelalter war ein jahrhundertelanges Bevölkerungswachstum.

Betrachtet man die Tabelle über die europäische Bevölkerungsentwicklung im Mittelalter, so sind schnell zwei Beobachtungen zu machen. Zum einen sieht man, daß die Bevölkerung Europas vom frühen bis zum späten Mittelalter an Umfang zunimmt, zum anderen fällt auf, wie groß die Bevölkerungszahl der europäischen Mittelmeerländer im Vergleich zum Norden war. Im mittleren und nördlichen Europa wachsen die Bevölkerungszahlen vor allem im Hochmittelalter; besonders spektakulär war die Zunahme der Bevölkerung in einigen englischen Gegenden, wo sie im 13. Jahrhundert (genauer zwischen 1209 und 1311) um bis zu 137% stieg. Welche Herausforderung für eine Agrargesellschaft verbirgt sich hinter einer solchen Zahl? Sicherlich bedeuten mehr Menschen auch mehr Arbeitskräfte, so daß mehr Leute zur Verfügung stehen, um die unabweisbaren Arbeiten zu erledigen, die zum Funktionieren der Gemeinschaft notwendig waren. Weiterhin aber mußte jedes neue Familien- oder Sippenmitglied ernährt und gekleidet werden.

Um die Nahrungsbasis zu erweitern, standen einige Möglichkeiten offen: man konnte zu den vorhandenen neue Flächen beackern – aber dazu war es häufig erforderlich, derartige Flächen erst zu erschließen, z.B. Wälder zu roden; man konnte ferner die bisherige Siedlung verlassen, auswandern und neu siedeln. Während die erste Form als „innere Kolonisation" in fast allen europäischen Ländern vorkam, war die zweite Form ungleicher ausgeprägt. In Deutschland wurde sie als sogenannte „Ostkolonisation" bezeichnet, bei der Gebiete zunächst östlich der Elbe, dann östlich der Oder besiedelt wurden.

Eine dritte Möglichkeit bestand darin, auf den vorhandenen landwirtschaftlichen Flächen die Produktivität zu steigern. Würde man die Produktivität der eingesetzten Arbeitskräfte erhöhen – etwa durch verbesserte Arbeitsgeräte –, so erzielte man einen unerwünschten Effekt, weil damit Arbeitskräfte überflüssig würden. Wollte man dagegen die Bodenproduktivität erhöhen, waren ohne erweiterte biologische und chemische Kenntnisse nur geringe Erfolge zu erzielen. Dieselben Erkenntnisse durch Erfahrungswissen zu erzielen, war langwierig und führte nur langsam zu Veränderungen.

Dieser dritte Weg, der zugleich eindeutig den Charakter der Modernisierung trägt, läßt sich deutlich seit dem frühen Mittelalter erkennen: Ohne die Einführung der Dreifelderwirtschaft mit Fruchtfolge, die Verbesserung des Geschirrs der Zugtiere, die Verbreitung der Wassermühle und die gezielte Zuchtwahl von Pflanzen und Tieren (besonders in den Klosterwirtschaften) wäre die lange kontinuierliche Steigerung der Bevölkerung nicht möglich gewesen.

Vierte und weitere Möglichkeiten taten sich dort auf, wo das agrarisch geprägte Land durch Arbeitsteilung und städtische Siedlungen seinen Charakter verändert hatte. Die Erwerbsarbeit war nicht mehr auf bäuerliche Tätigkeiten beschränkt, auch wenn sie für lange Zeit nie völlig aufgegeben wurden.

Großstädte und urbanisierte Landschaften in Europa (um 1350)

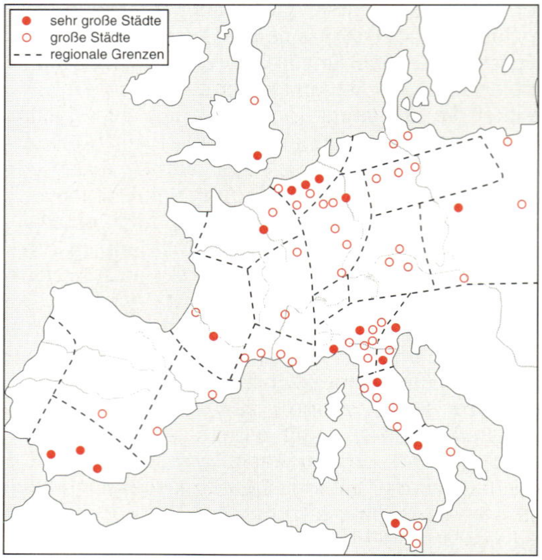

nach Paul M. Hohenberg, Lynn H. Lees: The Making of Urban Europe. (Harvard University Press) Cambridge, Mass., London 1985, S. 54.

Betrachtet man noch einmal die obige Tabelle, so ist es wahrscheinlich kein Zufall, daß es eine auffällige Parallelität zwischen Bevölkerungswachstum und Ausbreitung städtischer Siedlungen gab. Allerdings muß hier sofort davor gewarnt werden, voreilige Schlußfolgerungen zu ziehen: man kann aus der Parallelität *nicht* ablesen, ob das Bevölkerungswachstum das Ausbreiten städtischer Siedlungen verursacht hat oder ob umgekehrt die Urbanisierung das Bevölkerungswachstum bewirkte.

Die feudale Agrargesellschaft Europas und ihre dynamischen Elemente

Die weitgehende Zerstörung der Straßen – und Kommunikationssysteme des Römischen Reiches in der Völkerwanderung und die Reduzierung der Geldwirtschaft hatten u.a. dazu geführt, daß Europa in eine Unzahl von Regionen zerfiel, deren je eigenen sozialen und wirtschaftlichen Ordnungen sich nur schwer auf einen Begriff bringen lassen. Immerhin kann man für den größten Teil Europas von einer feudalen Agrargesellschaft ausgehen, in der die Masse der Bevölkerung – die Bauern – einer Herrenschicht unterworfen war, die als Grundherren das Obereigentum an Grund und Boden besaßen. Zugleich waren diese Herren häufig auch noch Leib- und Gerichtsherren ihrer Hörigen. Die Unterworfenen waren verpflichtet, ihren Herren je nach Grad der Abhängigkeit, der sehr variieren konnte, unterschiedlich hohe Abgaben (in Naturalien und/oder Geld) sowie Dienstleistungen zu geben. Die Höhe der bäuerlichen Leistungen war großen Schwankungen unterworfen; da wesentliche Teile dieser Ordnung weit über tausend Jahre – vom frühen Mittelalter bis ins frühe 19. Jahrhundert – bestanden, ist eine allgemeingültige Aussage über die Belastung der Abgabepflichtigen nicht möglich.
Eine andere Beobachtung ist im Grund auch viel wichtiger: die Abgaben und Leistungen der Hörigen dienten eigentlich dazu, dem Empfänger, den weltlichen und geistlichen Herrn, ihr Auskommen in standesgemäßer Form zu sichern. Dazu zählte zuvorderst die materielle Versorgung des Haushaltes des Herrn. „Haushalt" ist hier nicht zu eng zu verstehen, sondern meint alles, was auch entfernt zur herrschaftlichen Lebensführung zählte. Die Liste reichte von Lebensmitteln über Kleidungsstoffe bis zu Dachschindeln, vom Pflügen des herrschaftlichen Ackers bis hin zum Transport von Gütern und Personen für den Herrn. Über die Versorgung mit den grundlegenden Produkten und Diensten hinaus gehörten aber zur standesgemäßen Lebensweise der Herren auch Dinge, die ihnen ihre abhängigen Leute nicht bieten konnten. Dazu mochte z.B. Schmuck gehören, den der Herr mit standesgemäßer Zurschaustellung als Gastgeschenk überreichen wollte; es konnten aber auch kostbare Stoffe oder Waffen sein, über die der Herr gerne verfügen wollte, die aber nicht zu den Leistungen seiner Abgabepflichtigen gehörten.
Die Mobilität vieler Adliger, die im Rahmen ihrer Lehensverpflichtungen, aus eigenen Motiven oder im Rahmen von Kreuzzügen, zu denen die Kirche aufrief, weit über ihre Herkunftsgebiete hinauskamen, weckte Wünsche nach ihnen bis dahin unbekannten Luxus und Bequemlichkeiten, wobei das Geld als der optimale Mittler hervortrat.
War die Herrschaft bedeutend, so nahm sie so viel von den Hörigen ein, daß sie nicht alles selbst verbrauchte und somit über einen Überschuß verfügte, den sie einsetzen konnte, um ihn gegen fehlende Dinge einzutauschen. Der Grundherr sandte kaufmännisch befähigte Leute aus seiner „familia", aus dem Familien- und Herrschaftsverband, der ihm persönlich zugeordnet war, in solche Gegenden, wo sie die gewünschten Gegenstände bekommen konnten. An diesem Punkt zeichnet sich ab, daß die europäische Agrargesellschaft nie eine ausschließlich bäuerliche Wirtschaft war und nie nur Subsistenzwirtschaft kannte. Sie enthielt schon im frühen Mittelalter winzige Kerne einer nichtagrarischen Wirtschaftsweise, die langfristig das ganze System revolutionieren sollten. Es waren zunächst große Feudalherrn, die etwas ingangsetzten, was sie in seinen Folgen nicht einmal erahnten. (Da zu den großen, wirtschaftlich bedeutenden Grundherrschaften vor allem auch Klöster rechneten, ist es nicht so überraschend, wenn z.B. im 12. Jahrhundert das Kloster St. Emmeran in Regensburg als Kaufleute klostereigene Zensualen, d.h. „Zinspflichtige", auf Märkte in Kiew in der Ukraine schickte, um russisches Pelzwerk einzukaufen.) Als „Zahlung" nahmen sie – sofern Tauschhandel vorgesehen war – Produkte mit, die in der eigenen Grundherrschaft hergestellt worden waren. Ideal für derartigen Handel waren Plätze, an denen sich genügend Händler trafen, um Waren auszutauschen, oder aber (und noch besser) Orte, an denen Händler und (spezialisierte) Handwerker lebten, die besondere Wünsche der Kunden erfüllen konnten. Der Wunsch der Grundherren, Produkte aus der eigenen Herrschaft zu „vermarkten", sowie ihr weiterer Wunsch, fremde Produkte zu erwerben, förderte die Einrichtung von Märkten sowie städtischen Siedlungen. Beides – Markt und Stadt – waren jedoch „Erfindungen", die langfristig die feudale Herrschaft verändern und über sie hinausweisen mußten. Warum?

Markt und Stadt

Die Beziehungen zwischen einem Grundherrn und einem Hörigen waren durch ein Herrschafts-

Silber- und Goldproduktion in Europa (in kg)

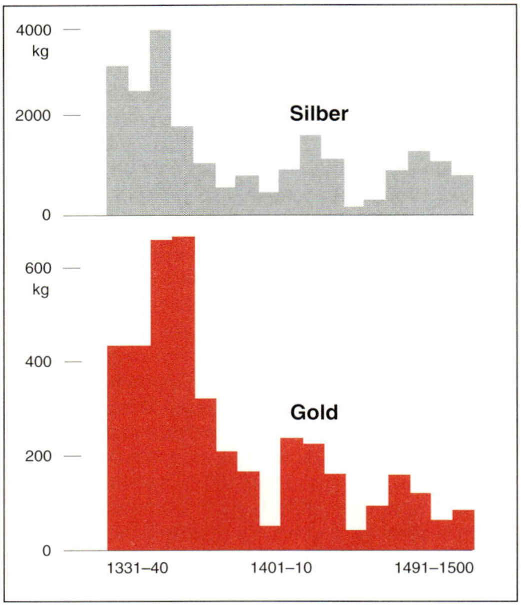

Michael North, Das Geld und seine Geschichte. (Beck) München 1994, S. 41; ursprünglich in: Day, Monetary Contraction, S. 20.

verhältnis gekennzeichnet, das auf ungleicher Machtverteilung zwischen ihnen beruhte. Wie die Herrenrechte zustandegekommen waren, blieb für die weiteren Beziehungen zwischen Herr und Hörigen von geringer aktueller Bedeutung. Der Herr begründete seine Ansprüche mit dem alten Herkommen; dem hatte der Hörige meist wenig entgegenzusetzen. Er und seine Nachkommen blieben in vielen Fällen dauerhaft abhängig. Ganz anders gestalteten sich die Marktbeziehungen: die Geschäftspartner mochten in unterschiedlichem Maß über außerökonomische Macht verfügen, beim Gestalten des Geschäftsverkehrs waren sie jedoch im Prinzip gleichrangig. Herrschaftliche Aspekte spielten so gut wie keine Rolle. Umfang und Zweck des Vorhabens waren den Beteiligten klar, der ganze Vorgang war inhaltlich und zeitlich begrenzt. Das Geschehen hatte seine eigene Rationalität – jeder Beteiligte wollte seinen Vorteil verwirklichen, der Geschäftspartner konnte dem zustimmen, weil er ja selbst gleichzeitig seinen eigenen Vorteil durchsetzen wollte. Dieser Vorteil wurde, bei etwas weiterentwickelten Geschäftsbeziehungen, durch eine Abwicklung in Geld vereinfacht.

Wenn der Grundherr die Vorteile wahrnehmen wollte, die ihm seine feudale Herrschaft bieten konnte, war er gar nicht so selten genötigt, Zwang anzuwenden, wenn sich die Hörigen den auferlegten Pflichten zu entziehen suchten. Der Zwang motivierte nicht die Bauern, gute Arbeit und gute Produkte zu liefern. Überließ dagegen der Herr dem Bauern Land in Form einer geschäftlichen Beziehung, z.B. in einem Pachtverhältnis, konnte er leichter auf außerökonomische Zwangsmittel verzichten und die Vertragsverhältnisse so gestalten, wie sie von den Marktgegebenheiten her am günstigsten erschienen – etwa durch höhere Pacht, kürzere Pachtzeiten usw. Ferner hatte der Grundherr als Verpächter den Vorteil, mit den Pachteinnahmen an den Vorzügen der Geldwirtschaft teilhaben zu können.

Allerdings verzichteten die Inhaber der Grundherrschaften darauf, auf diesem Weg zu weit voranzugehen, weil dies die Aufgabe ihrer Stellung als Herr bedeutet hätte – mit gewichtigen Folgen für ihre Stellung in der Gesellschaft.

Die uns heute so vertraute Praxis, daß jeder Bürger alle Transaktionen jederzeit in Geld, das in schier unbegrenzter Menge zur Verfügung steht, abwickeln kann, ist ein Verhalten, das geschichtlich gesehen ziemlich jung ist. Tatsächlich war Geld bis an die Schwelle des Industriezeitalters ein sehr unvollkommenes Mittel des Wirtschaftsverkehrs. Das lag vor allem daran, daß Geld in Europa bis dahin immer Münzgeld war, das aus wertvollen Metallen (Gold und Silber, zum Teil auch Kupfer) geprägt wurde. Wegen dieser Besonderheit war Geld nicht nur *Tauschmittel* beim Kaufen und Verkaufen, sondern es stellte auch ein *Wertaufbewahrungsmittel* dar, weil es jederzeit als Schatz aufbewahrt werden konnte. Darüber hinaus diente Geld schon im vorindustriellen Europa als *Recheneinheit*. Seit der karolingischen Münz-, Maß- und Gewichtsreform von 793/94 war das Grundgewicht der Münzen der pondus Caroli mit 408 Gramm. Aus diesem Pfund prägte man 240 Denare (oder Pfennige) zu je 1,7 Gramm. Diese Münze wurde als einzige geprägt; die weitere Unterteilung des Pfundes diente nur als Recheneinheit (1 Pfund = 20 Schillinge oder 240 Denare, 1 Schilling = 12 Denare). Mit den silbernen Denaren war in Westeuropa eine Währung eingerichtet, die rund 500 Jahre gelten sollte, ehe im Zuge der weiteren Monetarisierung im 12. und 13. Jahrhundert grundlegende Änderungen notwendig wurden. Wie gering der Umfang der Geldwirtschaft in karolingischer Zeit war, kann man z.B. daraus ersehen, daß die bedeutende Abtei St. Germain-des-Prés (bei Paris) bei ihren feudalen Einnahmen nicht mehr als 3% der bäuerlichen Leistungen in Geld erhielt.

Die tatsächliche Monetarisierung von Wirtschaft und Gesellschaft in Europa setzte in der zweiten Hälfte des 12. und 13. Jahrhunderts ein, und zwar nicht gleichmäßig, sondern in einem sehr langsamen Prozeß, der im Mittelmeerraum (Italien) einsetzte und ins mittlere sowie westliche Europa weiterging.

Das Vordringen der Monetarisierung war an verschiedene Entwicklungen gebunden, die untereinander verknüpft waren: der wichtigste Faktor war ohne Zweifel die Intensivierung des „internationalen“ Handels- und Zahlungsverkehrs. Hauptgrundlagen eines umfangreichen und dauerhaften Handelsverkehrs bildeten die Ausweitung der bäuerlichen Marktproduktion sowie eine arbeitsteilige, recht hoch spezialisierte gewerbliche Produktion in Städten. Die materielle Grundlage der Monetarisierung lag darin, daß immer wieder neue Lagerstätten von Edelmetallen – in aller Regel Silber – erschlossen werden konnten, die den notwendigen Rohstoff lieferten.

Die Durchdringung von Ökonomie und Gesellschaft durch die Geldwirtschaft war ein Vorgang, der seit seinem Auftauchen in Italien im 12. Jahrhundert deutlich in die Moderne wies, der jedoch gleichzeitig in einer für uns heute schwer vorstellbaren Weise außerordentlich langsam und stockend vor sich ging. Die Gründe dafür waren vielfältig: eine Geldwirtschaft, die ihre Grundlage in Edelmetallen hatte, war von den Zufällen des Auffindens und Erschließens solcher Metallvorräte abhängig. Das Recht, Edelmetalle zu fördern und daraus Münzen zu prägen, war zunächst ein Vorrecht des Königs (Regal); später gingen das Berg- und das Münzregal vielfach in die Hände der Fürsten über. Sie betrachteten diese Rechte als sichere und ertragsreiche Einnahmequelle; man konnte sich leicht zusätzliche Einnahmen dadurch verschaffen, daß der Nennwert der geprägten Münzen gleich blieb, aber ihr Edelmetallanteil sank. Dies und vieles andere führte dazu, daß der Bedarf an „gutem Geld“ sehr groß war und während des gesamten Mittelalters nie wirklich gedeckt wurde. Der Mangel an Geld hatte indessen auch ein Gutes, indem er die Menschen antrieb, nach neuen Lösungen zu suchen. Das konnte von der Förderung des Bergbaus bis hin zur Suche nach neuen Handelswegen zu den tatsächlichen oder vermeintlichen Quellen des Goldes führen, alles Vorgänge, die Europa deutlich veränderten. Ein erster und für den Modernisierungsprozeß höchst bedeutsamer Fortschritt vollzog sich in Italien im 12. Jahrhundert und war in gewisser Weise intellektueller Natur. Hier gelang es, den Geldwert vom Warenwert des Edelmetalls zu trennen und ein

Zentren der Rohstoffgewinnung bis 1350

Orte und Zonen der Edelmetall-, Eisen- und Salzproduktion sowie der Blei-, Kupfer- und Zinnerzeugung im Hochmittelalter bis 1350
Au = Gold; Ag = Silber;
Fe = Eisen; S = Salz;
Pb = Blei; Cu = Kupfer;
Sn = Zinn

nach Karl-Heinz Ludwig, Volker Schmidtchen: Metalle und Macht. 1000 bis 1600. (= Propyläen Technikgeschichte, hg. Wolfgang König) Porpyläen, Berlin 1992, Bd. 2, S. 173.

Dokument zu schaffen, dessen Wert nur auf dem Papier stand, aber durch Warengeschäfte gedeckt war (s.u. S. 46) – den Wechsel. Daneben entwickelten die Menschen verschiedene Formen von Kredit.

Der Mangel an Geld führte ferner dazu, daß sich das, was wir heute als Massenkonsum und damit als wichtigen Wirtschaftsfaktor kennen, nur in geringem Maße entwickeln konnte. Die sogenannten „einfachen Leute" sahen sich darauf verwiesen, möglichst viele Dinge des täglichen Lebens selbst zu erzeugen bzw. gekaufte Produkte so lange zu nutzen wie irgend möglich. Waren des täglichen Bedarfs blieben – nach unseren Maßstäben – unglaublich teuer (ein einfaches Kleidungsstück kostete nicht selten mehrere Wochenlöhne!) und wurden auch nach wiederholter Reparatur nicht weggeworfen. Die meisten Mitglieder der unteren sozialen Schichten hatten kaum Möglichkeiten, an „gutes" Geld zu kommen und mußten sich mit geringwertigem Geld, „schwarzen Münzen", zufriedengeben. Wer mit „schlechtem" Geld zahlte, mußte mehr aufwenden als derjenige, der „gutes" Geld besaß. Diejenigen jedoch, die „gutes" Geld erwerben konnten, neigten dazu, es für ihre Schatzbildung zu benutzen; damit entzogen sie es wiederum dem Geldkreislauf, der immer wieder dazu tendierte, zu stocken oder vorübergehend zu versiegen.

Wie groß der Grad der Monetarisierung war, ist gerade für die Zeit des 12. bis 14. Jahrhunderts nicht genau zu ermitteln. Dazu folgende Beispiele: Venedig hatte am Vorabend des 4. Kreuzzuges (1194) größere Münzen, den „Grosso", prägen lassen; in England scheiterte noch 80 Jahre danach die Einführung solcher Münzen, weil sie trotz Englands bedeutender wirtschaftlicher Rolle noch zu groß waren. Erst 1351, als im Gefolge der Pestwellen die Löhne auf breiter Front stiegen, konnte der „Groat" eingeführt werden. Bei den Löhnen ist schließlich zu beachten, daß sie nicht ausschließlich Geldlöhne waren, sondern zu manchmal erheblichen Teilen aus Naturalien bestanden (Kost, Kleidung, Unterkunft).

Früher „Kapitalismus" im 13. Jahrhundert

So langsam die Entwicklung des Handels auch verlief, so führte sie doch schon bis zum 13. Jahrhundert zu deutlichen Veränderungen der europäischen Wirtschaft. Der wachsende (wenn auch nach heutigen Maßstäben kleine) Umsatz hochwertiger Waren und der zunehmende Geldumlauf führten dazu, daß immer mehr wirtschaftliche Vorgänge in Märkte verlagert wurden. Zugleich bildete sich eine kleine, aber außerordentlich wichtige Minderheit von Menschen heraus, deren Tun sich nicht mehr auf die Erzeugung von lebensnotwendigen Waren richtete, sondern auf Austauschprozesse, die sich nur in Geldgrößen begreifen ließen. Für ihre Mitmenschen waren sie zugleich beneidenswert und unheimlich: Sie säten nicht, sie ernteten nicht, sondern nutzten ein konkret kaum faßbares Vermögen – ihr Kapital. Das rechtfertigt die erste, vorsichtige Verwendung des Begriffs Kapitalismus für einen kleinen, aber zukunftsträchtigen Teil des Wirtschaftslebens Europas. Zentren dieser Entwicklung waren die Städte Norditaliens (Venedig, Mailand, Genua, Florenz) und etwas später eine Zone, die vom Ärmelkanal bis zur Ostsee reichte (Brügge, Antwerpen, London, Hamburg, Lübeck). Neben dem Fernhandel mit asiatischen Luxusprodukten (Seide, Gewürze, Heildrogen) waren es vor allem die Produktion und der Vertrieb hochwertiger Textilien, die den kapitalistischen Wirtschaftsprozeß vorantrieben. Daneben traten früh einige Massenprodukte – Fisch, Salz, Getreide und Schiffbauprodukte. Der Motor oder – modern gesprochen – die Leitbranche dieses Prozesses war die Tuchproduktion.

Für diese frühe Zeit kann von „Kapitalismus" nur in ersten Ansätzen gesprochen werden; es handelt sich noch nicht um eine Ordnung, die der des Industriekapitalismus des 19. Jahrhunderts entspricht.

Er entwickelte sich in nennenswertem Umfang in der Wollindustrie, der „grande industrie" Flanderns. Warum gerade in dieser Branche und in dieser Gegend (zu der allerdings weitere hinzutraten, z.B. in England)? Ein erster Grund ist darin zu suchen, daß die Wolltuchherstellung sehr aufwendig und arbeitsteilig ist. Es sind viele Arbeitsschritte notwendig, um vom Rohmaterial (Schafs-)Wolle zum fertigen Kleidungsstück zu gelangen.

Der *drapier* (Tucher, Tuchproduzent) leitete und koordinierte die Produktion, arbeitete aber nicht mehr persönlich im Herstellungsprozeß mit, auch wenn er ursprünglich Färber oder Weber war. Das Bild, das sich die meisten auch heute noch vom mittelalterlichen Wirtschaftsleben machen – z.B. daß der Handwerker in direktem Kontakt mit seinem Kunden produziert habe – stimmt so allgemein nicht. Dadurch daß der *drapier* den Produktionsprozeß nur noch leitete, kam es zu einer langfristig wichtigen Trennung von Kapital und Arbeit. Der Tuchproduzent setzte Kapital ein, um Rohstoffe zu kaufen, die er an besondere Arbeitskräfte (Wäscher, Wollschläger) weitergab, die als Gegenleistung für den Einsatz ihrer Arbeitskraft Lohn erhielten. Diejenigen, die im Herstellungsverlauf nachfolgten, die Spinner, Färber und Weber, waren häufig keine solchen Lohnarbeiter, sondern Selbständige, die im eigenen Haus und mit eigenen Arbeitsmitteln tätig waren.

Allerdings war bei manchen dieser Handwerker die Selbständigkeit bedroht, zum Beispiel dann, wenn sie sich beim *drapier* verschulden mußten, um den

Produktionsprozeß fortführen zu können. Der Tuchproduzent, der dem Handwerker Material oder Geld vorlegte (auslegte), wurde zum Verleger, der die Abhängigkeit des Verlegten dazu nutzen konnte, wirtschaftliche Schwierigkeiten – wie etwa stockende Wirtschaftskonjunkturen und Flauten – auf diesen abzuwälzen.

Ein zweiter Grund, warum gerade die Tuchproduktion im westlichen Europa eine führende wirtschaftliche Rolle einnahm, lag wohl darin, daß für sie günstige Bedingungen zusammenkamen: eine alte handwerkliche Tradition in der Tuchherstellung, die die notwendigen Fachkenntnisse bereitstellte; günstige (kurze) Wege zu den erforderlichen Materialien (Wolle aus England, Farbstoffe, wie z.B. das viel gebrauchte Waid zum Blaufärben, aus der Pikardie, England und Deutschland usw.), günstige Handelswege und Handelszentren, um die Waren zum Verbraucher zu bringen. Solche Zentren des Handels waren die Messen in der nahe gelegenen Champagne, wo sich Kaufleute aus vielen Gegenden Europas trafen, besonders aber diejenigen aus Italien, die sehr rasch die Methoden des Handels sowie des Bank- und Kreditwesens weiterentwickelten.

Ein dritter Grund lag sicherlich darin, daß die Tuchproduktion Konsumgüter anbot, die zumindest in den oberen Schichten mit immer wieder erneuter Nachfrage rechnen konnten. Dazu trug ein Phänomen bei, das uns heute sehr vertraut ist: die Mode, die in mehr oder weniger großen Zeitabständen neue Kreationen hervorbrachte. Sicherlich ging es hierbei nicht um einfache Alltagsbekleidung, die vielfach in den einzelnen Haushalten selbst hergestellt oder auf dem örtlichen Markt erworben wurde, sondern um eher hochwertige Ware, die ihre Kundschaft in ganz Europa und im Orient hatte, also für den Export bestimmt war. Mit anderen Worten: der frühe Kapitalismus in Form von Verlag und „Großgewerbe" entwickelte sich dort, wo die Nachfrage so groß war, daß längerfristig für den Export produziert wurde. Denn erst damit bildete sich der Zwang, Unternehmerfunktionen als Verleger, Finanzier und (Fern-)Händler differenziert herauszubilden, die Spezialisierung und Arbeitsteilung in der Produktion voranzutreiben sowie die notwendigen Betriebsformen zu entwickeln.

Die führende Rolle, die Flandern in der Tuchindustrie Europas bis in die zweite Hälfte des 13. Jahrhunderts gespielt hatte, ging danach an Italien über – genauer: an eine Gruppe von Städten Nord- und Mittelitaliens, unter denen schon bald Florenz herausragte. Diese toskanische Stadt hatte wie ihre Konkurrentinnen Siena, Lucca, Genua, Venedig und andere schon seit dem 12. Jahrhundert im überregionalen Handel in Europa sowie im Handel zwischen Europa und dem Orient ein enormes Ka-

Zentren der Textilherstellung in Europa im 13. Jahrhundert

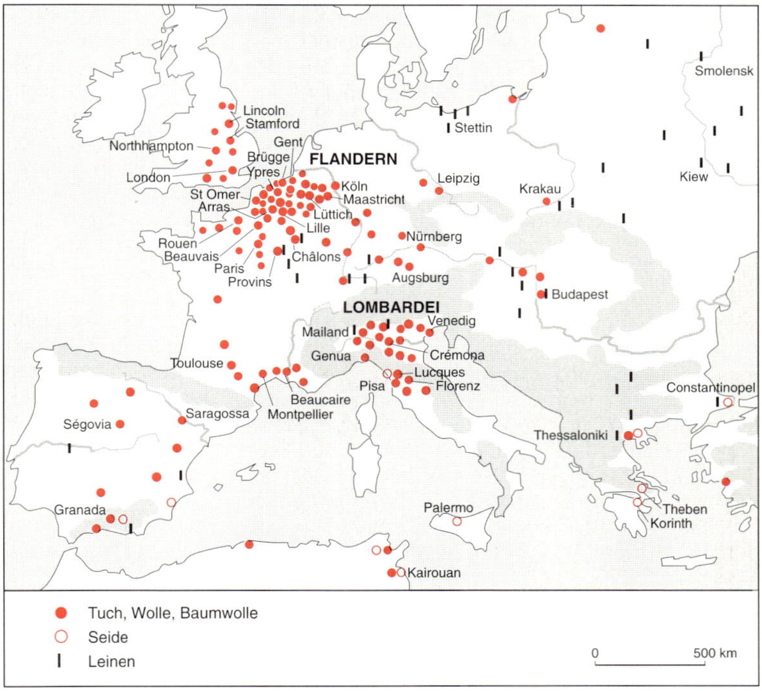

nach Guy Fourquin: Histoire économique de l'Occident médiévale. (Colin) Paris 1990, S. 196.

pital angesammelt, das einerseits nach lohnenden Anlagemöglichkeiten strebte und andererseits in der Lage war, große Summen zu mobilisieren, um teure englische Stoffe nach Italien zu importieren, wo sie weiterverarbeitet und anschließend mit gutem Gewinn verkauft wurden. Beträchtliche Mengen Kapital waren auch deswegen notwendig, weil es unter den Bedingungen des mittelalterlichen Wirtschaftens sehr lange dauerte, bis der Kaufmann das eingesetzte Kapital plus Gewinn zurückerhielt. Die Umlaufgeschwindigkeit des Kapitals dauerte in der Regel mehrere Monate, konnte aber auch Zeiten bis zu zwei Jahren in Anspruch nehmen.

Die wirtschaftliche Entwicklung Europas im Hochmittelalter läßt sich, gemessen am Wachstum der Produktion und der Märkte, wohl als positiv charakterisieren. Die Veränderungen der Gesellschaft, die damit notwendig verbunden waren, ließen sich nicht immer so eindeutig bewerten. Die Beschäftigten, die für die Verleger arbeiteten, und die Menschen, die vom Land in die Stadt zogen und dort in den Exportbetrieben arbeiteten, erlebten diese Veränderung zuerst wohl als einen Gewinn an Nahrung und Freiheit; aber wahrscheinlich spürten sie früher oder später kaum weniger scharf die Macht der großen Kaufleute – modern gesprochen des Kapitals. Neben den Bauernunruhen, jahrhundertelang vertraute Erscheinungen des Landlebens, traten nun soziale Spannungen in den Städten, die mit der wirtschaftlichen Entwicklung an Heftigkeit zunahmen. – Mit der Verlagerung eines wirtschaftlichen Schwerpunkts war gewöhnlich auch ein technischer und wirtschaftlicher Modernisierungsschub verbunden. So war auch die Tuchproduktion von Florenz derjenigen in Flandern schon im Grad der Arbeitsteilung voraus. Wahrscheinlich aber reichte dies nicht aus, um die Arbeitskosten zu senken; dazu mußte auch der außerökonomische Druck auf die Arbeiter erhöht werden.

Die Tuchindustrie von Florenz des 14. Jahrhunderts war gegenüber der flandrischen insofern moderner, als die Arbeitsteilung und Spezialisierung deutlich zunahm. Ferner erhöhte sich merklich die Zahl der Lohnarbeiter und mit ihr wuchsen die sozialen Spannungen zwischen Arbeitern und Unternehmern. Um die Arbeiter unter Kontrolle zu halten, war es ihnen verboten, sich zusammenzuschließen, um gemeinsame Forderungen, etwa nach höheren Löhnen oder besseren Arbeitsbedingungen, durchzusetzen. Dieses Verbot wurde mit aller Härte durchgesetzt; so wurde z.B. 1345 der Wollarbeiter Cinto Brandini gehängt, weil er angeblich öffentlich die Arbeiter zum Zusammenschluß aufgefordert hatte. Den (äußerlich) selbständigen Handwerkern ging es kaum besser: die Färber etwa hatten ganz bestimmte Materialien für einzelne Färbverfahren zu verwenden; bei Mißachtung drohten existenzgefährdende Geldstrafen oder bei Zahlungsunfähigkeit der Verlust der rechten Hand. Die Kaufleute konnten diese und andere Normen (z.B. hinsichtlich der Qualitätskontrolle der Produkte) durchsetzen, weil sie in einer Vereinigung zusammengeschlossen waren, weil sie die Produktion lenken und überwachen konnten und weil sie durch familiäre sowie geschäftliche Verbindungen Gemeinschaftsfirmen bildeten, die mit Handel und Banken verknüpft waren. Ferner übten sie auf verschiedenen Wegen Einfluß auf die Politik der Stadtgemeinde aus, die ihrerseits das Umland kontrollierte. Das Umland war für die städtische Wirtschaft, besonders das Verlagswesen, wichtig, weil es z.B. für einfache, aber häufig vorkommende Tätigkeiten, so etwa das Spinnen, die Arbeitskräfte stellte oder weil es Rohstoffe lieferte.

Wie war der Übergang von der Luxuswarenherstellung zur Massenproduktion im Tuchgewerbe möglich?

Die gewerbliche Produktion wies gegenüber der agrarischen eine Reihe von wirtschaftlichen Eigentümlichkeiten auf, die für die Menschen jener Zeit nicht leicht zu bewältigen waren. War die agrarische Produktion stets auf den Hunger der Menschen bezogen und damit eine relativ fixierte Größe, konnte man gewerbliche Waren in praktisch unbegrenzten Mengen absetzen, wenn nur die nötige Nachfrage vorhanden war. Gerade diese Nachfrage war aber – anders als bei Nahrungsmitteln – flexibel. Wurden die Waren billiger, so konnte man immer mehr von ihnen absetzen. Ein Zeitgenosse des 14. Jahrhunderts berichtet, daß in und um Florenz 30 000 Arbeiter in der Textilproduktion beschäftigt waren. Das war nur möglich, wenn der Absatz weit über die adeligen und geistlichen Oberschichten hinaus bis zu den mittleren Einkommensgruppen in den Städten und den Bauern auf dem Lande ausgedehnt werden konnte.

Welche Änderungen mußten eingetreten sein, um die Produktion für derartigen Massenkonsum überhaupt zu ermöglichen? Neben technischen Verbesserungen, wie der Entwicklung von leistungsfähigen Spinnrädern (gegenüber der Handspindel) und Webstühlen sowie Innovationen beim Färben, gehörte dazu vor allem die Herausbildung des Verlagswesens. Die damit einhergehende Arbeitsteilung und Spezialisierung schufen eine Produktivität, die der Nachfrage genügen konnte (Abb. s. M 2.11).

Für die beteiligten Unternehmer gab es jedoch zwei Hindernisse, die nicht einfach zu überwinden waren. Während ein selbständiger Handwerker, z.B. ein Schuster, auf Bestellung für einen bestimmten Kunden arbeitete, leitete der Verleger als Kaufmann und Unternehmer eine hoch arbeitsteilige Produktion für einen weitgehend anonymen Markt, von dem man nur schwer vorhersagen konnte, wie er sich entwickelte. Der Unternehmer mußte sich also bemühen, viele Informationen zu sammeln, die es ihm erlaubten, auf Schwankungen des Marktes zu reagieren. Er brauchte aber auch fortlaufend Informationen über den Produktionsprozeß und über die Entwicklungen der Märkte. Dazu waren Mitarbeiter notwendig, die gelernt hatten, Mitteilungen schriftlich abzugeben. Es war folglich ein schon beinahe revolutionärer Schritt erforderlich: Die Beherrschung der Schriftkultur, die bis dahin fast ausschließlich eine Domäne der Geistlichkeit gewesen war, wurde für zunehmend mehr Laien zu einer Notwendigkeit, aber auch Selbstverständlichkeit. Dieses Heraustreten der Laien aus dem Monopol der Welt der Kirche war ein Vorgang der Emanzipation, der zunächst nur ganz kleine Gruppen der Bevölkerung betraf, der aber zu Beginn des 16. Jahrhunderts beachtliche Größenordnungen erreichte. Es ist nicht möglich, genaue Zahlen über den Grad der Ausbreitung von Schriftkenntnissen zu nennen, aber da in der Reformationszeit die Zahl der Drucke insgesamt mehrere Millionen betrug, muß die Kenntnis des Lesens zu dieser Zeit schon sehr verbreitet gewesen sein.

Eng verknüpft mit der langen Zeitdauer der Produktion und dem notwendig großen Volumen der Waren war das Problem des Kredits. Hätten Kaufleute nur ihr eigenes Kapital genutzt, wären dem Geschäft enge Grenzen gesetzt gewesen. Da aber der erwartete Gewinn das Motiv des Kaufmanns war, lag es nahe, sein Kapital durch einen Kredit zu einem festen Zinssatz als kalkulierbare Kosten zu vergrößern. – Was uns heute als eine geläufige kaufmännische Praxis erscheint, war im Mittelalter eine schwierige und risikoreiche Neuerung, bei der nicht nur ökonomische, sondern auch hohe religiöse und mentale Barrieren zu überwinden waren.

Ein weiteres Hindernis war vor weiterer Ausdehnung der Produktion, bis hin zur Massenherstellung, zu überwinden. Wir hatten weiter oben gesehen, daß der Mangel an „gutem" Geld fast immer vorhanden war; ein weiteres Problem war die lange Umlaufgeschwindigkeit des Kapitals. Diesen Problemen konnte nur abgeholfen werden, wenn es gelang, eine Art von Ersatzgeld zu schaffen. Dies gelang dadurch, daß unterschiedliche Formen des Kredits entwickelt wurden:

- Kredit der Kaufleute und Unternehmer untereinander (sowie an andere Großkunden)
- Kredit für besitzende Nichtkaufleute;
- Kredite der Armen.

Kredit im 13./14. Jahrhundert

Bevor wir die Entstehung des Kredits als eines Finanzierungsinstruments betrachten, müssen wir den kulturellen Rahmen berücksichtigen, in dem dies geschah, damit wir nicht unser modernes Zweckdenken auf eine vormoderne Gesellschaft anwenden. In einer Agrargesellschaft, deren Bewußtsein um konkrete Produkte gegen einen konkreten Hunger kreist, ist der Kredit – vor allem der in Geldform – etwas schwer Vorstellbares. Der Zins als „Lohn" für etwas Unsichtbares (oder einen Kaufmann, der offenbar nichts dabei tut, wenn sein Kredit läuft,) erschien Bauern wie Adeligen als ungerechtfertigte Willkür, und ihre Religion unterstützte sie in diesem Verständnis.

Wenn man von Krediten im Mittelalter spricht, sieht man sich einer widersprüchlichen Situation gegenüber: einerseits war, wie schon mehrfach betont, die mittelalterliche Wirtschaft, die nicht auf Tauschbasis abgewickelt wurde, auf Kredite angewiesen: andererseits war das Vergeben von Krediten gegen Zinsen durch die kirchliche Lehre als „Wucher" untersagt und zog als schwere Sünde harte Strafen, bis hin zur ewigen Verdammnis, nach sich. Das Verbot des Zinsnehmens wurde damit begründet, daß derjenige, der Zinsen auf Geliehenes nimmt, die Notlage des Kreditnehmers ausnutze. Außerdem sei die Tätigkeit des Leihgebers unproduktiv, da er die Zeit für sich arbeiten lasse; dies sei ein Affront gegen Gott, dem allein es zustehe, über die Zeit zu verfügen. Die negative Einstellung gegenüber dem „Wucher" übertrug sich auf die Tätigkeit des Händlers, die als unproduktiv und parasitär galt. Diesen Denkstrukturen konnte sich unter Umständen nicht einmal ein erfolgreicher Kaufmann entziehen, wie das Beispiel des bekannnten flandrischen Unternehmers Jehan Boinebroke (gestorben 1285 oder 1286) zeigt. Nach Jahren erfolgreicher Geschäfte, die für den nüchternen und fachkundigen Verstand des Mannes sprechen, holte ihn, als der Tod nahte, sein christliches Gewissen ein. Ein beachtliches Zeugnis seiner Gewissensnot stellt eine ungefähr 5,50 m lange Pergamentrolle dar, die eine Übersicht all jener Fälle enthält, in denen gegen ihn Klagen erhoben wurden bzw. ihm vorgeworfen wurde, unrechtmäßig oder betrügerisch Gewinn gemacht zu haben. Um ewiger Verdammnis zu entgehen, will der Kaufmann dafür sorgen, daß Ersatz geleistet wird.

„Wucher" und unehrenhafter Gewinn

„Mittelalterliche Definitionen des Wuchers stammen vom heiligen Ambrosius: „Wucher heißt mehr erhalten als man gab" (*Usura est plus accipere quam dare*); vom heiligen Hieronymus: „Wucher und Überschuß nennt man jeden Fall, in dem man mehr erhalten hat als man gab" (*Usuram appellari et superabundantiam quidquid illud est, si ab eo quod dederit plus acceperit*); vom Kapitular zu Nimwegen (806): „Wucher ist, wo mehr verlangt als gegeben wird" (*Usura est ubi amplius requiritur quam datur*); und vom *Decretum Gratiani*: „Alles, was über das Kapital hinaus gefordert wird, ist Wucher" (*Quidquid ultra sortem exigitur usura est*).

Wucher ist also der unstatthafte Gewinn und die unerlaubte Übervorteilung.
Das in das Gesetzbuch des kanonischen Rechts aufgenommene Dekretale *Consuluit* Urbans III. (1187) drückt das Verhalten der Kirche im 13. Jahrhundert dem Wucher gegenüber wahrscheinlich am treffendsten aus:
- Wucher ist all das, was bei einem Leihgeschäft über die Leihgabe selbst hinaus zurückverlangt wird.
- Wucherzins zu nehmen, ist eine vom Alten wie vom Neuen Testament verbotene Sünde.
- Was man über das Verliehene selbst hinaus als Vergütung erwarten darf, ist einzig eine Sünde.
- Die Wucherzinsen müssen vollständig ihrem wirklichen Besitzer zurückgezahlt werden.
- Die überhöhten Preise für einen Kauf auf Kredit sind insgeheim erhobene Wucherzinsen."

zit. nach Jacques Le Goff: Wucherzins und Höllenqualen. Ökonomie und Religion im Mittelalter. (Klett-Cotta) Stuttgart 1988, S. 14, 24 f.

Teufel und Wucherer. Der Wucherer ist kenntlich an dem Geldbeutel, den er in den Händen hält.
(Kathedrale von Chartres)

Wie konnten nun Kaufleute anderen Kredite gewähren, ohne in diese mißliche Lage zu geraten? In erstaunlich kurzer Zeit wurden im 13. und 14. Jahrhundert Instrumente entwickelt, die sowohl bargeldloses Zahlen wie das Umgehen des Wucherverbots erlaubten. Eine flexible Einrichtung war der Wechsel, vom einfachen Wechselvertrag bis zum Wechsel mit vier Partnern: wie funktionierte er?
Beim einfachen Wechselvertrag verpflichtete sich der Schuldner vor einem Notar, das Darlehen an den Gläubiger oder dessen Vertreter auch an einem anderen Ort und auch in einer anderen Währung zu leisten. Für den Händler, der z.B. zu den im 13. Jahrhundert so wichtigen Champagne-Messen reiste, hatte der Wechsel große Vorteile. Er konnte sich das erforderliche Geld in der benötigten Währung ohne Bargeld beschaffen (ein enormer Vorteil bei unsicheren Straßen!), seine Waren auf der Messe kaufen und das Darlehen nach dem Verkauf der Waren auf einer anderen Messe oder zu Hause zurückzahlen. Der Vorteil für den Gläubiger lag darin, daß kein Zins offen gefordert werden mußte, sondern man versteckte ihn hinter dem Wechselkurs, der auf den europäischen Geldmärkten ermittelt wurde.
Diese Art des Wechselvertrages wurde zum 4-Parteien-Wechsel weiterentwickelt, nachdem sich seit dem 13. Jahrhundert italienische Kaufleute zu Handelsgesellschaften zusammengeschlossen hatten, bei denen der einzelne Händler nicht mehr von Messe zu Messe zog, sondern vor Ort durch Faktoren vertreten wurde.
Beispiele für das Funktionieren eines Wechsels mit 4 Partnern: Tuchexport von Flandern nach Italien
(1) *Wechselgeber:* (= Aussteller des Wechsels) ein Vertreter einer italienischen Handelsgesellschaft, der flandrische Wolltuche kaufen will
(2) *Wechselnehmer:* (= Empfänger des Wechsels) gibt ein Darlehen in flämischer Währung an den Wechselgeber
(3) *Wechselgeber* „zieht" den Wechsel auf einen Geschäftspartner oder Bankier in Italien (= *Bezogener*) mit der Anweisung, den Darlehensbetrag in der örtlichen Währung an den *Begünstigten* zu zahlen, der im Wechsel genannt wird und ein Geschäftspartner oder Vertreter des Wechselnehmers ist
(4) Der Wechselnehmer schickt den Wechsel an den Begünstigten, der seinerseits dem Bezogenen den Wechsel vorlegt; von ihm erhält er sein Geld (wenn kein Widerspruch eingelegt wird).
Dieser über weite Strecken bargeldlose Verkehr (die italienische Firma, die in Flandern kauft – der flandrische Geschäftspartner, der in Italien bargeldlos kaufen kann) funktioniert in einer wenig leitsungsfähigen Geldwirtschaft wie der des Mittelalters nur dann, wenn sichergestellt wird, daß am

Ende Bargeld zur Verfügung steht. Das kann nur gehen, wenn vor Ort der Grad der Monetarisierung so weit fortgeschritten ist, daß das Buchgeld, d.h. das durch den Kreislauf der Wechsel auf dem Papier erzeugte Geld, mühelos in Münzgeld eingetauscht werden kann. Dazu ist es hilfreich, wenn eine Einrichtung vorhanden ist, die beide Arten Geld vorzuweisen hat. Sie ist uns heute als Bank bekannt; die mittelalterliche Bank hat ihren Namen von *bancus,* dem Tisch des Geldwechslers. Er war eigentlich Experte für die verschiedenen einheimischen und fremden Münzen sowie ihre Wechselkurse. In Genua nahmen seit Ende des 11. Jahrhunderts diese Bankiers Einlagen ihrer Kunden an, die auf einem „laufenden Konto" *(conto corrente)* untergebracht wurden. Das Konto war deswegen ein laufendes, weil der Bankier von ihm aus auf Anweisung des Kontoinhabers Überweisungen auf ein anderes Konto bei seiner Bank oder auf ein Konto bei einem anderen Wechsler vornahm. Die Inhaber von *conti correnti* konnten einander Kontokorrentkredite einräumen, bei denen der zu zahlende Zins in der Preis- und Lieferbedingungen versteckt war.
Die eben beschriebenen Instrumente erreichten erst sehr langsam Länder außerhalb Italiens, obwohl sich auch dort Wechsler etabliert hatten. In Süddeutschland und im Rheinland dauerte es bis zum Ende des 14., Anfang des 15. Jahrhunderts, bis die erwähnten Einrichtungen zustande kamen. Die Hauptursachen lagen wohl in dem geringen Monetarisierungsgrad dieser Regionen.
Während die eben beschriebenen Kredite auf der Basis von Wechseln oder Kontokorrentkrediten in der Regel zwischen Fernhändlern und Großkaufleuten eingesetzt wurden, waren Handwerk und Handel auf regionaler sowie lokaler Ebene auf Kredite angewiesen, die ihnen die städtischen Wechsler gewährten. Dies war aber nur möglich, wenn dem Wechselstubenbesitzer genügend Kundeneinlagen zur Verfügung standen. Häufig genug wuchs jedoch das Mißtrauen der Kunden so sehr, daß sie ihre Einlagen zuückzogen und das Geschäft des Wechslers zusammenbrach. Häufige Bankrotte der Wechsler führten zu steigenden Zinsen, die wiederum die Kunden abschreckten und verunsicherten. Sie konnten allerdings auf eine Art des Kreditnehmens zurückgreifen, die es dem Namen nach und für andere Zwecke schon lange gab: den sogenannten „Rentenkauf". Ein *Rentenkäufer* will sein Geld sicher anlgen; daher leiht er es jemandem, der Geld benötigt und über eine Sicherheit (z.B. Haus) verfügt. Die Zinszahlungen für das geliehene Geld werden als regelmäßige wiederkehrende Leistung (als „Rente" aus dem Haus) vom *Rentenverkäufer* aufgebracht.
Waren die bisher besprochenen Formen des Kredits auf Vorgänge bezogen, bei denen der Kreditnehmer über nennenswerte Sicherheiten (Waren, Grundstücke, Häuser) verfügte, so blieb den Leuten, die keine derartigen Sicherheiten einbringen konnten, als wichtigste Kreditform nur die Pfandleihe.

Zinssätze bei jüdischen Kreditgebern[1] (auf Jahresraten umgerechnet) im Zeitraum 1255 bis 1491

Jahr	Ort bzw. Region	Mittlere Darlehen[2]	Große Darlehen in v.H.
1255	Mainz	43,33	33,33
1276	Augsburg	86,67	86,67
1296	Köln	54,20	–
1310	Nürnberg	43,33	33,33
1338	Frankfurt/M.	32,63	–
1368	Schlesien	54,00	–
1391	Nürnberg	13,33 bis 21,33	10,00
1444	Würzburg	21,66	–
1491	Frankfurt/M.	10,50	–

nach Friedrich-Wilhelm Henning: Handbuch der Wirtschafts- und Sozialgeschichte Deutschlands. (F. Schöningh) Paderborn 1991, Bd. 1, S. 302 (gekürzt).

1 Bei christlichen Kreditgebern waren die Zinssätze ähnlich hoch, sind aber nicht so gut belegt.
2 bis zu etwa einem Pfund Heller in v.H.

Pfandleiher waren vor allem Juden, aber auch die christlichen Lombarden aus Norditalien und Karwetschen aus Südwestfrankreich, die nun tatsächlich Wucherzinsen nahmen – was in der Tatsache begründet lag, daß ihre Kunden eben keine Sicherheiten besaßen, sondern nur Pfänder – arme Leute z.B. nur eine Decke – anzubieten hatten. Vielfach eröffnete sich gerade den jüdischen Geldverleihern eine Lücke, da – ausgehend von Italien – Städte und auch Dörfer die Juden einluden, Pfandhäuser einzurichten, wenn sie sich verpflichteten, mit ihren Zinsen unter denen der christlichen Pfandleiher zu bleiben. Da sich Juden als Ungläubige, denen die Mitgliedschaft in den Handwerkszünften wie der Besitz von Immobilien untersagt war, an den Rand der Gesellschaft gedrängt sahen, gingen sie auf solche Angebote ein, die ihnen gewisse Privilegien, wie freie Ausübung der Religion, boten. Die gesellschaftliche Randexistenz, der durch die Pfandleiher ausgelöste Sozialneid sowie ein christlich motivierter Antisemitismus („Die Juden sind die Mörder Christi") führten immer wieder zu Ausschreitungen und Verfolgungen der Juden – ein Höhepunkt bildete dabei die Mitte des 14. Jahrhunderts, als schon vor den Pestwellen der Jahrhundertmitte Angriffe auf die Juden einsetzten und sich dann noch ausweiteten.

Schwierigkeiten beim Durchsetzen kapitalistischer Strukturen

Versuchen wir, eine Zwischenbilanz zu ziehen, so stehen wir vor einem mehrdeutigen, ja widersprüchlichen Ergebnis. Zwar hatten sich Wirtschaft und Finanzen im 13. und 14. Jahrhundert im Rahmen einer Agrargesellschaft schnell entfaltet und Entwicklungen angestoßen, die bis in unsere Zeit reichen. Man denke nur an das Hervortreten kapitalistischer Strukturen, an Arbeitsteilung, an das Bankwesen – ja selbst der Rentenkauf hat den modernen Hypothekenkredit vorgeformt.

Demgegenüber blieb vieles stecken oder verharrte in einem eigentümlichen Schwebezustand. Typisch dafür war der zuletzt besprochene Kreditbereich: während die Theologen bei den Geschäften der Handelshäuser noch diskutierten, ob es sich um Wucher oder unrechtmäßigen Gewinn handelte, war die Sache bei der Pfandleihe allen klar: sie verstieß eindeutig gegen das kanonische Zinsverbot. Folglich wurden auf der einen Seite die Pfandleihe immer wieder offiziell untersagt und die Pfandleiher verfolgt; andererseits erteilten Städte und Landesherren besondere Genehmigungen. Diese waren teuer und brachten viel Geld in die städtischen und landesherrlichen Kassen; vor allem aber erhöhten sie das örtliche Kreditangebot.

Höllenstrafen für einen Wucherer:
Teufel bearbeiten einen Wucherer (Bildausschnitt aus dem Gemälde „Weltgericht“ von Stefan Lochner)

Auch gegenüber dem Gewinn, der z.B. aus Kapitalanlagen erzielt wurde, gab es unter Hinweis auf die Bibel („Eher geht ein Kamel durch ein Nadelöhr, als daß ein Reicher ins Himmelreich kommt“) große Vorbehalte und die Androhung, dauernde Höllenstrafen erleiden zu müssen. Wie ernst gerade Kaufleute diese Drohung nahmen, läßt sich daran ersehen, wie sehr sie in ihren Testamenten dafür Sorge tragen wollten, für eventuell angerichteten Schaden Ersatz zu leisten (zur Mentalität der Kaufleute, vgl. M 2.16 f.).

Es ist sicher kein Zufall, daß im 13. Jahrhundert ein Angehöriger der Kirche eine neue Lehre über das Kapital entwickelte, die zwar unmittelbar keine nachhaltige Wirkung hatte, jedoch langfristig ein neues Verständnis erlaubte. Der in der zweiten Hälfte des 13. Jahrhunderts lebende Franziskaner Petrus Johannis Olivi hatte eine Argumentation gefunden, die die Vergabe von Krediten gegen Zinsen über eine neue Analyse des Geldes rechtfertigen sollte. Bis zu Olivi galt folgende Vorstellung über das Wesen des Geldes: alles, was über die geliehene Summe hinaus zurückgezahlt werden muß, hat als Wucher, damit als schwere Sünde und Verfehlung, zu gelten. Geld allein ist als unproduktiv anzusehen; es ist reines Tauschmittel. Aus dem Gebrauch des Geldes darf also kein Gewinn gezogen werden. Seine Vermehrung infolge eines Kredites ist als naturwidrig anzusehen. Zins und Wucher sind im Grunde das gleiche. Wucher hat als sozialschädlich zu gelten, da der Wucherer von der Not dessen lebt, dem er den Kredit gibt. Außerdem macht sich der Wucherer die Zeit (die Laufzeit des Kredits) zunutze, die jedoch ein Geschenk Gottes ist. Somit ist das Zinsnehmen, der Wucher, ein Angriff auf die Herrlichkeit Gottes. Eine größere Sünde ist kaum denkbar.

Der Franziskaner Olivi unterscheidet nun zwischen „Kapital“ *(capitale)* und dem sogenannten „einfachen Geld“ *(simplex pecunia)*. Wenn ein Eigentümer Geld oder anderes Eigentum einsetzt, um einen bestimmten und auch wahrscheinlichen Gewinn zu erzielen, so verfügen Geld oder Eigentum nicht nur über die ihnen normalerweise innewohnende einfache Eigenschaft, sondern in diesem Fall über eine bestimmte „samenartige Qualität“ der Gewinnerzeugung *(capitale)*. Derartiges Kapital kann der Eigentümer selbst produktiv einsetzen oder aber auch verleihen. Daraus ergibt sich, daß ein Empfänger eines Kredits nicht nur den einfachen Wert der geliehenen Sache erstatten, sondern darüber hinaus noch einen zusätzlichen Betrag entrichten muß, der sich auf den erzielbaren Gewinn richtet.

Damit unterscheidet Olivi klar zwischen Geld als Tauschmittel und Geld als Kapital, das mit einem tatsächlichen Zuwachs an Wert verbunden ist. Mit dieser Analyse hatte Olivi eine auf den modernen Kapitalismus weisende Aussage gemacht, die eine Unterscheidung der verschiedenen Verwendungsweisen des Geldes erlaubten – und zwar einerseits Geld als Tauschmittel oder als Kreditgeld zu Konsumzwecken, andererseits Geld als Anlagekapital, das wie vergleichbare Sachgüter in einer Unternehmung Gewinn versprach. Olivis Ideen mochten zwar in die Zukunft weisen, aber wie wenig Anklang sie zunächst fanden, kann man unter anderem daran ermessen, daß auch noch die Reformatoren des 16. Jahrhunderts wie Martin Luther den „Wucher" scharf verurteilten.

Wie ist es zu erklären, daß Olivis zukunftsweisende Unterscheidung zwischen sterilem und fruchtbarem Kapital zunächst so wenig bewirkte? Der analytische Fortschritt brachte keine neue ethische Wertung mit sich, die bei Olivi ganz unverändert blieb. Wie längst üblich, schrieb Olivi der Tatsache, daß investiertes Geldkapital Gewinn bringt, der dabei eingebrachten Arbeit zu. Damit verband er im Einklang mit der gültigen Tradition die Forderung, daß der Gewinn dem Arbeiter gehören müsse, während der Kapitalist zu Unrecht seinen Anteil verlange. Die herkömmlich Wucherlehre wurde durch den Fortschritt in der Analyse nicht verändert, der Wucherer befand sich in den Augen seiner Mitmenschen und der Kirche in einer unerträglichen Situation.

Es ist nun auffallend, daß sich gerade im 13. Jahrhundert bisherige Diskussionen über ein Zwischenstadium zwischen Himmel und Hölle, das Fegefeuer, zu einer neuen kirchlichen Lehre verfestigten. Danach war das Fegefeuer, das *purgatorium*, ein Ort, an dem die Seelen der Verstorbenen die Möglichkeit bekamen, Strafen für irdische Sünden abzuleisten, so daß sie beim Jüngsten Gericht doch noch die Möglichkeit erhielten, in den Himmel zu kommen. Gebete und Messen, die die Lebenden lesen ließen, konnten dem Verstorbenen helfen, die notwendige Reinigung von seinen Sünden zu erlangen. Damit war ein wichtiger Beitrag zur Individualisierung geleistet, da jeder aufgefordert war, sich intensiv um sein persönliches Seelenheil zu kümmern. (vgl. M 2.17)

Zwischenbilanz

Betrachten wir abschließend den Entwicklungsgang der Wirtschaft in Europa bis zum 14. Jahrhundert, so erscheint ein erstaunliches Stück Fortschritt erzielt worden zu sein. Vor allem die Kaufleute hatten nicht nur den Umfang ihrer Geschäfte ausgeweitet, sondern auch in langfristiges Wachstum vorbereitet, das das Leben von immer mehr Menschen verändern würde. Der wirtschaftliche Prozeß hat dabei eine gehörige, praktische Dimension – Kaufleute nehmen die Risiken gefährlicher Wege und Seestraßen, geringen Rechtsschutzes und wenig kontrollierbarer Marktverhältnisse auf sich und entwickeln immer neue Notbehelfe, um die einzelnen Hindernisse des Handels zu überwinden. Zugleich erkennt der moderne Beobachter in diesem konkreten Tun Ansätze von Strategien, Vernunft, Logik, Abstraktion und rechtlicher Formalisierung, die aus Zufällen und individueller Geschicklichkeit kalkulierbare Verfahren, rechtliche Ordnungen und zuverlässige Denk- und Handlungsmodelle machen konnten.

Der moderne Beobachter übersieht hier leicht, wie schwach und zufällig das alles noch war. Um 1400 lebten auch in Mitteleuropa noch keine 10% der Bevölkerung in Städten. Ein Krieg, eine Seuche, eine Mißernte, die Gewalt eines Fürsten konnten ganze Städte und Landschaften ruinieren und damit zumindest zeitweilig und regional wichtige Entwicklungen wieder aufheben.

2.2 Gesellschaftlicher Wandel in der Zeit der Expansion

Wenn wir im vorigen Kapitel gesehen haben, wie viele Formen des Kredits entstanden waren, so kann man erahnen, wie sehr sich wirtschaftliche und gesellschaftliche Ansprüche geändert hatten. In der Stadt wie auf dem Land zeigten sich in der Phase der Expansion (bis ca. 1350) deutliche Veränderungen, die aber keinen Bruch darstellten.

In den Jahrzehnten um 1300 gab es in fast allen Städten Deutschlands Auseinandersetzungen zwischen den führenden Sozialgruppen und den Bürgergemeinden. Dabei ging es um die Frage, ob sich die führenden Sozialverbände der Bürgergemeinde unterordnen oder umgekehrt die Bürgergemeinde den ersteren unterworfen werden würde. (zur Entwicklung der Sozialstruktur vgl. M 2.23).

Wer waren nun die Beteiligten?

Zu den führenden Sozialverbänden in den Städten gehörten vor allem Patriziat, Ministeriale und Kaufleute. Die Kaufleute waren in ihre führende Position gelangt, weil sie infolge Einkommen und Vermögen zu den wirtschaftlich wichtigsten Gruppen zählten. Ministeriale waren ursprünglich nur Dienstleute – häufig sogar unfreier Herkunft – von adeligen Herren. Solche Herren waren Könige, Bischöfe, Fürsten usw. und benötigten als Stadtherren die Hilfe von Dienstleuten bei der Herrschaftsausübung in ihrer Stadt (ähnlich wie sie Ministeriale brauchten, um ihre Ländereien zu verwalten). Es ging darum, die Einnahmen aus Grundstücksabgaben, Marktgebühren und Zöllen zu vereinnahmen, Recht zu sprechen, für die Sicherheit der Stadt zu sorgen und vieles mehr. Da der Stadtherr die Herrschaft über die Stadt selten

persönlich wahrnahm, kam den Ministerialien große Bedeutung zu. Sie waren ein Element der Feudalordnung in der Stadt – durch ihre Herkunft aus der *familia* des Herrn und die Amtsbindung an ihn.
Das Patriziat galt als Stadtadel, der durch vornehme Lebensführung und politische Vorrechte ausgezeichnet war. Bis ins 14. Jahrhundert hinein waren allein Patrizier ratsfähig, die Ämter in der Stadt wurden fast nur von ihnen besetzt. Ihre Herkunft war uneinheitlich, wies aber vielfach auf feudale Beziehungen zurück: sie entstammten unfreien Ministerialien, aber auch Freien sowie Grundbesitzern, ferner auch im Fernhandel reich gewordenen Kaufleuten. Gemeinsames Kennzeichen des Patriziats war Wohhabenheit, denn nur sie erlaubte es, für politische Ämter, die nicht bezahlt wurden, abkömmlich zu sein.
Den wirtschaftlich, gesellschaftlich und politisch führenden Sozialgruppen stand die (Bürger-)Gemeinde gegenüber, die in sich große Unterschiede aufwies; ihr verbindendes Element war die politische und gesellschaftliche Einflußlosigkeit: in aller Regel galt sie als nicht ratsfähig und blieb somit von politischer Mitbestimmung ausgeschlossen. Bei ihnen handelte es sich im wesentlichen um den gewerblich aktiven Teil der Bevölkerung. Die einflußreichste Gruppe unter ihnen bildeten die Handwerksmeister, die in den meisten Städten in Zünften organisiert waren. Dort wurde seit dem 13. Jahrhundert der Zunftzwang eingeführt, der alle in einer Stadt lebenden und im selben Gewerbe tätigen Handwerker umfaßte. Das vorrangige Ziel der Zünfte bestand darin, ihren Mitgliedern ausreichende Einkünfte („gerechte Nahrung“) zu sichern und die Vermögen auf in etwa gleichem Niveau zu halten. Dazu ergriffen die Zünfte protektionistische Maßnahmen, z.B. Einfuhrbeschränkungen. Die Zunftordnungen, die solche Maßnahmen enthielten, mußten von der Stadtobrigkeit bestätigt oder erlassen werden. Ob die Stadtobrigkeit den Wünschen der Zünfte zustimmte, hing sicherlich auch davon ab, inwieweit Interessen der führenden Familien des Patriziats berührt wurden. Bei den Zünften, die – wie im Textilsektor – als Ausfuhrgewerbe tätig waren, gab es Konflikte mit führenden Kaufmannsfamilien, wenn diese etwa als Verleger Handwerker auf dem Lande beschäftigten, die billiger arbeiteten als die städtischen. (In Nürnberg, einer besonders exportorientierten Stadt, hatten es die Patrizier verstanden, überhaupt erst keine Zünfte zuzulassen.) Wachsendes politisches Selbstbewußtsein, aber auch verschärfter ökonomischer Druck ließen die Zünfte politisch immer mehr in Erscheinung treten und Anteil am Stadtregiment (an der Stadtherrschaft) fordern.
Diese Auseinandersetzungen dauerten bis weit ins 15. Jahrhundert an (vgl. dazu Kapitel 3, Seite 78).

Universitäten und neue soziale Gruppen

Eine Entwicklung, die ebenfalls weit in die Zukunft wies, setzte im 14. Jahrhundert mit der schnellen Ausbreitung der Universitäten ein (zwischen 1300 und 1400 wurden in Europa 62 Universitäten gegründet!). Mit den dort ausgebildeten Juristen, Medizinern, Theologen und Lehrern entstanden soziale Gruppen, die nach und nach das soziale Gepräge der Städte veränderten, in denen sie einen nennenswerte Rolle zu spielen begannen. Zu den frühesten Universitäten im deutschen Reich gehörten Prag (1348), Krakau (1364), Wien (1365), Erfurt (1379) und Heidelberg (1385).
Die berühmteste Universität des Mittelalters war Paris; ihr Schwerpunkt war die Theologie, der Lehrkörper bestand aus Geistlichen. Sie boten keine eingeengte theologische Ausbildung, sondern waren berühmt für gründliche philosophische Studien und Dispute. Philosophische Lehrsätze wurden von kirchlichen Gerichten darauf überprüft, ob sie mit den Dogmen der Kirche als vereinbar gelten konnten. Es entstand als neue gesellschaftliche Gruppe die Akademikerschaft, deren Beruf die Erforschung der Welt, das Formulieren allgemeingültiger Erkenntnisse war. Ihre Einordnung in die Geistlichkeit verlangte z.B. nach zölibaterem (ehelosem) Leben. Das Vorherschen der geistlichen Lebensweise führte über Jahrhunderte dazu, daß Frauen von den Universitäten und akademischen Karrieren ferngehalten wurden.

2.3 Aufklärung im Mittelalter? Die Rolle der Kirche im 13. und 14. Jahrhundert

Im Jahre 1277 verkündete der Bischof von Paris ein Urteil, das Aufsehen erregte: in einer Liste waren Aussagen zusammengestellt worden, die als häretisch – dem Glauben zuwiderlaufend – verworfen wurden, darunter auch Thesen von einem der berühmtesten Philosophen der damaligen Zeit, nämlich Thomas von Aquin.
Was für Thesen waren nach den Maßstäben des bischöflichen Gerichtes verurteilenswert? These 37: *Quod nihil est credendum, nisi per se notum, vel ex per se notis possit declarari.* – „Nichts darf man glauben, das nicht evident ist oder nicht aus Evidentem entwickelt werden kann.“ (Der Herausgeber und Übersetzer, Kurt Flasch, kommentiert die These folgendermaßen: „Evident“ heißt hier das, was durch sich selbst bekannt ist, also das, was beim Hören der Ausdrücke einleuchtet und was keiner Bestätigung durch Erfahrung bedarf. Es geht dabei um die ersten Beweisprinzipien, z.B. um den Satz vom zu vermeidenden Widerspruch. Wenn nur Zustimmung verdient, was derart erkannt ist oder aus derart Evidentem gefolgert werden kann, ist der Glaube der Kirche abgelehnt.

Denn daß der Glaube nicht evident ist, gehörte auch im 13. Jahrhundert zu seiner Definition. Schärfer konnte ihn kein Aufklärer des 18. Jahrhunderts angreifen. Wie bei den anderen radikalen Thesen ließ sich der Urheber nicht nachweisen. Wir kennen nicht den Kontext der These.)

These 38: *Quod Deus non potuit fecisse primam materiam, nisi mediante corpore celesti.* – „Gott konnte die erste Materie nur mit Hilfe des Himmelskörpers machen."

These 40: *Quod non est excellentior, status, quam vacare philosophie.* – „Es gibt keine ausgezeichnetere Lebensform, als sich frei der Philosophie zu widmen."

(zit. nach Aufklärung im Mittelalter? Die Verurteilung von 1277. Das Dokument des Bischofs von Paris, übersetzt und erklärt von Kurt Flasch. (Dieterich'sche Verlagsbuchhandlung) Mainz 1989)

Die Tatsache, daß der Bischof von Paris diese Sätze verdammte, ordnet sich zwanglos in unsere Vorstellung ein, daß die – von der Kirche vermittelte – biblische Offenbarung eines allmächtigen Gottes das mittelalterliche Leben dominierte. Allein der Umstand, daß die verurteilten Sätze ja doch von Denkern des 13. Jahrhunderts hervorgebracht wurden und von anderen Menschen so ernsthaft diskutiert wurden, daß der Bischof mit seinem Machtwort sie verbieten mußte, deutet an, wieviel komplexer die geistige Lage der Zeit war. Trotz und in der mächtigen Kirche gab es ein Denken, das nicht nur auf das Jenseits gerichtet war und die innerweltliche Wirklichkeit wahrnahm und zu ihrer Veränderung beitrug. Seit dem 12., besonders aber dem 13. Jahrhundert, wurden die bedeutenden griechischen Philosophen der Antike, vor allem Aristoteles, in großem Umfang in Europa bekannt und ins Lateinische übersetzt. Viele Aussagen des Aristoteles hatten eine Tendenz zu Rationalismus und Naturalismus; sie verstärkten Neigungen der mittelalterlichen Philosophen, das Denken durch Belehrung und Disputationen (Rede und Gegenrede) zu fördern. Das logische, argumentative Vorgehen spielte eine große Rolle. Die Verbreitung aristotelischer Gedanken wurde durchaus von der Kirche gefördert; wichtige Philosophen des Mittelalters waren Geistliche – man denke nur an die berühmten Dominikaner Albert Magnus (gest. 1280) und Thomas von Aquin (gest. 1274).

Es gab jedoch auch Thesen von Aristoteles, die von der Kirche verurteilt wurden. Es seien nur zwei Beispiele genannt: (1) Es gibt nur einen einzigen Intellekt, der in allen Menschen derselbe ist; (2) Ein Satz kann in der Philosophie wahr, in der Theologie falsch sein. Die erste dieser beiden Thesen hatte Folgen für die Frage der Willensfreiheit, die in der kirchlichen Lehre eine große Rolle spielte, und für den Glauben an die Unsterblichkeit des einzelnen; die zweite These hinsichtlich der Möglichkeit einer doppelten Wahrheit zog die unbedingte Autorität der Offenbarungstheologie in Zweifel. Derartige Zweifel mußte die Kirche als Angriff auf ihre Grundlagen ansehen und konnte sie nicht tolerieren.

Die mittelalterliche Philosophie stand also in einem Spannungsverhältnis, das aus der Begegnung von antiker Bildung und christlichem Glauben herrührte, ohne daß eine weitere Instanz hätte vermittelnd eingreifen können – wie es z.B. heute die Experimente in den empirischen Wissenschaften tun.

Aber auch die Kirche und ihre Theologie befanden sich in einer eigenartigen Lage: auf der einen Seite stand der Anspruch, mit den Offenbarungswahrheiten die endgültige Wahrheit zu verkünden, die der Gläubige anzunehmen hatte. Auf der anderen Seite war gerade der Kirche bewußt, daß die Offenbarungswahrheiten allein nicht hinreichten, um das gesellschaftliche und politische Zusammenleben der Menschen zu organisieren. Eine wichtige Grundlage bildete ein Geflecht aus (rechtlichen) Regelungen, das mit überschaubaren und nachvollziehbaren Normen ausgestattet war. Während im weltlichen Bereich ein vielfach willkürlich anmutendes Gewohnheitsrecht herrschte, dem wenig Verläßlichkeit anhaftete, hatte sich das kirchliche (kanonische) Recht zu einer Wissenschaft entwickelt, die mit moderner Methodik und Regelhaftigkeit betrieben wurde. Während im weltlichen Leben ein Rechtsstreit gar nicht so selten durch das Mittel der Fehde, bei der häufig der Stärkere Recht bekam, entschieden wurde, entwickelte sich in der Kirche im 13. Jahrhundert der Inquisitionsprozeß. Der Richter ging dabei so vor, daß er eine Untersuchung (lat.: Inquisition) einleitete, mit deren Hilfe Beweise für die Schuld eines Täters gesucht wurden. Am Ende sollte das Geständnis des Beschuldigten stehen, der der Last der gegen ihn erhobene Beweise nicht widerstehen konnte. Dieses Verfahren, das wir wohl doch als rational einschätzen würden, gerät für uns sicher ins Gegenaufklärerische, ins Unvernünftige, wenn wir hören, daß bald auch Verfahren der Folter als angemessenes Mittel der Wahrheitsfindung angesehen wurden. Man glaubte, die Folter würde den Beschuldigten auf den Weg der Wahrheit drängen. Wenn unsere heutige Einschätzung eine völlig andere ist, dann hat das wohl auch damit zu tun, daß wir von vielen, negativen Erfahrungen wissen, die mit der Folter zu tun hatten.

Wenn wir eine vorläufige und unvollständige Bilanz zur Rolle der Kirche um 1300 aufstellen wollen, so kommen wir zu widersprüchlichen Feststellungen: in vielen Fällen erscheint der kirchliche Bereich „moderner" als der weltliche, gibt er Anstöße, die manchmal erst viel später die weltliche Sphäre erreichen (z.B. Justiz, Rechtsverfahren etc.); allerdings wirkte die immer neu aufflammende Diskussion darüber, welche (philosophischen) Positionen als vertretbar akzeptiert werden konnten, durchaus

Hilfe der Kirche bei der Jenseitsvorsorge – „Jüngstes Gericht".
Huth Psalter, nach 1280 – Eine der frühesten bildlichen Umsetzungen der „Heilstreppe"

lähmend und unrational, wenn die Auseinandersetzungen durch Machtfragen überlagert wurden. Die Diskussionen wurden leicht deshalb zu Machtfragen, weil sich die Entscheidung der Kirche darüber, was als akzeptabel gelten konnte, auf immer weniger Entscheidungsträger konzentrierte – die Rolle einer einzigen Person, des Papstes, wurde (wie wir vorausgreifend feststellen können) immer beherrschender. Sie erreichte einen wichtigen Einschnitt mit dem Wiener Konkordat von 1448, das die Macht des Papstes erheblich stärkte.
Sie entwickelte einen derartigen Umfang, weil der Papst höchste Entscheidungsbefugnisse auf politischer, richterlicher und religiöser Ebene wahrnehmen konnte und an der Spitze einer straff gegliederten Hierarchie stand. Die römische Kirche war als amtsmäßig verfaßte Kirche einzigartig unter den großen Weltreligionen. Die frühe Ausprägung als Amtskirche führte dazu, daß sie lange vor dem weltlichen Bereich Einrichtungen einführte, die später den Staat charakterisierten: feste Bürokratien und ihre Ordnung, ausgeprägtes Rechtssystem, hierarchische Ordnung usw.

Glaube und weltliches Denken

Das vorchristliche philosophische und wissenschaftliche Denken, das seit dem 4. Jahrhundert in das Christentum eingedrungen war, machte aus einer rein auf die Erkenntnis Gottes bezogenen Theologie eine auf allgemeine Erkenntnis bezogene Philosophie. Die von der „Schule" des Thomas von Aquin ausgehende Denkweise (daher „Scholastik") erschien der Nachwelt gewöhnlich als die auf die Spitze getriebene Glaubenslogik; mit der Radikalität ihrers Denkens aber setzte sie noch ganz ungeahnte Kräfte frei – den Zweifel an den kirchlichen Autoritäten, den Glaubenszweifel und die Anfänge auf Erfahrung gegründeter, d.h. naturwisschenschaftlicher Erkenntnis im 14. Jahrhundert.
Auch ein anderer Bereich kirchlichen Denkens entfaltete eine ungeahnte Doppelwirksamkeit. Die Kirche hatte neben anderen Errungenschaften der Antike auch das formale Recht übernommen, das im Gegensatz zum Gewohnheitsrecht der mittelalterlichen Gesellschaften auf Logik, Regelhaftigkeit und Formalität aufbaute und die Willkür sowie Schwäche des urteilenden Individuums ausschließen wollte. Die Rechtsschulen der italienischen Universitäten sammelten und ordneten die kirchlichen und antiken Rechtsquellen, die um 1140 als geschlossenes Werk (Gratian) vorlagen und sofort ihre Wirksamkeit auch zur Ordnung innerweltlicher Angelegenheiten bewiesen – Berater von Fürsten und städtische Juristen nahmen hier begierig die Mittel auf, um politische und wirtschaftliche Rechtsverhältnisse logisch zuverlässig zu ordnen. Daß erstmals ein Geistlicher das Verhältnis von Geld und Kapital durchdachte und ein langfristig brauchbares Modell der Wirklichkeit herstellte (s.o. S. 26), kann unter diesen Umständen nicht überraschen.
Wie längst üblich, schrieb Olivi der Tatsache, daß investiertes Geldkapital Gewinn bringt, der dabei eingebrachten Arbeit zu. Damit verband er im Einklang mit der gültigen Tradition die Forderung, daß der Gewinn dem Arbeiter gehören müsse, während der Kapitalist zu Unrecht seinen Anteil verlange. Die herkömmliche Wucherlehre wurde durch den Fortschritt in der Analyse nicht verändert, der Wucherer befand sich in den Augen seiner Mitmenschen und der Kirche in einer unerträglichen Situation. Aber das Instrumentarium stand bereit, und seine Logik tat langfristig Wirkung: Die enge Verzahnung jenseitiger und diesseitiger Verhältnisse blieb keine Einbahnstraße. Die Veränderung der ökonomischen und sozialen Wirklichkeit wirkte sich unvermeidlich auch auf die moralischen

Ordnungen aus. Ein faszinierendes Beispiel ist im 13. Jahrhundert die neue Diskussion über ein Zwischenstadium zwischen Himmel und Hölle, das Fegefeuer, die sich zu einer neuen kirchlichen Lehre verfestigte. Danach war das Fegefeuer, das *purgatorium*, ein Ort, an dem die Seelen der Verstorbenen die Möglichkeit bekamen, Strafen für irdische Sünden abzuleisten, so daß sie beim Jüngsten Gericht doch noch die Möglichkeit erhielten, in den Himmel zu kommen. Gebete und Messen, die die Lebenden lesen ließen, konnten dem Verstorbenen helfen, die notwendige Reinigung von seinen Sünden zu erlangen. Damit war ein wichtiger Beitrag zur Individualisierung geleistet, da jeder aufgefordert war, sich intensiv um sein persönliches Seelenheil zu kümmern.

Kirche und weltliche Ordnung

Die Kirche mit ihren vielfältigen Einrichtungen – Klöster, Kirchen der verschiedensten Größen und Gebäuden, Spitäler, Immunitätsbezirken usw. – bestimmte das Bild von Stadt und Land; ihre Veranstaltungen von einfachen Andachten über aufwendige Prozessionen beeinflußten den Tagesablauf jedes Menschen; ihre Vorschriften betrafen nicht nur religiöse Verrichtungen der Gläubigen, sie griffen auch tief in den Alltag ein.
Die Regelungen z.B. hinsichtlich der Fastenzeiten legten fast ein Drittel der Zeit eines Jahres fest. Die Anweisungen der Kirche beeinflußten nicht nur das nach außen sichtbare Verhalten der Menschen, sondern seit dem 13. Jahrhundert verstärkt auch die innere, psychische Befindlichkeit. Seit 1215 wurde den Gläubigen vorgeschrieben, mindestens einmal im Jahr – zur Osterzeit – zur Beichte zu gehen, nach einer Erforschung des Gewissens die Sünden zu beichten und Vergebung zu erbitten. Später wurden die Gläubigen gedrängt, schwere Sünden, sog. „Todsünden", sofort zu beichten, um bei einem plötzlichen Tod nicht von vorneherein zum dauernden Dasein in der Hölle verdammt zu werden. Jeder Christ war damit aufgefordert, sein Verhalten einer inneren Kontrolle zu unterwerfen – bei sensibleren Naturen war damit eine Hinwendung zur Selbstbespiegelung nahegelegt. Jedenfalls rückt der Mensch in seiner Subjektivität, aber auch Individualität, stärker in den Vordergrund. Die Angst vor den Unwägbarkeiten des Lebens konnte schwinden, wenn der Betreffende glaubte, genau den Regeln seiner Kirche zu folgen. Bei anderen dagegen mochte die Angst viel stärker werden, wenn sie trotz aller Gewissenserforschung nicht sicher waren, den Sünden und damit den Verlockungen des Teufels widerstanden zu haben. Trafen solche Menschen auf Gleichgesinnte und herrschten besondere Umstände, wie Kriege, Hungersnöte, Seuchen vor, die alle als Strafen Gottes galten, dann bildeten sich Bewegungen wie z.B. die der Geißler, die sich durch Selbstbestrafung mit einer Geißel besonders intensiv von Sünden reinigen wollten. Andere schließlich wandten sich dem Mystikertum zu, durch das man für die eigene Person eine besondere Nähe zu Gott erreichen wollte.
Abschließend sei auf eine weitere Besonderheit der christlichen Kirche des Mittelalters hingewiesen, die ihre ambivalente Rolle noch einmal unterstreicht: als *Amtskirche* war sie auf einen festen finanziellen Rückhalt angewiesen. Diese Notwendigkeit führte schon früh dazu, daß die Kirche darauf achtete, regelmäßige Einkünfte zu bekommen. Um die Dauerhaftigkeit sicherzustellen, wurden recht bald schriftliche Aufzeichnungen angefertigt und über lange Zeiträume fortgeführt.
Der damit verbundene Verschriftlichungs- und „Bürokratisierungs"-Prozeß wies sicherlich in die Moderne; die Einkünfte verwiesen dagegen auf feudale Abhängigkeitsverhältnisse.

2.4 Wandel in der Politik: erste Umrisse des modernen Staates

Im vorigen Kapitel hatten wir gesehen, welchen wichtigen Beitrag die Kirche zur Rationalisierung von Recht und Herrschaft geleistet hatte. Dazu gehört ein weiteres Element, von dem wir heute gewohnt sind, es in der staatlichen Ordnung zu finden: gemeint ist die Bürokratie (die bürokratische Verwaltung), die uns auf Schritt und Tritt begegnet und die für heutige Zeitgenossen selbstverständlich ist bei der Bewältigung vieler Lebenssituationen. Dem mittelalterlichen Menschen (wenn wir ausnahmsweise diesen eigentlich zu allgemeinen Begriff verwenden) wäre die Vorstellung absurd erschienen, bei einem Diebstahl zur Polizei zu gehen, bei der Arbeitssuche zum Arbeitsamt usw. Er hätte sich Rat und Hilfe zunächst bei Familie und Verwandschaft, dann bei Freunden und ihm verbundenen Gruppen (Zunft, Gilde, Bruderschaft etc.) geholt, weil die beispielhaft genannten modernen Ämter nicht existierten. Im weiteren muß man feststellen, daß der uns heute so vertraute Staat nicht existierte.
Der mittelalterliche „Staat" – wenn man ihn überhaupt so nennen will – beruhte auf adliger Herrschaft, die sich auf viele Herrschaftsträger verteilte und in einigen Ländern dadurch einen größeren Verband bildete, daß ihnen die Herrschaft eines Königs übergeordnet war. Politische Macht wurde dort ausgeübt, wo ein Herrscher konkret und persönlich über Menschen gebot. Um das tun zu können, mußte er sich den Menschen zeigen und seine Macht ausüben. Daher hatten die Herrscher lange keine Hauptstadt im heutigen Sin-

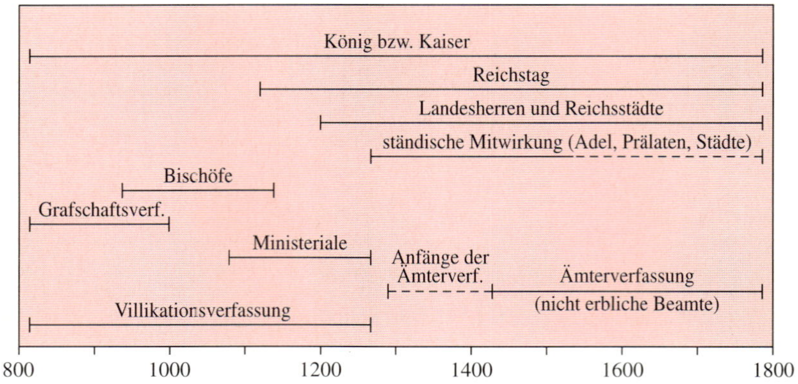

Entstehung des „Staates“
Wer nahm die verschiedenen Aufgaben beim Regieren und Verwalten wahr im deutschen Reich?

nach Friedrich-Wilhelm Henning: Handbuch der Wirtschafts- und Sozialgeschichte Deutschlands. (F. Schöningh) Paderborn 1991, Bd. 1, S. 561.

ne, sondern reisten im Lande umher, um ihre Herrschaft wahrzunehmen.
Wovon lebten der König und seine Begleiter, wie finanzierten sie ein solches unstetes Leben? Auf allgemeine Steuern, wie es heute die staatlichen Stellen tun, konnten die mittelalterlichen Herrscher zunächst nicht zurückgreifen, weil es sie nicht gab. Die Herrscher mußten also über genügend eigene Einkünfte verfügen sowie die Unterstützung derjenigen in Anspruch nehmen, die dazu verpflichtet waren (Pfalzen, Klöster, Städte). Zur Durchsetzung der Herrschaft war der Herrscher darauf angewiesen, daß seine Lehnsleute ihm mit „Rat und Tat“ zur Seite standen – also z.B. mit einer bestimmten Anzahl von Kriegern erschienen, wenn es um die Verteidigung des Landes ging. (Ein Lehnsmann wiederum erwartete Hilfe und Unterstützung durch seinen Lehnsherren, sofern er sie benötigte.)
Vergleicht man diese mittelalterliche Art der Ausübung politischer Herrschaft mit der heutigen, so wird man sofort feststellen, daß an die Stelle von persönlichen Bindungen Einrichtungen sehr abstrakter Art getreten sind: die staatlichen Institutionen sind nach allgemeinen Regeln eingerichtet, sie haben häufig einen vergleichbaren Aufbau, ihre Aufgaben sind durch Regeln und Vorschriften festgelegt. Die Menschen, die in diesen Einrichtungen tätig sind, arbeiten gemäß meist sehr detaillierter Dienstvorschriften, die vielfach keinen (allzu großen) Spielraum für die eigene Tätigkeit lassen. Charakteristisch für den heutigen Staat ist – neben anderem – das Handeln von Amtspersonen, die in ihrem Amt einen (meist winzigen) Teil der Staatsmacht darstellen.
Es ist nun interessant zu sehen, daß es die Kirche im 13. Jahrhundert war, die Ansätze zum modernen Amtsbegriff entwickelte. Es soll hier nicht das kirchliche Ämterwesen ausgebreitet werden – das geht schon aus Platzgründen nicht – sondern nur beispielhaft einige wichtige, in die Moderne weisende Elemente erwähnt werden. Ein wichtiger Aspekt ist in der *Rangordnung* der Ämter zu sehen; der oberste Gewaltinhaber ist der Papst, der die hierarchische Ordnung anführt. Ein weiterer Aspekt ist in der Tatsache zu erblicken, daß Funktionsträger nur Kleriker, nicht Laien, sein können. Die Zugehörigkeit zum Kreis der Kleriker bringt die Pflicht zum Gehorsam mit sich, die ja noch heute als wichtiges Merkmal des Beamtentums gilt. Die Übernahme eines bestimmten Kirchenamtes brachte es mit sich, spezielle Dienstpflichten zu erfüllen.
Im 13. Jahrhundert wurden die Ämter eines Offizials im Bereich der bischöflichen Gerichtsbarkeit und des Generalvikars für Verwaltungsaufgaben geschaffen. Sie verweisen insofern auf Typen moderner Ämter, als die Funktionsträger von ihren Posten abberufen und versetzt werden konnten; außerdem war ihre Entlohnung nicht an ein *beneficium* gekoppelt, wie dies bei anderen Ämtern der Fall war. Das *beneficium* bestand in der Regel aus den Einkünften aus Grundbesitz, d.h. aus dem, was die abhängigen Bauern zu leisten hatten. Das wiederum bedeutete – aus anderer Perspektive formuliert –, daß nicht der Dienstherr dem Amtsinhaber direkt seine Tätigkeit entlohnte, sondern daß der Amtsinhaber, wie ein Grundherr, die Bauern selbst zu den Abgaben und Dienstleistungen auffordern mußte.
Warum wurde solch ein Umweg beschritten? Der Dienstherr verfügte nicht über die finanziellen Mittel, um selbst die Amtsinhaber besolden zu können. Er mußte die Funktionsträger auf das verweisen, was die vorherrschende Feudalordnung bot. Damit ist dann auch eine entscheidende Barriere benannt, die ein schnelles Ausbreiten des Ämterwesens verhinderte.
Grundsätzlich war mit dem Ämterwesen auch der weltlichen Ordnung ein Weg gewiesen, wie sich Herrschaft direkter und intensiver ausüben ließ. Dieser Weg wurde von denjenigen Adligen beschritten, die eine Landesherrschaft errichteten.

Während der Zeit der Staufer begann ein Prozeß, in dem die Herrschaften einzelner Adliger zu mehr oder weniger großen, mehr oder weniger klar abgegrenzten Gebietsherrschaften (Territorien) zusammenwuchsen. Seit dem 13. Jahrhundert hatten einzelne Adelsgeschlechter damit begonnen, diejenigen Rechte und Besitzungen, die ihnen aus der zerfallenden politischen, sozialen und wirtschaftlichen Ordnung zugefallen waren, in einer Hand zusammenzufassen. Daraus entstanden neue politische Gebilde: „Länder" („Territorien"), an deren Spitze der „Landesherr" stand. Zwar wäre es falsch, wie es manche Atlanten noch immer tun, solche Territorialherrschaften flächenmäßig exakt abzugrenzen – einfach deswegen, weil in dieser Gebietsherrschaft noch viele Herrschaftsrechte anderer lagen –, doch war das Streben der Territorialherren eindeutig darauf gerichtet, die Herrschaftsrechte anderer zu übernehmen und zu einer einzigen Herrschaft zu bündeln. Damit wurde eine Entwicklung angestoßen, die in manchen Gegenden bis ins 19. Jahrhundert andauerte. An der Ausbildung solch flächenhafter Herrschaft waren nicht nur Adlige beteiligt, sondern auch Städte und geistliche Einrichtungen wie z.B. Klöster.

So verschieden der Prozeß der Territorialisierung im einzelnen verlief, wies er doch Gemeinsamkeiten auf – darunter vor allem das Ämterwesen. Die Art und Weise der Entwicklung sowie die Geschwindigkeit beim Durchsetzen des Ämterwesens spiegelten zwischen den einzelnen Gebieten sehr große Unterschieder wider.

Vom kirchlichen Ämterwesen war bereits weiter oben die Rede. Es ist nun auffällig, daß die Bezeichnung *officialis* als Oberbegriff für die weltlichen Verwalter im Erzbistum Köln erstmals in der Zeit (1265) in Erscheinung tritt, als auch der erste geistliche Offizial bezeugt ist. Es liegt nahe, eine Übertragung des Amtsgedankens auf die weltliche Territorialverwaltung zu vermuten.

Der Aufbau des modernen Territorialstaates hat sich über die *regionale* Ämterorganisation vollzogen und weniger über das *zentrale* Ämterwesen, obwohl auch hier einige Wurzeln der modernen Verwaltung seit dem späten Mittelalter liegen (vgl. Kap. 3, S. 84). Ein Amtmann als Vertreter des Landesherrn auf regionaler Ebene hatte insgesamt zwei große Pflichtenkreise zu erfüllen: die landesherrliche Interessenwahrung der Grundherrschaft und die Sicherung des Friedens. Das Verhalten des Amtmannes wurde im Laufe der Zeit immer mehr bestimmten Vorschriften unterworfen, die seit dem 14. Jahrhundert deutlich in den Quellen zu beobachten sind: Treuepflicht gegenüber dem Landesherrn, Redlichkeit und Unparteilichkeit (sowie Unbestechlichkeit) im Umgang mit den Bewohnern des Amtsbezirkes, die allmählich immer mehr zu „Untertanen" wurden, während sich die Herrschaft zur „Obrigkeit" wandelte. Daß der neuzeitliche Obrigkeitsstaat lange auf sich warten ließ, hatte viele Gründe. Hier können zunächst nur einige beispielhaft genannt werden:

– in zahlreichen Gebieten blieb es bei einer großen Zersplitterung der Herrschaftsrechte, selbst auf engstem Raum, etwa innerhalb eines Dorfes;

– das Arbeitsverhältnis eines Amtmannes war, verglichen mit dem modernen Beamtenverhältnis, sehr vielgestaltig. Die Berufung zum Amtmann beruhte zwar auf vertraglichen Regelungen, aber die Rechtslage gestaltete sich teilweise sehr kompliziert. Zusätzliche Komplikationen gab es deshalb, weil die Ämter zu einem besonders ausgestalteten Lehnsobjekt oder Gegenstand von Verpfändung wurden.

(Dieser Zusatz bedeutet aber *nicht*, daß der Auf- und Ausbau des Territorialstaates auf feudaler Grundlage erfolgt sei. Im Feudalismus war es bekanntlich nur zur Ausbildung des sogenannten „Personenverbandsstaates" gekommen. Daß der Territorialstaat einen Bruch mit dieser Tradition darstellt, mag folgendes Beispiel aus dem Land zeigen, das in Deutschland sehr früh den Weg der Territorialherrschaft einschlug. Für das Herzogtum Bayern regelte der Vilshofener Vertrag von 1293 auch die Zusammensetzung des herzoglichen Rates. Es wurde bestimmt, daß der gesamte Adel aus der *familia*, der Hausgenossenschaft des Herzogs, zu entlassen sei. Damit entfiel die personale Bindung des Adels an den Herzog und folglich entfiel auch die Mitherrschaft des Adels durch „Rat und Tat".

An die Stelle trat das persönliche Regiment des Herzogs, dem „beamtete" Räte fachkundige Vorarbeit für seine Entscheidungen leisteten).

Überlegungen zur weiteren Arbeit und Aufgaben zu Kapitel 2

Wenn man sich mit den Modernisierungsprozessen im Mittelalter beschäftigen will, sollte man vor allem folgende Probleme nicht aus den Augen verlieren: die Menschen jener Zeit lebten in einer Agrargesellschaft, deren Aufmerksamkeit darauf gerichtet war, unter vielen Mühen das tägliche Auskommen zu meistern. Die Unsicherheit und Gefährdung des Daseins führten dazu, am Bewährten festzuhalten und Neuerungen skeptischer gegenüberzutreten, als wir es heute gemeinhin tun. Berücksichtigen wir diese Tatsache, dann geschah die Ausbreitung der Uhrentechnologie und das Aufstellen öffentlicher Uhren (vgl. M 2.7) erstaunlich schnell. Es lohnt sich, dieser relativen Schnelligkeit nachzugehen und das Umfeld auszumessen, in dem der Wandel vor sich ging. Demgegenüber blieb der Wandel im agrarischen Bereich recht diffus: zwar gab es im Laufe der Zeit Änderungen in den Anbaumethoden und auch bei den Arbeitsgeräten, doch setzte sich vielfach etwas Neues nur sehr langsam durch. Solches Zögern hatte wahrscheinlich wenig damit zu tun, daß die Landbevölkerung „von Natur aus" zum Konservatismus neigte; vielmehr bot das gesellschaftliche, rechtliche und wirtschaftliche Umfeld den Bauern kaum Anlässe, ihr Handeln zu ändern.
Ein weiteres Problem sollte nicht übersehen werden: die Modernisierung war ein mehrschichtiger Prozeß. Bearbeitet man nun aber die Materialien nacheinander, so ist man mit der einzelnen Quelle beschäftigt – ohne gleich immer einen größeren Kontext zu beachten, der gleichwohl wichtig zum Verständnis ist. Dies erinnert an die Situation, wenn wir uns etwas in Gedanken vorstellen und es anschließend jemandem mitteilen wollen. Die Vorstellung vermag die ganze Problematik erfassen; wollen wir unsere Vorstellung an andere weitergeben, so müssen wir unsere Ideen in Worte fassen. Dabei müssen wir sie zeitlich nacheinander in Sätze bringen, obwohl wir doch in unserer Vorstellung die verschiedenen Aspekte des Bildes gleichzeitig vor uns haben.

① Versuchen Sie, die Mehrschichtigkeit des technologischen und ökonomischen Wandels im Mittelalter zu erfassen (M 2.6–2.15).

② Das Problem des Kredits war sowohl für die wirtschaftliche wie mentale Entwicklung von zentraler Bedeutung: untersuchen Sie die Frage, warum der Kredit im Mittelalter ein solch großes Problem darstellte und wie die Menschen damit umgingen (M 2.14–M 2.17).

③ Die Entwicklung der Stadt zeigt recht schön die Komplexität der Modernisierungsprozesse: gehen Sie dem anhand des ökonomischen und sozialen Wandels nach. (M 2.18–2.23).

④ Unsere Vorstellung vom Staat ist die des heutigen Staates mit seiner scheinbar allumfassenden Zuständigkeit: Diskutieren Sie die „modernen" und „unmodernen" Aspekte des mittelalterlichen Staates. (M 2.27–2.32).

⑤ Referieren Sie die politische Theorie des Thomas von Aquin (M 2.30) und versuchen Sie, diese mit einer modernen Theorie zu vergleichen. Dann sollten ein oder mehrere Kursteilnehmer die moderne Theorie in einem Referat vorstellen.

⑥ Versuchen Sie, eine Podiumsdiskussion über „Statik und Dynamik des Mittelalters" (M 2.33) zu organisieren.

⑦ Ein wichtiges Element des Modernisierungsprozesses war die Ausbreitung der Verschriftlichung. Referieren Sie knapp die Thesen von H. Keller (M 2.25) und versuchen Sie, deren Tragfähigkeit auszuloten.

⑧ Es ist schwierig, die Lage von Frauen im Mittelalter zu bestimmen. Wenn Sie mit M 2. 24 die rechtliche Stellung von Frauen festgestelt haben und Sie mit M 3.13–3.16 vergleichen, können Sie in Umrissen erkennen, worin die Probleme bestehen.

Materialien zu Kapitel 2

M 2.1 Wirtschaftliche Wechselbeziehungen in der Landwirtschaft Deutschlands im Überblick

Wirtschaftliche Wechselbeziehungen und Schwerpunkte in dem aus feudalherrlichen Eigenwirtschaften und Bauernwirtschaften bestehenden System von 800 bis 1800.

Periode	Haus- und Hofhaltung, Verwaltung und Streitmacht der Feudalherren	Landwirtschaftliche Produktion		Markt für landwirtschaftliche Produkte	Erläuterungen
		Eigenwirtschaften der Feudalherren	Bauernwirtschaften		
800 bis 1150	← Arbeit und Produkte	← Arbeit		Rudimentär	Die Villikationszentren bezogen naturale Leistungen aus ihrem eigenen Herrschaftsbereich. Ein Marktgeschehen mit landwirtschaftlichen Produkten ist nur in den wenigen Städten und stadtähnlichen Orten nachzuweisen, sonst vielleicht bei regionalen Mißernten.
1150 bis 1470	← Arbeit, Produkte und Geld	← Arbeit	Verkauf →	Innerhalb kleiner Regionen, überwiegend Stadtumlandwirtschaft.	Die Entfaltung der Städte schuf einen dauerhaften Markt für landwirtschaftliche Produkte. Interregionale Handelsbeziehungen mit solchen Produkten waren wegen der hohen Landtransportkosten nur wenig vorhanden.
1470 bis 1800	← Arbeit, Produkte und Geld	← Arbeit; Verkauf →	Verkauf →	Ergänzung des Handels um den zwischen weit auseinanderliegenden Regionen, Anfänge bereits vor 1470.	Die wachsenden gewerblichen Zentren in Nordwesteuropa förderten die Entstehung und Ausbreitung der auf den Getreideexport über dem Seeweg ausgerichteten Gutswirtschaften in Ostelbien. In diesem Gebiet kam es daher zu einer umfangreichen Erhöhung der Arbeitsleistungen der Bauern.

nach Friedrich-Wilhelm Henning: Handbuch der Wirtschafts- und Sozialgeschichte Deutschlands. (F. Schöningh) Paderborn 1991, Bd. 1, S. 53.

M 2.2 Abgrenzung von Lehenssystem und Feudalsystem (schematische Darstellung)

Das Lehenssystem als Teilelement innerhalb des Feudalsystems

Adliger **Lehnsherr** als Lehensgeber

vergibt ↓ **Beneficium** (= meist Überlassen von Land und Leuten)

erhält ↑ **„Treue“** (In Form persönlicher Leistung, z.B. Kriegsdienst)

an **Lehnsmann** = Lehnsempfänger (er bewahrt persönliche Freiheit)

↑ Abgaben und Dienste

Allodialherr (Herr auf Eigenbesitz)

übt verschiedene Herrschaftsrechte aus, die mit dem Eigentum* verbunden waren.

↓ ↑ Abgaben und Dienste

Bauern mit Bodennutzungsrecht, aber meist ohne persönliche Freiheit, sowie weitere Dorfbewohner als unmittelbare Bearbeiter des Bodens

* Der Eigentumsbegriff des Mittelalters unterschied sich deutlich vom heutigen: während sich heute privates Eigentum im wesentlichen auf Vermögensfragen bezieht, konnten im Mittelalter zum Eigentum einzelner auch Rechte gehören, die für unser Verständnis zu den Hoheitsrechten des Staates zählen (z.B. Zölle, Abgaben, Münzrecht usw.)

Gab es „technische Revolutionen“ im Mittelalter?

M 2.3 Technologischer Wandel in der Landwirtschaft

a) Hakenpflug und Beetpflug

1. Hakenpflug 2. Beetpflug

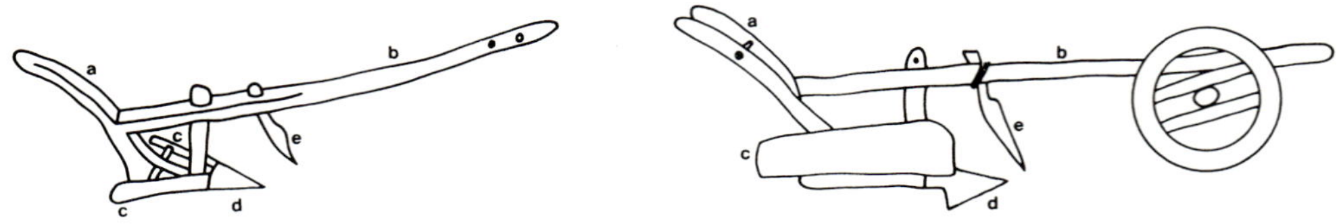

a = Pflugsterz
b = Pflugbaum
c = Streichbrett
d = Pflugschar
e = Pflugmesser (Sech)
f = Radvorgestell

nach Werner Rösener: Bauern im Mittelalter. (Beck) München 1993, S. 121

b) Frühe Darstellung über den Einsatz eines Beetpfluges. Mit dem Beetpflug war der Hakenpflug nicht „unmodern“ geworden – sein Einsatzgebiet war nur meist verändert worden: er wurde eher auf Äckern mit leichten Böden eingesetzt.

Der Beetpflug ermöglichte eine höhere Leistung als der Hakenpflug; er verlangte allerdings auch höhere Investitionen und mehr Zugvieh. Sein Einsatz lohnte also eher in marktorientierten Betrieben.

Anspannung eines Rinderpaares vor den Pflug. Die Rinder sind in ein Genickdoppeljoch eingespannt; der Beetkehrpflug hat ein umsetzbares Streichbrett und eine Umstellvorrichtung für das Sech. Herrad von Landsberg, Hortus deliciarum (12. Jh.).

M 2.4 Ein heutiger Historiker über „die Dreifelderwirtschaft als agrarwirtschaftlicher Fortschritt“

Einen wesentlichen Faktor für den agrarwirtschaftlichen Fortschritt des Hochmittelalters stellt die Ausbreitung der Dreifelderwirtschaft dar. Die Anfänge dieses Bodennutzungssystems gehen zwar auf die Karolingerzeit zurück, doch erstreckte sich seine damalige Anwendung im wesentlichen auf wenige herrschaftliche Äcker. Die eigentliche Ausbreitung der Dreifelderwirtschaft in Gestalt der dörflichen Dreizelgenwirtschaft fand erst im Hochmittelalter statt, so daß dieses Feldsystem im Spätmittelalter schließlich zur vorherrschenden Form der Ackerlandnutzung in den meisten Landschaften wurde. In vielen Abhandlungen, die sich mit Gestalt und Entwicklung der mittelalterlichen Dreifelderwirtschaft befassen, werden ihre Entwicklungsphasen zu pauschal dargestellt: Dreizelgenwirtschaft liegt [...] erst vor, wenn die Gewannflur eines Dorfes in drei Zelgen (Großfelder) eingeteilt ist und eine für alle Bauern verbindliche Rotation von Wintergetreide, Sommergetreide und Brache erfolgt. Eine Dreifelderwirtschaft in diesem speziellen Sinne – ihre Anwendung im dörflichen Rahmen mit Flurzwang – breitet sich erst seit dem 12. und 13. Jahrhundert in verstärktem Maße aus und ist eng mit dem allgemeinen Vorgang der Vergetreidung und der intensiveren Bewirtschaftung der bebauten Dorfflur verbunden. Die verzelgte Gewannflur geht jedenfalls nicht auf die germanische Frühzeit zurück, wie man früher annahm, sondern ist ein Produkt des Hochmittelalters: Der Prozeß der Verzelgung, die Zusammenfassung der bebauten Flurstücke zu Großfeldern, läßt sich erst seit dem Hochmittelalter beobachten und ist eine höchst bedeutsame Form der Rationalisierung im mittelalterlichen Getreideanbau. Obwohl immer noch keine genauen Daten zur Entstehungszeit und zur massenhaften Einführung dieses Feldsystems in den einzelnen Landschaften und Ländern vorliegen und auch nur schwer zu erbringen sein werden, scheint heute festzustehen, daß sich die Dreifelderwirtschaft im Hochmittelalter zuerst in den großen Getreidebaulandschaften Nordfrankreichs, der Niederlande und Westdeutschlands entwickelt und sich von dort in unterschiedlichem Tempo auf die Nachbarregionen ausgebreitet hat.

Die Vorteile der Dreifelderwirtschaft lassen sich am besten aufzeigen, wenn man sie primitiveren Bodennutzungsformen gegenüberstellt. Im Frühmittelalter wurden die Bauernäcker noch ganz überwiegend in der extensiven Form der Feldgraswirtschaft mit längeren Ruhezeiten zwischen den Getreidebaujahren bestellt. Die Feldgraswirtschaft stellt aber bereits einen Fortschritt gegenüber der Urwechselwirtschaft dar, bei der das Land nur einige Jahre als Ackerland genutzt und dann der Verwilderung überlassen wurde. War der Boden so nach einigen Jahren oder Jahrzehnten regeneriert, konnte er erneut gerodet und beackert werden. Bei der ungeregelten oder wilden Feldgraswirtschaft wurde Weideland für begrenzte Zeit umgebrochen und ackerbaulich genutzt. Meistens baute man nach Umbruch der Grasnarbe ohne Einbringen von Dünger über zwei bis drei Jahre Roggen, Dinkel oder Hafer an und überließ dann die Flächen wiederum der Grasbildung und dem Strauchwuchs, um dann in der Nachbarschaft neues Land zu kurzfristiger Ackernutzung zu verwenden. Dieses System wurde vor allem in weiter nach außen gelegenen Feldern der Ortsfluren praktiziert, während die Innenfelder in der Nähe der Siedlungen besser gedüngt und intensiver bewirtschaft wurden. [...]

Im Rahmen der primitiven Wechselwirtschaften gab es in einigen Landschaften auch entwickelte Nutzungsformen, die mit ihren letzten Resten bis in die jüngere Vergangenheit hineinreichten. Bei der Haubergwirtschaft, die im Siegerland betrieben wurde, waren die Hauberge jeweils in etwa 20 Landstücke verschiedenen Alters unterteilt. Die Rinde der jungen Bäume, meist Eichen, wurde am Stamm geschält, dann getrocknet und anschließend als Lohe zur Lederherstellung verwandt. Das rindenlose Stammholz lieferte den Rohstoff für die Herstellung von Holzkohle; unverkohlt diente es den Bauern zur Deckung ihres Brennholzbedarfs. Das abgeholzte Haubergstück wurde nur für ein Jahr zur Getreidesaat genutzt und diente dann als Viehweide.

Zit. nach Werner Rösener (M 2.3), S. 129 ff.

M 2.5 Mittelalterliche und heutige Einschätzung von Ernteerträgen

Thesen des französischen Historikers Georges Comet

Die Frage nach den Ernteerträgen ist eine der schwierigsten der Wirtschafts- und Technikgeschichte des Mittelalters. Sie ist vielfach untersucht worden und hat Anlaß zu heftigen Polemiken gegeben. [...]

Einen Ertrag einzuschätzen bedeutet, ein Verhältnis einzuschätzen. Was für die Menschen bis zum 19. Jahrhundert zählte, war das Verhältnis zwischen der Zahl der eingesäten und der geernteten Getreidekörner. Dieser Wert spielt heute keine Rolle mehr, wenn es darum geht, die Erträge einer Getreidekultur zu ermitteln, sondern man verwendet diesen Steigerungssatz immer dann, wenn man von der Vermehrung des Saatgutes spricht, und zwar zwischen dem Augenblick, in dem eine neue Züchtung einsatzfähig ist, und dem, sobald man über genug Körner verfügt, um Saatgut verkaufen zu können. Diese Zeitspanne beträgt im allgemeinen 4 Jahre, und man spricht dann von dem Steigerungssatz, der es erlaubt, von einer Generation von Körnern zur nächsten zu gelangen. 1985 betrug dieser Satz 30 für Brotgetreide, 200 für Mais, 20 für Futtererbsen.

Diese Art zu zählen erlaubt es, die Bedeutung der früheren Art und Weise, Ernteerträge einzuschätzen, genauer zu erkennen. Die Zahl der geernteten Körner in Beziehung zu den ausgesäten zu setzen, ist die Vorgehensweise von Menschen, die mit Sorge auf das Ergebnis der Feststellung warten, wie groß der Anteil der verbrauchsfähigen Körner an der Ernte ist. Wichtig ist ihnen also eine verbrauchsfähige Produktion und nicht ein finanzieller Gewinn. Ein Ertrag von 5 zu 1 ließ 4 Körner für den Verbrauch übrig; dies bedeutete, daß man eine dauernde Reserve von einem Viertel des jährlichen Verbrauchs benötigte, um den nötigen Vorrat an Saatgut zu haben. Diese Zahl war in einer Welt wichtig, die am Rand der Unterernährung lebte.

Unsere heutige Art zu zählen hebt auf die Menge ab, die pro Flächeneinheit erzeugt wurde. Das ist die Vorgehensweise von Menschen, für die Unterernährung einer weit zurückliegenden Vergangenheit angehört und für die Land teuer ist, seinen Preis hat. Es handelt sich nicht mehr um einfachen Eigenverbrauch der Erzeugnisse, sondern vor allem um Kommerzialisierung, d.h. um Einbringen in Marktbeziehungen. Der wirtschaftliche und finanzielle Ertrag steht über dem simplen botanischen Ertrag.

Das Erstaunliche an der Entwicklung ist die Tatsache, daß man früher wie heute in etwa gleiche Mengen pro Hektar aussät und daß die erstaunlichen Fortschritte der letzten Jahre hinsichtlich der Steigerung der Ernteerträge erreicht wurden, ohne daß man die Dichte der Aussaat verändert hätte. Der Erhöhung der Hektarerträge entspricht eine gleichartige Zunahme der Ernteerträge im Verhältnis zur Aussaat. (In Frankreich haben sich zwischen 1955 und 1984 die Erträge um das Dreifache erhöht, sogar um das Vierfache, wenn man sich auf 1936 bezieht. Während des Erntejahres 1985 gab es in der Pikardie, im Norden Frankreichs, nicht wenige Getreidebauern, die 100 Doppelzentner pro Hektar geerntet haben. 100 Doppelzentner pro Hektar entspricht einem Ertrag von ungefähr 66 zu 1. Das ist ein Wert, der für einen Bauern des Mittelalters an die sagenhaften Ergebnisse herankam, die etwa das Markusevangelium über den glücklichen Sämann berichtete, dessen Körner in guten Boden fielen. Bei dieser Geschichte wußte aber jeder, daß sie nur als Gleichnis gemeint war.) Aber die Art, diese Ergebnisse wahrzunehmen, hat sich geändert, außer bei Zucht des Saatgutes. Bei letzterem zählt die Produktivität pro Hektar weniger als die Möglichkeit, eine bedeutende Anzahl von gleichartigen Körnern zu reproduzieren. Der heutige Steigerungssatz (bei der Saatgutproduktion) liegt in der Nähe dessen, was der Bauer des Mittelalters kannte; die Erträge drücken sich in diesem Fall in gleicher Weise aus.

zit. nach Georges Comet: Le paysan et son outil. (Ecole française de Rome) Rom 1992, S. 294 f. (Übersetzung: M. Tabaczek)

M 2.6 Eine „technische Revolution" in der Energieerzeugung – Wandlungen in der Werkzeugtechnologie und im Werkzeugverständnis

a) Entwicklung von Handmühlen

Mühle mit halber Drehung

Drehbare Mühle mit Führungsstab (14. Jh.)

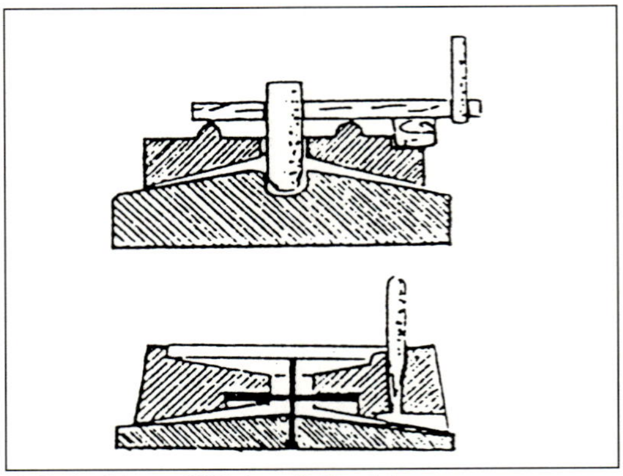

Voll drehbare Mühle mit Kreisbewegung

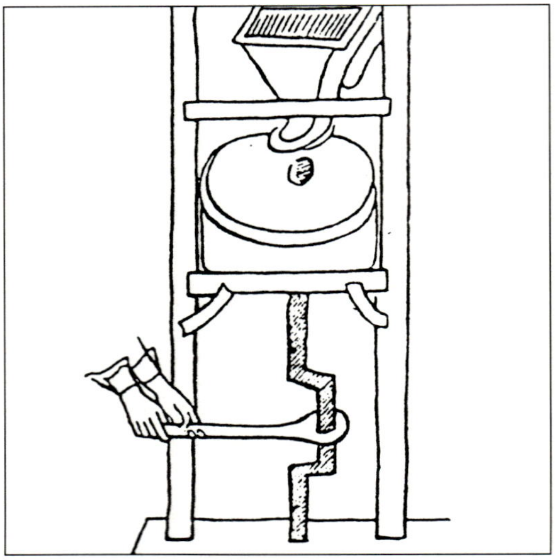

Drehbare Mühle mit Handkurbel (ca. 14. Jh.)

b) Wassermühlen

Unterschlächtige Wassermühle (13. Jh.). Das Rad konnte je nach Wasserstand verstellt werden.

Oberschlächtige Wassermühle (14. Jh.). Die Wasserzufuhr war regelbar. Die Energieausbeute war bei diesem Mühlentyp erheblich höher als bei der unterschlächtigen Mühle.

c) Windmühle

Mittelalterliche Zeichnung einer frühen Windmühle

M 2.7 Uhrentechnologie – Entwicklung der „öffentlichen" Uhren

a) Wasseruhr um ca. 1250

b) Astronomische Uhr

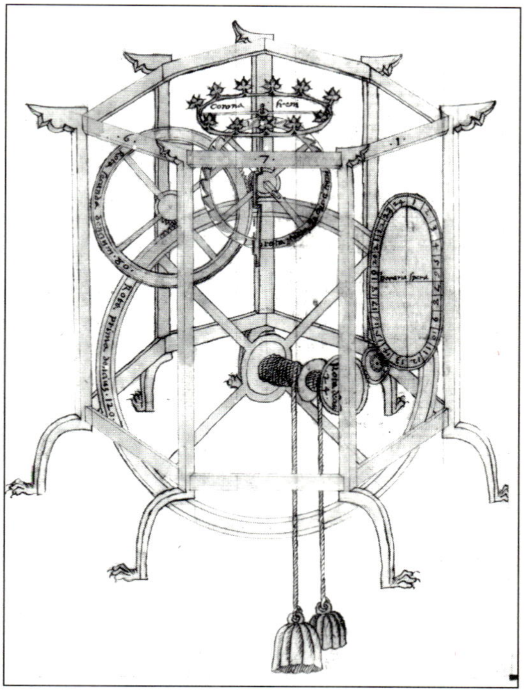

Astronomische Uhr (1364), entworfen von Giovanni Dondi

c) Ausbreitung der öffentlichen Uhren im 14. Jh.

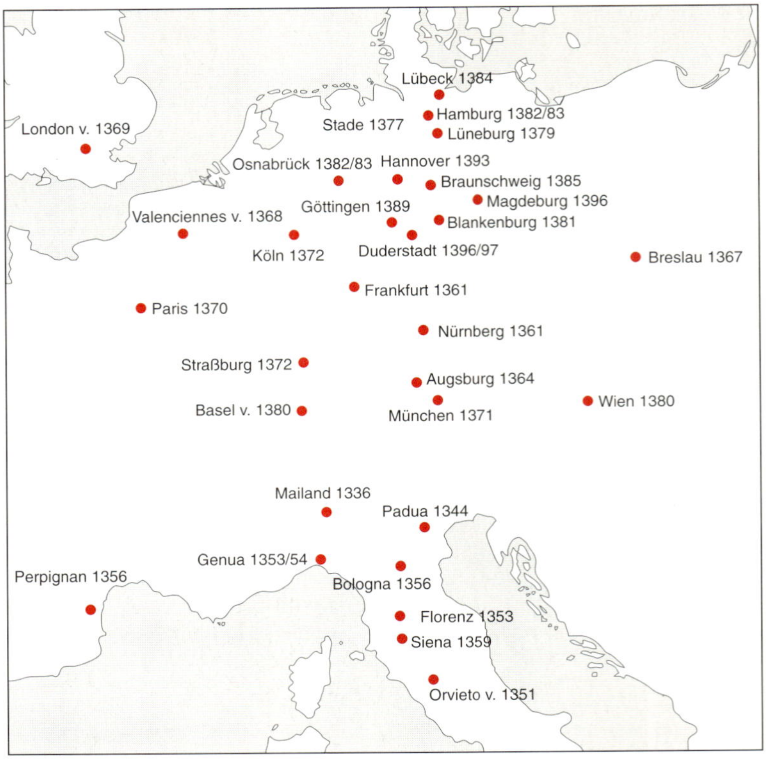

Entwurf: Gerhard Dohrn-van Rossum zit. nach Cord Meckseper (Hrsg.): Stadt im Wandel – Kunst und Kultur des Bürgertums in Norddeutschland 1150–1650. (Edition Cantz) Stuttgart – Bad Cannstatt, 1985, Bd. 2, S. 1381.

M 2.8 „Technische Revolution" im Bergbau?

a) Bergbau etwa um die Mitte des 13. Jahrhunderts

Zwei Darstellungen des mittelalterlichen Bergbaus im Steinbuch Alfons des Weisen (1221–1284)

b) Bergbau im 16. Jahrhundert

Pferdegöpel in Tirol (Schwazer Bergbuch, 1556)

Ausschnitt aus dem Annaberger Altar von Hans Hesse (nach 1521) mit Schächten, Schachthäusern, Stollen sowie Wasch- und Pochplätzen zur Erzaufbereitung.

M 2.9 Klöster an der Spitze des Fortschritts?

Aus der Lebensbeschreibung des Bernhard von Clairvaux (um 1140); Beschreibung der Abtei Clairvaux (gegr. 1115 von Bernhard):

„Der Fluß tritt in die Abtei insoweit ein, als die Mauer, die als Hindernis entgegensteht, dies zuläßt. Er stürzt sich zunächst in die Getreidemühle, wo er gehörig eingespannt wird, das Korn unter dem Druck der Mühlsteine zu mahlen und das feine Sieb zu schütteln, welches das Mehl von der Kleie trennt. Dann fließt er in das nächste Gebäude und füllt die Siedepfanne, in der er erhitzt wird, um ihn zur Herstellung von Bier als Getränk für die Mönche zu benutzen, wenn der Ertrag des Weinstocks des Winzers Mühe nicht lohnt. Aber der Fluß hat seine Arbeit noch nicht getan.

Er wird nun in die Tuchwalke geleitet, die sich an die Getreidemühle anschließt. In der Mühle hat er Nahrung für die Brüder bereitet, jetzt ist es seine Pflicht, ihnen zu helfen, ihre Kleidung herzustellen. Der Fluß versagt dies nicht, wie er überhaupt keine

Aufgabe zurückweist, die man ihm stellt. So läßt er die schweren Hämmer und die Schlägel oder genauer gesagt die hölzernen Füße der Tuchwalke sich abwechselnd heben und senken. Wenn er nun, eiligst herumwirbelnd, alle diese Räder in schnelle Umdrehung versetzt hat, strömt er schäumend heraus und macht den Eindruck, als habe er sich selbst zermahlen lassen. Nun tritt er in die Lohgerberei ein, wo er alle Sorgfalt und Arbeit aufwendet, die für die Fußbekleidung der Mönche notwendigen Stoffe zu bereiten. Er teilt sich dann in viele kleine Zweige und durchzieht in seinem geschäftigen Lauf die verschiedenen Bezirke. Dabei sucht er allüberall nach jenen, die seine Dienste zu irgendwelchen Zwecken benötigen; es sei das zum Kochen, zur Drehbewegung, zum Pressen, zur Bewässerung, zum Waschen oder zum Schleifen. Immer bietet er seine Hilfe an und niemals weigert er sich. Um vollkommenen Dank zu erwerben und um nichts ungetan zu lassen, trägt er schließlich noch die Abfälle fort und hinterläßt alles in Sauberkeit."

Aus: Vita des Bernhard von Clairvaux, geschrieben von einem Zeitgenossen um 1140; Bernardi Vita II. cap. 5. Nr. 31; in: Migne, Patrologia lat. Vol. 185, Sp. 570–572;
Zit. nach Jochim Varchmin/Joachim Radkau: Kraft, Energie und Arbeit – Energie und Gesellschaft. (rororo) Reinbeck 1981, S. 47.

M 2.10 Eine „technologische Revolution" im 13. Jahrhundert?

a) Entwicklung der Spinn- und Webtechnik bis 1800

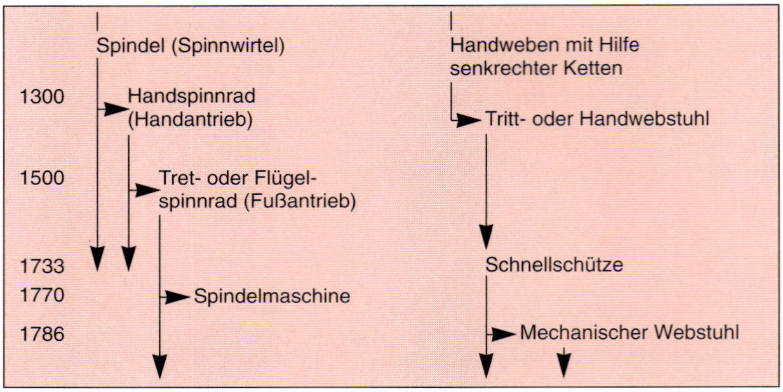

nach Friedrich-Wilhelm Henning (M 2.1), Bd. 1, S. 848.

b) Mönche verbreiteten wahrscheinlich in Florenz die flandrische Art der Wolltuchherstellung

a)

b)

c)

Die Humiliatenmönche wanderten im 13. Jh. aus Flandern nach Florenz ein. Wahrscheinlich brachten sie die Florentiner Wollentuchproduktion erst richtig in Schwung. Das Garn wurde bei ihnen auf große Spulen zum Kettscheren umgespult. Am Schergatter wurde dann die Kette geschert und am Webstuhl das Tuch gewebt (a). Die Tuche wurden gefärbt, gewalkt und dann gespannt und später ausgebessert (b), danach angeboten, begutachtet und verkauft (c). Die Abbildungen stammen aus der Mitte des 14. Jahrhunderts.

nach Almut Bohnsack: Spinnen und Weben – Entwicklung von Technik und Arbeit im Textilgewerbe. (Rowohlt) Reinbek 1987, S. 113.

Ansätze früher kapitalistischer Strukturen

M 2.11 Die mittelalterliche Tuchproduktion: Differenzierung und Spezialisierung unter Anleitung durch den Kaufmann-Verleger

a) Das Prinzip der Tuchproduktion in Flandern, Brabant und Holland vom 11. bis zum 15. Jh.

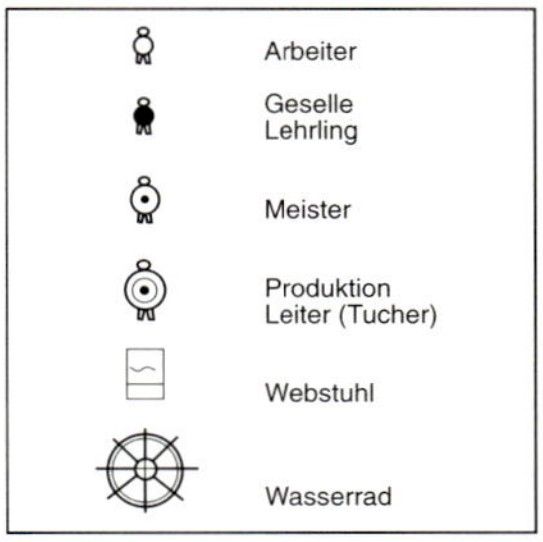

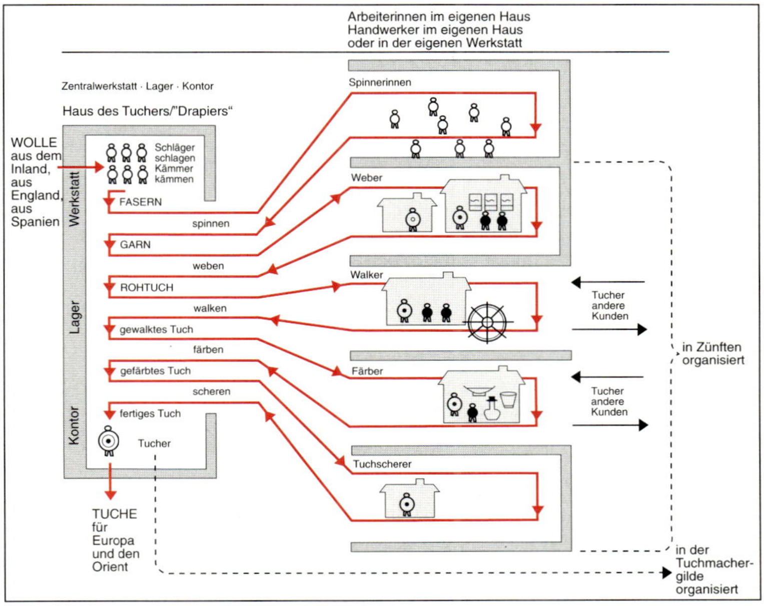

b) Organisation der Tuchmacherei in Florenz im 14. und 15. Jh.

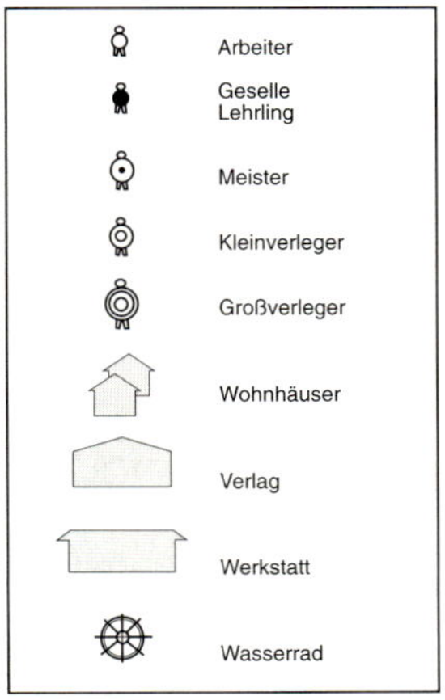

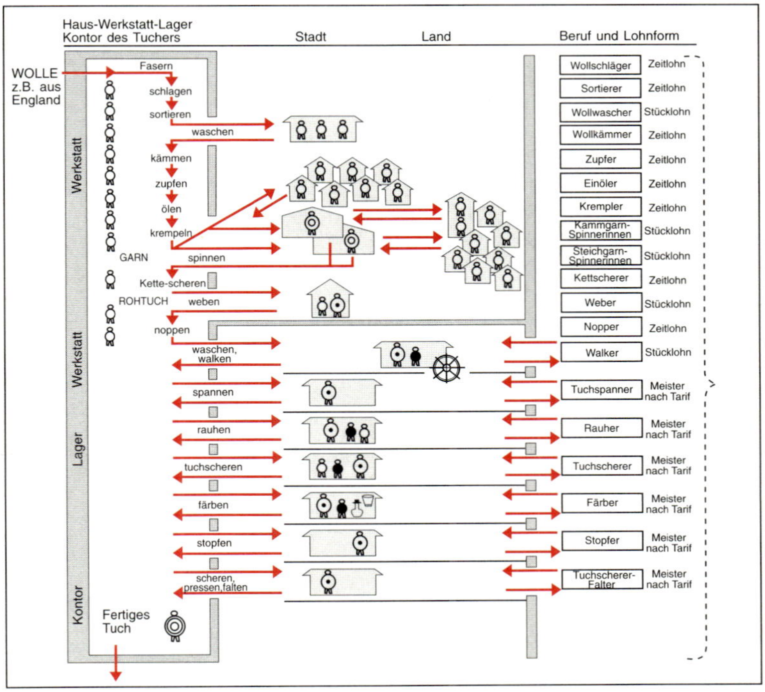

a) und b) nach Almut Bohnsack (M 2.10b), S. 107 u. 110.

M 2.12 „Kommerzielle Revolution“ im 13. Jahrhundert

a) Grundlegende Veränderungen der Geschäftsmethoden und Handelsorganisation italienischer Kaufleute

Bisher: Kaufleute reisten persönlich, z.B. zu den Messen in der Champagne, um zu kaufen und zu verkaufen

Neu: Kaufleute führen ihre Geschäfte von den Kontoren in Genua, Florenz oder Pisa aus.

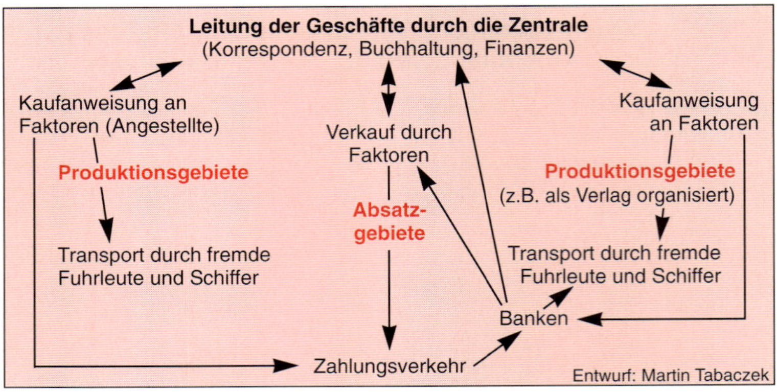

M 2.13 Fernhandel und Verlag

a) Verlag aus „zeitgenössischer“ Sicht

Hans Sachs (1494–1576) über die Bedrückungen, die seiner Meinung nach vom Verlagssystem ausgingen. Er entstammte dem handwerklichen Milieu und blieb ihm in vielen seiner Lieder und Stücke verbunden. Er setzte sich sehr früh und nachhaltig für die Reformation ein.

„Weiter regirt der geytz gewaltigklich unter den kauffherren und verlegern, die da drucken ire arbeyter und stückwercker; wenn sie inen ir arbeyt und pfenwerdt bringen oder haimtragen, da tadeln sie in ir arbeyt auffs hinderst, dann steet der arm arbeyter zitrent bey der thür mit geschloßnen henden, stilschweygent, auff das er des kauffherren huld nit verlier, hat etwann vor gelt auff die arbeyt entlehent, alßdann rechent der kauffherr mit im, wie er wil. Büst der arm sein aygen gelt ein zu seiner arbeyt, dann frewt sich der reich des guten wolflen kauffs, maynt, er hab im recht gethan...“

(Hans Sachs, Ein dialogus des inhalt ein argument der Römischen wider das christlich heuflein, den geytz, auch ander offenlich laster usw. betreffend)

b) Kosten der Produktion im Textilsektor

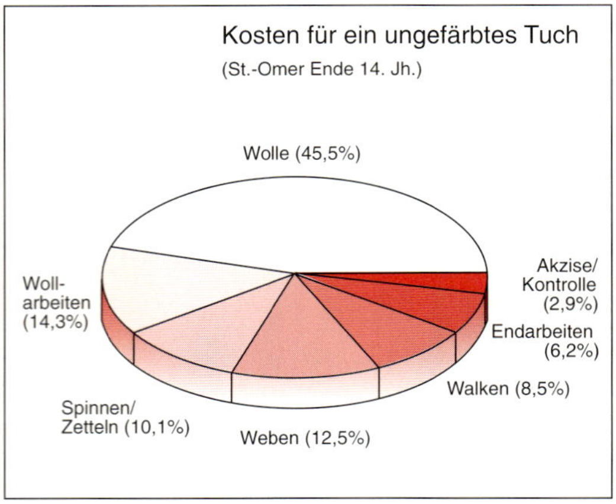

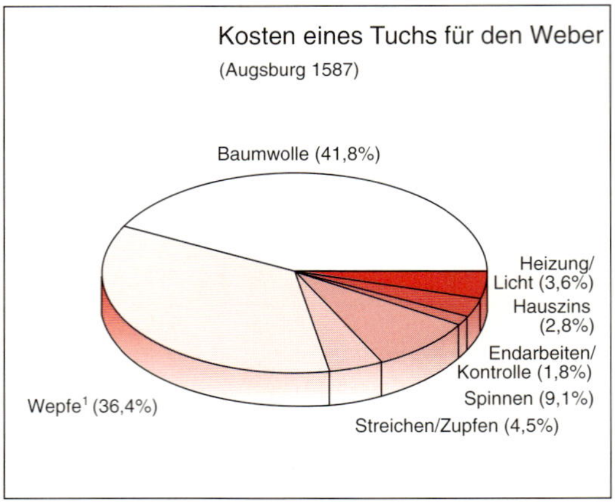

a) und b) nach Rudolf Holbach, Frühformen von Verlag und Großbetrieb in der gewerblichen Produktion (13.–16. Jahrhundert), (Deutscher Apotheker Verlag) Stuttgart 1994, unpag.

1 Flachsgarn

Bereitstellen von finanziellen Mitteln in einer geldarmen Zeit

M 2.14 Der Rentenkauf

a) Rentenkauf zwischen Geschäftssinn und Sorge um das Seelenheil

Regest (Zusammenfassung) einer Urkunde aus Bielefeld (1308): Rentenkauf der Adelheid von Isingdorf

1308, OKTOBER 31.
Der Bielefelder Richter Hermann [Hanebom] und die Bielefelder Ratsherren Eckbert von Melle, Winand Dolekinc, Gerhard von Dono *(Donowe)*, Albert Dinggreve, Arnold Strepehavere, Johann von Eißen *(Edessen)*, Johann Puster, Hermann von Gütersloh, Eckbert von Oldendorf, Hermann Puster, Meinrich von Arnholt und Winand von Halen bekunden:
Adelheid *(Alheid)*, Tochter des † Johann von Isingdorf *(Icinctorpe)*, hat für 4 Mark eine Jahresrente von 4 Schilling schwerer, in Bielefeld gängiger Pfennige aus dem Hause und Grundstück des Hermann Gronewolt gekauft. Die Rente ist in 2 Raten, jeweils zu Ostern und zu Michaelis, zahlbar.
Adelheid und ihre Mutter werden diese Rente genießen, solange sie leben, jedoch sollen davon jährlich 6 Pfennig der alten Kirche in Bielefeld für deren [weiteren] Bau gegeben werden *(ad structuram veteri ecclesie in Bilevelde singulis annis ministrabunt).*
Zum Heile ihrer und ihrer Eltern Seelen hat Adelheid die Rente für die Zeit nach ihrem und ihrer Mutter Tode der „alten Bielefelder Kirche" vermacht mit der Bestimmung, daß 3 Schilling zum Ankauf von [Meß]wein, 8 Pfennig [für eine Memorie] an ihrem und ihrer Mutter Geburtstage *(ad peragendum anniversarium ipsorum)*, 2 Pfennig für den Glöckner *(campanario)* und 2 Pfennig für zu Weihnachten anzuzündende Kerzen *(ad candelas ... sufflatorum)* verwandt werden.
Die auf den gen. Grundstücken liegenden Steuern *(census areales)*, Wachen und andere gemäß dem Bielefelder Stadtrecht zu tragenden Lasten sind weiterhin von Hermann Gronewolt allein zu leisten. Adelheid und ihre Mutter sollen davon gänzlich frei sein.
Sollte das Haus durch Feuer oder sonstwie zerstört werden, Hermann oder seine Rechtsnachfolger es innerhalb einer Frist von 1 Jahr und 6 Wochen nicht wiederaufbauen und Adelheid und ihre Mutter die Rente, die Kirche die 6 Pfennig nicht mehr erhalten, verlören Hermann und seine Rechtsnachfolger ihre Rechte an dem Grundstück und den übriggebliebenen Gebäuden. Adelheid, ihre Mutter oder die Kirche könnten alsdann das Grundstück und die übrigen Gebäude so teuer wie möglich *(prout preciosius poterunt)* verkaufen, ohne das Bielefelder Stadtgericht deswegen in Anspruch zu nehmen *(iure opidi Bileveldensi ad hoc nullatenus requisito)*, damit sie das Schuldverhältnis wiederherstellten und die 4 Schilling weiterhin bezögen. Sollte aus dem Verkauf ein Überschuß *(residuum)* verbleiben, würden Adelheid oder ihre Rechtsnachfolger ihn dem Hermann Gronewolt oder Rechtsnachfolger zur Verfügung stellen *(presentabunt).*
Datum anno Domini M°CCC°VIII°, in vigilia Omnium sanctorum.

Zit. nach Gustav Engel (Bearb.): Ravensberger Regesten I. 785–1346. (Westfalen Verlag) Bielefeld 1985, S. 734 f.

b) Die Entwicklung des Rentenmarktes in Hamburg

1. Geschäfte und Umsätze der verschiedenen Rentenarten 1291–1330

Rentenart	Geschäfte	Kapital	Durchschn. Kapital pro Gesch.
Neurenten	1250	43877,29 m	35,10 m
Stadtrenten[1]	68	9490,38 m	139,56 m
Alte Grundstücksrenten	436	14541,02 m	33,38 m
Schuldrenten	118	7422,14 m	62,90 m
Hauskaufrenten	251	10515,20 m	41,89 m
Gesamt	2313	100501,17 m	

m = Mark Lübisch
[1] zu den Begriffen s. Glossar

nach Klaus Richter: Untersuchungen zur Hamburger Wirtschafts- und Sozialgeschichte um 1300 unter besonder Berücksichtigung der städtischen Rentengeschäfte 1291–1330. (H. Christians) Hamburg 1971, S. 128 (= b1); 137 (= b2).

2. Entwicklung des Zinsfußes bei Neurentengeschäften

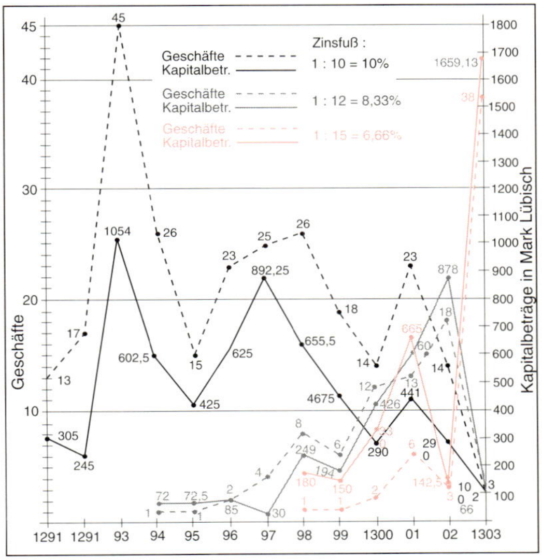

M 2.15 Neue Zahlungsmittel: Wechselbrief und Scheck

a) Wechselbrief

„Verso: Enrico de Boldo, Deutscher, in Genf. Recto: Im Namen Gottes. Genua, den 30. März 1458. Lieber Bruder, zahle beim nächsten Ostermarkt mit diesem ersten Brief an Martino Illuminato 125 Ecus Savoyer Währung; sie sind für den Wert, der hier von Bartolomeo Illuminato erhalten wurde und zwar 42 Sous pro Ecu."

Euer Batista de Sessino[1]

[1] Batista de Sessino in Genua; er hatte 5250 genuesische Sous von Bartolomeo Illuminato erhalten.

b) Scheck

„Giovanni Piccamiglio zahlt an Luigi Doria 48 Lb 6d. und belastet mich damit. Tommaso Piccamiglio"

Aussteller	→	Tommaso Piccamiglio
↓		
Empfänger	→	Luigi Doria
↓		
Bezogener	→	Giovanni Piccamiglio

nach Guy Fourquin: Histoire économique de l'Occident médiéval. (Colin) Paris 1990, S. 308.

c) Der Wechsel und die Entstehung von Papiergeld

Der Wechsel ist ein Mittel des bargeldlosen Zahlungsverkehrs. Früheste Formen entstanden im 12./13. Jahrhundert in Italien; die weitere Entwicklung erstreckt sich bis zur Gegenwart. Der Wechsel beruht auf einer Schuld (z.B. aus einem Kauf) und enthält eine befristete Zahlungsverpflichtung; gewöhnlich weist der Aussteller seinen Schuldner (= Bezogener) an, einem Dritten (= Wechselnehmer), bei dem der Aussteller selbst eine Schuld hat, zu einem gegebenen Zeitpunkt einen bestimmten Betrag zu zahlen. Wechsel wurden bevorzugt im Fernhandel eingesetzt, von bestimmten Kaufleuten in Geld gewechselt, die ihre Forderungen auf „Wechselmessen" in Besancon, Medina del Campo und anderen Orten gegeneinander verrechnen. Dieser Giro (Kreisel) lief ohne Münzen, allein auf dem Papier. – Der Wechsel stellt zugleich einen Kredit dar, der die Liquidität (Flüssigkeit, d.h. Zahlungsfähigkeit) einer Firma erhöht. Diese zu erweitern war Ziel der weiteren Entwicklung. Mit einem Wechsel, der auf seine Einlösung wartet, kann man zunächst so wenig wie mit Vorräten oder Waren auf See Zahlungsverpflichtungen nachkommen. Wenn aber ein Kaufmann Kredit (= das Vertrauen anderer Kaufleute in seine Zahlungsfähigkeit) besaß, dann war ein auf ihn gezogener Wechsel so gut wie Geld, und wenn man zuließ, daß jeder, der ihn innehatte, ihn am Fälligkeitstage vorlegen und kassieren konnte, dann brauchte der Wechsel nicht auf den Tag der Fälligkeit zu warten, sondern konnte „wie Geld" umlaufen und viele Zahlungsverpflichtungen ablösen helfen. Aus einer Schuld wurde auf diese Weise Geld. Bevor es soweit war, mußten im 16. und 17. Jahrhundert erst schwierige Fragen der Diskontierung (Zinsabzug für die Zeit vor dem Einlösetag) und der Haftung gelöst werden.

Verfasser: Herbert Prokasky

d) Schaubild zum Wechsel

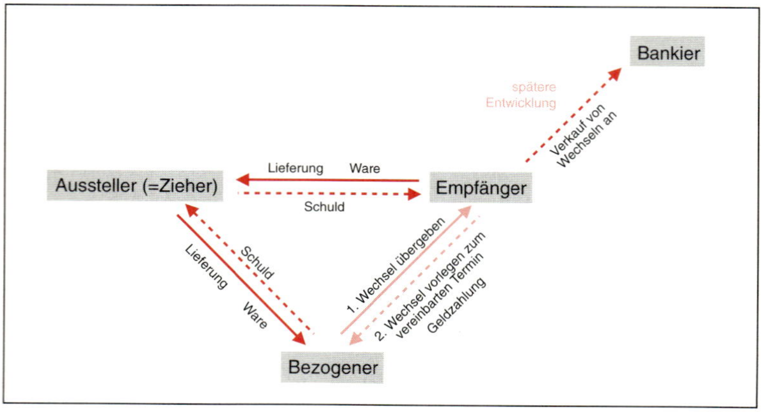

Der Wechsel ersetzt 2 Zahlungsvorgänge durch einen. Vorteil: Der Aussteller braucht nicht auf den Eingang der Schuld zu warten; er braucht nicht Bargeld zur Begleichung der eigenen Schuld aufzutreiben. Bezogener und Empfänger haben weder Vor- noch Nachteil. Der Empfänger hat später (14./15. Jh.) den Vorteil, daß er die Wechsel an einen Bankier weiterverkaufen kann.

Kapitalismus und Kirche

M 2.16 Kaufmannsmentalität im Wandel

a) Aus den Mirakelsammlungen des Caesarius von Heisterbach – ca. 1230 entstanden

„Zwei Kölner Bürger beichteten unter anderm zwei Arten von Sünden, die zwar an sich sehr schwer sind, aber wegen ihrer Häufigkeit, zumal bei Kaufleuten, klein erscheinen und kaum als Sünden gelten, nämlich Lüge und Meineid. Herr, sprachen sie, wir können fast nichts kaufen noch verkaufen, ohne daß wir lügen, schwören und oft falsch schwören müssen. Der Pfarrer sagte: Das sind sehr schwere Sünden, die der Heiland verboten hat, denn er sagt selbst: Eure Rede soll sein: ja ja, nein nein. Sie antworteten: Wir können bei unseren Geschäften dies Gebot nicht beachten. Sprach der Prieser: Folgt meinem Rat, und es wird euch wohlergehen. Laßt das Lügen, laßt das Schwören, lobt eure Ware so, wie ihr sie geben wollt. Sie gelobten ihm, sie wollten es ein Jahr lang versuchen. Aber vom Satan gehindert, der immer dem Seelenheil der Menschen entgegen ist, konnten sie dies Jahr über fast nichts verkaufen. Als das Jahr um war, kehrten sie zu ihrem Pfarrer zurück und sagten: Daß wir in diesem Jahr gehorsam gewesen sind, hat uns viel Schaden getan, die Menschen verlassen uns, ohne Eid können wir nichts verkaufen. Darauf der Priester: Fürchtet nichts, es ist eine Versuchung. Haltet fest in eurem Herzen, daß kein Mißgeschick, keine Armut euch von diesem Vorsatz abbringen soll, und der Herr wird euch segnen. Sie versprachen ihm durch Eingebung des Herrn, daß sie seinen Rat und das göttliche Gebot alle Tage ihres Lebens beobachten wollten, und wenn sie auch betteln müßten. Und, o Wunder! Sogleich scheuchte der Herr die Versuchung, so daß die Menschen begannen, sie mehr aufzusuchen als die anderen Kaufleute, und binnen kurzem wurden sie so reich, daß jeder staunte. Da kehrten sie zu ihrem Beichtvater zurück und dankten ihm, daß sie durch seinen heilsamen Rat von so schweren Sünden entlastet und in äußeren Dingen bereichert seien."

Zit. nach Franz Irsigler: Kaufmannsmentalität im Mittelalter; in: Cord Mecksieper/Elisabeth Schraut (Hrsg.): Mentalität und Alltag im Spätmittelalter. (Vandenhoeck & Ruprecht) Göttingen, (2. Aufl.) 1991, S. 53.

b) Der Autor, genannt Anonymus von Laon (wahrscheinlich ein Prämonstratensermönch, der eine bis 1219 reichende Weltchronik schrieb) berichtet über die Anfänge der Waldenser, die von der Kirche als „Ketzer" verfolgt wurden:

„Zu Lyon in Gallien war ein Bürger mit Namen Waldes; der hatte durch den ungerechten Zins viel Geld zusammengerafft.

Dieser wurde eines Sonntags, da er sich einem Haufen zugesellt, den er vor einem Spielmann versammelt gesehen, über dessen Worten von Reue betroffen; er führte ihn in sein Haus, um ihm sorglich zuzuhören. Denn es war in dessen Erzählung die Rede von dem seligen Ende, das der heilige Alexius im Hause seines Vaters nahm.

Früh am nächsten Morgen eilte der genannte Bürger auf die theologischen Schulen, um für seine Seele Rat zu suchen. Da man ihm die vielen Wege zu Gott gezeigt, begehrte er vom Magister zu wissen, welcher Weg denn sicherer und vollkommener als alle anderen sei. Ihm legte der Magister das Herrnwort vor: Willst du vollkommen sein, so geh und verkaufe alles, was du hast usw. (Mt. 19, 21).

Da er nun zu seiner Frau zurückkehrte, stellte er sie vor die Wahl, von allen seinen Gütern, Ländereien und Gewässern, Waldungen und Wiesen, Häusern, Einkünften, Weinbergen, Mühlen und Backstuben den beweglichen oder den unbeweglichen Teil zu behalten. Diese wählte, obzwar hochbetrübt, weil es geschehen mußte, die unbeweglichen Güter. Jener aber erstattete von seinem beweglichen Gut denen das Ihre zurück, von denen er etwas zu unrecht empfangen hatte; einen großen Teil seines Geldes setzte er den zwei jungen Töchtern aus, die er ohne Wissen ihrer Mutter dem Orden von Fontévrault anvertraute; den größten Teil jedoch wendete er für die Armen auf.

Es herrschte nämlich damals in ganz Frankreich und Deutschland schwerste Hungersnot. Waldes, der erwähnte Bürger, teilte nun von Pfingsten (25.5.1173) bis auf Petri Kettenfeier (1.8.) an drei Tagen in der Woche allen, die zu ihm kamen, Brot und Zukost mit Fleisch aus.

An Mariä Himmelfahrt (15.8.) endlich warf er auf den Straßen eine Summe Geldes unter die Armen und rief: „Niemand kann zwei Herren dienen, Gott und dem Mammon!" (Mt. 6, 24). Da glaubten die Bürger, die herzueilten, er habe den Verstand verloren. Er aber steigt auf den erhöhten Platz und spricht: O ihr Bürger und meine Freunde! Ich rase nicht, wie ihr glaubt; ich habe mich aber an diesen meinen Feinden gerächt, die mich zu ihrem Sklaven gemacht hatten, daß ich stets mehr ums Geld sorgte als um Gott, daß ich mehr dem Geschöpf diente als dem Schöpfer (Röm. 1, 25). Ich weiß, viele werden mich tadeln, daß ich dies öffentlich getan habe. Ich habe es aber um meiner selbst willen und um euretwillen getan: um meiner selbst willen, damit mich von Sinnen nennen, die mich von nun an noch Geld besitzen sehen; aber auch um euretwillen habe ich es zu einem Teil getan, damit ihr lernen möchtet, nicht auf den Reichtum, sondern auf Gott eure Hoffnung zu setzen (1. Tim. 6,17).

Da er nun tags darauf aus der Kirche kam, bat er einen Bürger, einst seinen Genossen, er möchte ihm um Gottes willen zu essen geben. Der führt ihn zu sich zur Herberge und spricht: Solange ich leben werde, gewähre ich euch die Notdurft!

Als dies seiner Frau zu Ohren kam, lief diese nicht wenig betrübt, ja wie von Sinnen zum Erzbischhof der Stadt und führte Klage, nämlich, daß ihr Mann sein Brot von einem anderen, nicht von ihr erbettelt hätte. Alle, die dabei waren, und den Bischof selbst bewegte dies zu Tränen.

Darauf führte auf den Befehl des Bischofs jener Bürger seinen Gast mit sich dem Bischof vor. Das Weib aber packt ihren Mann beim Gewand und spricht: Ist's nicht besser, o Mensch, daß ich an dir durch Almosen meine Sünden sühne, als daß Fremde dies tun? Und seitdem durfte er nach dem Gebot des Erzbischofs in dieser Stadt nicht mehr bei anderen seine Nahrung empfangen als bei seiner Frau."[7]

nach Kurt-Victor Selge: Die ersten Waldenser, Berlin 1967, S. 231 f.

M 2.17 Die „Erfindung" des Fegefeuers

a) Das Weltgericht nach dem Evangelisten Johannes

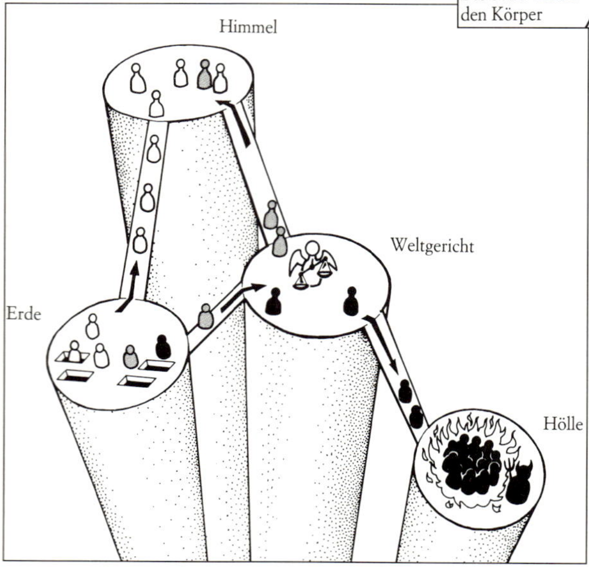

Das Weltgericht nach Johannes kennt im Gegensatz zu Matthäus neben den Guten und den Bösen noch die Halbguten. Am Jüngsten Tag müssen nur die Bösen und die Halbguten vor den Richter, wobei letzteren die Chance bleibt, doch noch in den Himmel zu kommen. Die Bösen fahren für immer zur Hölle. Den Guten ist das Glück beschieden, nach ihrer Auferstehung ohne Gericht in den Himmel zu kommen.

b) Das Fegefeuer als Ort, an dem sich eventuell die ewige Verdammnis vermeiden läßt.

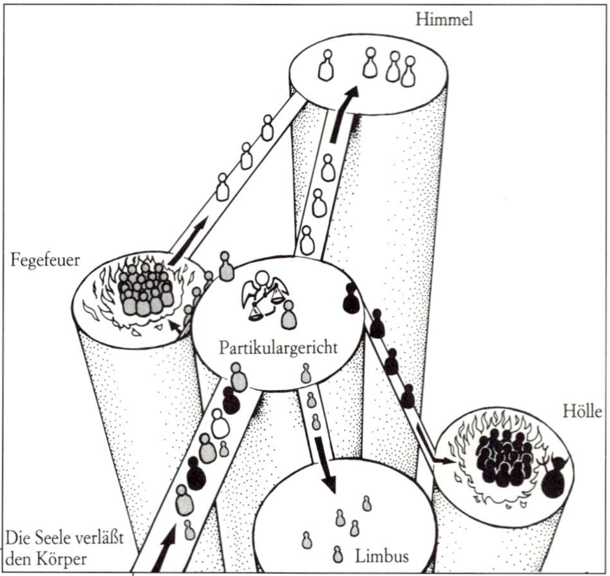

Mit der Festigung der Fegefeuerlehre wird die Jenseitstopographie zunehmend komplexer. – Nach dem Tod findet das individuelle Gericht (Partikulargericht) statt, welches entscheidet,

- wer als Heiliger direkt in den Himmel kommt,
- wer in die Hölle muß oder
- wer zur Läuterung ins Fegefeuer darf.

Die Armen Seelen im Fegefeuer leiden gleiche Qualen wie die Verdammten in der Hölle, sind aber hoffnungsfroh. Wenn sie genügend Buße geleistet haben, werden sie geläutert in den Himmel steigen. Die ungetauft verstorbenen Kinder gelangen in den Limbus, einen Neutralort, wo sie weder leiden noch himmlische Freuden genießen.

nach Peter Jezler (Hrsg.): Himmel, Hölle, Fegefeuer – Das Jenseits im MIttelalter. (W. Fink) München 1994, S. 14 u. 19; Zeichnung: Beat Scheffold, Konzept: Peter Jezler, René Perret, Beat Scheffold.

Städte und feudale Agrargesellschaft

M 2.18 Langfristige Entwicklung des Städtewachstums

a) Die größten Städte Europas 1000–1900 (Bevölkerung in Tausend, Annäherungswerte)

1000		1400		1700		1900	
Stadt	Bevölkerung	Stadt	Bevölkerung	Stadt	Bevölkerung	Stadt	Bevölkerung
Constantinopel	450	Paris	275	Constantinopel	700	London	6.480
Cordoba	450	Mailand	125	London	550	Paris	3.330
Sevilla	90	Brügge	125	Paris	530	Berlin	2.424
Palermo	75	Venedig	110	Neapel	207	Wien	1.662
Kiew	45	Granada	100	Lissabon	188	St. Petersburg	1.439
Venedig	45	Genua	100	Amsterdam	172	Manchester	1.255
Regensburg	40	Prag	95	Rom	149	Birmingham	1.248
Thessaloniki	40	Caffa Feodosiya	85	Venedig	144	Moskau	1.120
Amalfi	35	Sevilla	70	Moskau	130	Glasgow	1.072
Rom	35	Gent	70	Mailand	124	Liverpool	940

nach Paul M. Hohenberg/Lynn H. Lees: The Making of Urban Europe. (Harvard Univ. Press) Cambridge, Mass.-London 1985, S. 11.

b) Stadtbevölkerung und Grad der Verstädterung 1300 – 1800

Tab 1: Stadtbevölkerung (in Mio.), Urbanisierungsrate (in %)

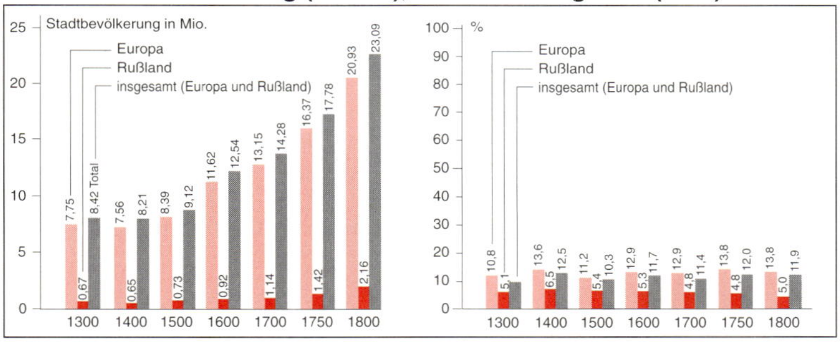

Tab. 2: Stadtbevölkerung Europas nach zwei Kriterien

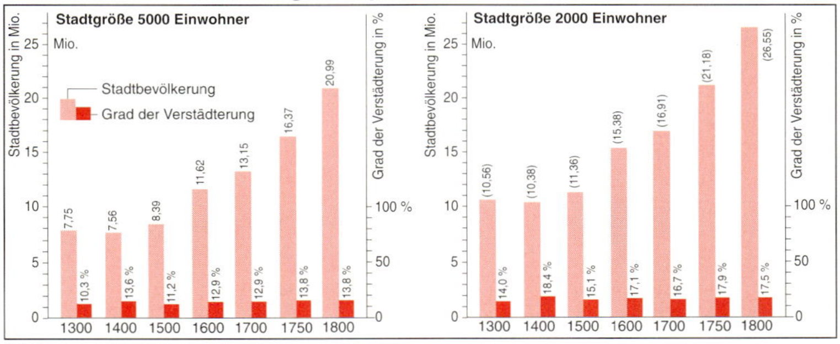

M 2.19 Städte und ihre Beziehungen zum feudalen Umland

a) Zeitgenössiche Definition der Stadt

„Auch in der Verwaltung der Städte und in der Sorge für die Erhaltung der politischen Ordnung nehmen sich die Bewohner Italiens heute noch die Staatskunst der alten Römer zum Vorbild. Vor allem aber lieben sie die Freiheit so sehr, daß sie sich, um willkürlicher Machtausübung zu entgehen, lieber durch das Ermessen von Konsuln als befehlender Herren regieren lassen. Da es bei ihnen bekanntlich drei Stände gibt, nämlich die Capitane, die Valvassoren und das gemeine Volk, werden, um keinen Hochmut aufkommen zu lassen, diese Konsuln nicht nur aus einem, sondern jeweils aus allen drei Ständen ausgewählt; und damit sie sich nicht zur Herrschsucht versteigen, werden sie fast jedes Jahr ausgetauscht. So kommt es, daß – da ja das ganze Land vollständig in Stadtbezirke aufgeteilt ist – jede Stadt die Bewohner ihrer Diözese gezwungen hat, sich ihr zuzuordnen, und daß man kaum einen Adligen oder Mächtigen von so großem Zuschnitt finden kann, daß er nicht dem Gebot seiner Stadt Folge leistete. Auf Grund dieser faktischen Zwangsgewalt pflegen die einzelnen Städte die jeweiligen Territorien als ‚ihre' Comitate zu betrachen. Damit ihnen aber die Mittel nicht fehlen, ihre Nachbarn niederzuhalten, scheuen sie sich nicht, junge Männer aus niedrigem Stand und sogar Handwerker, die irgendein verachtenswertes mechanisches Gewerbe betreiben, die doch andere Völker wie die Pest von den ehrenvolleren und freieren Aufgaben fernhalten, zur Ritterwürde und zum Aufstieg in den Ämtern zuzulassen. So kommt es, daß sie an Reichtum und Macht die übrigen Städte der Welt übertreffen.“

Otto von Freising: Gesta Friderici, cap. II, 14

b) Adlige in der Stadt

Wohntürme von Adligen: die Piazza San Giorgio in Genua

nach Jacques Heers: La ville au moyen âge en Occident. (Fayard) Paris 1990, S. 105.

M 2.20 Köln und die großen Grundherrschaften

a) Modelldarstellung von Markt, Handel und Grundherrschaft

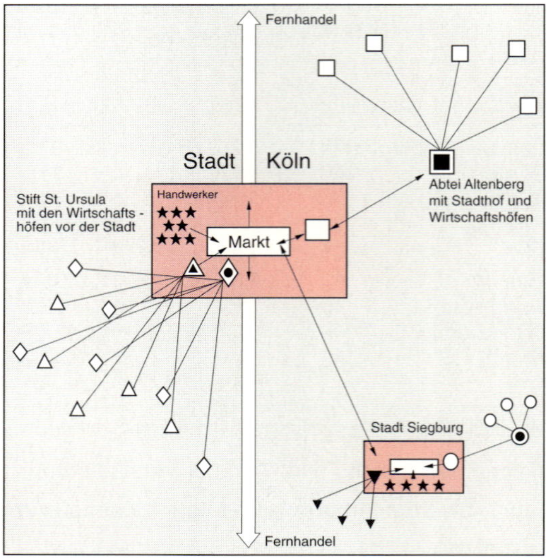

Erläuterung: Folgende Beziehungsgeflechte sind dargestellt:

1. **Städtischer Grundherr mit seinen Beziehungen zum Umland**
2. **Ländlicher Grundherr mit seinem Besitz in der Stadt**
3. **Ländlicher Grundherr mit seinem Markt in der Stadt**

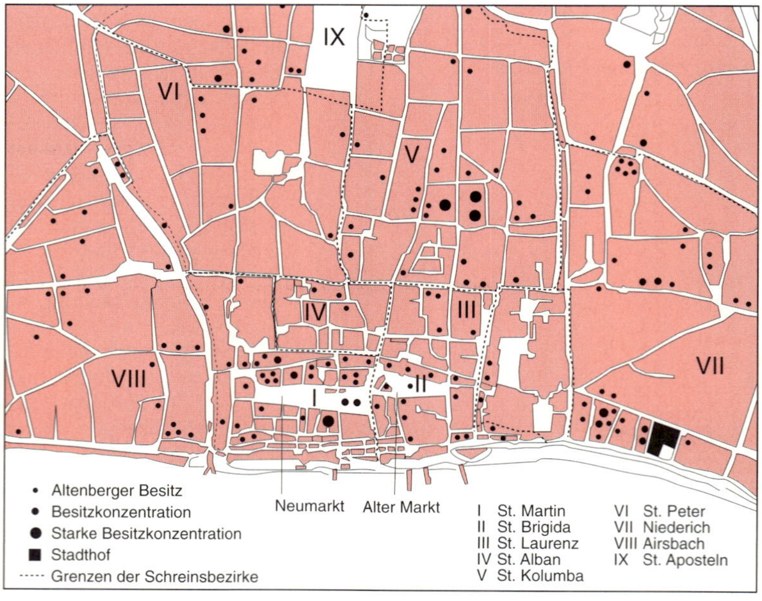

b) Der Haus- und Zinsbesitz Altenbergs in Köln im 13. und 14. Jahrhundert – Besitz einer auswärtigen geistlichen Einrichtung in der Stadt (Ausschnitt)

nach Helmut Jäger (Hrsg.): Stadtkernforschung. (Böhlau) Köln/Wien 1987, S. 64 (= a); S. 66 (= b).

M 2.21 Ländlicher Grundbesitz von Stadtbewohnern – das Beispiel Lübeck (um 1300)

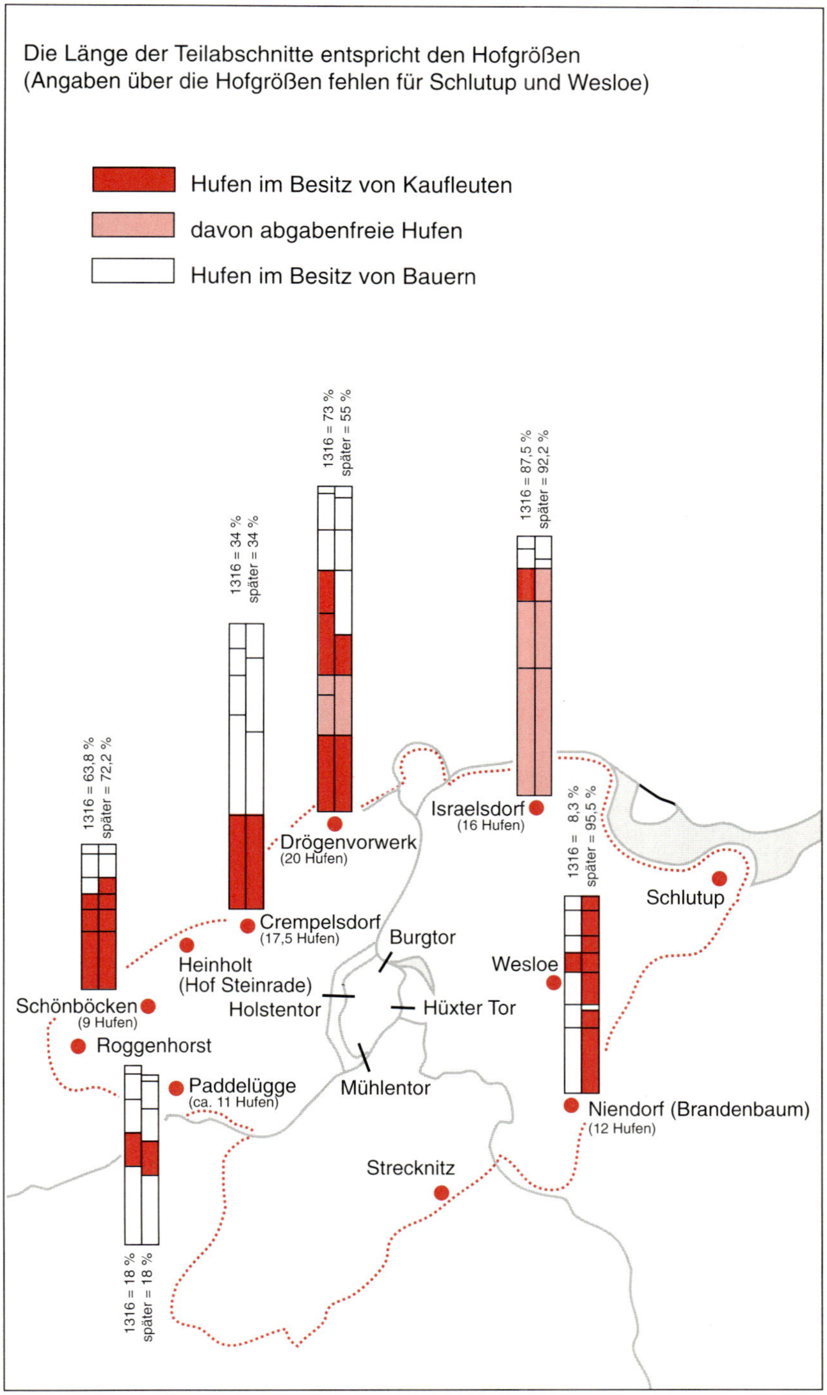

nach Inge-Maren Wülfing: Grundherrschaft und städtische Wirtschaft am Beispiel Lübecks; in: Hans Patze (Hrsg.): Die Grundherrschaft im späten Mittelalter. (Thorbecke) Sigmaringen 1983, Bd. 1, S. 475.

Leben in der Feudalgesellschaft

M 2.22 Kleidung als Merkmal von Standeszugehörigkeit

a) Bettlerfigur

Knagge am Tor des Lübecker Marstalls Ende 14. Jahrhundert. Die über die Ohren reichende Kopfbedeckung wirkt wie eine abgeschnittene Gugel (Kragenkapuze), die die Angehörigen der niederen Stände im Mittelalter trugen. Sie war der einzige Schutz des obdachlosen Armen gegen Sonne, Regen und Kälte.

b) Anna und Joachim

Marienaltar in der Lübecker Marienkirche 1518. Bei der Verteilung von Geldbeträgen ging es am Almosentisch oft turbulent zu. Nicht nur Bettler und verschämte Arme, sondern auch Pilger drängten heran.

M 2.23

Entwicklung der mittelalterlichen Sozialstruktur

Vor dem 12. Jh.	um 1200			
Geistliche und weltliche Adelige mit ihren *familiae* (Hausgenossen, die i.d.R. unfrei waren) Die *familiae* lösen sich nach 1100 allmählich auf; Reste davon überdauern jedoch bis ins 17. Jh.	1. Stand	2. Stand	3. Stand	
	Äbte Bischöfe	König Herzöge Grafen	Stadtherr oder Vertreter (Ministeriale) andere Adelige	Adelige als Grundherr Leibherr Gerichtsherr
	üben Herrschaft aus			
	Mönche Priester	Freiherrn Ministeriale	„Cives“ Zensuale	Freie Bauern (vor allem Kolonisten) Hörige

um 1500			
1. Stand	2. Stand	3. Stand	
Äbte/Fürstäbte Bischöfe Fürstbischöfe	König Fürsten mit verschiedenen Titeln als Landesherrn	Patrizier Geschlechter ratsfähige Familien	Landesherrl. Amtmänner Grundherrn Gutsherrn
„Obrigkeit“			
Mönche Priester (Geistliche in der Stadt keine Bürger)	Grafen (nicht gefürstet) Freiherrn, Ritter (Adelige in der Stadt keine Bürger)	Akademiker Kaufleute Handwerker als „Bürgerstand“ Gesellen Arbeiter Gesinde	Bauern mit eigenem Land z.B. „Vollspänner“ als „Bauernstand“ Heuerlinge gewerbliche Arbeiter
Außerständische Gruppen: Bettler, „unehrliche“ Berufe (Müller, Abdecker), Juden, Fremde.			

Entwurf: Martin Tabaczek

M 2.24

Die rechtliche Stellung von Frauen nach dem „Sachsenspiegel“

Der Sachsenspiegel gehörte mit zu den wichtigsten Rechtsbüchern des Mittelalters.

Aus dem Landrecht, 1. Buch, Kap. 4

20

Was man zur Morgengabe geben soll. Wann man Morgengabe nehmen und behalten soll und die Aussteuer desgleichen.

1. Nun vernehmt, was ein Mann von ritterlichem Stand seiner Frau zur Morgengabe schenken darf. Am Morgen, wenn er mit ihr zu Tische geht, vor dem Frühstück, kann er ihr ohne Zustimmung der Erben einen Knecht oder eine Magd schenken, die noch nicht erwachsen sind, und Zaun und Zimmer und feldgängiges Vieh.

2. Wo der Frau nicht der Boden gehört, auf dem sich das Gebäude befindet, wenn ihr Mann stirbt, so soll sie innerhalb von sechs Wochen nach dem Dreißigsten mit dem Gebäude so räumen, daß sie das Erdreich nicht verletzt. Bietet sie aber das Gebäude nach der Schätzung der Nachbarn demjenigen, dem der Boden gehört, für eine Abfindung an und geht er darauf nicht ein, so darf sie wohl graben, wenn sie nur danach die Erde wieder ebnet.

3. Bleibt sie aber mit den Kindern oder mit ihres Mannes Erben, lange Zeit oder kurze, unabgesondert mit ihrem Gut, zusammen, wenn sie sich dann von ihnen scheidet, so nimmt sie alles, was ihr von Rechts wegen an dem Gut zusteht, in gleichem Umfang, wie sie es nehmen sollte, als ihr Mann starb.

4. Bleibt aber die Witwe nach dem Tod ihres Mannes mit ihren Kindern im Gut der Kinder, das ihr nicht gehört, unabgesondert, und nimmt der Sohn zu ihren Lebzeiten eine Frau, stirbt ihr Sohn darauf, so nimmt die Frau des Sohnes mit größerem Recht die Morgengabe, die sie von ihrem Mann erhalten hat, den halben Teil des Speisevorrats und die Aussteuer aus ihres Mannes Gut, als seine Mutter, sofern sie ihres Mannes und ihren eigenen unbestrittenen Besitz daran zu beweisen vermag.

5. Stirbt aber der Sohn im Gut der Mutter, so ist die Mutter näher daran, es mit Zeugen gerichtlich zu erringen, als die Witwe ihres Sohnes.

6. Morgengabe beweist eine Frau mit dem Eid auf die Reliquien; Besitz aber nur mit Zeugen.

7. Ebenso behält ihre nächste weibliche Verwandte ihre Aussteuer nach ihrem Tode, wenn sie vor ihrem Mann verstirbt, mit größerem Recht als die Mutter ihres Mannes. Die Mutter ist nur Gast in ihres Sohnes Besitz und ebenso der Sohn im Besitz der Mutter.

8. Alle, die nicht von ritterlichem Stand sind, dürfen ihren Frauen nichts anderes zur Morgengabe schenken als das beste Pferd oder Stück Vieh, das sie besitzen.

9. Morgengabe darf eine Frau mit dem Eid auf die Reliquien ohne Zeugen beweisen.

21

Wie man Frauen Grundeigen zu lebenslänglicher Nutzung überlassen kann. Wodurch sie ihr Nutzungsrecht verlieren können. Was die geschiedene Frau von ihrem Mann behalten darf.

1. Man darf ferner den Frauen Grundeigen für die Zeit ihres Lebens mit Erlaubnis der Erben, wie jung sie auch sind, überlassen, und zwar in dem Gerichtsbezirk, in dem das Grundeigen liegt; und an jedem Ort, vorausgesetzt daß dort Königsbann liegt.

2. Lebenslängliches Nutzungsrecht kann niemand den Frauen nehmen, weder ein nachgeborener Erbe noch ein anderer, auf den das Gut durch Erbschaft fällt. Es sei denn, sie verwirke es selbst, indem sie etwa Obstbäume abhaut oder Leute vom Gute weist, die aufgrund ihrer Geburt zum Gute gehören, oder auf welche Weise auch immer sie ihr Nutzungsrecht aus ihrer Verfügungsgewalt läßt. Damit kann sie es verlieren, sie mache denn dies wieder förmlich auf einem rechten Gerichtstag gut, wenn sie deshalb von demjenigen, der das Gut nach ihrem Tode erhalten soll, verklagt wird. Ist ein Mann zu Recht von seiner Frau geschieden worden, so behält sie doch das lebenslängliche Nutzungsrecht, das er ihr an seinem Gut eingeräumt hat.

Eike von Repgow: Der Sachsenspiegel, hrsg. von Claudieter Schott. (Manesse) Zürich 1984, S. 52 ff.

Kultureller Wandel

M 2.25 Der Prozeß der „Verschriftlichung“ – Thesen des Mittelalterhistorikers Hagen Keller:

Im früheren Mittelalter, das man in dieser Hinsicht bis ins 11. Jahrhundert reichen lassen kann, erfaßte die Schriftkultur nur wenige mit Religion und Herrschaft verbundene Bereiche, und die Zahl der Menschen, die lesen oder schreiben konnten, war sehr begrenzt. Seit dem 12. Jahrhundert vollzog sich hier eine tiefgreifende Veränderung, mit der die für die europäische Kulturentwicklung grundlegenden Prozesse der „Verschriftlichung“ und „Alphabetisierung“ eingeleitet wurden. Von einem Medium vor allem der Gotteserkenntnis und der Glaubenslehre wurde das Buch in zunehmendem Maße zu einem Instrument zweckgerichteter Lebenspraxis. Wir erkennen dies nicht nur an den vielen neuen Werken zu allen Gebieten der Wissenschaften und bald auch zur Lebensgestaltung, die von da an verfaßt wurden, sondern vor allem am Umgang mit dem Buch selbst. Man las Bücher nun nicht mehr nur laut oder murmelnd, jedes Wort bedenkend, um seinen Sinn nachzuvollziehen, sondern man studierte sie – möglichst viele! – in stiller Lektüre, nebeneinander, las nur Stücke für einen gerade interessierenden Zusammenhang, erfand das Register, um nicht so lange blättern und suchen zu müssen. Zugleich suchte man in Büchern zunehmend auch praktischen Rat, und so wurden im Spätmittelalter Anleitungen zu allen möglichen Künsten geschrieben – auch Kochbücher fanden längst vor dem Buchdruck Verbreitung. Und man entdeckte, daß die ehrwürdigen Codices auch für ganz banale Zwecke zu gebrauchen waren: als Geschäftsbücher – diese vor allem sind eine mittelalterliche Erfindung. In den italienischen Kommunen des 13. Jahrhunderts wurde fast alles registriert wie auf den heutigen Behörden: wann Briefe ein- oder hinausgegangen sind, was darin stand, ob und wann der Gerichtsbote die schriftliche Vorladung abgegeben oder ob er den Beklagten nicht angetroffen hat usf. Oder: für die Besteuerung mußte jeder selbst sein Vermögen deklarieren, Haus- und Grundbesitz nach offizieller Schätzung, dann Hausrat, Viehbestand, Lebensmittelvorräte, Schulden oder Darlehen; auf dieser Grundlage errechneten dann von der Kommune bezahlte Notare nicht nur in genauer Buchführung den Steuersatz, sondern legten auch spezifische Verzeichnisse – „Bücher“ – an, mit deren Hilfe sich jeweils unterschiedliche Sachverhalte erfassen und künftige Steuererklärungen kontrollieren ließen. Wie gesagt, dies alles ist „Mittelalter“, 13. Jahrhundert, wenn auch damals fast nur in Italien so weit entwickelt. Etwa 2533 Bücher wurden von 1305 bis September 1338 in Perugia von den Notaren im Amtsbereich des Capitano del Popolo geschrieben und im Archiv deponiert; und das war längst nicht alles Schriftgut in Buch- oder Heftform, was in der kommunalen Administration produziert worden war. Auch für den einzelnen Menschen wurde der Umgang mit der Schrift zu einer Lebensnotwendigkeit. 1410 starb in der toskanischen Stadt Prato der Kaufmann Francesco Datini und vermachte – in einem notariellen Testament mit vielen detaillierten Klauseln, über die er sich lange mit befreundeten Notaren Gedanken gemacht hatte – den Armen sein Haus als fromme Stiftung unter kommunaler Aufsicht. Als man es vor gut hundert Jahren aufräumte, fand man über 150000 Briefe (darunter 11000 Privatbriefe, auch solche seiner Frau, der „Rest" Geschäftskorrespondenz), mehr als 500 Haupt- und Geschäftsbücher, etwa 300 Verträge, Wechsel und Frachtbriefe und dazu noch private Haushalts- und Notizbücher. Im Hinblick auf solche Formen des Schriftgebrauchs, die unmittelbar zweckhaftem Handeln dienen, oder auch auf den Umgang mit Büchern, aus denen man Wissen oder Anleitung für das eigene Tun und Verhalten gewinnen will, spreche ich von „pragmatischer Schriftlichkeit". Durch ihre Steigerung, durch ihren funktional neuartigen Gebrauch haben Schrifteinsatz und Buchorientierung seit dem Hochmittelalter ein Ausmaß und die Rationalität angenommen, die der europäischen Kultur gegenüber anderen alten Schriftkulturen eine Sonderstellung verschafft haben.

Mit dem Schlagwort „Vom ‚heiligen Buch' zur ‚Buchführung'" formuliere ich deshalb implizit eine Gegenthese gegen jene verbreitete Auffassung, welche die Schriftkultur des Mittelalters im Vergleich zur Literalität der Antike einfach als Ausdruck eines bildungsgeschichtlichen Niedergangs und einer kulturellen Verengung sieht, die beide erst mit einer Erneuerung von Literatur, Wissenschaft und Kunst in der Zeit um 1500 überwunden wurden. Ich will nicht bestreiten, daß es Phänomene gibt, auf die sich eine solche Wertung stützen kann. Ich meine aber, daß wir aus einer solchen Perspektive den Hauptstrom der Geschichte unserer eigenen Schriftkultur auf einem seiner wichtigsten Abschnitte gar nicht voll in den Blick bekommen. Gewiß: dieser Hauptstrom hat – etwa in der recht schütteren Tradition pragmatischer Schriftlichkeit des früheren Mittelalters – sozusagen auch Seitenarme, und der kundige Fährmann kann auf ihnen vielleicht mit seinem Kahn von der Spätantike bis zu den Stromschnellen des 12./13. Jahrhunderts staken, ohne einmal den großen Fluß befahren zu müssen. Auf diesen Hauptstrom, auf die wichtigste Entwicklungslinie, will mein Vortragstitel hinweisen und dabei eine grundlegende Veränderung in seinem Charakter hervorheben. Für den Wandel im 12./13. Jahrhundert, für den Beginn eines neuen Abschnitts wären freilich neben der „Buchführung" noch zwei andere Kennzeichen zu nennen: die Entstehung einer geradezu buchbesessenen, alles bisher Geschriebene sammelnden und verarbeitenden Wissenschaft mit einer spezifischen, textbezogenen Diskussionskultur, d.h. die „Scholastik" im ursprünglichen Wortsinn, und die Metamorphose der volkssprachigen mündlichen Dichtung zur „Buchliteratur", die Autoren hat und bald nicht mehr nur Hörer, sondern Leser „anspricht" und deren Gestaltung literarischen Techniken nach dem Vorbild lateinischer Schriftkultur unterliegt. [...]

Erst im späten 12. und frühen 13. Jahrhundert beginnt in Europa das Zeitalter der Buchführung. Es ist ein neuer Geist, der den Codex zum Instrument menschlicher Buchführung macht. Diese steht im Dienst einer Ordnung in dieser Welt, die sie mit durchsetzen und dauerhaft gewährleisten soll, im Dienst der Rechtssicherheit und der Vorbeugung gegen Konflikte, im Dienst der Kontrolle, welche eine Gemeinschaft gegenüber denjenigen ausüben will, denen sie ein Amt übertragen hat. Und sofort braucht man viele Bücher nebeneinander, jede Stelle mit eigenen Funktionen und einem eigenen Amtsträger muß über die Vorgänge ihres Aufgabenbereichs Buch führen. Ich benutze Beispiele aus den italienischen Kommunen des 13. Jahrhunderts, doch ließe sich Vergleichbares von der römischen Kurie, den geistlichen Orden, aber zum Teil auch schon von Königs- und Fürstenhöfen oder den Städten nördlich der Alpen berichten. Wer für die Verpachtung von Gemeindeland verantwortlich war, führte Aufzeichnungen über die einzelnen Pachtgüter und notierte fortlaufend Pächter, Pachtzahlungen und -rückstände; wer an den Stadttoren Zölle für bestimmte Waren erhob, mußte Wareneingang und Zahlungen registrieren. Beim Stadtkämmerer erscheint alles noch einmal in anderen Büchern: von beiden Seiten erhielt er Einnahmen, die er bei der Geldübergabe sofort buchen sollte; in seinem Ausgabenbuch erscheinen Gehälter für diese Beamten oder Summen, die für einen neuen Weg oder eine Flußregulierung ausgegeben wurden, die, wenn auf die Nutznießer umgelegt, in Teilsummen wieder im Einnahmebuch notiert sind. Für die italienische Buchhaltung im finanztechnischen Sinn, die sich gleichzeitig entwickelte, gilt im Vergleich zur jüdischen und islamischen als charakteristisch, daß stets eine Mehrzahl von miteinander verzahnten Büchern geführt wurde: Hauptgeschäftsbuch, Kreditoren- und Debitorenbuch, Eingangs- und Ausgangsbuch, Warenbuch, Gesellschafterkontenbuch usf., in den Filialen für die jeweilige Niederlassung, in der Zentrale für das ganze Unternehmen. Diese neuen Techniken im Schriftgebrauch sind Ausdruck von neuen Formen geistigen Erfassens, die insgesamt die Wirklichkeits- und Welterfassung der spätmittelalterlichen Menschen verändern. [...]

Zit. nach Hagen Keller: Vom „heiligen Buch" zur „Buchführung" – Lebensfunktionen der Schrift im Mittelalter; in: Frühmittelalterliche Studien 26, 1992, S. 2 ff., 26 f.

M 2.26 Mit eigenen Sinnen die Welt erfassen statt Autoritätsgläubigkeit

Aus dem „Falkenbuch" Kaiser Friedrichs II.:

Wo es angebracht war, sind wir in unserem Werk auch dem Aristoteles gefolgt. In vielen Fällen jedoch, besonders hinsichtlich der Natur mancher Vögel, scheint er, wie uns die Erfahrung gelehrt hat, von der Wahrheit abzuweichen. Deshalb folgen wir dem Fürsten der Philosophen nicht in allem; denn nur selten oder niemals ging er auf die Vogeljagd, wir aber liebten sie von Jugend auf und übten sie stets aus. Oft fügt er dem, worüber er in seinem Tierbuch berichtet, hinzu, daß man es so gesagt hätte; aber das, was irgendwer behauptet hat, sah vielleicht weder er selbst noch der, der es sagte; denn Gewißheit erlangt man nicht durch das Ohr. [...]

Einige Vögel haben gekrümmte Krallen, wie die meisten der nichtraubenden Vögel, bei anderen, wie bei den Raubvögeln, sind sie gekrümmt. Doch findet man auch unter den nichtraubenden Vögeln nicht wenige, die ebenfalls gekrümmte Krallen haben, wie die Dohlen, Elstern und viele andere. Daher trifft nicht zu, was Aristoteles in seinem Tierbuch sagt, daß alle Vögel mit gekrümmten Krallen Raubvögel seien.

Zit. nach Dorothea Walz: Das Falkenbuch Friedrichs II. (Akad. Druck- und Verlagsanstalt) Graz 1994, S. 15.

Konflikte zwischen Stadt und feudalen Herren

M 2.27 Privileg Heinrichs IV. für Worms wegen der erwiesenen Treue

1074 Januar 18

Im Namen der heiligen und ungeteilten Dreifaltigkeit. Heinrich, durch das Walten von Gottes Gnaden König.

Es ist Aufgabe königlicher Gewalt und Güte, den Dienst aller *Leute* mit angemessenen guten Gaben zu entgelten, in der Weise also, daß diejenigen, die sich in der Ergebenheit des Dienstes besonders bereitwillig zeigen, auch beim Entgelten des Dienstes sich freuen können, als besonders verdienstlich und besonders erhaben beurteilt zu werden. Und unter diesen haben Wir die Einwohner der Stadt Worms nicht eines ganz kleinen, sondern eines ganz großen und besonderen Entgelts für würdig, nein: für würdiger als alle Bürger jeglicher Städte angesehen – sie, von denen Wir wissen, daß sie in der ganz großen Erschütterung des Reiches mit ganz großer und besonderer Treue zu Uns gehalten haben, obgleich Wir sie weder durch ein mündliches, noch durch ein in einem Brief von Uns selbst oder einem Boten vermerktes, noch überhaupt irgend ein Wort zu dieser so hervorragenden Treue gewonnen hatten. Und diese *Treue* haben Wir deswegen so hervorragend genannt: Während alle Fürsten des Reiches unter Mißachtung des heiligen Bandes der Treue gegen Uns wüteten, gaben sie allein sich gleichsam dem Untergang preis und hingen Uns an gegen den Willen aller. Denn während alle Städte sonst sozusagen – nein: tatsächlich bei Unserem Herannahen die Tore schlossen, während man Wachposten zur Nacht abwechselnd verteilte, während sie, mit Kost und Eisen*waffen* geschützt, bei Nacht und bei Tag umschritten wurden, hat sich allein Worms mit der allgemeinen Zustimmung der Bürger, mit der Rüstung der Waffen aller Art Unserem Einzug bewahrt. Daher sollen sie also bei dem Entgelten des Dienstes die ersten sein, die in der Ergebenheit des Dienstes *wahrhaftig* nicht die allerletzten waren. Daher sollen sie bei der gebührenden Belohnung ihres Dienstes allen als Beispiel dienen, die alle in der Bewahrung des heiligen Bandes der Treue übertroffen haben. Daher sollen Einwohner aller Städte froh sein in der Hoffnung auf die königliche Vergütung, welche die Wormser tatsächlich erreicht haben. Lernen sollen alle, in deren Nachahmung dem König die Treue zu bewahren, – alle, die in deren Förderung die Güte des Königs gutheißen.

Diese Förderung läßt sich zwar in wenigen Worten zusammenfassen, doch in deren Einschätzung selbst wird sie nicht als geringfügig, sondern als willkommen und ehrenvoll angesehen. Denn die Abgaben, die man in deutscher Sprache als „Zoll" bezeichnet, welche die Juden und die anderen Wormser in allen *Zoll*stätten, die der königlichen Gewalt zugehören – also Frankfurt, Boppard, Hammerstein[1], Dortmund, Goslar, Enger[2] – bei der Durchreise zu zahlen verpflichtet waren, haben Wir den Wormsern erlassen, so daß sie künftig keinen „Zoll" mehr zahlen, und dies haben Wir in Gegenwart Unserer Fürsten – also Liemars des Erzbischofs von Hamburg, der Bischöfe Ebbo von Naumburg, Dietrich von Verdun, Hermann von Bamberg und Burkhard von Basel – sowie der übrigen Getreuen von Christus und von Uns rechtskräftig gemacht.

Zit. nach Lorenz Weinrich (Bearb.): Quellen zur deutschen Verfassungs-, Wirtschafts- und Sozialgeschichte bis 1250. (Wiss. Buchgesellschaft) Darmstadt 1977, S. 133 f.

1 am Rhein gegenüber Andernach
2 in Westfalen, bei Herford

M 2.28 Reichsspruch gegen die Genossenschaften der Städte

1231 Januar 23

Heinrich [=VII], von Gottes Gnaden Römischer König und allzeit Mehrer des Reiches, entbietet allen Getreuen des Reiches, zu denen gegenwärtiges Schriftstück gelangt, seine Huld und alles Gute. Allen soll es nach Unserem Willen bekannt sein: Als Wir zu Worms einen feierlichen Hoftag begingen, wurde in Unserer Gegenwart um einen Entscheid ersucht: Darf eine Stadt oder ein Marktort in Unserem Reiche irgendwelche Genossenschaften, Übereinkünfte, Zusammenschlüsse oder Schwureinungen – ganz gleich, wie man sie benennt – schließen oder errichten? Dies haben Wir Unseren Fürsten und den übrigen Vornehmen Unseres heiligen Hofes angezeigt, da Wir ja in der Gerechtigkeit allen gegenüber Schuldner sind. Diese haben daher durch die Verkündung eines Rechtsspruchs zu Recht erkannt: Keine Stadt und kein Marktort dürfen irgendwelche Genossenschaften, Übereinkünfte, Zusammenschlüsse, Bündnisse oder Schwureinungen – ganz gleich, wie man sie benennt – schließen; und sie haben diese gänzlich abzuschaffen; Wir konnten und durften ohne Zustimmung ihrer Herren den Städten und Marktorten in Unserem Reich nicht die Befugnis geben, irgendwelche Vereinigungen, Genossenschaften, Übereinkünfte, Zusammenschlüsse, Bündnisse oder Schwureinungen – ganz gleich, welchen Namen man ihnen zulegt – zurichten; und dem Herrn der Städte und Marktorte war es nicht gestattet, ohne Zustimmung Unserer Hoheit derlei in seinen Städten zu schaffen.
In dem Willen, dieser Rechtsspruch Unserer Hoheit möge ewige Rechtskraft besitzen, haben Wir ihn von Unserem geliebten Fürsten Siegfried[1], dem hochwürdigen Erzbischof des heiligen Mainzer Stuhls, mit Unserem Siegel versehen lassen. Zeugen sind folgende: Dietrich Erzbischof von Trier, Heinrich Erzbischof von Köln, Konrad Abt von St. Gallen, Otto[2] Pfalzgraf bei Rhein, Matthäus Herzog von Lothringen, Heinrich[3] Herzog von Limburg, Heinrich[4] Graf von Sayn, Luther Graf von Ahr[5], Walram[6] von Limburg, Gerlach von Büdingen, und recht viele andere, die an Unserem feierlichen Hoftag teilnahmen. Gegeben zu Worms, im Jahre des Herrn 1231, am 23. Januar, in der 4. Indiktion.

Zit. nach Lorenz Weinrich (Bearb.) (M 2.27), S. 419.

1 Siegfried III. v. Eppstein 1230-1249. Neffe EB. Siegfrieds II. – ADB 34, 260.
2 Otto II., 1231-1253 Hz. v. Bayern, Sohn Ludwigs (Nr. 89 Anm. 7).
3 Heinrich IV., 1226-1247 Gf. v. Berg – ADB 11, 532.
4 † 1247, Verwandter EB. Heinrichs v. Köln.
5 Altenahr südwestl. Bonn.
6 Walram v. Monschau 1226-1242, Bruder Heinrichs (Anm. 3) – ADB 40, 775.

M 2.29 Gesetz zu Gunsten der Landesherrn – Statutum in favorem principum

1232 Mai

Im Namen der heiligen und ungeteilten Dreifaltigkeit. Friedrich II., durch das Walten von Gottes Gnadengüte Römischer Kaiser, allzeit Mehrer des Reiches, König von Jerusalem und Sizilien.
Unser erhabener Kaiserthron wird erhöht und die wesentlichen Kräfte des Reiches ordnen Wir dann in vollem Recht und Frieden, wenn Wir mit gebührender Umsicht auf die Rechte Unserer Fürsten und Großen schauen; denn – wie auf stattlichen Gliedern das Haupt ruht – erhält Unser Kaisertum von ihnen Kraft und Stärke, und der gewaltige Bau kaiserlicher Herrlichkeit führt und fördert *diejenigen*, von deren Schultern sie gestützt und getragen wird. Daher möge die jetzige Zeit und die kommende Nachwelt wissen: Als Wir in Friaul zu Cividale mit Unserem lieben Sohn Heinrich, dem Römischen König, eine Zusammenkunft hatten und nun von den Fürsten und Großen – sie waren in einer Uns hochwillkommenen Menge anwesend – gebeten wurden, Wir möchten doch geruhen, dem Gnadenakt, der ihnen von diesem König, Unserem Sohn, auf dem allgemeinen Reichstag in Worms bewilligt worden war, aufgrund Unseres Amtes die Bekräftigung gewähren, hielten Wir es für angebracht, deren Bitten gütig zuzustimmen; denn Wir beabsichtigen höchst ehrenvoll, bei deren Förderung auch Unsere und des Reiches Stellung angemessen zu fördern.
(1) Wir gewähren ihnen also – so wie es bekanntlich dieser König, Unser Sohn, gewährt hat – und verleihen in ewiger Bestätigung, indem Wir gebieten: Keine neue Burg oder Stadt soll auf kirchlichem Grund und Boden etwa angeblich aufgrund einer Vogtei durch Uns oder durch irgendeinen anderen sonst unter irgendwelchem Vorwand errichtet werden. *(2)* Neue Märkte sollen keinesfalls die alten beeinträchtigen. *(3)* Es soll niemand gezwungen werden, gegen seinen Willen einen Markt zu besuchen. *(4)* Es sollen die alten Straßen nicht umgeleitet werden außer mit dem Einverständnis der Reisenden. *(5)* Es soll in Unseren neuen Städten die Bannmeile beseitigt werden. *(6)* Es soll jeder Fürst die Freiheiten, Herrschaften, Grafschaften und die Zenten, die für ihn frei oder ihm verlehnt sind, nach dem anerkannten Gewohnheitsrecht seiner Lande unangefochten nutzen. *(7)* Es sollen die Zentgrafen ihre Zenten vom Landesherrn oder von dem erhalten, der vom Landesherrn damit belehnt ist. *(8)* Es soll niemand die Stätte des Zentgerichts ohne Zustimmung des Landesherrn verlegen. *(9)* Es

soll kein Sendbarfreier vor ein Zentgericht geladen werden. *(10)* Es sollen Bürger, die „Pfahlbürger" heißen, gänzlich vertrieben werden. *(11)* Es soll der Zins an Wein, Geld, Korn und anderem, zu dessen Zahlung Bauern sich bisher verpflichtet haben, abgeschafft und künftig nicht mehr erhoben werden. *(12)* Es sollen die Eigenleute von Fürsten, Edlen und Dienstmannen *sowie auch* von Kirchen nicht in Unsere Städte aufgenommen werden. *(13)* Es sollen die Fürsten, Edlen, Dienstmannen und Kirchen Eigengüter und Lehen, die von Unseren Städten in Besitz genommen wurden, zurückerstattet und diese künftig nicht mehr in Besitz genommen werden. *(14)* Ferner werden Wir das Geleit*recht* der Fürsten durch ihr Land, das sie aus Unserer Hand zu Lehen haben, weder selbst oder durch die Unsrigen behindern noch werden Wir dulden, daß es beeinträchtigt wird.

(15) Es soll niemand durch Unsere Schultheißen zur Rückerstattung dessen gezwungen werden, was er vor alter Zeit von Leuten erhalten hat, bevor diese sich in Unseren Städten niederließen – ausgenommen diese Leute wären dem Reiche unmittelbar untertan gewesen; dann sollen sie verpflichtet sein, diesen zu ihrem Recht zu verhelfen vor dem Gericht derer, in deren Land dies eingezogen wurde.

(16) Es soll in Unseren Städten kein Landesschädling, kein von einem Richter Verurteilter oder Geächteter wissentlich aufgenommen werden; *bereits* Aufgenommene, die überführt werden, sollen ausgewiesen werden., *(17)* Ferner werden Wir in dem Land eines Fürsten keine neue Münze schlagen lassen, wodurch die Münze dieses Fürsten geschädigt würde. *(18)* Es sollen Unsere Städte ihre Gerichtsbarkeit nicht über den Stadtbereich ausdehnen, es sei denn Uns steht eine besondere Gerichtsbarkeit zu. *(19)* Es soll in Unseren Städten der Kläger dem Gerichtsstand des Beklagten folgen, es sei denn der hauptsächlich Beklagte oder Hauptschuldner befände sich dort; in solchem Falle ist dieser gehalten, sich dort zu verantworten. *(20)* Niemand soll Güter, mit denen irgendeiner belehnt ist, zum Pfand nehmen ohne Zustimmung und Hand des Oberherrn. *(21)* Es soll keiner zu *Befestigungs*werken der Städte gezwungen werden, wenn er nicht rechtens dazu verpflichtet ist.

(22) Es sollen die in Unseren Städten wohnenden *hörigen* Leute die gewohnten und schuldigen Rechtsverpflichtungen wegen der Güter außerhalb der Stadt ihren Herren und Vögten erfüllen aber nicht mit ungebührlichen Abgaben belastet werden. *(23)* Es sollen die Eigenleute, Vogtleute und Lehnsleute, die zu ihren Herren heimkehren wollen, nicht durch Unsere Amtleute zum Bleiben genötigt werden.

Zit. nach Lorenz Weinrich (Bearb.) (M 2.27), S. 435 f.

Wie „modern" war Politik im Mittelalter?

M 2.30 Politische Theorie im 13. Jahrhundert – Thomas von Aquin: Über die Herrschaft der Fürsten

Thomas von Aquin (1224?–1274) gehört zu den bedeutendsten Philosophen des Mittelalters; als christlicher Theologe bemühte er sich um eine Synthese zwischen christlichem Glauben und antiker Philosopie.

Erstes Buch

1. Kapitel

Warum es notwendig ist, daß Menschen, die in Gemeinschaft leben, von jemandem mit ernstlichem Bemühen regiert werden

Wir müssen mit der Erklärung beginnen, welcher Sinn eigentlich dem Worte ‚König' beizumessen ist. Bei allem, was geschieht, um ein Ziel zu erreichen, bei dem man dazu verschiedene Wege einschlagen kann, ist es notwendig, gerade jenen Weg zu bestimmen, durch den man ohne Umweg das verlangte Ziel erreicht. Denn auch das Schiff, das, von mehreren Winden getrieben, sich nach verschiedenen Richtungen hin treiben lassen könnte, würde nicht zu seinem bestimmten Ziel gelangen, wenn es nicht von dem Willen des Steuermannes in den Hafen gelenkt würde. Der Mensch nun hat ein Ziel, dem sein ganzes Leben und sein Handeln zustrebt, denn er handelt nach seiner Vernunft, und diese kann offensichtlich nur im Hinblick auf ein Ziel tätig sein. Die Art und Weise, in der die Menschen ihr gefaßtes Ziel zu erreichen suchen, ist verschieden; schon die Verschiedenheit menschlicher Bestrebungen und menschlichen Handelns bringt das zum Ausdruck. Es braucht der Mensch also etwas, das ihm den geraden Weg zum Ziel bestimmt. Von Natur aus ist ihm so das Licht der Vernunft eingepflanzt, daß er dadurch in seinem Handeln zum Ziel geführt werde.

Wäre es die Bestimmung des Menschen, wie viele Tiere vereinzelt zu leben, würde er keiner anderen Leitung bedürfen, um sein Ziel zu erreichen; ein jeder wäre sein eigener König, und nur Gott würde als höchster Herrscher über ihn gebieten, insoweit er sich selbst durch das ihm geschenkte Licht der Vernunft in seinen Handlungen leiten lassen würde. Es ist aber die natürliche Bestimmung des Menschen, das für gemeinschaftliches und staatliches Leben erschaffene Geschöpf zu sein, das gesellig lebt, weit mehr als alle anderen Lebewesen. Schon die Notwendigkeit der menschlichen Natur gibt dafür die Erklärung. Anderen Geschöpfen hat die Natur die Nahrung bereitgestellt, die Bedeckung der Haare, Mittel zur Verteidigung, wie die Zähne, Hörner, Krallen, oder doch die Möglichkeit geschenkt, sich dem Gegner durch schnelle Flucht zu entziehen. Der Mensch aber ist mit keinem dieser Geschenke der Natur gerüstet, statt ihrer aller ist ihm die Vernunft gegeben, damit er, von ihr geleitet, imstande sei, sie sich selbst durch die Arbeit seiner Hände zu verschaffen. Aber um diese Aufgabe zu erfüllen, reicht die Kraft des einzelnen nicht hin. Auf sich allein gestellt, wäre kein Mensch imstande, das Leben so zu führen, daß er seinen Zweck erreicht. So ist es also der Natur entsprechend, mit vielen gesellig zu leben.

Und um es noch weiter auszuführen: In den anderen Geschöpfen ist schon ein natürlicher Sinn lebendig für alles, was ihnen nützlich oder schädlich ist, wie etwa das Schaf von Natur aus in dem Wolf seinen Feind sieht. Andere Tiere erkennen aus ihrem natürlichen Trieb heraus heilsame Pflanzen und andere Dinge, die ihrem Leben notwendig sind. Dem Menschen aber ist nur im allgemeinen eine natürliche Erkenntnis von den Notwendigkeiten des Lebens gegeben, denn ihm ist es ja durch seinen Verstand möglich, aus den allgemeinen Grundsätzen zu der Erkenntnis des Einzelnen zu gelangen, das zum menschlichen Leben notwendig ist. Nun ist es aber unmöglich, daß ein einzelner durch seinen Verstand alle Erkenntnisse dieser Art gewinnt.

So ist das gesellige Leben eine Notwendigkeit, damit der eine von dem andern unterstützt werde und verschiedene damit beschäftigt seien, durch ihren Verstand die verschiedenen Erkenntnisse zu finden, der eine in der Heilkunde, der andere auf diesem, der andere auf jenem Gebiete. Der augenscheinlichste Beweis dafür liegt wohl darin, daß es allein die Eigentümlichkeit der Menschen ist, sich der Sprache zu bedienen, durch die der einzelne alles, was er auf seinem Gebiet erfaßt hat, restlos dem anderen mitzuteilen vermag. Andere Geschöpfe können das, was sie empfinden, nur im allgemeinen ausdrücken, wie der Hund durch Bellen, daß er zornig ist, und andere Tiere auf die verschiedenste Art. Demnach ist der Mensch mehr als jedes andere in Herden lebende Geschöpf, wie Kraniche, Ameisen und Bienen, dazu bestimmt, sich den anderen mitzuteilen. Aus dieser Überlegung heraus, sagt wohl auch Salomo (Pred. 4, 9): „Es ist besser zu zweit zu sein als allein, denn zwei haben den Vorteil, daß sie einander Gesellschaft sind."

Wenn es also der natürlichen Bestimmung des Menschen entspricht, in Gesellschaft mit vielen zu leben, so muß unter den Menschen etwas sein, wodurch die vielen gelenkt werden. Wären nämlich viele Menschen beisammen und jeder nur auf das bedacht, was ihm selbst angemessen erscheint, so würde die Gesellschaft nach entgegengesetzten Richtungen auseinandergeraten, falls nicht eben jemand da wäre, der für das Sorge trägt, was das Wohl der Gesellschaft betrifft. So würde sich ja auch der Leib des Menschen und jedweden Geschöpfes auflösen, wenn es nicht eine gemeinsame leitende Kraft im Körper gäbe, die auf das gemeinsame Wohl aller Glieder bedacht ist. Das meint Salomo wohl, wenn er (Spr. 11, 14) sagt: „Wo kein Regent ist, zerstreut sich das Volk."

Daß das so geschieht, entspricht ganz unserer Einsicht. Denn das Eigene und das Gemeinsame ist nicht dasselbe. Durch das Eigene entstehen die Unterschiede, durch das Gemeinsame wird alles zur Einheit verbunden.

Thomas von Aquin: Über die Herrschaft der Fürsten, übers. von Friedrich Schreyvogel. (Reclam) Stuttgart 1981, S. 5 ff.; © Lucius

M 2.31 Inszenierung politischer Macht

Aus der Chronik Ottos von St. Blasien (1195–97): Triumphzug von Kaiser Heinrich VI. am 20. November 1194 – Einzug in die Hauptstadt Siziliens

Nachdem zum feierlichen Einzug ein Tag bestimmt war, an dem der Kaiser mit kaiserlicher Pracht von den Bürgern aufgenommen werden sollte, ließ er das Heer, welches in dem Ueberflusse aller Genüsse schwelgte und durch die erbeuteten Schätze herrlich bereichert war, sich fröhlicher Sorglosigkeit hingeben, und erheiterte es inzwischen durch kriegerisches Kampfspiel zur Uebung und durch prächtige Schauspiele. Nachdem endlich durch den höchsten Eifer der Bürger mit dem größten Aufwande ein Triumphzug gerüstet worden war, wird die ganze Stadt mit Teppichen und Gewinden verschiedener Art und verschiedenen Preises geschmückt, zur Zierde der Wege, und von Weihrauch, Myrrhen und anderen wohlriechenden Spezereien duften innerhalb und außerhalb der Stadt die Straßen. Und während der Kaiser mit dem Heere sich von der Stadt entfernt hatte, zogen die Bürger in ihren Abteilungen nach Maßgabe ihrer Würden, ihres Standes und nach dem Unterschied ihres Alters aus, ihm entgegen, die Edlen in ihrer Schar, die Aelteren und Greise in ihrer Reihe, dann die, welche in voller Kraft sie, wie auch die Jüngeren übertrafen; darauf folgten die jungen Männer mit der Schar der bartlosen Jünglinge und der schwachen Knaben, geschmückt mit allem Behang der Pferde und buntfarbigen Gewändern in festgesetzter Ordnung; während einzelne nach ihrer Art oder Geschicklichkeit mit allerlei Instrumenten der musikalischen Kunst Musik machten. Der Kaiser aber hatte sein Heer mit nicht geringerem Eifer mit militärischer Disciplin gerüstet, hatte alle deutsche Verwegenheit vollständig verboten, indem er Verächter des Gebotes mit Verlust der Hände bedrohte, und zeigte sein Heer strahlend in allem Glanz der Waffen, indem seine Krieger zu zweien in langem Zuge nach der Stadt Schritt für Schritt marschirten. Er selbst aber folgte mit den Fürsten in kaiserlichem Ruhm und Schmuck; er betrat die Stadt, während alle laut ihm zujubelten, und das Volk, welches an den Straßen stand, beim Anblick des Kaisers nach der Sitte des Landes mit dem Angesicht vor ihm zur Erde sich warf, und so in die Königsburg aufgenommen, gab er sich der Ruhe hin. Mit vielen Geschenken, bestehend in herrlichen Rossen, goldenen Sesseln, Pferdegeschirren und verschiedenen Gegenständen aus Gold, Silber und Seide wurde er nun von den Bürgern geehrt; alles das schenkte er freigebig dem Heere. Zuerst reichte er den Fürsten königliche Geschenke, dann zeigte er sich den Rittern mildthätig nach ihren Verdiensten zum Gehorsam."

Zit. nach Petrus de Ebulo: Liber ad honorem Augusti sive de rebus Siculis. Codex 120 II der Burgerbibliothek Bern. Eine Bilderchronik der Stauferzeit, hrsg. von Theo Kölzer und Marlis Stähli. (Thorbecke) Sigmaringen 1994, S. 27 f., übers. v. H. Kohl

M 2.32 Was bedeutet der Begriff „Staat" im Mittelalter?

Diskussionsbeitrag des Mittelalterhistorikers Hagen Keller:

Die Frage, was denn ‚Staat' im europäischen Mittelalter bedeutet, wird neuerdings wieder lebhaft diskutiert. Kann man vor allem die früh- und hochmittelalterlichen Königreiche, aus denen vielfach die modernen europäischen Nationalstaaten hervorgegangen sind, im Hinblick auf ihre inneren Strukturen als ‚Staaten' qualifizieren, ohne den Charakter und die Regulative ihrer politischen Ordnung mißzuverstehen?

Das Problem ist nicht neu. In der mehr und mehr von einer dogmen- und systemorientierten Rechtsgeschichte geprägten deutschen Geschichtswissenschaft war es bis in den Beginn unseres Jahrhunderts eine heiße Streitfrage. Der Wandel des Verfassungsbegriffs in der Rechts- und Staatstheorie der 20er Jahre und die Öffnung für eine mehr soziologische Betrachtungsweise der politischen Organisation schlugen deshalb rasch durch auf die Sichtweise der Mittelalterhistoriker, auf ihre Deutungsschemata der mittelalterlichen Herrschaftsordnung. Im Begriff des ‚Personenverbandsstaates' glaubte man seit den 30er Jahren eine Definition gefunden zu haben, die es erlaubte, die früh- und hochmittelalterliche Reichsorganisation durch relativ klare Kriterien von anderen Erscheinungsformen des Staates abzugrenzen, die auf Staatsorgane, Institutionen und eine abstrakte Normenordnung gegründet sind und in denen die Staatsgewalt ‚flächenhaft' das gesamte Staatsgebiet erfaßt.

Doch hält nicht auch der Begriff des Personenverbandsstaates – wie es übrigens der Begriff des ‚Feudalstaates' in der marxistischen Geschichtswissenschaft der DDR ganz eindeutig getan hat – noch zu viel von den institutionellen Staatsvorstellungen der älteren Forschung fest? Man braucht nur an die Veröffentlichungen von Theodor Mayer und Heinrich Mitteis zu erinnern, die ganz wesentlich zur Einbürgerung des Begriffs beigetragen haben, um zu erkennen, daß auch unter diesem Konzept Verzeichnungen im Sinne einer ‚staatsrechtlich-anstaltlichen' Ordnung möglich sind. Doch es hat einen freieren – vor allem: wertungsfreieren – Blick eröffnet auf das Kräftespiel im politischen Gefüge der mittelalterlichen Reiche. Zum einen gewann so die Landesgeschichte eigene Kategorien, um die Herrschaftsstrukturen im begrenzten landschaftlichen Rahmen zutreffender zu charakterisieren; zum anderen began man nun anders zu fragen nach den Abläufen und Mechanismen, welche diese Reiche zu handlungsfähigen Einheiten werden ließen und zugleich immer wieder zeigten, daß man das Königtum nicht einfach als Staatsgewalt in unserem Sinne verstehen darf.

Hatte das Phänomen der Fehde Otto Brunner schon am Ausgang der 30er Jahre zu einem neuen Verständnis der Herrschafts- und Rechtsordnung im hohen und späten Mittelalter geführt, so wurde das Spannungsfeld von Herrschaft und Konflikt in den letzten Jahren zum Ausgangspunkt für neue Fragestellungen in der Erforschung des früh- und hochmittelalterlichen Königtums. Es scheint mir kein Zufall zu sein, daß sich die einschlägigen Forschungen auf die Zeit vom 9. bis zum 12. Jahrhundert konzentrieren, auf die Zeit von den späteren Karolingern bis in den Herrschaftsbeginn der Staufer oder in die Festigung des capetingischen Königtums, und daß sie sich vor allem auf das ostfränkisch-deutsche und das westfränkisch-französische Reich erstrecken. Deren Organisation ist zunächst als personales Gefüge ohne ausgeprägten institutionellen Hintergrund zu beschreiben. Dies dürfte angesichts der bereits erwähnten Forschungen zum Spannungsfeld von Herrschaft und Konflikt kaum noch ernsthaft bestritten werden, nachdem auch die Regulative und normhaften Verhaltensmuster aufgezeigt worden sind, die einem solchen personalen Gefüge Dauerhaftigkeit und sogar ein hohes Maß an Stabilität verleihen können, unbeschadet der Tatsache, daß gerade diese in dem konfliktreichen System ständig neu gesucht und geschaffen werden muß. Doch kann man den Charakter der Königsherrschaft nur verstehen, wenn man sie zugleich „in und über dem Rangstreit der Großen" erfaßt.

Angesichts der unbestreitbaren Andersartigkeit der politischen Organisation, ihrer Distanz zu den uns geläufigen Formen der Staatlichkeit bleibt für mich ein Problem bislang noch weitgehend offen: Wie kann in genau diesem historischen Umfeld eine Grundlegung der europäischen Staatlichkeit erfolgen, die sich nach außen in der langen historischen Dauer der vom späten 9. bis zum frühen 11. Jahr-

hundert entstandenen Reiche manifestiert, nach innen in den langwirkenden Formen zeremonialer Herrschaftspräsentation und im Aufkommen transpersonaler Zeichen legitimen Königtums, z.B. der ‚Rechsinsignien'? Wie läßt sich eine solche historische Wirkung vereinbaren mit der personalen Struktur der Herrschaftsordnung und den institutionellen Defiziten, die gerade bei diesen Reichen unübersehbar sind?
Um einen Ansatzpunkt für weiterführende Forschungen zu finden, will ich versuchen, das Problem auf einen konkreten Fragenkomplex einzugrenzen. Wie gesagt, beruht auch die „Königsherrschaft in und über dem Rangstreit der Großen" auf festen Regulativen, d.h. auf in der Gesellschaft anerkannten, von ihr sanktionierten Normen der Konfliktbewältigung. Doch wie wirken diese Regulative mit Vorstellungen staatlicher Ordnung zusammen, wie sie dem Mittelalter aus der römischen Welt durch das Christentum vermittelt worden sind, mit dem biblischen Bild des Königtums und den biblisch-patristischen Normen rechten Verhaltens in der von Gott gesetzten Herrschaftsordnung? In der Karolingerzeit war diese Tradition zum festen Fundament der Herrschaftslegitimation und Gesellschaftslehre geworden. Wer begreifen will, was die nachkarolingische Epoche zur weiteren Entwicklung der Staatlichkeit beigetragen hat, wird deshalb dieser Frage nicht ausweichen können. Eine Antwort läßt sich jedoch kaum in theoretischen Äußerungen der Zeit finden, sondern nur, wenn wir das Tun und Verhalten der Menschen im jeweiligen Kontext und, soweit vorhanden, mit den kontextbezogenen Begründungen analysieren. Wo es um die politische Ordnung geht, heißt dies, sich mit den „Spielregeln in mittelalterlicher Öffentlichkeit" zu befassen. [vgl. oben M 2.31]

Zit. nach Hagen Keller. Die Investitur – Ein Beitrag zum Problem der ‚Staatssymbolik' im Hochmittelalter, in: Frühmittelalterliche Studien, Bd. 27, 1993, S. 51 ff.

War das Mittelalter „statisch" oder „dynamisch"?

M 2.33 Wissenschaftler diskutieren die Frage, ob das Mittelalter als „statisch" oder „dynamisch" zu gelten hat

a) Aaron J. Gurjewitch (1980): Das Weltbild des mittelalterlichen Menschen

Der mittelalterliche Traditionalismus ist nicht einfach ein Konservatismus und die Macht der Gewohheit. In der Blickrichtung auf das Alter (nihil innovetur, nisi quod traditum est, Cyprian)[1] sah man eine besondere Tugend, denn gerade das Alte besaß eine moralische Würde. Das Neue flößte Mißtrauen ein, und die Neuerung wurde als Gotteslästerung und Unsittlichkeit empfunden. „Verrücke nicht die Grenzsteine, die deine Väter gesetzt haben...", lehrte ein Mönch des 5. Jahrhunderts, Vincentius von Lerinum, „denn wenn man die Neuerung vermeiden muß, muß das Alte erhalten werden: wenn das Neue unrein ist, dann ist die alte Lehre heilig." Die Statik ist ein Grundzug des mittelalterlichen Bewußtseins. Die Idee der Entwicklung ist ihm, wie wir uns weiter oben überzeugen konnten, fremd. Die Welt verändert und entwickelt sich nicht. Die von Anbeginn vollendete Schöpfung Gottes verweilt in einem Zustand unveränderlichen Seins. Sie stellt eine stufenförmige Hierarchie, aber keinen dynamischen Prozeß dar. Daher ist auch das Recht – ein Bestandteil der Weltordnung – unbeweglich. Es kennt keine Entstehungszeit, sondern nur die Zeit der Fixierung; es kennt auch keine Zeit der Aufhebung. Es steht außerhalb der Zeit.
Im Mittelalter wurde nur die Existenz dessen anerkannt, was einen Rechtsstatus besaß. Eine Stadt, die sich konstituierte, beeilte sich, bestimmte Rechte zu erwerben; eine Zunft, eine Universität oder eine beliebige andere Korporation existierten offiziell mit dem Moment der Annahme des Statuts; ländliche Gemeinden wurden mit besonderen Urkunden ausgestattet, die ihren Status garantierten. Seigneurs[1], die Gerichts- oder Kriegsmacht besaßen, bemühten sich, daß diese Macht in Form von Immunitätsvollmachten formuliert wurde, die von dem Herrscher verliehen wurden. Spezielle Rechtsbestimmungen erarbeitete man für jedes beliebige mittelalterliche Institut. Ohne die Rechtssanktion galt die gesellschaftliche Beziehung nicht als wirksam.

Aaron J. Gurjewitch: Das Weltbild des mittelalterlichen Menschen. (Beck) München 1980, S. 204.

1 Grundherren

b) Otto G. Oexle (1994): „Die Statik ist ein Grundzug des mittelalterlichen Bewußtseins".

Die polare Spannung von Statik und Dynamik im mentalen wie im realen Sinn gehört im Christentum zu den Wirkungen des Ständedenkens selbst. Denn in den Grundlagen des christlichen Ständedenkens ist die Setzung von Ständenormen grundsätzlich zugleich mit deren Aufhebung formuliert. Dies hat seinen Grund einerseits in dem Gegensatz zwischen antiken und christlichen Sozialnormen (1), andererseits darin, daß dieser Gegensatz dann sogleich auch in den ersten Begründungen sozialer Normen im Neuen Testament selbst erscheint (2). Dazu einige Hinweise.

1 sinngemäß etwa: Das Neue ist schon im Alten angelegt.

(1) Der Gegensatz antiker und christlicher Normen einer ständischen Ordnung der Gesellschaft wird eklatant sichtbar anhand eines antiken Textes, der sich selbst als repräsentative Äußerung zum Thema versteht: Ciceros Erörterungen über ehrenhafte und unehrenhafte Berufe in seiner Schrift „De officiis". Cicero behandelt das Thema im Zusammenhang der Frage nach dem *ordo rerum* und *ordo actionum*, nach der Ordnung der Dinge und Handlungen, im Blick auch auf die Unterscheidung von Stand und Qualität der Menschen. Zu achten und zu verehren seien diejenigen, ‚deren Leben bewährt ist in ehrenhaften und bedeutsamen Handlungen, die recht über das Gemeinwesen denken, sich darum verdient gemacht haben und noch verdient machen", die ausgezeichnet sind durch ein Amt *(honor)* oder durch eine Kommandogewalt. Zu beachten sei auch der Unterschied zwischen *civis* und *peregrinus*, damit die „Vereinigung und Verbindung der ganzen Menschheit" berücksichtigt, gewahrt und beachtet wird, die ja gerade in der Unterschiedenheit und Abstufung zum Ausdruck komme. In diesem Zusammenhang geht es nun um *artificia et quaestus liberales* und *inliberales (sordidi)*, um *artes honestae* beziehungsweise *inhonestae* oder *sordidae*. Cicero akzentuiert seine Überlegungen mit dem Hinweis, daß er ungefähr das zu seiner Zeit über solche Berufe allgemeingültige Wissen, die allgemeingültigen Auffassungen, die akzeptierte Meinung vertrete. Maßstab der Wertungen ist die Feststellung, was die eines Freien würdige Tätigkeit ist: „Von allen den Erwerbszweigen, aus denen ein Gewinn gezogen wird, ist nichts besser als der Ackerbau, nichts einträglicher, nichts angenehmer, nichts eines Menschen, nichts eines Freien würdiger". Mit diesem Lob der *agricultura* ist natürlich nicht die bäuerliche Arbeit, sondern der Grundbesitz gemeint, das heißt das Fehlen eines Brotberufs. Vor diesem Hintergrund werden sechs verschiedene ständische Diffamierungen vorgetragen.

Fundamental ist die „Unwürdigkeit" und „Schmutzigkeit" der Lohnarbeit *(quaestus mercennariorum)* im Sinne von Gelegenheitsarbeit oder saisonbedingter Arbeit, weil in der Tatsache der Entlohnung selbst unmittelbar die Unfreiheit begründet sei: *ipsa merces auctoramentum servitutis*, der Lohn als solcher schafft Unfreiheit und Versklavung. Ebenso fundamental ist sodann die soziale Disqualifizierung durch körperliche Arbeit, die bei allen Handwerkern festgestellt wird: *opifices omnes in sordida arte versantur*. Denn: „In einer Werkstatt kann kein Ingenuum sein" *(nec enim quicquam ingenuum habere potest officina)*. Das heißt: Körperliche Arbeit führt den, der sie ausübt, in die soziale, geistige und charakterliche Minderwertigkeit. Zu den *quaestus sordidi* gehören außerdem jene Berufe, die den „Haß der Menschen" auf sich ziehen, wie der des Zöllners und der des Geldverleihers. [...]

Wirft man – im Vergleich damit – einen Blick auf die entsprechenden Sozialnormen des frühen Christentums, so betritt man eine andere Welt. Das zeigt sich in der Berufung von Fischern und Zöllnern zu Trägern eines als universal geltenden Heilsgeschehens ebenso wie in der Seligpreisung der „Armen", der *ptochoi* (Lk. 6, 20), ein Wort, das auf Tagelöhner und Habenichtse verweist, die am Rande der Subsistenz leben. Es zeigt sich auch in der eindeutig positiven Bewertung der körperlichen Arbeit, die in den Schriften des Neuen Testaments durchgehend vertreten wird. In den ersten umfassenden Aneignungen der Schrift Ciceros durch christliche Autoren am Ende des vierten Jahrhunderts, nämlich bei Ambrosius („De officiis ministrorum", nach 386) und bei Augustinus („De ordine", 386) läßt sich demgemäß zwar durchaus die Kenntnis von Ciceros Liste diffamierter Berufe feststellen, die Liste selbst wird aber nicht übernommen. [...]

Aus diesem Gegensatz antiker und christlicher Lebensnormen entwickelte sich in den folgenden Jahrhunderten, in der spannungsreichen, zum Teil kontradiktorischen Erörterung von Grundfragen im Zusammenhang von Freiheit, Gleichheit, Arbeit, Armut und Reichtum ein vielschichtiger Prozeß geistiger Auseinandersetzung, der auch die Geschichte der Lebenshaltungen und Lebensformen von Individuen und Gruppen bestimmt hat.

(2) Nicht weniger bedeutsam war aber zugleich, daß diese Spannung zwischen antiken und christlichen Normen, zwischen Setzung und Bestreitung von Ständen zugleich auch im Neuen Testament selbst ihren Niederschlag gefunden hat, in den Briefen des Paulus nämlich. Hier sehen wir einen weiteren Ursprung für Statik und zugleich Dynamik im realen wie im mentalen Sinn, in der Veränderung der gesellschaftlichen Wirklichkeit wie in der Erfassung und Deutung dieses Wandels.

Man kann dies exemplarisch erkennen an den in den folgenden Jahrhunderten unendlich oft zitierten Aussagen über Stände im ersten Brief des Paulus an die Gemeinde in Korinth. Der Apostel erörtert hier die Verhaltensnorm, daß jeder in seinem Stande bleibe [...], so wie ja auch jeder „in seinem Stande" *(in suo ordine)* auferstehen wird. Dazu wird im zwölften Kapitel des Briefes mit Hilfe der antiken Körpermetapher ein Bild von der Gemeinde als einer ständischen Gesellschaft entwickelt, deren Glieder ungleiche Aufgaben haben und gerade in dieser Ungleichheit einträchtig zusammenwirken sollen, da Gott jedem seine Bestimmung gegeben hat. Zugleich aber wird, in allerstärkstem Kontrast zur Stände-Ethik der Antike, eben diese ständische Gliederung dadurch relativiert, daß – wie der Apostel erläutert – gerade jene Glieder, welche die schwächeren und niedrigeren Dienste verrichten, den höheren Rang und die größere Bedeutung für das Ganze haben: die *infirmiora (sc. membra corporis)* sind die *necessariora,* und den *ignobiliora membra*, ja sogar den *inhonesta* gebührt der *honor abundantior* (12, 22 ff.). Dies wird noch weiter ausgeführt in dem Gedanken, daß Gott seine Berufung nicht an die Hochweisen, Hochmächtigen und Hochedlen ergehen ließ, sondern daß er das Törichte erwählte, das Schwache, das Ehrlose, das Verachtete und das Niedrige. [...] Auf dieser Linie wird in dem Brief an die Galater schließlich die eschatologisch-reale Aufhebung aller Stände formuliert. [...] Auf solche Begründungen beziehen sich alle Äußerungen des Stände-Denkens, dessen mittelalterliche Begründungen – in Kontinuität zum Stände-Denken der Antike – Augustinus mit seiner Schrift „De ordine“ von 386 gegeben hat und das in den Sozialmetaphern und Deutungsschemata des Mittelalters sich immer wieder aufs Neue manifestiert. Auf denselben Grundlagen beruhen aber auch die polaren Spannungen zwischen Stände-Denken und Stände-Negierung, deren wichtigste hier genannt seien: die Rechtfertigung des Unterschieds zwischen Arm und Reich im Sinne der ständischen Kooperation zum wechselseitigen Nutzen und in der Harmonie der Ungleichheit und die Aufforderung nach einer Aufhebung dieser Unterschiede, welche die Geschichte der Armut im Mittelalter in allen ihren Phasen, vor allem seit dem Beginn des Hochmittelalters so tiefgehend bestimmt hat; die Begründung eines Adels-Standes und einer Adels-Ethik und die gleichzeitige Bestreitung und Infragestellung von jeglichem Adel; die immer wieder neu vorgebrachte Begründung der rechtlichen und sozialen Unterscheidung von „Frei“ und „Unfrei“, von Herren und Knechten, und die ebenso ständig wiederkehrende Forderung nach einer Aufhebung eben dieser Unterscheidung mit dem Hinweis auf die ursprüngliche Schöpfungsordnung, auf die naturrechtliche Gleichheit, auf die neue Ordnung der Taufe, auf die Gleichheit vor dem Gericht Gottes. In allen diesen Denkformen von Ständebegründung und Ständeaufhebung wird man immer drei Momente erkennen können: die Begründung der Ungleichheit und der ständischen Unterschiede, die Begründung für deren Aufhebung als eine wesentliche Ursache sozialen Wandels und zugleich als eine wesentliche Voraussetzung dafür, daß dieser Wandel erkannt und gedeutet werden konnte.

An einem Beispiel soll dies abschließend anschaulich gemacht werden; es gehört in die hochmittelalterliche Armutsbewegung, die religiös motivierte Bewegung der freiwilligen Armut, welche die Lebensbedingungen der realen, unfreiwilligen Armut übernimmt. Diese Bewegung war im mittelalterlichen Okzident etwas Neues; auch im mittelalterlichen Byzanz fehlt übrigens etwas Gleichartiges, ein Sachverhalt, der noch der Erklärung bedarf. Von der im Frühmittelalter wie auch in anderen Kulturen immer geübten standesgemäßen Armenfürsorge und der damit verbundenen Idee einer »vertikalen Solidarität« – nämlich der Pflicht der »Starken« (*potentes*) zur Unterstützung der wirtschaftlich und sozial »Schwachen« (*pauperes*) – unterscheidet sich die Bewegung der freiwilligen Armut darin, daß sie auch auf eine Nivellierung der ständischen Unterschiede zielt. Dies tat sie ohne Gewalt, doch wurde dies gleichwohl als eine Bedrohung empfunden. Man kann das gut erkennen am Beispiel des Franziskus von Assisi, von dem bereits die Rede war, oder am Schicksal der Elisabeth von Thüringen, die in der Annahme der realen Lebensbedingungen unfreiwillig Armer die Formen einer »standesgemäßen« Armenfürsorge hinter sich ließ. Mit dieser Preisgabe aller standesgemäßen Lebensformen wurde sie für ihre Verwandten am Landgrafenhof auf der Wartburg zum Skandal. Man sah sich genötigt, Elisabeth für geistesgestört zu erklären, finanziell abzufinden und nach Marburg abzuschieben.

Zit. nach Otto G. Oexle: „Die Statik ist ein Grundzug des mittelalterlichen Bewußtseins.“ Die Wahrnehmung sozialen Wandels im Denken des Mittelalters und das Problem ihrer Deutung. In: Jürgen Miethke/Klaus Schreiner (Hrsg.), Sozialer Wandel im Mittelalter. (Thorbecke) Sigmaringen 1994, S. 64 ff.

3 Modernisierung in der „Krise des Spätmittelalters“

Der Stadtrat von Siena, der reichen Nachbarstadt von Florenz, beschloß in den 1340er Jahren, seinen Dom durch einen Neubau zu ersetzen, wobei die alte Kirche, einer der größten gotischen Bauten Italiens, das Querschiff der neuen werden sollte. 1347 – die Fundamente des Neubaus waren gelegt, die ersten Wände errichtet – erreichte die große Pest die Stadt. Als sie erlosch, hatte Siena gerade noch die Kraft, eine kleine Dankkapelle, angelehnt an das riesige Rathaus, zu bauen.
– Aus ganz Europa haben wir die gleichen Meldungen einer ungeheuren Katastrophe, die in wenigen Jahren offenbar Millionen Menschen dahinraffte und die Blüte eines Kontinents vernichtet zu haben schien. – Dieses dramatische Bild hat bis in die Gegenwart unsere Vorstellung vom Spätmittelalter als einer Krisenzeit geprägt und unsere Wahrnehmung für die tiefergehenden Kontinuitäten gestört.
Wenn man von der „Krise“ des Spätmittelalters spricht, meint man zunächst die großen Bevölkerungsverluste, die von den Pestepidemien seit der Mitte des 14. Jahrhunderts verursacht wurden. Viele Historiker sind der Meinung, es seien in diesen Pestwellen bis zu einem Drittel der Bevölkerung, stellenweise sogar noch mehr Menschen, umgekommen. Sollte diese Zahl zutreffe, dann muß man in der Tat von einer Katastrophe sprechen: selbst die ungeheuren Menschenverluste im Zweiten Weltkrieg betrugen beispielsweise in Deutschland „nur“ ungefähr 5% der Bevölkerung.
War es schon nach dem Zweiten Weltkrieg nicht möglich, die genaue Zahl der Opfer zu ermitteln, so muß man für das 14. Jahrhundert feststellen, daß es nicht nur unmöglich ist, das genaue Ausmaß der Verluste zu ermitteln – allein deswegen, weil es keine Bevölkerungsstatistik gab –, sondern auch nur fundierte Schätzungen aufzustellen, die etwa für Deutschland (oder Westeuropa) gelten könnten. Wir verfügen zwar über Quellen, die in sehr dramatischen Worten die Ereignisse in einer bestimmten Stadt oder Landschaft schildern, aber wir wissen nicht, wie sicher und wie repräsentativ die Angaben sind.

Siena, Piazza del Campo und Palazzo Pubblico

Nun ist zu Recht darauf verwiesen worden, daß nicht nur die Pestepidemien die Bevölkerung dezimierten. Tatsächlich hatte bereits 1315/17 eine große Hungersnot die Menschen bedroht; ihr folgten immer wieder andere, die auf eine schon sehr geschwächte Bevölkerung trafen. Die Ursachen für die Hungersnöte waren außerordentlich komplex, ihre Verknüpfung ist bisher nur in Umrissen deutlich. Folgende Faktoren spielten unter anderem eine Rolle: das Klima hatte sich verschlechtert; die Ernten waren geringer ausgefallen, weil die Böden, die in der vorausgegangenen Expansionsphase auch in Randgebieten bewirtschaftet worden waren, sich erschöpften; die damit verbundenen Einkommensverluste erschwerten es, sich anderweitig Ersatz zu beschaffen; schließlich sorgten zahlreiche Fehden und Kriege dafür, daß Felder verwüstet, Scheunen und Gehöfte zerstört wurden. Ein besonders markantes Beispiel ist der Hundertjährige Krieg zwischen englischen und französischen Königen (1339–1453). Zwar darf man sich nicht vorstellen, daß in diesem Krieg wirklich über 100 Jahre lang ununterbrochen gekämpft wurde – das war schon wegen der damaligen Kriegstechnik nicht möglich –, dennoch waren die Verluste, die von ihm ausgingen, ganz erheblich.

Schließlich bedrohte um die Mitte des 14. Jahrhunderts eine Inflation die Einkommen und die Versorgungsmöglichkeiten vieler Menschen; sie verstärkte die Verteilungskämpfe zwischen den führenden Sozialgruppen und den abhängigen Schichten.

„Agrarkrise“ oder „Krise des Feudalismus“?

Diese Verteilungskämpfe zwischen den zur Leistung verpflichteten Bauern und ihren Herren haben unter den Historikern die Frage aufgeworfen, ob sie „nur“ zum Ausdruck brachten, daß eine Agrargesellschaft an die Grenzen ihres Wachstums stieß, oder ob man viel allgemeiner von der Krise des Feudalismus, also der damals herrschenden Ordnung, sprechen muß.

Diejenigen Historiker, die von einer „Agrarkrise“ sprechen, weisen auf folgende Entwicklungen hin: ein Gesellschaft, in der über 80% der Bevölkerung auf dem Lande lebten und der ganz überwiegende Teil der wirtschaftlichen Leistungen von der Landwirtschaft erbracht wurde, erlebte eine nachhaltige Krise, wenn über Jahrzehnte die Preise für landwirtschaftliche Produkte (vor allem Getreide) fielen und gleichzeitig – wegen des Bevölkerungsrückganges – die Löhne ein hohes Niveau erreichten. Der bedeutendste Vertreter dieser Gruppe von Historikern, Wilhelm Abel, meint, die Preisschere zwischen fallenden Agrarpreisen und hohen Löhnen (bzw. hohen Preisen für gewerbliche Produkte) habe einen wirtschaftlichen Niedergang der Bauern und mit ihnen der Grundherren bewirkt. Beredter Ausdruck dieser Entwicklung seien die vielen Wüstungen gewesen. Dabei wurden schlechtere Böden verlassen und manchmal ganze Dörfer, sogar Kleinstädte, aufgegeben. Die Bewohner zogen in Gegenden mit besseren und marktnäheren Böden; wegen des Bevölkerungsrückganges waren dort Siedlungsplätze frei geworden.

An dem Ansatz von W. Abel gab es Kritik im Detail: es wurde hervorgehoben, daß die behauptete Preisschere gar kein so bedeutendes Ausmaß gehabt habe; ferner wurde argumentiert, der Wüstungsvorgang dürfe nicht zu negativ gesehen werden, weil im wesentlichen nur Böden aufgegeben worden seien, die unergiebig und abseitig gelegen waren. Es sei ein Gebot der Stunde gewesen, Siedlungsplätze zu verlassen, auf denen die Bewohner nicht ihr Leben fristen konnten.

Grundsätzlichere Kritik kam vor allem von marxistischen Autoren; sie warfen W. Abel vor, mit Lohn- und Preisentwicklungen nur die Symptome der Krise zu erkennen, nicht aber die grundlegenden Ursachen. Wichtig sei es vielmehr, danach zu fragen, wie die gesellschaftlichen und institutionellen Verhältnisse der damaligen Ordnung aufeinander bezogen waren und wie sie aufeinander einwirkten. Man müsse demnach die Verhältnisse zwischen abhängigen Bauern und ihren Herren beachten, z.B. wie das Agrarprodukt zwischen ihnen aufgeteilt wurde und wie die Beziehungen zwischen ihnen auf die Produktivität einwirkten. Mit anderen Worten blieben die Produktionsverhältnisse und Produktivkräfte, die in der marxistischen Theorie die entscheidende Rolle in der historischen Entwicklung spielen, unbeachtet. Marxistische Historiker suchten die Ursachen für die spätmittelalterliche Krise denn auch nicht im Bevölkerungsrückgang – wie W. Abel es tat –, sondern in den wachsenden Widersprüchen der feudalen Produktionsweise, die sich zu einer Krise der gesamten Ordnung, zur Krise des Feudalismus, entwickelten.

Gegen diese Art der Argumentation ist eingewendet worden, daß es sicherlich krisenhafte Erscheinungen gegeben habe, die aber den Charakter des Gesamtsystems nicht wirklich berührt hätten. Es ist weiterhin darauf verwiesen worden, wie lange der Kernbereich der Feudalordnung Bestand hatte, d.h. das bäuerlich-grundherrliche Verhältnis, das durch Leistungen der bäuerlichen Wirtschaft an Dritte, an Außenstehende, charakterisiert war. In der Tat blieben in vielen Ländern Europas Formen der Grundherrschaft bis in die Zeit um 1800 bestehen, als im Gefolge der Französischen Revolution Maßnahmen zur Aufhebung der Feudalverhältnisse Tendenzen verstärkten, die schon einige Zeit zuvor eingesetzt hatten. Wenn es im Spätmittelalter tatsächlich eine Krise, verstanden als grundlegende Erschütterung des Systems, gegeben hätte, dann wäre es unwahrscheinlich, daß diese Ordnung noch jahrhundertelang bestanden hätte.

Wirtschaftlicher Wandel angesichts krisenhafter Erscheinungen – Chancen der Modernisierung?

Wenn man von „der“ Krise des Spätmittelalters spricht, muß man sich darüber im klaren sein, daß krisenhafte Erscheinungen und ihre Auswirkungen *regional* sehr große Unterschiede aufwiesen. Während man z.B. in Deutschland und England zahlreiche Wüstungen beobachten konnte, blieb eine zwischen ihnen liegenden Landschaft – Flandern – davon unberührt. Es gab jedoch nicht nur merkliche regionale Unterschiede, sondern ebenso gab es große Unterschiede in den Auswirkungen auf verschiedene soziale Gruppen. Ein weiterer Punkt, der es nicht leicht macht, eine Gesamtschau der wirtschaftlichen Verhältnisse des Spätmittelalters zu geben, ist die sehr uneinheitliche Quellenlage und der häufig lückenhafte Quellenbestand.
Aus den genannten Gründen ist es im Grunde unmöglich und wohl auch wenig sinnvoll, die Zeit des späten 14. und des 15. Jahrhunderts unter einem Merkmal zusammenfassen zu wollen. Die Spannweite der Charakterisierungen reicht von der Bezeichnung „Krise“ bis hin zu „Blütezeit der städtischen Wirtschaft“ (so die Überschrift zu Kapitel 4, Band 1, des „Handbuchs der Wirtschafts- und Sozialgeschichte Deutschlands“ von F. W. Henning). Die Uneinheitlichkeit erklärt sich zum Teil aus unterschiedlichen Perspektiven; sie erinnert uns aber auch daran, nicht zu schnell zu verallgemeinern. Da wir in diesem Band die großen Enwicklungslinien verfolgen wollen, müssen wir verallgemeinern – aber mit dem Bemühen, die wichtigsten Entwicklungen nicht zu verzerren.

Einnahmen von 4 Grundherrschaften in Südwestdeutschland (um 1400)

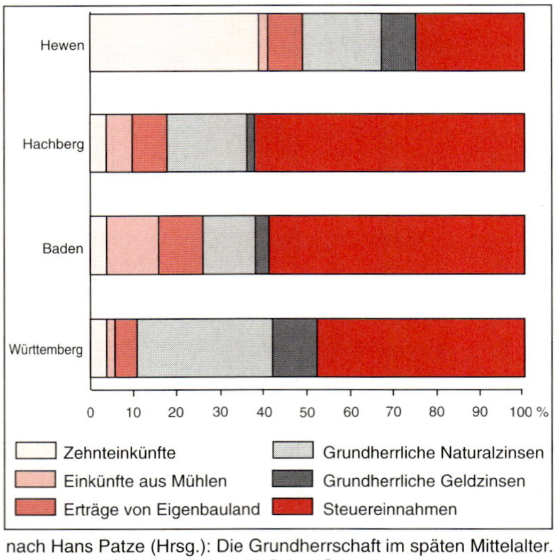

nach Hans Patze (Hrsg.): Die Grundherrschaft im späten Mittelalter. (Thorbecke) Sigmaringen 1983, Bd. 2, S. 132.

3.1 Wandlungen in der Landwirtschaft

Die Schwierigkeiten professioneller Historiker, den Charakter des „späten Mittelalters“ zu verstehen, erlaubt uns einen Einblick in die methodischen Probleme unseres Faches. In einer Agrargesellschaft scheinen sinkende Preise für das wichtigste Einzelprodukt, den Roggen, ein eindeutiges Krisensympton zu sein. Beziehen wir diese Tatsache aber auf eine Landwirtschaft, in der die große Mehrheit der Bauern ihre Verpflichtungen gegenüber ihren Herren noch in Naturalien ableisten und für sich selbst hauptsächlich in Begriffen der Subsistenz denken, dann verschiebt sich das Bild: Die niedrigen Preise deuten auf ausreichende Ernten hin, und die niedrigen Preise werden zu einem Problem des Adels, der Zugang zum Markt hat und dort für die Naturalabgaben nur sinkende Erlöse erzielen kann. Allein für die Bauern, die Geldabgaben leisten mußten, entstand das Problem, wie man durch gesteigerte Lieferungen den Preisverlust ausglich. Gerade diese Bauern aber wohnten in der Nachbarschaft von Städten und konnten am ehesten ihren Schwierigkeiten entgehen, wenn sie in die Städte abwanderten, die nach den Seuchen einen großen Arbeitskraftbedarf hatten und dank des billigen Getreides eine wachsende Bevölkerung ernährten.
Stimmen die Zahlen, daß die Bevölkerung um ein Drittel und die Zahl der Siedlungen um ein Viertel zurückgingen, werden die Feudalherren wenig gegen den Fortzug der Bauern haben ausrichten können (Als seit der zweiten Hälfte des 15. Jahrhunderts die Bevölkerung wieder deutlich an Umfang zugenommen hatte, stellte sich die Situation sicherlich ganz anders dar – vgl. dazu auch unten S. 89).
Die Möglichkeiten des Kontaktes der Bauern mit der Stadt und dem städtischen Umfeld waren auch in anderer Hinsicht langfristig von großer Bedeutung. In nicht wenigen Gebieten wurden die ländlichen Haushalte in die gewerbliche Produktion einbezogen, die von den Städten ausging. Gemeint ist vor allem jener Teil der Produktion, der im Verlagssystem organisiert war. Je nach Gewerbe waren es ganz unterschiedliche Tätigkeiten, die an die ländliche Bevölkerung vergeben wurden. Im textilen Bereich war es z.B. das Spinnen, eine einfach zu erlernende, aber zeitraubende Arbeit; die eisenverarbeitenden Berufe waren auf die Holzkohle angewiesen, die von der Landbevölkerung hergestellt wurde. Außerdem war die Eisenproduktion eine Angelegenheit des ländlichen Raumes. Wie viele Menschen auf dem Lande im

Getreideernte mit einer Handsense (franz. „sape“ fläm. „pik“). Flämischer Kalender des 16. Jahrhunderts von Simon Bening

gewerblichen Sektor tätig waren, läßt sich mangels eindeutiger Quellenzeugnisse nicht sagen. Untersucht man die Materialien, so ist schnell ersichtlich, daß der Einzugsbereich der gewerblichen Produktion in einigen Gegenden ganz erheblich war.
Worin bestanden nun die Modernisierungseffekte, wenn der ländliche Raum so sehr von gewerblicher Produktion erfaßt wurde?
(1) Die gewerbliche Produktion, um die es hier geht, war in der Regel nicht für den örtlichen Verbrauch bestimmt, sondern für den Export. Damit wurden die bäuerlichen Produzenten in die Verkehrswirtschaft einbezogen. Sie mußten folglich gewisse Qualitätsstandards beachten, wenn ihre Erzeugnisse an weit entfernten Märkten verkäuflich sein sollten. Die erzielbaren Preise schwankten mit den Wechselfällen der Konjunktur; dies und die Erfordernisse der Produktion (z.B. Beschaffen von Rohstoffen, von Werkzeugen) machten es nötig, eventuell Kredite aufzunehmen, sich also mit Besonderheiten des Geldmarktes auseinanderzusetzen.
(2) Damit einher ging eine Veränderung der traditionellen Subsistenzwirtschaft, auch wenn diese sicherlich einen hohen Stellenwert behielt, weil der bäuerliche Betrieb vor allem für den Unterhalt der bäuerlichen Familie (sowie für Feudalabgaben) produzierte. Die Produktion für den Markt dagegen eröffnete die Möglichkeit, genügend Überschuß in Geld zu erwirtschaften.
(3) Die Teilnahme an der gewerblichen Produktion bot die Möglichkeit, den Nahrungsspielraum der bäuerlichen Familie und der nachfolgenden Generation zu erweitern. –
Auch der ländliche Raum, der nicht an der gewerblichen Produktion teilnahm, hatte Möglichkeiten, sich zu modernisieren. Gerade die Betriebe, die in der Nähe von Städten lagen, nutzten die Gelegenheit, sich zu spezialisieren, indem sie, beispielsweise als Gärtnereien betrieben, Obst und Gemüse an die Stadtbewohner lieferten. Die Verdienstmöglichkeiten waren hier bedeutend besser als bei der Produktion von Getreide.

Schließlich wissen wir aus Regionalstudien, daß es den Bauern während der sogenannten Agrarkrise gelang, die Produktivität beträchtlich zu erhöhen. Dazu gehörte auch eine Verbesserung der Arbeitsgeräte, z.B. des Pfluges oder der Erntegeräte: in Flandern wurde statt der herkömmlichen Sichel ein Instrument verwendet, das an eine Sense erinnert. Während der Schnitter mit einer Sichel (und in gebückter Haltung) nur das abschneiden konnte, was er mit der anderen Hand an Getreidehalmen umfaßte, konnte er mit dem neuen Gerät einen deutlich größeren Radius beschreiben.
Hinsichtlich des Gebrauchs neuer Produktionsinstrumente stehen wir vor der Schwierigkeit, angesichts dürftiger Quellenaussagen nicht genau sagen zu können, wann und in welchem Umfang die Neuerungen eingeführt wurden.

3.2 Wandlungen in der Agrarverfassung: Verschlechterung im Osten, relative Besserstellung im Westen

Im Verlaufe des Spätmittelalters kam es zu deutlichen Veränderungen in der Agrarverfassung zwischen Ost und West. Wir hatten gesehen, daß es im Westen Deutschlands (und Europas) eine größere Städtedichte und eine stärkere Durchsetzung des Landes mit gewerblicher Wirtschaft – vor allem mit der zunehmenden Ausbreitung des Verlagswesens – gab. Dies und die zum Teil unübersichtliche Verflechtung feudalherrlicher Ansprüche in einem Dorf erlaubten es den Bauern, sich dem Druck feudalherrlicher Forderungen zu entziehen, indem sie in die Städte abwanderten, oder zumindest teilweise eine Verbesserung ihrer rechtlichen und wirtschaftlichen Lage zu erreichen. Im nördlichen Rheinland setzte sich, in Anlehnung an ähnliche Vorgänge in den Niederlanden und in Nordfrankreich, immer mehr das Pachtsystem durch. Da es leicht an veränderte Verhältnisse angepaßt werden konnte (hinsichtlich der Laufzeit, der Pachthöhe und der Pachtbedingungen), war es recht günstig für die weitere Entwicklung der Produktion wie der Produktionsverhältnisse. Man muß sich allerdings davor hüten, diese Entwicklung zu schnell zu verallgemeinern, da es nicht wenige Grundherren gab, die nicht bereit waren, die neue Lage zu akzeptieren oder gar zu fördern. Dennoch läßt sich sagen, daß sich die rechtliche Situation der Bauern im Westen deutlich günstiger gestaltete als im Osten, wo sich die *Gutsherrschaft* in einem langandauernden Prozeß für viele Bauern zu einer schweren Belastung entwickelte. Dabei gingen die Grundherren seit der Mitte des 14. Jahrhunderts daran, den Anteil ihres Eigenbesitzes an den bäuerlichen Höfen zu vergrößern. Um die größeren Flächen bewirtschaften zu können, sorgten sie dafür, daß die Bauern nicht fortziehen konnten, d.h. diese wurden schollenpflichtig. Als Schollenpflichtige konnte sie der Herr leicht dazu heranziehen, Dienste auf seinen Ländereien zu verrichten. Dies wurde ihm noch in dem Maße erleichtert, wie es ihm gelang, die Gerichtsherrschaft an sich zu ziehen. Im Laufe der Zeit errangen die Gutsherren sogar das Recht von den Landesherren, die Polizeigewalt in ihren jeweiligen Bezirken auszuüben. Häufig waren sie auch die Patronatsherren der örtlichen Kirche mit dem Recht der Einsetzung des Pfarrers.

Aus der Perspektive der Gutsbauern mußte der Gutsherr ihnen wie ein unumschränkter Herrscher vorkommen, da sie ihm in fast allen täglichen Belangen mehr oder weniger ausgeliefert waren. Ein Bauer konnte seinem Schicksal dauerhaft entgehen, wenn es ihm möglich war, von seinem Herrn die Freiheit zu erringen – vielleicht, wenn er es schaffte, einen Ersatzmann zu finden. Die Möglichkeit, dem Herrn zu entlaufen, stellte sich dort nicht, wo sich eine Gutsherrschaft an die andere reihte.

So belastend die Gutsherrschaft für das Leben der gutsuntertänigen Bauern auch war, so kann man doch daraus nicht folgern, die Gutsherrschaft sei im Ganzen ein wirtschaftlich tiefstehendes System gewesen. Wenn der Gutsherr und sein Verwalter über hinreichend gute unternehmerische Fähigkeiten verfügten, war der Gutsbetrieb in der Lage, beachtliche Mengen (z.B. an Getreide) für den Markt zu produzieren. Es waren gerade die Getreideausfuhren aus den ostmitteleuropäischen Ländern, die es den Niederlanden seit dem späten Mittelalter erlaubten, auf kleiner Fläche eine erstaunlich große Bevölkerung, die im Gewerbe und Handel enorme Bedeutung gewann, mit dem damaligen Grundnahrungsmittel zu versorgen. Wie spätere Erfahrungen aus der Zeit der Industrialisierung zeigen, konnten Länder wie Preußen/Deutschland und Japan wirtschaftlich effektiv und „modern“ sein, ohne daß die politische und individuelle Freiheit sowie Selbstbestimmung einen hohen Rang einnahmen.

3.3 Gewerbliche Produktion zwischen Bedarfs- und Verkehrswirtschaft

Textil- und Bekleidungsgewerbe

Während die Bedeutung der Textil- und Bekleidungsproduktion in der heutigen gewerblichen Produktion relativ gering ist, lagen die Verhältnisse in vorindustrieller Zeit völlig anders: damals machte sie mehr als die Hälfte der gewerblichen Produktion überhaupt aus.

Kleidung gehörte zum Grundbedarf und wurde, wie anderer Grundbedarf auch, zu einem Teil in Selbstversorgung hergestellt. Bei steigendem Einkommen wurde sie gern in verfeinerter und ausgeschmückter Form getragen. Repräsentative, reich verzierte Kleidung gehörte seit dem Spätmittelalter zu den Statussymbolen einer Gesellschaft, in der Unterschiede zwischen den einzelnen Gruppen deutlich betont wurden.

Zwar wäre es übertrieben, für das späte Mittelalter von einem Massenkonsum zu sprechen, der dem heutigen vergleichbar wäre, doch kann man wohl davon ausgehen, daß vom späten 14. Jahrhundert bis in die 2. Hälfte des 15. Jahrhunderts die Einkommen gerade der Städter zunahmen. Der Adel konnte nicht umhin, ostentativ teurere Produkte zu erwerben, wenn es ihm darauf ankam, eine gesellschaftlich führende Stellung zu beanspruchen.

Angesichts sich ausweitender Bedürfnisse und eines immer vielfältiger werdenden Angebotes eröffnenten sich der spätmittelalterlichen Textilproduktion neue Chancen. Seit den sechziger Jahren des 14. Jahrhunderts drangen neue Materialien über die Alpen vor; die Baumwolle begründete ein eigenes Gewerbe neben der traditionellen Verarbeitung von Schafwolle. Die Baumwolle, ein Produkt subtropischer Länder, war leichter und billiger zu verarbeiten als die herkömmliche Schafwolle. Eine weitere Neuerung war das Barchentgewerbe, ein Gemisch aus Baumwolle und Leinen, das der süddeutschen Textilproduktion im Raum Ulm und Augsburg sowie in geringerem Maße in Regensburg zu großer Bedeutung verhalf. Ein beachtlicher Teil der Produktion ging in den Fernhandel, besonders nach Italien.

Die Fernhändler, die die Baumwolle aus dem Mittelmeerraum nach Norden und in umgekehrter Richtung die Fertigprodukte transportierten, waren daran interessiert, kostengünstig arbeiten zu lassen; diese Möglichkeit bot ihnen das Verlagssystem: ein Kaufmann übernahm die Führung im Verlagswesen, indem er die Rohstoffe besorgte, den Absatz organisierte und die Tätigkeit des Produzenten zwischenfinanzierte. Als Produzenten setzte man gern ländliche Arbeitskräfte ein, weil sie deutlich billiger als städtische waren. Die Tätigkeit in der ländlichen Textilproduktion konnte eine wichtige Ausgangsbasis für wirtschaftlichen und sozialen Aufstieg sein; ein berühmtes Beispiel stellte der Erfolg der Fugger dar, die ausgehend von Bauern und Webern im 14. Jahrhundert über die Tätigkeit als örtliche Händler schließlich im 15. Jahrhundert zu den einflußreichsten Bürgern Augsburgs zählten. Das Beispiel der Fugger zeigt, daß das Verlagswesen, wie oben (S. 44) erwähnt, dem flachen Land Arbeit und Verdienstmöglichkeiten brachte; noch größeren Nutzen zogen die Städte, wo sich das Kapital sammelte, die Märkte und der Handel viele Menschen beschäftigten und wo die reichen Kaufleute viel Geld für repräsentatives Wohnen und Konsumieren ausgaben.

Das Verlagssystem im Textilbereich breitete sich relativ langsam aus; *ein* Grund dafür könnte die vermutlich geringe Kaufkraft der städtischen (und ländlichen) Unterschichten gewesen sein. Sie mußten in für uns heute unvorstellbarem Ausmaß Geld für Nahrungsmittel aufwenden. Es blieb ein Grundmuster der Konsummöglichkeiten von Unterschichten in der vorindustriellen Zeit, daß nicht selten die Hälfte des verfügbaren Einkommens allein für Brot aufgewendet werden mußte. Damit blieb der Spielraum für den Erwerb anderer Konsumgüter recht klein; da die Unterschichten in manchen Städten weit über die Hälfte der Bevölkerung ausmachten, gingen von ihnen wenig Anstöße aus, die die gewerbliche Produktion angeregt und ausgeweitet hätten.

Auf das relativ langsame, aber stetige Anwachsen des Verlagswesens (im Textilbereich) wurde deshalb ziemlich ausführlich eingegangen, weil es – im Gegensatz zum zünftischen Handwerk – zukunftsweisender war. („Zukunftsweisend" wird hier ganz im Wortsinne als „in die Zukunft zeigend" verstanden und nicht als ein irgendwie positiv oder negativ bewerteter „Fortschritt".) Das Verlagwesen wies deshalb in die Zukunft, und zwar die der industriellen Produktion, weil mit ihm eine *Massenfertigung* standardisierter Waren entstand. Der Begriff „Massenproduktion" meint angesichts der spätmittelalterlichen Verhältnisse (Bevölkerungszahl, Kaufkraft) nicht den ungeheuren Umfang, den sie heute hat, doch zielt er tendenziell in die gleiche Richtung: die Produktion wird so organisiert, daß immer wieder Stücke gleicher Qualität und gleicher Ausstattung für einen anonymen Kundenkreis hergestellt werden. Die Leistungen, die dafür vom Organisator (= Unternehmer) des gesamten Prozesses erbracht werden mußten, ähneln deutlich mehr denen eines heutigen Unternehmers als denen eines mittelalterlichen oder heutigen Handwerkers, der auf eigene Rechnung arbeitet. Das Verlagswesen förderte ferner Arbeitsteilung und Spezialisierung unter den beteiligten Arbeitskräften und verstärkte die wirtschaftlichen Verflechtungen zwischen Stadt und Land sowie zwischen Produzent und Verbraucher. Schließlich ist noch auf einen wichtigen Aspekt hinzuweisen, der von der älteren Forschung nur für die Neuzeit gesehen wurde: Das Verlagswesen war ganz deutlich Ausdruck eines Gewinnstrebens, das als „kapitalistischer Geist" charakaterisiert wurde. Er sorgt für eine verschärfte Konkurrenz unter den Beteiligten – eine Verhaltensweise, die in vielem das moderne Europa charakterisiert, im Unterschied zu außereuropäischen Kulturen.

Räumliche Verflechtung eines herrschaftlichen Haushaltes mit der arbeitsteiligen Verkehrswirtschaft – Schloß Münden 1397/8

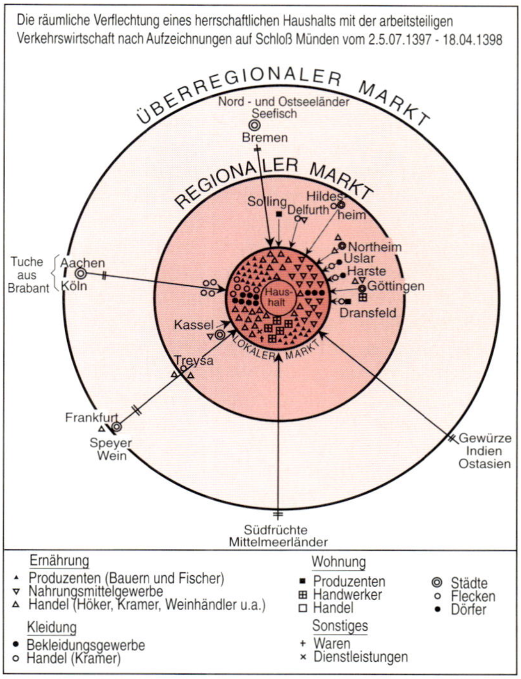

nach Irmintraut Richarz: Oikos, Haus und Haushalt. Ursprung und Geschichte der Haushaltsökonomik. (Vandenhoeck & Ruprecht) Göttingen 1991. S. 44.

Metallerzeugende und -verarbeitende Gewerbe

Ein weiterer, zukunftsweisender Wirtschaftsbereich war der Metallsektor, bei dem es z.B. um die Produktion von Messern aus Nürnberg, Köln und Solingen, von Scheren aus Ratingen, von Waffen aus Nürnberg und Essen, von Draht aus Altena und Nürnberg usw. ging. Dieser Sektor war womöglich der bedeutendste Wachstumsbereich in der spätmittelalterlichen und neuzeitlichen Wirtschaft. Er wies häufig eine weitgefächerte und komplizierte Produktionsstruktur auf, die von der Rohstoffge-

winnung im Bergbau über Verhüttung bis zu sehr differenzierten Formen der Endfertigung reichte. Beim Abbau der Rohstoffe im Bergbau wie bei der Bereitstellung von Energie durch (Wasser-)Mühlen waren in der Regel Interessen von Herrschaftsträgern berührt, die die Situation nutzten, um bedeutende Einnahmen zu erzielen.
Da die enorme Vielfalt der Metallgewerbe nicht im einzelnen vorgestellt werden kann, soll ein Bereich beispielhaft skizziert werden: es geht um die Herstellung und Verarbeitung von *Draht*.
Draht war ein unentbehrliches Vorprodukt für viele Erzeugnisse, die im alltäglichen Leben eine große Rolle spielten: verschiedene Arten von Nadeln, Nägeln, Haken, Ketten, Bürsten, Siebe sowie exklusiver Kettenhemden (als Teil militärischer Ausrüstung) und Saiten von Musikinstrumenten. Beim im Mittelalter zunächst üblichen Verfahren wurde der mit dem Hammer geschmiedete, kalte Grobdraht mit Muskelkraft durch das Zieheisen gezogen. Dies war eine Platte mit Löchern verschiedener Größe, um Draht unterschiedlicher Stärke herstellen zu können. Nach mehreren Zügen mußte der Draht erneut erhitzt werden, um ihn weich und elastisch zu machen.
Bei dünneren Drähten wurde die Muskelkraft beim Ziehen schon früh durch die Verwendung von Rollen mit Kurbeln ersetzt; die hierbei erzielte Steigerung der Produktivität konnte aber so lange nicht voll zur Geltung kommen, wie der Grobdraht von Hand gefertigt wurde. Es war deshalb eine grundlegende Innovation, die in der Folge europaweite Verbreitung fand, als um 1400 in Nürnberg eine Drahtmühle entwickelt wurde. Das Kapital für die Entwicklungsarbeit stammte von einigen großen Firmen des Metallhandels und -verlages, die sehr daran interessiert waren, Draht in größerer Menge und besserer Qualität (weniger Druckstellen der Drahtziehzange, weniger Bruch als bei manueller Herstellung) zur Verfügung zu haben. Die Arbeit mit Drahtziehmühlen hatte Folgen für den Standort und die Organisation des Herstellungsprozesses: der Betrieb der Mühlen verlangte den Einsatz von Wasserkraft; die Produktion mußte also an Wasserläufe in der Stadt oder im Umland verlegt werden. Der Bau und der Betrieb solcher Mühlen war teuer und erforderte ein beachtliches Kapital, das ein einzelner Handwerker in der Regel nicht aufbringen konnte. Es kam häufig von Kaufleuten, die als Verleger immer nachhaltigeren Einfluß auf das Drahgewerbe und die Drahtverarbeitung – vor allem in der Nadelherstellung – nahmen. Mit dem Verlag als Organisationsform und mit den Drahtmühlen als Produktionsmittel waren Verhältnisse geschaffen, die jedenfalls in der vorindustriellen Zeit hinreichten, die Verbrauchswünsche der Menschen zufriedenzustellen.
Wie groß die Leistungsfähigkeit der vorindustriellen Metallgewerbe war, soll ein Beispiel aus einem anderen Zweig der Metallproduktion zeigen. Das Messergewerbe Nürnbergs soll in der Mitte des 16. Jahrhunderts *wöchentlich* 90.000 bis 100.000 Messer hergestellt haben. Das Verbreitungsgebiet dieser Waren reichte vom Hanseraum bis nach Italien, von Ungarn bis nach Spanien und in die neuen Gebiete in Übersee. Selbst wenn die Fertigungszahlen in Wahrheit etwas niedriger gelegen haben sollten, so ist dennoch klar, daß eine derartige Menge für solch weit entfernte Märkte nur standardisierte Massenproduktion sein konnte. Außerdem ist einsichtig, wie sehr nicht nur die Herstellungsverfahren, sondern auch die Methoden des Vertriebs und der Finanzierung ensprechend verfeinert sein mußten.

Handel und Transport

Manchmal konnten (Fern-)Händler, die als Verleger tätig waren, den Umfang ihrer Geschäfte und Gewinne über den Rahmen der anderen hinaus steigern. Dies geschah dann häufig im Zusammenhang mit der Schaffung von (Familien-)*Handelsgesellschaften*, einer Neuerung, die als geradezu charakteristisch für das späte Mittelalter gilt. Die großen Handelshäuser Süddeutschlands, besonders in Nürnberg und Augsburg, er-

Anteil der Versorgung der Bevölkerung mit Gütern des Grundbedarfes (90 v.H.) und des gehobenen bzw. Luxusbedarfs (10 v.H.) durch Selbstversorgung (66 v.H.), durch den Handel zwischen Erzeuger und Endabnehmer (23 v.H.) und durch den hauptberuflichen Handel (11 v.H.).

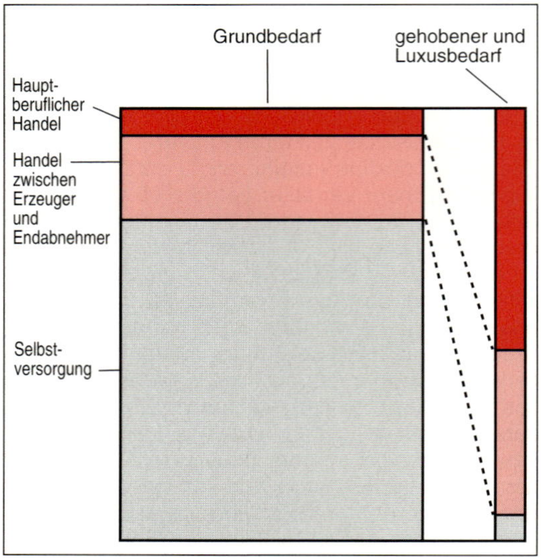

nach Friedrich-Wilhelm Henning: Handbuch der Wirtschafts- und Sozialgeschichte Deutschlands. (F. Schöningh) Paderborn 1991, Bd. 1, S. 492.

langten solches wirtschaftliche und politische Gewicht, daß manche glaubten, sie monopolisierten das Wirtschaftsleben Deutschlands. Sicherlich hatten einige unter ihnen, wie z.B. die allseits bekannten Fugger, enormen Einfluß, doch sollte ihr Erfolg nicht die Sicht dafür verstellen, daß gesamtwirtschaftlich gesehen auch viele andere Unternehmen eine wichtige Rolle spielten.
Wie entstand nun eine Handelsgesellschaft, und was war an ihr zukunftsweisend? Sie konnte z.B. dadurch geschaffen werden, daß eine Firma beim Tode des bisherigen Inhabers nicht unter die Erben aufgeteilt wurde, sondern in Anteile am Eigenkapital des Geschäfts umgewandelt wurde. Das ererbte Vermögen wurde somit nicht zerstreut, die Firma konnte weiterwachsen und die Gewinne anhäufen (akkumulieren). Diese Akkumulation konnte nun dazu genutzt werden, in größerem Umfange zu investieren und neue Geschäftszweige zu eröffnen. Die Handelsgesellschaften wurden instand gesetzt ganz verschiedene Aktivitäten entfalten:
– sie tätigten *Bankgeschäfte*, besonders Kreditvergabe an Großkunden, darunter z.B. Fürsten und Könige, die als Sicherheiten ihre Rechte im Bergbau hergaben;
– sie waren als *Unternehmer* tätig, beispielsweise im Silberbergbau und in der Silberproduktion; von hier aus bestand über den Weg der Münzprägung wieder die Möglichkeit, auf die Politik Einfluß zu nehmen;
– als *Verleger* waren sie häufig im Textilsektor tätig, der – wie oben beschrieben – wirtschaftlich große Bedeutung besaß; manche Handelsgesellschaften schafften es, dort eine Monopolstellung zu errichten (man denke nur an die Große Ravensburger Handelsgesellschaft im Bodenseegebiet, die übrigens keine Familiengesellschaft war, sondern ein Zusammenschluß selbständiger Unternehmer);
– als *Kaufleute* waren sie häufig sowohl im Einzel- wie im Großhandel tätig.
Die Handelsgesellschaften waren nicht nur in vielen Sparten tätig, sondern unterhielten auch weit auseinanderliegende Geschäftsbeziehungen. Um derartig vielfältige Aufgaben bewältigen zu können, legten sich die Firmen Außenstellen zu, die auf zweierlei Art organisiert waren. Beim *Filialsystem* gründete das Stammhaus in einer fremden Stadt mit einem dort ansässigen Kaufmann oder mit einer anderen Handelsgesellschaft eine Filialgesellschaft. Gewinnberechtigter Geschäftsführer wurde meist der ortsansässige Kaufmann, da er ortskundig war und eigenes Kapitel einbrachte. Beim *Faktoreisystem* gründete das Stammhaus in der fremden Stadt eine Niederlassung, an deren Spitze ein von der Zentrale angewiesener Geschäftsführer stand. Dieser führte die Aufträge des Stammhauses aus, hatte aber auch die Möglichkeit, einzelne Geschäfte selbständig zu leiten und bei gutem Erfolg eine Gewinnbeteiligung zu bekommen. Er hatte jedoch nicht den Rang eines Gesellschafters, da er nicht am Geschäftsergebnis der Gesamtfirma Anteil hatte.
Welches System gewählt wurde, hing von verschiedenen Gründen ab. Die Fugger beispielsweise hatten zunächst das Filial-, später das Faktoreisystem. Das hatte möglicherweise damit zu tun, daß sie später verstärkt ihr Geschäftsgebaren für sich behalten wollten. Der Faktor als eine Art Angestellter hatte nicht das Recht, in die Geschäftsbücher der Gesellschaft zu schauen.

„Bürokratisierung" des Geschäftslebens

War der Fernhandelskaufmann des frühen und hohen Mittelalters ein, etwas übertrieben formuliert, wagemutiger, unerschrockener „Abenteurer", so läßt sich, ebenfalls etwas übertrieben, sein Nachfahre im Spätmittelalter eher als „Stubenhocker" charakterisieren. Und dies, obwohl der Handel immer weiter ausgriff; die großen Gesellschaften Süddeutschlands waren im Osten Europas genauso vertreten wie auf der iberischen Halbinsel, im Nordwesten Europas wie im Mittelmeergebiet. Gerade diese weiten Verbindungen, die zahlreichen Niederlassungen und die umfangreiche Geschäftstätigkeit zwangen dazu, die geschäftlichen Vorgänge schriftlich festzuhalten. Das zog eine umfangreiche Korrespondenz nach sich, die ihren Niederschlag in besonderen Geschäftsbüchern fand. Da zudem die Gesellschafter über Geschäftsverlauf und -ergebnis nachvollziehbare Auskünfte verlangten, bot es sich an, die Methoden der Buchhaltung anzuwenden (über ihre Prinzipien vgl. S. 93). Parallel dazu kam es zu einer Ausdehnung der Zahlungsvorgänge sowie des Kreditverkehrs. All dies war nicht grundsätzlich neu, fand aber immer breitere Anwendung, so daß letztlich auch kapitalistische Verhaltensweisen immer häufiger anzutreffen waren – auch wenn sie immer wieder scharf kritisiert wurden. Diese Tendenzen zur „Bürokratisierung" und zu immer mehr Schriftlichkeit dürfen nicht dazu verleiten, etwa an heutige Ausmaße zu denken. Dem einzelnen Kaufmann wurde viel Büroarbeit dadurch abgenommen, daß die Städte die Einfuhr und Ausfuhr von Waren kontrollierten und protokollierten. Ferner bestimmten sie häufig, daß ein Vertreter der Stadt die Abwicklung der Marktgeschäfte organisierte und darüber Buch führte.
Im Bereich der Hanse schließlich gab es viele Kaufleute, die nur mit einem einzigen Produkt oder zumindest ganz wenigen Waren handelten. Auch bei ihnen bestand meist kaum Anlaß, sich um aufwendige Buchführungsmethoden zu kümmern. Diese wenigen Hinweise möglich deutlich machen, warum sich bürokratische Methoden beim Verwalten der Geschäftsvorgänge insgesamt langsam

durchsetzten. Auch hier gab es ein deutliches Gefälle von Mittelmeerraum über Süddeutschland bis nach Nordeuropa.

Geld und Kredit

Das Aufblühen der städtischen Wirtschaft, der verstärkte Handelsaustausch und (bescheidene) Anfänge des Massenkonsums zogen eine Ausweitung des Geld- und Kreditverkehrs nach sich – dazu kamen sicherlich noch weitere Faktoren, etwa die wachsende Bedeutung des „Staats“-Kredits infolge verstärkter landesherrlicher Aktivitäten. Alle diese Faktoren mögen dazu beigetragen haben, daß im späten Mittelalter ein langsames Sinken der Zinsen zu beobachten war (vgl. auch oben, S. 25). Hatten sie anfangs noch bis zu 50% betragen, so bewegte sich ihre Höhe im 15. Jahrhundert bei etwa 10%. Jüdische Geldleiher waren übrigens daran kaum noch beteiligt, da zwischen 1430 und 1490 viele Städte und Landesherren ihre Niederlassung verboten und sie nach Osteuropa abgedrängt hatten. Ihren Platz nahmen christliche Kreditgeber ein. Das Sinken der Zinshöhe hatte jedoch nichts mit der Konfession zu tun, sondern mit einem vergrößerten Umfang des Leihkapitals und verbesserter Rückzahlungssicherheit.
Im Geldsystem hingegen blieb alles bei der alten, problematischen Ordnung, obwohl es zu Beginn des 15. Jahrhunderts zu einer Innovation kam, die uns heute ganz selbstverständlich erscheint. Nach seiner Niederlage bei Tannenberg 1410 gab der Deutsche Orden Papiergeld aus, das als Produkt einer Notsituation kein Vertrauen fand. Man zweifelte daran, daß der Orden in der Lage sein würde, bei einer eventuellen Vorlage des „Notgeldes“ den entsprechenden Wert in Edelmetallen herauszugeben. So blieb es beim Geldsystem auf Edelmetallbasis, das sehr unübersichtlich war. Selbst innerhalb eines Wirtschaftsraumes traf man häufig verschiedene Geldsorten aus benachbarten Gebieten an, die jeweils über eine eigene Münzhoheit verfügten. Diejenigen, die die Münzhoheit besaßen (d.h. besonders die Landesherren), nutzten sie, um die eigene Kasse zu füllen – der angegebene Nennwert entsprach nicht dem Wert des Edelmetalls in der Münze. Daß solche Praktiken dem Handel schadeten, ist leicht nachvollziehbar. Wie reagierten die großen Handelsstädte auf dieses Problem? Sie schlossen sich zu Münzvereinen zusammen, von denen hier die wichtigsten genannt seien:
– der Wendische Münzverein zwischen den Hansestädten mit umstrittenem Gründungsdatum (1373 bzw. 1379);
– der Rheinische Münzverein, 1386 zwischen den Erzbischöfen von Köln, Trier und Mainz sowie dem Pfalzgrafen bei Rhein vereinbart;
– der Schwäbische Münzbund, der 1423 zwischen schwäbischen Städten geschlossen wurde.
Eine dauerhafte Lösung war damit jedoch nicht gefunden, weil Münzherren und Spekulanten eigene Interessen verfolgten.

Wie „modern“ war die Wirtschaft am Ende des Mittelalters? Versuch einer Bilanz

Die Ausführungen dieses Kapitels sollten deutlich gemacht haben, daß es nicht sinnvoll ist, sich das Mittelalter und der Moderne als eine Gegenüberstellung von mittelalterlicher Bedarfsdeckungswirtschaft und neuzeitlichem gewinnorientierten Kapitalismus (mit Gewinnmaximierung und ökonomischem Rationalismus) vorzustellen. Zutreffender dürfte es dagegen sein, wenn man sich die Wirtschaft des späten Mittelalters als ein vielfach gestuftes *Nebeneinander* von Subsistenzwirtschaft, Zunftwirtschaft, Verlag und einigen „Groß“-Betrieben denkt. Dieses buntscheckige Bild ergab sich aus vielerlei Gründen:
– Mochte auch der Grad der Urbanisierung zunehmen, so blieben doch die strukturellen Zwänge einer Agrargesellschaft vorherrschend. Die Agrarwirtschaft machte sicherlich langsam Fortschritte, aber die Versorgung mit Grundnahrungsmitteln war bis ins 19. Jahrhundert prekär. Bis zu diesem Zeitpunkt verfügten die meisten Menschen nur über solche (geringen) Einkommen, daß die Sicherung des Existenzminimums mit großen Problemen behaftet war.
– Folglich stand im Vordergrund die Selbstversorgung der Haushalte; sie war jedoch für die Marktbeziehungen offen, weil die gewerblichen Produkte vielfach nützlich waren, um die Versorgung besser zu gestalten (z.B. Haushaltswaren wie Messer, Nadeln und dergleichen mehr).
– Von großer langfristiger Bedeutung war es, daß sowohl in der Landwirtschaft wie im gewerblichen Bereich die Marktorientierung zunahm; die Ausrichtung auf den Markt brachte Spezialisierung und Arbeitsteilung als Rückwirkung mit sich. Mit der Verdichtung der Märkte und der Zunahme der Bevölkerung sowie der Verflechtung städtischer und ländlicher Räume konnten sich verschiedene Formen von verlegerisch organisierter Wirtschaft herausbilden, die schließlich eine Protoindustrie entstehen ließen.
– Eine weite Verbreitung kapitalistischer Einstellungen und Verhaltensweisen stieß auf mancherlei Schranken: im Grunde galt in dieser noch deutlich agrarisch orientierten Gesellschaft nur der Gewinn als rechtmäßig, der mit eigenen Händen erarbeitet worden war. Handels- und Spekulationsgewinne sowie Gewinne aus Kapitalanlagen galten lange über das Mittelalter hinaus als unehrenhaft, da sie „ausbeuterisch“ waren. Die Mächte, die am wirkungsvollsten auf Mentalitäten und Ideologien Ein-

fluß nahmen – die Kirche und der Adel –, unterstützten einerseits diese volkstümliche Abwehrhaltung, beschritten andererseits aber selbst Wege hin zu gewinnorientiertem Marktgeschehen (vgl. die bedeutende Rolle kirchlicher Einrichtungen beim Rentengeschäft → M 2.14).
– Das Verständnis für wirtschaftliche Zusammenhänge verharrte in einer Art Schwebezustand: man tat z.B. Schritte hin zum bargeldlosen Zahlen und Abwickeln von Geschäften, blieb jedoch einem Geldsystem auf Edelmetallbasis verhaftet, das in vielfältiger Weise wirtschaftliches Wachstum einschränkte. Die Kaufleute, die als Fernhändler und Verleger tätig waren, trugen dazu bei, weite Landstriche an die Städte anzubinden; sie unternahmen aber kaum etwas, um die Infrastruktur dieser Anbindung, etwa in Form von Straßen, als Teilelement einer Gesamtordnung zu erkennen. Daß ihnen eine solche Sehweise fehlte, hatte wohl auch damit zu tun, daß sie kaum größere, raumstrukturierende Einheiten, z.B. Staaten, kannten. Ihren Horizont bildeten die Städte mit vielen kleinen, zersplitterten Herrschaftsbereichen zwischen ihnen. Außerdem wälzten die Herrschaftsträger die Sorge für Bau und Unterhalt der meisten Straßen auf die Anlieger bzw. die zu Hand- und Spanndiensten verpflichteten Personen ab. Dies ist auch einer der Gründe, warum bis weit in das 19. Jahrhundert hinein das Streckennetz der Straßen in schlechtem Zustand war.

3.4 Eine technologische Revolution im Mittelalter?

Der Buchdruck

Als in der Mitte des 15. Jahrhunderts Johannes Gutenberg die von ihm entwickelte Drucktechnik – das Drucken mit beweglichen Lettern – erfolgreich anwendete, hatte die Reihe der technischen Neuerungen des Spätmittelalters einen Höhepunkt erreicht. Die Innovation von Gutenberg bedeutete eine grundsätzliche Änderung und Ausweitung der Kommunikationsmöglichkeiten. Das schnelle Ausbreiten der Reformation wäre ohne das neue Druckverfahren wohl nicht möglich gewesen; in der frühen Reformationszeit (bis 1530) sind ungefähr 10 Millionen Exemplare Flugschriften hergestellt worden. Der Mittelalter-Historiker Peter Moraw hat die neue Technik ausdrücklich als „unmittelalterlich" bezeichnet, weil sie als arbeitsteiliger, in sich gegliederter Produktionsprozeß ein Element industrieller Massenproduktion gebildet habe.
Die neue Technik war noch in weiterer Hinsicht bedeutsam: sie förderte die Ausbildung und Festigung nationaler Sprachen und damit Kulturen. Dieses neue (Selbst)Bewußtsein brachte sehr deutlich der Augsburger Drucker Günther Zainer zum Ausdruck, wenn er an den Schluß seiner Bücher die Devise anfügte: „Ne Italo cedere videamur!" („Auf daß wir nicht den Italienern nachstehen!") Dieser Ausspruch war nicht nur Ausdruck gesteigerten Selbstbewußtseins, sondern spiegelte insofern die Realität wider, als Deutschland um 1500 tatsächlich dabei war, Italien als führende Wirtschafts- und Handelsmacht in Europa abzulösen.
So zukunftsweisend der Buchdruck auch sein mochte, so stieß er doch bald an Grenzen, die nur ganz langsam überwunden wurden. Dazu gehörte die mangelnde Lesefähigkeit der Mehrheit der Bevölkerung, weil das Schulwesen nur ansatzweise entwickelt war. (Noch im 19. Jahrhundert war die Elementarbildung weithin unzulänglich, wenn z.B. Schulen auf dem Lande Klassen mit dreistelligen Schülerzahlen hatten!) Eine weitere Beschränkung lag darin, daß für sehr viele Menschen, die mit Mühe ihr Existenzminimum sichern konnten, Bücher unerreichbar blieben, weil der Preis zu hoch lag.

Die Uhr

Eine andere, ähnlich wie der Buchdruck fundamentale Neuerung war die Entwicklung von Uhren und modernen Zeitordnungen. Bis ins Hochmittelalter wurde der Tag nach dem liturgischen Läuten der Kirchen- und Klosterglocken eingeteilt. Die Lebensabläufe, allen voran die Arbeit, waren auf den Rhythmus des natürlichen Tagesablaufs bezogen; eine größere Genauigkeit wurde nicht angestrebt, man sorgte sich kaum darum, meßbare Produktivität zu erzielen. Eine Mailänder Chronik meldete jedoch zum Jahre 1336 eine Sensation: „... in der Turmspitze (von San Gottardo) sind viele Glocken, und dort ist eine bewundernswerte Uhr, weil sie eine sehr große Glocke *(tyntinabulum)* ist, die eine Glocke *(campana)* vierundzwanzigmal schlägt nach der Zahl der vierundzwanzig Stunden des Tages und der Nacht, so, daß sie in der ersten Stunde einen Ton gibt, in der zweiten zwei Schläge, in der dritten drei und in der vierten vier, und so unterscheidet sie die einzelnen Stunden. Das ist für alle Städte äußerst nötig." (zit. nach Gerhard Dohrn – van Rossum: Die Geschichte der Stunde. Uhren und moderne Zeitordnungen. (Hanser) München 1992, S. 106)
Das, was für uns so selbstverständlich und banal klingt, die Einteilung des Tages in 24 Stunden, konnte nur deshalb zur Selbstverständlichkeit werden, weil sich die Menschen mit dem Ausbreiten der mechanischen Schlagwerkuhren und später anderer Arten von Uhren in einem langsamen Prozeß daran gewöhnten, sich nicht dem natürlichen Tagesrhythmus zu überlassen, sondern der mechanischen Festlegung durch ein von Menschenhand geschaffenes Gerät. Der Glockenschlag, der den Mailänder Chronisten so beein-

druckte, war von vielen zu hören und war daher geeignet, für diese vielen einen gleichen Takt und ein gleiches Maß anzugeben. Dies bedeutete ein hohes Maß an zuverlässiger Zeiteinteilung, gleichzeitig aber auch eine intensive Disziplinierung für die Beteiligten.

Die Beherrschung des gesamten Alltags durch den Zeittakt der Uhren wurde eines der Kennzeichen des Modernisierungsprozesses, der das westliche Europa immer deutlicher von anderen Kulturen unterschied. Dieser Vorgang wurde durch keine Person (wie etwa einen König) oder Institution allgemein verbindlich angeordnet – wie z.B. heute die Sommerzeit –, er entwickelte sich quasi „naturwüchsig“ nach den Bedürfnissen der Beteiligten. Lange Zeit existierten mehrere Zeitsysteme nebeneinander, wie folgendes Beispiel zeigt: der Florentiner Kaufmann Giovanni di Pagolo Morelli notiert in seinen „ricordi“ (Erinnerungen) z.B. „1404 Juli 20, kurz nach dem 16-Uhr-Läuten, also zu None“. Übrigens gab es keine besondere „Zeit der Kaufleute“, wie von manchen suggeriert wird.

Produktionstechnik

Andere Neuerungen, die sich ebenfalls sehr langsam verbreiteten, die aber so innovativ waren, daß sie erst wieder im 19. Jahrhundert entscheidend verändert wurden, finden wir beispielsweise im Bereich der Eisenerzeugung und -verarbeitung. Im 14. Jahrhundert wurden in Wallonien, im heutigen Südbelgien, die ersten Hochöfen und die ersten Hammerwerke eingesetzt. Es dauerte etwa hundert Jahre, bis die neue Technik das ca. 250 km östlich gelegene südliche Westfalen und Siegerland erreichte und dort Anwendung fand. Weitere wichtige Neuerungen waren der Eisenguß und das Herstellen von Draht durch die Drahtziehmühlen. In einem langen Lernprozeß hatten die Menschen erkannt, daß sie das Ergebnis ihrer Arbeit erheblich steigern konnten, wenn sie die menschliche und tierische Muskelkraft durch andere Energiequellen ersetzten. Der Nutzen von fließendem Wasser war zwar schon lange bekannt, konnte jedoch erst durch stetige Verbesserungen im Laufe des Mittelalters optimiert werden. Dazu gehörten sowohl die Wahl der effektivsten Wasserräder (s. auch Materialien, M 2.6) und entsprechender Kraftübertragungen durch Getriebe.

Die Verwendung von Wasserkraft nicht nur bei den Mühlen, sondern auch bei Geräten zum Schöpfen und Pumpen verbesserte ganz nachhaltig den Betrieb in den Bergwerken. Nachdem anfänglich Bergbau im Tagebau betrieben worden war, stand er beim Vordringen in größere Tiefen vor dem Problem, daß nach dem Durchstoßen der grundwasserführenden Schichten die weitere Arbeit nur möglich war, wenn das einströmende Wasser irgendwie abgeschöpft wurde. Die Beschreibungen des Bergbaus um 1500 zeigen, daß die Techniker in der Lage waren, sehr komplizierte Geräte zum Einsatz zu bringen, die ein hohes Maß an technischem Verständnis und an technischen Fertigkeiten bewiesen.

Unter den vielen anderen technischen Neuerungen des späten Mittelalters seien beispielhaft nur noch die folgenden genannt:

- Spinnrad mit Tretantrieb
- Papierherstellung (erste Papiermühle in Deutschland: 1389 die Gleismühle bei Nürnberg von Ulman Stromer)

Eine Wassermühle in Zürich um 1500

– Glasherstellung (Venedig erlebte schon im 13. Jahrhundert eine Blüte des Glasmachergewerbes. Venezianisches Glas blieb über lange Zeit ein beliebter Exportartikel.)
– Brillen seit Ende des 13. Jahrhunderts
– Kompaß.

Alle diese Neuerungen zeigen, daß es im späten Mittelalter zu einer regelrechten Häufung von Innovationen kam, die den technischen Fortschritt sicherlich vorangebracht haben. Was ihn jedoch von der industriellen Revolution des 19. Jahrhunderts unterscheidet, mag folgende Zusammenstellung verdeutlichen:
– die technischen Neuerungen des späten Mittelalters hatten nur wenige arbeitsplatzsparende Effekte;
– sie breiteten sich sehr langsam aus;
– sie fanden sich meist punktuell, kaum flächendeckend verbreitet;
– sie haben den Lebens- und Arbeitsprozeß nicht plötzlich verändert:

Zusammenfassend läßt sich folgendes festhalten: das späte Mittelalter hat viele grundlegende Innovationen hervorgebracht, ohne die die moderne Welt kaum vorstellbar wäre. Ob dieser Fortschritt als „revolutionär" anzusehen ist, hängt von verschiedenen Dingen ab: vom zugrundegelegten Revolutionsbegriff, von der Fragestellung und nicht zuletzt vom Standort des Betrachters.

3.5 Beziehungen zur natürlichen Umwelt

Wenn heute in der Öffentlichkeit von „Umwelt" die Rede ist, so ist meist nur Umweltverschmutzung und Zerstörung des natürlichen Umfeldes gemeint. In der Diskussion herrschen zwei Positionen vor, die zwar völlig entgegengesetzt sind, die jedoch beide glauben, ihre Aussagen durch Rückbezüge auf die Geschichte begründen zu können. Sehr verkürzt ausgedrückt meint die eine Position durch Rückgriff auf vorindustrielle, agrarische Lebens-, Konsum- und Arbeitsweisen Auswege aus den Umweltbelastungen, die uns heute so große Sorgen machen, zeigen zu können. Die andere Gruppierung behauptet, Umweltprobleme habe es schon immer gegeben, da der Mensch immer in seine natürliche Umwelt eingreifen mußte. Die anfallenden Probleme seien aber immer gelöst worden, so daß es keinen Anlaß für Katastrophenszenarien gebe.

Beide Meinungen gehen an wichtigen Sachverhalten vorbei: die heutige industrielle Konsumgesellschaft ist im wesentlichen ein Ergebnis der Entwicklungen im Industriekapitalismus der letzten Jahrzehnte, wie es sie noch nicht einmal in der Zeit der Hochindustrialisierung Ende des 19. Jahrhunderts gab. Das aber bedeutet, daß viele Probleme unserer Zeit etwas zu tun haben mit unserer Art, zu produzieren und zu konsumieren. Die *heutige flächendeckende* Belastung von Luft und Boden ist z.B. zu einem ganz erheblichen Teil auf den massenhaften Autoverkehr zurückzuführen, den es in dieser umfassenden Art erst seit den fünfziger Jahren unseres Jahrhunderts gibt. Eine ähnlich neuartige Erscheinung ist die heutige sog. „Wegwerfgesellschaft", die ein historisch einzigartiges Verhalten hervorgebracht hat. Noch bis in die fünfziger Jahre hinein war es üblich, daß Gegenstände, die Verschleißerscheinungen aufwiesen, repariert und wieder benutzt wurden. Die Müllflut, vor der wir heute stehen, ist das Ergebnis einer nachhaltigen Verhaltensänderung. Sowohl ein Mensch, der Ende des 19. Jahrhunderts die Zeit der ersten Hochindustrialisierung erlebte, als auch ein Mensch des Mittelalters hätten große Schwierigkeiten, Gegenstände, die mit beachtlichem Aufwand hergestellt wurden, nach mehr oder weniger kurzem Gebrauch als „Müll" zu behandeln.

Wenn wir diese Besonderheiten beachten, können wir versuchen, die Beziehungen des mittelalterlichen Stadtbewohners zu seiner natürlichen Umwelt zu erfassen. Wir beziehen uns auf eine städtische Lebensweise, weil sie heute in unserem Kulturkreis die eindeutig vorherrschende ist und somit den Vergleichsrahmen bildet. Es ist klar, daß schon die Lebensweise der ersten Bauern in der Jungsteinzeit einen beachtlichen Eingriff in die Natur darstellte. Und doch war die Situation im Mittelalter bereits eine ganz andere: zwar waren die Siedlungen des frühen, z.T. auch noch des hohen Mittelalters kleine Einsprengsel in einer von der Natur beherrschten Umgebung. Massive Einschnitte brachte dann jedoch die sprunghaft wachsende Zahl der Städte und anderer Siedlungen beim inneren Landesausbau seit dem 12. und 13. Jahrhundert.

Das sich verdichtende Netz an Städten, der Ausbau der städtisch-gewerblichen wie der agrarischen Wirtschaft brachten teilweise massive Eingriffe in den Naturhaushalt mit sich. Der Wald wurde z.B. genutzt, um Vieh zu weiden, aber auch um ihm große Mengen Holz zu entnehmen für den Bau von Häusern, von Wagen und Werkzeugen und nicht zuletzt als Heizmaterial. Das Holz, das man zum Beheizen von Privatwohnungen verwendete, war vergleichsweise minderwertig in der Qualität und gering an Menge, weil oft nur ein einziger Raum geheizt wurde. Umso mehr Holz beanspruchte der gewerbliche Bereich, z.B. in der Metallherstellung und -verarbeitung, aber auch in den Salzsiedereien. Diese verbrauchten so viel Holz, daß sich mancherorts der Charakter der Landschaft änderte und ganz neue Landschaften entstanden, wie etwa die Lüneburger Heide. Die Salzproduktion brachte der Stadt Lüneburg einen beachtlichen wirtschaftlichen Erfolg, erlaubte ihr in der Hanse und im Fernhandel eine wichtige Rolle

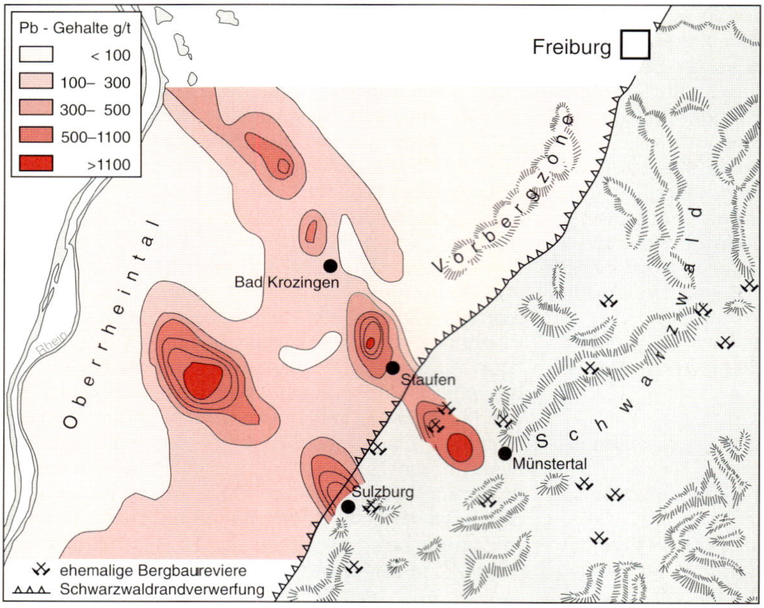

Schwermetallanreicherung in Böden der Staufener Bucht als Folge des früheren (mittelalterlichen und neuzeitlichen) Bergbaus im südlichen Schwarzwald

nach Heiko Steuer/Ulrich Zimmermann (Hrsg.): Alter Bergbau in Deutschland. (Theiss) Stuttgart 1993, S. 113; ursprünglich in: Steuer/Zimmermann (Hrsg.), Montanarchäologie in Europa, (Thorbecke) Sigmaringen 1993; Kartografie: Foellmer/Goldenberg.

zu spielen; sie war jedoch nur möglich, weil die Salzsiedereien große Mengen Holz der näheren und weiteren Umgebung verfeuerten.
Die zunehmende, intensive Inanspruchnahme des Waldes führte zu herrschaftlichen Maßnahmen und Regelungen über den Zutritt zum Wald, über seine Nutzung und vor allem zu Anweisungen zur Bewirtschaftung und Aufforstung. Der Wald verlor seinen Charakter als Urwald; er hatte aber dennoch bei weitem nicht das heutige Aussehen einer maschinengerechten, eintönigen Pflanzanlage.
Die gewerblich Nutzung der Wasserläufe sowie die Gewinnung von Bodenschätzen führten an etlichen Stellen zu Eingriffen und Schäden im Naturhaushalt, die heute noch sichtbar sind – wie z.B. die Ablagerungen von Schwermetallen in der Nähe von Bergwerken, in deren Umgebung keine Pflanzen wachsen.
Die Existenz von Städten, die auf Handel und Gewerbe beruhte, bedeutete unter anderem deswegen einen schweren Eingriff in den Naturkreislauf, weil Wasserläufe für die gewerbliche Produktion zugleich auch als Trinkwasserreservoir gebraucht wurden. Die Folgen für Mensch und Tier waren häufig katastrophal. Insofern kann man ebenfalls für das Mittelalter von Umweltkatastrophen reden, allerdings mit dem Unterschied, daß sie im ganzen *regional oder lokal* begrenzt waren. Sie bedeuteten zugleich großes Unglück für die betroffenen Menschen – man denke nur an verheerende Epidemien (Ruhr, Cholera usw.) die man nicht zu bekämpfen wußte.

Die intensive Nutzung der natürlichen Ressourcen und die massiven Eingriffe in den Naturhaushalt haben seit dem späten Mittelalter den Weg dafür bereitet, daß seitdem in unseren Breitengraden der Anteil naturbelassener Flächen auf ein Minimum geschrumpft ist und unsere Umgebung durch Kulturlandschaft geprägt wird. Während im Mittelalter immer wieder Siedlungen wüst fielen und verlegt wurden, so daß der Wald ehemalige Kulturflächen überdeckte, sind durch umfangreiche Erschließungs- und Kultivierungsmaßnahmen im 19. und 20. Jahrhundert die letzten großen Sümpfe, Moore, Heiden und Waldgebiete verschwunden.

3.6 Wandel in der Gesellschaft – Widersprüche der Modernisierung

Wer das bürgerliche Leben um 1500 kennenlernen will, findet in dem berühmten Augsburger Bilderzyklus der Jahreszeitenbilder vielfältige Anschauung. Betrachtet man die Bilder etwas näher, so wird man sich überrascht fragen, ob hier wirklich bürgerliches Leben abgebildet ist. Im Abschnitt der Monate Januar bis März ist ein Turnierbild zu sehen, auf dem die Szene im Vordergrund von farbenprächtigen Turnierpferden beherrscht wird. Etwas weiter sieht man Bürger bei der Jagd; einer Beschäftigung, die neben der Teilnahme an Turnieren als typisch adlig galt. (s. S. 101)
Handelte es sich bei den abgebildeten Personen um Bürger, die gleichzeitig Adlige waren, oder

ahmten sie nur aldigen Lebensstil nach? Vermutlich geht es zunächst um Letzteres; beide Vermutungen zeigen jedenfalls, welch hohen Stellenwert Attribute adligen Lebens in der spätmittelalterlichen Stadt besaßen. Dies in einer Zeit, die als „Blütezeit" der Stadt gilt – so die vorherrschende Meinung unter den Historikern. Sicherlich hatte das städtische Bürgertum ein ausgeprägtes Selbstbewußtsein entwickelt – was sich an anderen Stellen der Jahreszeitenbilder auch wiederfindet, etwa wenn man auf dem Zyklus der Monate Oktober bis Dezember prächtig gekleidete Ratsherren sowie imposante Gebäude sieht, die die wirtschaftliche und politische Bedeutung des Bürgertums dem Betrachter vor Augen führen. Welch enormes ökonomisches und politisches Gewicht einzelne Bürger besaßen, zeigt das Beispiel der Fugger, die in der Lage waren, 1518 mit einem ungeheuer großen Kredit Karl V. die Königswahl zu finanzieren. Gleichzeitig macht die Geschichte der Familie Fugger deutlich, wie sehr Bürger, die im Verlaufe einiger Generationen von einfachen Webern zu den reichsten Unternehmern aufstiegen, auf dem Höhepunkt ihrer „Karriere" darauf bedacht waren, zu den Adligen zu gehören bzw. sich als Adlige zu stilisieren. Gewiß spielten dabei Fragen der Anlage und Sicherung des Vermögens eine Rolle, aber der gesellschaftliche Bezug war nicht zu übersehen. Dies zeigt, daß auch zu Beginn dessen, was man gemeinhin als „Neuzeit" bezeichnet, die feudale Ständegesellschaft eine unübersehbar große Rolle spielte. Die Ständeideologie, die bei ihrem Aufkommen im Hochmittelalter noch mit der gottgewollten Existenz von drei Ständen auskam, mußte im späten Mittelalter immer mehr Auffächerungen annehmen, um mit der gesellschaftlichen Wirklichkeit nicht zu sehr in Konflikt zu geraten.

Die Ständelehre, die eine gottgewollte Gliederung der Gesellschaft in bevorrechtete und nichtprivilegierte Gruppen behauptete, kam im 11. Jahrhundert auf. Das war die Zeit, als sich die herkömmlichen *familiae* intensiv veränderten und sich neue gesellschaftliche Gruppen bildeten. Die Veränderungen waren eine Folge der großen *Mobilität* in der Gesellschaft. Während in der vorangegangenen Epoche eine *familia* einen Personalverband darstellte, der alle von einem Herrn abhängigen (leibeigenen) Menschen umfaßte und sie häufig rechtlich und gesellschaftlich von anderen *familiae* trennte, lösten sich nun Teile auf und bildeten neue Gruppierungen. Bei diesem Auflösungsprozeß entließen die Herren Menschen aus ihrem bisherigen Sozialverband (der *familia*) in neue gesellschaftliche Gruppierungen, z.B. in die der Bürger. Man darf sich jedoch diesen Vorgang nicht zu abrupt vorstellen: viele Städte begannen ihre Existenz nicht mit der Verkündung der neuen Bürgerfreiheiten, sondern als Siedlungen, in denen die adligen Herren dominierten und die Bewohner ihre Bürgerfreiheiten sowie sozialen Aufstieg erst nach und nach durchsetzten. Dies gilt z.B. für Bischofssitze, bei denen sich Siedlungen bildeten, die einen langen Prozeß durchliefen, ehe sie Städte mit Bürgern im rechtlichen und sozio-ökonomischen Sinne darstellten. Bei Gründungsstädten verlief die Entwicklung sehr viel schneller, aber auch hier spielte der Adel in der Stadt eine wichtige Rolle, die nicht nur vorübergehenden Charakter hatte.

Dies muß deutlich hervorgehoben werden, weil von der älteren Tradition der Geschichtsschreibung ausgehend eine strikte Trennungslinie zwischen Stadt und Land gezogen wurde: im Bereich des flachen Landes habe der Feudaladel vorgeherrscht, der einer Gesellschaft angehörte, die historisch keine Zukunft gehabt habe; in den Städten dagegen habe sich das Bürgertum entfaltet, das sich dem Feudalismus widersetzt und moderne Formen der Gesellschaft entfaltet habe. So eindeutig waren jedoch die Verhältnisse nicht, sonst hätten sich feudale Strukturen wohl kaum bis ins 19. Jahrhundert halten können.

Aufschlußreich ist ein Bild auf die tatsächlich komplizierter verlaufende Entwicklung in einem streifenförmig verlaufenden Teil Europas, der sich von Italien über Süddeutschland und das Rheinland nach Flandern zieht – er wurde in anderen Zusammenhängen bereits mehrfach erwähnt (s. S. 68). In diesem Streifen gab es breit gefächerte, intensive Verknüpfungen zwischen den Städten und den Adligen; auch hier spielte Italien wieder eine Vorreiterrolle. (In Gebieten – außerhalb des genannten Streifens –, in denen *einzelne* Herrscher durch Eroberung oder Kolonisation vorherrschenden Einfluß ausübten, konnten einzelne Adlige nicht so sehr die Städte dominieren. Das gilt z.B. für England, wo seit der normannischen Eroberung 1066 ein starkes Königtum den Adel auf sich ausrichtete; für Spanien, wo sich das Königtum im Kampf gegen die Mauren eine starke Stellung schuf; für das nordöstliche Europa, wo der Deutsche Orden einen modernen Zentralstaat schuf, der den einzelnen Adligen wenig Möglichkeiten bot, gesellschaftlich und politisch bedeutsamen Einfluß auszuüben.)

Stadt und feudales Umfeld

Die Spannung im Verhältnis von Stadt und Feudaladel in Italien während des Hochmittelalters mag folgender Eid illustrieren, den 1197 Bernadino di Matteo da Camerano ablegte: „Ich schwöre, ab heute und in Zukunft Bürger zu sein und in der Stadt, außer in der Saat- und Erntezeit, zu wohnen, [...] und ich verspreche, die Ehre und das Interesse der Stadt zu verteidigen." (zit. nach Structures féodales et féodalisme dans l'Occident méditerranéen, X^{e} – XIIIe siècles. Ed. du CNRS, Paris 1980, S. 446).

Türme adliger Familien in Florenz

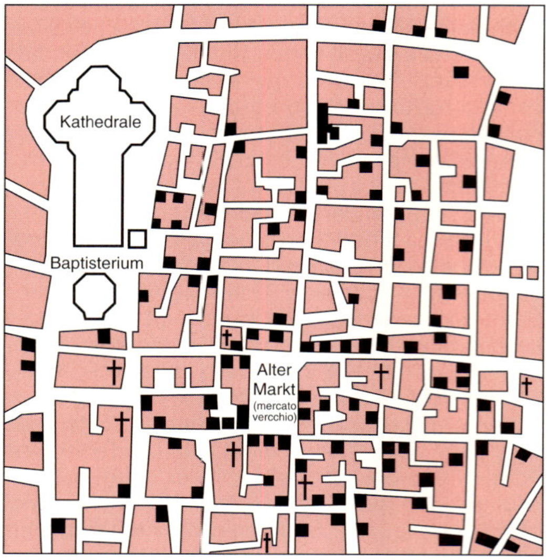

nach Jacques Heers: La ville au moyen âge en Occident. (Fayard) Paris 1990, S. 284.

Der zumeist niedere Adlige, der so Bürger einer Stadt wurde, nahm die Aufgaben als Bürger meist nur einige Monate im Jahr wahr, häufig nachdem ihm die Stadt durch Zahlung eines bestimmten Geldbetrages aus Zahlungsschwierigkeiten geholfen hatte. Wie der Hinweis auf die Saat- und Erntezeiten deutlich macht, blieb dieser Adlige seinem bäuerlichen Umfeld verbunden. Er übte weiterhin seine Funktionen als (Leib- und) Grundherr aus.

Für die Städte war das Einbürgern von Adligen wichtig, weil sie auf diese Weise sicherstellen konnten, daß der Verkehr von Waren und Menschen aus der Stadt heraus und in sie hinein nicht durch Eingriffe der Adligen beeinträchtigt wurde.

Für manche Stadt war es dagegen geradezu eine Last, wenn allzu viele mächtigere Adlige in die Stadt drängten, dort ihre wehrhaften Türme errichteten und eigene Herrschaftsansprüche geltend machten. Wie die Karte von Florenz zeigt, beherrschten die Türme der Adligen das Stadtbild.

Die adligen Familien samt ihrer Anhängerschaft dominierten aber auch das gesellschaftliche und politische Leben in der Stadt. Dies geschah in Florenz nicht selten in gewalttätigen Auseinandersetzungen zwischen den mächtigen Familien, zu denen die reichen Händler und Kaufleute dazutraten. Mochte der Konflikt in einigen italienischen Städten besonders auffallend sein, so blieb er dennoch nicht auf sie beschränkt, sondern fand sich in vielen Regionen Europas wieder.

Seit etwa Ende des 13. Jahrhunderts ist eine Entwicklung zu beobachten, bei der die Bürger, die keine Herrschaft ausübten, jedoch die Grundlage des städtischen Wirtschaftens als Kaufleute und Handwerker bildeten, sich gegen die Dominanz adliger Herren zur Wehr setzten. Wie wir gesehen hatten (s. S. 68 ff.), waren die ökonomischen Leistungen der Wirtschaftsbürger für das Florieren einer Stadt immer wichtiger geworden; diesem Zuwachs an wirtschaftlicher Kraft stand keine ähnlich bedeutende Stellung in Gesellschaft und Politik gegenüber. Gegen Ende des 13. Jahrhunderts kam es vielfach zu Konflikten der Wirtschaftsbürger mit den führenden sozialen Gruppen; besonders deutlich zeigte sich dies in den alten Städten, wo adlige Stadtherren und ihre Gefolgsleute tonangebend waren. Die Auseinandersetzungen flammten im 14. Jahrhundert in manchen Städten immer wieder auf; an ihrem Ende stand als Ergebnis die Bürgergemeinde, die ihre politische und gesellschaftliche Ordnung in städtischen Verfassungen zum Ausdruck brachte.

Die zunehmend gefestigtere Stellung der Städte zeigte sich auch darin, daß sie auf verschiedene Weise in ihr ländliches Umfeld ausgriffen:

(1) Gewerbliche Verflechtung mit teilweiser Beherrschung des Umlandes; dies zeigte sich besonders bei den großen Gewerbestädten, deren Wirtschaftskraft auf dem verlagsmäßig organisiertem Export beruhte (s. S. 71). Die Monetarisierung des ländlichen Raumes öffnete in den jeweiligen Gebieten die Landwirtschaft immer mehr für Marktbeziehungen: für die Erzeuger wurde es immer lohnender, agrarische Produkte zu veräußern. Auch der Adel konnte sich dem nicht entziehen.

(2) Politische Herrschaft über den ländlichen Raum durch Aufbau einer Landesherrschaft; dies konnte sehr leicht mit gewerblicher Verflechtung einhergehen, wie es die Entwicklungen großer Städte in unterschiedlicher Ausprägung zeigen (Nürnberg, Ulm – Augsburg dagegen blieb ohne nennenswertes Territorium).

(3) Das Bürgertum griff über die Stadt hinaus und „feudalisierte“ sich. Die unter (1) und (2) genannten Vorgänge boten reichen Bürgern die Möglichkeit, Grundbesitz außerhalb der Stadt zu erwerben. Das geschah sicherlich aus Gründen der Geldanlage und der Vorsorge für schlechte Zeiten, bot aber auch langfristig die Möglichkeit, die mit dem Grundbesitz verbundenen feudalen Vorrechte für sich zu nutzen. Mit dem wirtschaftlichen Aufschwung der Städte im 15. Jahrhundert sind etliche Fälle bekannt, in denen reiche Kaufleute und Verleger ganze Dörfer bzw. kleine Herrschaften aufkauften. Der Erwerb herrschaftlicher Rechte mochte finanziell nicht so gewinnbringend sein wie der Handel, bot aber doch die Möglichkeit, den sozialen Aufstieg dadurch zu besiegeln, daß man nun quasi herrschaftliche Funktionen besaß. Neben allen damit verbundenen Erwägungen des Erwerbs-und Machtstrebens ist unübersehbar, wie

sehr die Spitzenstellung sozialer Geltung und sozialen Einflusses vom Adel geprägt war.
Sicherlich hatten die Bürger in der Stadt ein ausgeprägtes Selbstbewußtsein entwickelt, das unter anderem deutlich vom Stolz auf erbrachte wirtschaftliche Leistungen durchdrungen war, doch ist auffällig, wie sehr sich die städtische Oberschicht an adligen Verhaltensweisen ausrichtete. Neue, in besonderer Weise bürgerlich gekennzeichnete Entwicklungen gewannen an Gewicht, als bürgerlich-akademische Sozialgruppen immer zahlreicher wurden und Renaissance sowie Humanismus so einflußreich wurden, daß sie auch in herkömmliche bürgerliche Kreise der Kaufleute, Händler usw. eindrangen. Der Bürger als Freund und Förderer der Kunst und der Wissenschaften stellte ein Vorbild dar, das mit adligen Verhaltensmustern konkurrieren konnte.

Die Universitäten und erste Umrisse eines „Bildungsbürgertums"

Seit dem 12. Jahrhundert hatten sich an Kloster- und Domschulen Gemeinschaften von Lehrenden und Lernenden gebildet, deren lateinische Bezeichnung *universitas magistrorum et scholarium* verdeutlicht, wo die Anfänge der Universität lagen. Sie blieb noch lange der Kirche verbunden, kündigte aber recht bald ihre Rolle als Wegbereiterin eines neuen, rationaleren Wissenschaftsbegriffes an (s. S. 28). Ein weiteres, neues Element kam hinzu: diejenigen, die an einer Universität eine Ausbildung erhielten, blieben nachher nicht auf eine innerkirchliche Tätigkeit beschränkt, sondern wandten sich oft auch weltlicher Beschäftigung zu. Dies galt insbesondere für die Juristen, von denen sich, seit dem 14. und 15. Jahrhundert, viele dem Dienst in der Regierung eines Landesherrn oder einer Stadt widmeten. Wenn man davon ausgeht, daß an sämtlichen deutschen Universitäten im 15. Jahrhundert im Durchschnitt eines Jahres etwa 3500 Studenten eingeschrieben waren, so mag einem diese Zahl aus heutiger Sicht unbedeutend erscheinen. Angesichts der viel geringeren Bevölkerungszahl und der sehr viel kleineren Nachfrage nach akademisch ausgebildeten Personen ist der Umfang der „Akademiker" im Spätmittelalter jedoch beachtlich groß. Und was noch wichtiger ist: er trug dazu bei, die soziale Zusammensetzung des Bürgertums zu verändern und zu erweitern. Die Anfänge eines „Bildungsbürgertums" zeigen sich hier, deren Mitglieder in der Diskussion um Humanismus und Renaissance sowie in der Ausbreitung wie Bekämpfung der Reformation eine entscheidende Rolle spielten.
Das Bild einer spätmittelalterlichen Stadt wurde nicht nur davon geprägt, wie viele tüchtige Kaufleute und geschickte Handwerker es in ihr gab, sondern eben auch davon, wie groß die Bedeutung der Intellektuellen war. Mit Hilfe der neuen Medien, die die moderne Drucktechnik bot, verstanden sie es, eine öffentliche Meinung zu erzeugen und zu beeinflussen. Zum ersten Mal zeigte sich dies in dem Meinungskampf, der sogleich mit dem Beginn der Reformation einsetzte. Diese Intellektuellen, die großen Einfluß auf das geistige Klima ihre Zeit hatten, hießen im Mittelalter wie später im Zeitalter der Aufklärung „Philosophen".
Wegen der Kosten, die ein Universitätsstudium verursachte, und wohl auch wegen der späteren Berufsaussichten stammte die übergroße Mehrheit der Studenten aus gehobenen städtischen Gesellschaftsschichten und aus Kreisen des Adels. Die Landbevölkerung war nur in ganz geringem Umfang vertreten. Damit setzte eine Entwicklung ein, die sich im Laufe der nächsten Jahrhunderte immer mehr zuspitzte. Die universitäre und allgemein die schulische Bildung geriet zu einem Vorrecht der Menschen in der Stadt und dabei vornehmlich der männlichen Bevölkerung; auf dem Lande blieb es in der Regel adligen Familien vorbehalten, ihre Kinder durch Hauslehrer ausbilden zu lassen.
(Die im 18. und 19. Jahrhundert eingeführten Volksschulen vermittelten keine wirkliche Bildung, sondern einige Elementarkenntnisse in Lesen und Schreiben sowie Bibelkunde. Die Aufsicht über diese Schulen lag bei der Kirche; ihr Besuch war nicht wirklich allgemein verpflichtend, da häuslicher Unterricht weiterhin möglich blieb. Das heutige Schulsystem mit allgemeiner Verbindlichkeit für alle Gruppen der Gesellschaft stammt erst aus der Zeit der Weimarer Republik.)

Eine weitere moderne Gesellschaftsschicht in der Stadt: die Lohnarbeiter

Wenn es auch nicht möglich ist, alle sozialen Gruppen in der Stadt in ihrer Entwicklung zu verfolgen, so muß doch eine weitere, moderne Gesellschaftsschicht neben dem „Bildungsbürgertum" vorgestellt werden: die Gruppe der Lohnarbeiter. Damit sind diejenigen gemeint, die im Zeit- oder Stücklohn für fremde Auftraggeber arbeiteten. Darunter ist *nicht* ein Geselle zu verstehen – um ein negatives Beispiel zu nennen –, der im Hause seines Meisters arbeitete. Dieser war mit in die Lebenshaltung des Hauses eingebunden, das der Meister so führte, daß die Bedürfnisse der Mitglieder der Hausgemeinschaft gestillt werden konnten. Man wohnte im eigenen Haus, nutzte die Ressourcen des Hauses und des Grundstücks. Als Mitglied einer Zunft war man gegen Wechselfälle des Lebens zumindest teilweise geschützt und konnte hoffen, sein Auskommen (seine „gerechte Nahrung") zu erzielen.
Der Lohnarbeiter konnte solchen Schutz nicht erwarten; er mußte sich in Notfällen auf die Mildtätigkeit anderer Menschen verlassen. Eine Zunft, die

seine „gerechte Nahrung“ verteidigt hätte, gab es für ihn nicht. Schließlich konnte er nicht auf die Ressourcen eines Hauses zurückgreifen; er hatte keines (oder jedenfalls keines, das ihm noch gehörte) und wohnte zur (Unter-)Miete. Er mußte eine Ökonomie ohne Haus führen, mußte ohne die Hilfen wirtschaften, die ein Haus bot; er konnte nicht Vorräte anlegen, wie es normalerweise ein „Hausvater“ tat, um den krassen Preisschwankungen zu entgehen, die bei Gütern des Grundbedarfs gar nicht so selten auftraten. Der Lohnarbeiter sah sich auf das verwiesen, was ihm die Lohnarbeit einbrachte. Deren Ertrag war vielen Unwägbarkeiten unterworfen, die nachhaltig von der Konjunktur des Gewerbes abhingen, in dem er beschäftigt war. Die Wechsellagen der Wirtschaft und damit des Lohnes hatten Auswirkungen auf die Lebensführung des Lohnarbeiters: er mußte sich von Tag zu Tag versorgen, auch wenn die Preislage für ihn ungünstig war. Da er nicht in der Lage war, sich „gutes Geld“ zu ersparen, mußte er mit seinem „schlechten Geld“ relativ teurer einkaufen. (Dabei waren viele Güter, besonders gewerbliche Produkte, schon sehr teuer: in Nürnberg kostete z.B. 1492 ein gebrauchter Rock billiger Machart 2 Gulden – dies entsprach in etwa dem Gegenwert von sieben Wochen Arbeit eines Tagelöhners!)

Wir finden den Lohnarbeiter im wesentlichen im Umkreis der gewerblichen Produktion und dort besonders wieder in den Bereichen, die vom Verlagssystem beeinflußt waren. Etliche süddeutsche Städte erlebten z.B. im 15. Jahrhundert wichtige Anstöße aus der Textilproduktion, die einigen Menschen Chancen zum sozialen Aufstieg eröffneten – etwa vom Weber über den Verleger zum Fernhandelskaufmann wie bei den Fuggern. Vielfach jedoch war mit ihr massenhafter Abstieg verbunden. Die Situation verschärfte sich immer dann, wenn es große wirtschaftliche Einbrüche gab. In Augsburg zeigte sich dies daran, daß im Laufe des 15. Jahrhunderts (von 1408 bis 1472) der Anteil der Vermögenslosen an der städtischen Bevölkerung von 33,7% auf 60,5% stieg. Zwar sind diese Zahlen der Augsburger Steuerstatistik mit gewisser Vorsicht aufzunehmen, auch war nicht jeder Vermögensloser ein Lohnarbeiter; dennoch ist die Tendenz erkennbar, daß die Zahl der Menschen in prekärer Situation zunahm. Unter ihnen sind die Lohnarbeiter zu suchen. „Modern“ an dieser Situation ist *nicht*, daß so viele Menschen arm waren – das gab es auch schon vorher –, sondern der Ursprung und die Bedingungen der Armut: die Angewiesenheit auf Lohnarbeit, die ungeschützt allen Schwankungen der Konjunktur ausgesetzt war; die Unwägbarkeiten, die damit verbunden waren, führten zu einer Unsicherheit der Existenz und der Lebensführung, die anderen Menschen des Mittelalters nicht drohte: sie waren in den Schutz größerer Verbände (Zunft, Gilde, kirchliche Gemeinschaften usw.) eingebunden. Hiervon berührt war auch das Geflecht der Geschlechterbeziehungen.

3.7 Wandel der Geschlechterbeziehungen im späten Mittelalter

Als sich die Historiker in den Jahren nach 1960 der Erforschung zunächst der Geschichte der Familie, dann der Geschichte der Frauen und schließlich der Geschlechterbeziehungen zuwandten, schien es anfänglich so, als ließen sich klar und eindeutig die großen Linien der Entwicklung nachzeichnen. Der französiche Historiker Phillipe Ariès glaubte feststellen zu können, daß es seit dem 15. Jahrhundert einen auffälligen Entwicklungsschub in den Beziehungen innerhalb der Familie gegeben habe. Im Mittelalter habe man die Kindheit nicht als eigene Phase des menschlichen Lebens angesehen, sondern die Kinder seien ab dem 6. oder 7. Lebensjahr als kleine Erwachsene behandelt worden. In diesem Alter hätten sie häufig die eigene Familie verlassen, um woanders als Lehrling oder Diener unterzukommen. Im 15. Jahrhundert hätten dann Erziehungsreformer und Eltern der bürgerlichen Mittelschichten die Kindheit als eigenen Lebensabschnitt „entdeckt“, der im wesentlichen einer längeren Herausbildung der eigenen Persönlichkeit – und nicht nur der beruflichen Bildung – vorbehalten bleiben müsse. In einem langen Prozeß seien diese Reformideen auf die Oberschichten (etwa bis zum 18. Jahrhundert) und noch später auf die Unterschichten übergegangen. Damit habe sich auch die Funktion und die Bedeutung der Familie gewandelt; die „moderne Familie“ sei zu einem Ort der Intimität, der engen Gefühlsbeziehungen geworden, die sich die Gesellschaft auf Distanz gehalten habe.

In Vertiefung der Arbeiten von Ariès untersuchte dann der englische Historiker Lawrence Stone die (englische) Familie im Zeitraum zwischen 1500 und 1800; dabei glaubte er drei große Etappen der Entwicklung nachweisen zu können. Seit der Mitte des 15. Jahrhunderts habe sich die zunächst noch offene Familie zunehmend auf eine Kernfamilie verengt; die sich schließlich über eine partriarchalische Kleinfamilie *(restricted partriarchal nuclear family)* zur geschlossenen Kleinfamilie *(closed domestic nuclear family)* entwickelte. Während bei der partriarchalischen Familie ein autoritärer Vater die beherrschende Figur war, habe beim letzten Familientyp die Zuneigung des Paares untereinander und zu ihren Kindern die ausschlaggebende Bedeutung gehabt.

In Deutschland schließlich hatten die Forschungen von Otto Brunner großen Einfluß gehabt, der – ausgehend von der sog. „Hausväterliteratur“ – die

Kleidermarkt mit Schneiderarbeitsplätzen (Miniatur aus Bologna)

Gesellschaft Alteuropas dadurch charakterisiert, daß gerade im ländlichen Raum die Vorstellung vom „ganzen Haus" vorherrschend gewesen sei. Darunter hatte man sich einen patriarchalisch geführten Haushalt (genauer Haus sowie Gewerbe eines selbständigen Grundbesitzers) vorzustellen, in dem die Interessen des einzelnen dem Wohl „der Familie" unterzuordnen waren. Bedienstete ebenso wie Frau und Kinder waren vom männlichen Oberhaupt des Haushaltes abhängig, der für das Wohl aller sorgte, die unter dem Dach seines Hauses lebten.

Die Diskussion der Thesen von Ariès, Stone und Brunner haben in den letzten Jahren deutlich gemacht, daß sie Generalisierungen (Verallgemeinerungen) enthalten, die sich durch Detailforschungen vor Ort oder auch im regionalen Maßstab nicht bestätigen lassen. Die zuletzt erwähnte Hausväterliteratur meint Quellen, in denen sich vornehmlich protestantische Geistliche an Männer wenden, um ihnen Ratschläge zu geben, wie ein Haushalt am besten zu führen sei. Dabei muß man aber beachten, daß solche Texte eher etwas über die Ideen und Wertvorstellungen aussagen, die sich die Verfasser über die Haushaltsführung und die Ordnung in der Familie machen, als über die tatsächlichen Verhältnisse in den Familien Alteuropas. Ferner darf man nicht übersehen, daß sich in anderen Gegenden Europas die Ratgeber an Frauen richteten (und nicht an Männer in ihrer vorgeblichen Rolle als dominante Hausväter).

Beim jetzigen Stand der historischen Forschungen zum Wandel der Beziehungen innerhalb der Familie (wobei heftig umstritten ist, was genau unter „Familie" jeweils zu verstehen ist) sowie der Geschlechter untereinander ist es nicht möglich, generalisierbare Feststellungen zu treffen. Das liegt zum einen an sehr disparaten und schwierigen Quellen, die zum großen Teil noch erst aufgespürt und erschlossen werden müssen.

Während für das kontinentale Europa bis in das 17. Jahrhundert hinein serielle Quellen, wie z.B. Pfarr- und Kirchenbücher, fehlen, die eine Rekonstruktion vom Aufbau von Familien erlauben würden, bemüht sich in einem großen Projekt eine Forschergruppe an der englischen Universität Cambridge, die englischen Kirchenbücher seit 1600 auszuwerten, um zu erfahren, wie sich Familien tatsächlich zusammensetzten.

Zum anderen ist die Diskussion von Konzepten noch in einem sehr vorläufigem Stadium. Man versucht, sich klarere Vorstellung davon zu verschaffen, welche Realität sich zu verschiedenen Zeiten mit dem Begriff „Familie" verbindet, ferner wie sich die Beziehungen der Geschlechter untereinander gestalteten.

Angesichts dieser Situation können nachfolgend nur einige Denkanstöße gegeben werden.

Sicherlich kann man ganz allgemein feststellen, daß die Geschlechterbeziehungen in den vorindustriellen Agrargesellschaften Alteuropas *patriarchalisch* geprägt waren. Aber dieser Patriarchalismus kannte eine enorme Vielfalt in seiner konkreten Ausprägung: vergleichen wir die Lage von Frauen und Männern z.B. in Florenz und in der Toskana auf der einen Seite sowie im Süden und Westen Deutschlands im 14. und 15. Jahrhundert auf der anderen Seite, werden wir auffallende Unterschie-

de entdecken. Beide Gebiete lohnen den Vergleich, weil sie in engem Kontakt miteinander standen und wirtschaftlich (s. Verlagssystem) ähnlich strukturiert waren.
In Florenz, über das wir wegen seiner umfangreichen Quellenbestände und intensiver historischer Forschung recht gut unterrichtet sind, bewegte sich eine bürgerliche weibliche Lebens-„Karriere“ zwischen zwei Polen: Heirat oder Kloster. Gab es im 13. Jahrhundert noch Frauen, die infolge des Bevölkerungsdrucks und des wirtschaftlichen Aufschwunges einen eigenen Beruf und einen eigenen Haushalt hatten, so war diese Möglichkeit nach den Pestwellen des 14. und 15. Jahrhunderts wohl weitgehend verschwunden. Daran änderten auch nichts die Bewegungen des Humanismus und der Renaissance; die Wiederentdeckung der Antike in der Renaissance scheint eher noch dazu geführt zu haben, gesellschaftliche Rollenvorstellungen der Antike wiederzubeleben. Es ist jedenfalls auffällig, wie sehr in der zeitgenössischen Literatur über die richtige Lebensführung der Familie und ihrer Mitglieder die dort hervorgehobene Position des *padre di famiglia* dem *pater familias* der römischen Antike ähnelt. Das Familienoberhaupt leitet den ganzen Familienverband, der einem Haus angehört und dort wohnt; er verantwortet die sozialen und wirtschaftlichen Geschicke der Familie; er trifft die zentralen Entscheidungen, z.B. hinsichtlich der Frage, ob und mit wem seine Töchter verheiratet werden sollen.
Da er diese beherrschende Stellung bis zu seinem

Altersunterschiede bei Ehepartnern in der Toskana (1427)

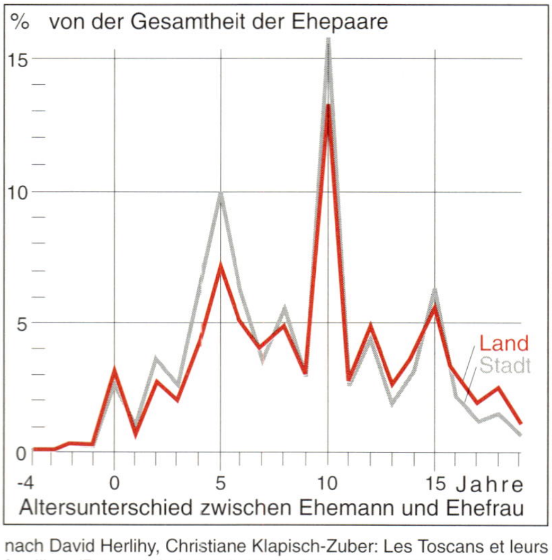

nach David Herlihy, Christiane Klapisch-Zuber: Les Toscans et leurs familles. (Presses de la fondation nationale des sciences politiques) Paris 1978, S. 366.

Tod innehatte, mußten die Söhne unter Umständen Jahrzehnte warten, bis sie selbst zum Familienoberhaupt aufstiegen. Dies führte in Florenz wie in der Toskana zu Situationen, die psychologisch und gesellschaftlich schwierig zu meistern waren: da ein nachgeborener Sohn erst heiratete, wenn seine „Beförderung“ zum *padre di famiglia* sicher war, hatte er nicht selten ein Alter um die 40 Jahre erreicht. Seine Braut dagegen war noch im jugendlichen Alter, weil Mädchen ab etwa 12 Jahren als heiratsfähig galten. Für das durchschnittlich 17jährige Mädchen bedeutete die Heirat eine eher schockartige Erfahrung, da sie unvermittelt Ehefrau, wahrscheinlich bald Muttter, sowie „Inhaberin“ einer großen Zahl von Verpflichtungen im Haus wurde. War der Ehemann gar (Fern-)händler, wuchsen ihre Aufgaben noch, weil sie stellvertretend für ihren Mann alles erledigen mußte, was er ihr durch Instruktionen aus der Ferne auftrug.
Die Kinder, die in einer solchen Familie geboren wurden, mußten damit fertig werden, fast ohne (konkret erlebten) Vater aufzuwachsen. Ihre Mutter hatte den Part des Vaters mitzutragen, ohne ihn jedoch rechtlich und gesellschaftlich durchsetzen zu können. Die männlichen Jugendlichen erfuhren Frauen vor allem in ihrer Mutterrolle; dabei scheinen sie, wie viele Zeitgenossen beklagten, sehr verwöhnt worden zu sein. Die Mädchen dagegen wurden recht früh mit den weiblichen Pflichten vertraut gemacht, besonders wenn ihre Mutter von einer dominanten Schwiegermutter gegängelt wurde. Es leuchtet ein, daß sich unter solchen Umständen kaum Solidarität unter den Frauen einstellte, was zur Folge hatte, daß ihre Lage sich nicht änderte und die patriarchalische Ordnung in der Gesellschaft gestärkt wurde.
Ob sich die Situation in Florenz und in der Toskana anschließend wieder änderte, ist nicht klar auszumachen, weil die Aussagen im wesentlichen auf einem einzigen, allerdings sehr umfangreichen Quellenbestand beruhen – und zwar dem Florentiner *cadastro* von 1427.
Für den Süden und Westen Deutschlands – wie für das nordwestliche Europa überhaupt – scheinen sich andere Verhältnisse entwickelt zu haben. Es ist schwer, allgemeine Aussagen zu machen, da die sozialen und regionalen Unterschiede sowie zwischen Stadt und Land beträchtlich gewesen sein dürften. Die Geschlechterbeziehungen hatten sich, aufs Ganze gesehen, wohl so gestaltet, daß Männer und Frauen in unterschiedlichen Rollen und Tätigkeiten aktiv waren, beide jedoch sich ergänzten und zusammen für die Eckpfeiler ihres „Hauses“ verantwortlich waren – für die materielle Absicherung der Familie ebenso wie für die soziale Verankerung, die sich in der „Ehre“ ausdrückte, die der Familie zugestanden wurde. Dem entsprach ein Heiratsverhalten, das sehr deutlich vom Florentiner Beispiel abwich: beide Partner hatten das

20. Lebensjahr deutlich hinter sich gelassen. Sie hatten damit die Phase, in der die Frau Kinder zur Welt bringen konnte, verkürzt. Da beide Partner beim Lebensalter relativ dicht beieinander lagen, konnten sie zusammen einen eigenen Haushalt aufbauen.
In einer solchen Familie wohnten meist nicht drei Generationen unter einem Dach, wie es konservative Autoren seit dem 19. Jahrhundert gerne vorstellten, sondern häufig nur zwei Generationen. Dies galt wohl auch für die ländliche Familie, so daß die ältere Generation (die künftigen Großeltern) in der Regel den Hof verließ und sich auf ein kleineres Anwesen, ihren Altenteil, verzog. Auch hier blieben die Rollen von Frauen und Männern unterschiedlich, aber komplementär, d.h. sie waren sich ergänzend aufeinander bezogen. Komplemantarität hieß nun allerdings nicht Gleichheit; die Betonung gemeinsamer Verantwortung darf den Blick darauf, wie ungleich die Lebenschancen verteilt waren, nicht verdecken. Im Vergleich zu älteren Männern hatten Frauen die geringeren Heiratschancen, sie blieben rechtlich generell unmündig, und was die Wahl ihrer Lebensgestaltung betrifft, so wurden im Laufe der Zeit ihre Chancen geringer, weil sie von formalisierter Bildung weitgehend ausgeschlossen blieben. Bei der Berufswahl galt ähnliches: während die Arbeit der Männer als „produktiv“ galt und entsprechend bezahlt wurde, galt Frauenarbeit durchweg als „reproduktiv“, die schlechter entlohnt wurde. Selbst produzierende Tätigkeit, wie z.B. das Spinnen, wurde nur als „reproduktive Hausarbeit“ angesehen.
In Deutschland (und wohl auch in anderen westeuropäischen Ländern) gewann die formale Bildung seit dem 15. Jahrhundert rasch an Bedeutung. Mit der rapiden Zunahme des Buchdrucks wurde die innergesellschaftliche Kommunikation immer wichtiger; die entstehende öffentliche Meinung nahm Einfluß darauf, gesellschaftliche Normen mitzugestalten. Seit dem späten Mittelalter erhöhten sich Zahl und Einfluß bürgerlicher Berufe (Juristen, Lehrer, Ärzte), ihnen gesellten sich seit der Reformation Pfarrer zu. Die wirtschaftliche Grundlage der bürgerlichen Berufe war Lohnarbeit, die es – im Unterschied zur Tätigkeit des Handwerksmeisters, des Kaufmannes und des Bauern – ermöglichte, daß der Mann formal zum Alleinverdiener der Familie wurde. Allerdings blieben die Aussteuer und die unbezahlte Arbeit der Frau im Haus ausschlaggebend für die Fortdauer der Familie. Bedingt durch den langen Bildungsweg, die vielen Stufen der beruflichen Karriere sowie der Trennung von Berufsarbeit und häuslicher Arbeit nahm die Distanz zwischen bürgerlichen Männern und ihren Frauen zu. Der Frau wurde die häusliche Sphäre zugewiesen, in der sie sich intensiv um Erziehung und Ausbildung der Kinder und die „Bequemlichkeit“ des Hausherrn zu kümmern hatte. Diese „freiwillige“

Häusliche Erziehung von Jungen und Mädchen. Holzschnitt von Johann Bäumler, Augsburg 1475

Unterordnung der bürgerlichen Frauen wurde Teil der Liebe und der gefühlsmäßigen Beziehungen in Ehe und Familie. Hier zeigte sich in Umrissen das Modell der Beziehungen in bürgerlichen Familien, das seit dem 16. Jahrhundert besonders in protestantischen Territorien gefördert wurde. Diejenigen, die in der Reformationszeit die Priesterehe verfochten, hatten ihre Vorläufer im 15. Jahrhundert in den vielen Kerikern, die in eheähnlichen Lebensgemeinschaften lebten und für sich, ihre Partnerin und die Kinder nach einer angemessenen Lebensperspektive suchten.
Eine weitere Gruppe von Menschen, die seit etwa dem 15. Jahrhundert herkömmlichen Ehe- und Familienstrukturen auswichen, waren die gewerblichen Lohnarbeiter. Ihnen blieb nur eine „Ökonomie ohne Haus“ (s. oben S. 80), bei der sie zu ihrem Auskommen auf ihre bloße Arbeitskraft angewiesen waren. Ererbte Familienwerte, z.B. in Form von Grundbesitz, die bei anderen sozialen Gruppen die Rolle des Erben so wichtig machten, gab es bei ihnen nicht. Sie konnten ohne elterliche und ohne herrschaftliche Zustimmung eine Ehe schließen, die auf bloßem Konsens der Partner beruhte. Das Funktionieren der Ehe beruhte im Prinzip auf lebenslager Lohnarbeit von Mann und Frau. Die mögliche Tendenz zur Gleichstellung der Geschlechter wurde durch die vorherrschenden ge-

sellschaftlichen Normen verdrängt, die eine von Männern dominierte Ordnung vorsah.
Wenn man ein vorläufiges Fazit zu den Entwicklungen in den Familien- und Geschlechterbeziehungen ziehen will, dann wird man zweifellos eine große Vielfalt und Variabiltität feststellen. Während man hinsichtlich der Herausbildung staatlicher Strukturen eine langanhaltende Bewegung hin zum „modernen Staat“ (s. u.) feststellen kann, fehlt eine solche eindeutige Richtung der Entwicklung bei den eher privaten, zwischenmenschlichen Beziehungen. Wenn nicht alles täuscht, hat es beispielsweise im 19. Jahrhundert mehr 3-Generationen-Haushalte gegeben als im 16. Jahrhundert. Die Bedeutung eines Leitbildes „der bürgerlichen Familie“ als Vorbild für alle anderen gesellschaftlichen Gruppen sollte nicht überschätzt werden; genauso wie man sich mit dem Gedanken vertraut machen muß, daß je nach wirtschaftlicher und sozialer Lage die Ausgestaltung der Geschlechterbeziehungen eine große Variationsbreite aufweist. Der Verweis auf eine einzige Struktur – etwa die des Partiarchalismus – kann nur eine erste grobe Orientierung bieten.

3.8 Der „moderne“ Staat entsteht

Der Staat hat die Geschichtsschreibung bis in unsere Gegenwart hinein stärker als jedes andere historische Thema beschäftigt, und dabei wurde die Frage, was denn dieser Staat in der jeweiligen Epoche eigentlich war, eher nachlässig behandelt. Das Deutsche Reich Ottos I. von Sachsen im 10. Jahrhundert erscheint im Geschichtsatlas ähnlich wie das Deutsche Reich Ottos von Bismarck; tatsächlich aber waren diese beiden Gebilde fast unvergleichbar, und die Flächenfarben und Grenzlinien forderten Generationen von Deutschen zu Vergleichen heraus, die in ihrem Kern absurd waren. Der Staat im modernen Sinne ist das Produkt einer jahrhundertelange Entwicklung. Im frühen und hohen Mittelalter war Herrschaft ein kompliziertes Beziehungsgeflecht zwischen adeligen Herren und zwischen diesen und der nichtadeligen Bevölkerungsmehrheit.
Die Entwicklung vom sogenannten „Personenverbandsstaat“ zu „moderneren“ Formen staatlicher Organisation setzte schon im 12. Jahrhundert ein, als unter den Staufern die Organisation des Reiches rationaler gestaltet wurde. Der Herrscher selbst wurde noch nicht als Institution (als abstrakte Einrichtung) entpersonalisiert, aber er bediente sich zunehmend mehr zur Ausübung seiner Herrschaft Institutionen, die von persönlicher Bindung unabhängig wurden. Damit entfernte er sich von den Prinzipien feudaler Herrschaft, die auf gegenseitigen, personalen Bindungen beruhten. Einen Höhepunkt erreichte diese Entwicklung unter Friedrich II., der den Schwerpunkt seiner Regierungstätigkeit nach Sizilien legte, wo er zahlreiche Elemente eines modernen Staates verwirklichte.
Während der Zeit der Staufer begann ein Prozeß, in dem die Herrschaften einzelner Adliger zu mehr oder weniger großen, mehr oder weniger klar abgegrenzten Gebietsherrschaften (Territorien) zusammenwuchsen. Seit dem 13. Jahrhundert hatten einzelne Adelsgeschlechter damit begonnen, diejenigen Rechte und Besitzungen, die ihnen aus der zerfallenden politischen, sozialen und wirtschaftlichen Ordnung überkommen waren, in einer Hand zusammenzufassen. Daraus entstanden neue politische Gebilde, „Länder“ oder „Territorien“, an deren Spitze der „Landesherr“ stand. Zwar ist es falsch, wie es manche Atlanten noch immer tun, solche Territorialherrschaften flächenmäßig *exakt* abzugrenzen – einfach deswegen, weil in dieser Gebietsherrschaft noch viele Herrschaftsrechte anderer lagen – doch war das Streben der Territorialherrn eindeutig darauf gerichtet, die Herrschaftsrechte anderer zu übernehmen und zu einer einzigen Herrschaft zu bündeln. Je nach der Stärke der Beteiligten und anderer Faktoren konnte der Prozeß der Vereinheitlichung viele Jahrhunderte, bis in das 19. Jahrhundert hinein, andauern. An der Ausbildung solch flächenhafter Herrschaft waren nicht nur einzelne Adlige, sondern auch Städte und geistliche Einrichtungen, wie z.B. Klöster, beteiligt.
Erst im 13. Jahrhundert führte die Tendenz größerer Adliger, möglichst viele Herrschaftsfunktionen eines Gebietes in ihrer Hand zu vereinen, dazu, daß sich die Vorstellung eines Herrschaftsgebietes – eines Territoriums – herausbildete. Die Mittel dazu mochten zunächst traditionell sein – Heiraten, Erbschaften, Kauf usw.; die Erfordernisse, die größeren und komplexeren Herrschaften zusammenzuhalten, waren dagegen mit den Mitteln des Personenverbandes nicht mehr zu erfüllen. Jede größere politische Ordnung erforderte eine Verwaltung, extensive Schriftlichkeit und vor allem spezialisierte Funktionsträger.
Die monarchische Ordnung und ihre Erblichkeit sollten noch auf viele Jahrhundert hinaus unersetzlich bleiben; ihre möglichen Folgen – Vereinigung ganz disparater Herrschaften in der Hand eines Fürsten oder der Zerfall einer territorialen Einheit im Erbgang – waren aber schon im 13. und 14. Jahrhundert Vorgänge, die sich für die Untertanen als schwer erträgliche Belastungen bemerkbar machten. Sie führten dazu, daß sich das „Land“ als ein eigenes Wesen gegenüber dem Fürsten konstituierte, ein für viele Menschen jener Zeit abstraktes, schwer verständliches Gebilde, dessen Rechtscharakter aber für Politiker und Juristen durchaus faßbar war.
Da viele Landesherrschaften finanziell und organisatorisch auf schwachen Füßen standen, waren sie auf die Mithilfe von Spezialisten angewiesen.

Der Hof reist zum Reichstag: An der Spitze des Zuges der Erzbischof von Trier und drei weltliche Kurfürsten – der Kurfürst von Sachsen, der Kurfürst von Brandenburg und der Kurfürst von der Pfalz, hinter dem Kaiser der böhmische König Wenzel IV. und die Kaiserin Elisabeth mit Hofdamen. Miniatur aus der „Goldenen Bulle“ Wenzels IV., 1400.

Angehörige des Bürgertums, wie etwa Händler, Geldwechsler, Münzmeister und viele andere mehr traten in den Dienst von Fürsten. In manchen Gegenden Deutschlands entwickelten sie sich, besonders im 14. und 15. Jahrhundert, zu sogenannten „Unternehmenerbeamten“: sie waren in einer Person z.B. Münzmeister und Verwalter der fürstlichen Kasse (also „Landesbeamte“) sowie gleichzeitig Bankier und Händler, die auf eigene Rechnung arbeiteten. Nicht wenige von ihnen machten dabei eine traumhafte Karriere, vor allem weil der Finanzbedarf des Herrschers groß war: in vielen Fällen verschlang es ungeheure Summen, das Territorium mit friedlichen Mitteln, wie Heirat oder Kauf, abzurunden. Um seinen hohen Platz in der Ständegesellschaft zu verteidigen, mußte der Fürst beachtliche Beträge aufwenden, die seinen Rang unterstrichen. Dabei konnte es sich um öffentlichkeitswirksamen Konsum handeln (aufwendige Bauwerke, Turniere, Jagden) oder kostspielige Unternehmungen (Erwerb hochrangiger kirchlicher Stellen für Familienangehörige, hohe Mitgift usw.).
Es oblag den bürgerlichen Finanziers, die Mittel für derartige Vorhaben des Herrschers bereitzustellen; dafür bekamen sie nicht selten den Zugriff auf wichtige Einnahmequellen des Landes, wie Zölle oder Rechte am Abbau von Edelmetallen und Erzen. Die bürgerlichen Berater der Landesherren halfen fernerhin mit, eine Wirtschaftspolitik zu betreiben, bei der die Grenzen des Staates und des Wirtschaftsraumes in Übereinstimmung gebracht werden sollten. In dem so entstandenen Territorium sollte die eigene Wirtschaft gefördert werden, um auf diese Weise die finanzielle Basis des Landes zu stützen. In Umrissen zeigten sich somit Elemente des Merkantilismus. (s. S. 183).
Etwa um die Mitte des 14. Jahrhunderts hatte der Prozeß der Herausbildung von Territorialherrschaften eine erste wichtige Etappe erreicht, als sich die „Lande“ von dem Inhaber der Landesherrschaft emanzipierten und eine eigene politische Größe wurden. Zu den „Landen“ oder Landständen gehörten Gruppen, deren Mitglieder persönlich frei waren und die für die verschiedenen Belange des Territoriums eintraten – also Städte, Ritter, Geistliche und selten auch Bauern. Die Landstände und der Landesherr übten in weiten Bereichen die Landesherrschaft gemeinsam aus. Den ersten Anstoß zu solchem Zusammenwirken gaben meist Ausnahme- und Notsituationen. Ob und in welchem Umfang sich in einer Landesherrschaft Landstände ausbildeten, war von den jeweiligen Besonderheiten des Landes abhängig und verlief in einem wechselvollen Prozeß, der meist erst im 15. Jahrhundert den Ständen kontinuierliche Aktivitäten erlaubte. Dabei spielte die Mitwirkung der Städte eine entscheidende Rolle, weil sie das für das Ständewesen wichtige Element ausprägten, die Verfassung und Kontrolle von Herrschaft dauerhaft zu verankern.
Die Herausbildung von Territorialherrschaften ließ eine komplizierte Lage entstehen: die Territorial-

herren waren Herrscher in ihrem Gebiet, jedoch gleichzeitig Lehnsmannen des Königs. Als Lehnsmannen waren sie persönlich dem König zu Rat und Tat verpflichtet, als Landesherren mußten sie die Interessen ihres Territoriums berücksichtigt wissen – etwa wenn der König einen Kriegszug plante. Da das Reich im wesentlichen aus den Territorien der verschiedenen Landesherren bestand, war es nicht verwunderlich, daß sie sich zu Körperschaften zusammenschlossen, um die Länderinteressen in der Reichspolitik zur Geltung bringen zu können. Sie bildeten „Stände“, die auf den Reichstagen besondere Mechanismen herausbildeten, um ihre politische Mitwirkung durchzusetzen. (Man beachte, daß diese Reichsstände wie auch die Landstände etwas anderes sind als die gesellschaftlichen Stände!)
Damit wird eine Entwicklung erkennbar, daß das deutsche Reich auf dem Wege war, ein „moderner“ Staat zu werden. Besondere Bedeutung kam dabei u.a. der Reichsmatrikel von 1422 zu, in der festgelegt worden war, welche Leistungen die Mitglieder des Reiches zu erbringen hatten, vor allem hinsichtlich des Kriegsdienstes. Die Heeresfolge wurde eine Pflicht dem Reich, nicht mehr dem König als oberstem Lehnsherren gegenüber: mit anderen Worten, aus dem königlichen Aufgebot wurde ein vom Reichstag angefordertes Reichsheer. Diese Formulierung machte das Reichsheer „moderner“ als es tatsächlich war: der Übergang von einem feudalen Lehnsheer zu einem Reichsheer aus Söldnern war nicht so abrupt, wie es auf den ersten Blick scheinen könnte. In Wirklichkeit trat ein Heerführer mit einem gemischten Aufgebot aus (feudalen) Vasallen und angeheuerten Soldknechten an.
Um die sich hier abzeichnende Entwicklung zum „modernen“ Staat abzusichern, wäre es notwendig gewesen, eine allgemeine Reichssteuer durchzusetzen. Das Vorhaben, den sogenannten „Gemeinen Pfennig“ als Reichssteuer 1495 durchzusetzen, scheiterte allerdings – unter anderem, weil König Maximilian, der gleichzeitig Landesherr seiner habsburgischen Gebiete war, sich weigerte, Steuerzahlungen aus seinen Territorien zuzulassen. Er nahm damit die gleiche Haltung ein wie viele andere Landesherren und Reichsstände. (In Deutschland kam es also nicht wie in anderen europäischen Ländern, wie etwa in Frankreich oder England, dazu, daß das Reich als übergeordnete Institution gleichzeitig die reichsweite Hoheit über die bewaffnete Macht und die finanziellen Mittel in Form von Steuern erringen und parallel dazu eine reichsweite Staatsverwaltung aufbauen konnte. Bei einem Blick auf eine Karte, die das Reich im 15./16. Jahrhundert zeigt, mag man sich fragen, ob und wie funktionstüchtig ein solches Reich sein konnte, vor allem wenn man es mit den kleinräumigen Staaten Englands und Frankreichs dieser Zeit vergleicht.)

Die Entwicklung führte also in Deutschland vom früh- und hochmittelalterlichen „Personenverbandsstaat“ (vielleicht sollte man besser von Gewaltenpluralismus sprechen) zum ständischen Dualismus, der sich besonders seit dem 15. Jahrhundert auszuprägen begann; reichs- und landesherrliche Interessen trafen manchmal heftig aufeinander, bis hin zur gegenseitigen Blockade. Diese Konstellation führte auf längere Sicht zu einem ausgeprägten Föderalismus.
Nationalstaatlich orientierte Historiker des 19. und 20. Jahrhunderts haben den Dualismus scharf kritisiert, vor allem vor dem Hintergrund, daß andere Länder Europas (England, Frankreich, Spanien) seit dem Spätmittelalter zentralistisch regierte Nationalstaaten herausgebildet hatten. Ihre Kritik zielte darauf ab, zu zeigen, daß Deutschland wegen dieser besonderen Tradition quasi zu spät Großmacht geworden sei und deshalb Nachteile beim Herausbilden eines imperialen Großreichs gehabt habe.
Solche Kritik übersah, daß Deutschland seit dem Mittelalter andere Ausgangsbedingungen hatte; sie übersah aber vor allem, wie sehr Föderalismus im Vergleich zum Zentralstaat modern sein konnte – man werfe nur einen Blick auf die Entwicklung der USA und der Schweiz.
Im 15. Jahrhundert zeigen sich in Deutschland wie in den europäischen Nachbarländern politische Vorgänge, die ein schwer entwirrbares Gemisch an vorwärts- wie rückwärtsweisenden Zügen darstellen. Es wird deutlich, daß der Modernisierungsprozeß kein gradlinig verlaufender Prozeß war. In Deutschland stellte sich unter anderem die Frage, ob sich die Reichseinheit überhaupt noch aufrechterhalten ließe oder ob endgültig an die Stelle des Reichs eine Vielzahl unabhängiger, souveräner Einzelstaaten treten würde. Die Frage stellte sich mit aller Deutlichkeit, weil sich der damalige König – Friedrich III. (1440–1493) –, der aus einer schwachen innerösterreichischen Linie der Habsburger stammte, volle 27 Jahre lang nicht im Inneren des Reiches sehen ließ. In dieses Vakuum stießen machtbewußte, politisch geschickt agierende Fürsten, deren Territorien (z.B. Bayern, Hessen, Cleve usw.) so viel an Machtzuwachs aufwiesen, daß sie anderen, schon bedeutenden Herren, wie den Kurfürsten, ernsthafte Konkurrenz machten. Diese Konkurrenz führte zu vielen militärischen Auseinandersetzungen, in denen kleinere Landesherren, aber vor allem auch Städte, versuchten, sich dem Sog zu entziehen, der von der Macht der expandierenden Landesherrschaften ausging. Viele hatten damit keinen Erfolg, so daß sich in Deutschland wie in den europäischen Nachbarländern die Tendenz zur Zentralisierung staatlicher Macht bemerkbar machte – wenngleich nicht immer mit der gleichen Intensität. Dies zeigte sich bei der Grün-

dung von Residenzen und später von Hauptstädten. Dem ging aber gar nicht so selten die Zentralisierung von zwei Elementen staatlicher Macht voran: den öffentlichen Finanzen und dem Gerichtswesen, die ihrerseits dazu eingesetzt wurden, staatliche Macht dauerhaft zu sichern. Dem diente ein neu geordnetes Militärwesen, in dem Söldnerheere die feudal geprägten Ritterheere ablösten.
Die Bedrohung der Reichseinheit führte dazu, daß immer wieder – vor allem gegen Ende der Regierungszeit von Friedrich III. – Pläne zur Reichsreform diskutiert und in verschiedenen Etappen auch eine gewisse Stabilisierung erreicht wurden. Ein wichtiger Schritt war etwa die organisatorische Verfestigung des Reichstages, der damit eine ausgleichende und konsolidierenden Rolle für das gesamte Reich spielen konnte. Mit ihm und anderen Institutionen wurden Klammern geschaffen, die dauerhaft wenigstens einen gewissen Zusammenhalt in Deutschland sicherten.
Wie sehr das 15. Jahrhundert geprägt war von der Entfaltung der Fürstenmacht, und wie wenig sich die Beteiligung des Volkes durchsetzte, obwohl die Epoche sonst nachhaltig vom Bürgertum und vom „gemeinen“ Volk geprägt war, mag ein vielleicht nicht sehr bedeutender, dafür aber bezeichnender Vorgang deutlich machen. 1448 wurde ein Vertrag, das Wiener Konkordat, zwischen dem Papst und den Landesherren geschlossen, der die Beziehungen zwischen „Staat“ und Kirche (z.B. das Besetzungsrecht kirchlicher Ämter) regelte und bis zum Ende des alten Reiches 1803/6 galt. Der Vertrag ist vor allem auch deswegen bemerkenswert, weil er die Stellung des Papstes dauerhaft stärkte. In den Jahrzehnten bis zum Konkordat war die Position des Papstes als Herrscher sehr in Frage gestellt, weil eine breite Bewegung die Macht eines allgemeinen Konzils als höchste Instanz über die Macht des Papstes stellen wollte. Die Vorstellung, einer allgemeinen Kirchenversammlung solche Macht einzuräumen, ging auf älteres kirchliches Recht, vor allem aber auf das Wirken von Kanonisten (Rechtsgelehrten des Kirchenrechts) und Denkern wie Wilhelm von Ockham und Marsilius von Padua zurück, die zukunftsweisende politische Theorien entwickelten. Sie ließen u.a. auch Ideen anklingen, die eine kirchliche „Volkssouveränität“ gerechtfertigt erscheinen ließen.
Es ist wohl nicht ganz zufällig, daß die konziliare Bewegung einen bedeutenden Umfang in einer Zeit annahm, als das Papsttum wegen der seit 1378 andauernden Kirchenspaltung wenig Autorität besaß und die Volksfrömmigkeit immer ausgeprägtere Züge annahm. John Wiclif (†1348) in England, Jan Hus (†1415) und die Scharen von inbrünstig betenden Wallfahrern in Deutschland, besonders in der zweiten Hälfte des 15. Jahrhunderts, zeugten davon, wie sehr in Nordeuropa Formen des verinnerlichten und mystisch geprägten Glaubens sich gegen veräußerlichte Formen religiösen Verhaltens des Südens abgrenzten. Damit scheinen Gegensätze auf, die im Laufe der folgenden Jahrhunderte immer mehr zur Regionalisierung und Nationalisierung beitrugen. Die zuletzt genannte Tendenz gewann an Gewicht, als nach dem Wiener Konkordat und dem Ende des Basler Konzils (1449) in einer Zeit ohne Konzile eine Italinisierung von Papsttum und Kurie einsetzte. Die Kirche zeigte sich in der vorreformatorischen Epoche (1449–1517) als ein in sich geschlossenes, weltumfassendes System, das von einer hochentwickelten, streng hierarchisch gegliederten Bürokratie effektiv und rational geleitet wurde. Daß das Verhalten einzelner Päpste und ihrer Abgesandten eher Züge einer Willkürherrschaft aufwies, mußte besonders in den Gegenden zum Widerspruch herausfordern, in denen Formen der Volksfrömmigkeit sehr ausgeprägt waren.

Religiosität und Kirche

Bisher haben wir wiederholt die Kirche als eine Institution kennengelernt, die wesentliche Beiträge zum Modernisierungsprozeß geleistet hat. Wir haben sie dabei weitgehend auf ihre weltliche Rolle als eine europaweite Organisation reduziert und – ganz modern und soziologisch gesprochen – die professionelle Qualifikation ihrer Funktionsträger hervorgehoben. Auch die Überlieferung antiken rationalen, ja wissenschaftlichen Denkens und dessen Präsenz in der Theologie hat sich bis in die Ökonomie Europas hinein ausgewirkt und ihre Entwicklung gefördert. Diese Akzentuierung könnte den Anschein erwecken, als ob die eigentliche, die religiöse Botschaft des Christentums für unseren Zusammenhang bedeutungslos wäre, wenn nicht gar dem Prozeß der Modernisierung zuwiderlaufe. Tatsächlich aber enthielt das Christentum mit seiner Lehre von der Gleichheit aller Menschen vor Gott und der gleichen Erlösungsbedürftigkeit und -würdigkeit aller Seelen ein großes Antriebspotential für das Individuum wie für die Gesellschaft. War im frühen Mittelalter die Diskrepanz zwischen der Kirche und den Menschen, der biblischen Botschaft auf der einen und dem alltäglichen Aberglauben auf der anderen Seite noch ungeheuer groß, so verringerte sich dieser Abstand in den nachfolgenden Jahrhunderten. Im 14. Jahrhundert z.B. tritt Christus aus der Distanz eines fernen Segensspenders heraus: Als ein geschundenes, leidendes Wesen wird er für den gläubigen Zeitgenossen des späten 14. Jahrhunderts mit seinen großen Seuchen und Hungersnöten erfahrbar und erlebbar. Es entstand eine Frömmigkeit, die sich dem Göttlichen unmittelbar nähern wollte. (Vgl. auch M 2.33)

Überlegungen zur weiteren Arbeit und Aufgaben zu Kapitel 3

Wenn vom sog. „späten Mittelalter“ die Rede ist, dann werden damit häufig Vorstellungen von Niedergang und Krise heraufbeschworen. Sicherlich gab es seinerzeit verheerende Pestepidemien und mit ihnen Elend und Tod; aber wir dürfen nicht vergessen, daß noch jahrhundertelang immer wieder Pest- und andere Epidemien auftauchten und die Menschen bedrohten. Ein weiteres kommt hinzu: betrachten wir in M 3.1 die Bevölkerungsentwicklung in verschiedenen Städten, so sehen wir, daß es tatsächlich dramatische Einbrüche gab – in anderen Fällen jedoch ein beachtliches Wachstum.
Als ein anderes, typisches Beispiel des Niedergangs galt lange Zeit die sog. „Agrarkrise“ des Spätmittelalters; mittlerweise fragen sich viele Historiker, ob es sich nicht vor allem um eine Krise der Empfänger von feudalen Leistungen handelte, wenn diese in Naturalien zu leisten waren. Aber auch für viele adlige Herren hielt sich diese Krise im erträglichen Rahmen, weil sie es verstanden, auf die neuen Bedingungen einzugehen und sie sich stärker in Marktbeziehungen einbrachten.
Als ein weiteres Beispiel für die These vom spätmittelalterlichen Niedergang dient die Kirche, die es nicht verstanden habe, auf neue Formen des Glaubens der Menschen angemessen zu reagieren; statt dessen habe sie durch Verkäufe von Ablaßbriefen nur an das Geld der Gläubigen kommen wollen. In der Konsequenz sei es durch die Reformation zur Spaltung der Kirche gekommen. Dabei schwingt häufig die Meinung mit, die protestantische Seite sei die modernere, die katholische die rückwärtsgewandte, „mittelalterliche“ Kirche gewesen. Es wird bei solchen Behauptungen übersehen, wie sehr z.B. Martin Luther in Fragen der Ökonomie und der Ethik mittelalterlichen Auffassungen verpflichtet war.
Wenn wir nach Modernisierungsprozessen im Spätmittelalter fragen, müssen wir vor allem bedenken, daß es in dieser Zeit keinen revolutionären Umbruch der Lebensverhältnisse gab. Ansätze zur Modernisierung fanden sich in etlichen Bereichen, aber da sie nicht zielgerichtet verliefen, bildeten sich vielfältige Spuren, in denen sie sich einen Weg suchten.

① Untersuchen Sie mit den Quellen zur Bevölkerungsentwicklung sowie zu den Löhnen und Preisen die Lebenssituation verschiedener sozialer Gruppen. Welche Entwicklungen waren geeignet, den sozialen Wandel zu beschleunigen? Diskutieren Sie dabei die Bedeutung solchen Wandels für die Modernisierung der Gesellschaft. (M 3.1–3.4)

② Erarbeiten Sie beispielhaft die Probleme der Durchsetzung neuer Methoden der Buchhaltung anhand der Materialien M 3.6. Untersuchen Sie den möglichen Modernisierungseffekt, den das Verlagswesen mit sich brachte (M 3.9 ff.). Übersehen Sie dabei nicht die soziale Problematik, die mit der Ausbreitung des Verlagswesens einherging.

③ Das Alltagsleben der Menschen des Spätmittelalters war in vielfältiger Weise durch die Veränderungen in der Wirtschaft und der Gesellschaft betroffen. Achten Sie bei Ihren Untersuchungen der Quellen darauf, Kategorien wie soziale Ungleichheit, Geschlecht und Alter zu berücksichtigen. (Abbildungen M 3.12 Texte 3.11–16).

④ Viele Entwicklungen in der Politik des Spätmittelalters begannen, moderne Züge anzunehmen. Analysieren Sie beispielhaft etwa das Verhältnis Staat und Kirche (M 3.18) oder aber die allmähliche Herausbildung des staatlichen Gewaltmonopols (M 3.17 ff.).

⑤ Die Entwicklung der Geschlechterbeziehungen war längst nicht so eindimensional, wie es manche populäre Veröffentlichung suggerieren will. Informieren Sie sich zunächst anhand der Darstellung S. 80 ff. und konfrontieren Sie diese Aussagen und Quellen, die die Geschlechterbeziehungen thematisieren (M 3.14 ff.) und weiteren, die sich zunächst auf andere Gegenstände beziehen (z.B. 3.2, 3.8, 3.10, 3.13, 3.15).

⑥ Versuchen Sie ein Streitgespräch zu organisieren, das die widersprüchlich wirkenden Elemente der mittelalterlichen Kirche und der Frömmigkeit zum Thema hat (M 3.18–3.21).

⑦ Vertiefen Sie die Diskussion der Wissenschaftler (M 3.22) durch Referate.

Materialien zu Kapitel 3

M 3.1 Bevölkerungsentwicklung im späten Mittelalter

a) Anzahl der Steuerzahler in verschiedenen Städten

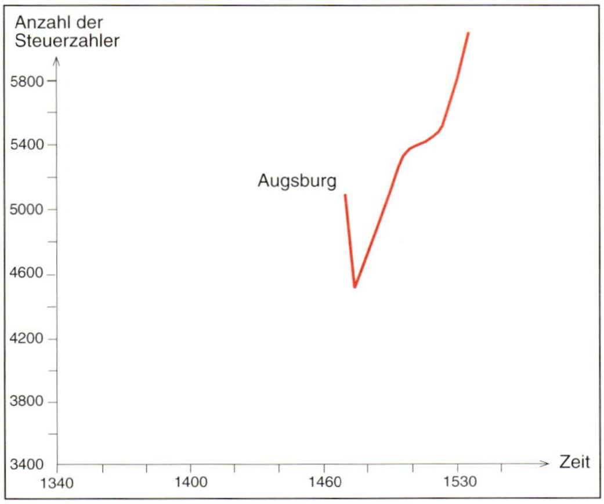

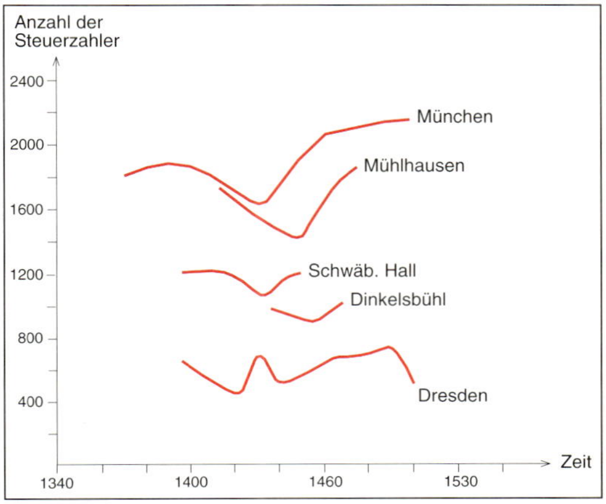

b) Determinanten der Bevölkerungsentwicklung

Die Vernetzung von Determinanten zur Bevölkerungsentwicklung, die gleichzeitig Ursache und Folge von Bevölkerungsveränderungen sein können. Aus einem umfangreichen Netz von Determinanten sind einige ausgewählt, und die Verbindungspfeile mit ausgezogenen oder gepunkteten Linien bilden jeweils Ketten von Determinanten, die in beiden Richtungen voneinander abhängen bzw. sich gegenseitig beeinflussen.

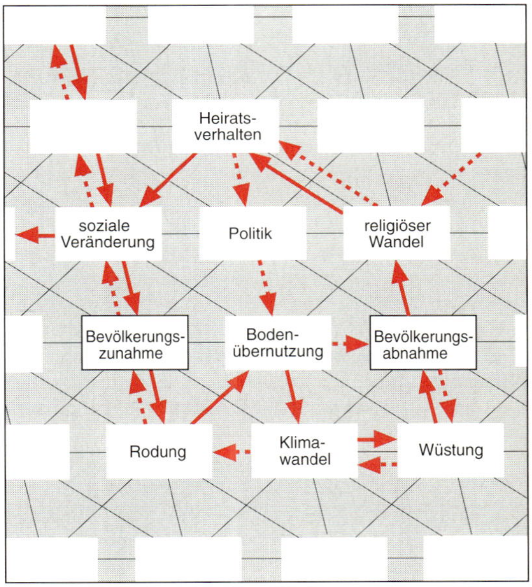

a) und b) nach Bernd Herrmann/Rolf Sprandel (Hrsg.): Determinanten der Bevölkerungsentwicklung im Mittelalter, Schemata S. 27, S.32 u. Abb. 2, S. 190. VCH Verlagsgesellschaft mbH, D-69451 Weinheim, 1987.

Die in den nachfolgenden Tabellen und Texten genannten Maße und Münzgewichte sind mit heutigen nur schwer vergleichbar. Das Gewicht des Pfundes (Pfd) schwankte zwischen 400 und 600 gr.; das Münzpfund war im allgemeinen 409 gr. schwer (z.B. fränkisches Pfund bei M 3.8 „Lebenslauf des Burkhard Zink“. Ein Pfennig wird als dn (Denar), ein Gulden als fl (Florin), ein Groschen als ß wiedergegeben.

Wirtschaften zwischen traditionellen und modernen Formen

M 3.2 Löhne und Preise im Spätmittelalter

a) Jahresgehälter städtischer Bediensteter in Nürnberg um 1440 in Gramm Silber = (g Ag)

Höhere Angestellte	g Ag	Einfacher/mittlerer Dienst	g Ag
Schultheiß	12800	Dritter Schreiber (Kopist)	2830
Stadtjurist	9200	Burgamtmann	2320
Erster Schreiber	8020	Stadtrichter	1670
Zweiter Schreiber	4850	Prokurator	1500
Vermögenssteuereinnehmer	6650	Züchtiger	1465
Büchsenmeister	6000	Pfänder	1360
Baumeister	3800	Oberzöllner	1360
Forstmeister	3400	Hausknecht (Rathaus)	830
Verbrauchssteuereinnehmer	3300	Stadtknecht	800
Stadtärzte	3000	Siegelbewahrer	520
Maurer			1200

b) Modell eines Ernährungsbudgets einer 5köpfigen Zimmererfamilie im 15. Jahrhundert (süddeutsche Großstädte)

Verbrauch je Person und Jahr (in Leitwaren der Gruppe)		Verbrauch je Person und Tag: Gramm/Liter	Preis in Roggenäquivalenten (kg)	Kalorien	Kalorienanteil in der Ernährung
150 kg	Roggen	410 g	0,41	1025	45,7
50 kg	Erbsen	137 g	0,16	343	15,3
65 kg	Fleisch	178 g	0,98	516	23,0
10 kg	Fisch	27 g	0,19	30	1,3
7,5 kg	Butter	21 g	0,29	158	7,0
300 l	Bier	0,8 l	0,56	173	7,7
8 kg	Salz	22 g	0,04	–	–
			2,63	2245	100,0

c) Roggenpreise und Bauhandwerkerlöhne in Straßburg

Zeit	1 Viertel Roggen		Bauhandwerkerlöhne pro Sommertag		Zahl der erforderlichen Sommerarbeitstage, um 1 Viertel Roggen kaufen zu können	„Kaufkraft“ des Lohns, gemessen am Preis 1 Viertel Roggen
	Straßb. Pfen.	Index (1475–99 = 100)	Straßb. Pfen.	Index		
1400–1424	55,72	100				
1425–1449	66,72	120				
1450–1474	45,27	81				
1475–1499	55,56	100	24	100	2,30	100
1500–1524	59,80	108	24	100	2,50	93
1525–1549	92,46	166	24	100	3,85	60
1550–1574	190,60	343	27	113	7,06	33
1575–1599	266,40	479	31	129	8,60	27

a) und b) nach Wilhelm Abel: Strukturen und Krisen der spätmittelalterlichen Wirtschaft. (Gustav Fischer) Stuttgart 1980, S. 19;
c) nach Knut Schulz: Handwerksgesellen und Lohnarbeiter. (Thorbecke) Sigmaringen 1985, S. 436.

d) Bestandteile von Löhnen und ihre Kaufkraft

1. Jahresverdienste von Beschäftigten des Basler Spitals

Jahr	Ackermeister	Rebknecht	Keller(meister)	Jungfrau i.d. Spitalscheune, bzw. Spitalmutter
1444	14 Pfd., 1 Paar Stiefel und 1 Rock	1/2 Jahr: 5 Pfd., 3 P. Schuhe, 1 P. Hosen	1/2 Jahr; 6 Pfd., 3 P. Schuhe, 1 P. Hosen	4 Pfd., 1 Hemd, 4 P. Schuhe, 1 Rücklin
1454/55	1/2 Jahr: 7 Pfd., 1 P. Stiefel und 1 Rock jährlich		1/2 Jahr: 5 Pfd.	
1456/57	1/2 Jahr: 7 Pfd.	solange er noch arbeiten kann jährl. 5 Pfd.	1/2 Jahr: 5 Pfd.	1/2 Jahr: 2 Pfd.
1461/62	1/2 Jahr: 7 Pfd.		1/2 Jahr: 5 Gulden, 1 P. Hosen, 4 P. Schuhe	1/2 Jahr: 2 Pfd.
1473/74	14 Pfd., 4 P. Schuhe, 4 Ellen Tuch, 1 P. Stiefel	10 Pfd., 4 P. Schuhe, 4 Ellen Tuch		
1485/86	14 Pfd., 1 P. Stiefel, Schuhe und Tuch	10 Pfd., Schuhe und Tuch	1 Jahr: 12 Pfd., Schuhe u. Tuch	
1496/97	14 Pfd. 16 ß 6 den., 1 P. Stiefel, 3 P. Schuhe u. Tuch	13 Pfd. 14 ß 6 den. inkl. Schuhe u. Tuch	11 Pfd. 1 ß, 2 P. Schuhe	
1503/04	wie bisher	1. Rebknecht: 13 Pfd. 14 ß 6 den. inkl. Schuhe und Tuch 2. Rebknecht: 10 Pfd. Schuhe und Tuch	11 Pfd. 16 ß	4 Pfd. 13 ß, 4 P. Schuhe
1510/11	17 Pfd. 2 ß inkl. Schuhe und Tuch	1. 12 Pfd. 9 ß 6 den. 2. 10 Pfd, Schuhe und Tuch	1/2 J.: 4 Pfd. 15 ß, 2 Paar Schuhe, f. 1 P. Hosen und Wams = 1 Pfd.	4 Pfd. 16 ß, 4 P. Schuhe, 6 Ellen Tuch bzw. 3 Pfd. 4 ß f. Tuch und 3 P. Schuhe

2. Entwicklung der Preise von Getreide, Wein und Fett in Basel

Zeit	Getreide (Dinkel)		Wein		Butter		Unschlitt[1]	
	1 Viernzel, in Schillingen	Index	1 Saum, in Schillingen	Index	1 Pfund, in Schillingen	Index	1 Pfund in Pfen.	Index
1450–1474	13,1	66	20,3	82	20,3	82	8,5	89
1475–1499	19,8	100	24,8	100	24,8	100	9,5	100
1500–1524	21,0	106	27,3	110	27,3	110	11,0	116
1525–1549	32,6	165	40,7	164	40,7	164	14,5	153
1550–1574	58,1	293	54,7	221	54,7	221	19,0	200
1575–1599	80,9	408	96,7	290	96,7	290	24,0	253

d) nach Knut Schulz (M 3.2c), S. 368, 437.

1 Eine Sorte Fett

M 3.3 Langfristige Entwertungsraten des Rechengeldes

a) Köln 1399–1784

Jahresdurchschnittliche Entwertungsraten des Rechengeldes in Köln

Periode	Gold	Silber
1399–1452	–1,70%	– 1,45%
1454–1511	–1,40%	– 1,28%
1512–1561	–1,60%	– 1,50%
1562–1650	–0,74%	– 0,48%
1651–1784	–0,47%	– 0,47%

Im Gesamtzeitraum, also von 1399 bis 1784, fällt das Goldfeingewicht des Rechengulden von 3,796 (= 100%) auf 0.921 (= 27,7%) Gramm, das Silberfeingewicht des Rechenalbus von 1.737 (= 100%) auf 0,176 (= 10%) Gramm, was einer jahresdurchschnittlichen Entwertungsrate von –0,66% bei Gold und von –0,59% bei Silber entspricht.

b) Silberfeingewicht des Pfennigs in Augsburg und München 1400–1800

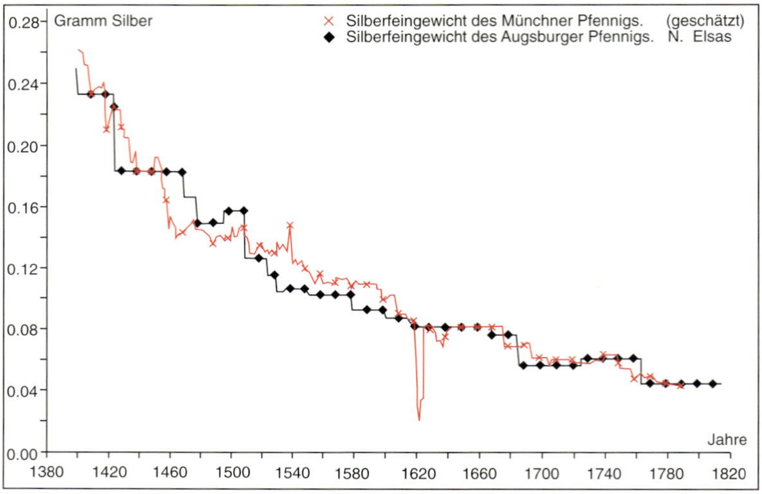

a) und b) nach Rainer Metz: Geld, Währung und Preisentwicklung. (Knapp) Frankfurt am Main 1990, S. 144 u. 172.

M 3.4

Langfristige Konjunkturentwicklung – das Beispiel Lübeck

a) Hauskäufe in Lübeck 1284–1700

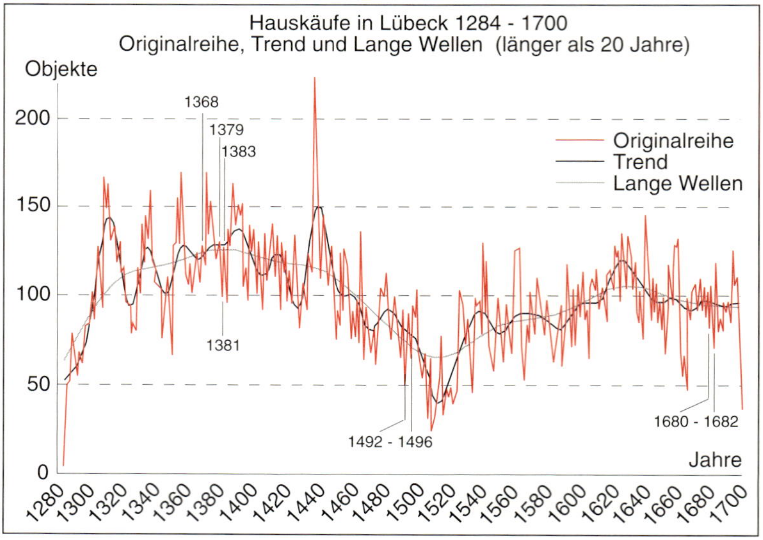

b) Der Umsatz im Lübecker Hafen (1368–1680)

Jahr	Umsatz in £ (Mindestwert)	Index Mark feines Silber
1368	548.000	152.222 (100,0)
1379	273.192	62.298 (44,9)
1381	249.510	62.378 (41,0)
1383/4	264.178	66.045 (43,4)
1492	659.482	62.808 (41,3)
1492/6	522.000	49.714 (32,7)
1680/2	6.100.000	203.741 (133,8)

a) und b) nach Rolf Hammel-Kiesow: Hansischer Seehandel und wirtschaftliche Wechsellagen; in: Stuart Jenks/Michael North (Hrsg.): Der Hansische Sonderweg? Beiträge zur Sozial- und Wirtschaftsgeschichte der Hanse. (Böhlau) Köln-Weimar-Wien 1993, S. 85, 89.

M 3.5 Städte – Königtum – Juden – Schuldenproblematik

1391 März 9, Nürnberg:

Wenzel spricht als Römischer König die Einwohner von Nordhausen frei von allen Schulden an Juden und befreit sie von Ladungen vor das Hofgericht.

Wir Wenczlaw von gotes gnaden Romischer kunig zu allen czeiten merer des reichs und kunig zu Beheim bekennen und tun kunt offenlichen mit diesem brive allen den, die in sehen oder horen lesen, wann sich der burgermeister, rate und burgere gemeinlichen der stat zu Northusen, unsere und des reichs liben getrewen, mit uns von der juden wegen, die bey in gesessen sein, vereinet und verrichtet haben, dovon so haben wir in diese besundere gnade getan und tun in die in kraft diez brives und Romischer kuniclicher mechte, das sie alle ire burgere, mitwonere, undersessen und undertanen aller schulde hauptgeldes und gesuches, die sie den juden zu Northusen oder andern juden, wo die in dem reiche wonhaftig und gesessen sind, schuldig sint, von in geborget haben oder selbschuldig worden sind uf sich selbes oder uf andere lute oder burgen worden sind oder wechsel getan haben gen den juden, in welcherley weise das gescheen were, genczlichen und gar ledig und loze sein sollen und sol sie ouch nyemand dorumb anlangen, hindern oder irren in dheyne weis und solen in ouch alle und igliche juden alle ire pfande, die bis uf datum dicz brives verhalden sind, genczlichen und lediclichen widerkeren und were ouch das dheynerley brife von den juden iren erben oder jemanden anders von der juden schulde wegen wurde verswigen, verhalden oder nicht widergegeben wurden, dieselben brive sollen furbasmer dheynerley kraft noch macht haben oder gewynnen, die wir ouch genczlichen vernichten, toten, unmechtig machen und abe tun in kraft dicz brifes. Wolte oder wurde sich aber jemande geistlich oder wertlich, das wir doch bey unsern kuniclichen hulden vesticlichen verbieten, wider obgeschribnen unsere gnade, gabe und ledigung geirret oder gehindert mochten werden, dieselben weren zu stunde in unsere und des reichs swere ungnade komen und wolten ouch wider dieselben den egenanten die die schulde schuldich weren und iren helfern beholfen und beyligende sein, das sie bey solchen unsern gnaden vesticlichen beliben. Was ouch die juden pfant, haben für schulde, die sie von datum dicz brives nicht verkewffet oder verewssert haben, die sollen sie widergeben, wolte sie ouch jemande umb solche pfande anlangen, die sie noch datum dicz brives solten gehabt haben und sie der nicht bekentlich weren, so sollen die juden iren eyde dofur tun und sollen domit der ansprach ledig sein. [...] Mit urkunt dicz brifes versigelt mit unser kuniclichen maiestat insigel geben zu Nuremberg, noch cristes geburde dreyczenhundert jare und dornoch in dem eynundnewnczigisten jaren des donerstages vor dem suntag als man singet judica in der vasten, unser reiche des Behemischen in dem achtundczweinczigisten und des Romischen in dem fumfczehenden jaren.
Ad relationem Hynaczkonis de Weyssenburg et Borziboii de Swynars, Franciscus canonicus Olomucensis.

zit. nach Friedrich B. Fahlbusch/Heinz Stoob (Hrsg.): Urkunden zur Geschichte des Städtewesens in Mittel- und Niederdeutschland, Bd. 2: 1351 – 1475. (Böhlau) Köln-Wien 1992, S. 307 f.

M 3.6 Entwicklung der Buchhaltung in Deutschland

Aus der Buchhaltung des Hauptbuchhalters der Fugger, Matthäus Schwarz (1518)

1. Verzeichnis der laufenden Geschäfte im „Journal"

Die ersten Abschlußposten im Journal sind folgende:

Adi 27 Settembrio

Vns soll Silber duc 3897 g 17 p 19. umb souil ist mer aus den Silbern worden, so wir von Hall empfangen haben, Dann wir die angeschlagen haben, Laut desselbigen Conto, mach wir den Auanzo (= Gewinn) herrn Jacob Fugger gut, vnnd dem v. zu als obsteet p. Saldo desselbigen Conto, Dann auff dato kain Sil-
25 ber mer verhanden ist. Haben auch ein Copi des Silber Conto von wort zu wort, wie die im Zornal steend,
27 auf Augspurg gesant dc 3897.g17.19

Adi ultimo Settembrio

Vns soll herr Jacob fugger duc. 85, die sollen wir a Cassa, vmb souil hat matheus Schwartz hie zu V^a
27 (= Venezia, Venedig) für sich gebraucht, Laut des Gesellenbuechlins, sider (= seit) primo Jenner, Ist
27 neun monatlang, Soll man Im zuschreiben vnnd mit Im verrechnen, halten Im hie kain Conto

dc 85.

Vns soll herr Jacob fugger duc. 156 1/2. Die sollen wir a Casssa, vmb souil ist gangen, hie über das haußhaben, Laut desselben Buechlins, als vmb holtz zu brennen 18 duc vmb Butter, Öl, Saltz, Flaisch, Brot vnnd anders so in die kuchen (= Küche) gehort, In Summa 82 dc, mer vmb wein 50 dc. vnd sonst
27 allerlay clain vncost, als Spaga (= Bindfaden), Papier, Dinten, wax vnd was in die Schreibstuben
27 gehört, nach laut ains Registers nach lengs gehalten, vnnd die Copi nach Augspurg gesant

dc 156.12

Vns soll herr Jacob fugger duc 98478 g 4 p 4. Die sollen wir Roma. Ist vmb das Ich auff dato ein Rechnung beschließ vnd find, das wir also für Rom mer außgeben haben dann eingenomen, Laut des
27 Römischen Conto. Vnd vmb Rechnung zu beschliessen, so mach Ich den Römischen Conto Saldo mit
19 dem Rest gut, vnd schreib dem herrn Jacob Fugger zu als obsteet für außgeben

dc 98478.4.4

2. Das Schuldbuch beginnt mit einem Register (dem „Alphabet“) und enthält neben Personenkonten folgende Sachkonten: Kasse, Seidengewand, Schwazer Garkupfer, Silber. Die Konten tragen nicht die Überschriften: Soll geben – Soll haben, sondern links: Soll uns, rechts: Sollen wir. Schwarz bemerkt dazu: „So das Buch offen vor dir ligt, und du sichst das Buch an und nit das Buch dich, So ist die seitten gegen hertzen die lingk seitten Soll mir, das ist als vil, als zu dir zum hertzen, die ander seitten haist von dir von hertzen, diß ist die gerecht seitten, und haist Soll Ich.“ [entspricht dem heutigen Soll und Haben]

Von diesen Sachkonten sei das Silberkonto herausgenommen:

Silber Soll uns[1)]

1516.	m.	9892 lot 2 Stuck 80	Adi 5. April p. Hall empfangen Sina (? = sider?) 4 marzo	ac	2.25.	Zor. Schuld.[2)] duc 71727.21.24
	m.	— — —	detto p. Cassa (= Unkost)	ac	2.18.	duc 1052.12.—
	m.	1640 lot — Stuck 20	Adi 28. mazo p. Hall	ac	4.25.	duc 11890.—.—
	m.	— — —	p. Cassa unkost	ac	4.18.	duc 295.18.25
	m.	— — —	p. hern Jacob Fugger Avazo (= Gewinn)	ac	12.27.	duc 3897.17.19
Sa						
	m.	11532 lot 2 Stuck 100	Summa			duc 88863.22. 4

Silber Sollen wir

1516.	m.	2492 Lot 3 Stuck 25	Adi 4. Zungo p. Rom dahin gesant angeschlagen	ac	4.19.	duc 18068. 8.20
	m.	3247 Lot 5 Stuck 21	Adi p^0 Luio p. Bancho Bisani p. 29800 duc an ainem Diamant	ac	6.22.	duc 25978.12.—
	m.	1957 Lot — Stuck 20	Adi 8. Luio p. Seidengwand 824 stuck Schamlott vertauscht	ac	6.20.	duc 15656.—.—
	m.	1802 Lot 6 Stuck 10	Adi 15. Luio p. Rom dahin gesant, angeschlagen	ac	7.19.	duc 14419.—.—
Sa	m.	2033 Lot 4 Stuck 24	Adi 20. Augusti p. Rom dahin gesant, angeschlagen thut	ac	10.19.	duc 14742. 1.16
	m.	11532 lot 2 Stuck 100	Summa			duc 88863.22. 4

Von den Personenkonten soll ein Bankkonto als Beispiel dienen:

Uns Soll Bancho Preuilli

1516.	Adi 20. April p. Nurmberg ain wexel	ac	3.26.	duc 4000.—.—
				Summa 4000.—.—

Wir sollen al Bancho Preuilli.

1516.	Adi 15. April p. Nurmberg ain wexel	ac	2.26.	duc 300.—.—
	E 20. Maio p. Verzelin thut	ac	4.20.	duc 100. 6.—
	E 9. Augusto, p. Bancho Capello verwißen thut		9.21.	duc 3599.18.—
				Summa 4000.—.—

1) Diese Konten sind, als sie erledigt waren, durchgestrichen worden 2) ac = Blatt im Journal und Schuldbuch

Zit. nach B. Penndorf: Geschichte der Buchhaltung in Deutschland. (Sauer und Auvermann) Frankfurt/M., 1966, S. 145 ff.

Bürgerliche Mentalitäten und Lebensweisen

M 3.7 Städtische Wirtschaft und Mentalität der Bürger

Aus Briefen von Francesco Datini (1335–1410) aus Prato (bei Florenz)

Ich habe keine Lust, das zu verlieren, was ich habe, weil ich es dringend brauche, um mehr daraus zu machen. Und es sagen die weisen Kaufleute, daß derjenige von großem Verstand ist, der manches Mal abwartet und beobachtet, und daß das Geld manchmal schon 10 oder 20 Prozent bringt, wenn es nur im Kasten ruht [...] Meiner Treu [so beschloß er den Brief], ich verspreche Dir, daß ich mich, ehe Du Dich's versiehst, ganz aus dem Handel in Katalonien zurückziehen werde, wenn Ihr, Du und Luca, Euch nicht hütet, mir solchen Verdruß zu bereiten!

[...]

Heute nacht träumte mir von einem Haus dort drunten, das ganz in sich zusammenstürzte, und in dem Haus war meine Familie. Die Bedeutung dieses Traumes macht mich sehr nachdenklich, weil ich von einer Galeere, die vor mehr als zwei Monaten von Venedig ausgelaufen ist und nach Katalonien segeln sollte, keinerlei Nachricht mehr habe. Ich hatte sie mit 300 Gulden versichert, genauso wie ich die andere für Domenico di Cambio versichert hatte, die dann prompt tags darauf unterging [...] Ich bin in so großer Besorgnis über so viele Dinge, daß es ein Wunder ist, daß ich nicht den Verstand verliere, denn je mehr ich suche, desto weniger finde ich. Nur Gott weiß, was mir noch alles widerfahren wird.

[...]

Im Mai sind es zwei Jahre, daß ich nachts nicht mehr als vier Stunden in Ruhe geschlafen habe. Nehmt Euch das zum Vorbild. Und wenn ihr sagen wollt: „Ihr seid alt und könnt nicht schlafen, und wir sind jung und würden auch auf dem blanken Fußboden schlafen", so antworte ich Euch, ich würde auch lieber im warmen Bett liegen. [...]

(Datini richtet sich an seine Angestellten)

Domenico di Cambio schrieb an Francesco Datini (30.8.1398) über dessen Bankgeschäfte:

Mir ist von verschiedenen Männern zugetragen worden, daß Francesco di Marco seinen Ruf als größter Kaufmann von Florenz verlieren will, um Geldwechsler zu werden, unter denen doch keiner ist, der nicht Wucher treibt. So habe ich Euch in Schutz genommen und gesagt, Ihr wolltet noch mehr Kaufmann sein als bisher und daß Ihr, wenn Ihr eine Bank führt, es nicht tut, um Wucher zu treiben. Und sie antworten mir: „So wird die Welt nicht sprechen, sondern sie wird sagen, er ist ein caorsino [Wucherer]." Worauf ich antwortete: „Er macht es nicht, um ein caorsino zu werden, weil er das, was er hat, den Armen vermachen wird." Und ein anderer entgegnet: „Glaube nur nicht, daß er je wieder als der große Kaufmann angesehen wird, der er war, oder einen so guten Ruf genießen wird, und Ihr seid in dieser Sache sehr schlecht beraten gewesen!"

Zit. nach Iris Origo: „Im Namen Gottes und des Geschäfts"-Lebensbild eines toskanischen Kaufmanns der Frührenaissance – Francesco di Marco Datini 1335–1410. (Beck) München 1985, S. 115 f., 121, 106, 133.

M 3.8 Männer und Frauen in autobiographischen Berichten

a) Burkard Zink: Lebenslauf im bürgerlichen Milieu

Zeittafel:

1396	Geburt des B. Zink
1401	Tod der Mutter im Kindbett
1403 ff.	Schulbesuch in Memmingen
1407–1414	Schulbesuch bei einem Verwandten in Reisnitz (in der Kraina)
1414	Rückkehr nach Memmingen

Item als ich nun bei meinem herrn in der Reisnitz gewesen was 7 jar, sicher der hett mich geren zu eren pracht und tet mir güetlich und wol und wolt mich gen Wien schicken auf die hohen schuel; da wolt ich nit und zoch von im wider seinen willen und wolt nit beleiben, also gab er mir nichts mit. da was ich nun ain schueler bei 18 jaren und kam gen Memingen und vermaint nun, ich solt da bleiben bei meinem vater und ain junkher sein. da hett sich die sach gar fast und fremdielich verkert, dann mein vater und stiefmueter waren von ainander, mein brüeder waren tot und meiner schwester hett man ain man geben. und was ich solt han von müeterlich erbguets wegen, das hett mein vater und ander meine freund alles meiner schwester geben, dann wir kind hetten unser aigen guet und waren tailt von unserm vater mit unserm müeterlichen erbguet, als unser vater sein weib nam. als ich nun bei meinem herrn in windischen landen was, mainten mein freund, ich käm nit mer von meinem herrn, er wurd mich versorgen; und daß sie mein schwester dester paß möchten setzen, gaben sie ir dester mer etc. und da ich nun kommen was da hett ich gern vil gehapt als dann noch ander jung gesellen, und do mocht mir nichts werden und was mein niemant fro; sicher da hett es mich ser gerawen, daß ich nit bei meinem herrn beliben was, und hueb mich auf und lief von stunden wider in das land hinein. und do ich hinein kam da kam ich gleich als der schaur an die helm: mein herr was tod und hett als sein guet verschaft seinen kinden und andern leuten, er hett wol vier kind. also was ich umbsunst hinein geloffen und [hett] müede bain gemacht, und ward mir ain haller wert guets nit; mir geschach recht, wer ich bei im beliben, es wer mir alles worden. [...]

(Zink versucht sich in verschiedenen Städten in verschiedenen Berufen.)

Item darnach das was als man zalt 1419 jar kam ich wider gen Augspurg zu ainem reichen man, Jos Kramer, der was ain gewaltig man hie, er was ain paumaister, doch was er ainer von der gemain auß der weberzunft; doch treib er das hantwerk nit, dann er bedorft sein nit: er treib kaufmanschaft mit gefiell von der Steiermark, auch ander kaufmanschaft von Venedig, als wol. er hett wol 100 fardel barchat, dem treib ich alles sein gewerb gen Venedig, gen Frankfurt und gen Nürnberg. er was warlich ain frummer man und tet mir wol; gott von himmel dank im und mueß seiner seel pflegen.

Wann ich mein erst weib genommen hab.

Item als ich bei meinem herrn was da nam ich mein weib, die was ainer armen frawen, ainer wittben tochter von Möringen, genant die Störklerin, was ain frume arme fraw und gab mir nicht mer dann ain klain pettlin und ain küelin und sunst klain arm dinglach, als pfannen. was alles nit zehen pfund. dn. wert. so hett ich sicher auch nit vil: ich hett guet gewant und nit vil berait dn., doch was ich ain wenig bericht, daß ich wol dienen kund, und tet das willigelich und geren. und mein herr was mir hold, das was alles unser guet, das wir zesamen prachten. mein weib hieß Elisabeth und was auf dasselbmal meins herrn Josen Kramers magt, so was ich auch sein diener, als dann oben berüert ist, und namen ainander also in gueter freuntschaft; geschach als man zalt von Christi unsers lieben herrn gepurt 1420 jar, acht tag nach pfingsten. und als wir nun hochzeit mit ainander hetten gehapt, da west ich sicher nit, was ich tuen solt, dann ich hett nichts, so hett ich meins herrn huld gar nit und hett die huld verlorn, dann es was im laid, daß ich mein weib genommen hett und in darumb nit ratgefragt, und wolt mir weder ratten noch helfen. also west ich nit, was ich anfahen solt. doch was mir das weib lieb und was gern bei ir, und bedacht mich mit meiner hausfrawen, die was mir auch hold und trost mich und sprach: „mein Burkhart, gehab dich wol und verzag nit, laß uns ainander helfen, wir wöllen wol außkomen; ich will an dem rad spinnen und will all wuchen wol 4 pfund woll aufspinnen, das ist 32 dn." und da die fraw als tröstlich was, da erkecket ich auch und gedacht: nun kan ich doch ain wenig schreiben, ich will besehen, ob ich müg ainen pfaffen haben, der mir zu schreiben geb; wie wenig du dann verdienst so gewint dein weib 32 dn., so ist doch wolfail, villeicht geit got zu, daß wir wol außkoment. also was ain pfaff zu unser lieben frawen, genant dominus Cunradus Seybolt de Memingen, der was gesell auf der pfarr zu unser lieben frawen und was mir auch günstig, wann er was auch von Memingen und was schuelmaister da gewesen, und was ich auch zu derselben zeit zu Memingen sein schueler. zu dem gieng ich und sagt im, ich hett ain weib genommen und west nit, was ich tuen solt; ich wolt geren umb lon schreiben, so hett ich nichts zu schreiben. der guet herr was fro, daß ich geren schreiben wolt, dann er hett gern ainen gehapt, der im geschriben hett, und sprach: wiltu mir schreiben, ich will dir ain gantz jar zu schreiben geben und will dir wol lonen. und also pracht er mir ain großes buech in pergamen, was maister Rudolfs, der was desselben korherr und pfarrer zu unser lieben frawen und was ain doctor; das buech ist genant compendium sancti Thome. das buech ließ mich der herr mit mir haim tragen und gab mir ain guldin also par, daß ich papir kaufet und fast schrib. also kam ich haim zu meiner hausfrawen und sagt ir, was ich geworben hett; sie was fro. und also hueb ich an zu schreiben und schrib in derselben wuchen 4 sextern des großen papirs karta regal und pracht die vier sextern dem herren. das geviel im so wol, daß ich so bald angefangen hett, und geviel im auch die geschrift wol und verhieß mir 4 gross von ainem sextern, also schrib ich im bei 50 sextern und gewan gelts genueg. und mein weib und ich saßen zusamen und ich schrib und sie span und gewunnen oft und dick 3 pfund dn. in ainer wuchen; doch seien wir oft bei ainander geseßen die gantzen nacht. und gieng uns gar wol und gewunnen was wir bedorften. und ist ze wißen. als wir zu haus kamen da was ain großer sterbent, der vieng an an dem hörbst, als man zalt 1420 jar, und starb gar fast und was alle ding gar wolfail: es galt ain schaff roggen 1 pfund dn., und 1 schaff korns 10 gross und ain schaff haber 15 ß. dn. und ain metz erbiß die besten 16 dn. und 1 pfund flesch 1 dn. und 6 oder 7 air unb 1 dn. und wein was gar wolfail: es galt 1 maß Kochen wein 3 hl., Necker wein, Frankenwein 2 d. oder 3 dn. gar guet, die Elseßer 4 dn., die allerpesten 5 dn.; lantwein, wie guet sie waren, 3 oder 4 dn., und welsch wein was gar guet ain maß umb 6 dn. oder um 7 oder 8 dn. und also all ander ding: schmaltz galt 1 pfund 4 dn., holtz 1 fueder als die schwebischen pauren füeren 9, 10 oder 12 ß., und alle ander ding waren wolfail; der fl. galt 18 gross 3 dn. und ain behemischer gross galt $7^1/_2$ dn. und was hail und säld überall in der stat und auf dem land: es was iederman reich, wer nun leben solt, aber es starb unmaßen fast hie in der stat und überall uff dem land.

Item als mein herr nun sach, daß ich mich also wol anließ und fast schrib und gnueg gewan, da bestalt

er mich wider und richtet im also auß all sein gewerb, als ich dann vor auch getan.
Item darnach auf sant Ulrichs tag im 21. jar gelag mein hausfraw ains kind, ward gehaißen Andlin. und als das kind ain jar alt ward da hetten die von Rotweil ain krieg angefangen mit graff Fridrichen von Zoler, den man nent Öttinger, der tet den von Rotweil gar vil ze laid und kriegt sie wider gott, er und recht. des maneten aber [die von Rotweil] gemain reichsstett umb hilf, die in auch zu gesagt ward. und also ließen die von Augspurg söldner bestellen und schrib man und bestalt man an dem ersten 24 gesellen, under den ich auch ainer was, und gab man ieglichem 4 gross ain tag. also zoch ich dahin gen Zoller mit den andern, und belaib dabei 10 Monat und gieng mir wol und erüberiget bei 30 guldin. ich ward gemacht außgeber und schreiber über alles fueßvolk, als hernach wol geleutert wirt zu seiner zeit. ich was auch da, als Zoller gewunnen ward, und kam mit den letsten herhaim; doch ward ich herhaim geschickt mit ainer potschaft und beleib bei 6 wuchen hie, ee daß ich hinwider kam. man lag lenger dann jar und tag darvor, und ward gewunnen auf corporis Christi man gab es auf auf gnad; die gesellen waren 32 darauf, die füert man gen Ulm, das schloß ward in den grund geschlaift etc. anno 23.

nach Die Chroniken der deutschen Städte vom 14. bis ins 16. Jahrhundert, Bd. 5: Die Chroniken der schwäbischen Städte – Augusburg. (Vandenhoeck & Ruprecht) Göttingen (2. Aufl.) 1965, Bd. 2, S. 122 ff.

b) Ludwig von Diesbach: Lebenslauf im adligen Milieu des 15. Jahrhunderts

Danach wurde der Vertrag ausgefertigt; und schliesslich kam es doch soweit, dass auch mein Bruder sein Siegel daran hängte, was mich sehr freute. Und danach fanden auch mein Bruder und ich in unserer Erbschaftsfrage einen Ausgleich. Und ich erhielt als mein Drittel die Herrschaft Diessbach mit dem Twing zu Kiesen und das hintere und das vordere Sässhaus meines Vaters selig und das Haus zu Twann mit den Reben und den Zehnten zu Kölliken. Damit war ich ausbezahlt, und ich machte mich auf mit meiner frommen, treuen Gemahlin selig samt meinem Sohn, der Niklaus hiess und von uns beiden stammte. Und am Vorabend des Sankt Lorenztages, als man seit der Geburt Christi 1479 Jahre gezählt hat, bin ich im Namen Gottes nach Landshut ins Schloss eingezogen, wobei ich auf die Jungfrau Maria hoffe, dass es für mich und meine Erben eine glückliche, gute Stunde gewesen sei. Da war nun in dem Schloss allerlei baufällig, beispielsweise Kamine, Zimmer oder die Kapelle; das liess ich sogleich erneuern. Desgleichen stand im Hof eine Scheune. Die brach ich ab und errichtete eine schöne Scheuer vor dem Tor. Ich nahm auch die Mühle unmittelbar neben dem Schloss zu meinen Handen, wobei mich die Rücknahme hundert Gulden kostete. Diese Mühle war ganz baufällig; es kostete mich auch eine grosse Summe, sie wieder in Stand zu setzen. Das hat sich aber wohl gelohnt. Mein Rat lautet deshalb, dass derjenige, der die Herrschaft Landshut besitzt, die Mühle behalte und selber betreibe, wie es auch in meiner Verordnung steht. Ich will auch, dass es dabei ohne Änderung bleibe.
Item, so lebte ich zu Landshut bis ins Jahr 1481. Da wurde König Ludwig von Frankreich seligen Angedenkens von meinen Herren, den Eidgenossen, eine Anzahl Kriegsknechte zugeschickt. Da wurde in der Stadt meiner Herren von Bern mein Bruder, Herr Wilhelm, zu einem der Heerführer gewählt, und es wurden ihm gegen 1500 Mann aus dem Gebiet meiner Herren unterstellt, von denen ich auch einer war. Ich zog mit ihm in einer guten Gesellschaft bis nach Châlons in Burgund. Da wurde der ganze Feldzug beendet, und wir wurden entlöhnt und zogen mit Freuden wieder nach Hause. Kurz danach wurde ich als Schultheiss nach Thun geschickt. Das verursachte mir grosse Kosten, denn in diesen zwei Jahren herrschte die grosse Teuerung, in der ein Mütt Kernen sechs Pfund ober sieben Pfund kostete, so dass mich das Amt teuer zu stehen kam. Im letzten Jahr starb die ehrsame, angesehene, rechtschaffene Frau, meine Schwiegermutter selig; und meine fromme, liebe Gemahlin selig war schwanger und erwartete jeden Tag ihre Niederkunft. Deshalb verschwieg ich ihr den Todesfall, bis sie aus dem Kindbett kam. Gott weiss, welch schwere Leid dem tapferen Herzen widerfahren ist, denn sie sind sich von Herzen zugetan gewesen. So blieb ich zwei Jahre dort und zog dann wieder nach Landshut. Ein Jahr danach starb der vornehme, feste, gute Herr, mein lieber Schwiegervater selig, dem Gott gnädig sein möge. Da wurde alles Gut, das noch vorhanden war, geteilt, ausgenommen dasjenige, das unsere Base Francesca von Vaumarcus selig erhalten hatte, das sich auf 1500 Gulden belief. Diese war eine Tochter Sophia von Ringoltingens, die die Gemahlin Rudolf von Vaumarcus gewesen war. Sie starb zu Heitenried im Hause von Herrn Wilhelm selig und übertrug nach dem Tode ihres Gatten und ihres Vaters in ihrem Testament etliche Güter wieder auf das Geschlecht derer von Ringoltingen. […]
Item, so brachte ich annähernd 2400 Pfund zusammen. Die investierte ich in das Handelsunternehmen von Diebold Kursener, denn derselbe war ein Geschäftsmann für alle Aufträge. Auch mein Bruder und Bartholomäus May beteiligten sich hier. Und ich machte dies aus dem Grunde, weil ich hoffte und erwartete, dass es mir Gewinn brächte, wie das früher einem von Diesbach geschehen und ergangen war, durch den das Geschlecht derer von Diesbach wieder aufstieg, das zuvor ganz verarmt war. Deshalb will ich nicht weiter darüber schreiben, ob es gut oder ungünstig ausgeht, weil ich es noch nicht weiss. Doch hoffe ich zu Gott, dass es mir damit gut gehen wird. […]
Item, am Montag in der Nacht um zehn Uhr, unmittelbar nach dem Sankt Verenentag im Jahre 1487, da trat mein schweres, hartes Unglück ein, als die fromme,

ehrliche, rechtschaffene Frau aus dem Schlaf auffuhr und anfing, mir mit einer kläglichen Stimme zu rufen und mich mit diesen Worten zu wecken: „O weh, o weh, Ludwig, Ludwig, wie wird es mir ergehen, dass Gott sich ewiglich darüber erbarme!“ Ach Mutter aller Gnade, was war das für ein hartes Erwachen, dass es mir durch meinen ganzen Leib drang und mir den kalten Schweiss austrieb und mich das Unglück ohne Zweifel in dieser Stunde ergriff. Bei meiner Seele, welcher Verlust, welches schwere Herzeleid sollte mich treffen! Ach Gott, wir waren guten Mutes zu Bett gegangen, obschon die brave Frau sehr schwer war und mit diesem Kind grössere Beschwerden hatte als mit jedem anderen. Obschon sie auch die anderen alle mühsam und hart geboren hatte, so war es doch diesmal am allerschwersten, wie es sich leider bald herausstellen sollte. Mit einem grossen Schrecken fuhr ich auf und umfing das treue Herz, dessen Seele und Leib sehr schwitzten und grimmig zitterten. Da erhob sie sich aus eigener Kraft vom Bette. Dabei hatte sie so starke Wehen, dass ich glaubte, das Kind empfangen zu müssen. Und das treue Herz erschrak sehr. Doch Gott und seine liebe Mutter und ich trösteten sie. So half uns Gott, dass wir sie in ihr Gemach brachten, wo sie sich ein Lager gerüstet hatte, um sich hinzulegen. Danach kam die Hebamme, und Gott half uns bald, dass sie einen Sohn gebar. Und dank der Gnade Gottes ging es ihr bei der Geburt gut. Da wurde das Kind getauft und Michael genannt. Am andern Tag starb das Kind, denn die edle Frau war fast sechs oder sieben Wochen zu früh niedergekommen. Da wurde das Kind in Baden in der Grablege des Schultheissen Hünenberg bestattet. […]

Item, als ich nun in schweren, grossen Geldschulden sass und mir nicht vorstellen konnte, wie ich damit fertig werden sollte, kam ich zum Entschluss, Niklaus und Hans Rudolf zu Klerikern zu machen. Das gab mir der verfluchte Geiz ein, so dass ich anfing, was mir Gott verliehen hatte, für die zwei einzusetzen, in der Hoffnung, dass sie sich mir und ihren Geschwistern gegenüber rechtschaffen und ehrenvoll verhalten würden.

(Am Schluß entschuldigt er sich bei den Kindern wegen der vielen Schulden – er begründet sie zum Teil mit Amtspflichten, aber auch damit:)

Item, zum dritten verbaute ich grosse Mittel in Bergwerke und desgleichen auch in die Alchemie; Gott sei das alles geklagt.

Zit. nach Urs Martin Zahnd: Die autobiographischen Aufzeichnungen Ludwig von Diesbachs. (Berner Burgerbibliothek) Bern 1986, S. 77 ff.

Verlag und Lohnarbeit

M 3.9 Expansion des Verlagssystems

a) Verlegte Wirtschaftsbereiche und standardisierte Produktion

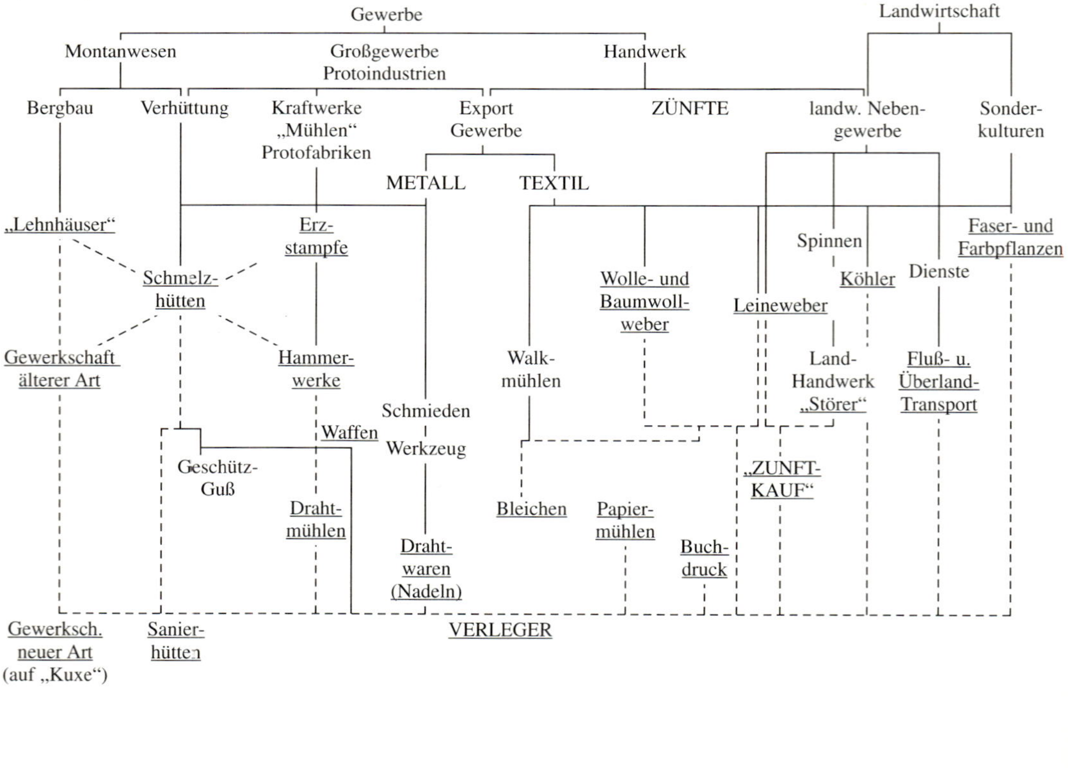

b) Die Ostmitteldeutschen Leinenreviere.

Sie waren lokale Zentren des Zunftkaufs und Verlags der Gesellschaft Viatis & Peller von Nürnberg 1580–1620 und Gebietsmonopole der Textilbleichen von Chemnitz und Breslau

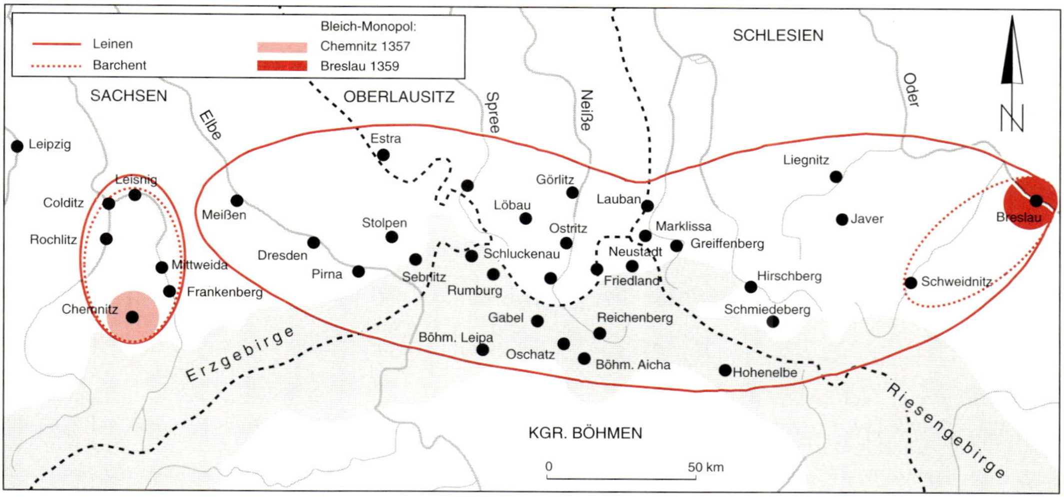

a) und b) nach Wolfgang von Stromer: Der Verlag als strategisches System einer an gutem Geld armen Wirtschaft; in: VSWG 78, (Deutscher Apotheker Verlag) Stuttgart 1991, S. 156, 170.

M 3.10 Soziale Konflikte im Spätmittelalter

a) Streik und Aussperrung der Breslauer Gürtlergesellen (1329 November 4)

Im Jahre des Herrn 1329 am Tage der vier Gekrönten haben die Gürtler vor uns, den Ratsherrn, erklärt, die Knechte ihres Gewerks hätten untereinander eine Vereinbarung getroffen, daß keiner von ihnen innerhalb des Zeitraums eines Jahres bei einem ihrer vorgenannten Meister des Gürtlerhandwerks dienen oder sich zum Dienst annehmen lassen solle. Deswegen haben die vorgenannten Gürtler ihrerseits auch, nach Beratung, einstimmig unter sich eine derartige Vereinbarung getroffen und sich uns gegenüber in dem Maße verbunden, daß, wer von ihnen innerhalb des Zeitraumes desselben Jahres einen der vorgenannten Gesellen in seine Familie oder in seinen Dienst aufnehmen würde, an die Stadt einen Vierdunk[1] als Strafe zahlen müsse.

1 1/4 Mark

b) Schreiben des Rates zu Schlettstadt an jenen zu Strassburg wegen der Auftreibung der Meister durch die Straßburger Kürschnergesellen (1463)

Den ersamen fursichtigen wisen unsern guten fründen dem meister und dem rate zu Strasburg enbieten wir der meister und der rate zu Sletstat unser früntlich dienste. lieben frunde. die kursenerknehte by uch haben wider die ordenung, so zü ziten in uwer stat Strasburg von gemeinen stetten dis landes der dienst- und hantwerkkneht halp beslossen worden ist, ein gebot under inen ufgesatzt by einer penen[1], das kein kürsenerkneht den meistern kursenerhantwerks by uns dienen sol. deshalp sich die unsern gegen der kursener knehten by uch zu rehte fur uwer wisheit herbetten, das ouch die selben knehte ufgenommen haben. jarumbe so bitten wir uwer ersamkeit zümal früntlich und mit flisse, üch der sache zu rehte anzunemen und zu beladen, kurze tage daran zü setzen und uch darinne so günstig zu bewisen, als wir uch des alles guten wol getruwen und umb uch zü verdienen allzit gutwillig finden werden, wöllent und bitten haruf uwer verschriben antwort. datum uf dernstag nach des heiligen creutztag exaltate anno 1463.
Den ersamen fursichtigen wisen unsern besundern güten fründen dem meister und dem rate zu Strasburg (in verso).

1 Strafe

c) Schreiben der Kürschnergesellen zu Kolmar an die zu Strassburg wegen der Neuerungen von Seite der Strassburger Meister (1470)

Unsern fruntlichen gruss zuvoran. wir syegen eüch zu wissen, das wir zu Strässburg sind gisin als von die zwitrachten wigen als eüch der wol wissenlich ist als von der meister wegen, wie sich die understanden haben ein nuy ordnung ufzubringen, und sy meinen öch dem nachzükomen, das doch in aller welt nie sytt noch recht ward. und wir hoffen und gitrowen, es sol noch nit darzu komen noch recht werden, wan wir bigeren doch nit anderst, den das sy uns wellen lässen belyben by yssern alten briefen und sygelin. die yns bistet sind worden von meister und rätt zu Strässburg. daruf haben sy yns öch ein antwirt gigeben und sprachen zu uns, was sy unser bederften, sy hettent doch nit nach uns geschickt, darumb ihr gesellen, so ist das unser meinung, das sich euyer keiner sol verdingen und bezwungen sol sin. weller aber der wer' und das nit entett, wan er uns zu handin kumpt, den wel wir halten, als des handwerks giwonheit ist, und als ein, der wider ein ganze geselschaft tut, nit me. von uns gisellen zu Kolmar kyrsnerhantwerks mit namen.

(Folgen 46 Namen meist ohne Heimatsangabe.)

Gegeben an Sant Margreten tag näch Kristus giburt tusent fier hundert und 70 jär.
Diser brief gihert gimeinen gisöllen kürsnerhantwerks zu Strässburg (in verso).

a) – c) Zit. nach Christian Siegl: Arbeitskämpfe seit dem Spätmittelalter. (Böhlau) Köln/Weimar/Wien 1993, S. 159 u. 163 ff.

M 3.11 „Lohnarbeit“ und „Armut“ – Definitionsprobleme aus der Sicht eines heutigen Historikers

Was sind das für ‚Arme‘?
Armut, dichtet Sebastian Brant 1494 in seinem „Narrenschiff“,

hett geben fundament
und anfang allem regyment
Armut hat gebuwen alle stett
all künst armut erfunden hett.

Brant zitiert hier nicht nur einen Topos, sondern hat offenbar einen umfassenden moralischen Begriff von Armut im Kopf, wenn er das schreibt. Er weiß aber wohl auch aus praktischer Anschauung, wovon er redet, wenn er von den Künsten spricht, die die Armut erfindet. Armut läßt sich definieren als ein Mangel an wesentlichen Konsumgütern oder besser als ein Zustand eingeschränkter Wahl (der Basler Jurist würde dem wohl zustimmen). Von wem ist die Rede, wenn wir von den Nürnberger Armen und ihren Künsten sprechen?
Beginnen wir mit dem, was sie nicht haben. Sie besitzen kein Haus, sondern wohnen zur Miete in den Armeleutevierteln am Äußeren Laufer Tor, um die Grasersgasse und in den billigen Vorstädten. Sie sind nicht unbedingt Bürger; dafür muß man zwei Stadtwährungsgulden Gebühr und (wenigstens de jure) den Nachweis von 100 oder 200 fl rh Vermögen beibringen, und das ist sehr viel Geld. Sie sind gezwungen, ihre Arbeitskraft auf dem städtischen Markt zu verkaufen, aber nach all dem, was wir wissen, ermöglicht ihnen das nicht unbedingt eine gesicherte wirtschaftliche Existenz. Diese Armen stellen aber in den Jahren von 1470 bis 1510, die uns hier beschäftigen, als Handwerksgesellen, Knechte, Stückwerker, Taglöhner und Dienstboten die vermögenslose Mehrheit der reichsstädtischen Bevölkerung.
Einige von den Begriffen, die die Quellen für ihre Benennung anzubieten scheinen, erweisen sich als irreführend. *Handwercker* zum Beispiel bedeutet nicht unbedingt Handwerker. Die acht *Genannten von den Handwercken,* die von 1368 an mit im regierenden Kleinen Rat sitzen, gehören einer Schicht nichtpatrizischer, aber einflußreicher und mächtiger Kaufleute und Verleger an, und sie arbeiten sicher nicht mit ihren eigenen Händen. Michael Toch bemerkt in seiner Untersuchung zu den Nürnberger Mittelschichten des 15. Jahrhunderts, daß der Nürnberger Bürger Caspar Wegerer, der nacheinander als Schreiber des Steuereinnehmers, Besitzer eines Brauhauses und als Immobilien- und Bergbauspekulant Geld verdient, in offiziellen Schriftstücken immer als Bierbrauer und *hantwercker* geführt wird: Wegerer ist offensichtlich alles andere als ein Handwerker in dem uns gebräuchlichen Sinn. *Hantwercker* ist im strikt patrizisch regierten Nürnberg, in dem alle Zünfte verboten sind und Gesellenassoziationen mit harten Strafen verfolgt werden, ein politischer Begriff, der die Nichtzugehörigkeit zu den regierenden stadtadeligen Geschlechtern markiert; mit der Art des Erwerbs hat er wenig zu tun.
Das Wort von den *arm leut*, das in den Nürnberger Ratsprotokollen und Gerichtsbüchern häufig vorkommt, darf man ebenfalls nicht ohne weiteres mit ‚arme Leute‘ übersetzen. Im offiziellen Sprachgebrauch sind damit Hintersassen der Stadt oder von Nürnberger Bürgern im reichsstädtischen Landgebiet gemeint; der Begriff beschreibt ihre Rechtsstellung, aber über ihr Vermögen sagt er nichts aus. Etwas anderes ist aber offensichtlich gemeint, wenn der Nürnberger Stadtbaumeister Endres Tucher in seinem Baumeisterbuch 1464/66 vorschreibt, die Beschäftigten des städtischen Bauamts sollten samstags ihren Wochenlohn schon am Vormittag ausgezahlt bekommen. Man habe diese Regelung deshalb eingeführt, erklärt er, damit *die arbeitter und die armen leut vor mittag, wann sie zu der suppen geen, iren frawen und kindern dann das gelt mugen heim pringen, die dann darumb fleisch, prot und anders pas* (besser) *kauffen und vinden zu kauffen dann auf den abent.* Für den Stadtbaumeister sind *arbeitter und die armen leut* zwei Begriffe, die das gleiche benennen, nämlich Lohnarbeiter.

Zit. nach Valentin Groebner: Ökonomie ohne Haus – Zum Wirtschaften armer Leute in Nürnberg am Ende des 15. Jahrhunderts. (Vandenhoeck & Ruprecht) Göttingen 1993, S. 16 ff.

M 3.12 Alltagsleben um 1500

a) (Groß-)bürgerliche Festkultur in Augsburg (1. Drittel d. 16 Jh.) und Selbstdarstellung des Bürgertums (Augsburger Monatsbilder der Renaissance)

Darstellung der Monate Januar – März

Darstellungen der Monate April–Juni

Darstellungen der Monate Juli–September

Darstellungen der Monate Oktober – Dezember

Alltagsleben um 1500

b) In einer kleinen Stadt
(Volkach)

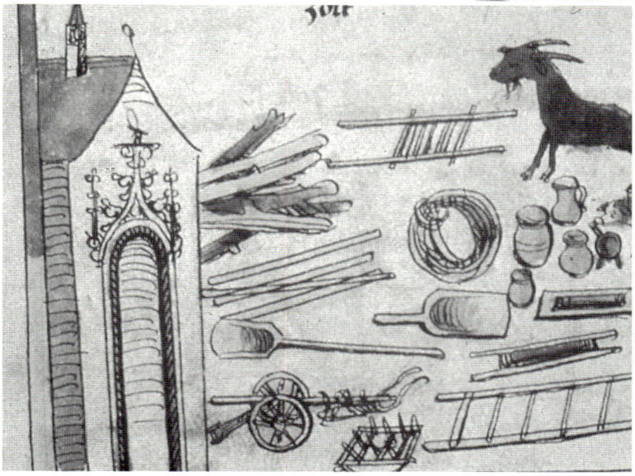

M 3.13

a) Anteil der Knechte/Gesellen und Mägde an der Stadtbevölkerung (Süddeutschlands im 15. Jh.)

Anteil	Nürnberg 1449	Straßburg 1444	Basel 1454	Basel 1497	Freiburg 1497
an der Gesamtbevölkerung	von 17583 (20155)	von ca. 17500	–	von 9000–9500	von ca. 6300
a) Knechte u. Mägde zus.	3274 = 18,6% (16,2%)	–	–	ca. 1250 = ca. 14% (Ammann: 1500–1600 = ca. 17%)	744 = ca. 12%
b) Knechte allein	ca. 1450 = 8% (7,2%)	ca. 1150 = 6,5%	–	ca. 725 = ca. 8%	423 = ca. 6,5%
an der Erwachsenenbevölkerung (über 15 Jahre)	von 11410		St. Alban u. St. Leonhard v. 1266	St. Martin u. Klein-Basel v. ca. 1712	von 3455
a) Knechte u. Mägde zus.	3274 = 28,5%	–	282 = 22%	480 = ca. 28%	744 = ca. 22%
b) Knechte allein	ca. 1450 = 13%	–	172 = 13,5%	279 = 16%	423 = ca. 12,5%
an den Erwerbstätigen	von 5203	von 4636			von 1663
Knechte allein	ca. 1450 = 28,3%	ca. 1150 = 25%	–	–	423 = ca. 26%

b) Sog. „Knechtseid“ aus Süddeutschland (um 1500) Er bildete den vorläufigen Abschluß einer über hundertjährigen Auseinandersetzung.

Der dienenden knechten eÿd

Ihr werdet schwören dem bürgermeister, dem obersten zunftmeister und dem rath zu Basel, auch eüweren meisteren in der zunfft von des raths wegen gehorsam zu sein all die zeit, die ihr hier dienend, der statt und ihren nutzen und ehre zu werben und ihren schaden zu wenden nach eüweren besten vermögen getreülich und ohne gefehrte.

Ihr sollet auch kein bünthnus unter einander machen, zusammen schwören, noch kein versprechen thun mit jemanden oder wider jemanden, der unser burger oder hindersäß ist, oder gegen denen, so in der statt Basel dienend sind; auch keinen burger von Basel noch hindersässen mit keinen frömden gerichten, heimlich noch offentlich, bekümmeren von keinerleÿ sachen wegen, die sie in der statt Basel gemacht hätten oder entstanden weren, oder daß ihr eüch in unzüchten und fräfel die zeit, die ihr hier wohnent seind, begiengen,

darum um abtrag der bussen erforderet werden sie zu entrichten,

darum recht zu geben und nemmen in der statt Basel und nirgen anderswo und was daselbß zu recht erkanth wird, zu halten und eüch desselben begnügen zu lassen und darwider nimmer zu thun noch zu schaffen gethan werde in kein weis noch weg und insonderheit von solchem uhrteil nicht zu appellieren, alles ohne gefehrten. Also wolle ein jeder unter eüch die zwen forderen finger samnt dem daumen von der rechten hand aufheben und mir also nachsprechen: Als der eÿd ausweist, so uns vorgelesen worden und wir wohl verstanden haben, dem wollen wir nachkommen getreülich, ehrbarlich, gefehrte vermitten, das schworen wir so wahr uns Gott helff.

a) und b) zit. nach Knut Schulz (M 3. 2c), S. 42, 93.

Geschlechterbeziehungen im späten Mittelalter

M 3.14

a) Frauenarbeit im Mittelalter

1. Die wichtigsten Frauenberufe in einer Pariser Steuerliste (abs. Zahlen)

1292		1313	
Hausangestellte	197	Gastwirtin	23
Fahrende Händlerin	50	Fahrende Händlerin	20
Schneiderin	46	Vermieterin	18
Wäscherin	38	Schneiderin	11
Begine	29	Wäscherin	10
Friseurin	22	Seidenspinnerin	10
Seidenspinnerin	20	Kerzenmacherin	10
Seidenarbeiterin	14	Kurzwarenhändlerin	9
Barbierin	12	Seidenarbeiterin	7
Amme	12	Wollarbeiterin	7
Vermieterin	12	Leinenarbeiterin	7
Fischverkäuferin	11	Friseurin	7
Wachsarbeiterin	10	Wachsarbeiterin	7
Kerzenmacherin	10	Händlerinnen für Geflügel und für Feuerholz, Goldschmiedin	5
Altkleiderhändlerin, Weberin, Hutmacherin, Bäckerin	9		

2. Frauenanteile in ausgewählten Berufen in Pariser Steuerlisten 1421–38

Beschäftigung	Insg.	Frauen
Händler	125	8
Kurzwarenhändler	42	7
Tuchmacher	46	4
Gewürzhändler	87	3
Gastwirt	64	2
Vermieter	16	2
Bäcker	64	2
Barbier	10	2
Metzger	33	1
Altkleiderhändler	9	1
Handschuhmacher	3	1
Kerzenmacher	13	1

1) und 2) nach David Herlihy: Women's Work in the Town of Traditional Europe; in: Simonetta Cavaciocchi (Hrsg.): La donna nell'economia, Secc. XIII-XVIII. Istituto Internationale di Storia economica F. Datini, Prato (Le Mounier) 1990, S. 107, 114 (= a); S. 155 f. (= b).

b) Jungen und Mädchen im Spätmittelalter
Gab es im Mittelalter keine Kindheit? – Diskussion der Thesen von Philippe Ariès (1992)

Das Mittelalter hatte nach der Ansicht von Ariès keinen Sinn für Kindheit. Kindheit war die unwichtigste Lebensphase, kurz, bedeutungslos und schnell vergessen. Den kleinen Kindern begegneten die Erwachsenen, wenn sie sie auch hätschelten, mit Gleichgültigkeit, deren Ursache, so Ariès, in den demographischen Bedingungen der Zeit lag, das heißt in der hohen Säuglings- und Kindersterblichkeit. Sobald ein Kind laufen und sprechen gelernt hatte, wurde es voll in die Erwachsenenwelt integriert. Kindsein im Mittelalter – das hieß nichts anderes als ein kleiner Erwachsener sein. Auf diese griffige Formel, die inzwischen Teil des allgemeinen Bewußtseins geworden ist, brachte Ariès seine Ansicht über die Einstellung zur Kindheit im Mittelalter. Ein entscheidender Wandel erfolgte seiner Meinung nach erst im 17. Jahrhundert, als Erziehung und Schule zentrale Bedeutung gewannen, als die Kindheit entdeckt wurde. […]
Die Eltern, um deren Kinder es im folgenden geht, gehörten in erster Linie, jedoch nicht ausschließlich, den städtischen Oberschichten an, dem Patriziat, den Kaufleuten und den wohlhabenden Handwer-

kern. Der Untersuchungszeitraum ist das halbe Jahrhundert zwischen 1470 und 1520, also eine Zeitspanne, die durch einen neuen Höhepunkt in der Entwicklung der Städte gekennzeichnet ist. [...] Er hat in Untersuchungen zur Geschichte der Kindheit bisher keine Beachtung gefunden. Gerade diese Zeit stellt jedoch, das ist die These dieses Aufsatzes, einen entscheidenden Einschnitt dar; in ihr wurde ein großer Schritt hin auf eine qualitativ andere Einstellung zur Kindheit getan.

Das Konzept, das den folgenden Ausführungen zugrunde gelegt wird, ist folgendes: Eltern hatten, von sozialen und wirtschaftlichen Ausnahmesituationen einmal abgesehen, ein Interesse an der Erhaltung ihrer Kinder, schon weil sie die Fortsetzung des Geschlechts, zusätzliche Arbeitskräfte und die Sicherung der eigenen Existenz im Alter bedeuteten. Daraus ergab sich notwendigerweise eine positive gefühlsmäßige Grundeinstellung zu Kindern. [...]

Zusammenfassend sei festgehalten: Im behandelten Zeitraum gab es nicht nur ein ausgeprägtes Interesse an der Kinderheilkunde, sondern es erschien auch das erste praxisorientierte und zugleich wissenschaftliche Buch über diese Materie in Deutschland. In der bildenden Kunst dokumentierte das Auftreten der ersten Kinderporträts in der Malerei nicht nur die Wahrnehmung des Kindes als Individuum, sondern auch eine ausgeprägte Intimisierung des Eltern-Kind-Verhältnisses. [...] Gleichzeitig läßt sich eine Intensivierung älterer Bemühungen um das Wohl des Kindes feststellen: Die auffälligen Bestrebungen, die Schwangerenfürsorge zu verbessern, gehörten ebenso dazu wie die strikte Kontrolle von Hebammen und die Neugründung von Findelhäusern wie die Verbesserung von bereits bestehenden. [...]

Nimmt man noch hinzu, daß das städtische Schulwesen im behandelten Zeitraum eine Erweiterung und Differenzierung erfuhr, daß z.B. 1477 die erste deutsche Fibel erschien, daß im Spätmittelalter Kindern immer häufiger Heiligennamen gegeben wurden, [...] dann muß man feststellen: Die Häufung von Neuansätzen im Untersuchungszeitraum, die Verstärkung von älteren Entwicklungen und der endgültige Durchbruch von einigen langfristigen Tendenzen beweisen, daß eine neue, durch ein Mehr an Sorge und Zuwendung, Emotionalität und Emphatie gekennzeichnete Einstellung sich zwischen 1470 und 1520 in der bürgerlichen Oberschicht durchsetzte.

Eine Erklärung des Wandels auf der „Makro-Ebene“ erscheint relativ einfach. Sie ist in der innigen Verbindung von Frühkapitalismus und Humanismus zu finden, wie sie für die oberdeutschen Städte sehr klar hervortritt. Der Reichtum der bürgerlichen Oberschicht schuf günstige Bedingungen für die Rezeption humanistischer Ideen und ihre Umsetzung. Die gute sozio-ökonomische Lage der Patrizier und Kaufleute ermöglichte und förderte von sich aus einen Einstellungswandel, dessen Richtung das humanistische Bildungsgut aus den kulturell führenden italienischen Städten weitgehend mitbestimmte. Die materiellen Bedingungen in den Städten erlaubten den Eltern, ihren Kindern eine sorgsame Erziehung zu geben (durch den Besuch von Lateinschulen, durch die Anstellung von Hauslehrern), sie ermöglichten die Anschaffung von Büchern über Säuglingspflege und Kinderkrankheiten, die Bezahlung von Malern für Kinderporträts, sie erlaubten es auch, dem Mitleid mit armen Kindern in Stiftungen (die natürlich auch ihre egoistisch-religiöse Seite hatten) Ausdruck zu verleihen. Zu den veränderten materiellen Bedingungen trat ein neues Bewußtsein von der Persönlichkeit. Es spiegelt sich u.a. in den früh hervortretenden Porträts von Erwachsenen – ein Kunstzweig, der um 1500 zu voller Blüte reifte – und dehnte sich im Untersuchungszeitraum auf die Darstellung von Kindern aus.

Könnte man Veränderungen in der Familienstruktur nachweisen, dann würde man Argumente haben, die die Erklärung zusätzlich stützen könnten. Doch der Forschungsstand für Deutschland, z.T. bedingt durch die Quellenlage, läßt nur wenige Aussagen über Veränderungen auf diesem Gebiet zu. Fragen nach eventuell veränderter Kindersterblichkeit, nach der Kinderzahl, dem Heiratsalter, dem Verhältnis der Ehepartner zueinander, müssen entweder unbeantwortet bleiben oder man muß sich mit Hinweisen zufrieden geben.

c) zit. nach Otto Ulbricht: Der Einstellungswandel zur Kindheit in Deutschland am Ende des Mittelalters (1470 bis ca. 1520); in: Zeitschrift für historische Forschung 19/1992, S. 160 f., 183 f.

M 3.15 Frauentestamente

a) Testament der Margarete von Oldendorp Göttingen, 1485 Nov. 7

Im Namen des Herrn. Amen.

Ich, Margarete von Oldendorp, habe wohl die Vergänglichkeit dieser Welt betrachtet: Nichts ist gewisser als der Tod und nichts ungewisser als die Todesstunde. Da ich jetzt noch im Vollbesitz meiner geistigen Kräfte und meiner Sinne mächtig bin, setze ich mein Testament auf, und mit den folgenden Worten teile ich all denen meinen letzten Willen mit, die beauftragt sind oder sein werden, ihn zu vollstrecken.

Zum ersten befehle ich meine arme Seele in die Hände des allmächtigen Gottes; mein Leichnam soll in der Erde (des Kirchhofs) meiner Pfarrkirche St. Jakobi unter den anderen Christenmenschen bestattet werden mit (den üblichen) Messen, Vigilien und Almosen. Ferner: Von meinen Frauentüchern, Kleidern und Schmuckstücken gebe ich, wie es mir für

mein Seelenheil notwendig erscheint, unserem Herrgott zum Lobe und etlichen meiner Freunde und auch den Armen zum Troste, was im folgenden aufgeschrieben ist:
Alle silbernen Beschläge von vier Kleidern und drei Gürteln gebe ich meinem heiligen (Kirchen)patron St. Jakob für einen Kelch und meinen großen Verlobungsring, um den Kelch damit zu vergolden, außerdem meine braune Hoike (*ärmelloser Mantel*) für eine Kasel (*liturgisches Gewand des Priesters*), und mein Korallenpaternoster (*Rosenkranz*) mit den großen Perlen soll der kleinen Jakobsstatue umgehängt werden.
Von meinem großen Paternoster, das mir Hermann Bruns, (mein) verstorbener (erster Mann), geschenkt hat, soll die eine Hälfte für die Statue Unserer Lieben Frau (*Maria*) in St. Jakobi, die andere Hälfte für die Statue Unserer Lieben Frau im (Hospital) St. Bartholomäi (bestimmt sein).
Die Seidendecken, die mir mein verstorbener Vater hinterlassen hat, gebe ich den Paulinern (*Dominikanern*), den Barfüßern (*Franziskanern*) und der Jakobikirche als Altardecken.
Aus meinen fünf Seidenkissen soll man eine Kasel machen und sie der St. Jürgen-(kapelle) geben, so wie ich unlängst gelobt habe. Mein braunes (Bezeichnung des Kleidungsstückes fehlt) erhält das Barfüßerkloster für eine Kasel.
Von meinen zwei silbernen Messern mit Scheide vermache ich eines Margarete Segebode und das andere Margarete Meygers; derselben Margarete Segebode gebe ich die schwarze Schaube (*langes Kleid*). Meinem Patenkind Adelheid, der Tochter des Andreas, gebe ich mein schwarzes Alltagskleid. Ich gebe Heise Segebode vier silberne Löffel, die mir gehört haben.
Meinem Patenkind Adelheid Degenhard überlasse ich ein Bett und die grüne Hoike.
Grete Geile gebe ich meine schwarze ungefütterte Hoike.
Ferner habe ich bestimmt und bitte darum, daß man 14 Pfund Wachs den nachfolgenden Bruderschaften und Kirchen übergibt: (der Bruderschaft) in St. Antonius, den St. Johannisherren, (den Kirchen in) St. Nikolausberg und in Reinhausen, (in Göttingen den Kirchen) St. Johannis, St. Albani, St. Jakobi, Unserer Lieben Frau (*St. Marien*) und St. Nikolai, (der Kapelle) St. Jürgen, (den Hospitälern) St. Bartholomäi und Hl. Kreuz, (den Klöstern) der Pauliner und der Barfüßer, und zwar jeder bzw. jedem ein Pfund Wachs, und zu Weende den Nonnen ein Faß Bier, damit sie für meine Seele ein Gebet an Gott richten.
Ich, Margarete, beauftrage meinen Ehemann Hans (von) Oldendorp, dieses alles aus- und durchzuführen, das heißt, mit der Hilfe von Cord Dorman und Cord Groneman, den Älterleuten der Kirche St. Jakobi, diese Stiftungen zu übergeben und so zu handeln, daß sie es vor dem Gericht Gottes und im Namen Gottes, unseres Herrn, verantworten (können).[1]
Zur Beurkundung sind hiervon zwei gleichlautende Exemplare (niedergeschrieben worden), und zwar auf einem einzigen auseinandergeschnittenen (Blatt), am Dienstag nach Allerheiligen, im Jahre des Herrn 1485.

Zit. nach Hartmut Boockmann: Leben und Sterben in einer spätmittelalterlichen Stadt – Über ein Göttinger Testament des 15. Jahrhunderts. (Vandenhoeck & Ruprecht) Göttingen 1983, S. 41 f. (Übers. von R. Vogelsang)

[1] Nicht alle Anordnungen der Margarete von Oldendorp wurden ausgeführt; vielleicht wurden einige Erbstücke noch für den aktuellen Gebrauch benötigt.

b) Durchschnittliche Anteile der Frauentestamente (14.–16. Jh.) in Avignon, Dänemark, Kornenberg, Köln, Konstanz, Lübeck, Mautern, Stralsund, Tulln, Wien

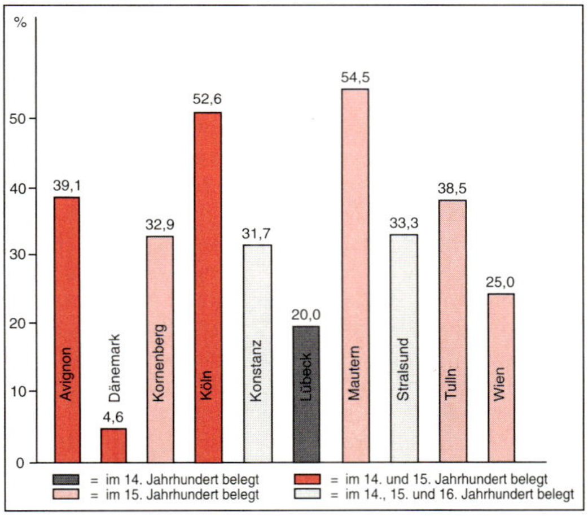

nach Paul Baur: Testament und Bürgerschaft – Alltagsleben und Sachkultur im spätmittelalterlichen Konstanz. (Thorbecke) Sigmaringen 1989, S. 63.

M 3.16 Frauengeschichte des späten Mittelalters aus der Sicht einer Historikerin

Claudia Opitz: Frauenalltag im Spätmittelalter (1250–1500)

Es ist nicht zu bestreiten, daß die mittelalterliche Gesellschaft eine männliche Gesellschaft war, oder sagen wir besser: eine männlich geprägte; ihre kulturellen Äußerungen tragen das Siegel männlicher Vorherrschaft, männlicher Machtkämpfe und männlicher Vorurteile, Frauen kommen in dieser Gesellschaft, will man den Schriftquellen glauben, meist nur als Ideen, als Idole oder als Feindbilder, als Männerphantasien vor.
Dennoch wäre es fatal, „über den vielen Männern, die allein mit lauter Stimme ihre Taten und Träume

vermeldeten, die Frauen [zu] vergessen“, wie dies die traditionelle Historiographie gerne tat. Schließlich wurde von ihnen, dem „anderen Geschlecht“, den Töchtern, Müttern, Gattinnen, den Heiligen und den weniger Tugendhaften, viel geredet – und fast ebensoviel geschrieben. Es bedurfte der „Neuen Frauenbewegung“ und des Interesses der Frauen selbst, um aus den „Männerphantasien“ des Mittelalters eine „Frauengeschichte“ erstehen zu lassen, die es sich zur Aufgabe machte, die Frauen hinter all den Männern zu entdecken, ihre Sicht der Dinge, ihre Erfahrungen und Bedürfnisse, ihre Wünsche und Aktivitäten zu rekonstruieren.

Doch ist dies kein ganz leichtes Unterfangen – die Quellenlage zeigt sich, je nach Epoche, Stand oder Lebensform, in sehr unterschiedlichem Maße mitteilsam über die Situation der Frauen. Es ist im allgemeinen sehr schwierig, authentische Aussagen aus Frauenhand oder -mund in mittelalterlichen Schriftquellen zu finden, doch lichtet sich das Dunkel, das nahezu alle Evatöchter in den frühen Jahrhunderten des Mittelalters verbirgt, gegen Ende der Epoche spürbar, nicht nur, weil nun hie und da auch Frauen selbst zu Pergament und Feder greifen – denken wir nur an die berühmte franko-italienische Schriftstellerin Christine de Pizan, der ja die „Frauenfrage“ besonders am Herzen lag –, sondern weil nun, seit dem 13. Jahrhundert, ganz allgemein die Schriftproduktion und die Überlieferungsqualität zunimmt, weil nun mehr Menschen – und unter ihnen besonders die Frauen der wohlhabenderen Schichten – am geistigen und intellektuellen Geschehen Anteil nehmen; weil schließlich Frauen sich als Hörerinnen, Leserinnen und Mäzeninnen, aber auch als Erblasserinnen, Witwen und Vormünder in größerer Zahl und in breiterer gesellschaftlicher Streuung als in den Jahrhunderten zuvor in direkter Weise an der schriftlichen Darstellung und Gestaltung des mittelalterlichen Lebens zu beteiligen vermögen.

Doch noch immer leben die Frauen unter männlicher Hegemonie, nicht nur im kulturellen, sondern in allen sozialen Bereichen; ihre Alltagserfahrungen müssen weiterhin – und über die Grenzen des Mittelalters hinaus – mühevoll gegen den Strich männlicher Idealisierungen und Abwertungen gelesen, ihre Wünsche und Vorstellungen können häufig nur erahnt werden hinter dem Schleier der Bevormundung und Reglementierung durch Väter, Eltern, Ehemänner und Beichtväter. Dennoch erweist sich das späte Mittelalter – wenngleich es eine Zeit voller Katastrophen und Konflikte war, denken wir nur an die Pest oder den „Hundertjährigen Krieg“ –, diese Epoche der Endzeitvorstellungen und der religiösen Raserei, der wirtschaftlichen Krisen und der Kulturkritik, auch als eine Zeit des Aufbruchs und der Neuerungen, nicht zuletzt für die Angehörigen des weiblichen Geschlechts. Sie haben nicht nur unter Wirtschaftskrisen und Epidemien gelitten, sondern auch von den Möglichkeiten erhöhter sozialer Mobilität profitiert, haben teilgehabt an technischen Neuerungen auf dem Land wie in der Stadt und schließlich auch an kulturellen und religiösen Umbrüchen, wenngleich gerade hier ihre Errungenschaften äußerst fragil und angreifbar waren: Vergessen wir nicht, daß die Umstrukturierung der europäischen Welt am Ende des Mittelalters durch wüste Hexenverfolgungen und um sich greifenden Hexenwahn besonders auf Kosten des weiblichen Geschlechts erfolgte.

Dies zeigt sich vielleicht am klarsten an der Rechtsentwicklung im späten Mittelalter. Zwar ist es fast vermessen, diese regional und ständisch differenzierte Rechtslage in wenigen Worten wiedergeben zu wollen, doch lassen sich vielleicht einige Tendenzen darlegen, die die von mir skizzierte Entwicklung illustrieren. Vergessen wir dabei jedoch nicht, daß auch die mittelalterliche Rechtssatzung, trotz ihres Hangs zur Aufzeichnung von Gewohnheitsrechten, d.h. von in der Alltagspraxis erprobten und aus ihr abgeleiteten Regeln, weit mehr präskriptiven als deskriptiven Charakter hat, und damit nicht die Realität, sondern vielmehr einen Sollzustand, also Wunschvorstellungen der Rechtssatzer, wiedergibt – und dies insbesondere hinsichtlich der Stellung der Frauen, die ja im allgemeinen an der Abfassung solcher Rechtskodizes weder aktiv beteiligt noch auch nur nach ihrer Meinung befragt wurden. Hier zeigt sich denn auch ein Element weiblicher Alltagsgestaltung, das wie kaum ein anderes männlich dominiert war. Aus diesem Grund möchte ich die bekanntermaßen für Frauen ungünstige und sie weitgehend entmündigende Rechtslage an den Anfang der Darstellung weiblicher Alltagserfahrungen stellen, um dann in der Folge zu prüfen, wie Frauen mit diesem für sie so hinderlichen Rahmen umzugehen wußten.

zit. nach Georges Duby/Michelle Perrot: Geschichte der Frauen. (Campus) Frankfurt/New York 1993, Bd. 2, S. 283 ff.

Anfänge des modernen Staates

M 3.17 Kampf um die innere Sicherheit ohne Gewaltmonopol des Staates

a) Aufgebotsschreiben von König Rudolf von Habsburg (1278 Mai)

Weil Wir erneut, wie Wir aus ganz zuverlässigen Annahmen folgern und aus der Ausführung von Rüstungen von Tag zu Tag um so deutlicher erfahren, mit Unserem alten Feind, dem König von Böhmen, eine kriegerische Auseinandersetzung zu beginnen gezwungen sind, müssen Wir Deine Treue in unauflöslicher Übereinstimmung mit Deiner Verschwägerung[1], die Dich mit Uns vor den übrigen eint, und bei dem Gebot der Treue, mit dem Du Dich aufgrund des Reiches Unserer Hoheit gegenüber verpflichtet weißt, hiermit aufbieten und Dich inständig voll Vertrauen bitten:

In kluger Rücksicht darauf, wie sehr Du Uns *in* allem durch die Verpflichtung aus Blutsverwandtschaft verpflichtet bist, wieviel Ruhm Dir aber besonders aus den glückgesegneten Anzeichen königlicher Erfolge zuwächst, auch in umsichtigem Bedenken, ob Du von Uns irgendeine gute Tat künftiger Förderung und Erhebung erwarten willst, ferner um in diesem Fall leuchtend klar zu zeigen, ob Du mit jener Aufrichtigkeit an Freundschaft, die Wir bei Dir erwarten, ein glückliches Ende Unseres Handelns ersehnst, mögest Du, ohne Mühen und Ausgaben zu scheuen, allen Eifer Deiner Sorge darauf richten, daß Du Dich beeilst, mit einem möglichst ansehnlichen versammelten Ritterheer und anderen Gewappneten Dich der Gegenwart Unserer Hoheit zu stellen.

Wir vertrauen auch und hoffen in Dem, der bislang Unser Handeln und das des Reiches glücklich zum Heil geführt hat, daß Wir – aufgrund Deiner und der anderen (von denen Wir besonders viel erwarten) brauchbaren Hilfe und Beratung – Unseres genannten Feindes trotzigen Hochmut, mit dem er sich unaufhörlich gegen Uns erhebt und Uns angeht, so machtvoll niedertreten können, und wenn niedergetreten, dann so gründlich vertilgen, daß ihm künftig keine Möglichkeit bleibt, gegen Uns und das Reich irgendeine Schmähung oder Belästigung zu versuchen.

Im übrigen möge Deine Tüchtigkeit unumstößlich wissen: Wenn Du Dich, was ferne sei, etwa träge und nachlässig zeigst in dieser Angelegenheit (von der im Augenblick alles abhängt für den glücklichen Erfolg von Uns, dem Reich, auch der erlauchten Anna[2], Unserer Gemahlin, Deiner Schwester, und Unserer Kinder), werden Wir umgekehrt wahrhaftig zu keiner Zeit mehr auf das, was Deinem und Deiner Leute Vorteil dienlich zu sein scheint, mit der Behendigkeit des Sinnes, mit dem Überfluß Unserer Gnade und mit dem Vorrang von Begünstigung wie bisher bedacht sein.

---

1 An die Grafen v. Hohenberg (bei Spaichingen) gerichtet. Gf. Albrecht v. Hohenberg u. Haigerloch, Reichslandvogt v. Niederschwaben, 1298 gefallen.

2 Gertrud v. Hohenberg, † 1281. Seit ihrer Krönung nannte sie sich Anna.

b) Heeresmatrikel (1422 August)

Im Unterschied zu M 3.17 a geht es hier nicht mehr um persönliche Beziehungen, sondern um Beziehungen zwischen Institutionen. (Vgl. auch S. 86)

Anslag des teglichen kriegs zu Beheim

Erzbischove: Zum ersten Mencz 50 – Colln 40 – Triere 40 – Pfalzgrave 50 > mit gleven (= mit Lanzen). Sachsen 20 schuczen gerittner. Brandenburg 50.

Die bischofe

Der erzbischof von Meydburg 30 gleven, 10 schuczen. Der von Hildesheim 5 gleven, 5 schuczen. Der von Wirczburg 20 – Der von Bamberg 20 – Der von Eysteten 10 – Der von Strasburg 5 – Der von Costentz 8 – Der von Basel 2 – Der von Chur 2 – Der von Bisontz 6 – Der von Augspurg 2 – Der von Mecze 6 – Der von Toll 3 – Der von Virdun 6 – Der von Losan 6 – Der von Spire 8 – Der von Worms 2 > mit gleven.

Herzogen und werntliche fursten

Der von Lothringen, der von Baer 20 – Der von Saphoy 50 – Marggraf von Baden 10 > mit gleven. Lantgraf von Hessen 20 gleven, 10 schuczen. Herzog Ott von der Leyne 10 gleven, 10 schuczen. Erich von Brunswig 5 gleven, 5 schuczen. Herzog Ott von Hirsberg 5 gleven, 5 schuczen. Bernhart und Wilhelm von Brunswig mit iren steten, nemlich Brunswig und Lunenburg, zehen gleven, 10 schuczen. Johan von Meckelburg 10 gleven, 10 schuczen. Albrecht *von Meckelburg* 10 gleven, 10 schuczen. Herzog Ulrichs kinder mit dem lande zu Stargarden 10 gleven, 10 schuczen. Otto Casmer von Stetin 20 gleven, 12 schuczen. Wartislaff von Wolgast 15 gleven, 12 schuczen. Erich von Sachsen von Lawenburg 3 gleven, 6 schuczen. Ludwig von Ingelstat von Beyern 16 – Ernst, Wilhelm *von Beyern* 10 – Heinrich *von Beyern* 20 – Johans *von Beyern* 10 – Steffan *von Beyern* 5 – Ott *von Beyern* 5 > gleven. Adolf von Cleve 20 gleven. Herzog von Berge 6 spiss. Der bischof von Utricht mit Deventer, Kampen und Swolle und Utricht 40 gleven.

Herren und graven in dem Niderlande

Der herzog von Gulche[1] und die ritterschaft zu Gulch und zu Gelre und die vier stete Romunde[2], Nymegen, Arnheim und Zutphen 60 gleven. Die dri stete von Brabant 100 – Die stete von Lutich 100 > gleven. Banyrherren, ritter und knechte in Hollant 60 gleven. Banyrherren, ritter und knechte in Hennegow, die stete von Hennegow 20 gleven. Der graf von Namen[3] 20 gleven. Herren und ritterschaft in Flandern, die stete in Flandern 20 gleven.

[Weitere Grafen, Herren, Äbte…]

Die stete

Die eidgenossen von Bern, Luczern, Czurch, Friburg in Uchtland, etc. 250 pferd.

Constencz, Lyndow, Buchhorn, Ravenspurg, Überlingen, Czelle am Undersee, Dyssenhoven 50 mit gleven oder 200 gerittner gewappenter.

Schafhusen, Waldshut, Lauffenberg, Seckingen, Rynfelden, Wintertur, Rapolßwilr, Frawenfelt 26 schuczen.

Kempten, Isny, Wangen, Lutenkirch, Memmingen, Augspurg, Bibrach, Pfullendorff, Kaufburen, Ulme, Giengen, Nordlingen, Bopfingen, Alun, Gmünd, Dinckelspuhel, Esslingen, Rutlingen, Rottwile, Wyle, Buchaw 100 mit gleven und 100 schutzen [und weitere Städte].
Summa totalis: 754 gleven, 777 gewappenter roß von den steten.

In der Vorlage mehrere durch Klammern verbundene Kolumnen: Name, Reichsstand, Kontingentszahl und -art. Hier statt dessen: – = gemeinsame Art der Streitkräfte; > = vor Nennung dieser Art;, = gemeinsames Kontingent; *kursiv* = Reichsstand

1 Jülich 2 Roermond 3 Namur

c) Adel und Städtebünde (1422 September 13)

Wir Sigmund, von gotes gnaden Romischer kunig, zu allen czeiten merer des reichs, und zu Ungern, zu Behem, Dalmacien, Croacien etc. kunig, bekennen und tun kunt offembar mit disem brief allen den, die in sehen oder hören lesen: Sintdemmal uns der almechtig got von seiner götlicher schickung dorczu gerüffet hat (als wir genczlich hoffen), dem heiligen Römischen riche furczuseyn und eynem iglichen unserm und des richs undertane zu widerfaren lassen[1] und bey seinem ordenlichen wesen zu bleiben, als billich ist, so ist doch unser betrachtung nicht clein doruf gewant, wie unser und desselben richs ritterschaft, damit der adel bestatt[2] ist, also versorget werde, das er bestee und nicht zerrutte, zerstort oder also gedrungen sey an seinen rechten, sunder das er bey unsern zeiten an seinem wesen glucklich und seliclich bleibe und aufneme. Und wann wir wol vernommen haben, das die ritterschaft in Deutschen landen vil twang[3] leydet und vast gedrungen wirdet an iren rechten von ettlichen und ufhaldung[4] solichs unrechten wol bedorffe, und, wiewol sy villeiht offte gern zu uns zuflucht hetten von solichs unrechts wegen und uns anrüften, in das zu wenden, so sein wir in offt zu verre von anderr unserr gescheffte wegen, die wir fur handen haben, das sy uns nicht füglich mögen erreichen: dorumb mit wolbedachtem mute, gutem rate und rechter wissen geben wir volle macht und gewalt der egenanten ritterschaft uberal in Deutschen landen und günnen[5] in: das sy sich mit einander verbinden und vereynen sollen und mögen, wie sy das am besten zu sein bedunken wirt, das sy bey gleich und recht bleiben, und das sy auch unsere und des richs stete in denselben bunt wol nemen mögen, die sich zu in wolden verbinden, doch uns und unsere nachkommen an dem heiligen Römischen riche ausgenommen, das uns und denselben unsern nachkommen am reiche derselb bunt unschedlich sein sol. Doran freveln noch tun sy nicht wider uns noch das heilig Römisch riche noch nyemands anders in dhein weis.

Mit urkund diß briefs versigelt mit unserm kuniglichen anhangendem insigel, geben zu Nüremberg, nach Cristi gebürt 1400 jar und dornach in dem czweyundczweinczigsten jar, am nechsten sontag vor des heiligen creuczs tag exaltacionis, unserr riche des Ungrischen etc. in dem 36, des Römischen im zwelften und des Behemischen im dritten jaren.

R. Henricus Fije Adumandatum domini regis
Michael prepositus Boleslaviensis

---

1 freundlich gegenüberstehen
2 ausgestattet
3 Zwang
4 Beseitigung
5 gestatten (ihnen)

a-c nach Lorenz Weinrich (Bearb.): Quellen zur Verfassungsgeschichte des Römisch-Deutschen Reiches im Spätmittelalter (1250–1500). (Wiss. Buchgesellschaft) Darmstadt 1983, S. 133 ff., 460 ff., 463 f., 468 ff.

M 3.18 Vertragliche Regelung des Verhältnisses „Staat“ und Kirche – Das Wiener Konkordat (Auszüge), 1448 Februar 17

Im Namen des Herrn. Amen. Im Jahre nach desselben Herrn Geburt 1448, am 17. Tag des Monats Februar, wurden zwischen dem Heiligen Vater in Christus, unserem Herrn, Herrn Nikolaus V., durch Gottes Vorsehung Papst, und dem Apostolischen Stuhl sowie der Deutschen Nation namens unseres hochheiligen Herrn und des genannten Stuhles, durch den in Christus hochwürdigen Vater und Herrn, Herrn Johannes, Kardinallegaten der hochheiligen Römischen Kirche, von dieser Seite mit aller Vollmacht ausgestattet zur Deutschen Nation entsandt, sowie für die genannte Deutsche Nation durch unseren hochberühmten Fürsten und Herrn, Herrn Friedrich, Römischer König, allzeit Mehrer des Reiches usw., mit ausdrücklicher Zustimmung der meisten Kurfürsten des heiligen Römischen Reiches sowie sonstigen geistlichen und weltlichen Fürsten dieser Nation, die folgenden Abmachungen geschlossen, beschworen und angenommen.
Unser hochheiliger Herr Papst Nikolaus V. wird bezüglich der Zuteilung von Kirchen und sonstigen Pfründen die Reservation des geschriebenen Rechts und die Konstitutionen „Execrabilis“ und „Ad regimen“ unter nachfolgender Maßgabe anwenden:
(1) Zur Leitung der allgemeinen Kirche, obgleich unwürdig, von der göttlichen Vorsehung berufen, arbeiten Wir in Unserm Verlangen daraufhin, wie Wir müssen, daß durch den Eifer Unserer Sorgfalt

für die Leitung aller Kirchen und Klöster sowie die anderen kirchlichen Pfründen nach Gottes Willen und der Geneigtheit Unserer Zustimmung geeignete Männer gefunden werden, zu Leitung und Nutzen für die ihnen anzuvertrauenden obengenannten Kirchen, Klöster und Pfründen. Durch Betrachtung des ebengenannten veranlaßt, und beraten von anderen rechten Gründen, treten Wir in die Fußstapfen einiger Unserer Vorgänger als Römische Bischöfe. [...]

(4) Hinsichtlich der vom Apostolischen Stuhl vorzunehmenden Provision[1] soll folgende Form der Annaten[2] gültig sein: Von allen derzeit und künftig bekannten Kathedralkirchen und Männerklöstern sollen für die Erträge des ersten Jahres (vom Tag der Vakanz an) die in den Büchern der Apostolischen Kammer festgelegten Geldbeträge gezahlt werden, die allgemeine Servitien heißen. Wenn sie aber exzessiv hoch taxiert wurden, sollen sie erneut gerecht taxiert werden; und Vorsorge soll getroffen werden besonders in Notstandsgebieten entsprechend der Lage, Zeit und Gegend, daß keine zu große Belastung eintritt; dafür wird unser hochheiliger Herr den Antragstellern Kommissare für das Gebiet stellen, die sorgfältig untersuchen und neu taxieren sollen. Genannte Taxen aber sollen zur Hälfte innerhalb eines Jahres vom Tage der erlangten friedlichen Inbesitznahme des Ganzen oder des größeren Teils gezahlt werden, und die andere Hälfte im folgenden Jahr. Und wenn innerhalb eines Jahres zwei oder mehr Vakanzen[3] eintreten, soll nur einmal gezahlt werden; auch geht solche Schuld nicht auf den Nachfolger in der Kirche oder dem Kloster über. (4b) Hinsichtlich der übrigen Dignitäten, Personate, Ämter und Benefizien, der weltlichen und regulierten, die kraft des Apostolischen Stuhles übertragen oder providiert werden, abgesehen von denen kraft huldvoller Inaussichtstellungen oder aufgrund eines Tausches, sollen die Annaten oder die mittleren Erträge nach der gewöhnlichen Taxe vom Beginn der Inbesitznahme innerhalb eines Jahres gezahlt werden; und solche Schuld geht nicht auf den Nachfolger im Benefizium über. Von Benefizien aber, die einen Wert von 24 Kammergulden nicht übersteigen, soll nichts gezahlt werden. Diese Vereinbarung gilt in Zukunft, falls sie nicht auf einem künftigen Konzil mit Zustimmung der Nation geändert wird.

zit. nach Lorenz Weinrich (Bearb.): wie M 3.17, S. 499 ff.

1 Genehmigung
2 Zahlungen an den Papst für ein von ihm verliehenes Beneficium (= Amt des Bischofs oder Abtes)
3 Freiwerden des Amtes infolge Tod oder Weggang des bisherigen Amtsinhabers

Frömmigkeit im späten Mittelalter

M 3.19 Mittelalterliche Frömmigkeit – Mystik und Vernunft

Aus den Predigten von Meister Eckart (um 1260–1327/28), Dominikanermönch und Hochschullehrer, u.a. in Paris:

Ich habe von einer Kraft in der Seele gesprochen. Bei ihrem anfänglichen Ausbruch da erfaßt sie Gott nicht, insofern er gut ist, erfaßt sie Gott nicht, insofern er die Wahrheit ist. Sie geht jedoch auf den Grund und sucht weiter und erfaßt Gott in seiner Einheit und in seiner Einöde: sie erfaßt Gott in seiner Wüstenei und in seinem eigenen Grunde. Deshalb läßt sie sich damit nicht begnügen, sie sucht weiter, was das sei, das Gott in seiner Gottheit sei und in dem Eigentum seiner eigenen Natur. Nun sagt man, daß keine Einheit größer sei denn die, daß die drei Personen *ein* Gott seien. Danach, so sagt man, sei keine Einheit größer denn die zwischen Gott und der Seele. Wenn der Seele von der Gottheit ein Kuß gewährt wird, so steht sie in ganzer Vollkommenheit und in Seligkeit. Da wird sie umfangen von der Einheit. In dem ersten Berühren, in dem Gott die Seele ungeschaffenerweise und ungeschöpflicherweise berührt hat und noch berührt, da ist die Seele, der Berührung Gottes entsprechend, ebenso edel wie Gott selbst. Gott berührt sie sich selbst gemäß. Ich predigte einstmals in Latein, und dies war am Tage der Dreifaltigkeit, da sprach ich: Die Unterschiedenheit ergibt sich aus der Einheit, nämlich die Unterschiedenheit in der Dreifaltigkeit. Die Einheit ist die Unterschiedenheit, und die Unterschiedenheit macht die Einheit. Je größer die Unterschiedenheit ist, um so größer ist die Einheit, denn sie ist die Unterschiedenheit ohne Unterschied. Wären da tausend Personen, so wäre da doch nichts als Einheit.

Wenn Gott die Kreaturen ansieht, da gibt er ihnen ihr Sein. Wenn die Kreatur Gott ansieht, da empfängt sie ihr Sein. Die Seele hat ein vernünftiges, erkennendes Sein. Daher: Wo Gott ist, da ist die Seele, und wo die Seele ist, da ist Gott.

Nun heißt es: „Er ist innen gefunden." Innen ist das, was im Grunde der Seele wohnt, im Innersten der Seele, in der Vernunft, und es geht nicht aus und sieht auf kein Ding. Da sind alle Kräfte der Seele gleich edel: hier innen ist er gerecht erfunden. Gerecht ist das, was gleich ist in Lieb und in Leid und in Bitterkeit und in Süßigkeit, und wem keinerlei Ding zuwider ist, so daß er sich eins findet in der Gerechtigkeit. Der gerechte Mensch, der ist eins mit Gott. Gleichheit wird ge-

liebt: Die Liebe ist stets gleich, darum denn liebt Gott den gerechten Menschen als sich selbst gleich.
Daß wir uns innen finden in dem Tage und in der Zeit der Vernünftigkeit und in dem Tage der Weisheit und in dem Tage der Gerechtigkeit und in dem Tage der Seligkeit, dazu verhelfe uns der Vater und der Sohn und der Heilige Geist. Amen.

zit. nach Louise Gnädinger: Deutsche Mystik. (Manesse) Zürich 1989, S. 158 f.

M 3.20 Bildhafte Darstellung von Frömmigkeit im Spätmittelalter

a) Arme-Seelen-Exempel

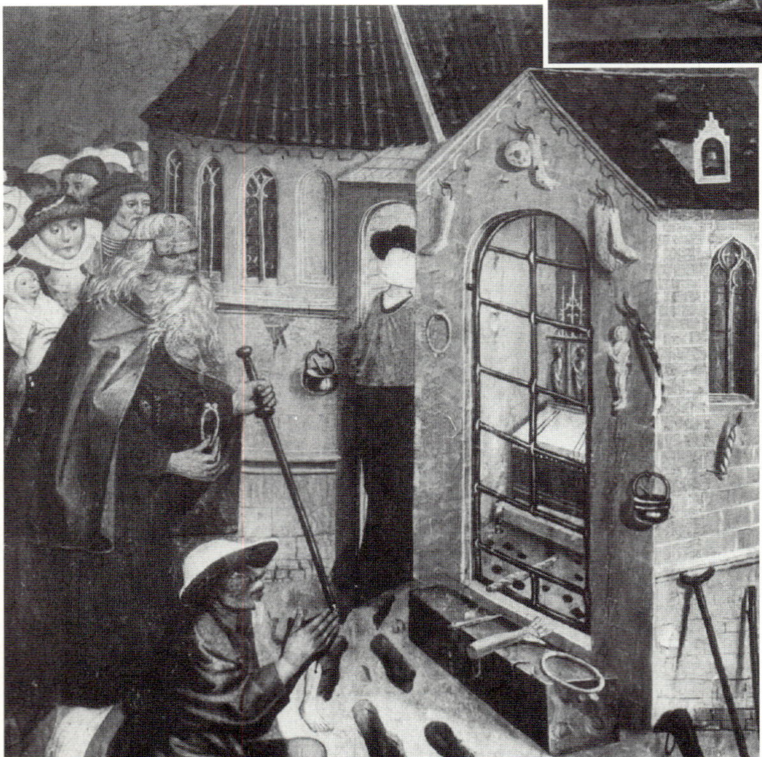

b) Heilung von Krankheiten durch Stiftung von Gaben aus Wachs (wie Beine, Hände, Kind)

M 3.21 Vorstellungen vom Jenseits – Entwicklung von Höllendarstellungen

a) um 820 – Höllenabstieg Christi
Illustration zu Psalm 24/7-10 und 44/8, Stuttgart-Psalter

b) um 1150 – Ein Engel verschließt die Hölle
Psalter der St. Swithuin's Priory

c) vor 1416 – Höllenbild aus den „Très Riches Heures“ des Jean Duc de Berry

d) vor 1506 – Christus in der Vorhölle (Friedrich Pacher)

M 3.22 Wissenschaftler diskutieren die Frage, ob die Renaissance als eigenständige Epoche gelten soll

a) Peter Burke: Die Renaissance als Mythos (1990)

Beim Klang des Wortes „Renaissance“, so bemerkte der holländische Historiker Johan Huizinga, „sieht der Träumer vergangener Schönheit Purpur und Gold“. Vor seinem – oder ihrem – geistigen Auge erscheinen Botticellis *Geburt der Venus*, Michelangelos *David*, Leonardos *Mona Lisa*, Erasmus, die Loireschlösser und Spensers *Faerie Queene*, verschmolzen zur Gesamtschau eines goldenen Zeitalters der Kreativität und Kultur.

Dieses Bild *der* Renaissance – mit bestimmtem Artikel – geht auf die Mitte des neunzehnten Jahrhunderts zurück, auf den französischen Historiker Jules Michelet (den es begeisterte), auf den Kunsthistoriker John Ruskin (dem es mißfiel), vor allem aber auf den Schweizer Kulturhistoriker Jacob Burckhardt, dessen berühmtes Werk *Die Kultur der Renaissance in Italien* von 1860 die Epoche durch die beiden Begriffe „Individualismus“ und „Moderne“ definierte. „Im Mittelalter“, meinte Burckhardt, „lagen die beiden Seiten des Bewußtseins … wie unter einem gemeinsamen Schleier träumend oder halbwach; … der Mensch … erkannte sich nur als Rasse, Volk, Partei, Korporation, Familie oder sonst in irgendeiner Form des Allgemeinen.“ „Im Italien der Renaissance jedoch „verweht dieser Schleier in die Lüfte; … der Mensch wird geistiges *Individuum* und erkennt sich als solches“. Die Renaissance bedeutete den Anbruch der Moderne. Die Italiener waren, so Burckhardt, „die Erstgeborenen unter Europas Söhnen“. Der Dichter Petrarca aus dem vierzehnten Jahrhundert galt ihm als „einer der ersten wahrhaft modernen Menschen“. Die große Erneuerung der Kunst und Ideen nahm in Italien ihren Ausgang, und in einer späteren Phase breiteten sich die neuen Einstellungen und künstlerischen Formen über das restliche Europa aus.

Dieses Bild der Renaissance ist ein Mythos. […]

Wenn es aussieht, als stünde die Renaissance in Gefahr, sich vollends zu verflüchtigen, so gibt es dafür zweierlei Gründe.

Erstens war die Renaissance von Burckhardt als der Anbruch der Moderne definiert worden, eine These, über die die Historiker im Laufe der Zeit immer weniger glücklich sind. Dies liegt teils daran, daß Burckhardt von einem einfachen evolutionistischen Modell des kulturellen Wandels ausgeht, das in dieser Form heute fast niemanden mehr überzeugt; teils an dem veränderten Selbstverständnis der westlichen Intellektuellen, die im Laufe der letzten Generation mehr oder weniger zähneknirschend zu der Überzeugung gelangt sind, daß sie in einer „postmodernen“ Welt leben. Jedem, der diese Überzeugung teilt, muß die Renaissance zwangsläufig ferner liegen denn je zuvor.

Zweitens fällt es uns doch viel schwerer als noch zu Burckhardts Tagen, die Errungenschaften der Renaissance gegen die des Mittelalters auf der einen und des siebzehnten und achtzehnten Jahrhunderts auf der anderen Seite abzugrenzen, obwohl die Leistungen Petrarcas, Leonardos und der vielen anderen Künstler, Schriftsteller und Gelehrten uns nach wie vor Bewunderung abverlangen. Um ein besonders offenkundiges Beispiel zu wählen, die Beschäftigung europäischer Intellektueller mit Aristoteles währte von seiner Wiederentdeckung im dreizehnten Jahrhundert bis zu seiner Verabschiedung rund vierhundert Jahre danach, und die humanistischen Debatten um seine Philosophie lassen sich leichter verstehen, wenn man sie im Rahmen dieser gesamten Rezeptionsperiode betrachtet.

Was also bleibt uns? Es besteht in der Geschichtsforschung keine Einigkeit. Manche Historiker der immer noch „Renaissanceforschung“ genannten Disziplin arbeiten weiter, als wäre nichts geschehen. Andere, auch der Autor dieses Essays, bemühen sich, die Ereignisse im Florenz des vierzehnten, im Italien des fünfzehnten und im Europa des sechzehnten Jahrhunderts in eine Sequenz von miteinander verknüpften Veränderungen zu stellen, die etwa vom Jahr 1000 bis zum Jahr 1800 reicht. Diese langfristigen Entwicklungen könnte man als „Verwestlichung des Abendlandes“ bezeichnen. Gemeint ist, daß sich zumindest die oberen Klassen Europas im Laufe dieser Entwicklungen zunehmend von anderen Menschen zu unterscheiden begannen, wie an der Geschichte der sogenannten „Entdeckung“ und Eroberung des restlichen Globus abzulesen ist. Manche dieser Entwicklungen waren technischer Natur: die Erfindung der Feuerwaffen, mechanischer Uhren, des Buchdrucks, neuer Typen von Segelschiffen und von Maschinen, die das Spinnen und Weben beschleunigten. Hier sollen jedoch vor allem die Veränderungen der Mentalität im Vordergrund stehen, und zwar insbesondere zwei.

Norbert Elias hat in seinem bedeutenden Werk über den „Prozeß der Zivilisation“ dargelegt, daß dem sechzehnten Jahrhundert für die Herausbildung der Selbstbeherrschung im Abendland eine entscheidende Bedeutung zukommt, und belegt dies unter anderem anhand der von Erasmus und dem italienischen Erzbischof Giovanni Della Casa verfaßten Manierenbücher, die beide in eine Vielzahl von Sprachen übersetzt wurden. Es besteht kein Zweifel, daß zivilisierte Tischmanieren (nicht auszuspucken, sich vorher die Hände zu waschen und so fort) zu jener Zeit zumindest in bestimmten gesellschaftlichen Kreisen außerordentlich wichtig genommen wurden, aber nichtsdestoweniger scheint es (wie Elias zugibt) unmöglich, zwischen Renaissance und Mittelalter eine scharfe Trennlinie zu ziehen, denn mittelalterliche „Manierenbücher" gab es bereits im zehnten Jahrhundert.

Damit soll natürlich nicht behauptet werden, daß all die anderen Kulturen (das traditionelle Japan oder China zum Beispiel) keine Restriktionen hinsichtlich des Verhaltens bei Tisch und anderswo besessen oder entwickelt hätten. Die westliche, höfische Form der Zivilisation stellt nur eine Kombination von Konventionen unter vielen dar. Vielleicht wäre es daher präziser, von einem wachsenden Sinn für Privatheit zu sprechen oder von einer allmählichen Verschiebung der relativen Sphären des privaten und des öffentlichen Lebens. Die oberen Klassen begannen von eigenen Tellern zu essen statt von der gemeinsamen Platte, auf Stühlen statt auf Bänken zu sitzen und es für unziemlich zu halten, wenn man dem Gast eine Frucht anbot, „von der Sie selbst schon einen Bissen genommen haben" (um Della Casas Beispiel zu zitieren). Diese Veränderungen mögen durchaus etwas mit Burckhardts Vorstellung vom „Individualismus" gemein haben, doch erstreckten sie sich über einen viel längeren Zeitraum, als er vermutete. Sie mögen überdies mit anderen Formen der Repression zusammenhängen, namentlich mit der sexuellen Unterdrückung, die in jener Zeit zum typischen Merkmal abendländischer Kultur geworden zu sein scheint.

Peter Burke: Die Renaissance. (Wagenbach) Berlin 1990, S. 7 f. und 101 ff.

b) August Buck: Säkularisierende Grundtendenzen der italienischen Renaissance (1994)

Den folgenden Betrachtungen über die säkularisierenden Grundtendenzen der italienischen Renaissance sei eine kurze Erläuterung des Begriffs der Säkularisierung vorausgeschickt, wie er hier verstanden wird: Als wertneutraler wissenschaftlicher Begriff bezeichnet Säkularisierung den historischen Prozeß der Emanzipation der europäischen Kultur von religiösen Bindungen und transzendenten Einstellungen, unbeschadet des Fortbestehens der christlichen Religion; eine allmählich alle Lebensbereiche erfassende Verweltlichung, die in der Selbstentschließung des Menschen zum Diesseits wurzelt und wohl den wichtigsten epochemachenden Faktor für die Neuzeit darstellt. Mit dem Nachweis, daß dieser Prozeß im Italien des 14. Jahrhunderts einsetzt, wird auf der Grundlage des gegenwärtigen Forschungsstandes Jacob Burckhardts These von der italienischen Renaissance als der Wiege der Moderne erneut bestätigt.

Anlaß für diese implizite Verteidigung Burckhardts ist die an ihm durch den englischen Historiker Peter Burke wiederholt geübte Kritik, zuletzt in einem 1990 in deutscher Übersetzung vorliegenden Essay über die Renaissance. Angesichts der Erkenntnisfortschritte, welche die Erforschung der Sozialgeschichte der Renaissance Burke verdankt, und im Hinblick auf das Ansehen, dessen er sich in der wissenschaftlichen Welt erfreut, erhält seine Kritik an Burckhardt besonderes Gewicht.

Ansätze zu dieser Kritik finden sich bereits in seiner Studie „Tradition and Innovation in Renaissance Italy" aus dem Jahre 1974. Im Gegensatz zu Jacob Burckhardt hält Burke die Renaissance für nicht modern; mit anderen Worten: ihm erscheint die für Burckhardts „Kultur der Renaissance in Italien" grundlegende These obsolet. Die Begründung dafür findet sich im eingangs erwähnten Essay. Außer dem Versuch einer Wiederbelebung der Antike können „beinahe alle anderen Merkmale, mit denen die Renaissance gemeinhin gegen das Mittelalter abgegrenzt wird, schon im Mittelalter selbst gefunden werden". Mit dieser weitgehenden Aufhebung der Grenze zwischen Mittelalter und Renaissance büßt diese ihren Epochencharakter ein, so daß Burke es für fragwürdig ansieht, wenn manche Historiker „immer noch Renaissanceforschung" betreiben. Deswegen zieht er es vor, die Geschichte vom Jahre 1000 bis zum Jahre 1800 als „eine Sequenz miteinander verknüpfter Veränderungen" zu verstehen. Eine solche grundsätzliche Infragestellung der Renaissanceforschung dürfte der stärkste Angriff sein, der gegen sie seit Jahrzehnten gerichtet worden ist.

Burkes Beweisführung mittels der in der Renaissance fortlebenden mittelalterlichen Elemente ist nicht neu. Seit der mit dem sogenannten „Aufstand der Mediävisten" in den zwanziger Jahren einsetzenden intensiveren Beschäftigung mit dem Mittelalter glaubte man in der Epoche eine Reihe von Renaissancen entdecken zu können, die ohne deutliche Demarkationslinie in die Renaissance des 14. bis 16. Jahrhunderts übergingen. So wertvoll die Beiträge waren, welche der „Aufstand der Mediävisten" zu einer vertieften Kenntnis des Mittelalters geleistet hat, so verfehlt sind die Schlußfolgerungen in bezug auf die eigentliche Renaissance, der man schließlich jede Originalität absprach.

Was die von den Mediävisten als Argumente angeführten zahlreichen Übergänge zwischen Mittelalter und Renaissance anbelangt, so handelt es sich dabei um die allgemeine Kontinuität des Geschichtsprozesses, die auch jenseits der Epochenscheide andauert, da stets das Alte eine Zeitlang neben dem Neuen fortlebt. Davon unberührt tritt ein Epochenwandel dann ein, sobald das Neue gegenüber dem Alten die Oberhand gewinnt und eine veränderte Einstellung gegenüber dem Menschen und der Welt bewirkt. Aus dieser Veränderung entspringt das epochale Selbstverständnis, welches das Bewußtsein der Diskontinuität gegenüber der Vergangenheit mit dem Anspruch auf den Beginn einer neuen Epoche verbindet.

Das neue Menschen- und Weltbild der Renaissance entstand zuerst in Italien, als dort der Mensch sich als geistiges Individuum erkennt und ein bis dahin unbekanntes Selbstbewußtsein entwickelt. Dieses offen-

bart sich, allgemein gesprochen, in einer Wendung zum Diesseits, im besonderen in einem Streben nach Selbstbehauptung, in einem auf Ruhm bedachten Geltungsbedürfnis und in einer ungezügelten Wißbegier, seinerzeit durch Augustin in den Lasterkatalog versetzt, nunmehr in erster Linie auf den Menschen in seinem irdischen Dasein gerichtet, auf seine Charaktereigenschaften, seine Verhaltensweisen und seine Lebensformen unter Vernachlässigung transzendenter Bindungen. Die Frage, woher der Mensch kommt und wohin er geht, tritt zurück gegenüber der Reflexion über das, was der Mensch ist und was er erlebt: seine subjektiven Erfahrungen, seine persönliche Empfindungen und Beobachtungen.
Zu den elementaren menschlichen Erfahrungen gehört der Tod. Mit dem Bewußtwerden der individuellen Eigenart gewinnt deren Auslöschung ein stärkeres Gewicht als zuvor. Der Tod wurde sozusagen individualisiert. So entstand ein der christlichen Tradition unbekanntes neues Todesbewußtsein, „die bezeichnendste Note“ für den Individualismus der Renaissance. Als existentielles Ereignis wird der Tod aus den dogmatischen Bindungen gelöst und in das subjektive Erleben einbezogen, womit er seinen Strafcharakter verliert und als weder gut noch böse, vielmehr als ein ethisch neutrales Naturereignis erscheint. Indem der christliche, durch Paulus erhärtete Glaubenssatz vom Tod als der Sünde Lohn seine Gültigkeit verliert, wird der Begriff des Todes entchristianisiert, ein wichtiger Schritt im Prozeß der Säkularisierung.
Wie den Menschen sah man auch die Welt, d.h. die Natur unter einer neuen Perspektive. Während im Mittelalter die Natur als die Schöpfung Gottes stets im Hinblick auf ihren Schöpfer gedeutet wurde, also ihren Sinn aufgrund einer sie transzendierenden Werteordnung erhielt, entdeckte man nunmehr wie die Wirklichkeit des menschlichen Lebens auch die der Natur und beurteilte sie nach ihr immanenten Maßstäben. Wiederum wie bei der Ausformung des Menschenbildes ist die Erfahrung auch die Grundlage für die Wissenschaft, die kraft ihrer praktischen Umsetzung in die Technik dem Menschen die Möglichkeit zur Beherrschung der Welt eröffnet und damit auf das neue Lebensgefühl zurückwirkt.
Kennzeichnend für die neue Denkweise ist der Bedeutungswandel des von der Antike über das Mittelalter tradierten Begriffs der „dignitas hominis“, der Wesenswürde des Menschen. Man sah zwar weiter in ihr eine Gabe Gottes, aber nicht mehr eine Eigenschaft, sondern eine Potenz, die zu verwirklichen Aufgabe des Menschen ist, d.h. der Begriff erhielt einen dynamischen Charakter. Seine Würde erwirbt der Mensch in seiner moralisch-geistig autonomen Tätigkeit, deren eigenständigen Wertes er sich bewußt wird. In Konkurrenz mit der Natur schafft er das „regnum hominis“. „Menschenwerk“ – so verkündet Giannozzo Manetti in seinem Traktat „De dignitate et excellentia hominis“ – sind „alle Häuser, alle großen und kleinen Städte ... Unser sind die Bilder, unser die Skulpturen, unser sind die Künste, unser die Wissenschaften ... unser sind schließlich sämtliche Erfindungen“.
Von der mythischen Vorzeit bis in die Gegenwart reihen sich die schöpferischen Leistungen des Menschengeistes aneinander: In der Schiffahrt vom Bau der Argo, mit der sich die Griechen aufs Meer hinauswagten, bis zu den Reisen der Portugiesen im Zeitalter der Entdeckungen, in der Architektur von der Errichtung der Pyramiden durch die Ägypter bis zur Konstruktion der Kuppel des Florentiner Doms durch Filippo Brunelleschi, in der Malerei von Zeuxis und Apelles bis zu Giotto, in der Bildhauerkunst von den Werken des Praxiteles und Phidias bis zu Lorenzo Ghibertis Bronzetür des Baptisteriums in Florenz. Hier spricht das kulturelle Selbstbewußtsein eines Zeitalters, das einen innovatorischen Anspruch erhebt und ihn erfüllt.

August Buck: Säkularisierende Grundtendenzen der italienischen Renaissance; in: Johannes Helmrath u.a. (Hrsg.): Studien zum 15. Jahrhundert – Festschrift für Erich Meuthen. (Oldenbourg) München 1994, Bd. 2, S. 609 ff.

4 Das 16. Jahrhundert, der Beginn der Europäisierung der Welt

Das „lange" 16. Jahrhundert, die Zeit vom ausgehenden 15. bis zum beginnenden 17. Jahrhundert, stellt keine historische Einheit im strengen Sinn des Wortes dar, sondern umschreibt einen Zeitraum, in dem sich in Europa tiefe, ja radikale Wandlungen vollzogen. Es läßt sich weder nach vorn noch nach hinten deutlich abgrenzen, da sich einerseits die Voraussetzungen z.B. der wirtschaftlichen Expansion und der Kirchenspaltung schon vorher langfristig entwickelt hatten, und andererseits feudale Strukturen, die wir als charakteristisch für das Mittelalter ansehen, noch lange über das 16. Jahrhundert hinaus weiterbestanden, so daß man gelegentlich erst das Jahr 1789 als das Ende des Mittelalters bezeichnet hat.

4.1 Die Bevölkerungsentwicklung

Bis zum 16. Jahrhundert war Europa noch weitgehend von den biologischen Zyklen aller Agrargesellschaften bestimmt. Geburten- und Sterberate mochten in einzelnen Jahren stark auseinanderklaffen; langfristig lagen sie nahe beieinander bei etwa vier Prozent pro Jahr. In den Städten mit ihren engen, unhygienischen Wohnverhältnissen wurde die Zahl der Geburten häufig von der der Todesfälle übertroffen; sie waren daher dauernd auf Zuwanderung vom Lande angewiesen. Ein Bevölkerungswachstum, das aus einem geringen Geburtenüberschuß unter großer Anstrengung der Ernährungsbasis entstand, wurde früher oder später durch Hunger, Epidemien und Kriege wieder weitgehend vernichtet. Das „lange" 16. Jahrhundert war zunächst nur ein neuer solcher Zyklus und begann mit einer Aufschwungphase von Bevölkerungswachstum und Agrarkonjunktur; an seinem Ende stand eine neue Ernährungskrise. Deren Verlauf aber zeigt, daß sich in der Zwischenzeit etwas Neues getan haben mußte. Die Bevölkerung schrumpfte nicht mehr in allen Teilen Europas, und außer in Deutschland zeigten sich dabei nirgendwo die katastrophalen Ausmaße des 14. Jahrhunderts. Der alte Zyklus der agrarischen Krisen hatte auf Grund neuer Fähigkeiten der Menschen für einen Teil Europas seine Zwangsläufigkeit verloren. Die Gebiete, in denen dies erstmals geschah, waren gerade die am dichtesten besiedelten, und sie erwecken unsere Neugierde, wenn wir nach Anzeichen für dauerhafte

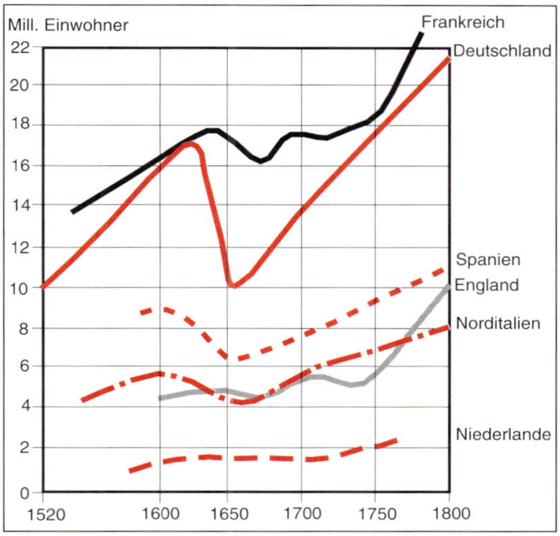

Bevölkerungsentwicklung in einigen europäischen Ländern vom 16. bis 18. Jahrhundert. Die Größen sind als grobe Näherungswerte zu verstehen.

Zit. und aus logarithmischem Maßstab rückübertragen nach I. Mieck (Hg.): Handbuch der europäischen Wirtschafts- und Sozialgeschichte 4. (Klett-Cotta) Stuttgart 1993. S. 46 und Ch. Pfister: Bevölkerungsgeschichte. (Oldenbourg) München 1994. S. 10

Veränderungen Europas im Sinne einer Modernisierung suchen.

In den meisten Gebieten Europas wuchs die landwirtschaftliche Produktion im 15. und 16. Jahrhundert vor allem extensiv, d.h. durch eine Wiedergewinnung von Anbauflächen; hinzu kam die Erschließung neuer Überschußgebiete – besonders in Polen – durch den Fernhandel. Sehr langsam wuchs das Verhältnis von geerntetem zu ausgesätem Getreide von ca. 4,5:1 im 15. Jahrhundert auf ca. 6,5:1 im Schnitt des 16. bis 18. Jahrhunderts bei einem Ertrag von 500 bis 600 Kilo pro Hektar (ca. 10 Prozent der heutigen Erträge). Erst nach 1750 überschritt der Ertrag in England und Holland den Wert von 10:1. Eine Intensivierung der Produktion begann nur in den großen Wirtschaftszentren in Norditalien und den Niederlanden. Dort wurde die Dreifelderwirtschaft im Zusammenwirken von gewerblichem Wachstum, Marktorientierung und Kapitaleinsatz durch neue Nutzungs-

formen abgelöst, wobei die Verbindung von Pflanzenbau und intensiver Viehwirtschaft zugleich Menge und Veredelungsgrad der Produktion steigerte.
Die Grundbesitzer erwiesen sich hier als lernfähig; der Adel nutzte die Lage, um seine Forderungen an die Bauern von den traditionellen festen Zehntforderungen auf ein flexibles System von Pachten umzustellen, das sich der Konjunktur anpassen ließ und gewinnorientiertes Wirtschaften förderte. Die Mehrheit der kleinen Bauern, die weitgehend für ihre Selbstversorgung arbeiteten, sah sich dabei einem großen Druck ausgesetzt, dem viele nicht standhalten konnten. Es blieb ihnen aber die Chance, in die Städte auszuwandern, die auf Zuwanderer angewiesen waren und Arbeit boten. – Insgesamt lagen hier die Anfänge kapitalistischer Verhältnisse auf dem Lande: Der Adel und eine zunehmende Zahl von Bürgern betrachteten den Boden als eine Geldanlage, was wiederum der Landwirtschaft die Zufuhr von Kapital von außen sicherte. In den reichsten Gebieten Europas wurde im 16. Jahrhundert zum ersten Male absehbar, daß sich durch eine kapitalistische Wirtschaft die Ernährung dauerhaft sichern und die zyklische Wiederkehr von Hunger und Massensterben aufheben ließ. Lebten in Mittel- und Westeuropa um 1600 etwa ein Viertel mehr Menschen als 100 Jahre zuvor, waren es in den nördlichen Niederlanden fast doppelt so viele, in Holland sogar 230 Prozent mehr, ohne daß es eine Ernährungskrise gab.

4.2 Die Entwicklung Europas nördlich der Alpen

Die Abschwächung des alten Krisenzyklus im 16. Jahrhundert war nicht das Ergebnis einer isolierten agrarischen Revolution, sondern komplizierter nicht-agrarischer Prozesse. Der erste Faktor der Veränderungen war das Wachstum der Produktion und des Handels von Massenprodukten – besonders in Süddeutschland und im Nord- und Ostseegebiet; er führte zu einer Integration der regionalen Wirtschaftsgebiete zu einem einzigen europäischen. Der zweite Faktor war die Entstehung von Handelsunternehmen, die großräumige Märkte für Massenprodukte strategisch zu beherrschen lernten und Geldverkehr und Kredit erweiterten; sie stellten dabei eine engere Verbindung mit der staatlichen Macht her. Drittens schließlich war es von epochaler Bedeutung, daß der Atlantik- und Indienhandel, der um 1500 begann, die Nordsee gegenüber dem Mittelmeer bevorzugte. Keiner dieser drei Faktoren kann isoliert betrachtet werden; erst die Querverbindungen zu den sozialen und politischen Entwicklungen der Zeit lassen die langsame Verwandlung Europas und der Welt erkennen, die in kleinen Zentren begann.

Das Wachstum der Geldeinnahmen am Beispiel des Stifts Essen. Die Naturaleinnahmen blieben ungefähr auf gleicher Höhe.

Bearbeitet nach F. W. Henning: Handbuch der Wirtschafts- und Sozialgeschichte Deutschlands Bd. 1. Paderborn 1991, S. 544

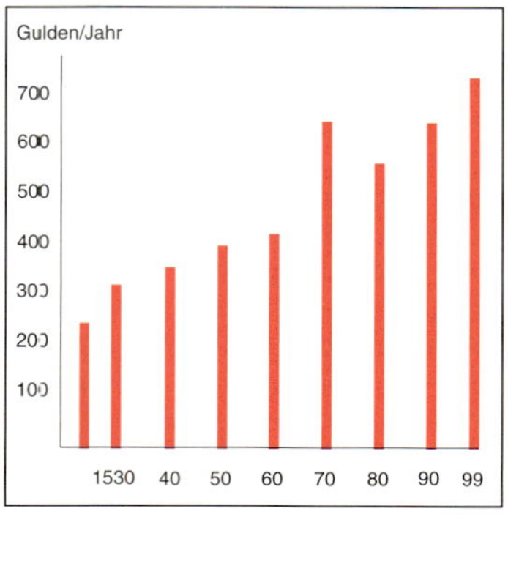

Die Zunahme der wirtschaftlichen Integration Europas

Jede wirtschaftliche Entwicklung hängt vom Wachstum der Märkte ab, und auch im 16. Jahrhundert war es der Handel, der Arbeitsteilung, Spezialisierung und Rationalisierung in Gang setzte. Dementsprechend konzentriert sich unsere Betrachtung auf den kleinen Teil der Produktion, der für den Markt geschah. Am geringsten war dabei der Fernhandel; um 1500 gingen über den Brenner, die wichtigste Verbindung zwischen Venedig und Mitteleuropa, etwa 4 000 Tonnen Waren pro Jahr. Aber diese kleine Menge war, bildlich gesprochen, die Hefe, die den riesigen Teig der europäischen Wirtschaft durchdringen sollte. Der Handel verband die vielen kleinen Wirtschaftsgebiete Europas miteinander, indem er zuerst den Luxusbedarf stillte, Überschüsse der Landwirtschaft vermarktete und Geld in Umlauf brachte. Mit neuen und billigeren Produkten weckte und befriedigte er neuen Bedarf; er bereitete die Wege für immer größere Mengen und setzte immer stärkere wirtschaftliche Mechanismen in Gang. Wurden im Hochmittelalter die meisten Menschen vom Fernhandel kaum berührt, so kann man für das 16. Jahrhundert schon von Europa als einem Wirtschaftsraum sprechen, dessen Mechanismen sogar das Leben der Hirten in Spanien und der Bauern auf dem Balkan beeinflußten. Im 17. Jahrhundert schließlich läßt sich der Beginn der Weltwirtschaft erkennen.
Der erste Wirtschaftszweig Europas, der schon im Mittelalter auf großräumige Märkte und größere Mengen ausgerichtet war, war die Textilproduktion. Zwar gab es überall Selbstversorgung und lokale Märkte, doch wurde die Nachfrage nach besseren Qualitäten von den Textilstädten Italiens, Süddeutschlands, Englands, Nordfrankreichs und der Niederlande gedeckt. Der relativ geringe Anteil der Transportkosten am Preis der Textilien schuf einen weiträumigen Markt, in dem auch weit entfernte

Produktionsstandorte miteinander konkurrierten. Der Preisdruck führte dazu, daß Verleger die bäuerlichen Arbeitskraftreserven für die gewerbliche Produktion nutzten. Ländliches Handwerk trat in Konkurrenz zum Zunfthandwerk in den Städten; in England und den Niederlanden lösten sich die Zünfte auf. In diesen Markt brachten niederländische Weber im 16. Jahrhundert eine zusätzliche Dynamik, als sie einen neuen Typ leichterer und billigerer Gewebe produzierten. Damit trat die Mode als Luxus einer wachsenden Zahl von Menschen in den Markt und erwies sich von Anfang an als ein starker Faktor der Veränderung. Der weiträumige Handel mit den Rohstoffen – Schafwolle, Flachs, Baumwolle, Alaun zum Entfetten der Schafwolle und Farbstoffe – multiplizierte die Wirkung der wachsenden Märkte und ließ sogar Randgebiete Europas daran teilhaben.

Was wir heute als Investitionsgüter bezeichnen, war volkswirtschaftlich zunächst weniger bedeutend. Rohstoffe und Werkzeuge kamen meist aus einem engen Radius um die Städte; nur wenige Produkte, z.B. Kupfer, Eisen und Mühlsteine, wurden über größere Entfernungen gehandelt. Der Schwerpunkt der europäischen Metallproduktion lag um 1500 im Deutschen Reich. Kupfer wurde im Harz, in Tirol, der Slowakei und Ungarn abgebaut, verhüttet und zu Draht, Blech und einfachen Geräten verarbeitet. Eisen wurde dank zahlreicher Erzvorkommen überall in Europa gewonnen, doch produzierte um 1500 die Oberpfalz um Amberg dank hoher Qualität mit etwa 10 000 Arbeitern die Hälfte des mitteleuropäischen Schmiedeeisens. Spezialisierte und technisch aufwendige Produkte wie Waffen ließen kleine Industriezentren entstehen (in Deutschland z.B. das Bergische und das Siegerland). Die Eisenproduktion Europas um 1500 wird auf 40 000 Tonnen pro Jahr geschätzt; ihre Verdoppelung dauerte ein Jahrhundert.

Eine große Rolle spielte die rasche Aufrüstung mit Feuerwaffen. Sie erforderte große Mengen Metall – zuerst Kupfer (Bronzekanonen), später Eisen – und führte zu Ansätzen einer Massenproduktion. Wasser- und Windmühlen wurden als Kraftmaschinen gebaut. Die Erfordernisse der Produktion nötigten zu neuen Erfindungen. Während im Textilgewerbe die billige bäuerliche Arbeitskraft Neuerungen hemmte, kam es in Bergbau und Metallurgie mit dem Übergang vom Kleinbetrieb – oft im bäuerlichen Nebenerwerb – zum Großbetrieb, zu technischen Fortschritten und dem Einsatz vieler Arbeiter. Der Sachse Georg Agricola (1494–1550) sammelte und entwickelte die Grundlagen der Mineralogie und der Abbau- und Fördertechnik in derart wissenschaftlicher Weise, daß sein Handbuch bis zum Beginn des 19. Jahrhunderts grundlegend blieb.

Die größte Erfindung der Epoche war die des Buchdrucks mit beweglichen Lettern, der die Massenproduktion von Büchern und Flugblättern erlaubte. Sie ermöglichte einen intensiven Austausch über Religion, Politik, Dichtung und Wissenschaft in ganz Europa und verband allen weiteren Fortschritt untrennbar mit Lesen und Schreiben. Die Grenzen der Erfindungen lagen nicht in den technischen Fähigkeiten der Menschen, sondern in den Besonderheiten der älteren sozialen Ordnung, die gewisse Erfindungen verhinderte, weil sie das soziale Gleichgewicht der Stadt gefährdeten.

Der frühe und bescheidene Massenkonsum, an dem auch ein Teil der Bauern teilhatte, öffnete die Chance eines langfristigen, ja sogar sich beschleunigenden Wachstums der Wirtschaft. Anders als bei der Nahrung verhielt sich die Nachfrage bei hochwertigen Konsumgütern „elastisch“: Keine Sättigung setzte ihr eine Obergrenze, und kein

Hans Sebald Behaim: Stadtleben in Süddeutschland um 1550

Die Stadt steht buchstäblich unter dem Zeichen Merkurs, des Gottes des Handels; ihre „Modernität“ für ihre Zeit ist offensichtlich: die mechanisch komplizierte Orgel, vorne links Kaufmann und Schreiber mit Büchern und Abakus, einer mechanischen Rechenhilfe; im Mittelgrund Arzt, Gelehrte und Astrologen oder Astronomen mit ihren Geräten, links eine Malerwerkstatt mit Glasfenstern.

Preisbewegungen in Paris 1500–1600

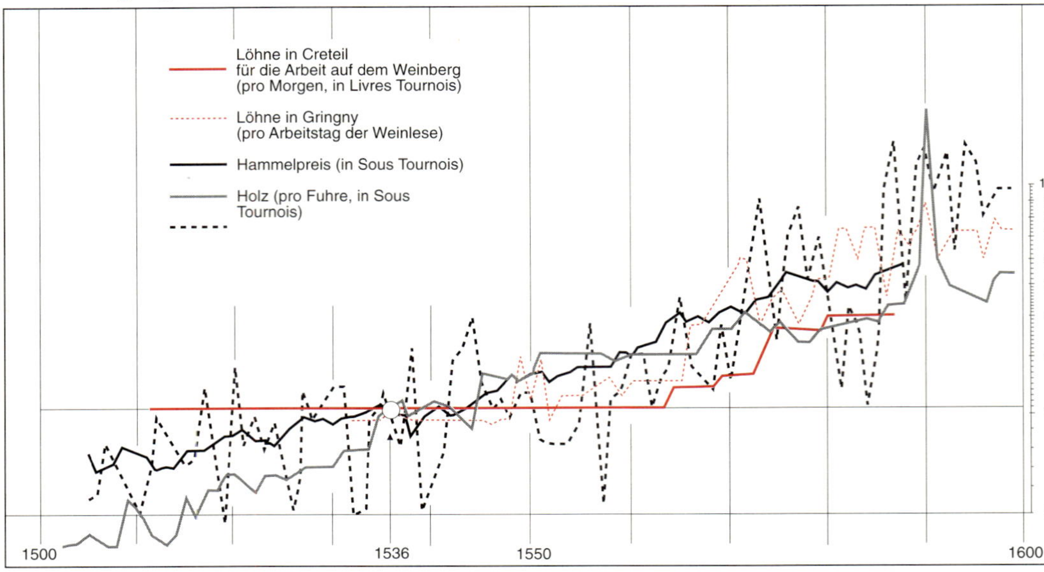

F. Braudel: Das Mittelmeer. Bd. 2. (Suhrkamp) Frankfurt 1990. S. 250

unersetzlicher Bedarf konnte die Preise ins Unermeßliche treiben. Noch in Krisenzeiten verfügten gewöhnlich die Oberschichten über einige Kaufkraft und profitierten dabei von sinkenden Löhnen und Preisen. Mochte die Konjunktur einzelner Jahre ungünstig sein, mochten kleinere Gewerbezentren ganz untergehen, mittelfristig und in der Summe Europas aber können wir vom 16. Jahrhundert an von einer dauernd steigenden gewerblichen Produktion sprechen, die die Lebenswirklichkeit von immer mehr Menschen irreversibel änderte.

Zu den neuen Entwicklungen gehört auch, daß die frühere Stabilität des Geldes unsicher wurde. Im 16. Jahrhundert stiegen die Preise langfristig an. Obwohl die jährliche Inflationsrate im Durchschnitt unter einem Prozent lag, *peanuts* für das 20. Jahrhundert, sahen sich die damaligen Menschen verunsichert. Aus ihrer Perspektive spricht man heute von der Preisrevolution des 16. Jahrhunderts und sieht ihre ernsten sozialen Folgen. Die Zeitgenossen führten die Inflation auf die großen Edelmetallzufuhren aus Amerika zurück. Die Tatsache, daß die Inflation vor den großen Silberzufuhren größer war als danach und in Spanien niedriger als in Mitteleuropa, läßt vermuten, daß ihre Ursachen wahrscheinlich bei der allgemeinen Vermehrung des Geldes im Rahmen der wachsenden wirtschaftlichen Dynamik lagen. Für die Bezieher langfristig festliegender Einkommen auf dem Lande und außerhalb der Wachstumszentren bedeutete das einen Nachteil, während die wachsenden Städte ihren Nutzen daraus zogen.

Die Unternehmen der Fugger

Eine zentrale Rolle in der wirtschaftlichen Expansion seit dem 14. Jahrhundert spielten oberdeutsche Kaufleute besonders in Ravensburg, Nürnberg und Augsburg. Sie lieferten Leinenprodukte in den Mittelmeerraum und handelten im Gegenzug mit den von dort kommenden Luxusprodukten in Mittel- und Osteuropa. Es sind vor allem die Fugger, die für eine neue Dimension des Handels stehen. Nachdem sie zunächst durch Verlagsproduktion und Fernhandel mit Leinen und Barchent ein Vermögen erworben hatten, begannen die Fugger um 1480, in den Tiroler Kupfer- und Silberbergbau zu investieren. Die dafür erforderlichen Rechte erwarben sie von habsburgischen Landesherren, denen sie dafür Kredite boten. Unter Kaiser Maximilian I. (1486–1519) übernahmen sie auch die Kupfer- und Silbervorkommen in Ungarn und der Slowakei. Mit Verhüttung, Verarbeitung und Handel bauten sie eine Machtposition auf den Märkten auf. Das Silber sicherte bis zum Beginn des Silberzuflusses aus Amerika um 1540 ein gutes Geschäft. Das Kupfer tat es nicht weniger, seit die Nachfrage nach Kanonen, Blech für den Unterwasserrumpf von Schiffen und Hausgeräten stark expandierte. Durch Absprachen mit ihren Konkurrenten, besonders den polnischen Thurzo in Krakau, konnten die Fugger für einige Jahrzehnte ein Kupfermonopol aufbauen. (→ M 4.1–4.4)

Der wichtigste einzelne Absatzmarkt für Kupfer war Antwerpen, und es war ein folgenreicher Zufall der Geschichte, daß diese Stadt mit dem Herzogtum

Burgund 1477 an das Haus Habsburg fiel. Als sich nach 1500 abzuzeichnen begann, daß Habsburg auch Spanien erben würde, ergab sich für die Fugger eine strategische Chance, wie sie kein anderes damaliges Handelshaus hatte. Daher unterstützten Jakob Fugger und andere süddeutsche Kaufleute bei der Königswahl 1519 den Habsburger Karl V. mit riesigen Krediten. – Zu der betriebswirtschaftlichen und räumlichen Integration der Kupfer- und Silbermärkte trat eine ganz neue Verbindung, die von Kapital und Staat. Die Fugger erhielten als Absicherung und Tilgung ihrer Kredite die Kupfer- und Quecksilbervorkommen[1] Spaniens zur Ausbeutung; sie und andere süddeutsche Gesellschaften wurden an Verträgen zur Nutzung der amerikanischen Kolonien beteiligt. Zugleich begannen Produkte, die der neue transatlantische und indische Handel auf die Iberische Halbinsel führte, in Lissabon, Sevilla und Antwerpen in das Handelsnetz der Fugger einzufließen. Die Gewinne waren enorm – das Kapital einiger Handelshäuser wuchs jährlich um über zehn Prozent. (→ M 4.1–4.5)

[1] Quecksilber war von großer Bedeutung, um die in Europa häufig miteinander verbundenen Metalle Silber und Kupfer voneinander trennen zu können.

4.3 Portugal, Spanien und die europäische Expansion

Zu den Ereignissen, mit denen man traditionell den Beginn der Neuzeit definiert hat, gehört die europäische Expansion, die auch heute noch oft als das Zeitalter der Entdeckungen bezeichnet wird. Man hat diesen Vorgang in erster Linie mit den geistigen Errungenschaften der Renaissance, besonders den wissenschaftlichen Arbeiten von Kopernikus, Toscanelli, Behaim u.a. verbunden. Damit hat man die viel älteren mediterranen Voraussetzungen dieses Vorgangs und die Beiträge der Araber meist unterschätzt, was das Mißverständnis einer deutlichen Grenze zwischen Mittelalter und Neuzeit förderte.

Spanien und Portugal bildeten im Mittelalter gegenüber Mitteleuropa eine Randzone; die Pyrenäen waren eine stärkere Grenze als das Mittelmeer, das die Iberische Halbinsel mit Italien und Nordafrika verband. 711 hatten Araber, den größten Teil der Iberischen Halbinsel erobert und in die islamische Welt integriert. In enger Beziehung zu Afrika und dem Nahen Osten, politisch aber seit 756 selbständig, erlebte das maurische Spanien im 10. Jahrhundert eine wirtschaftliche und geistige Blüte, die sich mit einer recht großen religiösen Toleranz der Muslime gegenüber der christlichen Mehrheit und einer jüdischen Minderheit verband. Gegenüber den arabischen Fürstentümern bewiesen die christlichen Königreiche Leon und Navarra, obwohl zivilisatorisch weit unterlegen, eine aggressive militärische Kraft und eroberten in zwei Jahrhunderten den größten Teil der Halbinsel. Diese *Reconquista*, die Rückeroberung, wurde als ein Kreuzzug gegen den Islam verstanden; sie prägte die Iberische Halbinsel bis ins 20. Jahrhundert. Ihren Abschluß fanden diese Kriege mit der Eroberung Granadas 1492, in dem Jahr, als Kolumbus Amerika erreichte. Einen inneren Frieden brachten sie nicht; gleich nach dem Sieg wurden alle Juden und Muslime, die sich nicht taufen ließen, 1609 auch noch die christlichen Araber aus Spanien vertrieben.

Die wirtschaftlichen Folgen der *Reconquista* waren für die iberischen Länder eher negativ. Der Gewinner war der Adel, dessen kleiner reicher Teil zum Nachteil der Mehrheit der Bauern riesigen Landbesitz erwarb. Die Überschüsse der Landwirtschaft waren gering; eine ausgedehnte Schafzucht nutzte die trockenen Gebiete des Innern und produzierte das wichtigste Exportgut, Wolle, die in die Niederlande und nach Italien ausgeführt wurde. Die Vertreibung der arabischen und jüdischen Kaufleute und die Abtrennung Spaniens von der islamischen Welt waren für den Handel ungünstig, die Produkte der Textilindustrie von Segovia und Toledo waren nicht exportfähig. Während die englischen Könige den Export von Wolle möglichst behinderten, um die heimische Textilproduktion zu fördern, konnte der spanische Adel Exportverbote stets verhindern und so seine agrarischen Vorteile sichern.

Die politische Position der Städte in Spanien war schwächer als in Mitteleuropa, Italien und England. Das aktivste Element in den südlichen Hafenstädten waren Italiener, die dort seit dem 13. Jahrhundert in eigenen Gemeinschaften lebten und den Fernhandel beherrschten. Aus seinen Beziehungen zu Sizilien, Genua, Frankreich und dem Osmanischen Reich zog Spanien kaum wirtschaftliche Vorteile. Ohnehin war Spanien um 1500 mehr ein geographischer als ein politischer Begriff. Als 1469 Kastilien und Aragon durch die Heirat Isabellas mit Ferdinand vereinigt wurden, behielten die Teilreiche ihre innere Selbständigkeit mit eigenen Verfassungen, Ständeversammlungen, Gesetzen und Währungen. Daran änderte sich fast 100 Jahre lang wenig. Philipp II, der 1556 die Herrschaft übernahm, benutzte das Wort Spanien selten und wenn, dann im Plural; nur die Person des Herrschers hielt das Reich zusammen.

Portugal im 15. Jahrhundert: Aus der Unterentwicklung in die Expansion

Portugal war um 1500 mit etwas über einer Million Einwohnern ein politisch und wirtschaftlich schwaches Land. Die Landwirtschaft war wenig produktiv, und neben Lissabon gab es kaum Häfen; die weni-

gen Städte wurden nicht von den Bürgern, sondern von königlichen Beamten verwaltet. Das Bürgertum wußte keinen Nutzen aus der Schiffahrtsstraße zu ziehen, die seit dem 13. Jahrhundert an Portugals Küsten vorbei Genua mit Brügge verband. Der geringe Fernhandel mit Wolle, Salz und Getreide wurde von König und Adel über genuesische Händler geführt. Wie konnte in diesem Land ein Prozeß beginnen, der die Welt veränderte?
Um die Entdeckungs- und Eroberungsreisen der Portugiesen und Spanier richtig zu verstehen, muß man stärker die langen Traditionen des Mittelmeers beachten als das neue Denken der italienischen Renaissance. – Für Portugiesen und Spanier war Nordafrika kein fremder Kontinent, sondern Nachbarschaft, wo man seit Jahrhunderten Schiffahrt trieb. Seit die Straße von Gibraltar im 13. Jahrhundert für den Handel geöffnet wurde, suchte man nach neuen Zielen und schreckte dabei auch nicht vor der Hochsee zurück: Es waren Genuesen, die zu Beginn des 14. Jahrhunderts die Kanarischen Inseln erreichten; Portugiesen landeten 1418 in Madeira und 1427 auf den Azoren – über 1300 km von der Küste entfernt.[2] Nicht zuletzt wies die Tradition der *Reconquista* expansiv über Europa hinaus: Hatte man die islamischen Reiche auf der Iberischen Halbinsel erobert, so konnte man diese Expansion auch jenseits des Meeres fortsetzen.

Von den gesamteuropäischen Antrieben der Expansion war das Christentum der stärkste. Mit seinem missionarischen Auftrag, alle Menschen zu bekehren, übte es geradezu einen Zwang aus, die eigenen Grenzen zu überschreiten und die ganze Welt zu verändern, wobei die materiellen Interessen die religiösen Gebote oft genug in ihr Gegenteil verkehrten. Mit dem christlichen Impuls durchdrang sich eine vorwiegend auf Erkenntnis gerichtete Neugier der Europäer gegenüber dem Fremden, wie sie anderen Hochkulturen eher fremd war, wobei auch hier intellektuelle und materielle Antriebe oft genug nicht voneinander zu trennen waren. Von hier aus ist es nicht überraschend, daß es kein Kaufmann oder Gelehrter war, sondern ein Prinz ohne Amt, Heinrich der Seefahrer, der um 1420 mit der gezielten Sammlung aller erreichbaren Kenntnisse zur Seefahrt begann und planmäßig Erkundungen entlang der afrikanischen Küste durchführen ließ. Vor allem durch Seeleute und Kartographen aus Mallorca fand er Zugang zu dem umfangreichen Wissen der Araber, ihren Meßinstrumenten (z.B. Astrolabien) und astronomischen Tabellenwerken, die von der Kugelgestalt der Erde

2 Die Azoren finden sich schon auf einer italienischen Seekarte des 14. Jahrhunderts, was auf römisches oder arabisches Wissen zurückgehen kann.

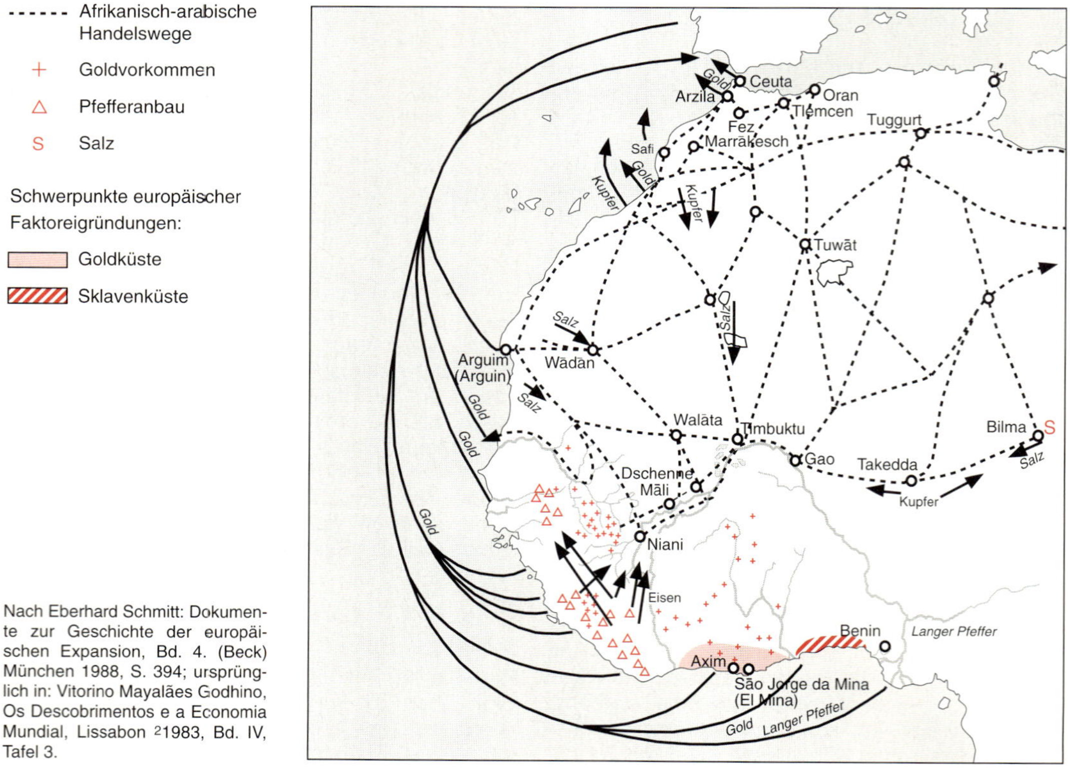

Nach Eberhard Schmitt: Dokumente zur Geschichte der europäischen Expansion, Bd. 4. (Beck) München 1988, S. 394; ursprünglich in: Vitorino Mayalães Godhino, Os Descobrimentos e a Economia Mundial, Lissabon [2]1983, Bd. IV, Tafel 3.

ausgingen und eine präzise Berechnung der geographischen Breite erlaubten.[3] In der Schiffbautechnik waren die Niederländer das Vorbild. Wissen und Personen gingen dabei in Europa seltsame Wege. Martin Behaim, der im fernen Nürnberg noch vor der Reise des Kolumbus den ersten Globus erstellte, hatte seine Frau auf den Azoren kennengelernt und dort sicher auch geographische Kenntnisse erworben.

Ein gesamteuropäischer Impuls zur Erkundung fremder Länder waren die Reichtümer des Orients, von denen man seit den Kreuzzügen klare Vorstellungen hatte. Dazu kam der Edelmetallmangel, der besonders das Orientgeschäft behinderte. Der Wert der europäischen Exporte dorthin war ständig geringer als der der Importe und mußte durch Silber ausgeglichen werden. Das wußten die in Spanien und Portugal lebenden Genuesen am besten. Spätestens seit man um 1400 von dem Goldreichtum des Nigergebietes erfahren hatte, von dem man nur durch die nordafrikanischen Muslime getrennt war, lag es nahe, nach einem Seeweg entlang der afrikanischen Westküste zu suchen. Fassen wir alle diese Faktoren zusammen, dann können wir sagen, daß schon im Mittelalter starke Kräfte zur Veränderung lagen, die auch ohne ein klares Bewußtsein längerfristig aus sich heraus ihre eigenen Grundlagen auflösten. Heinrich der Seefahrer war sich kaum der Tragweite seines Tuns bewußt, als er das Wissen seiner Zeit über Schiffahrt und Geographie sammelte und ordnete; aber es war nicht zufällig ein Genuese, nämlich Kolumbus, der die weitestgehenden Schlüsse daraus zog. (→ M 4.16 und 4.17)

Auch wenn viele Menschen mit den neuen Mitteln neue Erkenntnisse gewannen, so war damit die Angst vor dem Neuen, vor lebensfeindlicher Hitze und einer Art Ende der Welt noch nicht bewältigt. Die Portugiesen überwanden die physischen, psychischen und geistigen Barrieren in langsamer Erkundungsarbeit; für die Erforschung der ersten 3500 Kilometer von den Kanaren bis zur Elfenbeinküste benötigten sie 37 Jahre, für die nächsten 6000 bis zum Kap der Guten Hoffnung (1487) 16 Jahre; weitere 11 Jahre später erreichte Vasco da Gama Indien. Entlang den Küsten wurde eine weitmaschige Kette von Handelsstationen eingerichtet. Ihr Ertrag war bescheiden; die Ausbeute an Gold blieb enttäuschend, und die Gewürze aus Afrika waren nicht so gut wie die asiatischen. Erst der Sklavenhandel ab 1503 steigerte die Gewinne. (→ M 4.18 und 4.19) Als Vasco da Gama 1498 mit der Hilfe arabischer Lotsen Indien erreicht hatte und in Calicut neben indischen, arabischen und chinesischen Schiffen ankerte, mußte er seine Unterlegenheit erkennen; denn die europäischen Textilien, Glasperlen und Metallwaren waren hier wertlos und die Inder nur an Gold interessiert. (→ M 4.20) Das asiatische Angebot an Genußmitteln und Luxusgütern, aber auch an Alltagsgeräten war dem europäischen überlegen. Die Portugiesen mußten nach einem Streit flüchten, kamen aber wieder und setzten sich im Indischen Ozean in wenigen Jahren militärisch durch. Mit ihren Schiffen, die den Asiaten als schwimmende Festungen erschienen, und ihrer ungehemmten Gewaltbereitschaft konnte Portugal mit wenigen Schiffen und Menschen die Schiffahrt zwischen Indien, Persien und Ägypten teilweise unter seine Kontrolle bringen. Mit der Besetzung von Sokotra am Golf von Aden 1503 und von Maskat nahe der Straße von Hormus konnten sie den arabisch-indischen Handel zwar nicht völlig unterbrechen, aber doch die Hälfte der asiatischen Waren für den europäischen Markt – Pfeffer, Ingwer, Gewürznelken und Seide – auf dem Seeweg rund um Afrika nach Portugal lenken. Die Kosten der Seefahrt und der Kriege waren enorm: Ein Drittel der Schiffe ging auf den Indienfahrten verloren, etwa die Hälfte der Seeleute kam um. War dies Fortschritt und Ausdruck europäischer Überlegenheit?

Die Vermarktung seiner Beute stellte Portugal vor neue Probleme, da Lissabon am Rande Europas lag und nur wenige portugiesische Kaufleute die nötigen Kapitalien und Erfahrungen mit den mitteleuropäischen Absatzmärkten hatten. Von den Handelszentren der südlichen Nordsee, besonders von Antwerpen mit seinem weiträumigen Netz an Geschäftsbeziehungen, ging eine Anziehungskraft aus, der sich niemand entziehen konnte. Als 1501 die erste Gewürzlieferung in Antwerpen eintraf, bedeutete das eine epochale Entscheidung. Der Atlantikhandel war von vornherein an die Nordsee gebunden, was endgültig den Ausschlag für das Übergewicht des Nordens über das Mittelmeer gab.

Die spanische Eroberung Amerikas

Portugal suchte die Früchte seiner Mühen zu sichern, indem es alle ausländischen Schiffe von der Afrika-Route ausschloß. So zwang es Spanien, einen anderen Weg zu suchen, wollte es am Indienhandel teilhaben. Wie vielen Zuspätgekommenen gelang Spanien dabei die genialere Lösung, als es den Weg über die offene See nach Westen suchte. Der Genuese Kolumbus konnte sich dabei auf das beste Wissen seiner Zeit stützen und wurde von den zeitgenössischen Fachleuten ernstgenommen. Er ging bei seiner Reise vor allem das Risiko ein, seine Reisedauer zu unterschätzen und an einem Mangel an Vorräten zugrundezugehen. Aber selbst wenn er gescheitert wäre, wäre es nur eine Frage

---

3 Kern der Methode war die Tatsache, daß die Mittagshöhe der Sonne auf der Nordhalbkugel an ein und demselben Tag um so höher ist, je weiter man nach Süden kommt; daraus schlossen schon die antiken Griechen und die Araber, daß die Erde Kugelgestalt haben muß.

weniger Jahre gewesen, bis ein weiterer Versuch zum Ziel geführt hätte. – Die Bereitschaft der Spanier zur Westroute nach Indien zeigte sich auch an der Reaktion auf die Kolumbus-Reise. So gering ihr Ertrag war – wenig Gold, ein paar Gewürze und medizinisch nutzbare Pflanzen –, so lebhaft war die Spekulation, die sie auslöste. An der zweiten Fahrt (1493) beteiligten sich 1 200 Menschen auf 17 Schiffen; das Kapital wurde vor allem von Adligen und von der Krone aufgebracht; und danach gab es trotz aller großen Mißerfolge kein Halten mehr. Innerhalb weniger Jahre wurden die Karibik und die Festlandküste erkundet und unter spanische Herrschaft gebracht. Obwohl der Goldertrag in der Karibik trotz brutaler Ausbeutung der Bevölkerung gering blieb, fehlte es nie an Zuwanderern, die Vermögen und Leben einzusetzen bereit waren, um Gold und Landbesitz zu finden. Nach 1519, als die Eroberung von Mexico die erste große Edelmetallbeute brachte, gewann der europäische Zugriff auf Amerika eine neue Dynamik. Ab 1523 begann das deutsche Handelshaus der Welser in Santo Domingo mit dem Anbau von Zuckerrohr und der Produktion von Zucker, dem ersten kolonialen Massenprodukt der Weltwirtschaft für den europäischen Markt; 1528 schlossen die Welser den ersten Vertrag über die Lieferung von Sklaven. (→ M 4.5) Nach der Eroberung des Inkareichs durch die Gebrüder Pizarro 1532/33, die Europa riesige Goldmengen einbrachte, wurden 1545/46 in Peru und Mexiko ergiebige Silberminen entdeckt. (→ M 4.21 und 4.22) Vor allem das Silber leitete einen neuen Abschnitt in der Geschichte des Geldes ein, dessen Folgen bis China reichten. Zugleich wurden innerhalb von wenigen Jahrzehnten die Sozialstrukturen Süd- und Mittelamerikas radikal verändert.

Um 1600:
Illustration aus der Chronik des Guaman Poma de Ayala, der sich als Angehöriger der Inka-Oberschicht verstand und Ketschua schrieb.

Der Inka – auf ketschua: „Ißt du dieses Gold?" Der Spanier – auf spanisch: „Dieses Gold essen wir."

Die Entstehung kolonialer Gesellschaften in Lateinamerika

Schon klimatisch waren Teile der Karibik und die Hochländer Mexikos und der Anden für eine europäische Besiedlung gut geeignet. Die Eroberer zerstörten die alten Hochkulturen bis auf die sozialen Fundamente, indem sie ihre Bevölkerungen massenhaft vernichteten – teils gezielt bei der Eroberung, meist aber indirekt durch die Zerstörung von Ernährungsgrundlagen und durch eingeschleppte Krankheiten.

Die Welt wurde nicht nur eine wirtschaftliche, sondern auch eine medizinisch-epidemische Einheit. Mit Cortez eroberten auch die Pocken Mexiko; die „Pest" von 1546 und die von 1576/77 waren wahrscheinlich „nur" Grippeepidemien, forderten aber eine Millionenzahl von Menschenleben. Historische Bevölkerungsgrößen sind schwer zu bestimmen; aber alle Untersuchungen stimmen überein, daß nur ein Bruchteil der indianischen Bevölkerung die weiße Eroberung überlebte. Stellten wohl schon die 5 Millionen Indios in Peru 1548, am Ende der Eroberung, nur noch ein Drittel der ursprünglichen Bevölkerung dar, so verringerte sich deren Zahl weiter bis ins frühe 17. Jahrhundert.

Die Reichtümer und das Kulturland der altamerikanischen Kulturen fielen in die Hände der Spanier, die in Amerika eine völlig neue Gesellschaft hervorbachten. Etwa 250 000 Spanier wanderten im 16. Jahrhundert nach Amerika aus; danach blieb der Zuwachs von außen eher gering, und die Zunahme von 720 000 Weißen um 1650 auf gut vier Millionen 1825 war eine interne Entwicklung. Die Weißen verteilten sich auf einen riesigen Raum und bildeten die Oberschicht über der indianischen Mehrheit. Seit 1503 wurden Afrikaner in die Karibik und nach Brasilien, später auch nach Nordamerika als Sklaven gebracht; ihre Zahl wuchs bis 1825 stärker durch die Zufuhr aus Afrika als durch natürliche Vermehrung auf über 4 Millionen an. In der Karibik,

in Mexiko und Brasilien kam es zu einer starken Vermischung der Rassen, während sich die Indios der Andenhochländer, wohin auch nur wenige Sklaven verbracht wurden, stärker abkapselten.
Bis ins 20. Jahrhundert stützte sich die Gesellschaftsordnung in Lateinamerika vorwiegend auf den Landbesitz der Weißen. Die historischen Rechtsgrundlagen dafür waren die *repartimientos*, Zuweisungen von Indios (d.h. von Personen, nicht von Land) an Spanier. Die Indianer hatten durch Arbeit und Abgaben quasi die Kosten der Eroberung und den Lebensunterhalt für die Sieger aufzubringen. Dieses System wurde durch die *encomienda* ergänzt, bei der Spaniern eine Art Vormundschaft zum rechtlichen und sozialen Schutz größerer Gruppen von Indianern, oft ganzen Stämmen, übertragen wurde. Diese in Spanien erdachte gutgemeinte Ordnung, die den Landbesitz von der Verfügungsgewalt über die Menschen trennen sollte, scheiterte. Die Weißen sahen das Land mit den Indios darauf als ihren feudalen Besitz an, und die schrankenlose Ausbeutung verdrängte die Idee eines rechtlich gesicherten und begrenzten Schutzverhältnisses: Die Großgrundbesitzer verfügten frei über die Indios und konnten sie z.B. in Peru beliebig und ohne Lohn zur Arbeit in die Silbergruben von Potosi schicken. (→ M 4.24)
Unter der weißen Oberschicht und der von ihr geschaffenen Ordnung blieben noch lange Reste der voreuropäischen Gesellschaften erhalten. In Peru war ein Großteil der *encomiendas* mit den Steuerbezirken der Inkas (*ayllus*) identisch, und die in *quipus*, Schriftschnüren der Inkas, aufgezeichneten Steuerlisten wurden früh ins Spanische übersetzt. Der Tendenz der peruanischen Bevölkerung, sich von den Weißen abzukapseln, wirkten die Spanier mit modernen staatlichen Mitteln entgegen, indem sie sie zählten, ihren Besitz taxierten, ihnen Wohnorte zuwiesen und Steuern in Geld verlangten; sie zwangen sie zur Integration in den Markt. (Immerhin gelang so bei dem Mangel an Handwerkern einer Minderheit von Indios und Mestizen, in den Städten kleinbürgerliche Existenzen aufzubauen.)
Die Identität der Indios wurde trotz ihrer Einordnung in die neue wirtschaftliche und soziale Ordnung und ein rigoros durchgesetztes Christentum nur teilweise zerstört, da die Kirche nie das Vertrauen der Indios gewinnen konnte. Kaum ein Indio wurde zum Priester geweiht, der Versuch eines indianischen Priesterseminars unterdrückt. So blieb teils im Geheimen, teils unter der Oberfläche christlicher Riten viel von der inkaischen Religion erhalten. Indiosprachen, vor allem das Ketschua, werden bis heute von der Mehrheit der Andenbevölkerung gesprochen. Der Unterbau der alten Inka-Gesellschaft blieb noch lange Zeit erhalten, und Reste der alten Inka-Oberschicht bestanden fort und spielten politisch und kulturell eine zwiespältige Rolle, indem sie einerseits als *Kaziken*, als Vorsteher der inkaischen

Peru, im 18. Jahrhundert:
Inka-Adliger mit den alten Hoheitszeichen (Kopfschmuck, Stirnband, Sonnensymbol), die Ärmel mit Brüsseler Spitze dekoriert, als Teilnehmer an einer christlichen Prozession. (Der Maler, Diego Quispe Tito, war selbst inkaischer Herkunft.)

Bevölkerung, die Herrschaft der weißen Minderheit sicherten und andererseits durch ihre Herkunft und Lebensformen vorspanische Traditionen verkörperten. An der Spitze der Aufstände der Indios gegen die Spanier standen bis zum Tupac-Amaru-Aufstand von 1780 Personen, die sich aus ihrer vornehmen inkaischen Herkunft legitimierten.
Das politische System Lateinamerikas wurde früh nach europäischem Vorbild geprägt. Die eroberten Gebiete waren als Vizekönigreiche in die spanische Monarchie eingefügt, nicht aber Kolonien minderen Rechts (→ M 4.23). Ihre Zentren waren immer Städte, denen riesige Landbezirke zugeordnet waren. In den Städten wohnte die weiße Oberschicht zumindest jahreszeitlich und konnte nur dort ihre Bürger- und Selbstverwaltungsrechte ausüben, die ihnen eine starke Position gegenüber dem Mutterland sicherten. Schon in den 1540er Jahren drohten die Weißen in Peru Karl V. damit, sich von Spanien zu lösen, sollten die dort gemachten Gesetze nicht ihren Interessen angepaßt werden. Der Kampf Lateinamerikas um seine politische Unabhängigkeit,

Die lateinamerikanische Stadt als Abbild der spanischen: Die *plaza mayor* von Panama mit Verwaltungsgebäuden, Läden, Kirchen und Stierkampfarena.

der Ende des 18. Jahrhunderts ausbrach, hatte frühe Wurzeln. Die indianische Bevölkerung blieb in dieser Ordnung ohne politische Rechte und Einflüsse; die Geschichte des Landes wurde ohne sie geschrieben. Damit zerschlugen sich die Hoffnungen Karl V. und Philipps II., daß die Indios gleichberechtigte Untertanen würden. So faszinierend die Europäisierung eines so riesigen Kontinents wie Amerika war, so beunruhigend bleibt doch ihr Ergebnis, die langfristige Spaltung der Gesellschaft in Sieger und Besiegte, die sich recht weitgehend mit der zwischen weiß und nicht-weiß, wohlhabend und arm deckte. Die Folgen davon sind auch nach mehreren Jahrhunderten noch nicht bewältigt.

Das „Heidenrecht" und die Anfänge des Völkerrechts

Inmitten der bedrückenden Wirklichkeit der Eroberung Lateinamerikas durch die Weißen bleibt immerhin ein positiver Beitrag zur Modernisierung der Welt zu berichten, der Beginn eines Völkerrechts. Die Entrechtung und Fast-Versklavung der Ureinwohner Amerikas lag nur im Interesse der Eroberer, nicht aber der spanischen Könige. Am Hof kämpften die Interessengruppen mit aller Härte, um ihre Ziele durchzusetzen. Zu ihrer juristischen Absicherung griffen beide Seiten auf die Traditionen des Naturrechts zurück.

Während die Vertreter der amerikanischen Siedler Aristoteles und Thomas von Aquin folgten, die die Versklavung des Menschen durch den Menschen zuließen, betonten ihre Gegner, daß auch Unglaube und zeitweiliges Fehlverhalten von „Heiden" deren Rang als freie Menschen nicht aufheben könnten und bestritten den Christen das Recht, Völker nur darum zu unterwerfen, weil sie Heiden waren. Mit dieser Rechtsauffassung vom *jus gentium*, dem Recht der Heiden, waren wenigstens die Ansätze zu einem Völkerrecht gelegt, die sich vom 17. Jahrhundert an breit entfalteten, wenn auch die Diskrepanz zwischen dem Recht und der Macht bis heute nirgendwo so deutlich ist wie auf diesem Rechtsgebiet. (→ M 4.26 und 4.27)

Naturrecht
In der Antike (Aristoteles) begonnene und im Mittelalter (Thomas von Aquin) entwickelte Theorie zur Begründung der Rechtsverhältnisse zwischen den Menschen. Sie geht von der Annahme aus, daß allen Menschen als vernünftigen Wesen von Natur aus bzw. durch ihre Schöpfung durch Gott ein Rechtsbewußtsein gegeben ist. Das Naturrecht hat einen höheren sittlichen Rang als das „positive" Recht, das von menschlichen Gesetzgebern geschaffen ist; es unterwirft alle Menschen, ob Christen oder Heiden, denselben Gesetzen. Von den Juristen der Schule von Salamanca konsequent angewandt, bedeutet das Naturrecht, daß Nicht-Christen gegen Christen im Recht sein können und ihre Staaten von den Christen zu respektieren sind. Dieses *jus gentium*, das Recht der Heiden, wurde zur Grundlage eines von Religionen und Weltanschauungen unabhängigen Völkerrechts. Vom 16. Jahrhundert an löste sich das naturrechtliche Völkerrecht von seinen christlichen Grundlagen und gewann eine immer breitere Wirksamkeit. Vom Ende des 18. Jahrhunderts wurde das Naturrecht von moderneren Rechtsmodellen abgelöst, die wissenschaftlich besser begründbar, aber in ihrer ethischen Verbindlichkeit schwächer sind.

4.4 Die Niederlande und Antwerpen als neues Zentrum Europas

Schon im späten Mittelalter bildeten Nord- und Ostsee eine Wirtschaftszone, die an Bedeutung nur vom Mittelmeer übertroffen wurde. Die älteste Handelsmacht dieses Gebiets war die Hanse, ein Städtebund, der vom Rhein bis ins Baltikum reichte. Über ihre Zentren Lübeck und Hamburg lieferte sie Fisch, Salz, Holzteer, Wachs, Honig und andere Massenprodukte sowie Pelze für den europäischen Markt. Die meisten dieser Güter mochten unansehnlich und billig sein, aber sie eröffneten auf Dauer größere Märkte als die Luxusprodukte. Nach Westen endete der Handel der Hanse meist in den Häfen des Mündungsgebiets von Rhein und Maas; in Brügge traf er auf Genuesen, die seit dem 13. Jahrhundert eine Schiffahrtsverbindung hierher unterhielten.

Die Niederlande bildeten mit ihren Nachbargebieten schon im Spätmittelalter ein so bedeutendes Zentrum der Textilproduktion, daß man das Gebiet zwischen unterer Seine und Niederrhein als den wirtschaftlichen Nordpol Europas bezeichnet hat. Ein ganzjähriger Seeverkehr erschloß Nord- und Ostsee; große Flüsse, auf denen man Lasten schneller und billiger als auf dem Landweg transportieren konnte, führten nach Deutschland bis zu den Alpen und über die Maas bis an die Wasserscheide zu Saône, Rhône und Mittelmeer; der Landweg nach Paris war bequem. Zufälle der Meeresströmungen ließen im späten 15. Jahrhundert den Hafen von Brügge versanden und Antwerpen das neue Zentrum dieser Region werden.

Die wirtschaftliche Entwicklung der Region wurde früh von der Politik begünstigt. Beiderseits der Grenze zwischen Frankreich und dem Deutschen Reich sammelten die Herzöge von Burgund seit Ende des 14. Jahrhunderts eine Reihe Territorien, in denen auch die flandrischen Textilgebiete lagen. Die Herzöge erwiesen sich als geschickte Politiker, die in einer unruhigen Zeit eine große Zone des Rechtsfriedens schufen und mit den reichen Städten Kompromisse anstrebten. Während überall in Europa Fürsten durch die Münzmanipulationen ihren Finanznöten abzuhelfen suchten, betrieben die Herzöge von Burgund eine solide Geldpolitik. Das förderte Produktion und Handel und trug zu einem relativen Reichtum bei, der sowohl den feudalen Oberschichten wie dem städtischen Bürgertum zugutekam. Er ermöglichte eine kulturelle Blüte, die der Oberitaliens nicht nachstand.

Antwerpen war eine Stadt, die in ihrer kurzen Blütezeit stärker als andere von fremden Kaufleuten geprägt wurde. Am zahlreichsten waren die der Hanse, die noch 1562, als sie in England, Rußland und Skandinavien längst durch nationale Handelspolitik verdrängt war, hier ein neues großes Kontor eröffnete. Die Zahl der Franzosen war traditionell hoch, und der iberische Handel wuchs ab 1500. Um 1550 arbeiteten hier etwa 300 spanische, 150 portugiesische und 200 italienische Kaufleute, die mit ihren Familien und Gehilfen viele tausend „Fremde" ausmachten. Antwerpen wuchs von 1500 bis 1567 von 50 000 auf 100 000 Einwohner zu einer der größten Städte Europas. Von überall kamen begabte und ehrgeizige Menschen hierher, außer Kaufleuten Handwerker, Produzenten von Luxuswaren, Künstler, Buchdrucker, Gelehrte und viele andere. Die Inschrift an der neuen Börse war das politische Programm Antwerpens und erinnerte bewußt an das antike Rom: *S.P.Q.A. In usum negotiatorum cuiuscumque nationis ac linguae, urbisque adeo suae ornamentum anno M.D.XXXI.* („Rat und Bürgerschaft haben es zu Nutz den Kaufleuten jeden Volkes und jeder Sprache, der eigenen Stadt zur Zierde im Jahre 1531 erbaut.") Es war dies das Motto einer modernen und offenen, zugleich aber noch mittelalterlichen Stadt, die sich allein gegenüber den mächtigen neuen Territorialstaaten zu behaupten suchte.

Der eigene Beitrag Antwerpens zum wirtschaftlichen Modernisierungsprozeß waren Neuerungen des Geld- und Kreditsystems, die eine dauerhafte Expansion des Handels ermöglichten. Seit dem Mittelalter war der Mangel an Zahlungsmitteln das größte Hemmnis der Wirtschaft gewesen. Im 13. Jahrhundert war in Italien der Handelswechsel als das erste Kunstgeld entstanden. Der Wechsel erlaubte Kaufleuten, überall in Europa ohne Bargeld Geschäfte zu tätigen, indem sie auf dem Papier Zahlungsversprechen gaben und annahmen, die einmal im Jahr auf den europäischen Wechselmessen verrechnet wurden (vgl. S. 46).

Die Entwicklung des Wechsels vollzog sich langsam, denn sie setzte ein hohes Denk- und Abstraktionsvermögen voraus. Es war in Antwerpen, wo der starre Rhythmus der jährlichen Wechselmessen durch einen kontinuierlichen Handel mit Wechseln ersetzt wurde. Der Ort war die 1531 eingerichtete Börse, wo sich die Kaufmannschaft täglich versammelte. Hier wurden nicht nur Preise gebildet und gehandelt, sondern auch die Kreditwürdigkeit aller Beteiligten geprüft und Wechsel weitergereicht, kreditiert oder verrufen. Zur Absicherung der Geschäfte entstanden in Antwerpen kaufmännische Gewohnheiten und handelsrechtliche Bestimmungen, in denen flämisches und spanisches Recht zusammenflossen.

Eine der weitreichenden Folgen, die diese Entwicklung für die europäische Wirtschaft hatte, war die Auflösung der Grenzen zwischen dem Handel mit Waren und dem mit Geld, wodurch ein allgemeiner Geldmarkt entstand. Das begünstigte und verstärkte den Warenverkehr, weil kein Ort für den Kaufmann attraktiver ist als der, an dem reichlich Geldmittel bereitstehen. Zugleich aber zog er Fürsten an, allen voran die Habsburger, die ständig Geld benötigten. Viele italienische und oberdeutsche Kaufleute gingen in Antwerpen zunehmend vom Warenhandel zu reinen Geldgeschäften über und wurden zu Bankiers. In Antwerpen begünstigte die Börse, an der Beteiligungen an Schiffen und Geschäften und Versicherungen gehandelt wurden, die Beteiligung kleiner Vermögen am Fernhandel. Man hat das eine Demokratisierung des Handels genannt und auf seine sozialen Folgen hingewiesen – eine breite Schicht von Unternehmern, die immer flexibler und innovativer handelten, je abstrakter kapitalistisch sie dachten.

Die gesamteuropäische Nutzung der neuen spanischen und portugiesischen Besitzungen verlief auf vielen Wegen. England und Frankreich sicherten sich ihren Anteil an der amerikanischen Beute zuerst durch Piraterie. Niederländer, Deutsche und Italiener gewannen ihren Anteil vorwiegend über den Markt von Antwerpen. Seit Portugal 1501 dort die indischen Gewürze anbot und Ende der 1520er Jahre größere Goldmengen in den Markt gelangten, sicherten sich die kaufmännisch erfahrenen Mitteleuropäer und Italiener, die auch über das reichste Warenangebot verfügten, den größeren wirtschaftlichen Vorteil. Dank ihrer Verbindung zu den Habsburgern waren die süddeutschen Handelsgesellschaften für einige Jahre an allen zukunftsträchtigen Entwicklungen des Welthandels, vom Kredit über die Zuckerproduktion bis zum Sklavenhandel, führend beteiligt.

Antwerpens Glanzzeit dauerte kaum drei Generationen und endete nach dem Bildersturm von 1566, als Philipp II. zur Sicherung seiner Herrschaft und zur Unterdrückung des Protestantismus militärische Gewalt einsetzte. Das dramatische Ereignis verdeckte die Tatsache, daß Antwerpens Zukunft längst bedroht war. Die Verbindung der Niederlande mit dem habsburgischen Weltreich hatte der Stadt weltweite Verbindungen eröffnet, zugleich aber mit Habsburgs Konflikten mit Frankreich und England belastet. Die unsolide Finanzpolitik Karls V. bedeutete für Antwerpen immer neue Währungsprobleme; der Staatsbankrott Kastiliens von 1557 traf die Stadt hart. In dieser Zeit stieg Genua zum neuen Bankier Spaniens auf, und es tat dies als unabhängige politische Macht zu günstigeren Konditionen als Antwerpen, dem zur wirtschaftlichen Handlungsfreiheit die politische Freiheit fehlte, und das zu dem Zeitpunkt, als sich Handel und Kredit aus ihrer dienenden Rolle gegenüber den feudalen Gewalten zu lösen begannen. (→ M 4.6 und 4.7)

4.5 Die Entstehung des modernen europäischen Staatensystems und das Reich der Habsburger

Die Geschichtsschreibung des 19. und frühen 20. Jahrhunderts war in hohem Maße auf die Nationen und deren Außenverhältnisse konzentriert. Unter diesem Blickwinkel gehörte zur frühen Neuzeit auch die Entstehung von Nationalstaaten, die nach innen relativ geschlossen waren und nach außen miteinander um ihren Platz im europäischen Staatensystem kämpften. Man wird heute auch diese Sicht der Geschichte etwas korrigieren müssen.

Die Entwicklung des Staates im 16. Jahrhundert

Historische Landkarten mit ihren großen Farbflächen täuschen für die Zeit bis ins 17. Jahrhundert die Existenz einer Staatsgewalt vor, die so noch nicht vorhanden war. Das gilt selbst für Frankreich und England, wo die Zentralisierung von Herrschaft weiter als im übrigen Europa fortgeschritten war. Unterhalb einer dünnen Schicht königlicher Rechte lagen die meisten Herrschaftsrechte bei Adel, Städten und anderen Korporationen. Gegenüber der Mehrheit der Bevölkerung waren sie und nicht die Könige die unmittelbare Obrigkeit. Die Herrscher mußten erst einmal Rechte erwerben, d.h. sie vor allem dem Adel fortnehmen, der sich als Herrenstand begriff und sie nicht freiwillig hergab. Nicht einmal die Ansätze einer einheitlichen Staatsgewalt waren vor 1600 unwiderruflich. Frankreich z.B. erlebte von 1562 bis 1589 die Hugenottenkriege, in denen der katholische Hochadel im Bündnis mit Philipp II. von Spanien seinen König herausfordern konnte, und 1648 einen großen Adelsaufstand, die „Fronde".

Viele und gerade die wichtigsten Rechte der Herrscher waren im 16. Jahrhundert noch in altertümlicher Form an ihre Person gebunden und konnten kaum delegiert werden, was ihre Anwesenheit an vielen Stellen im Reich nötig machte. Herrschaft mußte erst noch zu etwas Abstraktem entwickelt werden, so daß sie durch Beamte ausgeübt werden konnte. Die Herrschaft eines Fürsten war dazu an seine Familie gebunden und wurde beim Tode nach den Regeln des Privatrechts vererbt. Das bedeutete unkalkulierbare Zufälle, wenn zusammenhängende Gebiete geteilt und weit entfernte miteinander verbunden wurden. Die Hauptstadt, heute als Mittelpunkt eines Staates selbstverständlich, war nur ein Teilproblem von Herrschaft, und schon sie stellte eine Herausforderung dar. Sie erforderte Mittel, die Angehörigen der Herrscherfamilie, den Hof und seine Beamten mit ihren Angehörigen, Diener und Soldaten dauerhaft zu ernähren und Menschen, Waren und Nachrichten zu transportieren; dabei übertrafen die finanziellen Probleme die technischen bei weitem. Die innere und äußere Handlungsfähigkeit des Staates herzustellen erwies sich als ein schwieriger Prozeß, an dem sich die Komplexität von Modernisierung gut beobachten läßt. (Als Beispiel für diesen Prozeß kann man die Entwicklung staatlicher Herrschaft am Niederrhein in M 4.10–4.15 betrachten.)

Die Umzüge Isabellas von Kastilien und Ferdinands von Aragon als Beispiel für vormoderne Herrschaft (Jahre 1486 bis 1488 als Beispiel für jahrzehntelange Praxis)

— Juni bis Oktober 1486

— Feb. bis Nov. 1487

······ Feb. bis Sept. 1488

● Orte, die ein- oder mehrmals von Isabella und Ferdinand aufgesucht wurden

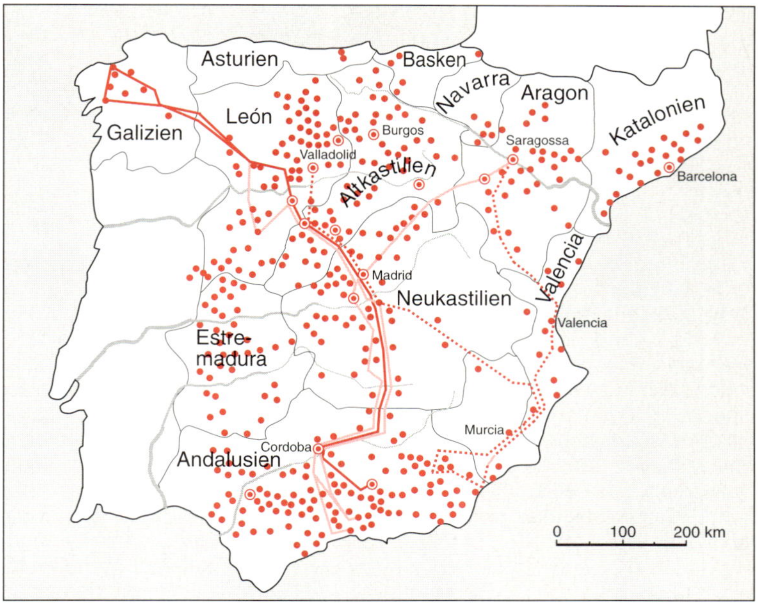

H. Kamen: Spain 1469–1714. (Longman) London 1983. S. 282

Die Entstehung des habsburgischen Weltreichs

Das Haus Habsburg sammelte seit dem 13. Jahrhundert zuerst in Österreich eine Anzahl von Herrschaften und expandierte früh nach Südosten. Dazu kam ab 1278 der häufige, seit 1438 fast ununterbrochene Besitz des deutschen Kaisertitels. Eine unglaubliche Kette von Zufällen ließ daraus eines der großen europäischen Reiche entstehen. 1477 erwarb Maximilian durch Heirat das Herzogtum Burgund; durch Verträge und Ehen bahnte er gezielt den Erwerb Böhmens und Ungarns an, der 1526 Wirklichkeit wurde. Die Ehe Philipps des Schönen von Habsburg mit Johanna, der Erbin der spanischen Königreiche, brachte ihrem Sohn Karl V. 1519 ein Reich, das von Ungarn bis Mexiko reichte. Das eindrucksvolle Bild, das diese Länder, auf der Landkarte mit einer einzigen Farbe markiert, abgeben, ist aber eine Täuschung. Es bezeichnet nicht mehr, als daß sie alle dieselbe Person als König, Herzog, Graf usw. hatten. Jeder der Titel war durch Verfassungen, Rechtssysteme und Eigenrechte der Untertanen beschränkt. Vor allem aber hatten alle Territorien eigene Interessen, die höchstens teilweise mit denen eines Nachbargebietes identisch waren. Schon gegen die „Türkengefahr“, die die habsburgischen Lande an der Donau mit Neapel, Sizilien und den spanischen Königreichen teilten, dachten die Territorien von sich aus nicht an gegenseitige Hilfe.

Karl V. begriff früh, daß die einfache Ausdehnung seiner Herrschaften ohne Wert für ihn war. In den Niederlanden aufgewachsen (Französisch und Flämisch waren seine Muttersprachen), war er mit der komplizierten, aber wirksamen politischen Ordnung aus der Zeit der Burgundischen Herzöge vertraut. Die 17 „Provinzen“ waren und blieben selbständige Herrschaften, zwischen denen der Fürst die einzige Verbindung darstellte. Dieser oder sein Statthalter residierte in Brüssel und regierte seine Länder durch drei Gremien: Ein Conseil d'État aus hohen Adligen beriet ihn in den wichtigsten Fragen, ein Conseil privé aus meist bürgerlichen Juristen führte die Verwaltungsarbeit aus, und ein Conseil des finances verwaltete das Geld. Selten und meist in Steuerfragen wurden die Generalstände, die Vertreter der Untertanen, einberufen. In den einzelnen Provinzen besorgten Statthalter, unterstützt von einem kleinen „Hof“ von Fachleuten, die politischen Geschäfte. Sie mußten dabei vielfältige Eigenrechte von Städten und Korporationen berücksichtigen, die von deren Vertretern in den Ständeversammlungen verteidigt wurden.

Für einen heutigen Betrachter erscheint diese Herrschaftsstruktur wenig rationell, d.h. „unmodern“, sieht man aber, wie sie die Verständigung aller an der Herrschaft eines Gebietes beteiligten Personen und Gruppen ermöglichte, dann erweist sie sich als ein sehr geschmeidiges Instrument, das zwar langsam arbeitete, aber auf die stille Suche nach Kompromissen zwischen den Interessen von Fürst und Untertanen angelegt war. Hatte man erst einmal eine Entscheidung gefunden, so hatte diese auch eine gute Chance, verwirklicht zu werden; sie bot einem Fürsten bei allen Konflikten politische Partner, die das Land produktiv zu regieren erlaubten. Es bewies die Vernunft dieser komplizierten politischen Ordnung, daß sie in den Niederlanden über Generationen hinweg eine Friedens- und Rechtseinheit und ein Gemeinschaftsbewußtsein von großer historischer Tragweite förderte. Es war das Unglück Karls V. und Philipps II., daß sich das burgundische System nicht auf die spanischen Königreiche übertragen ließ, vom gesamten habsburgischen Erbe ganz zu schweigen. Nicht allein waren die geographischen Dimensionen zu groß, es fehlten auch die Spielregeln und Institutionen des Konfliktaustrags, die sich in Burgund langfristig entwickelt hatten. Karl V. entschloß sich, die Niederlande weitgehend aus dem Verband des Deutschen Reichs zu lösen und stärker an Spanien zu binden. 1556 hinterließ er sie als Erbe zusammen mit den spanischen Königreichen seinem Sohn Philipp II., während die Erblande an der Donau mit der Kaiserkrone seinem Bruder Ferdinand zufielen und künftig ein eigenes politisches Schicksal hatten.

Die Anfänge eines europäischen Staatensystems

Schon im frühen Mittelalter hatten innere Veränderungen von Herrschaften Wirkungen nach außen, und Konflikte zwischen Nachbarn betrafen dritte Mächte, so daß viele Kriege zumindest diplomatisch erstaunlich weiträumige Ursachen und Folgen zeigten, wenn man die begrenzten Kommunikations- und Transportmittel des Zeitalters betrachtet. Den Beginn eines europäischen Staatensystems aber datiert man seit Leopold Ranke, einem der großen Historiker des 19. Jahrhunderts, auf das Jahr 1494. Nach 40 Jahren des Gleichgewichts und Friedens zwischen den italienischen Staaten provozierte Mailand den französischen König Karl VIII. zur Intervention in Italien und löste damit eine europäische Krise aus. Kastilien, Aragon und Habsburg verbündeten sich und zwangen die Franzosen vorübergehend zum Rückzug. Italien wurde für über 350 Jahre zum Spielball fremder Mächte, dessen Besitz vor allem die Interessen Frankreichs, Spaniens und der deutschen Habsburger berührte. Jede dieser Mächte entwickelte langfristig Strategien, um ihre Machtpositionen zu sichern und ihre Konkurrenten zu schwächen. Der Konflikt verschäfte sich, als mit der Kaiserwahl Karls V. 1519 Habsburg und Spanien scheinbar zu einer Einheit wurden und Frankreich „einkreisten". Franz I. sah den Kampf gegen diese Gegner als Frankreichs Staatsinteresse an, was eine über 40 Jahre dauernden Folge von Kriegen nach sich zog.

Frankreich schloß Bündnisse mit dem islamischen Osmanischen Reich (Türkei), das gegen Habsburg zur See in das westliche Mittelmeer und als Landmacht bis nach Ungarn expandierte. Die deutsche Geschichtsschreibung entrüstete sich darüber moralisch bis ins 20. Jahrhundert, verkannte dabei aber, daß Außenpolitik traditionell Machtpolitik ist und immer und allseits frei von moralischen Erwägungen betrieben wurde. Der französisch-habsburgische Gegensatz dauerte bis 1753 und wurde eine Art europäischer Grundkonflikt, in den England, Schottland, die Niederlande und am Ende auch Rußland eingebunden wurden. Die Muster der Bündnisse und die Strategien, Machtbalancen zu schaffen und herauszufordern, kurz was man später die *balance of powers* oder das Konzert der Mächte nannte, zerfiel erst am Vorabend des Ersten Weltkriegs, blieb aber bis in unsere Tage ein immer neu diskutiertes Modell für internationale Beziehungen.

Für die europäischen Fürsten ergab sich schon aus der Konstellation um 1500 ein neuer Zwang, den Ausbau der Staatsgewalt und die Mehrung ihrer finanziellen Mittel zu sichern. Die Konkurrenz der Staaten zwang zu dauernder militärischer Einsatzbereitschaft und zur Intervention auch in Konflikten, die den eigenen Staat nicht unmittelbar betrafen. Gerade das vollzog sich in einer Zeit, als die Strukturen des feudalen Heerwesens untergegangen waren und die neuen Berufssoldaten und deren artilleristische Aufrüstung noch nie dagewesene finanzielle Anforderungen stellten. Die Veränderung der bestehenden politischen und wirtschaftlichen Verhältnisse wurde zum bewußt angestrebten Ziel der europäischen Staaten.

Der Versuch einer spanischen Hegemonie in Europa unter Philipp II.

Karl V. überließ 1556 mitten in einem schweren Krieg seinem Sohn Philipp II. die Herrschaft über ein schlecht verwaltetes Bündel von Staaten, dessen Zentrum – Kastilien – praktisch zahlungsunfähig war. Das Gefühl der Hilflosigkeit muß für den jungen König traumatisch gewesen sein, und seine Handlungsfähigkeit als Herrscher und seine Unabhängigkeit von innenpolitischen Beschränkungen wurden zentrale Ziele seines politischen Denkens. Grundsätzlich versuchte er, seinen Problemen mit scharfem Verstand und rationalen Lösungen beizukommen. Er förderte eine entschiedene räumliche und organisatorische Zentralisierung seiner Herrschaft und regierte von Kastilien aus, wo er 1561 Madrid zur ständigen Hauptstadt machte. In einem langen Kampf mit den Ständen seiner Königreiche richtete er Behörden ein, die ihm eine zunehmend zentrale Leitung des Landes erlaubten und Reisen und persönliche Anwesenheit auf ein Minimum verringerten. Italien und die Niederlande sollten von Kastilien aus regiert und den Interessen des Gesamtreichs untergeordnet werden. Philipp II. umgab sich mit Beratern, die in Konkurrenz untereinander und nach Vernunftgründen Handlungsalternativen durchzuspielen hatten, um die freie Entscheidung des Königs vorzubereiten. Die Beamten für die Realisierung seiner Politik suchte er nach sachlicher Qualifikation zu rekrutieren. Da er die Verwendung einheimischer Adliger als Risiko für seine Macht sah, strebte er sie durch Juristen bürgerlicher Herkunft zu ersetzen, deren Universitätsausbildung und sozialer Ehrgeiz sie zu qualifizierten und gehorsamen Werkzeugen machen sollten. Je mehr Philipp lernte, wie riesig und komplex die Fragen seines Reichs waren, desto mehr Entscheidungen versuchte er in sein Zentrum zu ziehen und mit einer ungeheuren Arbeitsleistung zu bewältigen. Der Escorial, sein Lieblingsaufenthalt bei Madrid, wurde Symbol seines Herrschaftswillens.

Es bleibt zu fragen, ob Philipps Herrschaft, die man häufig unzutreffend als Absolutismus (vgl. S. 182) bezeichnet hat und die von Zentralisierung und Bürokratisierung bestimmt war, schon als Modernisierung zu verstehen ist. Bei den schwachen Verkehrs- und Nachrichtenmitteln des 16. Jahrhunderts und der weiten Entfernung zu den meisten Konfliktzonen war schon die Entscheidung für das binnenländische Madrid ein Fehler. Es ist von heute aus leicht zu erkennen, daß Sevilla oder ein Biskaya-Hafen ein besseres Zentrum für das weitgespannte Reich gewesen wäre. Das gerade aber ist unhistorisch gedacht, weil es unterstellt, daß Philipp angesichts der komplizierten Verhältnisse in Spanien eine Wahl gehabt hätte. – Auch der bürokratische Apparat funktionierte nicht nach seinen Erwartungen, und nicht einmal im Staatsrat konnte die Konkurrenz unter den Beratern die Intrigen der Adelsfamilien verhindern. Vor allem wuchsen die Kosten des Staatsapparats und der Kriege schneller als die Wirtschaft Spaniens. Die Zufälle der Geschichte erwiesen sich als ein Rahmen, in dem die Mittel bürokratischer Vernunft unzureichend blieben. Der Glücksfall Englands, daß London mehr als 1000 Jahre zugleich Regierungssitz, Haupthafen und Wirtschaftszentrum war, war den Spaniern nicht geschenkt.

Zentrales Problem der spanischen Herrschaft war die Finanzierung der Kriege. 1559 konnte Philipp die Kriege mit Frankreich günstig beenden; aber schon 1561 bürdete er mit der Intervention in den französischen Bürgerkriegen und 1569 mit der Verdrängung der osmanischen Seemacht aus dem westlichen Mittelmeer seinen Ländern neue Riesenlasten auf. Zugleich mußte er im Atlantik die halb staatliche, halb private Piraterie Englands und Frankreichs gegen die spanische Schiffahrt bekämpfen. Das alles wurde ab 1568 vom Krieg um die Niederlande übertroffen. Zu keinem Zeitpunkt waren die Kosten für Hof, Verwaltung, Diplomatie und Kriegsführung aus den ordentlichen Einnahmen zu decken, obwohl diese gewaltig stiegen. Schon Karl V. hatte – wie die protestantischen Fürsten in Deutschland! – den riesigen Besitz der Kirche angegriffen und die großen Ritterorden faktisch enteignet. Trotzdem mußte Philipp II., bevor er seine Herrschaft in Kastilien antrat, 1557 seinen ersten Staatsbankrott erklären.

Die meisten oberdeutschen Firmen schieden durch Konkurs zwischen 1557 und 1562 aus dem Kreditgeschäft mit Spanien aus, das nun für mehr als ein halbes Jahrhundert in die völlige Abhängigkeit von den Banken Genuas gelangte. Auch hier zeigt sich wieder die neue Verknüpfung zwischen Wirtschaft und Politik. Da Genua die Seemacht im Mittelmeer war, ohne die Spanien sich nicht gegen die Türken behaupten konnte, konnte es Philipp die Kreditbedingungen diktieren; Zinsen von über 60% waren die Regel – und das in einer Zeit, als das Geld in den Zentren Europa billig war und z.B. der Erzbischof von Köln Kredite zu 6% bekam. Für die Umwandlung des amerikanischen Silbers in gemünztes Gold und dessen Transfer zur spanischen Armee in den Niederlanden berechneten die genuesischen Bankiers etwa ein Drittel des Wertes. So wundert es kaum, daß Kastilien 1575, 1596 und – trotz schwerer neuer Steuern auf Grundnahrungsmittel – 1607 erneut seine Zahlungsunfähigkeit erklären mußte, obwohl die Edelmetallzufuhren aus Amerika, von denen der König 20 Prozent erhielt, noch bis etwa 1620 anstiegen.

Nach den Staatsbankrotten wandelten die Genuesen die „schwebende" Schuld (d.h. die Beträge der Kreditverträge) in eine verbriefte Staatsschuld um, die an die Bürger verkauft wurde und den Inhabern der Papiere bei einer Verzinsung von 5% eine relativ sichere Rente bot. Damit gelang ihnen das Kunststück, die Mittel für die spanische Staatsschuld gegen hohe Gebühren in Spanien selbst zu beschaffen, was den Finanzbeamten des Königs nie gelungen war. Die Genuesen vergrößerten den

Kreditaufnahme und -rückzahlung Kastiliens unter Karl V. in Dukaten

Zahl der Kreditverträge		Kreditbeträge	Zins %	Kreditrückzahlung	Bankiers (%)
1520-32	101	5379053	17,6	6327371	D 48, I 37, S 15
1533-42	86	5437669	21,3	6594365	D 47, I 41, S 12
1543-51	183	8397616	27,8	10737843	D 34, I 30, S 27, F 9
1552-56	132	9643869	48,8	14351591	D 24, I 51, S 9, F 16
	502	28858207	31,7	38011170	

Kreditgeber:
D – Deutsch
I – Italienisch (Genua)
F – Flämisch (Antwerpen)

Zit. nach H. Kamen: (s.S. 131), S. 90

Schaden noch, weil sie sich wegen der extremen Gewinne aus dem parasitären Staatskredit aus der Finanzierung des spanischen Exporthandels zurückzogen. Philipp blieben immer kleinere Handlungsspielräume übrig, und spätestens 1598, am Ende seines Lebens, zeigte sich, daß die isolierten Einzelmaßnahmen zur Modernisierung seines Staates mißlungen waren. Die Kosten dessen, was zur Erhaltung des Reichs geschah, waren zum Mittel seiner Zerstörung geworden; im 17. Jahrhundert sank Spanien zur politischen Bedeutungslosigkeit herab.

Überlegungen zur weiteren Arbeit und Aufgaben zu Kapitel 4

Gegenstand des 4. Kapitels ist das, was man traditionell als den Beginn der Neuzeit bezeichnet hat, in erster Linie der frühbürgerliche Kapitalismus und die europäische Expansion („Entdeckungsreisen"). Insofern hier Ereignisse und Prozesse von großer Bedeutung sind, dominiert die diachrone Untersuchungsweise; hinsichtlich der Entstehung der weißen Kolonialgesellschaft in Südamerika kann man eine kleine Falluntersuchung vornehmen, bei der überdies die gegenwartsgenetischen Gesichtspunkte interessant sind. Thematisch spielt die wirtschaftliche Dimension eine besonders große Rolle; die sozialen Folgen werden zum Teil erst im 5. Kapitel im Zusammenhang mit den Niederlanden behandelt. Bei der Auswertung der Darstellung wie bei der Interpretation der Quellen müssen wir auf die Kategorien zurückgreifen, die im 1. Kapitel zur Beschreibung der Modernisierung eingeführt worden sind. Es sind vor allem die sich differenzierenden und zugleich expandierenden wirtschaftlichen Strukturen und die wachsende Beherrschung der Natur. Wir werden selten völlig Neues finden, häufig aber die Fortsetzung spätmittelalterlicher Entwicklungen in neue Dimensionen, die das Gewicht des nicht-agrarischen Sektors der Produktion und der städtischen Gesellschaft erheblich vergrößerten. Hier vollzog sich eine Veränderung der Welt, die wohl nicht mehr umkehrbar war.

① Untersuchen Sie am Beispiel der oberdeutschen Handelsgesellschaften, wie sich die Unternehmensstrukturen und das europäische Handelssystem entwickelten und mit der Politik verbanden (M 4.1 bis 4.5)! Berücksichtigen Sie dabei auch die Rolle der Technik (M 4.8 und 4.9)! Betrachten Sie Geschwindigkeit und Folgen dieser Entwicklung für die Städte am Beispiel Antwerpens (M 4.6 und 4.7)! Stellen Sie die Tragweite dieses Prozesses am Verhältnis zwischen der Wirtschaft Oberdeutschlands und der Niederlande und dem Hause Habsburg dar!

② M 4.10–4.15 belegt den langsamen Prozeß der Herausbildung des Staates am Beispiel des Niederrheins vom Mittelalter bis zum Ende des 16. Jahrhunderts. Bezeichnen Sie die Bestandteile staatlicher Herrschaft, stellen Sie die Schwierigkeit ihrer Behauptung dar, und schließen Sie daraus auf die Hindernisse, die z.B. Philipp II. von Spanien zu bewältigen versuchte!

③ Untersuchen Sie, wie die wachsende Naturbeherrschung und die Veränderung und Ausdehnung der wirtschaftlichen Strukturen zusammenhingen (M 4.16–4.17), wie bewußt sie den Menschen waren und wie sie sie rational zu verstehen suchten (M 4.2, 4.4 und 4.9)!

④ Erörtern Sie die Auswirkungen der europäischen Expansion auf Afrika, Asien und Amerika im 16. Jahrhundert, ihre Dimensionen und Folgen (M 4.18–4.25)! Wo entstanden Bindungen der außereuropäischen Welt an Europa, die man als ungleich bezeichnen kann? (Wenn Sie diese Vorgänge auch bewerten wollen, müssen Sie Ihre Maßstäbe offenlegen.) Hinsichtlich Amerikas ist zu fragen, wann und inwieweit dieser Prozeß unumkehrbar wurde.

⑤ Untersuchen Sie anhand der Ergebnisse der vorausgehenden Aufgaben und der Texte M 4.26 und 4.27, inwieweit sich die beteiligten Europäer der Folgen ihres Tuns in der außereuropäischen Welt bewußt waren, wie sie dies verstanden und wie sie es rechtfertigten! An diesem Punkt der Arbeit ist eine kontroverse Diskussion über die Fähigkeiten, Mentalitäten, Werte und Glaubensvorstellungen möglich, die den Europäern nicht nur ermöglichten, die Entdeckung technisch zu bewältigen, sondern sie auch zur geradezu gewissenlosen Zerstörung vorhandener Staaten und Kulturen befähigten. Es ließe sich auch fragen, ob sich Personen, Gruppen und Institutionen für diese Geschichte verantwortlich machen lassen oder nicht. Schließlich kann man noch auf die Dimension der Rationalisierung eingehen und ideologiekritisch fragen, wie die Europäer das Geschehende als etwas Vernünftiges verstehen konnten.

Materialien zu Kapitel 4

Der frühbürgerliche Kapitalismus

M 4.1 Das Handelsnetz der Fugger im ersten Viertel des 16. Jahrhunderts

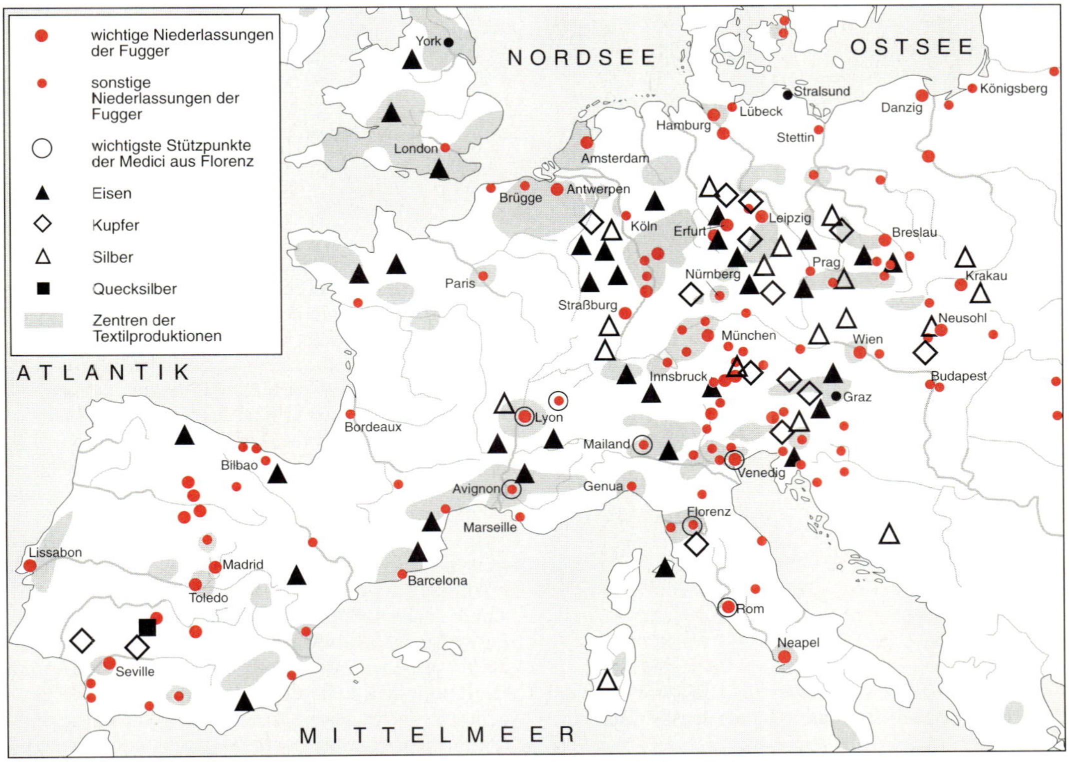

H. Kellenbenz: Die Fugger in Spanien und Portugal bis 1560. (E. Vögel) München 1990. S. 530.

M 4.2 1522 – Stellungnahme des Rats von Augsburg gegenüber dem Reichstag hinsichtlich maximaler Unternehmensgrößen von Handelsgesellschaften

In allen Ländern, Fürstentümern, Städten und Gebieten, wo Kaufmannschaft […] gehalten wird, da selbst bereichert man sich wohl […], nicht allein der Wirt, sondern auch der Bauer, alle Handwerke, ja auch die Fürsten und Obrigkeiten an Zöllen, Mauten und anderen Einkommen. – Den großen Kaufleuten hangen an die großen Händel, denn die gemeinen Kaufleute könnten mit ihrem Vermögen die großen Hantierungen nicht vollführen. – Nicht der zwanzigste Teil des Pfeffers, so in Lissabon gekauft wird, wird in deutschen Landen verkauft oder gegessen […]. Warum wollte man dann den reichen Kaufleuten den Pfeffer zu kaufen und durch die deutsche Nation zu andern Landen und Obrigkeiten zu führen verbieten? – Das können die gemeinen Kaufleute, in Anbetracht, daß dies nicht in ihrem Vermögen ist, nicht tun. Und wenn man sich das unterstehen wollte (die Kaufmannsgesellschaften abzutun), so wäre das so viel, als wollte man dem Pfeffer das Land verbieten und das deutsche Land dieses gemeinen Nutzens und die Fürsten und Obrigkeiten ihrer Zölle, auch die Kaufleute ihres Gewinnes berauben, welcher Nutzen und Gewinn alsbald zu andern Nationen kommen würde; gesetzt, daß die vermögenden Kaufleute aus Deutschland nicht handeln würden, so würde man es doch nicht unterlassen, sondern Welsche und andere würden diesen Handel treiben. – Den Gesellschaften ein Maß zu setzen, wäre in Ansehung, daß der Kaufmannshandel kein Maß erleiden mag, eine besonders schwere Sache. [...] Es ist auch wohl möglich und gut zu ermessen, daß man dadurch die reichen Kaufleute aus unserer deutschen in andere, fremde Nationen vertreiben [...] möchte. – Und obgleich die mindern Kaufleute sich über die größeren beklagten, so ist solches nicht neu, sondern ein alter und gemeiner Brauch, daß der mindere Handwerker sich über den großen beklagt, er könne nicht so viel gewinnen. Das ist wohl möglich, aber sie haben unrecht. Man sehe etwa nach Nürnberg, Frankfurt und andern Orten; dahin kommen viele Kaufleute, die von schlechtem Vermögen sind, und kaufen von den reichen Kaufleuten, und es kauft einer um viermal so viel, als er vermag [...], das übrige wird ihm geborgt. [...] Daß aber solche beschwerliche Käufe zu tun, bei den Hochdeutschen [...] verboten werde, hat gar keinen Zweck [...], sondern es muß solches [...] bei den Fremden, wie Spaniern, Niederländern, Genuesen und anderen Nationen, die Röm. Kais. Majestät unterworfen und im Handel großer Kaufleute sich solcher beschwerlichen Käufe mehr denn die Hochdeutschen bedienen [...], verboten werden. [...] Wo solches nicht geschehen und allein bei den Hochdeutschen verboten würde [...], wäre zu besorgen [...], daß dadurch andere Nationen [...] ganz oder zum wenigstens den größten Teil des Handels in ihre Hand und Gewalt bringen.

Zit. nach E. Kaiser, H. Meyer (Hg.): Weltgeschichte im Aufriß II. (Diesterweg) Frankfurt o J. 211 f.; übers. v. D. Richard.

M 4.3 1523 – Die politischen Konsequenzen wirtschaftlicher Macht

Der Reichstag zu Nürnberg begrenzte 1523 die Größe von Kaufmannsgesellschaften auf 50 000 Gulden, einen Wert, den außer in Augsburg und Nürnberg kaum ein kaufmännisches Einzelvermögen überschritt. Daraufhin wandte sich Jakob Fugger an Kaiser Karl V.

Euer Kaiserliche Majestät wissen ohne Zweifel, wie ich und meine Vettern bisher dem Hause Österreich zu dessen Wohlfahrt und Aufnehmen in aller Untertänigkeit zu dienen geneigt gewesen bin, wodurch wir uns auch bis weiland Kaiser Maximilian, Eurer Kaiserlichen Majestät Ahnherrn, eingelassen und seiner Majestät zu untertänigem Gefallen, um Eurer königlichen Majestät die Römische Krone zu verschaffen, uns etlichen Fürsten gegenüber, die ihr Vertrauen und Glauben auf mich und sonst vielleicht auf niemand setzen würden, verschrieben, auch den Kommissaren Eurer Majestät zum gleichen Zwecke eine bedeutliche Summe Geldes vorgestreckt haben. [...] Es ist auch bekannt und liegt am Tage, daß Eure Kaiserliche Majestät die Römische Krone ohne meine Hilfe nicht hätten erlangen können, wie ich denn solches mit eigenhändigen Schreiben der Kommissare Eurer Majestät beweisen kann. So habe ich auch hierin auf meinen eigenen Nutzen nicht gesehen. Denn wenn ich hätte vom Hause Habsburg abstehen und Frankreich fördern wollen, so hätte ich viel Geld und Gut erlangt, wie mir denn solches auch angeboten worden ist. Welcher Nachteil aber hieraus Eurer Kaiserlichen Majestät und dem Hause Österreich erwachsen wäre, das haben Eure Majestät aus hohem Verstande wohl zu erwägen.

Zit. nach E. Kaiser, H. Meyer: (M 4.2). S. 213

M 4.4 1523 – Die Entscheidung Kaiser Karls V.

Dieweil nun [...] die Bergwerke, deren im heiligen Römischen Reiche und deutschen Landen mehr denn sonst an einem Orte in der ganzen Christenheit erbaut werden [...], die größte Gabe und Nutzbarkeit ist, so der Allmächtige deutschen Landen mitgeteilt hat, nicht allein des großen Schatzes halber, so daraus durch viel Gold, Silber, Kupfer, Zinn, Quecksilber, Blei, Eisen und andere Metalle, welches sich [...] jährlich aus zwanzigmalhunderttausend Gulden erstreckt, erbaut und gearbeitet wird, sondern da auch in deutschen Landen etliche hunderttausend Menschen [...] sonst ihre notdürftige Nahrung nicht haben möchten [...], desgleichen die Fürsten und Herren ihr Einkommen an Fronen und Wechseln, Zöllen und Mauten stark mehren und erhöhen [...], so sollen die Bergwerke [...], durch alle Mittel und Wege [...] gefördert werden. – Aber unter allen Vorsehungen und Mitteln, durch welche der Betrieb und die stattliche, fruchtbare und dauernde Unterhaltung der Bergwerke gefördert und gehoben werden mag, ist kein dienstlicheres und beständigeres gefunden worden, denn daß Gold, Silber, Kupfer, Quecksilber und andere Metalle durch gute Ordnungen in einem guten und gültigen, gleichen und beständigen [...] Wert zu verkaufen und zu kaufen, auch darnach sie wiederum ebenso zu verkaufen und zu verhantieren, also sie nicht in viele, sondern in eine oder wenige Hände zu verkaufen, kommen und verhantieren zu lassen, wie denn solches [...] länger denn seit 40 Jahren in unserer Grafschaft Tirol [...] der Gebrauch gewesen ist.

Zit. nach E. Kaiser, H. Meyer: (M 4.2). S. 213

M 4.5 1528 – Vertrag zwischen Karl V. und dem Handelshaus Welser

Das Handelshaus Welser in Augsburg gehörte zu den Bankiers, die die Königswahl Karls V. finanziert hatten; es hatte ein Sechstel der Gesamtsumme aufgebracht.

Wir geben euch Erlaubnis, daß ihr oder wer eure Vollmacht hätte 4 000 Negersklaven[1], davon wenigstens ein Drittel weiblichen Geschlechts, nach den genannten Inseln[2] und dem Festland bringen und dort verteilen könnt, gemäß der dafür euch ausgestellten Verordnung, wobei wir die Bedingung stellen, daß die angegebene Zahl von Sklaven innerhalb von vier Jahren ab Datum dieses Vertrages hinüberzubringen ist. Auf Grund der uns zustehenden Gerechtsamen von den Lizenzen und dem Almojarifazgo (Ein- und Ausfuhrsteuer) habt ihr uns 20 000 Golddukaten zu zahlen. […]
Während der vereinbarten Zeit von vier Jahren oder bis ihr alle 4 000 Sklaven hinübergebracht habt, werden wir keinem Stadtrat, keiner Gesellschaft oder Einzelperson die Erlaubnis geben, um Sklaven nach Westindien zu bringen, mit Ausnahme von zwei Sklaven und nicht mehr, die jeder der dorthin neu ausreisenden Siedler und Konquistadoren mit sich führen darf. […] Ihr seid verpflichtet, auf den genannten Inseln oder dem Festland die Sklaven zum Preis von 55 Dukaten für jeden und nicht für mehr zu verkaufen.

Zit. nach R. Konetzke (Hg.): Lateinamerika seit 1492. (Klett) Stuttgart 1970, S. 31

1 aus Afrika
2 Haiti und Puerto Rico

Aufstieg und Fall der Stadt Antwerpen

M 4.6 Entwicklung der Wirtschaft im 16. Jahrhundert

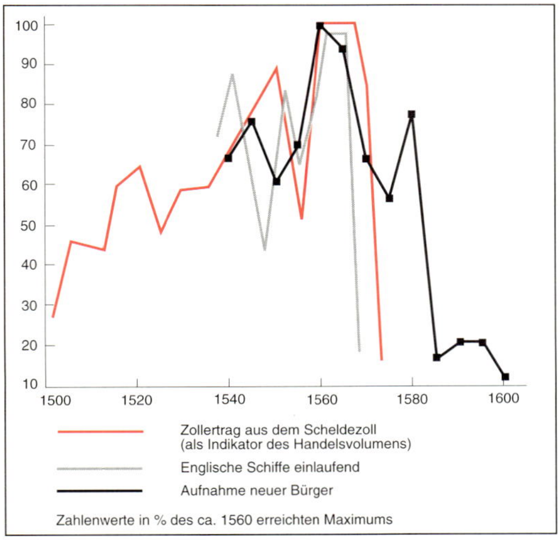

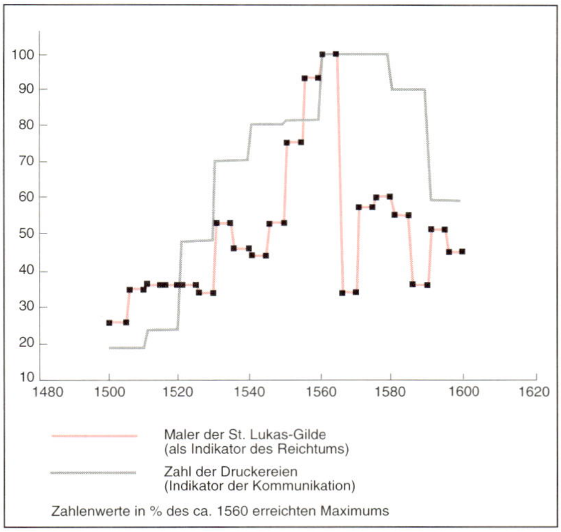

R. Uytven: Antwerpen. In: B. Sicken (Hg.): Städteforschung Reihe a, Band 35. Münster 1994

M 4.7 Löhne und Preise in Antwerpen um die Mitte des 16. Jahrhunderts

Nominale Preise, d.h. nicht um die Inflation korrigiert. Der Maßstab der Tabellen ist logarithmisch, d.h. eine Verdoppelung des Abstandes bedeutet eine Verzehnfachung des Werts; die Anstiege und Abstiege sind real steiler als der Augenschein.

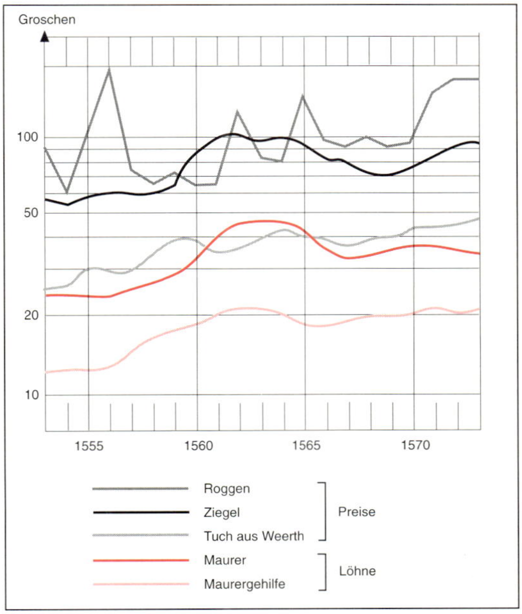

H. van der Wee: The Growth of the Antwerp Market and the European Economy. (Martinus Nijhoff) Den Haag 1963. Band 3, Graph 21

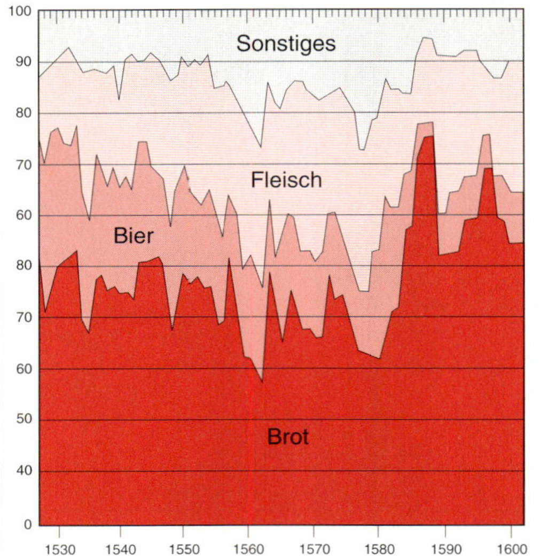

Ernährung im Siechenhaus der Stadt Lier bei Antwerpen 1527–1603

100 = Summe aller Ausgaben

M 4.8 Die Technisierung der Rüstung und des Krieges

Richten eines Geschützes mit Hilfe des 1450 erfundenen Quadranten

Ausbohren von Kanonenrohren mit Antrieb durch Wasserrad; das Rohr liegt auf einem Vorschubschlitten

M 4.9 Der Streit über den Nutzen des Metalls und der Metallgeräte

Georg Agricola verteidigt in seinem Buch *De re metallica*, dem bis 1800 grundlegenden Werk über Mineralogie, Bergbau und Verhüttung, die moderne Technik gegen ihre Gegner:

Nunmehr muß ich auf die Vorwürfe antworten, die man gegen die Erzeugnisse des Bergbaus erhebt. So nennt man zuerst Gold und Silber das Verderben der Menschen, weil sie für die Besitzer Ursache des Unterganges und des Verderbens wären. Aber welche Sache, die wir besitzen, wird da nicht ein Verderb des Menschen genannt werden müssen? [...] Darum machen die Schmähreden, die gegen das Eisen, Kupfer, Blei erhoben werden, auf kluge und bedeutende Männer keinerlei Eindruck. Denn, wenn jene Metalle verschwinden, so werden die Menschen jedenfalls heftiger vor Zorn entbrennen und in zügelloser Wut aufgereizt mit Fäusten, Nägeln und Zähnen wie wilde Tiere kämpfen. [...] Und so sehen wir hieraus, daß nicht die Metalle zu beschimpfen sind, sondern unsere Laster, nämlich der Zorn, die Grausamkeit, die Zwietracht, die Herrschsucht, die Habgier, die Wollust. [...] Aber hier erhebt sich die Frage, ob wir das, was man aus der Erde gräbt, zu den guten oder zu den schlechten Dingen rechnen sollen. [...] Treffliche Männer nämlich brauchen sie gut, und ihnen sind sie nützlich, schlechte aber schlecht, und ihnen sind sie unnütz. [...] Deshalb ist es nicht recht und billig, sie ihrer Stellung und Würde, die sie unter den Gütern einnehmen, zu berauben. Wenn einer aber sie schlecht anwendet, so werden sie darum noch nicht mit Recht Übel genannt werden. Denn welche guten Dinge können wir nicht gleichermaßen in übler wie in guter Weise gebrauchen?

Zit. nach W. Jonas: Die Produktivkräfte in der Geschichte. (Dietz) Berlin, S. 196

Ausbau der Landesherrschaft

M 4.10 Sammlung feudaler Rechte und ihre „Verstaatlichung" am Beispiel des Herzogtums Berg

Das Herzogtum Berg bildete zusammen mit den Herzogtümern Jülich und Kleve und den Grafschaften Mark und Ravensberg im 16. Jahrhundert einen Territorialverband, der vorübergehend eine Mittelmacht war.

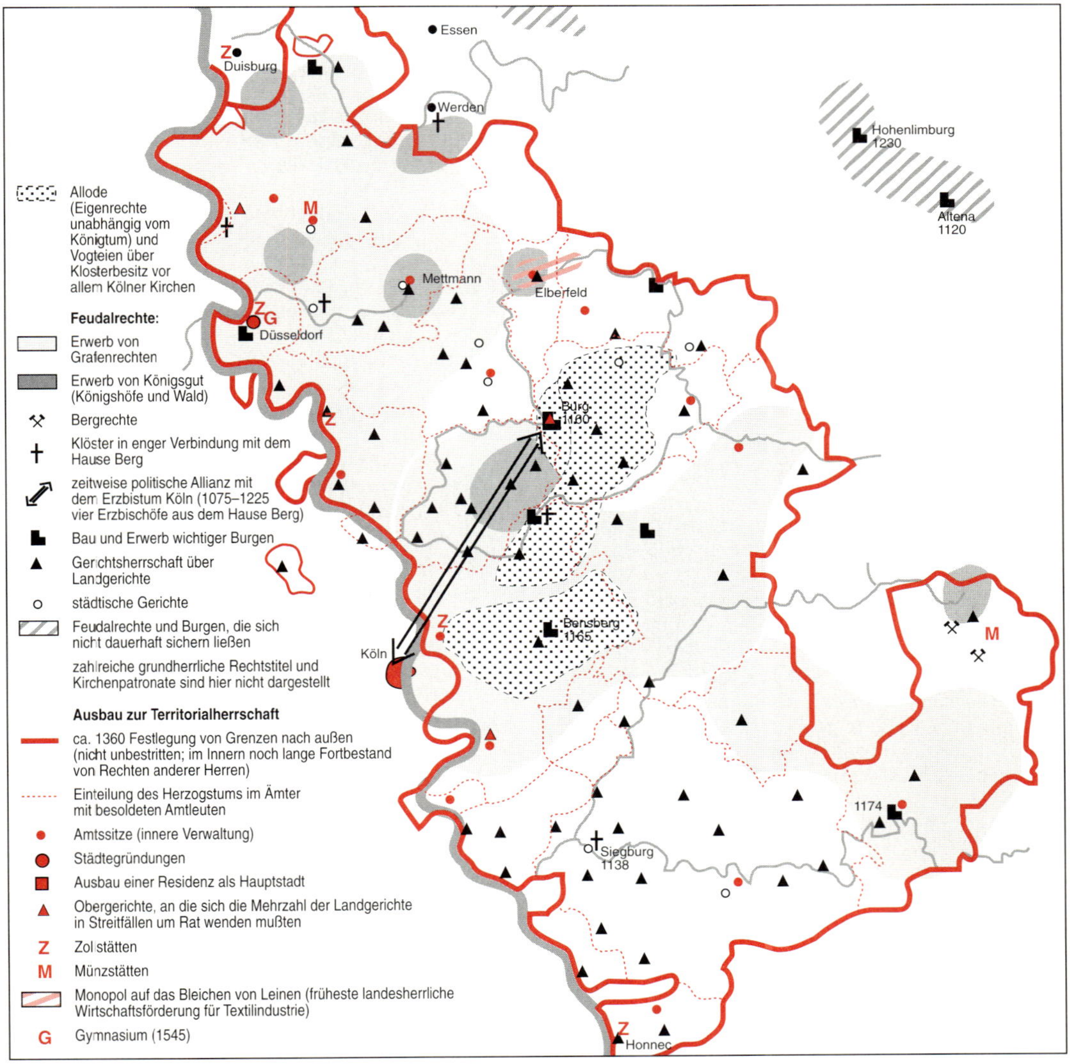

Bearbeitet von H. Aubin: Geschichtlicher Handatlas der Rheinprovinz. (Bachem) Köln 1926. Nr. 26 f. u.a. Quellen

M 4.11 1525 – Die Kirchenaufsicht des Herzogs von Kleve

Die Verantwortung des Landesherren für die Kirche gilt als Merkmal des lutherischen Protestantismus, ist aber schon vor Luther am Niederhein erkennbar. Das Wort „Dux Cliviae papa est in terris suis“ (Der Herzog von Kleve ist in seinen Gebieten Papst) war sicher eine Übertreibung, belegt aber auch eine intensive Kirchenpolitik schon im 15. Jahrhundert. Im März 1525 verbot Herzog Johann III. die Lehren Luthers, ging aber im Juli 1525 gegen kirchliche Mißstände vor. Die Durchsetzung dieser Verordnung bei gleichzeitiger Toleranz in der Frage des Abendmahls verhinderte am Niederrhein für ein halbes Jahrhundert die Kirchenspaltung. Sie wurde dann von außen vom niederländisch-spanischen Konflikt hineingetragen.

So denn ein nicht geringer Mangel aus Abwesenheit und Ungeschicklichkeit der Pastoren und Seelsorger entstanden ist, so haben wir für gut angesehen:
Zum ersten, daß ein jeder Pastor in unseren Fürstentümern, Landen und Gebieten das Wort Gottes klar, ohne allen Aufruhr, Ärgernisse und Eigennutz verkünden soll; dem Volk in gutem, ehrlichen, frommen Leben vorangehe, und es in dem christlichen Glauben, Lehren und den Hauptartikeln gründlich unterweise und unterrichte.
Zum andern, daß niemand zu Begängnissen[1], Seelenmessen, Jahrgezeiten[2] oder Opfern gezwungen, sondern alles einem jeden freigelassen werde; so aber jemand Begängnisse oder Jahrgezeiten halten wolle, soll solches in einem ehrlichen Hause mit züchtiger und mäßiger Gesellschaft ohne große Beköstigungen nach eines jeden Gelegenheit geschehen; dergleichen sollen Hochzeits-, Kindtauf-, Kommunions- und Kirmeseinladungen alle ohne große Beköstigungen und unordentliche Gesellschaft gehalten werden.
Zum dritten, daß die Pastoren, Kirchenmeister oder Begräber von den Sakramenten oder Begräbnissen kein Geld nehmen noch fordern, sondern dieselbigen einem jeden umsonst zu reichen willig und bereit sein sollen.
Zum vierten, daß ein jeder Pastor seine Kirche in eigener Person bediene; wäre es aber, daß ein Pastor, der in eigener Person am Ort tätig ist, die Kirche aus Alter, Krankheit oder anderen redlichen Ursachen nicht genugsam bedienen könne, daß er dann einen gelehrten (Vertreter) bekommen, zu sich nehmen und denselben ziemlicher Maßen und genugsam belohnen soll. [...]
Dieweil auch vierlerlei Mißbräuche aus den Bettelorden und anderen Mönchen entsprossen, sehen wir für gut an, daß niemand in die Klöster eingekleidet (werden) und die Gelübde tun soll, ehe er zu seinem Alter und Verstand gekommen ist. [...]
Dieweilen auch die Heiligen-Tracht[3], aus guter Meinung und in der Not eingesetzt, zu großem Laster, Spott und zu Ursachen der Sünde mißbraucht wird, bedünkt uns besser, daß in der Zeit, in der die Bilder getragen werden, ein jeder in seiner Kirchspiels-Kirche die Messe höre und Gott mit Einigkeit anrufe und bete; wir wollen, daß auch fortan niemand zu dieser Heiligen-Tracht gedrängt werde. Dergleichen soll auch mit der Hagelfeier[4] gehalten werden.

Zitiert nach der sprachlich bearbeiteten Fassung in: Dokumentation zur Geschichte der Stadt Düsseldorf 8 (1510–1609), hg. v. d. Stadt Düsseldorf. Düsseldorf 1986, S. 89f.

[1] Feierliches Begräbnis
[2] Gedenkmesse für Verstorbene
[3] Prozessionen, bei denen Kirchenbilder u. Reliquien durch die Gemeinde getragen wurden; enthielten heidnische Elemente u. arteten z. B. in wildes Feiern aus
[4] Feiern gegen Hagelschlag

M 4.12 Die Jülich-Bergische Polizeiordnung von 1554

Die Herzöge betrieben einen systematischen Ausbau ihrer Herrschaft und wurden darin von den Ständen unterstützt:

15. Jahrh.	„superioritas“ (Vorrangigkeit) des Herzogs durchgesetzt (Gesetzgebung, Gericht, Militär)
1486/87	dauerhafte kollegiale Zentralbehörde aus beamteten Räten
1532/34	Neuordnung der Verwaltung
1554	Polizeiordnung

Der Begriff „Polizei“ bedeutete im 16. Jahrhundert „Verwaltung“. Polizeiordnungen, zuerst im 15. Jahrhundert entstanden, umschrieben die Angelegenheiten, die die Landesherren als ihre Sache ansahen. Die Polizeiordnung der vereinigten Herzogtümer Jülich und Berg von 1554 enthielt viele uneingelöste Ansprüche, da das Steueraufkommen nur eine kleine Bürokratie erlaubte.

Eheordnung
- Durchsetzung kirchlich-öffentlicher Eheschließung
- Schutz unverheirateter Frauen
- Regelung elterlicher Pflichten
- Regelung kindlicher Fürsorge für die Eltern

Anstalts- und Fürsorgeordnung
- Ernennung von Armenaufsehern
- Sammeln von Mitteln für die Armen
- Einrichtung von Almosenfonds
- Verbot der Bettelei
- Besetzung von Lehrerstellen (!)

Kreditordnung
- Schutz der Schuldner
- Schutz der Gläubiger
- Regelung der Rechte der jüdischen Einwohner (!)

Bodenordnung
- amtliche Kontrolle des Grundstückshandels
- Bauordnung (Bauhöhen, Feuerschutz, Abstand Grundstückgrenzen, Hygiene u. a.)
- Straßenreinigung
- Holzdiebstahl

– Wiederaufforstung bei Waldnutzung
– Fischereivorschriften
– Nutzung von Wüstungen
– Zustimmung zu Verkauf und Verpachtung städtischer Grundstücke

Wirtschafts- und Arbeitsordnung
– Luxusverbot bei Familienfeiern
– Einschränkung des Glücksspiels
– Aufsicht über Nahrungsmittelproduktion
– Aufsicht über Maße und Gewichte
– Einschreiten gegen Müßiggang

Straßen- und Wegerecht
– Verpflichtung von Gemeinden und Personen zum Wegebau
– Anlage von Entwässerungsgräben
– in Sonderfällen Wegegelder zur Straßenbaufinanzierung

(Die Vorschriften wurden teilweise in städtische Ordnungen umgesetzt und dort besser ausgeführt als auf dem Lande durch die herzoglichen Amtleute.)

Zusammenstellung nach: W. Rißmann: Die Verhältnisse der Jülich-Bergischen Polizeiordnung vom 10.11.1554. (Diss. Köln) 1958.

Die Fortsetzung des Ausbaus der Landesherrschaft:

1555	neue Gerichtsordnung, die aber scheitert
1557	Rechenkammer als Kontrollinstanz
1558	neue Geschäftsordnung für Amtleute
1597	Hofgericht als oberstes Gericht

M 4.13 1546 – Auszug aus der Armenordnung Herzog Wilhelms für Jülich und Berg

Diese Ordnung steht für zahlreiche ähnliche Regelungen in Europa, die des Problems der Armen und Heimatlosen mit staatlichen Mitteln Herr werden wollen.

Die Provisoren oder Fürstender[1] der Armen sollen mit Fleiß erkunden, wieviel der Armen in dem Kirchspiel sind, die sich nicht ernähren können, damit denselben Notdurft[2] gereicht werde.

Die Erkundigung der Lage der Hausarmen[3] soll zum wenigsten alle Quatember[4] einmal geschehen, damit man wissen möge, was sich mittlerzeit verändert.

In jeder Bürgerschaft soll ein frommer Mann verordnet werden, der den Fürstendern anzeige, ob mittlerzeit jemand mit Krankheit oder Armut beladen würde, also daß er der Almosen bedürfe; und hinwieder, ob diejenigen, so der Almosen gebrauchen, sich unehrbar hielten oder wiederum in die Lage versetzt wären, sich mit Arbeit oder sonst zu ernähren.

Die Almosen sollen unter den Bedürftigen und denen, sich nicht ernähren können, treulich ausgeteilt werden; welche aber gesund und unvermögens sind, sich zu ernähren, und doch nicht arbeiten wollen, die soll man zu der Arbeit anhalten und ihnen die Almosen verweigern.

Welche ihre Kinder nicht dienen oder lernen lassen, auch nicht zur Arbeit, sondern zum Betteln anhalten, sollen durch die Fürstender ermahnt werden und, wo solches nicht hülfe, ihnen die Almosen entzogen werden.

Aber welche ihre Kinder gern wollten lernen, dienen oder arbeiten lassen und keine Hilfe haben, daß sie dazu kommen, denen soll durch die Fürstender dazu Anweisung geschehen und Beisteuer getan werden.

Die Amtleute und Befehlshaber sollen mit besonderem Fleiß darauf sehen, wo gesunde Müßiggänger sich aufhalten, sie seien Fremde oder Inländische, die nicht von ihren Einkünften, Handwerk, Kaufmannschaft oder anderer ehrbarer Handlung sich ernähren, daß die nicht geduldet, sondern nach ihrem Wandel nachgeforscht werde; und wenn sie für verdächtig oder sträflich geachtet werden, daß sie alsdann hergenommen und nach Befinden zu gebührlicher Strafe gebracht werden, anderen Müßiggängern zu einem Spiegel.

Zitiert nach der sprachlich bearbeiteten Fassung in: Dokumentation zur Geschichte der Stadt Düsseldorf. (M 4.11). S. 230 f.

---

1 Vorsteher
2 Lebensnotwendiges
3 zur Stadt gehörig (nicht auswärtig)
4 vierteljährlicher Fastentag

M 4.14 Ständegesellschaft und Kleiderordnung

Im 16. Jahrhundert häuften sich mit dem Ausbau der Herrschaft die Eingriffe der Obrigkeit in das Leben der Untertanen, u. a. auch durch Kleiderordnungen. Sie schrieben jedem einzelnen Stand Schnitt, Stoffqualität und Schmuck der Kleidung vor. Zweck war nicht die Eingrenzung des Luxus, sondern die Sicherung der Standesgrenzen: Jedem Beruf wurde sein Platz in der Gesellschaft und damit seine Ehre zugewiesen; jeder Vorstoß gefährdete die Ehre der nächst höheren Gruppe, die um die Stabilität des Ganzen willen geschützt werden mußte. Die Fülle einschlägiger Gerichtsakten verrät, wie stark die soziale Dynamik war, die diese Ordnung gefährdete. Die Einleitung einer bayerischen Kleiderordnung von 1599:

Solchem Übel, Verderben und unnötiger verschwendung unsers theils zubegegnen, und in deme unsere Unterthanen schaden nach möglikeit zu verhüten. So ist unser ernstlicher Befehl, daß in gemein alle und jeder unserer Unterthanen, Diener, Angehörige und Verwanten, ein jede Person sich ihrem Stand gemäß, ziemlich und nicht überflüssig noch unordentlich, sondern Ehrbarlich, wie solchs unsers Chur- und Fürstenthumb Landsart von Alters herkommen und gebräuchlich, und also bekleiden sollen, darmit der Edle vor dem Unedlen, der Geistliche vor dem Layen, der burger vor dem Bawern, der Herr vor dem Knecht, Also auch Frawen und Jungfrawen vor den Mägden etc. underschieden und erkant mögen werden.

Zit. nach R. van Dülmen: Kultur und Alltag in der Frühen Neuzeit. (Beck) München 1992. Bd. 2, S. 186.

M 4.15 1566 – Kaiser Maximilian II. bewilligt eine Universität in Duisburg

Im ausgehenden 15. Jahrhundert begann eine Welle landesherrlicher Gründungen von Universitäten und Gymnasien. Auch die Herzöge von Kleve-Jülich-Berg bemühten sich um die päpstliche und kaiserliche Bewilligung einer Universität in Duisburg. Bei der kaiserlichen Privilegierung spielte die theologische Funktion eine geringere Rolle als bei der päpstlichen. Zur Einrichtung der Universität kam es erst 1655. – Auszug aus der kaiserlichen Privilegierungsurkunde:

Wir, Kaiser Maximilian II. [...] machen bekannt [...], daß wir Vorsorge treffen, das zur rechten und herkömmlichen Ordnung und löblichen Verwaltung der *res publica* Gehörige aus Sorge (um das Wohlergehen) bereitstellen. [...] Wir wollen unser Augenmerk nicht nur darauf richten, den unserer Treue anvertrauten Völkern den Frieden und die öffentliche Ordnung zu erhalten, sondern auch das Studium der ehrenhaften Künste und Wissenschaften mit allen Kräften fördern und weiterentwickeln; denn wenn diese blühen, dann ist und bleibt nach unserer Erfahrung die *res publica* heil und unversehrt. Wenn sie jedoch vernachlässigt werden, dann lassen sich die Kirchen nicht richtig erhalten, die *res publica* nicht recht verwalten und die Kriegspläne weder richtig entwickeln noch ausführen und daher, wie wir aus Erfahrung wissen, weder im Innern noch nach außen etwas richtig bewirken. [...] (Weil schon unsere kaiserlichen und königlichen Vorfahren) überall im Römischen Reich Gymnasien und Akademien errichtet und würdige Professoren der Freien Künste und anderer Wissenschaften ausgewählt und mit Einkommen ausgestattet haben, die ihre Untertanen ausgebildet haben, damit sie die *res publica* rechtschaffen verwalten und andere sowohl zivile wie militärische Ämter auszuüben, (gewähren Wir dem Herzog von Jülich, Kleve und Berg das Recht, eine Universität in Duisburg zu errichten und das Studium der Theologie, des Kirchenrechts, des weltlichen Rechts, der Medizin und anderer Fächer zu ermöglichen).

Sinngemäße Übertragung bei gleichzeitiger Vereinfachung der überaus langen und komplizierten syntaktischen Konstruktionen von B. Löhberg nach einem Abdruck der Universität Duisburg.
in: G. Born, F. Kopatschek: Die alte Universität Duisburg. (Mercator) Duisburg 1992. S. 11

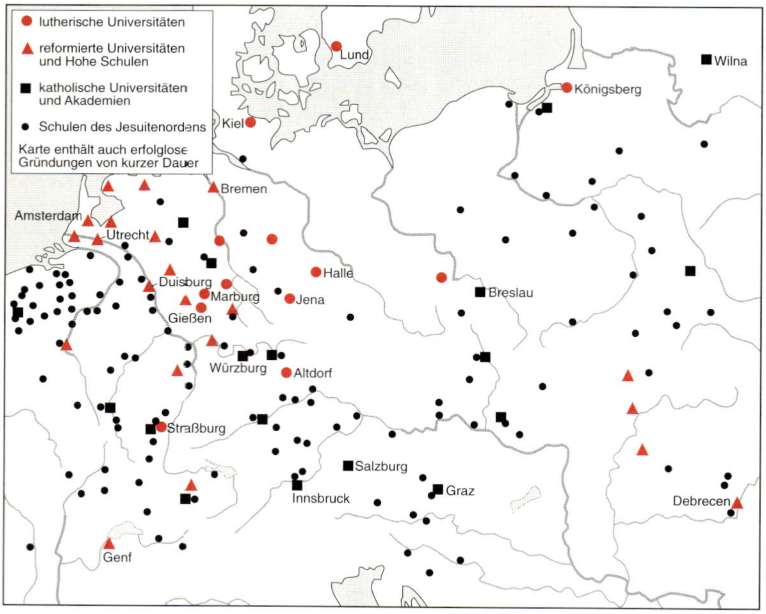

Gründungen von Hochschulen und Akademien in Mitteleuropa zwischen ca. 1500 und 1650
Die Gründung von Bildungseinrichtungen war ein Mittel zum Ausbau des Staates. Auch die Kollegs des Jesuitenordens (meist im Range von Gymnasien) zeigen nicht nur die Brennpunkte der religiösen und politischen Auseinandersetzung der Zeit, sondern sind angesichts ihrer hohen Ausbildungsqualität auch als Beitrag zur Modernisierung der Gesellschaft zu sehen.

H. Jedin (Hg.): Atlas zur Kirchengeschichte. (Herder) Freiburg 1987. S. 80

Die Entwicklung des Bildes von der Welt im 15. Jahrhundert

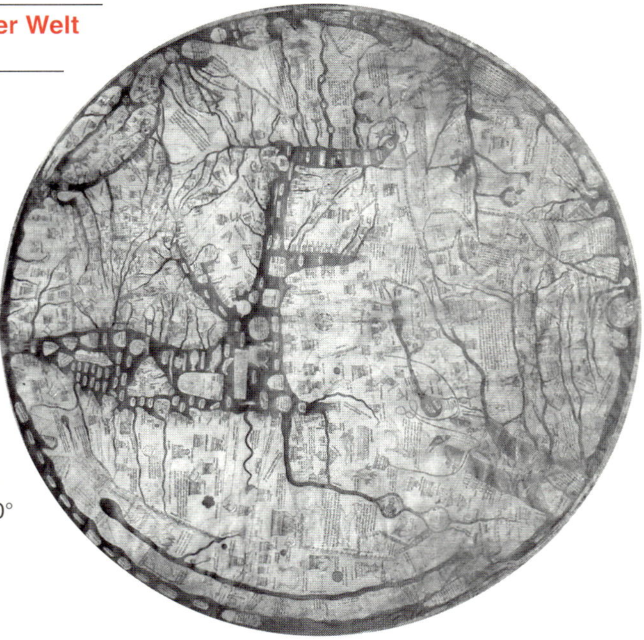

M 4.16 1270 – Mittelalterliche Weltkarte

Die Hereford-Karte aus England ist eine typische mittelalterliche Weltkarte, die mit ihrer Ausrichtung auf Jerusalem noch stark religiös geprägt ist (vgl. auch unten S. 224/Kap. 7 eine rein symbolische Weltkarte), aber auch gewisse geographische Kenntnisse vermittelt. Sie ist hier nicht mehr „orientiert“, d.h. nach Osten ausgerichtet, sondern zum besseren Erkennen um 90° gedreht.

M 4.17 Die Entwicklung des Weltbildes bis 1513

Die Weltkarte des Martin Waldseemüller (Straßburg 1513) gibt ein erstaunlich genaues Bild Afrikas, des nördlichen Südamerikas und des Mittelmeerraums, während Nordeuropa sehr verzerrt und Asien jenseits der Südspitze Indiens noch ein Produkt der Phantasie ist.

M 4.18 Um 1500 – Die Perspektive der Entdeckten

Das Königreich Benin westlich der Nigermündung (heutiges Nigeria), eine hoch entwickelte Kultur, verfügt über eine mündliche Geschichtsüberlieferung, die recht zuverlässig ist und 1934 schriftlich aufgezeichnet wurde. Sie berichtet über die Wirren bei der Amtsübernahme des Esigie (König) wohl kurz vor 1500:

Osawe wurde nach dem Tod seines Vaters und den Begräbnisfeiern zum Oba von Benin gekrönt und erhielt den Titel *Esigie*. Aber er wurde von seinem Bruder Aruanran, dem Herrn von Udo, einem Mann von riesiger Gestalt, sehr beunruhigt. Schließlich sandte man eine Strafexpedition gegen Udo. Viele Schlachten wurden geschlagen, und manchmal war die eine Seite siegreich und manchmal die andere. Die heftigste war unter dem Namen *Okuo-Ukpoba* (Blutschlacht) bekannt, in der Oni-oni, der Sohn des Aruanran, getötet wurde.
Es wird berichtet, daß unter der Herrschaft des *Esigie* Juan Affonso d'Aveiro zum zweiten Male in die Stadt Benin kam. Er riet dem Oba, Christ zu werden, und sagte, daß das Christentum sein Land verbessern würde. Der *Esigie* schickte daher Ohen-okun, den Olokun-Priester in Ughoton (*der höchstrangige Priester im Benin-Reich*) mit d'Aveiro als Gesandten zum König von Portugal und bat diesen, Priester zu entsenden, um ihn und sein Volk im christlichen Glauben zu unterrichten. Der König von Portugal schickte daraufhin katholische Missionare und viele Geschenke, darunter einen kupfernen Schemel, Korallenperlen und einen großen Schirm, zusammen mit dem dringenden Ersuchen, den rechten Glauben zu ergreifen. Zugleich beschenkte er auch den Gesandten und seine Frau. Der König von Portugal schickte auch einige portugiesische Händler, die eine Faktorei in Ughoton, dem alten Seehafen von Benin, errichteten. Sie handelten im Auftrag des Königs von Portugal mit Elfenbein, Textilien aus Benin, Pfeffer und anderen Waren. Wegen des ungesunden Klimas des Landes endete der Handel bald. (*In den Kämpfen mit dem kleineren Nachbarreich von Idah 1515–16 wurde der Esigie von Portugiesen begleitet – wahrscheinlich nicht nur Missionaren.*)

J. Egharevba: A Short History of Benin. Lagos 2. Aufl. 1968. S. 26 f. (Übers. H. Prokasky)

16. Jahrhundert – Darstellung eines Benin-Herrschers

Die Benin-Kultur verfügte über eine künstlerisch und technisch hervorragende Bronze-Kunst. Die Darstellung dieses Herrschers enthält zwei Köpfe im Relief, die bewaffnete Portugiesen als Herrscherattribute, nicht als Feinde zeigen, eines von zahlreichen Beispielen einvernehmlicher Beziehungen zu Portugal.

M 4.19 1522 – Portugiesischer Handel mit dem Königreich Benin

Auftrag des königlichen Beamten (Faktors) – Auszug aus dem Schiffsbuch der „Sao Miguel“:

So befehlen wir Euch (im Auftrag des Königs) und beauftragen Euch unter bei den Euch bekannten Strafen: Sollten die Neger nicht bereit sein, Euch die *peços*[1] zu dem genannten Preis zu liefern, sollt Ihr, nachdem Ihr dort soviel Zeit, wie Euch geraten scheint, verbracht habt, zu dieser Insel zurückkehren mit dem, was Ihr auch immer in diesem Lande gekauft haben mögt. Diese Waren solltet Ihr zu den bestmöglichen Preisen kaufen und verkaufen – da es nicht möglich ist, feste Preise zu setzen –: Leinen, gefärbtes Tuch, Korallen, Glasperlen und andere Waren gegen Kaurimuscheln, graue und gelbe Perlen, Elfenbein und Rotholz (Textilfarbstoff).

Alle anderen Sachen, die man dort bekommen kann, dürft Ihr nicht zu kaufen oder zu handeln erlauben, da der Herr (König von Portugal) das verboten hat, und wer immer dagegen verstößt, verwirkt schwere Strafen, wie Ihr wißt.

Item dürft Ihr kein *peço* kaufen, das an Beulen oder einer anderen Krankheit leidet, noch irgend eines, das taub, blind oder alt ist, Ihr sollt Euch vielmehr bemühen, sicherzustellen, daß es sich um gesunde junge Leute handelt, wie sie in der oben genannten Preisliste von 50 *manillas* abwärts genannt werden; Ihr werdet für sie ausgeben, was Euch als vorteilhaft für den Herrn erscheint. Wenn Ihr irgendein *peço* kauft, das krank ist oder einen Fehler hat, oder irgendeine Ware ohne Wert, so wird man sie Euch mit Sicherheit von Eurem Gehalt abziehen.

Zit. nach A.F.C. Ryder: Benin and the Europeans. London 1977. S. 295 (Übers. H. Prokasky)

[1] peço (portug.) – Ding, Stück

M 4.20 1496 – Vasco da Gamas erster Kontakt in Indien

Und am Dienstag hatte der Kommandant folgende Dinge bereit, um sie dem König zu schicken, nämlich: zwölf Stück gestreiften Baumwollstoffes, vier Mützen von Scharlach, sechs Hüte und vier Korallenzweige sowie einen Packen Metallbecken, worin sechs Stück waren, eine Kiste Zucker und vier gefüllte Flaschen, zwei voll Olivenöl und zwei voll Honig.

Aber es ist der Brauch, daß man dem König nichts bringt, ohne es zuerst seinem Haushofmeister, einem Mauren, sowie dem *Bayle* wissen zu lassen. Und als der Kommandant es diesen zeigte, da kamen sie und fingen an, über das besagte Geschenk zu lachen, und meinten, daß das nichts wäre, um es dem König zu schicken. Daß der ärmste Kaufmann, der von Mekka käme, oder ein Inder mehr als das gäben und daß, wenn er (dem König) ein Geschenk machen wolle, er ihm Gold schicken solle. Dies hier aber werde der König nicht nehmen. [...]

Und (der Samorim) schickte sieben oder acht Kaufleute, um die Ware zu besehen, damit sie nach Belieben davon kaufen sollten. Außerdem schickte er einen angesehenen Würdenträger mit dem Haushofmeister, der dort bleiben sollte, und ließ ausrichten, wenn irgendein Maure käme, so sollten sie ihn töten, ohne dafür irgendwie bestraft zu werden.

Die genannten Kaufleute, die der König schickte, blieben ungefähr acht Tage an Ort und Stelle, aber anstatt zu kaufen, drückten sie die Ware im Preis. Die Mauren kamen nicht mehr zu dem Haus, wo unsere Ware lag, und waren uns so feindlich gesonnen, daß sie – so oft einer von uns an Land ging, weil sie glaubten, daß sie uns damit ärgerten – vor uns ausspuckten und „Portugal, Portugal“ dazu sagten. [...]

Im Gefolge dieser Entscheidung kam es zu Schlägereien, und das ganze Land hielt zu den Mauren. Sie liefen bei dem Haus zusammen, das den Portugiesen zugewiesen worden war, und schlugen alle zusammen, die sie dort und anderswo vorfanden.

Als man auf den anderen 10 Schiffen davon erfuhr, fuhr man eilends herbei und vertrieb die Leute des Sultans. Und mit ihrer (Schiffs-)artillerie richteten (die Portugiesen) im ganzen Land große Zerstörungen an und brannten eine Reihe von Häusern nieder, da diese mit Stroh gedeckt waren.

Zit. nach Eberhard Schmitt (Hg.): Dokumente zur Geschichte der europäischen Expansion, Bd. 2. (Beck) München 1984. S. 139 f.

Die Unterwerfung Amerikas durch die Spanier

M 4.21 Drei Spanier schließen einen Vertrag über die Eroberung Perus

Francisco Pizarro und Diego de Almagro haben ein Privileg der spanischen Krone, die Länder an der südamerikanischen Westküste zu erobern, erworben und leihen sich das Geld dafür bei einem Priester in Panama.

Allen, welche diesen Compagnievertrag sehen, soll kundgetan sein, daß ich, Don Hernando de Luque, Priester und Vikar der Kirche von Panamá, einerseits und andererseits Capitán Francisco Pizarro und Diego de Almagro, die wir alle Bürger von Panamá sind, bekunden, daß wir verabredet haben und übereingekommen sind, eine Compagnie zu gründen und zu errichten, welche unter den nachfolgend genannten Bedingungen auf immerdar gelten und währen soll. Da wir, die genannten Capitán Francisco Pizarro und Diego de Almagro, vom Herrn Gobernador Pedrarias de Ávila das Privileg und die Erlaubnis zur Entdeckung und Eroberung der Länder und Provinzen jenes Königreiches besitzen, welches Peru genannt wird und das sich nach den vorliegenden Nachrichten auf der anderen Seite, jenseits dieses Golfes und Meerbusens befindet, und da wir aber für die genannte Besitznahme und das kriegerische Unternehmen Schiffe, Kriegsvolk, Vorräte und anderes Notwendiges brauchen, welche wir aber nicht aufbringen können, weil es uns an Geldern und so großem Vermögen gebricht und Ihr, der genannte Don Hernando de Luque, uns die notwendigen Mittel zur Verfügung stellt, gründen wir mit Euch diese genannte Compagnie zu gleichen Anteilen. Wir haben verabredet und sind übereingekommen, daß wir drei in brüderlicher Weise gleichen Anteil haben sollen an all dem, was in den genannten Königreichen und Provinzen von Peru entdeckt, gewonnen, erobert und besiedelt wird, ohne daß einer von uns einen Vorteil gegenüber dem anderen oder dem dritten haben soll. Für die Auslagen wegen der genannten Schiffe und des Kriegsvolkes, die für das genannte kriegerische Unternehmen und die Eroberung des genannten Königreiches von Peru ausgerüstet werden, habt Ihr, der genannte Don Hernando de Luque, uns gegeben und gleichsam als Euren Anteil in diese genannte Compagnie eingebracht den Betrag von zwanzigtausend Pesos in Goldbarren.

Zit. nach Eberhard Schmitt (Hg.): (M 4.20) Band 3. (Beck) München 1984. S. 382

M 4.22 1534 – Die Plünderung Perus

Zwei Jahre nach der Landung Pizarros in Peru ist das riesige Inka-Reich zerstört und das Land in Auflösung. Bericht der spanischen Bürger von Jauja an Pizarro:

Erlauchter Herr (*gemeint ist Pizarro*): Obwohl Ihr schon 3 Monate in dieser Stadt weilt, habt Ihr noch keine Landzuteilungen vorgenommen; das gereicht der Bevölkerung [...] wie auch S. M. zu großem Nachteil. Da die Kaziken keinen Herrn über sich haben, erheben sie sich und verlassen ihre Wohnsitze. Sie kümmern sich nicht um die Bestellung der Felder, weil diese von umherschweifenden Negern und Yanaconas (*hörige Indianer*) der Spanier verwüstet werden. Sie holen den Mais weg, bevor er noch zum Reifen kommt, auch nehmen sie das Vieh und andere Nahrungsmittel; noch schlimmer: sie werfen die Indios aus ihren Behausungen und mißhandeln sie auf jederlei Weise. Dadurch wird die Versorgungslage nicht nur für die Einheimischen, sondern auch für die Vecinos (*Stadtbürger*), die Konquistadoren und andere, die sich in der Stadt aufhalten, gefährdet, und eine Hungersnot steht unmittelbar bevor [...]. Die einheimische Bevölkerung bettelt bereits an den Häusern der Spanier um Nahrung, weil man ihnen alles genommen hat. [...]

Die Kaziken werden geprügelt und niedergeschlagen, andere erstochen, die Frauen der Indios vergewaltigt. Wie leicht hätte es unter diesen Umständen einen Aufstand und zahlreiche Tote unter Spaniern und Indios geben können.

Alle diese Mißstände und Übergriffe hätten sich vermeiden lassen, wenn man den Kaziken und Indios Herren gegeben hätte, an die sie sich hätten wenden und über erlittene Unbill Klage führen können. Aber niemand nahm sich ihrer an. Ja, wenn das Land verteilt worden wäre [...], hätten die (*spanischen*) Herren mit den Kaziken und Indios in Tauschhandel treten können; man hätte aus den Bergwerken Gold geschürft, wie es in diesen Gegenden Brauch ist; die Indios würden weiterhin wie seit alters her ihre Tribute an Gold und Silber entrichten, und das Fünftel S.M. hätte sich gemehrt.

Zit. nach L. und Th. Engl (Hg.): Die Eroberung Perus in Augenzeugenberichten. (dtv) München 1975. S. 193

M 4.23 Europäische Stadtgründung in Südamerika

20 Jahre nach der Gründung ist Lima eine europäische Stadt; 1650 zählte sie 10 000 weiße, 10 000 afrikanische und 5 000 indianische Einwohner. (Die relativ wenigen Sklaven im Andengebiet waren Diener in den Städten oder Bergarbeiter in Potosi.)

In der jetzigen Zeit gibt es nur noch wenige indianische Ureinwohner hier; denn in dem Maße, wie die Stadt wuchs und die Kolonisten ihre Äcker und ihr bewässertes Land beschlagnahmten, wichen sie aus in verschiedene andere Täler. [...] Die Stadt Lima ist nach Cuzco die größte und bedeutendste des ganzen (*Vize-*)Königreichs Peru. Sie hat gutgebaute Häuser, manche sogar ausgesprochen herrschaftlich mit ihren Türmen und Altanen.

Die Plaza ist groß, und die Straßen sind breit, und zu den meisten Häusern führen Wasserleitungen – eine Einrichtung, die ganz besonders geschätzt wird. Das Wasser reicht nicht nur für den gewöhnlichen Bedarf, sondern auch für die Bewässerung der zahlreichen Obst- und Blumengärten, die sich dadurch immer in erquickender Frische darbieten.

Jetzt befinden sich in Lima der Hof und die königliche Kanzlei; und deshalb, wie auch andererseits, weil hier der ganze Handel des (*südamerikanischen*) Festlandes konzentriert ist, gibt es hier immer viele Menschen, reiche Warenlager und Läden. In dem Jahr, als ich von Peru wegging (*1550*), verfügten viele Bürger Limas über Indianerencomiendas mit einem so reichen Tributaufkommen, daß ihr Besitz auf 150 000, 80 000, 70 000 oder 50 000 Dukaten geschätzt wurde; manche hatten mehr, andere weniger. Letzten Endes waren damals fast alle reich und wohlhabend.

Zit. nach L. und Th. Engl: (M 4.22). S. 353

Der Plan Limas, der Hauptstadt von Peru, ist auch 1796 noch weitgehend vom spanischen Vorbild und dem Straßenraster bestimmt, das Francisco Pizarro 1535 anlegte.

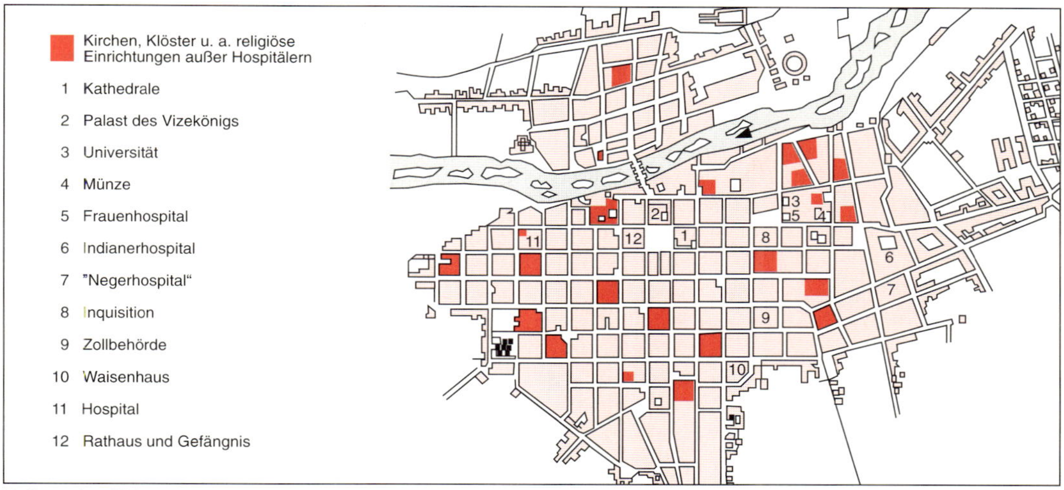

R. Konetzke: Süd- und Mittelamerika I (Fischer Weltgeschichte 22). (Fischer) Frankfurt 1965, S. 48

M 4.24 Ausbeutung der Indios im Bergbau

Der Vizekönig de Nieva schrieb 1563 über die Spanier: „... sie sind so eingebildet, daß sie eher vor Hunger sterben, als daß sie eine Hacke in die Hand nehmen."

Auf dem Berge selbst leben an die 3 000 bis 4 000 Indios und arbeiten in der Mine. Dort in der Höhe ist es bedeutend kälter als in der Stadt unten. Die Quecksilbermine liegt in einem großen Bergkegel, und sie wühlt sich in immer größere Tiefen hinein.
Als ich die Stadt besuchte, ging ich auf den Berg (es war im Jahre 1616) und stieg in die Mine hinab, die sich damals bis in eine Tiefe von 130 estados (*etwa 450 m*) erstreckte. Das fündige Erz war schwarz und von hohem Metallgehalt und die Höhlen im Berg so ausgedehnt, daß über 3 000 arbeitende Indios darin Platz hatten. Es war Schwerstarbeit; mit Pickeln und Hämmern brechen sie das Erz. Wenn sie ihren Tragsack voll haben, steigen die Armen beladen mit dem Erz die Leitern hinauf – diese sind teils aus Holz, teils aus Stricken. Das ist so mühselig und beschwerlich, daß selbst ein Mensch, der nichts trägt, den Aufstieg kaum schafft.
Die Arbeit da drinnen spielt sich ab in einem wirren Flackern von unzähligen Lichtern und unter dem ohrenbetäubenden Lärm eiserner Schlagwerkzeuge.
Sind nun diese Zustände und körperlichen Strapazen schon schlimm genug, so schrecken die betrügerischen Grubenverwalter in ihrer blinden Habgier auch vor dem Äußersten nicht zurück: Da sind nun Menschen tatsächlich so gewissenlos und steigen, bloß um etwas von dem wertvollen Metall zu stehlen, außerhalb der Arbeitszeit hinunter, führen unschuldige Indios mit sich und nehmen von dem Erz etwas weg, das die Stützpfeiler bildet, indem sie dieselben aushöhlen. Manchmal kommt dann das halbe Gewölbe herunter und erschlägt alle Indios, hie und da auch die uneinsichtigen und habgierigen Verwalter.

Zit. nach L. und Th. Engl (M 4.22), S. 361

M 4.25 Um 1640 – Zuckerindustrie in Brasilien

Ein *ingenio* enthält ein Mahlwerk, in dem das Zuckerrohr zermahlen wird, und ein Kesselhaus, in dem der Saft zu Melasse eingekocht wird. Kapital- und Personalaufwand waren für koloniale Verhältnisse nicht niedriger als für Bergwerke und Schmelzhütten.

M 4.26 1512 – Rechtfertigung der Unterwerfung der Indios

Der Beichtvater König Ferdinands von Aragon beruft sich auf den heiligen Thomas von Aquin und den heidnischen griechischen Philosophen Aristoteles.

Zum Beweis führe ich an, was St. Thomas (von Aquino) in Buch III Kapitel 11 seines Werkes De regimine principum sagt: „Bisweilen, wenn ein Volk die Wohltat eines guten Regimentes nicht anerkennen will, muß es die Herrschaft von Tyrannen erfahren, denn auch die sind ein Werkzeug der göttlichen Gerechtigkeit. So haben manche Inseln und Länder, wie die Geschichte lehrt, ständig ihre Tyrannen wegen der Bosheit des Volkes, weil es nur mit eiserner Rute regiert werden kann […].“ Dasselbe sagt Aristoteles in Buch I, Titel II, Kapitel 2 seines Buches vom Staat, wo es heißt, ein Herrenregiment, d.h. eine Tyrannenherrschaft sei dann gerechtfertigt, wenn sie sich auf solche erstreckt, die von Natur Sklaven und Barbaren sind, d.h. denen Urteil und Einsicht fehlen, wie es bei diesen Indianern der Fall ist, die nach allgemeiner Aussage sprechenden Tieren gleichen. […] Hierher gehört auch, was Scotus sagt: Wenn ein Fürst als rechtmäßiger Herrscher irgendeines Gemeinwesens sieht, daß einige so lasterhaft sind, daß ihnen die Freiheit schadet, so kann er sie von Rechts wegen in den Stand der Dienstbarkeit versetzen. Da nun auch die Indianer schlecht und mit vielen Lastern behaftet sind, ein träges Volk ohne Neigung und Veranlagung zum Guten, kann Eure Hoheit sie rechtmäßigerweise in Dienstbarkeit versetzen und darin erhalten. Dem steht nicht entgegen, daß Eure Hoheit und die Königin ruhmwürdigen Angedenkens sie freie Menschen genannt haben, denn die Meinung dabei war, daß sie zwar nicht wie Sklaven seien, die man verkaufen dürfe und die kein Eigentum haben könnten, wohl aber, daß man über sie verfügen und sie den Christen zur Dienstleistung übergeben, das heißt also sie einer ganz bestimmten Art von Dienstbarkeit unterwerfen könne, nämlich einer solchen, die ihnen zuträglich ist, weil die völlige Freiheit ihnen schadet. Vor allem aber, weil das beste Mittel, wodurch sie den Glauben empfangen, festhalten und darin verharren können, der Umgang und die Gemeinschaft mit den Christen ist.

Zit. nach F. Dieckmann (Hg.): Geschichte in Quellen III. (Bayr. Schulbuchverlag) München 1966. S. 76 f.

M 4.27 1538 – Die Verteidigung der Rechte der Indios

Die Indios fanden vor allem im Dominikanerorden viele Verteidiger, darunter den berühmten Bartolomé de las Casas (1474–1566), der ab 1515 als Missionar in Amerika wirkte und zeitweilig, großen Einfluß auf Karl V. ausübte. Der folgende Text ist von dem berühmten Juristen Francisco de Vitoria, einem der Begründer des Völkerrechts, der die Rechte der Indios auf Eigentum und eigene Herrscher verteidigte.

Die Behauptung, daß den Eingeborenen keine Herrschaft zukomme, läßt sich überhaupt nur damit begründen, daß man sagt, sie seien im Stand der Sünde oder sie seien Ungläubige oder keine vernunftbegabten Wesen. Man hat die Meinung verfochten, Herrschaft beruhe auf Gnade, infolgedessen könnten Sünder, mindestens aber Todsünder keine Herrschaft welcher Art auch immer ausüben. […]
Aber gegen diese Ansicht stelle ich die Behauptung: Todsünde hebt Ausübung der Staatsgewalt und legitime Herrschaft nicht auf, denn wenn der Sünder keine politische Herrschaft mehr ausüben könnte, dann auch keine natürliche […], denn auch diese beruht wie die politische auf göttlicher Verleihung, ja sogar mehr als jene, weil die politische Gewalt ja doch menschlichen Rechtes ist. Wenn also der Mensch wegen Beleidigung Gottes die politische Herrschaft verlöre, müßte er aus dem gleichen Grunde auch die natürliche Herrschaft verlieren. Daß dies zweite nicht der Fall ist, liegt aber auf der Hand, denn er verliert weder die Herrschaft über seine eigenen Handlungen noch die über seine Glieder. Auch der Sünder hat ja (noch) das Recht, sein eigenes Leben zu verteidigen. […] Gewiß beruht Herrschaft darauf, daß der Mensch Ebenbild Gottes ist, aber das ist er auf Grund seiner Natur und seiner Vernunftanlagen, also geht sie ihm nicht durch Todsünde verloren. […]
Alles in allem, diese Ansicht ist offenbar Häresie. Wie Gott seine Sonne aufgehen läßt über Gute und Böse und es regnen läßt über Gerechte und Ungerechte, so hat er auch die zeitlichen Güter Bösen und Guten gegeben. […]
Kann aber nicht wenigstens wegen Unglaubens das Recht auf Herrschaft verloren gehen? Dafür scheint zu sprechen, daß Häretiker (vom Glauben Abgewichene) kein Recht auf Herrschaft mehr haben, also doch wohl auch andere Ungläubige nicht; sie können doch nicht besser gestellt sein als jene? […] Ich antworte darauf mit der Behauptung: Unglauben ist kein Hindernis, daß jemand ein rechtmäßiger Herr sei […].
Aus alledem ergibt sich die Schlußfolgerung, daß die Eingeborenen ungeachtet ihres Unglaubens oder anderer Todsünden rechtmäßige Herren im öffentlichrechtlichen wie auch im privatrechtlichen Sinne sind und daß die Christen nicht berechtigt sind, aus diesem Grunde ihre Habe und ihre Länder in Besitz zu nehmen […].

Zit . nach F. Dieckmann (Hg.): (M 4.26). S. 81 f.

5 Das Zeitalter Amsterdams: Die Entstehung einer auf Europa zentrierten Weltwirtschaft

Der Bildersturm, d.h. die Verwüstung der katholischen Kirchen in Antwerpen 1566 durch kalvinistische Plünderer, gilt als Wendepunkt der niederländischen Geschichte und als Schlüsseldatum der Religionskriege des 16. Jahrhunderts. Philipp II. sah die katholische Kirche und seine Herrschaft gefährdet und setzte sofort und unter Bruch der alten Landesrechte der Niederländer die schärfsten Mittel ein. Im August 1567 berief er die fähige und – in Grenzen – kompromißbereite Statthalterin Margarete von Parma ab; gestützt auf spanische Truppen führte der Herzog von Alba die Inquisition, das Glaubensgericht, ein und ließ zahlreiche Menschen hinrichten. Der spanisch-katholische Glaubensfanatismus und der „absolutistische" Machtwille Philipps II., der sich, wie es schien, gegen alle Vernunft durchzusetzen bereit war, prägen bis heute das Bild der Niederlande von ihrem Kampf um ihre nationale Unabhängigkeit.
Tatsächlich war dieser Konflikt, der sich schon vor 1566 abzeichnete, kein allein nationaler und überdies Teil eines langen europäischen Krieges, der in seiner Kompliziertheit moderner war als die Kriege zwischen Karl V. und Franz I. um Italien. In weiten Teilen Europas hatte der Protestantismus die Konflikte des Adels und der Bürger mit den Fürsten verschärft. In Deutschland sahen sich die Habsburger immer mehr auf ihre Hausmacht zurückgeworfen; in Frankreich brach 1560 der erste von acht inneren Kriegen zwischen der Krone und den Hugenotten (französische Bezeichnung für die Kalvinisten) aus. In den südlichen Niederlanden fanden die Kalvinisten auch in den unteren Schichten Zuspruch, so daß sich im religiösen Konflikt zugleich sozialer Protest entlud. Philipp II. griff in diese Kämpfe scheinbar widersprüchlich, tatsächlich aber machtpolitisch konsequent ein. Während er in den Niederlanden den katholischen Glauben zu festigen suchte, wollte er in Frankreich durch sein Eingreifen zugunsten der Herzöge von Guise das Königtum schwächen, zog damit aber fast alle europäischen Mächte in den Krieg – zumeist gegen sich.

5.1 Der gelungene Modernisierungsprozeß der Niederlande

Aus dem Krieg mit Spanien gingen die sieben Provinzen der Utrechter Union als niederländische Nation und als europäische Großmacht hervor. Nicht ohne Grund sehen die heutigen Niederländer in dieser Zeit ihr Goldenes Zeitalter und den Ursprung ihrer wichtigsten Werte. Allerdings kompli-

Der niederländisch-spanische Konflikt (1567–1648)

Im Juni 1568 suchte Alba seine Gegner durch die Hinrichtung der Grafen Egmont und Hoorne führerlos zu machen; zugleich fand der Aufstand Wilhelms von Oranien gegen Philipp II. französische Unterstützung, und der zweite Hugenottenkrieg verband sich mit dem Konflikt zwischen Schottland und England, wo Elisabeth I. die katholische Maria Stuart gefangennahm. 1568 konnte Philipp II. diesen Machtkampf noch einmal für sich entscheiden, aber schon 1572 brach der Aufstand in den Niederlanden erneut aus. Eine protestantische Armee rückte von Frankreich aus vor, Frankreich und England schlossen den Vertrag von Blois, und die Schwester des französischen Königs sollte den Hugenotten Heinrich von Navarra heiraten. Die katholisch-spanische Seite konnte die Lage in der Bartholomäusnacht 1572 durch ein Massaker an den Hugenotten noch einmal zu ihren Gunsten wenden, löste aber in Holland und Seeland eine radikal kalvinistische Wende aus. Das stürzte das Land zusammen mit seinen Nachbarn in erbitterte Kriege, die mit einer kurzen Unterbrechung bis 1648 dauerten. Dabei spalteten sich die Niederlande 1579 in die Union von Utrecht (im Norden) und die Union von Arras (im Süden, etwa das heutige Belgien), wo sich Spanien behaupten konnte. Was in mittelalterlicher Weise als Widerstand gegen einen Fürsten begann, der die Privilegien seiner Untertanen verletzt hatte, wurde ein Religionskrieg, der von beiden Seiten zur Unterdrückung des jeweils anderen Glaubens geführt wurde, und weitete sich zu einem modernen Wirtschafts- und Machtkrieg aus.

ziert sich auch hier das Bild bei näherem Hinsehen. Ausgerechnet Amsterdam hatte sich, anders als die meisten Städte Hollands und Seelands, zuerst nicht am Kampf gegen Philipp II. beteiligt, ja sogar Herzog Alba mit großen Krediten unterstützt. 1568 hatten niederländische Kaufleute nämlich gerade begonnen, in Sevilla die genuesischen Banken zu ersetzen und den Handel mit Südamerika in ihre Hand zu bringen. Erst 1578, auf Druck Wilhelms von Oranien, aber ohne Gewalt, wechselte Amsterdam die Seiten. Die neue Führung der Stadt sah die veränderte Lage unter dem alten Gesichtspunkt, ihren wirtschaftlichen Vorteil zu fördern. Sie bekämpfte auch kalvinistische Konkurrenten wie Emden und besonders Antwerpen, das sie durch die Sperrung der Schelde für Seeschiffe von 1585 bis zum 19. Jahrhundert zum Niedergang verurteilte. Zugleich setzte man in Sevilla mit spanischen Strohmännern seine Geschäfte fort und brachte dessen Außenhandel unter seine Kontrolle. (1595 wurden in Sevilla 400 Schiffe beschlagnahmt, die samt Fracht Niederländern gehörten, und Philipp II. mußte sich einem Kompromiß fügen, damit Spaniens Südamerikahandel nicht aus Kapitalmangel zusammenbrach.) – Dem heutigen Betrachter mag dieser Geschäftssinn bedenklich erscheinen, aber er muß zugleich sehen, daß er zugleich die Basis für eine gesellschaftlich-politische Ordnung legte, die ein großes Vorbild für Europa wurde.

Das Wachstum von Handel und Produktion

Die Hafenstädte im Bereich der Rheinmündung hatten am wirtschaftlichen Aufstieg des 15. und 16. Jahrhunderts Anteil, ohne die Bedeutung Antwerpens zu erreichen. Die größte und wichtigste von ihnen war Amsterdam, obwohl sie von ihrer Lage her kaum dazu geeignet schien: Ohne direkte Verbindung zu Nordsee und Rhein lag sie im südwestlichen Winkel der Zuiderzee, einer flachen und für die Schiffahrt gefährlichen Nordseebucht, und war zudem noch durch eine Sandbank in der Amstelmündung behindert. Für den Verkehr zum Kanal wie zum Rhein (über die Ijssel) ergaben sich gegenüber Rotterdam und Middelburg zeitraubende Umwege. – Für den Aufstieg der Stadt war allein die unternehmerische Mentalität der Bevölkerung entscheidend. (→ M 5.1 und 5.2)

Erster Schwerpunkt des Amsterdamer Handels, war der „Mutterhandel" mit den Massengütern der Nord- und Ostsee, besonders Holz, Hanf, Pech und Teer für den Schiffbau, der etwa die Hälfte des Kapitals band. Getreide wurde vor allem über Danzig aus Polen importiert und ab 1554 auch in den Mittelmeerraum exportiert. Ertragreich war auch „König Hering", wie er respektvoll genannt und sogar Gegenstand von Dichtung und Malerei wurde. Eine der Grundlagen für den Erfolg Amsterdams waren die *Fleuten*, relativ kleine Segelschiffe, die konsequent auf Wirtschaftlichkeit hin gebaut waren und mit acht Mann Besatzung auskamen. Sie wurden in großen Zahlen (allein in Zaandam bis zu 500 Stück pro Jahr) gebaut und kosteten nur die Hälfte eines gleich leistungsfähigen englischen Schiffs. Der Kostenvorteil kam Amsterdam auf dem Verkehrsmarkt zugute. Von der Öffnung des dänischen Sunds für die Niederländer 1544 dauerte es 16 Jahre, bis sie 70% der Transporte in der Ostsee an sich gezogen hatten, was kein Verdrängungsprozeß, sondern eine massive Erweiterung des Handels und der Märkte war. Zugleich gewann Amsterdam einen überproportional großen Teil des atlantischen Handels und wurde um 1600 zur überlegenen Konkurrenz der Spanier und Portugiesen in Asien.

Die Marktverluste Antwerpens in Handel und Produktion kamen Holland und Seeland zugute und

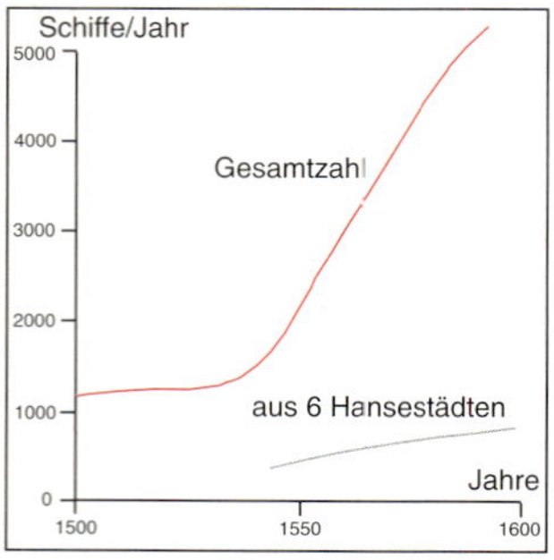

Zahl der Schiffe pro Jahr, die zwischen Nord- u. Ostsee fuhren.

F.W. Henning: (S.120). S. 589

Fleuten in einem niederländischen Hafen; ihre Takelage war gegenüber älteren Schiffen leistungsfähiger und leichter handhabbar.

verstärkten dort die ohnehin gute Konjunktur. Die Flucht vieler Südniederländer, erst von Kalvinisten, bald auch von Juden und Katholiken, brachte wertvolle Fähigkeiten und Kapital in den Norden. Die Kaufleute, die meist ihr Kapital retten konnten und ihre Geschäftsbeziehungen fortsetzten, förderten vor allem die Verlagerung der Warenströme nach Amsterdam. Zahlreiche Handwerker folgten ihnen und ließen sich in der Umgebung nieder. An der Zaan entstand um 1600 das dichteste Gewerbegebiet Europas, wo 600 Windmühlen arbeiteten. Die Textilproduktion wuchs z.B. in Leiden von 1584 bis 1664 von 27 000 auf 144 000 Tuche pro Jahr, in Delft ließ sich die Feinkeramik nieder; Buchdruck, Glasherstellung, Mechanik, Kunstgewerbe, Zuckerraffinerie und vieles andere kamen hinzu. In allen Bereichen erlebten Holland und Seeland seit 1578, seit der Krieg nur noch südlich des Rheins geführt wurde, einen Aufschwung ohnegleichen. Die Leistungsfähigkeit der niederländischen Wirtschaft zeigte sich am eindruckvollsten im Dreißigjährigen Krieg, als ganz Europa sich hier mit Waffen versorgte, Dänemark 1645 sogar eine ganze Kriegsflotte fertig einkaufte. Die Arbeitskräfte waren dabei ständig knapp, da in Holland und Seeland schon im 17. Jahrhundert nur noch die Hälfte der Bevölkerung auf dem Lande lebte (in Deutschland über 80 Prozent) und nicht genügend Menschen in die Städte gingen. So waren die Niederlande stets offen für Zuwanderer aus den südlichen Niederlanden und aus den Nachbarländern.

Die halbe Wahrheit – der Krieg läßt die reiche *Belgica* (oben) ausgeplündert und vergewaltigt (unten) zurück (Titelbild der *Historia* des Emanuel van Meteren von 1593). – Tatsächlich aber verdiente Amsterdam am Krieg so gut, daß viele Menschen den Waffenstillstand mit Spanien 1609 als Katastrophe empfanden.

Der Aufstieg Amsterdams zum Wirtschaftszentrums Europas

Europa beneidete Umfang und Vielfalt des Handels der Niederlande; es bewunderte besonders die Leistungen des Finanzsektors, dem vor allem der synergetische Effekt des Gesamtsystems, d.h. die gegenseitige Steigerung der Wirkung der einzelnen Faktoren, zu verdanken war. Das Tempo, in dem Kapital umgeschlagen wurde, war immer noch sehr langsam. Von der Ausrüstung eines Indienfahrers bis zum Verkauf der Waren vergingen etwa zwei Jahre, ganz abgesehen von den Risiken der Seefahrt, die auf der Indienroute um 1650 Schiffsverluste nicht geringer waren als um 1500 (30 Prozent). Zuerst fehlten in Amsterdam die im Vergleich zu älteren Handelsstädten großen Einzelvermögen. Dieser Nachteil war eine Herausforderung, die Amsterdam zwang, ähnlich wie Antwerpen, aber in viel größeren Dimensionen neue Instrumente zu entwickeln, um kleinere Kapitalien zu sammeln und für große Aufgaben zu bündeln.

Amsterdam bot großen wie kleinen Kapitalanlegern Investitionsformen, die ganz unterschiedliche Interessen berücksichtigten. Wer Sicherheit suchte, zog öffentliche Anleihen vor, die von der Stadt Amsterdam garantiert wurden. Wer mehr Gewinn wünschte, fand Formen der haftenden Kapitalbeteiligung, die durch Neuerungen des Handelsrechts formalisiert und abgesichert wurden. 1602 wurde fast gleichzeitig mit der englischen *East India Company* und mit ungleich größerem Kapital die holländische Vereinigte Ostindiengesellschaft (*V.O.C.*) gegründet. Beide Unternehmen ersetzten als Kapitalgesellschaften die älteren *chartered companies*, die Genossenschaften selbständiger Kaufleute ohne gemeinsames Vermögen waren. An der *V.O.C.* konnte man auch kleine Anteile kaufen, und unter den 12 000 Gründungszeichnern finden sich Pfarrer, Handwerker und Lehrer. Die Anteile waren anonym und konnten unter Benutzung eines Formulars frei gehandelt werden. Das geschah bis 1613 vor und (bei Regen) in der *Oude Kerk*; ab 1606 wurden diese Papiere erstmals als „Aktien“ bezeichnet.

Mit der Aktiengesellschaft hatte das Kapital seine modernste, d.h. abstrakteste und geschmeidigste

Form erreicht, in der es für alle Aufgaben zur Verfügung stand und sie nach dem universellsten Kriterium vergleichbar machte, dem Gewinn. – Die *V.O.C.* war zuerst auf 21 Jahre konzessioniert, wurde dann aber auf unbegrenzte Dauer betrieben und war bald das wichtigste einzelne Instrument der niederländischen Wirtschaft. Sie konnte an der Börse fast unbegrenzt Kapitalmittel mobilisieren und damit langfristig Handelsstrategien realisieren. Sie konnte das spanische Silber nach Asien lenken, wo drei Viertel der Importe mit Edelmetall bezahlt werden mußten. Sie war in Europa ein kapitalistisches Handelsunternehmen und darüber hinaus im heutigen Indonesien Staats- und Militärmacht. Die *V.O.C.* und die *East India Company* sollten das Verhältnis zwischen Europa und Asien tiefgreifend verändern. (→ M 5.3–5.5)
1592 wurde die Amsterdamer Börse eingerichtet, an der Waren und Papiere gehandelt wurden; 1598 wurde die Versicherung von Schiffen und Frachten in eigenen Kammern organisiert, und 1609 entstand eine Wechselbörse, an der das Instrument des Wechsels so weit vervollkommnet wurde, daß es bis zum 19. Jahrhundert Vorbild für Europa blieb. Die Wechselbank revolutionierte das Geldwesen, indem sie den Wechselhandel zur Basis einer Geldschöpfung machte: Alle Wechsel über 600 Gulden mußten der Wechselbank zum Kauf angeboten werden, die sie den Gläubigern gutschrieb und später bei den Schuldnern kassierte. Der zwischenzeitliche Bestand an Wechseln stellte eine Sicherheit dar, auf die die Bank eigene Zahlungsmittel ausgab. Die Münzen und Edelmetallbarren von Amsterdam genossen das Vertrauen asiatischer Händler und polnischer Bauern; in einer Zeit, als alle Fürsten den Gold- und Silberexport verboten, gewährten die Niederlande die völlige Freiheit des Geld- und Edelmetallhandels. Holländische Investitionen im Ausland waren im 17. Jahrhundert alltäglich; der berühmteste Fall war der des Louis de Geer, der in Schweden ein Imperium von Kupfer- und Eisenunternehmen schuf und damit zugleich die Rolle Amsterdams auf den Metallmärkten stärkte.
In Amsterdam wurden auch die Hilfs- und Serviceleistungen erfunden, die zum Kapitalgeschäft dazugehören, kontinuierlich veröffentlichte Kurs- und Preislisten (ab 1585), Nachrichtendienste und Zeitungen vor allem mit Informationen, die für den Kaufmann wichtig waren (ab 1618), und Ausstellungen von Produkten. Notare und Handelsrichter dienten der Wirtschaft durch Unbestechlichkeit und Neutralität. Alles zusammen gewährte eine solche Sicherheit der Kapitalanlage, daß den Bankiers von Amsterdam auch von außerhalb Hollands nahezu unbegrenzt Mittel zuflossen; ihr Zinssatz lag für erste Adressen um 1650 zwischen 3 und 6 Prozent und für Staaten nicht über 10 Prozent. Aus ihren reichen Quellen durfte sich bedienen, wer nach den Maßstäben der Bankiers Kredit genoß, Kaufleute und Herrscher, Niederländer und Fremde. Die Freiheit Amsterdams war an ihrer soliden Basis die Freiheit des Kapitals.

Das freie Meer als Bewegungsraum der freien Völker

Die Expansion der wirtschaftlichen und politischen Tätigkeit der Niederlande vermehrte die Berührungs- und Konfliktpunkte mit europäischen und anderen Völkern, mit Christen und Nicht-Christen. Eine wichtige Ausdifferenzierung der spanischen Ansätze eines Völkerrechts leistete ein niederländischer Politiker und Jurist, Hugo Grotius, mit seinem 1609 veröffentlichten Buch „De mare libero". Es entsprach dem vorwiegend wirtschaftlichen Charakter der niederländischen Interessen, daß Grotius sich auf die Verrechtlichung des Meeres konzentrierte. Es wurde als der für alle Menschen ohne Grenzen offene Raum verstanden, in dem die durch den Handel verbundenen und gleichberechtigten Völker miteinander verkehren. Rechtsgrundlage ist auch für Grotius das Naturrecht. Der mittelalterliche Bezug auf Gott wird dabei erkennbar schwächer. Die Allgemeingültigkeit des Völkerrechts stützt sich auf die Vernunft und Einsichtsfähigkeit des Menschen, für die Gott nur noch ein traditioneller bildlicher Ausdruck ist. Das konkrete, aufs Einzelne gerichtete Handeln von Kaufleuten und Politikern fand hier ein Denkmodell, das die Welt als eine Einheit begriff, die man gewinnbringend nutzen konnte. Daß die Freiheit der Meere am Ende die Freiheit der großen Seemächte war, war in der Theorie so nicht vorgesehen. (→ M 5.7)

Die holländische Gesellschaft

Die Mentalität der Niederländer hob sich von der ihrer Nachbarn schon früh durch ihre außerordentliche Tatkraft ab. Man hat das schon in der frühen Neuzeit zu Recht mit der Eigenart der Lebensumstände dieser Menschen in Verbindung gebracht. Die etwa 60 Kilometer breite flache Küstenzone westlich der Linie Utrecht-Antwerpen wäre heute ohne die wahrhaft gigantischen Bauwerke des Küstenschutzes nicht bewohnbar; um so mehr muß es verblüffen, daß dieses Gebiet als zusammenhängende Landschaft erst seit dem 14. Jahrhundert mit Mitteln geschaffen worden ist, die mit den heutigen verglichen geringfügig wirken. Mit dem Land entstand dabei eine Mentalität von weitsichtigem, rationalem Denken und zähem, langfristigem Handeln; Kollektivität und individuelle Verantwortung bildeten eine Gesellschaft heraus, für die Initiative nicht der großen Führer bedurfte. Die Stunde dieser Gesellschaft

Das Gebiet um die Rheinmündung um 1300 und um 1800

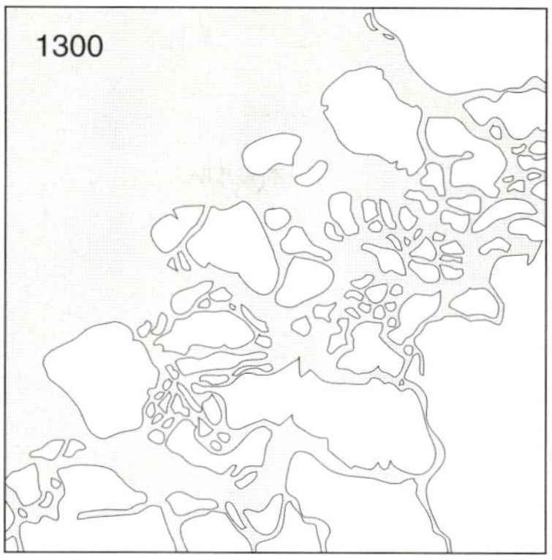

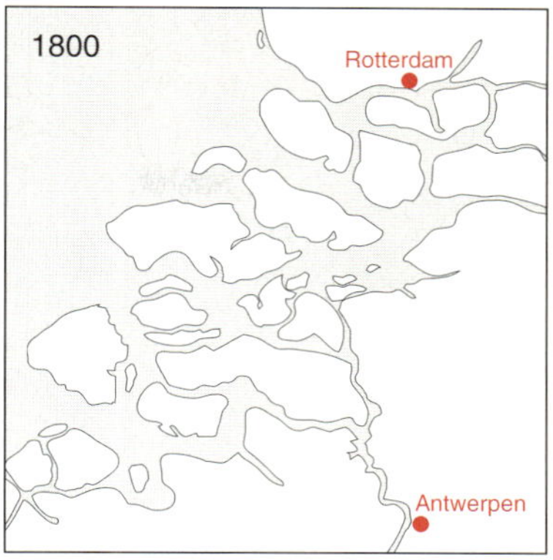

H.J. Tümmers: Der Rhein. (Beck) München 1994. S. 373; © Rijkswaterstaat, Den Haag.

schlug in dem Moment, als die Geschichte dem Gebiet der südwestlichen Nordsee ihre große Chance bot, und die Niederländer multiplizierten die Wirkung dieses Zufalls.
Die dichte Bevölkerung auf dem kleinen Raum Hollands und Seelands und ihre Produktion veränderten sich im 16. und 17. Jahrhundert nicht nur quantitativ, sondern brachten eine neue Gesellschaft hervor. Während Groningen und Gelderland im Osten noch in den alten agrarischen Ordnungen verharrten, ihren Bevölkerungsüberschuß an die Küste abgaben und nur vom Textilverlag profitierten, bildeten sich in den Wachstumszonen eine neue Art von städtischer Gesellschaft. Amsterdam wuchs von 1585 bis 1622 von 30 000 auf 105 000 Menschen und bis 1670 auf über 200 000. Dieser Entwicklung entsprach eine dramatische soziale Dynamik. Als um 1600 eine Kaufmannsaristokratie noch fehlte und jeder kleine Kapitalbesitzer an der Börse willkommen war, wo der Unterschied zwischen oben und unten nicht so groß oder erstarrt war wie in Nürnberg oder Venedig und die Chancen zu Auf- und Abstieg größer waren, ging es – mit aller Vorsicht gesagt – ein wenig egalitärer zu als im übrigen Europa. Tüchtigkeit, Fleiß und Härte waren Tugenden, die eine reale Chance auf Belohnung hatten.
Als der englische Diplomat Sir William Temple 1672 aus genauer Kenntnis die holländische Gesellschaft beschrieb, verzichtete er dazu auf die Begriffe einer ständischen Ordnung und sprach statt von drei Ständen von fünf „Klassen" – von unten nach oben: die Bauern, die Seeleute, die Kaufleute, die Angehörigen der freien Berufe und die kleinen Adligen. Die Dynamik dieser Gesellschaft und die Tatsache, daß vornehme Geburt weniger zählte als Geld und Verdienste um das Land, stießen den Aristokraten Temple ab; er sah darin Zeichen des erhofften politischen Niedergangs Hollands. Zugleich nahm er hier einen neuen Sozialtyp war, den Bürger (*burgher, citizen, citoyen*), der sich von seinem mittelalterlichen Ursprung befreite.
Die gesellschaftliche und politische Macht in Holland lag bei den großen Kaufleuten Amsterdams. Wenn man diese in einem modernen Sinn als Klasse bezeichnet, dann war sie in vieler Hinsicht eine neue Erscheinung in Europa. In Venedig war die Macht an den Reichtum und dieser eng an eine jahrhundertelang begrenzte Zahl adliger Fa-

Bürger (*burgher, citizen, citoyen*):
An die Stelle der Bürger als Angehöriger relativ kleiner Korporationen (Stadtgemeinde und darin Gilde, Zunft etc.) tritt der von adliger Herrschaft unabhängige nicht-bäuerliche Einwohner eines Landes, der nicht mehr notwendig an eine einzelne Stadt gebunden ist und als Kaufmann, Handwerker oder Angehöriger der freien Berufe von weiträumigen Märkten abhängt. Über die traditionelle Wiederkehr des Gleichen in der feudalen Welt, zu dem auch Kriege und Katastrophen gehören, legt sich die Erfahrung unerwarteter, oft dauerhafter Änderungen der Lebensbedingungen, die Offenheit, Voraussicht des Unerwarteten und tiefgreifende Verhaltensänderungen erfordern. Da in den Niederlanden ein Landesfürstentum fehlt, das den neuen Bürger zum Untertanen herabzudrücken sucht, bildet sich dieser hier schneller zum neuen sozialen Leittypus heraus. Indem mit zunehmender Marktorientierung Bauern und schließlich ein Teil des Adels sich an diesen Typus angleichen, kommt es zu einer Homogenisierung der Einwohner; mit der Annäherung der wirtschaftlichen Bedingungen, der Rechte und schließlich der politischen Chancen entsteht bis zum 19. Jahrhundert der moderne Staatsbürger.

Amsterdamer Ratsherr und venezianischer Prokurator

milien gebunden. Auch in Oberdeutschland waren die Städte generationenlang von einer kleinen Zahl reicher Familien beherrscht, deren Lebensformen und politische Ansprüche sich zunehmend an feudalen Verhältnissen orientierten. In Amsterdam aber war die Grenze zwischen der Oberschicht und einem breiten Mittelstand gewerblicher und kaufmännischer Berufe weniger scharf gezogen. Gewiß gab es einen deutlich abgehobenen Kreis der meist reichen Mächtigen; aber abgeschlossen war er nicht. Für den Monatslohn, später den Jahreslohn eines Schneiders konnte ein Zuwanderer das Bürgerrecht der Stadt erwerben, und wenn er tüchtig und erfolgreich war, konnte er oder sein Sohn Bürgermeister werden. Das Selbstbewußtsein der Unterschichten dürfte größer als im übrigen Europa gewesen sein, und ausländische Reisende, befangen in ihrem feudalen Denken, kritisierten häufig empört die fehlende Unterwürfigkeit der einfachen Niederländer, die sie als Grobheit ansahen. (→ M 5.8 und 5.9)

Während der venezianische Adel Geschäfte und Politik im Rahmen der Familien betrieb, war man in Amsterdam – so nützlich Herkunft und Verwandtschaft waren – individualistischer. Ohnehin hatte kaum ein reicher Amsterdamer einen nennenswerten Stammbaum. Man bevorzugte Fremde als Firmenpartner, denn ohnehin drängte der neue Kapitalismus zu anonymen Finanzbeteiligungen und Aktiengesellschaften. Eine Gesellschaft, die ständig Fremde nicht nur aufnahm, sondern auch mit Bürgerrecht und Chancen belohnte, konnte sich nicht in erster Linie an Traditionen orientieren und mußte auch in religiöser Hinsicht toleranter sein als die kleineren und gewerblich orientierten Städte des Landes. Um 1650 kam ein Drittel der Bevölkerung Amsterdams – auch der oberen Schichten – von außen, am häufigsten aus den Südniederlanden, unter ihnen viele Katholiken. Seit 1593 hatten die spanischen und portugiesischen Juden eine Gemeinde. Ab 1605 duldete man auch die Lutheraner, meist Deutsche, die als Seeleute in der Handelsflotte arbeiteten, und ab 1620 ließ man in Amsterdam auch die Katholiken Kirchen bauen, wenn sie unauffällig in Höfen lagen. Es gab auch in Amsterdam strenge Kalvinisten, doch prägten sie nie die Politik der Stadt. Insgesamt blieb in Amsterdam der Zugriff der Obrigkeit auf das Individuum lockerer als im ganzen übrigen Europa, und 1630 konnte der bedeutendste Philosoph der Zeit, der Franzose Descartes, in Amsterdam leben und seine Privatheit als Freiheit rühmen.

An den Freiheiten und Chancen der Stadt hatten auch die mittleren und unteren Schichten der Bevölkerung etwas teil. Inwieweit sie wohlhabender waren als die entsprechenden Bevölkerungsgruppen in anderen großen Städten Europas, ist schwer zu entscheiden. Die ständige Knappheit an Arbeitskräften in Amsterdam und die Dauer guter

Konjunkturen sprechen für günstigere Verhältnisse; aber 1624, 1628, 1652 und 1696 kam es zu Aufständen der Seeleute. Die Schützengilden, die auf zahlreichen Gemälden eher als Clubs wohlgenährter und trinkfester Herren erscheinen, bildeten in kritischen Augenblicken eine handfeste Polizeireserve.

Die Familie

Die wirtschaftlichen und sozialen Prozesse – vor allem die Verstädterung – veränderten zunehmend auch die Struktur der Familie. Ohnehin war in den Niederlanden der Feudaladel wenig bedeutend und feudale Großfamilien selten. Auf dem Lande förderte die Modernisierung die kleinere Einzelfamilie, und die frühe Auflösung der Zünfte führte auch in den großen Städten dazu, daß im 16. Jahrhundert auch die meisten Handwerksgesellen und Arbeiter einen eigenen Haushalt hatten und nur das überwiegend weibliche Hauspersonal bei der Familie ihrer Herren wohnte. Beobachter aus allen Ländern stellten einmütig fest, daß die Frauen in Holland und Seeland mehr Rechte besaßen und gegenüber Männern selbstbewußter auftraten als anderswo. Verzichten wir auf triviale Erklärungen wie die, daß die Niederländer die Frauen aus Mangel an Leidenschaft nicht zu unterwerfen vermochten, so müssen wir annehmen, daß die Vereinzelung der Kleinfamilien und die häufigere Einbindung der Frau in das Erwerbsleben ein partnerschaftlicheres Verhältnis als anderswo förderten. Bei den kleinen Leuten wirkte hier die weibliche Heimarbeit, und bei den besitzenden Familien läßt sich annehmen, daß die schwächeren verwandtschaftlichen Beziehungen die Männer zwangen, stärker die eigene Frau zur Existenzsicherung heranzuziehen. Beim Tode des Mannes übernahm die Frau häufiger als anderswo die Fortsetzung der Geschäfte und die Verwaltung des Erbes für die Kinder. Selbst Louis de Geer, einer der größten Unternehmer seiner Zeit, überließ seine Buchführung, d.h. den genauesten Einblick in seine Mittel und Pläne, allein seiner Frau. Englische Beobachter sahen in dieser Mitarbeit der Frauen einen großen Vorteil der niederländischen Kaufleute, nahmen sie sich aber nicht zum Vorbild. (→ M 5.15 bis 5.19)

Das Selbstbewußtsein der Frauen drückte sich in ihrem Umgangston selbst gegenüber männlichen Gästen aus, was von Männern aus anderen Ländern gewöhnlich negativ vermerkt wurde. Natürlich war auch in Holland die Frau zuerst Hausfrau, und die Perfektion der Niederländerin im Haushalt beeindruckte schon im 17. Jahrhundert ganz Europa. Betrachtet man die zahlreichen Darstellungen von Wohnräumen in der niederländischen Kunst der Zeit genauer, so findet man meist nur selten Zeichen von echtem Luxus, aber eine für Europa neue Intensität des Privaten. Bevor man darin aus heutiger Sicht eine Einschränkung der Frau sieht, muß man das besondere Verständnis der Niederländer für das Tun ihrer Frauen berücksichtigen. Die Reinheit des Hauses war nicht nur eine hygienische, sondern auch eine moralische; die Arbeit war frommes Tun und Basis der Tugend. Keine antike Göttin, sondern die *hollandse magd*, eine kräftige diesseitige Frau, war seit den 1570er Jahren Symbol der niederländischen Freiheit. Erst die Hinwendung der Oberschichten zur französischen Zivilisation vom letzten Viertel des 17. Jahrhunderts an hat hieran Veränderungen vorgenommen.

Jacques de Gheyn (1565–1629): Mutter und Kind mit Bilderbuch

Eine Krise der Moral?

Tiefgehende Veränderungen sozialer Strukturen stellen Werte in Frage. Mit der wachsenden Mobilität und der Orientierung des Individuums am eigenen Erfolg und Wohlstand wurden traditionelle Verhaltensmuster aufgelöst. Auch in den Niederlanden schwächte die wirtschaftliche Entwicklung hierarchisches Denken und Unterordnung. Die Belohnung von Initiative und Neuerung schuf in vielfältiger Form, wenn auch oft in bescheidenen Grenzen Freiheiten. Zugleich machten die Menschen aber auch die Erfahrung, welchen Preis diese Individualisierung hatte. Je deutlicher die Risiken des Geschäfts und der Konjunktur wurden, desto wichtiger wurde der Egoismus. Der Abbau von Solidarität wurde von vielen Zeitgenossen als Verlust der Frömmigkeit, Kinderliebe und Nächstenliebe erlebt. Literatur und Kunst sind voller Hinweise auf schlechten Umgang, unehrliche Diener und untreue Frauen. Neben den Bildern der eindrucksvollen Persönlichkeiten des Bürgertums

Abbild der Wirklichkeit oder fromme Mahnung? – Der Reiche gibt dem Armen großzügig.

Niederländisches Flugblatt aus einer Serie zum Aktienschwindel im Zusammenhang mit den Finanzspekulationen von John Law: Fortuna, die Glücksgöttin, steht auf einem rotierenden Rad und streut Aktien in die Menge. Während vorne noch die Menge feilscht, leitet Fama im Hintergrund die Opfer in Armen-, Kranken- und Irrenhaus.

in Amt und Familie erscheinen anonyme Gestalten aller Schichten bei Glücksspiel, Bordellbesuch, Gewalt, Trinken und Prassen. Nach 1620 wurden auch die Oberschichten zunehmend als unmoralisch dargestellt – hartherzig im Luxus lebend und immer häufiger als Müßiggänger. Waren die Menschen wirklich schlechter geworden, oder äußerten sich in diesem Vorwurf nur die Schwierigkeiten einer Gesellschaft, Ursachen und Konsequenzen ihres Wandels zu verstehen? (→ M 5.10 – 5.12) Auch die unvermeidlichen Krisen der Wirtschaft ließen sich mit Vernunft allein nicht befriedigend bewältigen; in Holland wie in anderen Ländern vertrauten in solchen Momenten viele Menschen nicht der Vernunft, sondern griffen auf ältere moralische Denkmuster zurück, die ihnen zumindest moralische Gewißheit verschafften, wenn sie davon auch nicht mehr zu essen hatten. Die Moderne selbst geriet immer neu in die Krise und wurde zumindest zeitweise in Frage gestellt. In den Niederlanden verlor sie im 18. Jahrhundert für längere Zeit ihren Schwung, in Spanien brach sie ab; aber in England und anderswo in Europa setzte sie sich fort.

Wachsende Funktionen der Öffentlichkeit

Die Bedeutung, die die Körperschaften und Großfamilien angesichts wachsender Risiken verloren, wurde durch neue Einrichtungen der Öffentlichkeit ausgeglichen. Diese Entwicklung ist nicht nur als Ansatz moderner Sozialpolitik zu sehen, sondern auch als ein Säkularisierungsprozeß. Die Gemeinde ersetzte mt Steuergeldern durch feste Institutionen wie Armen- und Arbeitshäuser das Almosengeben als einen wesentlichen Ausdruck mittelalterlicher Frömmigkeit und als Gelegenheit, gute Werke für sein Seelenheil zu leisten. Der Arme verlor damit einen Anlaß zu Gebet und Dank. Gerade in Amsterdam empfanden die Armen darin eher Vorteile, wenn etwa die Kinder im Waisenhaus Lesen, Schreiben und einen Beruf lernten. Der Nutzen für das diesseitige Leben und die Gesellschaft verdrängte auch bei den Armen die Orientierung auf Tod und Jenseits. In Besserungsanstalten gab es Ansätze, Straftäter durch leidlich menschenwürdige Behandlung zu resozialisieren und ihnen zu ermöglichen, durch nützliche Arbeit wieder einen Platz in der Gesellschaft zu finden, wenn auch die Praxis des Strafvollzugs noch überwiegend von der Prügelstrafe, vielen Todesurteilen und Deportationen in die Kolonien bestimmt war.
Früher als irgendwo sonst in Europa war in den Niederlanden das allgemeine Schulwesen entwickelt und erfaßte in allen Provinzen praktisch alle Kinder; die Städte sorgten für den Druck preis-

Teil der Titelseite des ersten Strafgesetzbuches Deutschlands, der *Institutio Carolina* von 1530

Arbeitssaal im Spinnhaus von Amsterdam; Arbeit unter Überwachung von Aufsehern und einem Bibel-Vorleser

werter Schulbücher. Sicher waren viele Lehrer, unter ihnen zahlreiche Frauen, für ihren Beruf wenig geeignet; aber die Mehrheit der Kinder lernte doch das Lesen und, meist weniger gut, das Schreiben, und die Mädchen waren dabei nicht benachteiligt. Das trug zu der günstigen Lage der niederländischen Unterschichten im 17. Jahrhundert bei. Ausländische Reisende berichteten, daß nicht nur die „kleinen Leute“ in den Städten, sondern auch die Bauern auf dem platten Lande alle lesen konnten, wobei die Frauen den Männern kaum nachstanden. (In England und Frankreich sank der Analphabetismus erst im 19. Jahrhundert unter 50 Prozent). Es amüsierte die Gebildeten, daß das niedere Volk laut las, zugleich aber fanden sie besorgt, daß es dies viel zu viel tat. (→ M 5.20 bis 5.22)

Die Spannungen der niederländischen Gesellschaft waren nicht gering und hatten konkrete materielle Ursachen, wenn sie sich auch manchmal religiös artikulierten. Der Kalvinismus, der zu Recht als einer der Ursprünge der modernen Demokratie gesehen wird, neigte, war er im Besitz der Macht, zu aggressiver Intoleranz. Zugleich stellten sich viele kalvinistische Geistliche, die überwiegend aus ärmeren Familien stammten, mit ihrer religiös-moralischen Kritik an den Reichen an die Spitze des sozialen Protests der Unterschichten. Selbst ein Historiker wird den Gegenstand des Remonstranten-Streits kaum kennen; was uns als Ausdruck einer fanatischen Pedanterie erscheint, löste 1619 blutige Konflikte aus, in denen die radikalen Kalvinisten sich mit dem monarchisch denkenden Moritz von Oranien verbündeten und die Hinrichtung des liberalen, zu einer friedlichen Außenpolitik neigenden Ratspensionärs Oldenbarneveldt bewirkten.

In der Tendenz aber waren die Niederlande ein Land der religiösen Toleranz. Die strengen Kalvinisten bildeten fast überall die Minderheit; viele waren der Reformierten Kirche nur aus Gründen der Anpassung beigetreten und neigten kaum zur Radikalität. Seit dem 15. Jahrhundert, als sich in den Niederlanden wie im übrigen Europa die Einheit der Christenheit aufzulösen begann, überwog die Duldsamkeit. Glaube wurde hier früher und stärker als anderswo zur Sache des einzelnen Christen und entfaltete sich in meist kleinen Gemeinden; seine Formen umfaßten den Kalvinismus ebenso wie eine breite Volksfrömmigkeit, deren Kern teilweise vor die Reformation zurückreichte. Bei Bauern und Seeleuten mischte sich darein noch ein ausgeprägter Aberglaube. Die wachsende Säkularisierung der Gesellschaft förderte die Toleranz, erfaßte aber auch den Glauben selbst. Sogar der Kalvinismus neigte zur Verweltlichung, indem der Gegenstand der Selbsterforschung, die Seele, zunehmend diesseitig als moralisches Gewissen verstanden wurde, das es zu verfeinern und zu stärken galt. Das ließ eine gesellschaftlich-politische Selbstverantwortung des Individuums entstehen, deren langfristige politische Wirkungen kaum zu unterschätzen sind.

Das Goldene Zeitalter der Niederlande

Bildeten die Bewohner der sieben Provinzen 1579, als die Utrechter Union geschlossen wurde, noch keine Einheit, so war um 1650 sicher der Kern der niederländischen Nation im heutigen Sinne entstanden. Das war nicht nur das Ergebnis des erfolgreichen Krieges und des gewonnenen Reichtums, sondern auch der kulturellen Leistungen, die unter dem Begriff des „Goldenen Zeitalters“ noch heute identitätsstiftend wirken und deren sichtbarstes Zeugnis die Malerei ist, die auf den Grundlagen der älteren flämischen Kunst die Größe der italienischen Renaissance erreichte. Es gehört dazu auch eine reiche geistliche und weltliche Dichtung, die heute über den niederländischen Sprachraum hinaus nicht deutlich genug wahrgenommen wird. Die Niederlande gingen dem europäischen Bürgertum und seiner Emanzipation von der alten adlig bestimmten Gesellschaft voran. An die Stelle der Kirche traten Städte, Gilden und zunehmend Einzelpersonen als Auftraggeber und Förderer der Kunst hervor. Man mag darin ein Bedürfnis nach eitler Selbstdarstellung erblicken, das feudalen Traditionen verwandt scheint, aber man wird nicht leugnen können, daß sich damit zugleich eine neue Sicht der Welt durchsetzte. Der Bezug auf das Jenseits verlegte sich in das Innere der Menschen und verlor seine unmittelbare Darstellbarkeit. Christliche Themen blieben weiterhin wichtig, wurden aber subtiler und individueller dargestellt. Daneben war ein Teil der religiösen Malerei in den Niederlanden rein ökonomisch motiviert. Die europäischen Höfe stellten einen bedeutenden Markt dar, für den auch protestantische Maler im „katholischen Stil“ arbeiteten. Insgesamt gewann das Diesseits einen Eigenwert, so daß die bürgerliche Gesellschaft sich in ihrer Kunst darstellen konnte. Diese Malerei enthielt noch Symbole und Embleme eines älteren religiösen Denkens, doch überwogen schon im späten 17. Jahrhundert die innerweltlichen Bezüge. (M 5.11–5.14)

Neben der Kunst waren es die Naturwissenschaften, die das diesseitige geistige Leben der Niederlande am stärksten prägten. Dabei stand das theoretische Moment zunächst noch hinter der Nützlichkeit der erfahrungs- und praxisbezogenen Technik zurück. Optik und Zeitmessung vermehrten die Sicherheit der Schiffahrt und präzisierten die Vermessung der Welt. Die meisten großen Leistungen kamen von Menschen, die im strengen Sinne Laien waren und sich durch einsame intensive Arbeit dafür qualifiziert hatten. Eine berufliche Spezialisierung der Wissenschaftler im modernen Sinne gab es noch nicht, und zugleich genossen die Naturwissenschaften in den Oberschichten ein so großes Ansehen, daß auch reiche und vielbeschäftigte Kaufleute viel Zeit und Geld aufbrachten, um allein oder in wissenschaftlichen Gesellschaften an der Erforschung der Natur teilzunehmen. Käufer für wissenschaftliche Bücher, Mittel für Labors und öffentliche Bibliotheken waren reichlich vorhanden. Für den Philosophen Descartes war Amsterdam seit 1629 ein Ort geistiger Arbeit, der in seinen Möglichkeiten Paris übertraf. (→ M 5.27 und 5.28)

Die Niederlande und das europäische Staatensystem

Wenn man die Niederlande dieser Epoche beschreiben soll, hat man das Gefühl, als ob sich die Gründer der Union von Utrecht 1579 wenig Mühe mit dem neuen politischen Gebilde gegeben hätten. Der Vorrang jeder einzelnen der sieben „Provinzen“ vor der Gemeinschaft war unverkennbar, und in einer gewissen Weise setzte sich hier die zugleich komplizierte und lockere Struktur des alten Burgund fort. Für ausländische Beobachter war ausgemacht, daß die Union ein Bündnis selbständiger Kleinstaaten war, in dem ein „Statthalter“ den Monarchen ersetzte. Das Amt wurde gewöhnlich von einem Nachfolger Wilhelms von Oranien, des Führers des Unabhänigigkeitskampfes, ausgeübt. Während die Oranier an zentralen Einrichtungen interessiert waren und auf der Basis des militärischen Oberbefehls einen Staat zu entwickeln suchten, der den europäischen Monarchien ähnelte, bewahrten die Provinzen und Städte ihre Rechte gegen das Zentrum in Den Haag. Die wichtigen Entscheidungen fielen ohnehin in Amsterdam, das 33 Prozent der gesamten Staatsausgaben aufbrachte, und dort in den geschlossenen Zirkeln der großen Kaufleute. Die ursprüngliche Flexibiliät des Systems ließ nach, als auch diese Männer – wie so viele Eliten vor und nach ihnen – begannen, ihre Vorteile rücksichtslos zu maximieren. Steuerhinterziehung war in Amsterdam stärker ausgeprägt als in Venedig, obwohl die Vermögen der Reichen dort viel stärker belastet waren. Die Lasten des Staates wurden einseitig auf die ärmere Bevölkerung abgeladen, was die Spannungen zwischen arm und reich erhöhte; wiederholt kam es zu schweren inneren Konflikten.

Gerade ihre Erfolge verschlechterten am Ende auch die außenpolitische Situation der Niederlande. Der Kampf gegen Spanien hatte ihnen die Unterstützung Frankreichs und Englands gesichert. Der Abstieg Spaniens im Westfälischen Frieden 1648 und im Pyrenäenfrieden 1659 minderte zwangsläufig den Bündniswert der Niederlande für England wie für Frankreich, die sich gern zeitweilig seiner Unterstützung versicherten, insgesamt aber besonders an seiner wirtschaftlichen Schwächung interessiert waren. Wie seinerzeit bei Antwerpen stellte sich nun im größeren Maßstab die Frage, ob eine starke Wirtschaftsmacht ohne eine entsprechende militärisch-politische Absicherung handlungsfähig bleiben konnte. 1655 weihte man in Amsterdam ein bemerkenswertes Rathaus ein, ein Gegenbild zu den Schlössern der Könige. Der Stil von Architektur und Kunstwerken lehnte sich an das antike Rom an und drückte einen seltsamen imperialen Anspruch aus – ein Weltreich, das sich allein auf Handel und auf das Meer begründete. Inzwischen (1652) hatte eine Serie von Kriegen mit England und Frankreich begonnen; der Verlust der wichtigen brasilianischen

Kupferstich auf dem Titelblatt von „De Verstandige Huyshouder“ (Amsterdam 1661): Vor dem Landhaus. Luxus und Anlehnung an adlige Lebensformen standen bei der holländischen Oberschicht in Zusammenhang mit dem Verlust unternehmerischer Qualität und sozialer Verantwortung.

Positionen 1654 und von Neu-Amsterdam, der Keimzelle New Yorks, 1664 traf den Handel. Die mühsame Selbstbehauptung gegen Frankreich im Krieg von 1672 wurde von Zeitgenossen als Beginn des politischen Niedergangs verstanden, dem von den 1680er Jahren an auch der wirtschaftliche folgte, als z.B. die Leidener Textilproduktion der englischen Konkurrenz zu erliegen begann. Trotz sinkenden Lebensstandards der kleine Leute in der zweiten Hälfte des 17. Jahrhunderts waren die Lohnkosten durch die hohen Rüstungslasten und die verfehlte Besteuerung höher als in England, Deutschland und der Schweiz, wo die wichtigsten Konkurrenten der Textilproduktion saßen. Zur gleichen Zeit wurde die Verfassung im Kampf mit den zentralisierteren und stärkeren Nachbarn England und Frankreich zum schweren Handicap für die Niederlande. Um 1700 waren die Niederlande nicht länger das Zentrum des Modernisierungsprozesses in Europa. Die Ursachen dafür dürften mehr in ihren inneren Schwächen als in der Überlegenheit ihrer Gegner gelegen haben.

5.2 Der mißlungene Modernisierungsprozeß Spaniens

Die wirtschaftliche Entwicklung und ihre Grenzen

Die wirtschaftlichen Konsequenzen der überseeischen Entdeckungen hatten die Iberische Halbinsel intensiv in die europäische Wirtschaft integriert. Die Lieferung asiatischer Gewürze, die Zufuhr amerikanischen Goldes und Silbers und die Nachfrage der überseeischen Märkte hatten sich mit einer zunächst günstigen politischen Lage überlagert. Das Haus

Der spanische Außenhandel in der zweiten Hälfte des 16. Jahrhunderts; Werte in Tonnen Silber; es fehlen die Gegenlieferungen Europas, wobei zu bedenken ist, daß vor allem die Staatsausgaben zur Finanzierung des niederländischen Krieges dienten, also wirtschaftlich ohne Gegenleistung blieben.

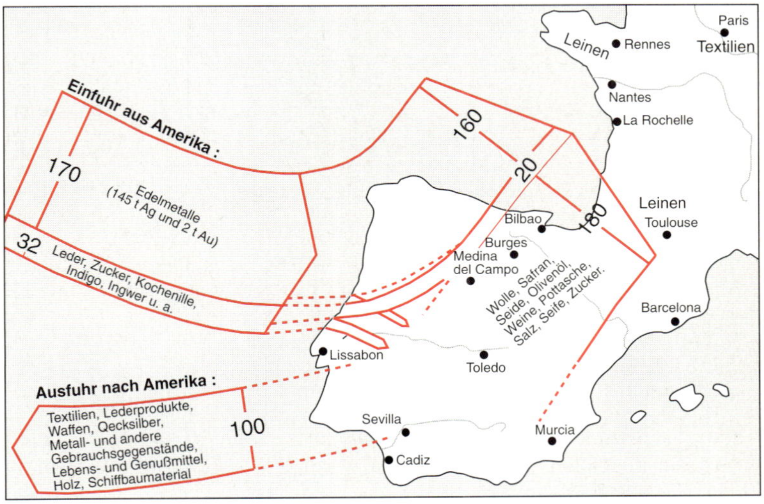

F.W. Henning: (S. 120). S. 57

Habsburg verband Spanien mit den am höchsten entwickelten Gebieten Europas, den Niederlanden, Deutschland und Italien. Zunächst wuchs mit der Bevölkerung auch die gewerbliche Produktion. Die Herrscher förderten sogar die Bildung von Zünften, um die Qualität der Produktion zu steigern. In den Filialen deutscher und italienischer Handelshäuser erlernten Spanier die Techniken des modernen Fernhandels. Um 1550 führte der Mangel an Arbeitskräften zum Import von 100 000 Sklaven aus Afrika; aber noch vor dem Ausbruch des Konflikts um die Niederlande 1567 zeigten sich mit der Stagnation der gewerblichen Produktion erste Zeichen einer kritischen Entwicklung. Die Warennachfrage der Kolonien wurde zunehmend aus dem überlegenen Warenangebot des Nordseegebiets befriedigt, das dafür immer mehr Gold und Silber an sich zog. 1560 zeigte sich erstmals, daß die spanische Landwirtschaft dem Wachstum der Bevölkerung nicht folgen konnte und die negative Seite des biologischen Zyklus wieder zu wirken begann. Die Finanzierung des Staates, besonders seiner Kriege, belastete übermäßig die Volkswirtschaft und absorbierte den größten Teil der Kreditmittel.

Das Mißverhältnis zwischen den Chancen und den geringen dauerhaften Erfolgen Spaniens hat schon die Zeitgenossen beschäftigt, wobei ein etwas zu einseitiges Bild entstand. Auch in Spanien war das späte 16. und frühe 17. Jahrhundert ein goldenes Zeitalter, und die Blüte seiner Kunst und Dichtung sind Beweise einer selbstbewußten und zumindest teilweise erfolgreichen Gesellschaft. Sevilla ließ sich als Zentrum des Amerikahandels mit Antwerpen vergleichen und zählte 1550 über 100 000 Einwohner.

Die Finanzierung von Handel und Schiffbau wurde zunmehmend kapitalistisch über Wechsel und Teilhaberschaften finanziert. Die wirtschaftliche Dynamik löste auch hier eine soziale Mobilisierung aus. Besonders der andalusische Adel beteiligte sich am Handel, und die hochadligen Herzöge von Medina, deren Schloß an der Mündung des Guadalquivir und damit am Zugang zu Sevilla lag, kamen über den Silberschmuggel ins Geschäft und wurden ein wichtiger Partner holländischer Kaufleute.

Die vielen Schwierigkeiten des Atlantikhandels ließen sich lange Zeit bewältigen, obwohl die Fahrt nach Amerika wegen der Kapergefahr nur einmal im Jahr in Konvois möglich war. Das spannte den Kredit der Kaufleute ungewöhnlich stark an, da sie länger als ihre Konkurrenten auf den Rückfluß der Mittel warten mußten, die sie beim Kauf der Exportgüter investiert hatten. Als sich aber 1568 die genuesischen Banken aus der Finanzierung dieses risikoreichen Handels zurückzogen und ganz dem profitableren Staatskredit zuwandten, waren es ausgerechnet holländische Kaufleute, die die Finanzlücke schlossen. Gewiß brachten diese längerfristig den Kolonialhandel stark unter ihre Kontrolle und degradierten die spanischen Kaufleute zu einer Art Handelsagenten, doch sicherte diese eigenartige Symbiose der sich ergänzenden Feinde zunächst die Blüte Sevillas. Die großen Verluste an Schiffen und Seeleuten in der Niederlage der Armada 1588 konnten in drei Jahren ausgeglichen werden. Der Handel von Sevilla wuchs weiter bis etwa 1610, seine Nachblüte reichte bis etwa 1630. Das kann als Zeichen für eine intensive Teilnahme Spaniens am Modernisierungsprozeß des 16. Jahrhunderts gesehen werden. Irgendwo in diesem Prozeß aber lag der Ansatz einer Fehlentwicklung. Diesen lokalisiert man heute im Kapitalbedarf des Staates und seiner verfehlten Finanzierung.

	1559	1561/2	1566	1572/3	1577	1588	1594	1598/9	1608	1621
Staatsanleihen	[1,49]	[1,49]	2,1	2,75	[3,0]	[3,5]	3,9	4,63	[5,2]	5,6
Regierung u. Hof	[0,7]	[0,8]	0,9	0,8	[0,8]	0,86	0,82	[0,8]	1,37	1,09
Flandern	–	–	0,48	1,85	0,9	2,73	4,1	3,45	2,0	3,1
Sonst. Militär	0,74	0,94	1,1	1,1	1,16	3,4	3,5	3,4	2,25	2,9
Gesamtausgaben	2,93	3,23	4,58	6,5	5,86	10,49	12,32	12,28	10,82	12,69

Staatsausgaben Kastiliens in Millionen Dukaten (nur planmäßige Ausgaben)

Nach J.A.A. Thompson: War and Government in Habsburg Spain 1568–1620. (Athlone Press) Athlone 1976. S. 288

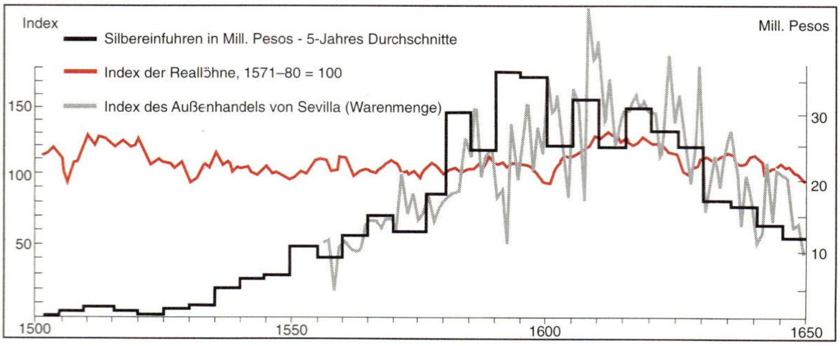

Silberimporte und Reallöhne in Spanien und Außenhandel Sevillas (Tonnen, Indexwerte)

P. Chaunu nach F. Braudel: Das Mittelmeer. (Suhrkamp) Frankfurt 1990. Bd. 2, S. 472 und J. Lynch: Spain under the Habsburgs. (Blackwell) Oxford 1969. Bd. 1, S. 353.

Die spanische Gesellschaft

Das Spanien des späten 16. und des 17. Jahrhunderts interessiert die Historiker besonders als Beispiel dafür, daß ein Modernisierungsprozeß abbrechen und sogar rückläufig werden kann. Dabei hatte die wirtschaftliche Dynamik eines Jahrhunderts zumindest auf die Gesellschaft der Häfen und Küstengebiete jahrzehntelang tiefe Auswirkungen. Der spanische Adel investierte in den Handel und ging als Folge davon zunehmend Familienverbindungen mit Kaufleuten ein, die sich ihrerseits immer häufiger zu den *hidalgos*, dem unteren Adel, rechneten. Die Abschwächung der Standesschranken verringerte auch das Problem der jüdischen Minderheit. Die *conversos*, die mehr oder weniger freiwillig getauften Juden, gewannen im Alltag soziale Anerkennung und Gleichberechtigung; viele von ihnen stiegen in die Oberschicht der Kaufleute auf, erreichten sogar hohe Ämter in der Kirche und verbanden sich mit adligen Familien, die traditionell auf die *limpieza di sangre*, die Reinheit des Blutes, den größten Wert gelegt hatten. Was aber in Sevilla und anderen Häfen im Vergleich zu Amsterdam ausblieb, war die Ausweitung der Kaufmannschaft zu einem breiten kapitalistischen Mittelstand. Die Orientierung am Adel förderte bei den Kaufleuten eine starke Abgrenzung nach unten und ein Investitionsverhalten, das stärker auf Sicherheit und feudalen Lebensgenuß als auf kapitalistische Expansion hin orientiert war; viel Kapital ging in den Kauf von Adelstiteln und adligen Landsitzen.

Ende des 16. Jahrhunderts war das Landesinnere eindeutig in einer Krise. Die Agrarproduktion stagnierte seit 1550, während der Bevölkerungsanstieg noch bis etwa 1590 anhielt. Da das Land zu arm war, um ständig Lebensmitteleinfuhren bezahlen zu können, stiegen die Preise, und ein Überangebot an Arbeitskräften beschleunigte den Rückgang der Reallöhne; neue Steuern auf Lebensmittel ab 1590 verschärften die Krise. Der Mechanismus von Hunger und Seuchen begann von neuem, und selbst Gewerbezentren wie Segovia und Toledo verloren über die Hälfte ihrer Bevölkerung. Der Waffenstillstand mit den Niederlanden 1609 setzt die geschwächte spanische Wirtschaft einer überlegenen ausländischen Konkurrenz aus; zunehmende Importe aus Schweden schwächten die baskische Eisenindustrie. Als nach 1620 die Silbereinfuhren aus Amerika zurückgingen und Spanien erneut in den Krieg in Mitteleuropa verwickelt wurde, mußte die Währung auf Kupfermünzen umgestellt werden, und die Verarmung erreichte auch Sevilla und die anderen Häfen. Der Modernisierungsprozeß Spaniens kam um 1650 zum Stillstand; seine Ergebnisse wurden teilweise rückgängig gemacht, und der wirtschaftlich-soziale Zustand der früheren Feudalgesellschaft, der außerhalb der städtischen Zentren ohnehin fortbestanden hatte, wurde wieder für die ganze Gesellschaft maßge-

Diego Velázquez (1599–1660): Königin Isabella – eine Monarchie verschwindet unter den Symbolen der Repräsentation.

bend. Der Landbesitz wurde erneut zum wichtigsten Kriterium des sozialen Ranges; aber anders als im Norden waren Adel und Kirche unfähig, ihren riesigen Landbesitz durch Investitionen produktiver zu machen. Sie verstärkten nur die Unterdrückung der Bauern, beendeten die Dynamik der Entwicklung und schufen soziale Probleme, die Spanien bis ins 20. Jahrhundert belasteten.
Der Niedergang im weiteren 17. Jahrhundert zeigt, wie wenig die Zentralisierung des Staates unter Philipp II. Spanien verändert hatte. Nicht einmal die nach heutigen Maßstäben mäßige Bürokratie konnte aufrechterhalten werden. Man überließ immer mehr Staatsfunktionen den Provinzen und privaten Finanziers, so daß zentrale Politik und Verantwortung schrumpften; selbst das Gerichtswesen und die Streitkräfte wurden regionalisiert. „Die Flotte, eine der wenigen Institutionen, die zur sozialen und politischen Einheit Spaniens beigetragen hatte, bestand ab 1617 nur noch aus einer Ansammlung regionaler Geschwader, die die provinziellen Unterschiede und Nationalismen Spaniens verfestigten", stellt der englische Historiker J. L. Price fest. Es gehört allerdings zu den Ambivalenzen von Geschichte, daß von der Verstärkung der Provinzialstände und ihrer wachsenden Kooperation auch etwas Positives ausging. – Insgesamt aber verstärkten in Spanien ein Königshaus, das durch Generationen von Vetterehen auch biologisch ruiniert wurde, und eine Kirche, die nur in den Kategorien des Glaubenskrieges dachte, die Fehlentwicklung. Nicht nur die Modernisierung, die regional und unvollständig geblieben war, sondern auch der Säkularisierungsprozeß erwies sich als teilweise umkehrbar und belastete die Entwicklung Spaniens lange Zeit.

5.3 Die Anfänge der Weltwirtschaft

Eine Weltkarte aus der Zeit um 1600 erscheint uns heute zwar etwas verzerrt, doch lassen sich die Umrisse der Kontinente gut erkennen und man vermißt nur Australien und die Antarktis. Sie belegt einen frühen Erfolg des europäischen Strebens nach Beherrschung der Welt. Es wäre aber falsch, nähme man darum an, daß Europa um 1600 schon der Mittelpunkt der Welt gewesen wäre. In einem globalen Vergleich der Menschenzahlen, der Produktion und des Handels war Asien immer noch bedeutender. Die wirtschaftlichen Beziehungen waren durch den britischen und niederländischen Indienhandel stärker geworden, aber für Indien und China immer noch belanglos. Mochten die Gewürze und Luxusartikel, die von dort kamen, in Europa den Eindruck riesiger Reichtümer wecken, so waren sie aus asiatischer Perspektive geringfügig. Erst recht waren Volumen und Wert europäischer Exporte nach Asien bedeutungslos. Nur der Zufluß amerikanischen Silbers nach China hatte weitreichende Folgen. Man darf aber nicht übersehen, daß die Europäer im 17. Jahrhundert weiträumige Strategien in Handel und Schiffahrt einführten, die zusammen mit ihrer technischen und militärischen Überlegenheit und der Schaffung von Hoheitsrechten revolutionäre Entwicklungen vorbereiteten.
Gegenüber den Afrikanern schien sich die Überlegenheit der Europäer früher und eindeutiger zu erweisen. Mit offenbar geringem wirtschaftlichem Einsatz gelang es zuerst Portugiesen, ab 1600 Niederländern und Briten und zeitweise Dänen, Schweden und Deutschen, Afrika große Werte zu entziehen – besonders Menschen – und in einem drei Kontinente umfassenden Handelskreislauf auszunutzen. Teure europäische Textilien und Metallwaren und nicht nur Glasperlen wurden nach Afrika geliefert. Sie beeinflußten großräumige innerafrikanische Handelssysteme und hatten erhebliche politische Folgen. Für ihre Gewinne kauften die Europäer Sklaven und verschifften sie nach Amerika; von dort gingen tropische Agrarwaren in den europäischen Markt. Dieser sogenannte Dreieckshandel war nicht eine einfache Rundfahrt derselben Schiffe, sondern setzte sich aus mehreren Handelsrelationen zusammen. War Afrika damit aber schon Teil einer Weltwirtschaft geworden? – Die Anwesenheit von Europäern in Afrika blieb schon aus klimatischen Gründen begrenzt, und ihre wirtschaftliche Wirksamkeit ging bis ins 19. Jahrhundert nicht über einen schmalen Küstenstreifen hinaus. Selbst der Sklavenhandel, so unmenschlich und verwerflich er war, hat Westafrika nur sehr langsam verändert; die Schädigung der dortigen Kulturen durch die Sklaverei war vielleicht geringer als die, die ohne Sklaverei von der imperialistischen Expansion des späten 19. Jahrhunderts verursacht wurde.
Es waren Mittel- und Südamerika, die zuerst europäisiert und in eine Weltwirtschaft einbezogen wurden – mit unmittelbaren katastrophalen Folgen für die eingeborene Bevölkerung. Nach der Plünderung der Edelmetallvorräte des Azteken- und des Inkareichs begannen die Spanier (in Brasilien die Portugiesen und Niederländer) eine gezielte, einseitige Nutzung der Länder. Sie schufen die agrarischen Monokulturen und die Formen des Bergbaus, die für große Teile Lateinamerikas charakteristisch geblieben sind und seine weltwirtschaftliche Abhängigkeit von Europa und später den USA begründeten. Lateinamerika wurde im Außenhandel zur „Peripherie" Europas, zu einem Anhängsel von dessen Wirtschaft, orientiert an europäischen Bedürfnissen und bestimmt von fremden Investitionen und Gewinnerwartungen.
Der Zucker als erstes Luxus-Massengut und das Silber setzten schon im 16. Jahrhundert weltweite wirtschaftliche und soziale Prozesse in Gang. Zur Gewinnung beider Produkte wurden Menschenheere bewegt. Europäer gingen als Unternehmer freiwillig nach Amerika; mit Gewalt wurden

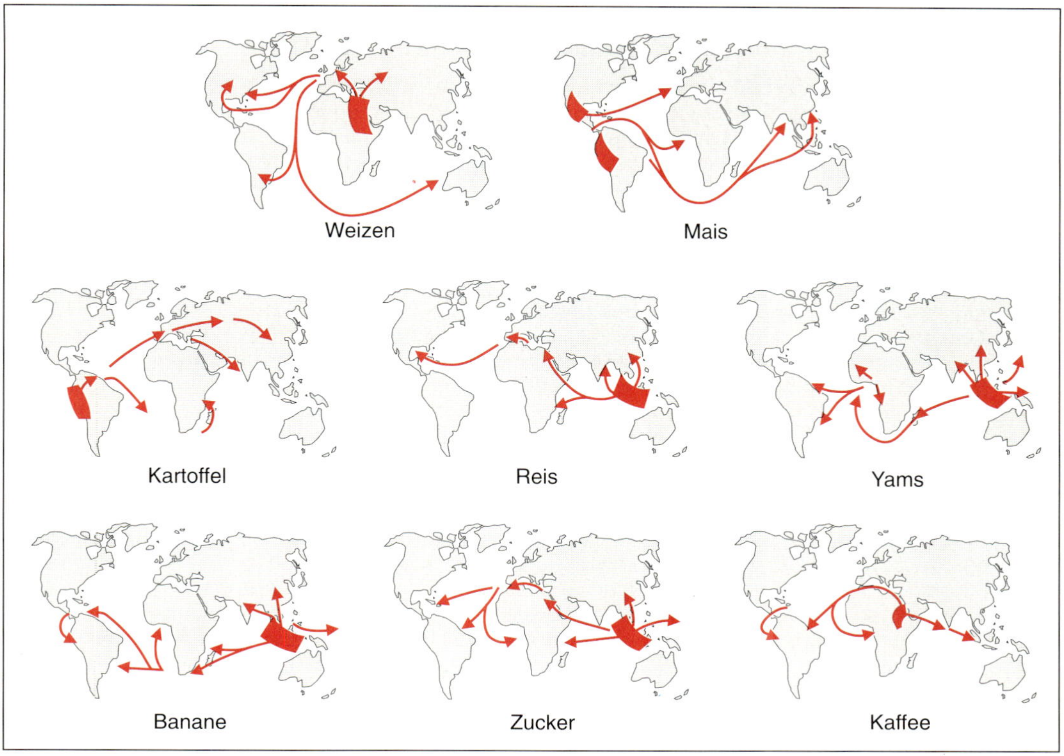

Die Ausbreitung einiger wichtiger Kulturpflanzen durch den Menschen. Während der Weizen Jahrtausende für seine Ausbreitung benötigte, wanderte der Mais innerhalb von wenigen Jahrzehnten um die Erde und wurde schon im 16. Jahrhundert in China angebaut, wohin er über den Pazifik und die Philippinen gelangt war.

Zusammengestellt nach The Times Atlas of World History. (Times Books) London 1991. S. 155 u.a. Quellen.

über kontinentale Entfernungen Afrikaner als Arbeitskräfte in der tropischen Landwirtschaft und Indios für den Silberbergbau herangeschafft. – Große Kapitalien und eine aufwendige Technologie wurden schon im 16. Jahrhundert in den Zucker investiert; um 1530 wurde der erste *ingenio,* eine Fabrik zur Gewinnung von Rohzucker, in Kuba gebaut, und der Absatz war unbegrenzt. 1544 exportierte Brasilien 1 600 Tonnen Zucker, 1676 allein Jamaica 70 000 Tonnen. Die Märkte für Nahrungsmittel verwandelten in zwei Jahrhunderten auch das Gesicht der Erde, indem Nutzpflanzen in alle Kontinente übertragen wurden und ihr massenhafter Anbau Pflanzengeographie und Erscheinungsbild der Erde und die Lebensweisen der Menschen nicht weniger veränderte als alle Politik vor dem 20. Jahrhundert.

Der Bergbau entwickelte sich nach den Silberfunden von 1542 noch dramatischer, blieb aber technisch weit unter dem europäischen Niveau, weil man sich Investitionen durch die unmenschliche Ausbeutung der Indios ersparte. – Das Silber aus Potosi durchdrang auf vielen Wegen die ganze Welt und erlangte vom 17. Jahrhundert an einen großen Einfluß sogar auf die Wirtschaft Chinas. Innerhalb des spanischen Weltreichs gewann Amerika zunehmend an Gewicht. Im 17. Jahrhundert blieb ein größerer Teil der Edelmetalle im Lande und wurde meist im Handel investiert; im 18. Jahrhundert stellten die Lateinamerikaner im Atlantikhandel etwa ein Drittel der Schiffe, die meist in Havanna gebaut waren. Einen breiten Wohlstand für Südamerika brachte das aber nicht; nur Minderheiten zogen Gewinn daraus. Die Einführung der Edelmetalle in die Geld- und Warenmärkte und die Veredelung und Vermarktung der pflanzlichen Produkte erfolgten in Europa, das sich damit den weitaus größten Anteil am Gewinn sicherte.

Überlegungen zur weiteren Arbeit und Aufgaben zu Kapitel 5

Der Aufstieg der Niederlande zum wirtschaftlichen Zentrum Europas gilt als zweite Etappe des „langen" 16. Jahrhunderts. Wenn wir uns Amsterdam im 17. Jahrhundert zuwenden, verstärkt sich der Eindruck einer Modernität im Sinne einer Ähnlichkeit mit der heutigen Welt, und dieser Bezug auf die Gegenwart legt es nahe, eine gegenwartsgenetische Perspektive ständig zu berücksichtigen. Material und Darstellung dieses Kapitels und die Kontrastierung der Niederlande mit Spanien aber sind vor allem so gewählt, daß sich an ihnen erkennen läßt, daß die Wechselwirkung zwischen den verschiedenen Feldern der Modernisierung die Voraussetzung ihrer Dauerhaftigkeit ist. Insofern ist eine synchronische Methode, die möglichst viele Dimensionen historischer Erfahrung einbezieht, der beste Weg. Untersuchen und erörtern Sie die Aspekte des Modernisierungsprozesses, die in den folgenden Punkten festgehalten sind:

① Ausgangspunkt der Arbeit ist der Beitrag, den die Niederlande auf wirtschaftlichem Gebiet zur Modernisierung geleistet haben, nämlich die strategische Expansion und Verknüpfung der Märkte durch ein einziges Zentrum sowie die Differenzierung finanzieller Instrumente. Die strikte Gewinnorientierung dieser Wirtschaft unterscheidet sich kaum noch von der des 19. Jahrhunderts (M 5.1–5.7); die Welt wird rational als ein einheitlicher Raum des Handelns verstanden (M 5.7). Ebenso rational ist die Entwicklung der wissenschaftlichen Instrumente und der Mathematik, die die Welt zu vermessen, zu kartieren, zu berechnen und zu nutzen erlaubten (M 5.29–5.31).

② Die soziale Entwicklung war eng mit der wirtschaftlichen verknüpft, ohne einfach deren Produkt zu sein. Gewisse egalitäre Merkmale und die Herausbildung eines umfassenden Bürgertums scheinen in Widerspruch zu einer zunehmenden strukturellen Differenzierung der Gesellschaft, ihrer Komplexität, ja Pluralität zu stehen (M 5.9–5.14). Die Gleichzeitigkeit des Ungleichzeitigen zeigt sich am deutlichsten in den Schwierigkeiten der Niederländer wie der Ausländer, die neue Wirklichkeit zu verstehen – als Unmoral, ja Barbarei, als moralisches Dilemma zwischen modernem Erwerb und christlicher Lebensweise oder als Fortschritt (M 5.11–5.14 und 5.24).

③ Es wäre ein schweres Mißverständnis, die große niederländische Malerei dieses Zeitalters als Abbild zufriedenen Behagens an einer gesicherten Welt zu sehen; sie war der Spiegel der Spannungen und Unsicherheiten, die der Modernisierungsprozeß bedeutete (M 5.13–5.16). Selbst eine so bemerkenswerte soziale und kulturelle Errungenschaft wie die Alphabetisierung wird ambivalent gesehen (M 5.16, 5.17, 5.22 und 5.24). Die „liberale" Struktur der Familie und die größere Freiheit der Frau wurden nicht ohne innere Konflikte erlebt (M 5.17–5.21).

④ Ein Ergebnis der Modernisierung war die wachsende Individualisierung des Lebens mit ihren Vorteilen (Emanzipation) und ihren Nachteilen (soziale Vereinzelung), die der Denker vielleicht als Glück erlebte (M 5.28 und 5.29), der Arme aber auch als Gefährdung.

⑤ Der moderne Betrachter sieht im Holland des 17. Jahrhunderts einen neuen Typus des Menschen, dem er sich näher als allen früheren fühlt. Die inneren Spannungen der Niederlande, die mehrfach bürgerkriegsartige Ausmaße annahmen (M 5.23–5.26) nehmen unsere heutige Erfahrung vorweg, daß wachsende Produktivität und Freiheit notwendig Pluralismus, mithin inneren Widerspruch und Konflikt bedeuten. Johan Huizinga, einer der großen niederländischen Gelehrten des 20. Jahrhunderts, konnte das goldene Zeitalter seines Landes als Spiegel für seine Gegenwart benutzen (M 5.31).

⑥ Da die kaum zwei Millionen Niederländer dieser Zeit nur eine kleine Minderheit selbst der Europäer darstellten, muß man fragen, ob sich die Entwicklung der ganzen Welt an ihnen festmachen läßt. Die neuere geschichtswissenschaftliche Diskussion untersucht und erörtert die – verglichen mit denen unserer Gegenwart – schwachen Mechanismen, mit denen dieses winzige Zentrum die ganze Welt formte (M 5.32).

Materialien zu Kapitel 5

Die niederländische Weltwirtschaft

M 5.1 Die Weltsilberproduktion und der Fluß des Silbers in Europa

Als weltweit akzeptiertes Münzmetall war das Silber eine der Grundlagen des Welthandels

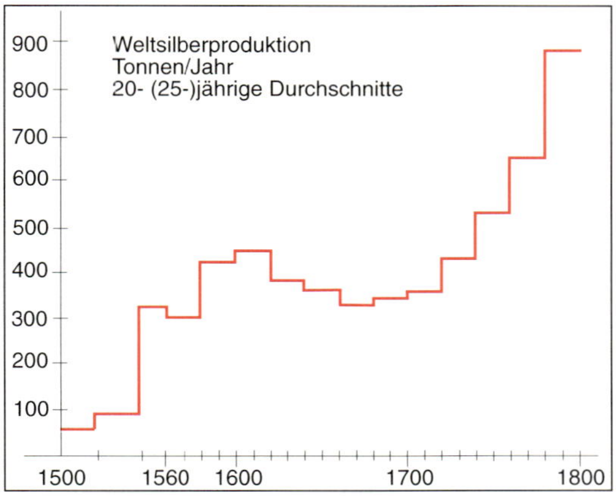

Weltsilberproduktion

F. W. Henning: Handbuch der Wirtschafts- und Sozialgeschichte Deutschlands (Schöningh) Paderborn 1991. Bd. 1, S. 547

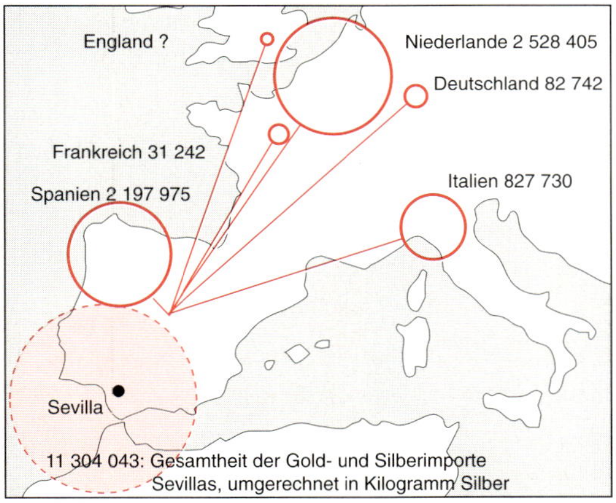

Fluß des spanischen Silbers in Europa 1580–1626

F. Braudel: Das Mittelmeer. (Suhrkamp) Frankfurt 1990, Bd. 2, S. 192

M 5.2 1688 – Liste niederländischer Exporte nach Afrika

Folgende Waren werden von den Niederländern für den Tausch mit Gold eingeführt: Schlesische halb gebleichte und rauhe hessische Leinwand, halbabgetragene Bettücher, gekreuzte Zeichen, Tücher aus Zypern, rotes, blaues, gelbes und grünes rupinisches Tuch, türkische Prunktücher, rotes Wollzeug aus Leiden, graue, weiße, rote und grüne Decken aus Leiden, türkische Karpetten und Rapinen (Teppiche und Läufer), gelbe und rote Wolltücher, gewöhnliches Tuch aus Haarlem, Kochbecken, kleine und große Näpfe, Barbierbecken, große schottische Pfannen im Durchmesser von zwei Klaftern, braune Tiegel, mit Bändern beschlagene Braukessel, getriebene Schüsseln aus Messing mit Darstellungen von Menschen, getriebene Wassereimer, kupferne Töpfe, runde, innen verzinnte, kupferne Brattöpfe, kupferne Schüsseln, Trompeten, kupferne Armringe, tiefe Schüsseln aus Zinn, kleine feuerfeste Schüsseln, hohle Schüsseln ohne Rand, kleine und große Fischhaken, Blei in Platten und in Röhrform, spanischer Wein, Sarsaparilla[1], Eisenstäbe, wovon 32 oder 33 auf 1000 Pfund gehen, Haumesser aus Amersfoort, große Bootsmannmesser aus Solingen, Spiegel, Korallen und Glas aus Venedig, eine Art blauer Korallen mit Namen Akori, große Schaffelle, gestreifte und karierte Tücher und andere Textilien aus Ostindien. Tuche, die in der Gegend des grünen Kaps, entlang des Qua-Qua-Strandes[2] und im Königreich von Ardrah[2] gefertigt werden, sind auch an der Goldküste begehrt.

Zit. nach E. Schmitt (Hg.): Dokumente zur Geschichte der europäischen Expansion. Band 4. (Beck) München 1988 S. 474

1 Heilpflanze
2 afrikanische Gebiete

M 5.3 1722 – Die Macht des großen Kapitals

Der Franzose J.P. Ricard erklärt seinen Landsleuten die Macht der V.O.C.

Die Ostindische Kompanie der Vereinigten Niederlande ist zweifellos die mächtigste und bemerkenswerteste Vereinigung dieser Art, die es jemals gegeben hat, denn man findet in der Geschichte kein Beispiel dafür, daß einfache Kaufleute zu so bedeutenden Männern wurden, wie man sie heute in dieser berühmten Kompanie sieht. […] Unter der Aufsicht der Generalstaaten hat sie ein solches Maß an Macht erreicht, daß sie mehreren Königen deren Gesetze vorschreibt und von den größten Potentaten des Orients geehrt und gefürchtet wird. […] Und doch sind es einfache Kaufleute, die den Grundstein legten für die Kompanie, so großartig, wie sie heute ist. Und ich wage sogar die Vermutung, daß die Könige und Herrscher dieser Welt, wenn sie die Anfänge und Erfolge der Kompanie nur näher betrachteten, auf Lehrstücke einer vollendeten Politik stießen und vielleicht endlich verstünden, daß nichts vorteilhafter und ruhmvoller für sie und ihre Staaten ist als ein wohl verstandener und gut geführter Handel und daß Kaufleute ebensogut Länder beherrschen, Städte einnehmen und Schlachten gewinnen können, wie es die größten Eroberer tun, und dies auf weniger bedrückende Weise, als es Kriege vermögen.

Zit. nach H. Méchoulan: Das Geld und die Freiheit. (Klett-Cotta) Stuttgart 1992. S. 92 f.

M 5.4 Die Entwicklung der V.O.C.

Edelmetallexport der V.O.C. nach Asien und

Wareneinfuhr in Millionen Gulden

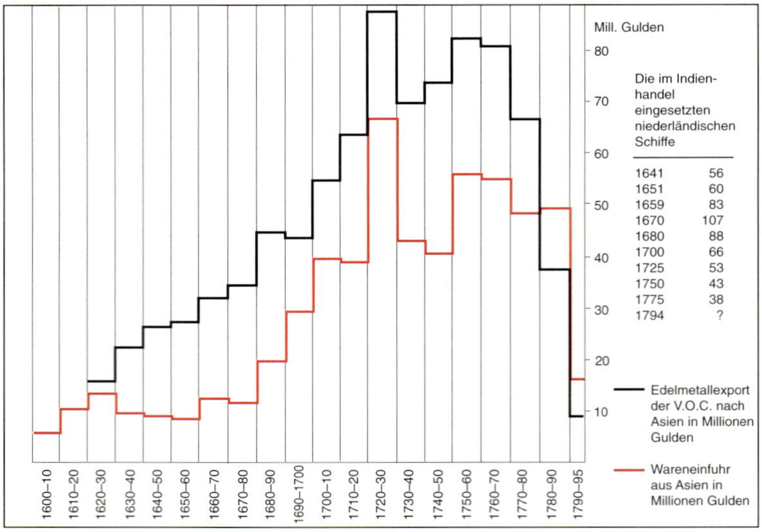

F. Braudel: Aufbruch zur Weltwirtschaft. (Suhrkamp) Frankfurt 1986. S. 245

M 5.5 Die Internationalität des Kapitals im 17. Jahrhundert

Das Kapital der V.O.C. war in Europa weit gestreut und zeigte, daß der Kapitalmarkt noch nicht in nationale Grenzen eingebunden war. Der protestantische Kaufmann Marx (sic!) Konrad von Rehlingen ging von Augsburg, das er 1628 nach dem gewaltsamen Bruch des Religionsfriedens durch die Katholiken verlassen mußte, in die Schweiz, von wo aus er sein Vermögen, das er im ungarischen und sächsischen Metallhandel erworben hatte, neu investierte:

1628	30000	rhein. Gulden für Aktien der Westindischen Compagnie in Amsterdam
1629	5500	rhein. Gulden für Aktien der Amsterdamer Firma Antoni Coelaer
	11000	rhein. Gulden für Aktien der V.O.C.
1634		Abzug seiner Geldmittel aus Lyon und Genf
	9300	rhein. Gulden für Anleihen der Westindischen Compagnie
	12300	rhein Gulden für Anleihen der Provinz Holland
	3000	rhein. Gulden für Beteiligung an einem Geschäft mit Brasilien
	145000	rhein. Gulden Gesamtbestand an Aktien in den Niederlanden
1637	18500	rhein. Gulden Beteiligung am schwedischen Kupferhandel (über Amsterdam)
	110000	rhein. Gulden Kredit für englische Firma für Guinea-Geschäft (Sklaven?)
1641	63600	rhein. Gulden Kredite an weitere englische Firmen

Zusammenstellung nach R. Hildebrandt: Internationale Wirtschaftsbeziehungen und ihre Finanzierung in der ersten Hälfte des 17. Jahrhundert. in: VSWG, (Steiner) Stuttgart, S. 61.

M 5.6 Die holländischen Kapitalien 1782

Die Aufstellung des Ratspensionärs van der Spieghel geht von einem Kreditvolumen von 1 Mrd. Gulden aus; sie zeigt mit ihrem Ungleichgewicht zugunsten der Staatsanleihen die Ergebnisse der Fehlentwicklung des 18. Jahrhunderts.
Kredite in Millionen Gulden:

Auslandsdarlehen an Staaten	335	davon: England	280
		Frankreich	25
		andere	30
Kolonialdarlehen	140		
Inlandsdarlehen (an Provinzen, Handelsgesellschaften, Admiralität)	425		
Wechselgeschäft	50		
Gold, Silber, Edelsteine	50		

F. Braudel: Aufbruch zur Weltwirtschaft. (M 5.4) S. 292

M 5.7 1609 – Hugo Grotius: Die Freiheit der Meere

Grotius (1583–1645) war Politiker und einer der bedeutendsten Völkerrechtler der Neuzeit; er leitete aus dem Naturrecht die Freiheit aller Völker ab, über das Meer miteinander in Beziehung zu treten und Handel zu treiben.

Wir wollen kurz und klar beweisen, daß die Bataver, d. h. die Vereinigten Niederlande, das Recht haben, in bisher gewohnter Weise nach Indien zu fahren und dort Handel zu treiben. Wir wollen dabei die erste und gewisseste Regel des Völkerrechts zugrunde legen, deren Beweiskraft klar und unumstößlich ist: Jedes Volk kann ein anderes aufsuchen und mit ihm Geschäfte machen. So spricht Gott selbst in der Natur: Er reicht nicht überall des Lebens Notdurft gleichmäßig dar, sondern will, daß die Völker sich hier durch diese, dort durch jene Vorzüge auszeichnen. Warum? Weil Gott wollte, daß der Mangel hier und die Fülle da die Menschen freundschaftlich zusammenführe, damit sie nicht glaubten, jeder könne sich selbst genügen, und sie ungesellig würden. Nun helfen sich die Völker nach dieser gerechten göttlichen Ordnung wechselseitig, so daß (wie Plinius sagt) bei allen zu wachsen scheint, was nur irgendwo auf Erden gedeiht. [...]
Wer also diese Ordnung beseitigt, beseitigt jene gepriesene Gemeinschaft des Menschengeschlechts, beseitigt die Gelegenheit, sich gegenseitig wohlzutun, verletzt endlich die Natur selbst. Denn beweist nicht die Tatsache, daß der Ozean, den Gott um die Länder gelegt hat, nach allen Richtungen hin befahrbar ist und daß die Winde, die gewöhnlichen wie die außergewöhnlichen, nicht nur aus derselben Richtung, sondern aus allen möglichen Richtungen wehen, zur Genüge, daß die Natur jedem Volke gestattet hat, jedes andere Volk aufzusuchen? [...]
Dies Recht können also alle Völker gleichmäßig beanspruchen, weshalb angesehene Rechtsgelehrte so weit gehen, zu sagen, daß kein Staat und kein Fürst überhaupt jemand verbieten könne, ins Land zu kommen und Handel zu treiben. [...]
Ohnehin kann sich Herrschaft nicht auf einen bloßen Anspruch gründen, es wird vielmehr nach dem wirklichen Besitz gefragt, denn ein anderes ist es, ein Ding haben, und ein anderes, nur das Recht, es zu erwerben. Aber ich behaupte geradezu, daß die Portugiesen auf diese Gegenden[1] überhaupt gar keinen Anspruch haben; so urteilen die Gelehrten, und zwar spanische selbst.
Wenn sie nämlich behaupten, es gehörten ihnen diese Länder als Preis der Entdeckung, so sind sie im Unrecht und beugen die Wahrheit. Denn entdecken heißt nicht nur mit den Augen, sondern mit zufassender Gewalt ergreifen [...], und das kann in diesem Falle nicht gesagt werden. Denn die Portugiesen haben dort keine Besatzungen.
Ja, die Portugiesen können noch nicht einmal behaupten, Indien gefunden zu haben, das schon vor vielen Jahrhunderten häufig aufgesucht wurde. [...]
Sehr vieles von Ceylon haben uns schon die Römer genau beschrieben. Die anderen Inseln waren vor den Spaniern nicht nur den benachbarten Persern und Arabern, sondern auch den Europäern, besonders Venedig, bekannt.
Außerdem gibt die Entdeckung nur dann Recht, wenn das Land vor der Entdeckung herrenlos war. Die Inder hatten aber, als die Portugiesen zu ihnen kamen, obwohl sie zum Teil Götzendiener, zum Teil Mohammedaner und in schwere Sündenschuld verfallen waren, doch ein öffentliches und Privatrecht über Hab und Gut, das ihnen ohne gerechten Grund nicht genommen werden konnte. [...]
Aus den bisherigen Ausführungen geht zweierlei hervor. Erstens: Dinge, die nicht beschlagnahmt werden können oder niemals beschlagnahmt worden sind, können nicht Eigentum eines Menschen sein, denn alles Eigentum leitet sich her aus der Besitznahme. Zweitens aber ergibt sich, daß alle Dinge, die, mag auch jemand sie gebrauchen, doch noch nach ihrer Natur jedwedem anderen zum Gebrauche genügen, auch heute noch denselben Gesetzen unterworfen sind und immer unterworfen sein müssen, unter denen sie seit ihrer Erschaffung gestanden haben. [...] Daher sagt Cicero, „man dürfe nicht das fließende Wasser verwehren". Denn fließendes Wasser als solches, nicht als Fluß, wird von den Juristen unter den Allgemeinbesitz gerechnet.

Zit. nach Hugo Grotius: Von der Freiheit des Meeres (Philosophische Bibliothek 97). Leipzig 1919; übers. v. R. Boschan.

1 Indien

Die Sozialordnung der Niederlande in der Perspektive ihrer Nachbarn

M 5.8 1648 – Die Eigenarten der Niederländer – ein Mangel an Ordnung?

Der Bericht des Engländers Feltham – teils bewundernd, teils mit bösen Ressentiments geladen – ist eine von vielen meist kritischen Darstellungen, die Ausländer von den Niederlanden gaben; sie sind indirekt Bilder der sozialen Hierarchien in den meisten europäischen Gesellschaften.

Der Diener kann frech sein, aber man darf ihn nicht schlagen. Wenn man es tut, wird er sich beim *shout* (Richter) beschweren, und vielleicht muß man dann Strafe zahlen. (Holland) ist ein netter Ort, um die Jungen zu erfreuen, denn der Vater wird mit dem Schulmeister aushandeln, daß er sie nicht auspeitscht. Wenn er es doch tut, rächt sich der Vater mit dem Messer und hat das Recht auf seiner Seite.

Die Leute sind allgemein bäurisch, aber es ist niemand darunter, aus dem sich nicht ein Staatsmann machen ließe, da sie alle über die Gabe verfügen, nicht so ein feines Gewissen zu haben, so daß sie die Religion herauslassen können, um die Politik hereinzulassen.
Ihr Land ist der Gott, den sie verehren. Krieg ist ihr Himmel. Frieden ist ihre Hölle und der Spanier der Teufel, den sie hassen. Gewohnheit ist ihr Recht und ihr Wille die Vernunft.
Sie geben gute Richter ab, denn sie respektieren weder Person noch Erscheinung. Ein Bauer in seinem beschmierten Kittel wird so gut bedient werden wie ein Höfling in seinem Putz, nein besser noch, denn der, der nur höfisch oder vornehm ist, ist bei ihnen wie ein Falke im Winter unter Krähen. Darüber staunen sie und sind neidisch, aber verehren so einen Anblick nicht. Aber fürwahr, mit einem silbernen Haken kann man diese Fische sofort fangen, da ihnen die Liebe zum Gewinn so natürlich ist wie das Wasser für die Gans oder das Aas für den Geier. Sie werden selten betrogen, denn sie trauen niemandem.

John Feltham: A Brief Character of the Low Countries. London 1652. S. 48 f. (Übers. H Prokasky)

M 5.9 1672 – Die Analyse der Gesellschaft durch einen englischen Diplomaten

Sir William Temple, viele Jahre diplomatischer Vertreter Englands in Den Haag, analysierte die niederländische Gesellschaft in einem Jahr schwerer militärischer Niederlagen. Seine Zweifel an der Überlebens- und Konkurrenzfähigkeit des Landes enthalten nationales Wunschdenken.

Die Kaufleute und die Händler, die größeren wie die kleinen, die in Städten leben, die einen großen Zustrom an Besuchern aufweisen – fremden wie eigenen – sind sehr geschäftstüchtig, denn ihr Verstand (*wit*) wird vom Handel und vom Reden in der Stadt geschärft; sie sind nicht sehr erfindungsreich, welches die Begabung lebhafterer Köpfe ist; aber sie sind groß im Imitieren und übertreffen dabei manchmal noch die Originale: Sie sind von großem Fleiß und zäh im Verfolgen der Ziele, die sie sich vornehmen. Sie nutzen ihr Geschick und ihre Intelligenz, um Vorteile aus der Unkenntnis und Torheit der Menschen zu ziehen, mit denen sie zu tun haben. Sie setzen ihre Forderungen hart durch, wo sie das Gesetz auf ihrer Seite haben. In anderen Fällen, in denen sie mit Leuten zu tun haben, die so verständig sind wie sie selbst, und sie Recht und Gesetz fürchten müssen, sind sie die geradlinigsten und besten Menschen auf der Welt. Das scheint nicht so sehr aus einem Prinzip des Gewissens und der Moral herzurühren als vielmehr von Gewohnheit und Brauch, wie sie durch die Erfordernisse des Handels unter ihnen entstanden sind, der so allgemein auf Ehrlichkeit beruht wie der Krieg auf Disziplin. [...]
Gewaltiges Wachstum und ein Übermaß an Reichtum ist unter den Kaufleuten und Händlern zu finden, deren ganzes Interesse in diese Richtung geht und die ganz damit zufrieden sind, daß sie nur wenig Anteil an der Regierung haben, denn sie wünschen nur Sicherheit des Besitzes. Sie sind von keinen anderen Sorgen als denen um ihr Vermögen und die Führung ihrer Geschäfte beschwert und verwenden den Rest ihrer Zeit und ihrer Gedanken auf die Zerstreuungen des Lebens. Doch wenn diese Männer großen Reichtum gewinnen, gefällt es ihnen, ihre Söhne so zu erziehen und ihre Töchter so in die Familien derer zu verheiraten, die den höchsten Kredit genießen und mit den Magistratsgeschäften vertraut sind, daß sie ihre eigenen Familien auf den Weg der Regierungsangelegenheiten und der Ehre führen, die hier nicht in Titeln, sondern in öffentlichen Ämtern liegt.

W. Temple: Observations on the United Provinces of the Netherlands. Hg. G. Clark. (Clarendon) Oxford 1972. S. 83 ff. (Übers. H. Prokasky)

M 5.10 Um 1600 – Die Distanz zwischen Bürger und Bauer

Die Perspektive des niederländischen Malers und Schriftstellers Karel van Mander:

Er arbeitete viel für einen Kaufmann namens Hans Franckert, einen ganz vortrefflichen Mann, der gerne mit Breughel verkehrte und täglich mit ihm freundschaftlich zusammen war. Mit diesem Franckert ging Breughel häufig hinaus zu den Bauern, wenn Kirmes war oder eine Hochzeit stattfand. Sie kamen dann in Bauerntracht verkleidet und brachten Geschenke wie die andern auch unter dem Vorgeben, sie gehörten zur Verwandtschaft der Braut oder des Bräutigams. Hier machte es Breughel großes Vergnügen, die Art der Bauern im Essen, Trinken, Tanzen, Springen, Freien und anderen spaßhaften Dingen zu beobachten, lauter Momente, die er sehr hübsch und komisch mit der Farbe wiederzugeben verstand und zwar sowohl mit Wasser- wie mit Ölfarbe; denn mit beiden wußte er sehr gut umzugehen. Der verstand es auch vorzüglich, diese Bauern und Bäuerinnen in der Tracht der Kampine und anderer Gegenden zu malen und das ungeschlachte bäuerische Wesen im Tanzen, Gehen, Stehen und anderen Bewegungen aufs beste zu charakterisieren.
Bei dem kunstliebenden Herrn Hermann Pilgrims in Amsterdam sieht man von ihm eine in Ölfarbe gemalte sehr schöne Bauernhochzeit. Die Gesichter und andern Fleischpartien der Bauern sind gelb und braun vom Sonnenbrande und häßlich von Haut gegeben, ganz anders als bei den Städtern.

K. van Mander: Das Leben der niederländischen und deutschen Maler (Übers. H. Floerke). (Georg Müller) München und Leipzig 1906. S. 257 f.

M 5.11 Die Tugend als Maß und Mäßigung

Jan Steen (1625–1679): Die fette Küche und Die magere Küche. Die Bilder scheinen Alltag – Genuß und Armut – wie zufällig wiederzugeben. So wichtig das sinnlich-drastische Element aber auch sein mag, so war für die niederländische Gesellschaft um 1650 die moralische Botschaft noch ohne alle Einschränkungen gegenwärtig: Völlerei und Hunger sind nur zwei Formen der Tugendlosigkeit.

M 5.12 Wohlstand und Bescheidenheit

a) 1637 – Die *shutters* als Repräsentanten der politischen Ordnung der Niederlande

1637 – Frans Hals: Offiziere einer Kompanie der Amsterdamer Armbrustschützengilde. Die *shutters*, die Schützengilden, waren ein unerschöpflicher Gegenstand der niederländischen Malerei. Sie repräsentierten das Bürgertum in seiner Rolle als Verteidiger der Ordnung der Niederlande. Sie verkörpern nicht das Unmaß des Reichtums, sondern das Maß des tüchtigen Bürgers.

b) 1598 – Familienvater und Unternehmer: das Bild der bürgerlichen Tüchtigkeit

Pieter Pietersz: Der Verleger Laurens Jacobsz mit seiner Familie. Das Buch zwischen den beiden Söhnen weist auf das Gewerbe von Laurens Jacobsz hin.

c) Die Bescheidenheit

Adriaen van Ostade: Weber und seine Frau bei einer Arbeitspause. Ostade hat für wohlhabende bürgerliche Kunden häufig einfache Menschen in Beruf und alltäglicher Umgebung gemalt; sie repräsentieren nicht Armut und Not, sondern Fleiß und Bescheidenheit. Der wahrscheinlich einzige Raum im Hause des Webers ist zum größten Teil von dem riesigen Webstuhl ausgefüllt.

M 5.13 Bürgertum und Wissenschaft

a) 1632 – Mediziner

Rembrandt: Die Anatomie-Vorlesung des Dr. Tulp. Das Bild zeigt nicht einfach nur eine frühe Form der wissenschaftlichen Arbeit, sondern stellt auch den sozialen Vorgang, in dem das medizinische Wissen öffentlich wird, dar. Die Gegenüberstellung der lebenden und der toten Hand im Mittelpunkt des Bildes geht mit ihrer älteren Symbolik über die wissenschaftlich-medizinische Darstellung hinaus.

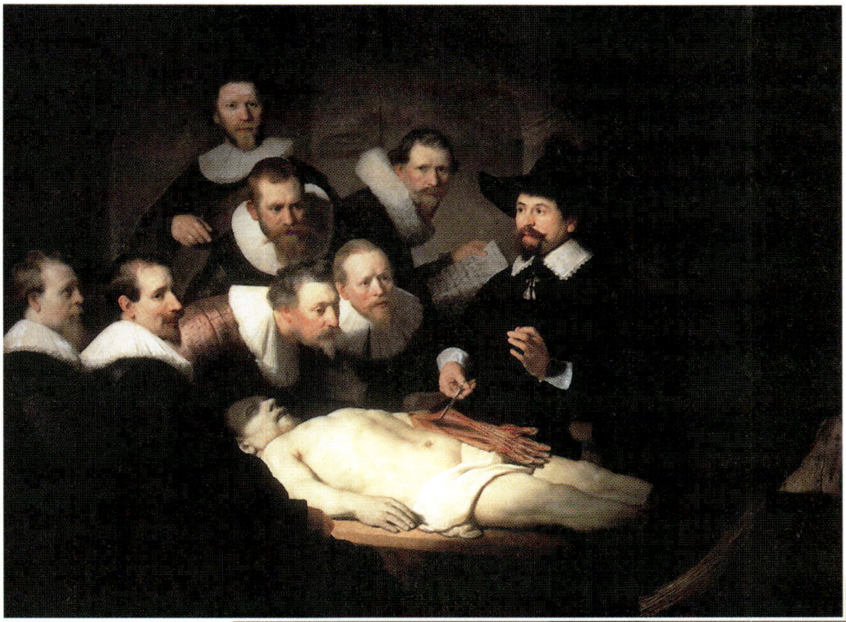

b) 1630er Jahre – Junge in seinem Labor

Gemälde von Jan van Attevelt

M 5.14 Das Buch zwischen Frömmigkeit und Gelehrtheit, Tugend und Laster

a) 1630er Jahre – Das Buch als Attribut der *vanitas*

Pieter Potter: Vanitas. Bis in die zweite Hälfte des 17. Jahrhunderts tritt das Buch, vor allem wenn es nicht die Bibel ist, überaus häufig zusammen mit der religiösen Mahnung an die *vanitas,* die Nichtigkeit des irdischen Lebens auf. So ist auch der heilige Hieronymus, der im Mittelalter besonders eng mit dem Buch und der Gelehrsamkeit verbunden wurde, in der niederländischen Malerei trotz des vorherrschenden Kalvinismus ein ungewöhnlich häufiger Gegenstand.

b) ca.1670 – Der Brief als moralische Gefahr

Jan Steen: Bordellszene. Lesenkönnen bedeutet, daß man Briefe schreiben und empfangen kann, ein Vorgang, der im Bezug auf Frauen häufig mißtrauisch betrachtet wurde. In Jan Steens Bild verrät die Haltung der jungen Frau ihre moralische Bedenkenlosigkeit.

c) 1641 – Bibellektüre einer Frau

Rembrandt: Doppelbildnis des Kaufmanns und Laienpredigers Cornelis Anslo und seiner Frau.

Die *nederlandse maagd*

M 5.15 Lesende Frauen

Darstellungen selbständig lesender Frauen sind überaus häufig, wobei die meisten Bilder es zulassen, die Lektüre zu überprüfen. Ihre „Botschaft" ist positiv, wenn die Bibel, der Eheratgeber *Houwelyck* oder moralische Gedichte gelesen werden.

M 5.16 17. Jahrhundert – Freiheiten von Niederländerinnen

Verschiedene französische und englische Beobachter stellten kritisch fest:

Das machen sie ohne jeden Verdacht der Unkeuschheit, denn die Wirtinnen sorgen für die Aufnahme und beaufsichtigen die Frauen. In ähnlicher Weise erlauben Mütter von gutem Ruf ihren Töchtern, nachdem sie selbst zu Bett gegangen sind, die ganze Nacht oder den größten Teil davon mit jungen Männern zu Hause aufzubleiben, zu schmausen und zu reden, ja sogar mit oder ohne Erlaubnis bei Nacht mit jungen Männern auf der Straße spazierenzugehen. Und das tun sie aufgrund einer gewohnheitsmäßigen Freizügigkeit ohne Schaden für ihren Ruf, wohingegen die italienischen Frauen, streng behütet, es für eine Dummheit halten, eine Gelegenheit, etwas Umziemliches zu tun, auszulassen.

Zit. nach S. Schama, Überfluß und schöner Schein. (Kindler) München 1988. S. 431; übers. v. E. Nowak.

(Die Gastgeberin) nahm ohne Umstände als erste Platz, das Dienstmädchen setzte sich zwanglos zu seiner Herrin, der Hausherr begnügte sich ohne zu murren mit einem der beiden übriggebliebenen Stühle, und der Diener bemächtigte sich des anderen. Die Herrin und die Magd bedienten sich als erste, und sie nahmen nicht etwa das weniger Gute. Dennoch ging alles bestens, und wir spürten, daß ein langer Brauch die Rangordnung in diesem Haus so geregelt hatte. Dann bat der Herr unbesonnerweise die Magd, ihm etwas zu holen. Die Herrin sagte zu ihrem Mann, er könne ebensogut selbst gehen, und sie wünsche, daß ihre Magd sich erhole. Es kam zu einem heftigen Wortwechsel. Die Magd stand einer so guten Herrin eifrig bei. Man blickte sich scheel an, bis endlich der Mann sein Unrecht einsah und seine Frau mit einem Kuß, den er ihr raubte, um Verzeihung bat.

Zit. nach P. Zumthor: Das Alltagsleben in Holland zur Zeit Rembrandts. (Reclam) Leipzig 1992. S. 157; übers. v. K. Henning.

M 5.17 1650 – Das Ideal der niederländischen Hausfrau

Die beiden Bücher des Jacob Cats, *Houwelyck* (Ehe) und *Het christelyke Huyswijf,* hatten im 17. Jahrhundert eine Auflage von 300 000 Exemplaren – bei einer Bevölkerung von 1,9 Millionen.

Ich wünsch' mir eine Frau von mittlerer Gestalt,
Weder von zu hohem noch zu niedrigem Stand,
Eine Frau, nicht stolz auf ihre Herkunft,
Aber von achtbarer Abstammung;
Eine Frau, weder berühmt noch besonders reich,
Sondern mir in Gut und Blut gleich;
Eine Frau, weder hochmütig noch erlaucht,
Sondern bescheiden, doch in ihrem Wesen auch

Eine Frau, die jede Tugend kennt,
Aber in ihrem Reden zart
Und dem Ohre angenehm, […]
Keine Schlampe im Haus, keine Puppe außerhalb,
Eine Frau, die als ihre beste Tracht
Die Tugend, und nicht ihr Gewand, erachtet.
Eine Frau, die ihre Nachbarn ehrt,
Doch wenig außer Haus verkehrt.
Eine Frau, ein stilles und ruhiges Weib,
Eine Feindin von Gekeif:
Eine Frau, die nicht den Frieden bricht
Und nicht schriller als vornehm spricht.
Eine Frau, die lieber Leid erträgt,
Als daß sie einem Schimpfworte entgegenschreit,
Eine Frau, die ohne Murren ißt
Und auch das Maulen nicht kennt […].

Zit nach S. Schama: (M 5.18) S. 426 f.; übers. v. E. Nowak

M 5.18 Die gelehrte Frau und ihre Mühen

Anna Maria Schurman galt auch in der wissenschaftlich gebildeten Männergesellschaft von Amsterdam als eine ungewöhnlich gelehrte Persönlichkeit. Sie korrespondierte mit berühmten Gelehrten ihrer Zeit, und ihr Werk *Die gelehrte Frau* wurde sogar ins Englische übersetzt. Nicht die etwas trockene Logik ihres Beweises, daß eine Frau auch eine Gelehrte sein kann, sondern die Darstellung der *conditiones*, der vorab zu erfüllenden Bedingungen, sind interessant:

(Unter der Bedingung, daß sie) erstens hinsichtlich des Subjekts, daß diese Frau mindestens mit einer allgemeinen guten Intelligenz ausgestattet und nicht zum Lernen unfähig sei.
Zweitens, daß sie mit dem Lebensnotwendigen ausgestattet und nicht von Not bedrückt sei, welche Bedingung ich deswegen nenne, weil nur wenige Eltern haben, die sie in ihren Studien versorgen, und Lehrer kosten Geld.
Drittens, daß ihre zeitlichen Voraussetzungen so sind, daß sie freie Stunden von ihren allgemeinen und besonderen Verpflichtungen habe, d. h. von den Pflichten der Frömmigkeit und des Haushalts. Dazu könnte in ihren jungen Jahren ihre Befreiung von Sorgen und Aufgaben beitragen und in ihren älteren Jahren entweder ein Junggesellendasein oder der Dienst von Mägden, wie sie gewöhnlich auch die reicheren Damen von Haushaltsmühen freihalten.
Viertens, daß ihr Ziel nicht Eitelkeit (vanitas) und Prahlerei oder nutzlose Neugierde sei, sondern neben dem allgemeinen Ziel des Ruhmes Gottes und der Errettung ihrer Seele, daß sie tugendhafter und glücklicher werde, und daß sie falls ihr diese Aufgabe zufällt, ihre eigene Familie belehren und leiten möge und auch ihrem eigenen Geschlecht so nützlich wie möglich sein möge.
(Anna Maria fährt dann fort zu begründen, daß alle gelehrten Studien sich auch für eine Frau eignen und in Rechtsgelehrtheit, Predigtamt und sogar in Militär und Politik die Frauen zumindest theoretische Kenntnisse erwerben können.)

Anna Maria Schurman: The Learned Maid. London 1634, S. 3 f. (Übers. H. Prokasky)

M 5.19 Die Frau als Symbol der niederländischen Freiheit

Münzprägungen aus der Zeit des niederländischen Freiheitskampfes gegen Spanien

Publikationen, Lesen und Politik

M 5.20 Nutzen und Mühsal des Lesenlernens

Titelseite eines Mathematikbuchs von 1628:

ARITHMETICA
Mit einer Zinstafel von 1 bis 12 Prozent in Viertelprozent-Schritten Zinseszins. Von Jan Belot aus Dieppe, Liebhaber der Arithmetik.

Mutter: Ich bin fast außer mir; ich kann nicht ertragen, daß Ihr mein Kind geschlagen habt.
Vater: Schlagt ihn ruhig, und spart nicht an Stock und Rute, bevor ich ihm selbst was antue.
Lehrer (auf französisch): Unglücklich ist der Mann, sagt Aristoteles, der für die Kinder mehrerer Herren verantwortlich ist.

Jochen Hoock, Pierre Jeanin: Ars Mercatoria. (Schöningh) Paderborn 1993. Bd. 1, S. 63. (Übers. M. Clemen)

M 5.21 Veröffentlichung von Flugschriften

Flugschriften (Pamphlete) sind Druckschriften von einem oder wenigen Blättern Umfang und meist hohen Auflagen.

Auffällig sind die Jahre 1609 (Waffenstillstand mit Spanien), 1621 (Wiederbeginn des Krieges) und 1648 (Westfälischer Friede). Ein ausländischer Reisender schrieb dazu 1647: „Als ich kürzlich durch Nordholland reiste, hörte ich auf Wagen, in Booten und an jedem Ort nichts als Diskussionen der Friedensverhandlungen (in Münster und Osnabrück)."

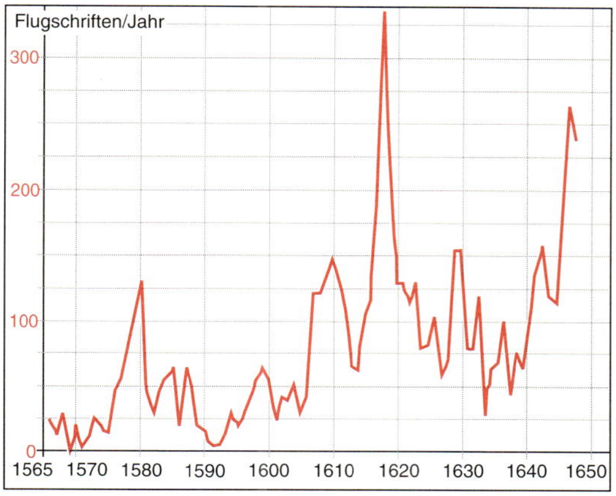

In Diagramm umgeformt nach Craig Harline: Pamphlets, Printing, and Political Culture in the Early Dutch Republic. (Nijhoff) Dordrecht 1987. Tabelle 1 u. S. 55 (Zitat).

M 5.22 1550–1618 – Kritik am Lesen und seinen politischen Folgen

a) Mitte des 16. Jahrhunderts

Eine große Zahl jüngerer und älterer Personen, die weder einen Pfennig Steuern zahlen noch in anständigen Häusern wohnen, die überwiegend der Abschaum des Volkes und zu faul zu arbeiten sind, laufen dauernd auf den Straßen herum und handeln mit Büchern und Nachrichten […] Sie verbreiten viele Lügen und allerlei üble und skandalöse kleine Bücher unter den Leuten.

b) Flugschrift um 1600

Wir leben in einem freien Land, in dem jeder mit ordentlichem Betragen seine Meinung frei aussprechen kann. Nicht aber gestatten wir die ungezügelte Freiheit, die einige Leute fordern, um unverfroren alles vorbringen, was ihnen so in den Sinn kommt. Wir wünschen, daß solche Personen gezwungen werden, ihre ungezügelten Zungen und Federn unter Kontrolle zu bringen.

c) 1618 – Erlaß der Stände von Holland

Als der Remonstrantenstreit zwischen kalvinistischen Theologen sich mit sozialen Spannungen und dem Konflikt zwischen dem Statthalter Moritz von Oranien und dem Ratspensionär Oldenbarneveldt verband, entstand eine Bürgerkriegssituation.

Trotz früher verkündeter und veröffentlichter Edikte haben gewisse sonderbare, unruhige und streitsüchtige Personen, die gewisse Neuerungen und Veränderungen unterstützen, es gewagt und wagen noch weiter, täglich verschiedene skandalöse und empörende kleine Bücher und Lieder, Gedichte mit

Kehrreimen, Nachrichten und dergleichen in Druck und Manuskript zu veröffentlichen und in der Öffentlichkeit zu verbreiten. Sie befürworten gleichfalls staatsgefährdende, aufrührerische und verleumderische Vorschläge, womit sie nicht nur die rechtmäßige Regierung dieses Landes allgemein und im einzelnen erörtern und kritisieren, sondern sich auch bemühen, Zwietracht und Uneinigkeit unter Provinzen, Städten und ihren Einwohnern zu verbreiten, so daß unwissende und unerfahrene Menschen und der gemeine Mann leicht zu Torheit und Spaltungen verführt werden können und sich von dem Gehorsam lossagen, den sie ihren gesetzlichen Regenten schulden.

C. Harline: (M 5.21). S. 87, 112 und 121 f. (Übers. H. Prokasky)

Trotz der vielen Beschwerden der Regierenden und Reichen über die Freiheit der Presse kam eine nennenswerte Zensur in den Niederlanden nicht zustande; die Freiheit der Meinungen, die sich auf das gedruckte Wort stützte, war für das 17. und 18. Jahrhundert fast unbeschränkt. Notfalls griff der Drucker zu einem etwas originelleren Impressum, z. B. En pleine mere. Chez Henri Hareng. (Auf offener See. [Gedruckt] bei Heinrich Hering).

M 5.23 Der Streit um die Republik und gegen ihre oligarchischen Tendenzen

a) 1618 – Kritik an den Versuchen, Bürgerrechte einzuschränken:

Haben nicht die Prinzen (Statthalter), die bisher diese Provinzen regiert haben, ihre Autorität und Amtsgewalt von den Staaten (Ständen) den Landes erhalten und die Stände von den Einwohnern oder dem Volk, wobei unter dem Volk nicht der Pöbel, sondern der beste und größte Teil des Volkes zu verstehen ist?
Machen nicht die Menschen den König, und sind daher die Menschen nicht mehr und besser als der König?
Sind die Menschen um des Prinzen und der Regierende willen da, oder sind die Prinzen und Regierenden um der Menschen willen da?
Ist die Anerkennung der Tatsache, daß die gesamte Körperschaft des Volkes die Souveränität und das letzte Wort besitzt, jetzt auch nur etwas gefährlicher und schädlicher als 1581, als man damit dem König von Spanien entgegentrat und sie von den hochmögenden Generalstaaten (Generalständen) und den Staaten (Ständen) von Holland zu veröffentlichen befohlen wurde?
Kann das, was 1581 eine feste Wahrheit war, jetzt unwahr sein?

C. Harline: (M 5.21). S. 175 (Übers. H. Prokasky)

b) Um 1660 – Vorschlag zur Beschränkung der politischen Teilnahme. Position des Ratspensionärs (Chef der Verwaltung Hollands) Johan de Witt:

(Von der Beteiligung an der Politik müssen erstens Frauen und Kinder, zweitens Ausländer, die nur kurze Zeit im Lande weilen, und) drittens alle tauben, stummen und unehrlichen und armen Leute die von Almosen oder in Armenhäusern leben, ausgeschlossen werden; zusammen mit allen denen, die im Zeitraum einer gewissen Zahl von Jahren im Dienste einer anderen Person einen Beruf ausgeübt oder für Tagelohn gearbeitet haben, was auch immer das war; denn es ist anzunehmen, daß diese Tätigkeit aus Not geschah, und es ist anzunehmen, daß diesen Leuten die notwendige Kenntnis von den Regierungsgeschäften fehlt.

J.L. Price: Culture and Society in the Dutch Republic during the 17th Century. (Batsford) London 1974. S. 201 (Übers. H. Prokasky)

M 5.24 1655 – Das neue Rathaus von Amsterdam

Das neue Rathaus (heute das königliche Schloß!) war mit seiner enormen Größe und seinem Luxus nicht nur Ausdruck der Macht, sondern auch eines politischen Programms: Im Gegensatz zu barocken Schlössern des 17. Jahrhunderts fehlt das Portal als Ort der Repräsentation von Herrschaft – es gibt nur sieben gleiche, ebenerdige Tore. Im Innern herrscht die Formsprache der römischen Antike. Zur Eröffnung rühmt der Dichter Jan Vos Amsterdam wie eine antike Göttin, eine neue *Roma,* die über einem goldenen Zeitalter thront:

Das gesegnete Amsterdam, umgeben von den Weiten des Meeres, hält nun den Dreizack Neptuns in der Hand als Kaiserin der Wogen des Süßwassers und des Salzwassers. Ihr Haupt trägt eine Krone von Schiffsschnäbeln. Der Ruhm steht stolz neben ihrem Thron und bläst die Trompete ihres Ruhms. Gerechtigkeit, die Stärke der Städte, Freiheit, die alte Disziplin, Religion und Friede stehen zu ihrer Rechten, Handel, Überfluß, Reichtum, Einheit und Treue zu ihrer Linken. Alle Bezirke der Stadt sind voller fremder Händler. Das schwarzfarbene Afrika gibt ihr Elfenbein, Blutkorallen und Gold. Amerika gibt ihr Zuckerrohr und Silber und (Farb)holz, dessen sich die unerforschten Wälder des Westens rühmen dürfen. Und Asien gibt ihr Seide und Perlen und Schmuck, dazu Weihrauchfässer und andere Schätze. Die Fürsten stehen geblendet da, wie sie die Stadt so glorreich auf ihrem Thron strahlen sehen. Das Glück reicht ihr die Hand. Die, die den unglückbringenden Krieg verdammen, grüßen sie von ferne als die Mutter des Friedens. So rühmte sich Rom in der Zeit des Augustus.

Katharine Fremantle: The Baroque Town Hall of Amsterdam (Haentjens, Dekker & Gumbert) Utrecht 1959. S. 55f. (Übers. H. Prokasky)

Der Bauschmuck des Amsterdamer Rathauses:

Die Niederlande bringen der Welt Frieden und Gerechtigkeit.

Die Bergarbeiter Südamerikas beuten die Schätze der Erde für Amsterdam aus.

M 5.25 1631 – Das Lob der Freiheit – der französische Philosoph Descartes

René Descartes (1596–1650), der die Grundlagen modernen naturwissenschaftlichen Denkens legte, lebte seit 1629 aus Furcht vor der französischen Inquisition meist in den Niederlanden. Auszug aus einem Brief an einen französischen Freund:

Wie vollkommen auch ein Landsitz sein kann, es fehlt dort immer eine Unzahl von Bequemlichkeiten, die sich nur in den Städten finden; und selbst die Einsamkeit, die man davon erhofft, trifft man dort niemals ganz vollständig an. Stattdessen ist in dieser großen Stadt in der ich mich befinde, da es in ihr außer mir keinen Menschen gibt, der nicht Handel triebe, jeder derart auf seinen Nutzen bedacht, daß ich mein ganzes Leben hier bleiben könnte, ohne je von jemandem aufgesucht zu werden. Ich gehe jeden Tag mitten im Wirrwarr einer großen Bevölkerung mit ebenso viel Freiheit und Ruhe spazieren, wie Sie es in Ihren Alleen tun würden, und betrachte die Menschen, die ich dabei sehe, nicht anders als die Bäume, auf die man in Ihren Wäldern trifft, oder die Tiere, die dort grasen. Selbst das Geräusch ihres Gewerbes unterbricht meine Träumereien nicht mehr, als es das irgendeines Baches tun würde. Wenn ich zuweilein Überlegungen über ihre Tätigkeit anstelle, ziehe ich daraus dasselbe Vergnügen wie Sie bei dem Anblick von Bauern, die Ihre Felder bebauen; denn ich sehe, daß ihre Arbeit dazu dient, die Stätte meines Wohnsitzes zu verschönern und zu bewirken, daß mir dort nichts fehlt. Wenn es Vergnügen bereitet, die Früchte in Ihren Obstgärten wachsen zu sehen und bis zu den Augen im Überfluß zu stehen, so glauben Sie mir, daß es wohl ebenso viel bedeutet, Schiffe hier ankommen zu sehen, die uns reichlich verschaffen, was Indien hervorbringt und was es an Seltenem in Europa gibt. Welchen anderen Ort in der übrigen Welt könnte man wählen, wo alle Bequemlichkeiten des Lebens und alle Merkwürdigkeiten, die man sich zu wünschen vermöchte, so leicht zu finden sind wie an diesem hier? In welchem anderen Land kann man eine so vollständige Freiheit genießen und mit weniger Unruhe schlafen?

M. Bense (Hg.): Descartes, Briefe. (Staufen) Köln 1949. S. 352 f.

M 5.26 1670 – Das Lob der Freiheit – der Philosoph Spinoza

Baruch Spinoza (1632–1677), einer der großen Philosophen Europas, war Außenseiter sogar in der eigenen jüdischen Gemeinde und lebte von seiner Arbeit als Linsenschleifer.

Aus den oben dargelegten Grundlagen des Staates folgt ganz offenbar, daß der letzte Zweck des Staates nicht ist zu herrschen, noch die Menschen in Furcht zu halten oder sie fremder Gewalt zu unterwerfen, sondern vielmehr den einzelnen von der Furcht zu befreien, damit er so sicher als möglich leben und sein natürliches Recht zu sein und zu wirken ohne Schaden für sich und andere vollkommen behaupten kann. Es ist nicht der Zweck des Staates, die Menschen aus vernünftigen Wesen zu Tieren oder Automaten zu machen, sondern vielmehr zu bewirken, daß ihr Geist und ihr Körper ungefährdet seine Kräfte entfalten kann, daß sie selbst frei ihre Vernunft gebrauchen, und daß sie nicht mit Zorn, Haß und Hinterlist sich bekämpfen noch feindselig gegeneinander gesinnt sind. Der Zweck des Staates ist in Wahrheit die Freiheit.
Nun hat aber jeder nur von dem Rechte, nach eigenem Beschlusse zu handeln, Abstand genommen, aber nicht von dem Rechte, zu denken und zu urteilen. Darum kann zwar niemand, unbeschadet des Rechtes der höchsten Gewalten, deren Beschlusse entgegen handeln, wohl aber unbeschränkt denken und urteilen und damit auch sprechen, vorausgesetzt, daß er einfach spricht oder lehrt und bloß mit Hilfe der Vernunft, aber nicht durch Täuschung, Zorn und Haß seine Meinung vertritt noch auch mit der Absicht, etwas im Staate auf seinen Beschluß hin einzuführen. Wenn z. B. jemand nachweist, daß ein Gesetz der gesunden Vernunft widerstreitet, und deshalb für seine Abschaffung eintritt, so erwirbt er sich ganz gewiß ein Verdienst um den Staat als einer seiner besten Bürger, sofern er nur seine Meinung dem Urteil der höchsten Gewalt unterwirft (der es allein obliegt, Gesetze zu geben und abzuschaffen) und sofern er inzwischen nicht gegen die Vorschrift dieses Gesetzes handelt.
Amsterdam bietet dafür ein Beispiel. In ihrem prächtigen Gedeihen und in der Bewunderung aller Völker erfährt sie die Früchte dieser Freiheit. In diesem blühenden Staate, in dieser herrlichen Stadt leben alle Menschen, welchem Volke und welcher Sekte sie auch angehören, in der vollkommendsten Eintracht. Will man jemandem sein Vermögen anvertrauen, so braucht man nur zu wissen, ob er reich oder arm, ob seine Handlungsweise ehrlich oder unehrlich befunden; um die Religion oder die Sekte kümmert man sich nicht, weil sie beim Richter für die Entscheidung über Recht und Unrecht nicht in Betracht kommt.

B. Spinoza: Theologisch-politischer Traktat. (Meiner) Hamburg 5. Aufl. 1955. S. 5 ff. und 352 f.

Die Menschen erfassen die Welt durch die Wisschenschaften

M 5.27 1650 – Die methodische Grundlegung der Geographie durch Varenius

Von dreierlei Art ist alles den einzelnen Ländern Wesentliche, und in diesem Sinne ist es auch in der Speziellen Geographie zum allgemeinen Verständ-

nis zu behandeln, und zwar seinerseits als Terrestrisch, Kosmisch und „durch den Menschen bestimmt“. Kosmisch nennen wir die Bestimmungen, die von der scheinbaren Bewegung der Sonne abhängen. Das sind offenbar die folgenden acht: 1. Polhöhe, Ortsentfernung von Äquator und Pol sowie geographische Breitenbestimmung. 2. Neigungswinkel der täglichen Gestirnbahnen über dem Ortshorizont und Horizonthöhe als solche. 3. Dauer des längsten und des kürzesten Tages. 4. Astronomisches Klima und Zone. 5. Temperaturen, Jahreszeiten, Niederschläge [...].
Terrestrische nenne ich solche, die in jedem Gebiet sich selbst als unmittelbar vorhanden zeigen, und zwar folgende zehn: 1. Grenzen und Umriß. 2. Geographische Länge, einschließlich Meridionalerstreckung über verschiedene Breiten, Zeitzone. 3. Landesgestalt. 4. Größe. 5. Gebirge nach Bezeichnung, Höhe, Eigenart, Form. 6. Bergwerke, einschließlich vorkommender Gesteine und Bodenschätze im allgemeinen. 7. Wälder und Wüsten. 8. Gewässer (d.h. Meere, Seen, Sümpfe, Flüsse, Quellen, Mündungen, Lauf, Breite, Wasserführung, Wassergüte, Schnellenbildung usw.). 9. Pflanzen nach Bestandsdichte, Fruchtbarkeit und Nutzung. 10. Tierwelt.
Die dritte Gruppe von Bestimmungen, die in einzelnen Ländern Betrachtung verdienen, fasse ich als Menschenbestimmte zusammen, da sie von den Menschen, d. h. der Bevölkerung der Länder abhängen. Davon kann man ebenso etwa zehn zusammenfassen: 1. Die Bevölkerung selbst nach Körpergröße und -bau, Pigmentierung, Lebensdauer, Abstammung, Lebensweise. 2. Berufe und Erwerbstätigkeiten. 3. Charakter und Erziehung, Begabung und Bildungswesen. 4. Sitten bei Geburt, Hochzeit und Tod. 5. Sprache und Ausdrucksweise der Bevölkerung. 6. Staatliche Herrschaftsordnung. 7. Konfession und Kirchenorganisation. 8. Städte und andere Orte von Belang. 9. Landesgeschichtliche Daten, soweit geographisch wesentlich. 10. Bedeutende Männer und Frauen, Künstler und Erfindungen innerhalb der einzelnen Länder.
Dreifach sind auch die Grundsätze, deren sich die Geographie zur Feststellung der Wahrheit ihrer Aussagen bedient: 1. Geometrische, arithmetrische und trigonometrische Sätze. 2. Astronomische Rechenregeln und Theoreme, wenn es auch merkwürdig erscheinen mag, daß wir zur Erklärung der Natur der Erde, auf der wir leben, die weit entfernten Himmelskörper nicht entbehren können, die soviele Zehntausende von Meilen von uns entfernt sind. 3. Die Erfahrung. Tatsächlich beruht der größte Teil der Geographie, vor allem der Länderkunde, auf persönlicher Erfahrung und Autopsie durch Menschen.

Varenius faßt dann zusammen, daß zur Erfassung der Welt mathematisch-logische und empirische Verfahren – und nur diese – erforderlich sind.

Eberhard Schmitt (Hg.): (M 5.2). Bd. 2, S. 30 f.

M 5.28 Die Öffnung einer neuen Welt

Der Tuchhändler Anthonie van Leeuwenhoek baute ein einfaches Mikroskop, mit dem er ab 1674 Infusorien, die Bakterien, die Spermien, die roten Blutkörperchen u. a. entdeckte.

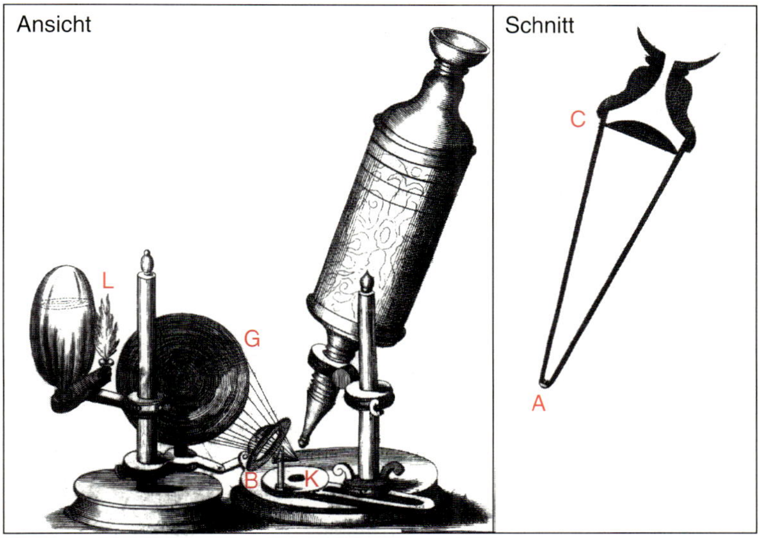

- L Lichtquelle (Kerze)
- G Kondensor (Glaskugel als Sammellinse)
- B 2. Sammellinse
- K Objektträger
- A Objektivlinse (einlinsiges Objektiv)
- C Okularlinse

M 5.29 Das Bild des 16. Jahrhunderts in der modernen Geschichtswissenschaft

a) Immanuel Wallerstein

Wo nun lag diese europäische Weltwirtschaft? Auch das ist schwer zu beantworten. Denn die historischen Kontinente sind nicht notwendig identisch mit den geographischen. Am Ende des 16. Jahrhunderts gehörten zur europäischen Weltwirtschaft nicht nur Nordwesteuropa und der christliche Mittelmeerraum (einschließlich der Iberischen Halbinsel), sondern auch Mitteleuropa und der Ostseeraum. Sie umfaßte aber auch einige amerikanische Regionen: Neuspanien, die Antillen, Terraferma, Peru, Chile, Brasilien – oder richtiger gesagt, jene Teile dieser Regionen, die tatsächlich unter der administrativen Herrschaft der Spanier oder Portugiesen standen. Inseln im Atlantischen Ozean gehörten wohl ebenso dazu wie wahrscheinlich einige wenige Enklaven an der afrikanischen Küste, nicht aber die Gebiete am Indischen Ozean, nicht der Ferne Osten [...]. Man kann hier nicht einfach klare Linien ziehen, aber ich halte es für das fruchtbarste, sich vorzustellen, daß die europäische Welt im 16. Jahrhundert aus der Verknüpfung zweier zuvor getrennter Systeme entstanden war, nämlich einmal aus dem System des christlichen Mittelmeerraums mit dem Zentrum bei den norditalienischen Städten und dem flandrisch-hanseatischen Handelsnetz im Norden und Nordwesten Eruopas und den beiden Anhängseln an diesen neuen Komplex, den Gebieten östlich der Elbe, Polen und einigen anderen Gebieten Osteuropas, und andererseits den atlantischen Inseln und Teilen der Neuen Welt. [...] Chaunu spricht von einer »demographischen Scherenbewegung«, die auf globaler Ebene das Bevölkerungswachstum in Europa »durch die Bevölkerungsabnahme in den riesigen außereuropäischen Sektoren weitgehend aufhob«. Daher wuchs der Quotient aus Land und Arbeitskräften in der europäischen Weltwirtschaft. Darin ist ein wesentlicher Faktor für Europas Fähigkeit zu sehen, in dieser kritischen frühen Periode der modernen Epoche stetes Wirtschaftswachstum aufrechtzuerhalten. Aber Expansion beinhaltet mehr als ein verbessertes Land/Arbeitskräfte-Verhältnis. Sie ermöglichte Akkumulation von Grundkapital auf hoher Stufe, Kapital, das zur Rationalisierung der landwirtschaftlichen Produktion verwendet wurde.

I. Wallerstein: Das moderne Weltsystem. (Syndikat) Frankfurt 1986. S. 100 f.

b) Fernand Braudel

Den ersten Schritt zum Verständnis einer Weltwirtschaft bildet die Abgrenzung des von ihr eingenommenen Raums. Da sich ihre Grenzen nur langsam verschieben, lassen sie sich in der Regel mühelos ausfindig machen. Die Grundvoraussetzung für die Existenz einer Weltwirtschaft stellt die von ihr eingenommene Zone dar, d.h. keine Weltwirtschaft ohne eigenen Raum, der sich in verschiedener Hinsicht als aufschlußreich erweist:

– Er wird von der ihn umziehenden Grenzlinie ebenso definiert wie ein Meer vom Verlauf seiner Küsten;

– er weist als Zentrum eine Stadt auf, in der bereits ein wie immer gearteter Kapitalismus vorherrscht. Die Existenz mehrerer Zentren stellt entweder eine Frühform dar oder deutet auf Verfall oder Wandel hin. Unter der Einwirkung äußerer und innerer Kräfte kann sich eine Verschiebung des Zentrums abzeichnen und nachfolgend vollziehen: Die zu internationaler Bedeutung berufenen Städte, die *Weltstädte,* liegen in ständigem Wettbewerb und lösen einander ab;

– hierarchisch gegliedert, setzt er sich aus einer Anzahl teils armer, teils bescheidener Einzelwirtschaften zusammen, von denen nur die zentrale verhältnismäßig reich erscheint. Die daraus erwachsenden Ungleichheiten und Spannungsunterschiede halten das ganze Gefüge in Gang. Daher jene »internationale Arbeitsteilung«, deren »Konkretisierung in dem (räumlichen) Entwicklungs-Unterentwicklungsmodell die beiden Lager der Menschheit – die *have* und die *have not* – durch eine noch radikalere Kluft spalten sollte als in den fortgeschrittenen kapitalistischen Ländern Bourgeoisie und Proletariat«, was Marx laut P. M. Sweezy nicht vorausgesehen hatte. Dabei handelt es sich um keine »neue« Trennungslinie, sondern um eine alte, zweifellos unheilbare und schon lange vor Marxens Epoche klaffende Wunde. Demnach haben wir es also mit drei Gruppen von Voraussetzungen von jeweils allgemeiner Tragweite zu tun. [...]

Doch das wohl eindeutigste Merkmal dieser Superstädte ist ihre schon früh beobachtbare, stark ausgeprägte soziale Differenzierung. Sie beherbergen allesamt ein Proletariat, eine Bourgeosie und ein reiches Patriziat von solcher Machtfülle und Selbstsicherheit, daß es schon bald darauf verzichtet, sich den zur Zeit Venedigs oder Genuas so begehrten Titel *nobili* zuzulegen. Patriziat und Proletariat »divergieren« zusehends, d. h. die Reichen werden immer reicher, die Armen ständig noch ärmer, denn all diese überspannten kapitalistischen Städte kranken am Erbübel der Teuerung, um nicht zu sagen, der galoppierenden Inflation. Sie erwächst aus den besonderen Funktionen dieser Superstädte, ihrer die Wirtschaftsgefüge ringsum beherrschenden Rolle. Ihr hohes Preisniveau erhebt sie zum Sammelpunkt des Wirtschaftslebens, das sich ihnen ganz von selber zuwendet.

F. Braudel: Aufbruch zur Weltwirtschaft. Frankfurt 1986. S. 26 ff.; übers. v. G. Kurz u. S. Summerer

6 Das Zeitalter Londons: Die Entwicklung vom Welthandel zur Weltproduktion

6.1 Europa im 17. Jahrhundert

Die wirtschaftliche Struktur des mittleren und nördlichen Europas hatte sich im 16. Jahrhundert durch eine zunehmende Marktorientierung und Monetarisierung weiterentwickelt. Gleichzeitig hatte die Zunahme der Bevölkerung überall in Europa die Ernährungsbasis angespannt, was sich in steigenden Preisen für Lebensmittel niederschlug. Während aber in den Mittelmeerländern nach 1600 die Symptome einer Krise erkennbar waren, sorgte das Wachstum von Gewerbe und Handel in Mitteleuropa noch für eine Konjunktur. Während in Frankreich die Bürgerkriege nach 36 Jahren mit dem Edikt von Nantes (1598) zu Ende gingen, wurde Mitteleuropa und besonders Deutschland ab 1618 in einen der zerstörerischsten Kriege seiner Geschichte gezogen.
In Deutschland hatte schon vor dem Ausbruch des Dreißigjährigen Krieges eine Abschwächung der wirtschaftlichen Entwicklung begonnen. Die Konkurrenz des amerikanischen Silbers und des schwedischen Kupfers trafen den deutschen Bergbau, der ab etwa 1500 die Basis für ein europäisches System von Produktion, Handel und Kredit gebildet hatte. Das traf vor allem die oberdeutschen Handelshäuser, die dazu mit spanischen Staatsanleihen große Verluste erlitten. Viele Unternehmen gingen bankrott, andere verloren ihre Dynamik. Die Fugger wurden fürstliche Territorialherren, was eine Umkehrung der wirtschaftlichen und sozialen Tendenz bedeutete. Die deutschen Reichsstädte, die seit dem Spätmittelalter aus ihrer politischen Unabhängigkeit von den Territorialstaaten Vorteile gezogen hatten, gerieten angesichts der wachsenden Stärke auch der mittleren Staaten ins Hintertreffen. Süddeutschland litt unter seiner großen Entfernung von den neuen Zentren an der Nordsee und der Verlagerung des Nord-Süd-Handels auf den Weg durch Ostfrankreich. Zur Katastrophe wurde der Dreißigjährige Krieg ab 1625, als er erst die Sicherheit der Fernstraßen zerstörte und dann viele Städte und ganze Landschaften verwüstete. Bis 1648 verloren Mittel- und Süddeutschland wohl über ein Drittel ihrer Bevölkerung und sanken zu wirtschaftlicher Bedeutungslosigkeit herab. Der gleichzeitige wirtschaftliche Aufstieg Hamburgs und Bremens wirkte nicht weiträumig genug, um das auszugleichen.
Frankreich erlebte nach Jahrzehnten zerstörerischer Bürgerkriege ab 1590 dank der Politik Hein-

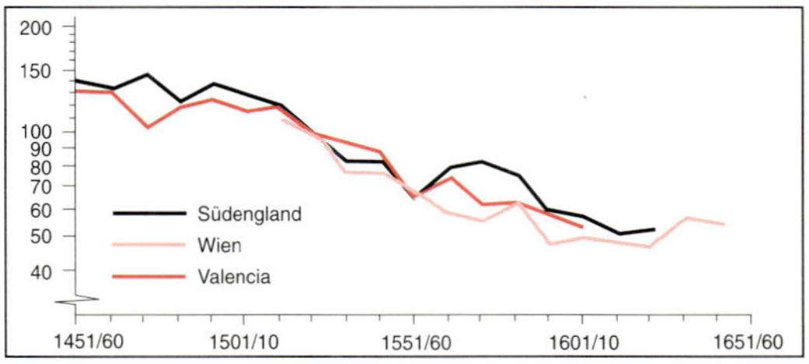

Reallohnabfall in Europa, 15.–17. Jahrh. Die z. T. steigenden Löhne sind gegen die noch stärker steigenden Preise aufgerechnet (Indexwerte: 1461/70 = 100)

P. Kriedte: Spätfeudalismus und Handelskapital. (Vandenhoeck und Ruprecht) Göttingen 1980. S. 68

Souveränität

Im Begriff der Souveränität bündelt sich der Prozeß der Entstehung des modernen Staates; er bezeichnet die uneingeschränkte Herrschaftsgewalt des Staates nach innen und außen; sie ist durch ein uneingeschränktes Gesetzgebungsrecht über alle Bewohner eines Staatsgebietes definiert. Diese Souveränität ist expansiv und zerstört durch ihre neuen Gesetze alle historischen Sonderrechte des Adels und der Korporationen (Städte). Sie zielt auf einen homogenen (aus einheitlichen Elementen) bestehenden Verband von Untertanen oder Bürgern ab. Ihre Kennzeichen sind die Zentralisierung der Funktionen (Hauptstadt), die Entpersönlichung ihrer Ausführung (Beamte), die Verrechtlichung der Beziehungen zwischen Staat und Untertan/Bürger und das Gewaltmonopol des Herrschers, der zugleich selbst immer unpersönlicher zum „Staat" wird. Je moderner der Staat wird, desto rationaler und diesseitiger wird er. Der mittelalterliche Bezug der Herrschaft auf Gott in Krönung und Huldigung durch die Untertanen löst sich auf.

richs IV. und der Kardinäle Richelieu und Mazarin eine innenpolitische Stabilisierung. Spätestens ab 1635 wurde es zur führenden Macht in Europa. Seine politischen und militärischen Erfolge aber standen auf einer schwachen Basis, und 1648, das Jahr außenpolitischen Triumphs, sah das Land in einer Krise, den Staat fast bankrott und zugleich von einem Bürgerkrieg erschüttert. Hier wie in ganz Europa versuchten die Fürsten, die Souveränität des Staates auszubauen und zugleich auf die Wirtschaft einzuwirken und die Produktion zu steigern, um die finanziellen Grundlagen ihrer innen- und außenpolitischen Handlungsfähigkeit zu sichern.

Der Absolutismus

Anders als in den Niederlanden, wo die Zentralisierung selbst der Teilstaaten gering blieb, und in England, wo der Herrscher zusammen mit der Vertretung der Untertanen, dem Parlament, die Staatsgewalt ausbaute, war es in Frankreich das Königtum, das die Souveränität für sich zu monopolisieren versuchte. Dieser Weg, der Absolutismus, eröffnete Frankreich den Aufstieg zur kulturellen und außenpolitischen Vormacht im 17. Jahrhundert und wurde zum Vorbild für Europa und zur Bezeichnung eines ganzen Zeitalters. Die Entstehung des französischen Zentralstaats geht auf die Kardinäle Richelieu (1624–1642) und Mazarin (1643–1661) zurück, die dem Feudaladel das Recht und die Macht zu inneren Fehden, zum Widerstand gegen den König und vor allem den Anspruch auf eine eigene Außenpolitik nahmen. Nach seiner Niederlage im Fronde-Aufstand (1648–1653) stellte der Hochadel keine politische Macht mehr dar, nach der Aufkündigung des Edikts von Nantes (1685) verlor die hugenottische Minderheit ihr Recht auf eigene Festungen und Truppen im Lande; alle bewaffnete Macht lag schließlich bei Ludwig XIV. (1661–1715), der mit einigem Recht in seiner Person die Staatsgewalt verkörpert sah. Diese Souveränität wurde von der barocken Hofkultur für den Adel des Landes und für das Ausland glanzvoll inszeniert. Die religiösen Momente der Herrscherdarstellung wurden dabei immer äußerlicher. Die Symbolik des „Sonnenkönigs" in Versailles reichte weit über das hinaus, was seine tatsächlichen politischen Mittel ermöglichten, und selbst die Theoretiker des Absolutismus (z. B. Jean Bodin und Richelieu) machten Einschränkungen. Wenn auch die Ständeversammlung für das gesamte Königreich nicht mehr einberufen wurde, so blieben die Rechte der Provinzstände (Steuerbewilligung, Justiz), der *parlements* (Beteiligung an der Gesetzgebung) und die adlige Herrschaft über die Bauern bestehen. Nie hatte Ludwig XIV. die finanziellen und personalen Mittel, die Mehrheit seiner Untertanen direkt zu regieren.

Der Begriff des Absolutismus ist ein verfassungsrechtlicher geblieben und hat nur geringe sozialgeschichtliche Bedeutung gewonnen. Die Ständegesellschaft blieb unangetastet; der Adel behielt große soziale und wirtschaftliche Privilegien zum Nachteil des Dritten Standes. Der Merkantilismus war nur scheinbar eine Förderung des Bürgertums, tatsächlich aber behinderte er seine Entfaltung und machte die Entstehung einer bürgerlichen Gesellschaft unmöglich. Schon lange vor der Französichen Revolution von 1789 hatte sich das Modernisierungspotential des Absolutismus erschöpft. Auch der aufgeklärte Absolutismus, der im Selbstverständnis Preußen-Deutschlands eine so große Rolle spielte, mochte sich nur dazu eignen, zurückgebliebene Wirtschaftsgebiete zu fördern, doch konnte er nie einen einheitlichen Untertanenverband schaffen, von den Anfängen einer bürgerlichen Gesellschaft vor 1806 ganz zu schweigen. Das aufgeklärte Europa – auch die Eliten Frankreichs – blickten seit dem frühen 18. Jahrhundert auf England, wenn sie nach Kräften suchten, die die Zukunft der Welt gestalten könnten. (→ M 6.23 und 6.24)

6.2 Der Aufstieg Englands zur Großmacht

England erscheint dank seines Wohlstands, seines Sieges über Spanien 1588 und der Blüte seiner Kultur schon vor 1600 als europäische Großmacht. Dennoch machte das Land nach dem Tode Elisabeths I. 1603 schwere Zeiten durch, die erst nach 1660 langsam überwunden wurden. Die engli-

Absolutismus

Als Verfassungsbegriff bezeichnet er eine Form der Monarchie, in der der Fürst die von Adel und Körperschaften uneingeschränkte exekutive, legislative und richterliche Gewalt, mithin die Souveränität fordert. *Legibus solutus*, d. h. uneingeschränkt vom positiven Recht und allein Gott verantwortlich zu sein blieb aber mehr ein ideologischer Anspruch, der sich mit den Mitteln des damaligen Staates nur begrenzt realisieren ließ. Sofern die absolutistischen Fürsten die Zentralisierung, Verrechtlichung und Vereinheitlichung der Herrschaft vorantrieben und sich Außenpolitik und Gewaltmonopol sicherten, trugen sie wesentlich zur Herausbildung der modernen Staatssouveränität und damit zum Modernisierungsprozeß insgesamt bei.

schen Eliten sahen im frühen 17. Jahrhundert die Position ihres Landes skeptisch. Mit etwa 4 Millionen Menschen war es Frankreich (16 Millionen) unterlegen. Das schottische Königshaus der Stuart, das nach dem Tode Elisabeths I. auf den Thron gekommen war, drohte mit seinen Verbindungen zum Katholizismus und zu Frankreich neue konfessionelle und außenpolitische Konflikte heraufzubeschwören. Die Spannungen zwischen dem alten Hochadel und den kleinadligen und städtischen Interessen und der Konflikt der anglikanischen Staatskirche mit den streng kalvinistischen Puritanern bedrohten den inneren Frieden. Unter Karl I., der England nach französischem Vorbild regieren und das Parlament entmachten wollte, kam es zwischen 1642 und 1648 zu zwei Bürgerkriegen. Die Hinrichtung des Königs 1649 und die Diktatur Oliver Cromwells schufen einen Spannungszustand, der die Handlungsfähigkeit des Landes lähmte. Erst mit der Erneuerung der Monarchie 1660 stabilisierte sich der innere Frieden Englands, und mit der endgültigen Vertreibung der Stuarts in der gewaltlosen *Glorious Revolution* von 1688 erlangte das Parlament das politische Übergewicht.

Wirtschaftlich war England bis 1660 schwächer als die Niederlande. Die englische Handelsflotte war nicht halb so groß wie die niederländische, und viele gewinnträchtige Handelswege – besonders die in der Ostsee – wurden von den Niederländern beherrscht. Das mit Abstand wichtigste englische Exportgut, Textilien, war den kontinentalen Produkten unterlegen; die abschließende Produktverfeinerung (Appretieren und Färben), die 50–60 Prozent des Werts der fertigen Tuche ausmachte, fand erst in den Niederlanden statt. Nach 1614 hatte ein deutlicher Rückgang des Textilexports eingesetzt, dessen Folgen Handwerker, Bauern und Kaufleute spürten. Eine breite öffentliche Debatte begann, um die Probleme zu definieren und Lösungen zu finden. Lagen die Ursachen der Krise bei den zahlreichen Armen, die keine Arbeit fanden und die Gemeinden belasteten, oder war sie exportbedingt und bestand in einem Abfluß von Geld, d. h. Edelmetall, ins Ausland? Sollte man Mittel suchen, die arbeitsfähigen Armen zur Arbeit zu zwingen, oder durch Gesetze und intensive Kontrollen der Häfen die Ausfuhr von Geld und Edelmetall verhindern, oder sollte der Staat die Wirtschaft sich selbst überlassen?

Englischer Merkantilismus

Es ist erstaunlich, wie groß schon im 17. Jahrhundert die wirtschaftstheoretische Literatur war und wie viele Theoretiker dem Liberalismus des 18. Jahrhunderts nahekamen. Sie sahen den Markt als einen Bereich an, der der politischen Macht des Königs entzogen war und eigenen, quasi natürlichen Gesetzen gehorchte. Sie blieben aber zunächst wirkungslos gegen eine merkantilistische Praxis, die beim Außenhandel ansetzte, obwohl dessen Beitrag zum Sozialprodukt nur etwa 5 Prozent betrug. Das starke außenpolitische Konkurrenzdenken und die Tatsache, daß die Zölle dem König zustanden, der durch seine Beamten und durch Handelsverträge darauf Einfluß nehmen konnte, gaben diesem Bereich eine Schlüsselstellung. Ähnlich wie Frankreich bemühte sich England, die Produktion im Lande zu erhöhen, um einen Außenhandelsüberschuß zu erzielen, den man in Edelmetallen einzunehmen hoffte. Vorbild der Wirtschaft und zugleich ihr Angriffsziel waren die Niederlande. Neue Gesetze verboten den Export englischer Wolle und förderten die Ansiedlung niederländischer Textilarbeiter in England. 1662, bei der Gründung der *Royal Society*, der großen naturwissenschaftlichen Gesellschaft, standen im Vordergrund Fragen, wie man die gewerbliche Produktion durch neue Erfindungen fördern konnte.

Entscheidend für den Erfolg der englischen Politik war, daß sie sich auf die Förderung des Handels konzentrierte. 1651 wurde mit der Navigationsakte der Transport englischer Waren auf nichtenglischen Schiffen verboten, um die Vorherrschaft der niederländischen Schiffahrt zu brechen und mit dem Seetransport auch den Handel in englische Hände zu lenken. Diese Politik hatte erst nach einer Reihe von Kriegen gegen die Niederlande langsam den gewünschten Erfolg. Während sich in Frankreich der Staat auf die mühsame, oft erfolglose Förderung der Produktion konzentrierte,

Merkantilismus

Der Merkantilismus wird häufig fälschlich als die Wirtschaftsform des Absolutismus bezeichnet. Tatsächlich geht er auf das Mittelalter zurück und war im 16. Jahrhundert ausgebildet. Man versteht darunter die Intervention des Herrschers in die Wirtschaft, um die finanziellen Mittel für Innen- und Außenpolitik zu vergrößern. Der Merkantilismus (auch der französiche Colbertismus im 17. Jahrh.) setzte beim Außenhandel ein, einem kleinen und wenig einflußreichen Teil der Wirtschaft. Nur seine Bevölkerungs-, Kolonial- und Verkehrspolitik (Straßen- und Kanalbau) waren etwas wirksamer. Der Merkantilismus war schon im 17. Jahrhundert eher ein Hindernis des Modernisierungsprozesses.

Stadtpanorama Londons um 1700: Themseufer an der Mündung des Fleet-Bachs *(Fleet Street)*

blieb das in England den Marktkräften überlassen. Da hier der Handel vor allem im Textilbereich längst die Produktion beherrschte, ergab sich so ein Multiplikationseffekt. Hier bildeten sich die wirtschaftlichen Grundlagen dessen heraus, was als Liberalismus die Weltordnung des 19. Jahrhunderts bildete.

Die Rolle Londons und das Wachstum der gewerblichen Produktion

Wenn dieses Kapitel die Überlegenheit Englands betont, dann darf das nicht zu dem Mißverständnis führen, dies sei ein isolierter Prozeß gewesen. Es war eine europäische Entwicklung, und der Kontinent nahm gebend und nehmend an diesem Aufstieg teil. England profitierte von der Zuwanderung zahlreicher qualifizierter Arbeitskräfte aus den Niederlanden, Frankreich und Deutschland, von der Übernahme von Textil-, Bergbau- und Hüttentechnik, vom Import gewerblicher Produkte (Eisen, Leinen) und von der Nachfrage der großen kontinentalen Märkte. Dieser Tatsache widerspricht nicht, daß Englands Entwicklung zunächst im 17. Jahrhundert mehr Impulse vom Binnenmarkt als vom Außenhandel erhielt. Es verfügte auch über den Vorteil, daß anders als in Deutschland die Privilegien der Städte und der Zünfte in der gewerblichen Produktion früh beseitigt worden waren. Das begünstigte eine starke, landesweite Ausdehnung des Verlagssystems, das die saisonal brachliegende Arbeitskraft der Landbevölkerung nutzte, indem man gegen Vorlage von Rohstoffen und teilweise auch Geräten in den Dörfern spinnen und weben ließ. Diese Methode der Organisation und Finanzierung der Produktion war bis zum frühen 19. Jahrhundert von überragender Bedeutung, da sie mit weniger Kapital auskam als die zentralisierte Produktion in großen Manufakturen und verglichen damit einen höheren Gewinn erbrachte.

Dem Aufstieg Englands kam auch der historische Zufall zugute, daß London an der Mündung der Themse in die Nordsee zugleich die größte Stadt, das politische Zentrum und der wichtigste Handelsplatz des Landes war. Gesellschaftliche, wirtschaftliche und politische Eliten trafen sich auf engstem Raume und begannen im 17. Jahrhundert, sich sozial und wirtschaftlich immer enger zu verbinden. Mit 250 000 Einwohnern um 1600 und einer halben Million um 1650 war London die Stadt, die in Europa die größte Dynamik entfaltete. Es war in Größe und Bedeutung nur mit Amsterdam und Paris vergleichbar, aber der einen hatte es das größere politische, der anderen das größere wirtschaftliche Gewicht voraus. London war zugleich der wichtigste Industriestandort und der größte Markt für Güter aller Art; Massenproduktion und Konsum, wachsender Wohlstand und Luxus befruchteten sich gegenseitig. Die Konzentration wirtschaftlicher Kraft auf engem Raum führte zu einer intensiven Entwicklung der Technik und zur Durchsetzung des Kapitalismus. (→ M 6.5 und 6.6)

Zur Versorgung der Bevölkerung Londons reichten handwerkliche Betriebe allein nicht mehr aus. Großhändler für Kohle, Getreide, Mehl, Textilien und Leder beherrschten jeweils Hunderte von Handwerkern, denen sie Waren auf Kredit lieferten. Brauereien produzierten Bier im industriellen Maßstab und förderten mit den neuen Dimensionen ihrer Anlagen den Fortschritt des Gerätebaus. Um 1700 waren etwa 10 000 Arbeiter in den Metallberufen beschäftigt, ca. 40 000 in der Tuch- und Kleiderproduktion, die vom Wohlstand der *middle class* profitierte. 40 Prozent der Londoner lebten direkt von der Produktion. Immer größere Betriebe ermöglichten eine fortschreitende Arbeitsteilung, förderten neue Erfindungen und bewirkten eine Rationalisierung der Produktion. Alles zusammen führte auch zu sinkenden Preisen, die einen bescheidenen Wohlstand bis in die unteren Schichten hinein entstehen ließen.

Die Entwicklung Londons wirkte auf ganz England zurück und machte es im Guten wie im Schlechten von diesem Zentrum abhängig. Die Lieferung von Nahrungsmitteln, Materialien, Rohstoffen und Fertigprodukten belebte die Wirtschaft Englands stärker, als der Export es vor dem späten 18. Jahrhundert erlaubt hätte. Beispielhaft ist hier die Versorgung Londons mit Kohle aus Nordengland. Für die Menge der Haushalte und Betriebe in London reichte Holz als Brennstoff nicht mehr aus, und der Einsatz von Steinkohle wurde erforderlich. Der glückliche Zufall der küstennahen Kohlenfelder von Newcastle ließ zugleich den Kohlenverbrauch in London, den Bergbau und die Küstenschiffahrt in einem erstaunlichen Tempo wachsen, beides kapitalintensive Wirtschaftszweige. (→ M 6.4 bis 6.6)

Geldmarkt und Kapitalbildung

Die schnelle Entwicklung der englischen Produktion im 17. Jahrhundert stand in Wechselwirkung mit der Expansion des Kapitalmarkts, obwohl eine Wechselbank wie in Amsterdam zunächst fehlte; Ende des 17. Jahrhunderts fungierten in London vor allem Goldschmiede als Bankiers. Quittungen, die sie für hinterlegte Edelmetalle ausgaben, waren praktisch „Geld wert" und liefen als eine Art von Papiergeld um. 1680 war auch ein bargeldloser Zahlungsverkehr mit Wechseln und *banknotes* möglich, der aber noch Jahrzehnte auf London beschränkt blieb. Das Kreditvolumen der Banken für den großen und überseeischen Handel dürfte noch um 1700 von den Krediten der zahllosen kleinen Pfandleiher übertroffen worden sein, die Handwerkern und kleinen Kaufleuten Kredit auf Wertgegenstände gaben.

Nach der *Glorious Revolution* von 1688 fand in England in enger Zusammenarbeit von Wirtschaft und Staat, *City* und *Westminster*, eine Reform des Geld- und Kreditsystems statt, die die finanziellen Grundlagen des Landes bis zum 19. Jahrhundert sicherte. Nachdem das Parlament im 17. Jahrhundert Steuern und Staatskredite meist als ein Mittel gehandhabt hatte, die Könige in Abhängigkeit zu halten, sah es nach 1688 immer klarer seine eigenen Interessen bei der Finanzierung des Staates. Die Kriege gegen die Niederlande und gegen Frankreich lagen primär im Interesse des Handels und nicht des Königs. Schon der zweite Seekrieg gegen die Niederlande (1665–67) wurde weltweit mit handelspolitischen Zielen ausgefochten, und die enormen Kosten des Eingreifens in den Spanischen Erbfolgekrieg (1701–13) machten sich dadurch bezahlt, daß er England die Schiedsrichterrolle in Europa und London den Vorrang vor Amsterdam in Handel und Finanzen einbrachte.

Der Staatskredit zur Finanzierung von Flotten und Heeren wurde zu einem vitalen Interesse der Geschäftswelt der *City*. 1693 wurde vom Parlament eine grundsätzliche Regelung der Staatsschuld getroffen, die den Kreditgebern als Sicherheit Gesetze des Parlaments statt des königlichen Ehrenworts bot. 1694 wurde die *Bank of England* als private Aktiengesellschaft mit dem Ziel gegründet, dem Staat einen direkten Zugang zum Geldmarkt zu ermöglichen; zugleich gab sie Banknoten aus, die durch Einlagen gedeckt waren. 1696 folgte das Parlament dem Rat des großen Philosophen John Locke und ersetzte die Silber- durch eine Goldwährung. Die Solidität der Bank und die Stabilität der Goldmünzen gewannen sofort das Vertrauen der Geschäftswelt. Sie lösten eine allgemeine Deflation (Preissenkung) aus und ließen die Zinsen, ähnlich wie in Holland, auf Werte von 4 bis 5 Prozent fallen, eine für Wirtschaft und Staatsfinanzen überaus günstige Entwicklung.

Die Betonung der Entscheidungen, die sich langfristig als Vorteile für die Wirtschaft Englands erwiesen, läßt leicht übersehen, daß dieser Prozeß kein geradliniger Weg, sondern von Krisen und Widersprüchen begleitet war. Es war nur die insgesamt positive Tendenz der Konjunktur, die gegen viele Zweifel die zahlreichen Bankrotte von Bankiers, Kaufleuten und zahllosen Handwerkern als unvermeidliche, aber hinnehmbare Begleiterscheinungen des Erfolgs erscheinen ließ. (→ M 6.8) Die Gründung der *South Sea Company* – analog zur *East Indian Company* – löste um 1720 eine verwegene Spekulation in Aktien aus, in der sich eine Reihe von Personen in großem Stil bereicherte, aber viele kleinen und mittleren Vermögen verlorengingen, was in der Öffentlichkeit starke Zweifel an den Grundlagen des Kapitalismus weckte. Daß die *Bank of England* die Krise mühsam, aber in ihrem Ansehen unangetastet überstand, wurde zu einem großen Glücksfall für England. Die Bank konnte im frühen 17. Jahrhundert für 15 Millionen £ Banknoten in Umlauf bringen, obwohl ihnen nur 12 Millionen £ an Sicherheiten gegenüberstanden. Diese Geldschöpfung (Buchgeld), die übrigens im modernen Bankwesen wesentlich ausgedehnter ist, war ein kühnes Experiment, da selbst die solide Amsterdamer Wechselbank bis 1781 nicht mehr an Banknoten ausgab, als durch Einlagen gesichert war. Der Weitblick und die Erfahrung der *Bank of England* fehlten in Frankreich, wo der Schotte John Law 1718/20 ein ähnliches Experiment mit Banknoten durchführte und katastrophal scheiterte. Das daraus resultierende Mißtrauen des Publikums verhinderte bis 1800, daß Frankreich seine Staatsschuld durch eine Staatsbank konsolidieren und seine politischen Probleme bewältigen konnte.

	Einnahmen		Ausgaben	
Staatseinnahmen und -ausgaben 1688–1702 in Millionen £	Zölle	13,3	Kriegsflotte	19,9
	Verbrauchssteuern	13,6	Armee	22,0
	Landsteuer	19,1	Artillerie	3,0
	Sonstige Steuern	8,7	König und Hof	8,9
Ch. Wilson, (M 6.6), S. 217	Sonstige Einnahmen	4,0	Übrige Ausgaben	18,4
		58,7		72,2

Der Handel und die Rolle der East India Company

Gegen die Seemacht Spaniens hatten englische Kaufleute schon im 16. Jahrhundert ihre Geschäfte ins Mittelmeer und nach Amerika ausgedehnt, wobei lange in Atlantik und Pazifik die Piraterie als Mischform von Handel und Krieg vorherrschte. Die Könige unterstützten den Handel durch die Förderung der *Merchants Adventurers*, Kaufmannsgenossenschaften, denen für jeweils ein Zielgebiet ein Handelsmonopol gewährt und so der Gewinn gesichert wurde. Die *Merchants Adventurers* wickelten im 16. Jahrhundert 60 Prozent des englischen Außenhandels ab; man verstand aber früh, daß solche Organisationen von Einzelkaufleuten, die ihre gemeinsamen Einrichtungen durch Umlagen finanzierten, für die Bedürfnisse des Indienhandels nicht ausreichen würden. Im Jahre 1600 wurde in London, zwei Jahre vor der niederländischen *V.O.C.*, die *East India Company* als Aktiengesellschaft gegründet. Die einzelnen Kaufleute und Reeder entschieden nicht mehr selbständig, welche und wie viele Waren sie jeder für sich anboten und kauften; vielmehr wurden sie Aktionäre einer Großfirma, die über Dutzende von Schiffen, über große Kapitalien und über militärische und politische Macht verfügte und, wenn sie es für geboten hielt, mit militärischer Macht vorging.

1602 gründete die *East India Company* ihre erste Niederlassung in Java und trat auf dem Gewürzmarkt erfolgreich mit den Niederländern in Wettbewerb. Als Gewürze im 17. Jahrhundert deutlich billiger wurden, ihren Charakter als Luxusgut verloren und ihr Absatz zurückging, entwickelte sie langfristige Strategien, um neue Produkte zu finden und im Markt durchzusetzen. Josiah Childe, der geniale Gründer der *East India Company*, hat diese Entwicklung in seinen wirtschaftstheoretischen Gedanken begrüßt und begründet: Hohe Löhne seien der Reichtum eines Landes und niedrige Löhne der einfachen Arbeiter seien Anzeichen der allgemeinen Armut. Die Marketing-Strategie der *E.I.C.* war auf den Massenkonsum von Gütern gerichtet. Sie setzte auf große Mengen und niedrige Preise, die einen breiten Absatz sicherten. Sie brachte den Tee nach Europa und vermarktete ihn so geschickt, daß er in kurzer Zeit vom Modegetränk zum Massengetränk aller wurde. Um 1720 trank ein Viertel aller englischen Haushalte Tee – in London über die Hälfte; Tee wurde zur Konkurrenz für das Bier. Andere Handelsgesellschaften brachten erstmals 1614 den Tabak nach Europa, der gleichfalls in wenigen Jahrzehnten zu einem Genußmittel breiter Kreise wurde. Der Zucker wurde zum Konsumgut der Massen, und die Baumwolle wurde erst als Gewebe, dann als Rohstoff in wachsenden Mengen eingeführt. In der ersten Hälfte des 18. Jahrhunderts war nicht mehr zu leugnen, daß in England der Wohlstand der breiten Massen zunahm, und zwar am stärksten in den Zentren des Handels und der Verarbeitung. Zugleich stieg die Nachfrage nach dauerhaften Haushaltsgütern, Kleidung und Wäsche und förderte die gewerbliche Produktion im Lande. Während die Verlagsproduktion auf dem Lande nach niedrigsten Löhnen strebte und kaum Impulse für Innovationen gab, wurden in London die höchsten Löhne gezahlt und die wichtigsten wirtschaftlichen und technischen Neuerungen eingeführt.

Der Kolonialhandel wuchs im 17. und im 18. Jahrhundert nach Mengen und Werten zu einem Markt heran, der offenbar keine Grenzen kannte und auch in Zeiten schlechter Konjunktur stabil war. Der Beitrag der englischen Kaufleute zum Fortschritt war hier, daß sie an die Stelle der einfachen Ausbeutung natürlicher Reichtümer und eines eher spekulativen Absatzes in Europa ein kompliziertes System der planmäßigen Produktion (Plantagenwirtschaft), Veredelung (meist in England) und Vermarktung setzten. Zucker, Tabak und billige indische Textilien wurden zu ein bis zwei Dritteln ins übrige Europa weiterverkauft. Sie ermöglichten es England, daß es besser als die Niederlande ganz Europa gleichmäßig und im großen Maßstab mit Produkten des gehobenen Bedarfs versorgen konnte. Die neuen Waren und die wachsende Kaufkraft veränderten das Leben in den Städten. Läden traten an die Stelle von Marktbuden und Werkstätten, Cafés und Teestuben traten in Konkurrenz zu den Schnapswirtschaften, und mit ihnen entstanden neue Moden und neuer Luxus, feinere Sitten und ein besserer Geschmack. (→ M 6.9 und 6.11)

Außer Waren brachte der europäische Handel noch den Ertrag von Dienstleistungen nach Europa, die in Asien und Amerika erwirtschaftet wurden. In dem Maße, in dem es England und den Niederlanden gelang, die Schiffahrtsverbindungen zwischen Indien, China, Japan und Indonesien un-

Juſt arrived from the Coaſt of Guinea,
In the Snow Eleonora, Capt. Tadsen Commander,

A Cargo of prime Gold Coaſt
S L A V E S;
Which will be expoſed to ſale, on Monday next, the 24th December, at the houſe of Paul Prihn, Chriſtianſtæd.
St. Croix, Dec. 22, 1770.

ter ihre Kontrolle zu bringen, öffnete sich hier ein Feld gewinnbringenden Handels, dessen Erträge letztlich wieder nach Europa zurückflossen. Dasselbe gilt für den Handel mit Sklaven zwischen Afrika und den Gebieten Amerikas, die für ihre Zucker-, Kaffee- und Baumwollplantagen Arbeitskräfte benötigten. Auch wenn wir heute sehen, daß die Gewinne in diesem Geschäft nicht so extrem hoch waren, wie man lange angenommen hat, so sammelten sich hier mit der Zeit gewaltige Summen an, die nach Europa flossen, woher die Kapitalgeber kamen. Rechnet man als Preis für einen Sklaven um 1750 das Doppelte des Jahreslohns eines Handwerkers und etwa 10 Prozent davon als Reingewinn, dann ahnt man die Dimensionen der Vorteile, die schon das vorindustrielle Europa aus dem Rest der Welt zog. Vor allem in England sammelte sich immer mehr Kapital, dem sich zugleich wachsende Investitionschancen in Handel und verarbeitender Industrie boten, ein Vorgang, den man heute gern mit dem Begriff der Synergie belegt, der gegenseitigen Potenzierung günstiger Produktionsfaktoren.

6.3 Die englische Gesellschaft

Die welthistorische Rolle Großbritanniens begann um 1700, als das Land Holland als Vorbild Europas ablöste. Es entfaltete eine viel größere Außenwirkung, weil seine sozialen und politischen Strukturen denen Frankreichs oder der größeren deutschen Staaten ähnlicher waren. Wie Frankreich und Deutschland, d.h. viel stärker als Holland, war England vom Feudalismus geprägt. Daß der Adel und die ständische Struktur des Landes aber viel flexibler waren als ihre Entsprechungen auf dem Kontinent und ihr Wandel Ende des 17. Jahrhunderts sich sichtbar mit wirtschaftlichen und politischen Erfolgen verband, mußte Auswirkungen auf das übrige Europa haben.

Der Adel

In England gab es im Vergleich zum Kontinent nur eine kleine Zahl hochadliger Familien, die *aristocracy,* die das höfische Leben trugen. Die *Glorious Revolution* verringerte ihren politischen Einfluß und veränderte ihre Zusammensetzung. Viele Adelstitel wurden schon Ende des 17. Jahrhunderts zum Teil an Männer bürgerlicher Herkunft verkauft. Auch diese bauten Schlösser nach französischen und italienischen Vorbildern und schickten ihre Söhne zur *grand tour* auf den Kontinent. Ihre wirtschaftlichen Interessen aber ließen sie Verflechtungen mit der Welt des Kapitals suchen.

Unter dem Hochadel stand die umfangreiche Schicht der *gentry,* des kleinen Landadels. Daß man den englischen Begriff auch in anderen Sprachen benutzt, verrät, daß die *gentry* Eigenarten hatte, die man in Frankreich und Deutschland nur in Ausnahmefällen fand. Dazu gehörte nicht nur, daß ihre Lebensweise und Bildung sich deutlich an der Stadt orientierte, sondern daß häufig auch ihr Sinn fürs Kaufmännische sehr ausgeprägt war. Die Grenzen zwischen der *gentry* und dem reichen städtischen Bürgertum waren schon im 16. Jahrhundert weniger deutlich als auf dem Kontinent. Es ist auffällig, daß die *gentry* schon im 17. Jahrhundert kaum Interesse zeigte, ihren Kreis durch Sicherung von Privilegien und die Registrierung von Titeln abzugrenzen. Um 1700 wurde jeder, der durch Vermögen, Bildung und Umgangsformen seinen Anspruch, *gentleman* zu sein, untermauern konnte, auch als solcher respektiert.

Das rational-ökonomische Denken der *gentry* zeigte sich auch daran, daß in England schon um 1500 bei zwei Dritteln der landwirtschaftlichen Flächen die grundherrlichen Abgaben durch Pachten in Geld ersetzt waren, die individuell auf Zeit abgeschlossen wurden und sich am Markt orientierten. Zugleich griffen immer mehr Adlige die Allmende, den Gemeinbesitz der Dörfer, an und reklamierten sie für sich. Sie stützten sich dabei auf juristische Berater, die das römische Recht in England einführten und damit die angelsächsische Tradition der Genossenschaft auflösten. In Tausenden von Parlamentsakten wurden diese Flächen zunehmend privatisiert, eingezäunt (*enclosures*) und überwiegend für die Weidewirtschaft zur Haltung von Schafen (Wolle) und Schlachtvieh genutzt. Dieser Prozeß nahm einer großen Zahl von Pächtern

Eigentum

Eigentum, das Verhältnis zwischen Personen und Sachen, ist ein regional und historisch sehr unterschiedlich entwickeltes Rechtsverhältnis. In den europäischen Agrargesellschaften, aber auch im städtischen Bereich waren vielfach verschiedene Personen oder Personengruppen (z. B. Dorfgemeinden) an einer und derselben Sache in unterschiedlicher Weise beteiligt. Häufig war z. B. das bäuerliche Nutzungsrecht am Boden nicht mit dem adligen Obereigentum identisch, konnte aber als eigener Rechtstitel vererbt oder verkauft werden. Das machte Rechtsgeschäfte kompliziert, oft unmöglich. Es war eine der Leistungen des Modernisierungsprozesses, daß das Eigentum an Vermögenswerten vereinheitlicht wurde; es entsprach damit der Allgemeinheit und Abstraktheit des Kapitals.

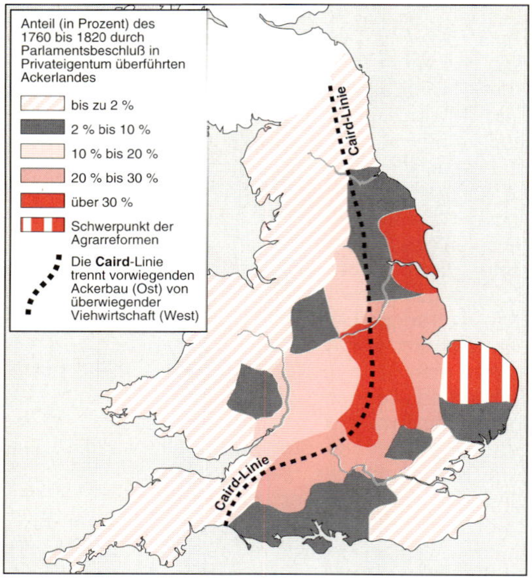

Folgen der *enclosures:* Anteil des Ackerlandes im Großbesitz, das aus *enclosures* stammt

The Times Atlas of World History, S. 200

und freien Bauern ihre alten Rechte des Miteigentums und der rechtlich gesicherten Mitverfügung und damit zugleich jene kleine Differenz in der Ernährungsgrundlage, ohne die sie nicht mehr existieren konnten. Die *enclosures* machten aus einigen von ihnen Landarbeiter und zwangen die meisten, in der ländlichen Textilproduktion oder in den Städten ihren Unterhalt zu suchen. Damit vereinfachten sich die ursprünglich komplizierten Verfügungsverhältnisse am Boden zu einem Privateigentum, das in einer Hand lag und eine kapitalistische Boden- und Landwirtschaft ermöglichte. An diesem Prozeß beteiligten sich auch zunehmend bürgerliche Unternehmer.

Die Literatur des späten 18. Jahrhunderts beklagte die *enclosures* häufig als soziales Unrecht und als Zerstörung des alten Englands; sie ignorierte mit ihrem moralischen Protest aber den volkswirtschaftlichen Nutzen der neuen Landwirtschaft. Das Kosten-Nutzen-Denken brachte eine Pächterschaft hervor, die ohne die Hemmnisse der Untertänigkeit und die Bindungen kollektiver Bewirtschaftung nach den Erfordernissen des Marktes und den Zwängen des Kapitals wirtschaftete. Was die Pächter über die Pacht hinaus erwirtschafteten, war uneingeschränkt ihr Lohn für Fleiß, Geschick und Risikobereitschaft. Daß diese Rechnung auch für sie aufging, zeigen die Klagen von Pfarrern und Adligen über den Luxus, den wohlhabende Pächter sich leisten konnten. Hier wurden die Grundlagen für die agrarische Modernisierung Englands im 18. Jahrhundert gelegt, die ohne staatliche Hilfe die Krise der 1730er und 1740er Jahre überwand und Vorbild für ganz Europa wurde.

Eine weitere Eigenart der englischen Feudalgesellschaft, die Folgen für die spätere Geschichte hatte, war das Erbrecht. Seit der normannischen Eroberung ging das Erbe eines Adligen samt dem Titel allein an den ältesten Sohn; die jüngeren Söhne blieben unberücksichtigt und mußten unter einem bürgerlichen Namen eine eigene Existenz finden, zuerst in höfischen und militärischen Karrieren. Seit dem 16. Jahrhundert traten immer häufiger jüngere Söhne der *gentry* in kaufmännische Berufe ein, und im 17. Jahrhundert wurde dies zu einer normalen Laufbahn. Nicht nur bei den Goldschmiede-Bankiers und den Großhändlern, sondern auch bei den weniger angesehenen Berufen im Bauwesen und in der gewerbichen Produktion gaben viele Lehrlinge eine Herkunft aus der *gentry* an. Hier lösten sich die Standesgrenzen auf, und es entstand eine ganz neue Sozialstruktur, die nicht mehr primär von der Herkunft, sondern zunehmend von der Leistung und dem Erfolg des Individuums bestimmt war.

London und die Entstehung der middle class

Im 17. Jahrhundert konzentrierte sich in ganz Europa das wirtschaftliche Interesse der Herrscher auf die Städte als Zentren von Handel, Gewerbe und Geldwirtschaft. Ihr Wachstum ließ Reichtum und Macht erwarten. Während in Frankreich und Deutschland der Anteil der städtischen an der Gesamtbevölkerung im 17. und frühen 18. Jahrhundert stagnierte, wuchs er in England. Wohnten um 1600 etwa 8 Prozent der Einwohner in Städten mit mehr als 5000 Einwohnern, so waren es 1750 ca. 21 Prozent. Obwohl in London die Sterberate langfristig höher als im übrigen Land und noch über der Geburtenrate lag, wuchs dessen Bevölkerung am raschesten; das Umland eingerechnet, konzentrierten sich dort 15 Prozent der Bevölkerung des Landes. Die Stadt bot Menschen aller Schichten und Berufe Chancen zu Erfolg und Aufstieg, die die Provinz nicht kannte.

Die Gesellschaft, die sich in London heranbildete, wurde schon von den Zeitgenossen nicht mehr in den alten ständischen Begriffen verstanden, sondern mit dem eigenartig unscharfen Begriff *middle class* bezeichnet, ohne den auch das 20. Jahrhundert nicht auskommt. Sie wuchs hinsichtlich ihrer Zahl, ihrer Vermögen und ihrer Macht, bis sie endlich mit ihren Maßstäben und Werten im 19. Jahrhundert die Standesgrenzen auflöste und die ganze Gesellschaft bestimmte. Der Begriff *middle class* darf dabei nicht mit dem Klassenbegriff des 19. Jahrhunderts verwechselt werden, sondern sollte absichtlich vage gehalten werden, wie es die häufige Verwendung des Plurals *middle classes* nahelegte. Die *middle class* integrierte Menschen

unterschiedlicher sozialer und regionaler Herkunft; statt der Geburt wurden viele Formen des Erfolgs, keineswegs nur das Kapital, zum Gradmesser des Ansehens. Die *middle class* bot so viele Aufstiegschancen für Tüchtige wie Abstiegsrisiken für die, die im Konkurrenzkampf versagten. Eine genaue Definition der *middle class* zu geben, fiel schon im 17. Jahrhundert schwer, und Soziologie und Geschichtswissenschaft sind mit dem Problem nicht viel weiter gekommen. Der Begriff *middle* deutet an, daß diese Klasse nicht oben und nicht unten ist, läßt aber alles andere offen. Schon Defoe, Schriftsteller und Journalist des frühen 18. Jahrhunderts, benutzte Begriffe, deren Unbestimmtheit an moderne Schichtmodelle erinnert: „*aristocracy, gentry, upper middle, middle proper, lower middle, independent artisans (selbständige Handwerker), wage-earning artisans, the poor who fare hard (die Armen, die es schwer haben), the miserable.*"
Die obere Grenze der *middle class* schien sich zuerst relativ eindeutig bestimmen zu lassen, da die alte feudale Oberschicht fortbestand. Hob sich die oberste Gruppe der *middle class* auch nach unten hin durch ihren meßbaren Reichtum ab, so trat ihr im Adel ein Stand gegenüber, der sich als *great (the great families)* begriff, was sich mit *rich* erst langsam verrechnen ließ. Es ist aber bemerkenswert, daß hier auf Dauer keine soziale Trennlinie entstand, wie sie für andere Länder bestimmend war. In England tat der Adel selbst – mit Ausnahme einer winzigen Minderheit – den Schritt aus der feudalen Ordnung heraus und in die kapitalistische Wirtschaft hinein, womit er langfristig das neue wirtschaftliche Ordnungsprinzip der Gesellschaft als das entscheidende anerkannte.

An der Spitze der *middle class* standen nach Vermögen, Ansehen und Einfluß die großen Kaufleute und Bankiers, um 1700 etwa 20 Personen. Von diesen besaß Peter Vansittart, ein Einwanderer aus Danzig, 120 000 £, acht weitere Männer 20 000 bis 50 000 £; im Produktionsbereich waren die ganz großen Vermögen selten, und die Spitzenwerte lagen zwischen 10 000 und 20 000 £. Auch einige Angehörige der freien Berufe – Juristen, seltener Ärzte – erreichten Vermögen über 10 000 £. Sogar einige Inhaber von Staatsämtern (wohl die weniger ehrlichen) schafften es, in diesen Personenkreis aufzusteigen. Sie alle hoben sich deutlich von der Masse der *middle class* ab, und ihre Vermögen ließen sich mit denen der *aristocracy* vergleichen, von denen einige wenige über 100 000 £ betrugen. Der Besitz der *gentry* entsprach eher dem der mittleren Kaufmannschaft.
Den Kern der *middle class* bildeten die Kaufleute, deren Zahl überproportional wuchs, als England im 17. Jahrhundert immer mehr Kolonialprodukte an sich zog und weiterverarbeitete, um dann ganz Europa damit zu versorgen. Die ursprüngliche Grenze zum Handwerker verlor an Bedeutung, je größer und kapitalintensiver die gewerbliche Produktion wurde und je flexibler das Kapital zwischen den Branchen floß. In London, das sich ständig ausdehnte und mit zunehmendem Reichtum und wechselnden Moden umgebaut wurde, verbanden sich Bodenspekulation, Bauausführung und Nutzung zu einer großen Quelle des Reichtums – und der Konkurse. Traditionelle kollektive Strukturen verloren dabei angesichts der individuellen Ziele und Karrieren an Bedeutung. Die *livery companies*, eine Art von Zünften, wurden schon um 1700 zu ei-

Das Bild des britischen Mittelstandes des 17. und 18. Jahrhunderts: Kaufleute, Bankiers und Verleger – das puritanische Äußere verdeckt die Komplexität der Persönlichkeiten dahinter; links: Thomas Sydenham (Mary Beale, 1688); rechts: Thomas Guy, Buchhändler (unbekannter Maler, um 1700)

ner Art von Clubs, die kaum noch berufsspezifisch waren, deren Veranstaltungen wenig besucht wurden und deren Mitgliedschaft nur noch als Quelle des Wahlrechts zum Unterhaus wichtig war. Die Menschen des 17. und 18. Jahrhunderts entschieden sich, als sie die Chancen individuellen Handelns gegen den Verlust kollektiver Sicherung abwägen mußten, für die Freiheit des einzelnen.
Die freien Berufe, notwendige Begleiter der Modernisierung, wuchsen in England mit den Bedürfnissen des Geschäfts und des Wohlstands. Die Juristen gewannen dank der hohen Einkommen ihrer Spitzenvertreter hohes soziales Ansehen. Die Ärzte, so hilflos sie angesichts der meisten Krankheiten auch sein mochten, standen ihnen kaum nach. Ihr beruflicher Zugang zu den höchsten Kreisen der Gesellschaft und die Autorität, die sie auch gegenüber den Privilegien der Geburt genossen, hoben sie sozial hervor, machten sie aber auch zum Ziel von Kritik und Satire. – Zu den kleinen Gruppen, deren Bedeutung zunahm und deren Ansehen stieg, gehörten auch die Naturwissenschaftler. Wie in den Niederlanden hatten sie ihren Platz nicht nur an den Universitäten, sondern arbeiteten auch als Privatgelehrte, die von reichen Förderern und vom Staat unterstützt wurden. Die Geistlichen der anglikanischen Kirche dagegen sahen ihren Status mit der allgemeinen Säkularisierung des Lebens und der Erosion des Christentums deutlich gefährdet. Den niedrigsten sozialen Rang unter den geistigen Berufen nahm eine wachsende Schicht von Personen ein, die häufig studiert hatten und als Journalisten, Schriftsteller und Künstler der Öffentlichkeit ihre Dienstleistungen anboten und von Talent und politischer Konjunktur abhingen. In der Gestalt des *Grub Street hack*, des gemieteten Schreibers aus der *Grub Street*, wo die ärmsten Schriftsteller auf ihre Auftraggeber warteten, war der niedrigste Punkt der geistigen Berufe markiert.
Die untere Grenze der *middle class* war noch schwerer zu bestimmen als die obere. Zehntausende selbständiger kleiner Gastwirte, Straßenhändler und Handwerker existierten, deren Einkommen zumindest von denen der bestbezahlten Facharbeiter übertroffen wurde, während andererseits in Handel, Dienstleistungen und Regierung Tausende von Personen unselbständig arbeiteten, die aber nach Einkommen, Lebensform und Ansehen zur wohlhabenden *middle class* gehörten, und gerade diese Gruppe wuchs mit zunehmenden Unternehmensgrößen am stärksten. Nimmt man als zusätzliches Kriterium das Einkommen hinzu (dessen Bestimmung allerdings nicht sehr zuverlässig ist) und setzt 50 £ Jahreseinkommen als Untergrenze, dann gehörte um 1700 ein knappes Viertel der Londoner Bevölkerung zur *middle class*. Mit 50 £ Jahreseinkommen konnte man ein leidliches Haus bezahlen, gut essen und sich einen Diener leisten. Mit 500 £ konnte man ein bequemes Haus bauen, sich nach der Mode kleiden und in die Oper oder zur Bärenhatz gehen – je nach Geschmack, die Preise waren die gleichen. (→ M 6.11 bis 6.13)

Die Unterschichten

Im Prozeß ihres Entstehens brachte die *middle class* die *lower class* als Teil der neuen Sozialordnung hervor. Was hier zu zwei sehr verschiedenen Lebenswelten auseinandertrat, hatte in der Ständegesellschaft den städtischen Teil des dritten Standes gebildet, eine auch schon im Mittelalter eher zerbrechliche Einheit. Je bedeutungsloser das Verhältnis von *middle* und *lower class* zu Adel und Geistlichkeit wurde, desto deutlicher trat zwischen ihnen der Gegensatz von Besitz und Nichtbesitz hervor. Die Gehilfen im Handel und die Handwerksgesellen waren im Mittelalter Stadtbewohner minderen Rechts gewesen und hatten an den sozialen und politischen Privilegien der Kaufleute und Meister keinen direkten Anteil. Immerhin aber war ihr sozialer Platz in der *familia* ihres Kaufmanns oder Meisters gesichert. Diese Ordnung endete nicht abrupt; aber je größer die Produktionsstätten wurden, je vielfältiger und spezialisierter die Arbeiten, desto mehr lösten sich die alten Formen von Ausbildung, Arbeit und Leben auf. Immer mehr Menschen arbeiteten für Lohn und lebten in kleinen Familien ohne den Schutz feudaler oder handwerklicher Großfamilien. Die *lower class* wurde eine eigene soziale Einheit – man zögert auch hier, den späteren Begriff der Klasse zu verwenden. Sie umfaßte in London im frühen 18. Jahrhundert zwei Drittel der Bevölkerung und gliederte sich in ein breites Kontinuum von Berufen und Lebensumständen, das von gutgestellten Spezialisten oben bis zu ganz Mittellosen unten reichte. Der Schutz vor der völligen Verelendung, den die Familie des Meisters, wie unzulänglich auch immer, geboten hatte, fiel weg, da mit anderen traditionellen Grenzen auch die zu den traditionellen Außenseitern der Gesellschaft, den „unehrlichen" Berufen (Abdecker, Schausteller) und den Deklassierten (Bettlern) hinfällig wurde.
Die obere Grenze der *lower class* war durchlässig, verfestigte sich aber zunehmend. Noch um 1600 hatten in London fast alle Handwerker eigenes Werkzeug, und die kleineren unter ihnen bildeten eine Schicht von Subunternehmern größerer Produzenten und handelten ihre Arbeitskonditionen selbst aus. Um 1700 waren sie schon überwiegend „proletarisiert" und arbeiteten gegen Lohn in Betrieben und auf Baustellen mit den Geräten ihrer Arbeitgeber. Auch viele Bäcker, Gastwirte, Schneider usw., die äußerlich selbständig waren, hingen vom Kredit ihrer Großhändler ab. Wie im agrari-

schen Bereich konzentrierte sich das Eigentum zunehmend in einer kleiner werdenden Zahl von Händen. – Bei alledem war die Lage eines großen Teils der *lower class* nicht schlecht. Die am höchsten qualifizierten Handwerker konnten um 1700 bis zu 1 £ pro Woche verdienen, was sich mit den Wechselfällen von Krankheit und Konjunktur auf ca. 30 £ im Jahr summieren konnte. Der Durchschnitt lag in London bei jährlich 25 £, in Westengland bei 17 £ und im Norden bei 13 £ – bei niedrigeren Lebenshaltungskosten. Die Realeinkommen stiegen bis Mitte des 18. Jahrhunderts, um danach wieder abzusinken. Die Aufstiegschancen der Unterschicht waren eng begrenzt, da das Minimum an Mitteln für eine selbständige Existenz kaum unter 100 £ lag. Selbst eine Lehrstelle, die eine Zukunft in einem einträglicheren Beruf eröffnete, konnte den Vater, wenn er Arbeiter war, das halbe Jahreseinkommen kosten.

Das Risiko des sozialen Abstiegs nahm für die unteren Schichten der Gesellschaft zu. Die Lebensjahre eines Arbeiters, die ihm guten Verdienst ermöglichten, waren schnell vorbei, und der Zustrom junger Arbeiter aus der Provinz bedeutete eine harte Konkurrenz. Das größte Risiko der Großstadt lag auf dem Gebiet der Gesundheit und war in London besonders groß. Die Rate von 42 Sterbefällen pro 1 000 Einwohner lag deutlich höher als die im übrigen England und übertraf die Geburtenrate; sie sank erst ab der Mitte des 18. Jahrhunderts. Auch kurzfristige Wirtschaftskrisen drückten den Lebensstandard der *lower class* immer wieder unter das erträgliche Maß und lösten Unruhen aus. Dabei waren es nicht so sehr die Ärmsten, die revoltierten, sondern die relativ gut gestellten Handwerker, denen neue Produktionsmethoden ihre Arbeit nahmen.

Die soziale Stabilität der in England entstehenden modernen Gesellschaft war auch in den Augen der Oberschichten und der *middle class* schwankend. Die unsicheren Lebensverhältnisse besonders in der Unterschicht und der Zerfall traditionellen sozialen Schutzes schufen vor allem in der Riesenstadt London ein ständiges Unruhepotential. Ein Anstieg der Lebensmittelpreise ließ leicht größere und kleinere Unruhen aufflammen. 1780 glaubte ein Lord Gordon, mit konfessionellen Motiven eine Menschenmenge mobilisieren zu können, um das Unterhaus einzuschüchtern. Sie geriet ihm im Nu aus der Hand, brannte Gefängnisse und Häuser reicher Bürger nieder und versetzte London tagelang in einen Zustand, der dem von Paris im Juli 1789 sehr ähnlich war. Da aber die *middle class* keinen Grund zur Unzufriedenheit hatte, blieb der Aufstand folgenlos und brach zusammen, als das Militär einschritt.

Neben den Unruhen war es eine wachsende Kriminalität, wie sie außerhalb Londons unbekannt war, die die Gesellschaft gefährdete. Die Gesellschaft suchte sich dagegen mit einer Verschärfung des Strafrechts zu wehren. 1688 wurden 50 verschiedene Verbrechen mit der Todesstrafe bedroht, 1815 waren es 225. Veranlaßten die Schafzüchter das Parlament, Schafdiebstahl mit dem Tode zu bedrohen, so erreichten bald Rinderzüchter und die Textillobby denselben Schutz für ihre Produkte. Die Gerichtspraxis war nicht ganz so blutrünstig wie die Gesetzgebung. Die Zahl der Hinrichtungen in London lag recht konstant bei etwa 100 pro Jahr, und die meisten Todesurteile wurden in Deportationen in die Strafkolonien umgewandelt. Die zahlreichen Gefängnisse von London machten es möglich, auf die anderswo noch übliche exzessive Strafjustiz zu verzichten. Von den neuen Todesstrafen wurden nur die bei Banknoten- und Aktienfälschung streng angewandt. Was die innere Ruhe und Ordnung langfristig sicherte, waren neben den Strafen und einer wirksameren Polizei die verbesserten Wohlfahrtseinrichtungen und Schulen. Zur Stabilisierung der sozialen Ordnung trug nicht zuletzt auch die Vorstellung der Ehre des einfachen Menschen bei, die aus der alten Ständeordnung kam, trotzdem aber bis zum 19. Jahrhundert eine starke Wirksamkeit behielt. Die Ehre, die jedem Stand und Beruf zugeschrieben wurde, hing nicht von Rang und Reichtum ab, sondern von der Erfüllung der standesgemäßen Pflichten und einem redlichen Leben in den von der Geburt vorgegebenen Grenzen. Sie sicherte zumindest einen ideellen Lohn auch dort, wo die materiellen Einkünfte bescheiden waren.

Die englische Gesellschaft und das übrige Europa

Schon im frühen 18. Jahrhundert hob sich die englische Gesellschaft deutlich von allen anderen in Europa ab, die niederländische ausgenommen. Sie war wie die anderen Gesellschaften hierarchisch geordnet, doch schienen ihre inneren Barrieren im Vergleich mit den Standesschranken mit dem Selbstverständnis und den Wünschen der Menschen besser vereinbar. Der englische Adel übte keine hemmende Rolle mehr aus, und die Angehörigen der *middle class*, die es zu Reichtum gebracht hatten, konnten in adlige Familien einheiraten und Landsitze kaufen. Ob man von seiner Umgebung als *gentleman* anerkannt wurde, lag an den Lebens- und Umgangsformen. Gerade die Schwierigkeit, eine Person gesellschaftlich einzuordnen, bedeutete eine Befreiung aus sozialen Zwängen. Unvermeidlich wurde die subjektive Einschätzung der Menschen ein zugleich wichtiges und unsicheres Kriterium. Ein Schweizer Reisender beschrieb diesen Zustand 1755: „Jeder Engländer besitzt eine Waage, auf der er Geburt, Rang und besonders Vermögen derer wägt, in deren Gesellschaft er ist, um sein Verhalten angemessen zu regulieren." Die Geburt verlor als Rangmerkmal an Bedeutung; eine angemessene Sprache, neu erlernte Umgangsformen und gute Kleidung konnten demgegenüber den Anspruch auf eine höhere Position wirksam untermauern.

Was in England entstanden war, kann man erst ganz ermessen, wenn man es mit den Zuständen im übrigen Europa vergleicht. Als der große französische Philosoph Voltaire 1729 aus dreijähriger persönlicher Erfahrung in den *Lettres philosophiques* ein bewunderndes Bild von England zeichnete und Frankreich indirekt kritisierte, löste er einen politischen Skandal aus. Das Buch wurde verboten und verbrannt, Voltaire mußte erneut das Land verlassen. Aber seine Gedanken prägten die politische Diskussion im vorrevolutionären Frankreich und lenkten die Aufmerksamkeit der französischen Intellektuellen für Jahrzehnte auf England als das große soziale und politische Vorbild. In Deutschland war es besonders die 1737 gegründete Universität Göttingen im Herzogtum Hannover (seit 1714 mit England in Personalunion vereint), die den Einfluß Englands vermittelte. In Preußen aber trat noch 1794 eine neue Rechtsordnung in Kraft, das Allgemeine Landrecht für die Preußischen Staaten, das eine Gliederung der Gesellschaft in drei Stände – Adel, Bürger und Bauern – auf Dauer festzuschreiben versuchte.

6.4 Öffentliches und privates Leben

Nach über 300 Seiten strenger wissenschaftlicher Analyse der *middle class* stellt der englische Historiker Peter Earle fest, daß er damit ihr Wesen immer noch nicht genau genug erfaßt habe und zählt auf, welche Attribute der *middle class*, die im 17. und 18. Jahrhundert entstanden oder gebräuchlich wurden, er nicht mehr untersuchen konnte: „Uhren, Beruhigungsmittel, Feuerversicherungen, Straßenbeleuchtung, Romane, Zeitungen, Teetrinken und dreiteilige Anzüge, überhöhter Zuckerkonsum, Statistiken, die Wirtschaftswissenschaft, Hobbies, Clubs, Staatsschulden, Beerdigungsunternehmer, Buchhalter, Arbeitshäuser und den Verein für die Verbreitung christlicher Bildung." – Es lohnt sich, diese Liste etwas genauer zu betrachten, um die Eigenart des Bürgers, dieses kollektiven Revolutionärs, besser zu verstehen.

Die Rolle der Puritaner

Wie bei Holland hat man auch bei England und Schottland versucht, die Entstehung der kapitalistischen Gesellschaft auf die kalvinistische Form des Protestantismus zurückzuführen. Dabei hat man den strenggläubigen Puritaner zu einem Prototyp des modernen kapitalistischen Menschen gemacht, für den die Arbeit der zentrale Inhalt seines Lebens ist, mit deren Hilfe er sich des Segens Gottes in seinem Tun vergewissert; seinen Gewinn habe er nicht genossen, sich vielmehr wie eine Art von Mönch der innerweltlichen Askese gewidmet. Man wird diese Hypothese mit Vorsicht handhaben müssen. Zwar passen Kalvinismus und eine strikte Arbeitsmoral gut zusammen; aber obwohl im frühen 17. Jahrhundert fast alle Londoner Kaufleute zu den Puritanern zählten, reicht diese Tatsache noch nicht aus, die Veränderung und den Erfolg Englands befriedigend zu erklären. Genau genommen bildeten die Puritaner nicht einmal eine Einheit. Der Begriff war unscharf und umfaßte sowohl kalvinistische Mitglieder der Hochkirche, als auch die Presbyterianer und andere Gruppen außerhalb der Hochkirche. Der Kalvinismus, der keine größere kirchliche Organisation, sondern nur selbstverwaltete Gemeinden kannte, war vielleicht gerade darum so erfolgreich, weil er den Gläubigen viele Möglichkeiten zur Auslegung ihres Glaubens und damit zur Individualisierung bot, die sich in zahlreichen Bekenntnissen und Sekten äußerten. Wenn man in dieser Vielfalt überhaupt einen einzelnen Faktor zur Erklärung der englischen Geschichte finden kann, dann ist es der Wille und die auffällige Fähigkeit zur Selbstbestimmung bei einer erstaunlich großen Zahl von Menschen; dieser war aber kein ausschließlich kalvinistisches Erbe und auch bei Katholiken und Juden zu finden.

Schmerzliche und fruchtbare Widersprüche

Alle Interpretationen des Modernisierungsprozesses der englischen Gesellschaft müssen von ihrer frühen pluralistischen Differenzierung ausgehen. Immer mehr Menschen spielten schon um 1700 gleichzeitig oder in zeitlicher Folge unterschiedliche Rollen. Nehmen wir zum Beispiel John Dryden (1631–1700), einen der großen Dichter Englands. Seine Karriere begann in der radikal puritanischen Umgebung des Diktators Cromwell, auf dessen Tod er eine große Ode verfaßte. Wenig später begrüßte Dryden den neuen König Karl II. mit einem Ruhmgedicht und stellte sein Talent ganz in den Dienst des Hofes. Als Theaterdichter blieb ihm auch nichts anderes übrig, seit der Londoner Stadtrat 1642 alle Theater verboten hatte. Dryden suchte seine Vorbilder in Frankreich, entwickelte ein elitär-aristokratisches Weltbild und trat 1686 zum Katholizismus über. Bei der Vertreibung König Jakobs II. 1688 verlor er seine Ämter als Hofdichter und Hofhistoriker. Als Sechzigjähriger mußte er sich einen neuen „Markt" suchen und schrieb nun für die zuvor verspottete reiche *middle class* Gelegenheitsgedichte und übersetzte Dichter der Antike, denn Bildung war auch bei einer *middle class* gefragt, die kein Latein konnte. Dabei trieb ihn die Angst vor der *Grub Street* an, wo die vielen unbegabten Schreiber um ihr tägliches Brot schrieben. Wenn Dryden dies am Ende seines Lebens mit Bitterkeit sah, dann bezog er sich auf

die Maßstäbe einer vergangenen Zeit, als Dichter mit lebenslang gültigen Werten ihr Auskommen bei königlichen und adligen Mäzenen fanden.
Die Widersprüchlichkeit des modernen Lebens galt aber nicht nur für Ausnahmefälle wie Dichter und Politiker, sondern auch und gerade für den puritanischen Angehörigen der *middle class*. Mochte der Kaufmann am Anfang seiner Karriere zwangsläufig hart arbeiten und bescheiden leben und sich daher für tugendhaft halten, so handelte er ganz anders, sobald ihm später der Erfolg Lebensgenuß gestattete. Das 17. und 18. Jahrhundert waren in England eine ungewöhnlich fruchtbare Zeit für Satiren, und nicht nur der König und der höfische Adel amüsierten sich gern über das, was sie die Heuchelei der reichen Puritaner nannten. Die christlichen Kaufleute aller Konfessionen litten unter den unauflöslichen Widersprüchen ihres Berufs. Die Bibel verbot ihnen das Zinsnehmen, aber das Geschäft war nun einmal nicht ohne Kredit und der Kredit nicht ohne Zins möglich. Die wechselnde Gesetzgebung des Parlaments über die zulässige Grenze des Zinsnehmens (erst 10, später 8 Prozent) beweist, wie ernst man das Problem nahm. Wenn reiche Metzger und Textilunternehmer aus der *City* sich an den *enclosures* beteiligten, dann war ihr Gewinn um den Preis des Ruins vieler Bauern erkauft. Wenn der Trinker ein verachteter Sünder war, was waren dann die, die 1750 für 500 000 Londoner 50 Millionen Liter Gin pro Jahr produzierten und 1713 in das Geschäft mit der Sklaverei einstiegen und später in das mit dem Opium für China? Auch die Spekulationsgeschäfte, auf deren Schattenseite zahlreiche ruinierte Existenzen standen, warfen die Frage nach der Moral des Kaufmanns auf; aber die Angst davor, selbst so gut wie jeder andere das Opfer der Geschäfte werden zu können, dürfte noch stärker als die Gewissensbisse gewesen sein. Die *middle class* mußte lernen, wie man Geschäft und Moral trennte. Das bedeutete eine Schwächung der Bindungen an die Glaubensgemeinschaften. Da zugleich auch die Korporationen des Berufs weitgehend ihre Bedeutung verloren, sah sich der einzelne isolierter als zuvor. In einer Gesellschaft, in der der Status vom individuellen Erfolg abhing und dieser täglich neu auf dem Spiel stand, war jede Chance des Aufstiegs zugleich ein Risiko des Abstiegs. Beruhigungsmittel und Versicherungen, um noch einmal an den Anfang dieses Kapitels zu erinnern, waren Notwendigkeiten der neuen Zeit.
Schließlich wurde die Welt des Kaufmanns nicht nur moralisch, sondern auch technisch immer schwieriger. Die Orte, an denen um 1700 in London Geschäfte getätigt wurden, und der Personenkreis, den ein mittlerer Kaufmann berücksichtigen mußte, waren immer schwerer zu überschauen. Es bedurfte der Treffpunkte und der Verabredung; der Kaufmann benötigte eine Taschenuhr und besuchte Kaffee- und Teehäuser für seine geschäftlichen Verbindungen. Dort fand er mündlich übermittelt oder als gedruckte Zeitungen die Nachrichten, die er bei seinen Geschäften kennen mußte, und viele Geschäfte konnte er dort auch gleich schließen. Lloyd's, noch heute eines der größten Versicherungsunternehmen, ging aus einem Café hervor, in dem sich ab 1683 Kaufleute regelmäßig trafen, um Versicherungen abzuschließen. Waren im 16. Jahrhundert die Straßen Londons nachts unbeleuchtet und wegen der Überfälle und Morde möglichst nur mit einer Eskorte zu betreten, so ermöglichten im 18. Jahrhundert Straßenbeleuchtung und Polizei die Ausweitung der Geschäftszeiten. (→ M 6.9)

Die Rüstung fürs Leben – Konventionen, Moden, Luxus und (Un)Moral

Was half der *middle class* des 18. Jahrhunderts in ihrem unsicheren Leben? – Da der Aufstieg nicht mehr ausschließlich Sache der objektiven Kriterien war, sondern Benehmen, Sprache, Kleidung und Statussymbole dazu beitrugen, waren die Mode – also der dreiteilige Anzug nach dem neuesten Schnitt – und der sichtbare Konsum, ja sogar ein kalkulierter Luxus notwendige Bestandteile der Lebensweise. Sie eröffneten Zugänge zu Geschäftspartnern und drückten Kreditwürdigkeit aus. Die Zugehörigkeit zu einem *Club* konnte von Nutzen sein, wo sich Männer aus ganz unterschiedlichen Branchen scheinbar zwanglos trafen. Mochte der hohe Adel sich Extravaganzen (seinen *spleen*) leisten und konnte sich die *lower class* grobe Manieren und den blauen Montag erlauben, so mußte der Geschäftsmann aus der *middle class* sich selbstbeherrscht zeigen – dauernd, in allen Richtungen und automatisch.
Die Rüstung fürs Leben, soweit sie hier beschrieben ist, war noch etwas äußerlich und dürfte gegen die inneren Unsicherheiten des modernen Lebens im 18. Jahrhundert nicht ausgereicht haben. Es bedurfte auch der Überzeugungen, um die Widersprüche der Moral und die Ängste vor der Unberechenbarkeit der Zukunft zu bewältigen. Man war nicht fühllos gegen das Elend in London; die *middle class* leistete individuell sehr viel auf dem Gebiet der Fürsorge für Arme, Kranke, Waisenkinder und straffällig gewordene Menschen. Anders als in den Niederlanden, wo die Gemeinden Schulen, Armenhäuser, Krankenhäuser, Besserungsanstalten usw. gründeten und teilweise gut ausstatteten, blieben diese Einrichtungen in England der privaten Wohltätigkeit überlassen. (Nur für Krankenhäuser leistete die Stadt London größere Beträge.) Kam der Nutzen der Allgemeinheit bei vielen Geschäften auch manchmal zu kurz, so wurde doch die Nützlichkeit zu einem zentralen Wert des Zeitalters und der Utilitarismus, die Philosophie der gesell-

schaftlichen Nützlichkeit (lat. *utilis* – nützlich), einer der wichtigsten Beiträge Englands zum europäischen Denken.
Trotz der schwächeren Bindungen des Individuums an den christlichen Glauben blieb ein starkes moralisches Empfinden wirksam. Auch bei den großen Schriftstellern und Künstlern des Zeitalters wurden die Guten belohnt und die Bösen bestraft: In *The Rake's Progress* geht der adlige Wüstling zugrunde; denn die Faulen und Lasterhaften mußten scheitern. In den zahlreichen Lehrbüchern für den Beruf des Kaufmanns gingen Moral und fachliche Kompetenz untrennbar ineinander über. („Die Bücher eines Kaufmanns sollten wie das Gewissen eines Christen immer rein und ordentlich sein.") Selbst Defoe, der es wagte, Kriminelle zu Helden seiner Romane zu machen, balancierte am Ende mit größter Vorsicht tätige Reue gegen dosierte Vergebung aus. Im Alltag sank eine so komplizierte moralische Buchführung oft genug zu einem Moralisieren herab, das als *cant*, als Heuchelei, Bestandteil der Kritik geworden ist. Bezogen auf den Hintergrund des Zeitalters, in dem das Individuum sich immer einsamer behaupten mußte, war das psychologisch verständlich. (→ M 6.27)
Schließlich sind die Vernunft und der Glaube an rationale, berechenbare Ordnungen zu den Instrumenten zu rechnen, mit denen sich das Individuum seit dem 17. und 18. Jahrhundert zu behaupten suchte. Einer der zentralen Begriffe des modernen europäischen Selbstverständnisses, die Aufklärung (*enlightenment*) nahm hier seinen Ausgang. Die modernen empirischen Natur-, Wirtschafts- und Sozialwissenschaften, die Statistik und der philosophische Empirismus verdanken England und Schottland außerordentliche Anstöße. Die Suche nach den Naturgesetzen war nicht nur Aufgabe einsamer Gelehrter, sondern auch zahlreicher gelehrter Gesellschaften vor den Augen einer breiten Öffentlichkeit. Dabei war – wie in den Niederlanden – Wissenschaft noch nicht von der Ethik getrennt. Das aufgeklärte Individuum nahm mit seiner Vernunft am Fortschritt der ganzen Spezies Mensch teil. Am allgemeinen Nutzen orientiert, machten sich Industrie und Landwirtschaft – so war man überzeugt – auch um die Armen verdient, sicherten mit ihren materiellen Bedürfnissen ihre Menschenwürde. Es war für England eine Selbstverständlichkeit, daß der Physiker und Mathematiker Isaac Newton 1727 in der Westminster Abbey unter den Großen der Nation beigesetzt wurde.
Dem wachsenden Glauben an die Vernunft entsprach im England des 18. Jahrhunderts eine schwächer werdende Rolle der Kirche. Ihre Geistlichen rekrutierten sich weitgehend aus den jüngeren Söhnen der *gentry*, die hier ein bescheidenes Auskommen fanden, zu dem sie aber selten religiöse Tiefe mitbrachten. Viele Zeitgenossen klagten, daß die *High Church* zunehmend diesseitig und utilitaristisch würde und echte Religiosität sich am ehesten in den Sekten der *Low Church* fände. Viele Gebildete wandten sich einem Pantheismus zu, der nicht mehr an die christliche Offenbarung gebunden war und sich eher im Naturerlebnis des Landschaftsgartens äußerte. Das Denken und Hoffen des durchschnittlichen Menschen beruhte meist auf einem schlichten *common sense*, den oft wenig vom Aberglauben trennte. Angesichts der Skandale und der Undurchschaubarkeit der Wirtschaft, z.B. des Bankrotts der *South Sea Company*, griff auch ein so aufgeklärter Mann wie Defoe auf die einfachen und vermeintlich vernünftigeren Werte von einst zurück, und in den moralischen Klagen über den Verfall der Dörfer durch die *enclosures* steckte bereits etwas Sehnsucht des modernen Großstadtmenschen nach dem scheinbar heilen Landleben. Das alles aber hinderte nicht die Entwicklung eines Liberalismus, der im Individuum das Ziel aller Gesellschaft sah und den Staat zum Garanten seiner Rechte machte.
Als letztes Element des neuen Bewußtseins ist das Nationalgefühl zu erwähnen. Die Konkurrenz unter den Staaten hatte im 17. Jahrhundert einen solchen Grad erreicht, daß auch die Masse der Bevölkerung davon erfaßt wurde. Gegen die Offenheit der Niederlande, die alle duldeten, die unter ihrer Flagge zu segeln bereit waren, trat in Europa

Aufklärung

Die Aufklärung beginnt im 17. Jahrhundert in den Niederlanden und Großbritannien und breitet sich über Frankreich durch fast ganz Europa aus. Ihre Grundlage ist ein Menschenbild, das von der Vernunft und dem freien Willen ausgeht. Sie macht die optimistische Annahme, daß der Mensch mit zunehmender Erkenntnis sich von Aberglauben und Vorurteilen befreien kann und zugleich die Natur unterwerfen wird; ihm steht mit seiner Vernunft ein Fortschritt zu einer zugleich materiell und moralisch besseren Existenz offen. Mit seiner „Befreiung aus seiner selbstverschuldeten Unmündigkeit" (Kant) erhebt er den Anspruch auf soziale Selbstbestimmung und politische Mitsprache. Zugleich bedeutet Aufklärung die Lösung von der Autorität der Religion und einen Säkularisationsprozeß und die Abwendung vom Jenseits. Der Mensch ist nicht mehr Geschöpf Gottes, sondern Produkt seiner selbst und seiner Gesellschaft.

erstmals in England ein aggressiver Nationalismus, dessen Feindbilder den Anspruch der Nation auf die Vorherrschaft auf den Weltmeeren und im Handel unterstützten. 1712 schuf der schottische Arzt und politische Publizist John Arbuthnot die Gestalt des *John Bull,* des klassischen Engländers, stark, einfach, praktisch und vernünftig, der seine Interessen als die seines Landes durchsetzen konnte. (→ M 6.21 und 6.22)

Das Private und die Kultur der Familie

Wenn der Bürger der *middle class* seine wachsenden Freiheiten und Chancen nur um den Preis größerer Vereinzelung und vielfältiger Risiken bekam und seine Existenz täglich in Widersprüchen und moralischen Brüchen erlebte, dann erfuhr er darin eine Individualität, die für ihn zugleich wichtig und beängstigend war. In diese Befindlichkeit vieler Menschen traf eine neue literarische Gattung, zu der die englische Literatur mehr beigetragen hat als jede andere, der Roman. Ihre Entwicklung beruhte in England weniger auf den höfischen und adligen Romanen und Novellen der frühen Neuzeit als auf religiösen Quellen im eigenen Land. 1678 veröffentlichte der Puritaner John Bunyan den allegorischen Roman *The Pilgrim's Progress.* Eine fromme Seele sucht und findet ihren Weg zum ewigen Heil durch die Gefahren und Versuchungen des Lebens. Offenbar erkannten sich so viele Menschen in dem Werk wieder, daß es trotz seiner zähledernen Qualität jahrzehntelang immer neu aufgelegt wurde. In England entstanden immer mehr Romane, in denen diesseitige und komplizierte Helden ihre schwierigen Lebenswege gehen und zur Erbauung ihrer Leser siegen oder zu deren Mahnung scheitern. Aus der Tradition christlicher Selbsterforschung und einem modernen Bewußtsein der Individualität entstanden echte und fiktive Biographien und Autobiographien; breites Interesse fanden Briefe, seien es die erfundenen in Samuel Richardsons Briefroman *Pamela* oder die echten des Herzogs von Cumberland, die seinen Ehebruch belegten. Die Theater, nach 1660 wieder geöffnet, Oper und Malerei nahmen die neuen Themen auf und stellten der Gesellschaft ein Bild

Henry Raeburn: Herr Pfarrer läuft Schlittschuh.

gegenüber, in dem sie sich erkennen, bewundern, kritisieren und verstehen konnte. Die graphischen Medien (besonders der Kupferstich) erlebten eine fruchtbare Expansion und trugen Kunst und intellektuelle Auseinandersetzung in die Häuser der *middle class*, Satire und politische Karikatur blühten. Die gröberen traditionellen Vergnügen – hoher Alkoholkonsum, Tierhatz und Boxen – wurden nun eher den unteren Schichten der Gesellschaft zugewiesen, während die *middle class* eine Kultur der Empfindsamkeit und Reflexion entwickelte, die allerdings auch auf die *lower class* ausstrahlte.

Männer- und Frauenrollen

Der Bereich, in dem das Individuum des 18. Jahrhunderts im wörtlichen Sinne sein Zuhause fand, die Gegenwelt zur Öffentlichkeit, war die Familie.

Liberalismus – (lat. *liber* – frei)

Gesellschaftsmodell, das von der Freiheit des Individuums als dem Ursprung und Zweck aller sozialen und politischen Ordnung ausgeht. Es wendet sich historisch gegen den Vorrang kollektiver Ordnung (Zünfte); der liberale Staat ist durch Verfassung und Recht eng begrenzt in erster Linie der Garant der Rechte des Einzelnen. Das Individuum entscheidet für sich allein über die Verwendung seines Kapitals in einem freien Markt (Kapitalismus). Es verwahrt sich gegen jeden staatlichen Eingriff in seine Werte, Meinungen und Glaubensvorstellungen; es fordert den Schutz sowohl der Privatsphäre (bürgerliche Freiheiten) wie der freien Öffentlichkeit (Presse). Der politische Liberalismus fordert die Staatsbürger (parlamentarische Demokratie) und die Sicherung seiner Rechte durch freie Gerichte.

Das Private, das sich schon in den Niederlanden als Ergänzung zur Realität des öffentlichen und beruflichen Lebens herausgebildet hatte, wurde in England weiterentwickelt. Die Wohnkultur, die sich im 18. Jahrhundert entwickelte und zumindest die oberen Schichten der *lower class* erreichte, zeugt von der Bedeutung des Privaten und der Familie. Eine Seite dieser Entwicklung war die Veränderung der Rollen von Mann und Frau.

Nach Recht und sozialer Praxis war die Frau im 17. Jahrhundert fast überall dem Manne eindeutig untergeordnet. Sie verlor in der Ehe sogar die Verfügung über das von ihr eingebrachte Gut. In England waren nur zwei kleine Gruppen besser gestellt, unverheiratete Frauen und Witwen. Erstere konnten, wenn sie außerhalb des väterlichen Hauses lebten und Vermögen besaßen, beliebig ein Geschäft eröffnen und für sich allein in Verträge eintreten. Das galt für Witwen nur, wenn sie von ihrem Mann als Testamentsvollstrecker eingesetzt waren, was aber im 18. Jahrhundert zur Regel wurde. Eine breite Wirkung ging von diesem begrenzten Freiraum nicht aus. Die wenigen tausend Frauen, die in London um 1700 ein selbständiges Geschäft mit meist geringem Kapital betrieben (häufig im Gastgewerbe), waren eine kleine Minderheit gegenüber den Geschäftsmännern. Die Industrialisierung hat sie im 19. Jahrhundert noch weiter an den Rand gedrängt und eine emanzipatorische Wirkung verhindert.

Man hat die zunehmende emotionale Bedeutung von Familie und Ehe im 18. Jahrhundert oft als eine Vorwegnahme des Viktorianismus verstanden, in dem die Frau gerade die Rolle in Kinderstube, Küche und Kirche zugewiesen bekam, aus der sie sich im 20. Jahrhundert mühsam emanzipieren mußte. Wie alle großen gesellschaftlichen Entwicklungen war aber auch diese so komplex, daß man sie nicht auf eine einzige Dimension reduzieren kann. Je bedeutsamer das Individuum sich selber wurde, desto wichtiger wurden Mann und Frau sich gegenseitig in geistiger und emotionaler Hinsicht. Nicht mehr allein Aussehen, Herkunft und Vermögen, sondern ebenso differenzierte Persönlichkeit, moralische Stärke und intellektuelle Kraft bestimmten die Rollen. Wenn der Mann von der Frau als Individuum geliebt und auserwählt sein wollte, mußte er alle Risiken eingehen, die der freie Wille der Frau mit sich brachte. Beginnend in den oberen Schichten der Bevölkerung wurden die Frauen gesellschaftlich bedeutender und traten in die Öffentlichkeit. Ihre Erziehung, in früheren Zeiten eher dem Zufall überlassen, besserte sich allgemein. Dieser Prozeß schritt in der Literatur wahrscheinlich schneller als er in der Wirklichkeit voran. War im Roman der frühen Neuzeit die Freiheit der Frau gewöhnlich die Sache einer einmaligen Wahl in einem engen sozialen Rahmen und anschließender ewiger Treue, so konnten Frauen sich in Defoes und Richardsons Romanen längere Zeit in einer Welt der Alternativen bewegen und nach komplizierten eigenen Motiven entscheiden. Diese beiden Autoren wagten es, mit der Wahl weiblicher Hauptfiguren eine durchgehend weibliche Perspektive zu vertreten. Seit dem 17. Jahrhundert traten auch Frauen erfolgreich als Autorinnen auf. Jane Austen (1775–1817), die erste große Romanautorin Englands, lebte zwar erst am Ende dieser Epoche, doch stellen ihre Frauengestalten weniger romantische Empfindsamkeit als vielmehr den Geist und die Moral des 18. Jahrhunderts dar. Sie nehmen ihr Schicksal selbst in die Hand und tun Männern gelegentlich den Schmerz an, als das Objekt ihrer Wünsche unerreichbar und intellektuell und moralisch überlegen zu sein. Mochte das um 1800 für die meisten Frauen nur ein Romanschicksal sein, so wurden damit neue Verhaltensmuster und Freiheiten dargestellt, die langfristig emanzipatorisch wirkten. (→ M 6.14 bis 6.20)

6.5 Der englische Staat

A system of checks and balances

Die englische Demokratie ist im kontinentalen Europa traditionell Gegenstand der Bewunderung, ja des Neides gewesen, und ihre Wirkung auf die politische Kultur ist kaum zu unterschätzen. Man sollte aber zunächst den Begriff Demokratie vermeiden, wenn man das politische System Englands beschreiben will. Für unsere Darstellung müssen wir mit dem Jahr 1688 beginnen, der *Glorious Revolution*, die für England wichtiger war als die Bürgerkriege und die Hinrichtung Karls I. 1649. Es waren nicht so sehr prinzipielle Fragen der Demokratie, als vielmehr Konflikte um Ämter und Einflüsse, die dazu führten, daß das Parlament 1688 König Jakob II. zur Flucht zwang. Aus eigener Machtvollkommenheit berief es daraufhin den holländischen Statthalter Wilhelm von Oranien zum König. In der Bill of Rights von 1689, die das Verhältnis zwischen Parlament und König regelte, ging es um ein dauerhaftes Ausbalancieren von politischer Macht. Sie sollte verhindern, daß eine einzelne Institution oder soziale Gruppe so stark wurde, daß sie ihre Interessen kompromißlos durchsetzen konnte. Der Kreis der Beteiligten mußte so groß sein, daß keine mächtige Gruppe außerhalb der neuen Ordnung stand, und zugleich war eine zu breite Beteiligung der Bürger zu verhindern. Das Ergebnis war das Modell des *King in Parliament*, des Herrschers, der im Rahmen der parlamentarischen Rechte regierte. Der König ernannte die Minister, Gesetzgebung und Haushalt aber lagen allein beim Parlament. Dessen Oberhaus bestand aus erblichen und ernannten Vertretern des Hochadels und einiger Körperschaften

Innere Unruhen kamen in England auch nach den Bürgerkriegen immer wieder vor: die *Gordon Riots* 1780.

(Kirche, Universitäten); das zunehmend stärkere Unterhaus wurde ab 1694 mindestens alle drei, ab 1714 alle sieben Jahre gewählt.

Auch die Struktur des Unterhauses war mehr auf ein Gleichgewicht und gegenseitige Kontrolle der Kräfte hin angelegt als auf allgemeine Repräsentation des Volkes; es begrenzte zugleich die Politik auf die oberen Schichten. Das Wahlrecht war weitgehend an den Landbesitz gebunden; im Durchschnitt Englands kam auf fünf Haushalte ein Wähler. Überdies war die Zahl der Wähler pro Wahlbezirk sehr ungleich verteilt, und die Städte, besonders London, waren deutlich unterrepräsentiert. Gerade London sah aber seine Interessen dadurch nicht gefährdet. Das hatte mit der Entstehung zweier Gruppierungen zu tun, die sich vom 17. Jahrhundert an im Unterhaus gegenüberstanden, die man aber noch nicht mit modernen Parteien gleichsetzen darf. Die Konservativen, die *Tories*, vertraten eher die Interessen der Aristokratie, die Liberalen, die *Whigs*, stärker Interessen der *gentry* und des Kapitals. Beide Parteien waren sich einig, die politischen Interessenkonflikte öffentlich und ohne Gewalt auszutragen und die unteren Schichten aus der Politik auszuschließen. Für die langfristige Entwicklung zu einer Demokratie war die Schaffung einer politischen Öffentlichkeit und geregelter Formen des Konfliktaustrags von zentraler Bedeutung. Praktisch zielte diese Ordnung aber zunächst nur auf eine Verständigung der *landed, commercial, and moneyed interests* in England ab.

Der Bürger im modernen Sinne des Wortes, der sich als sozialer Typus schon in den Niederlanden herausbildete, wurde in Großbritannien endgültig zur Leitfigur der Moderne. Hier wurde erstmals die Mehrheit der Einwohner eines großen Staates ökonomisch, sozial und mental zu Bürgern; selbst der niedere Adel wurde weitgehend integriert, und der moderne, marktorientierte Pächter auf dem Lande

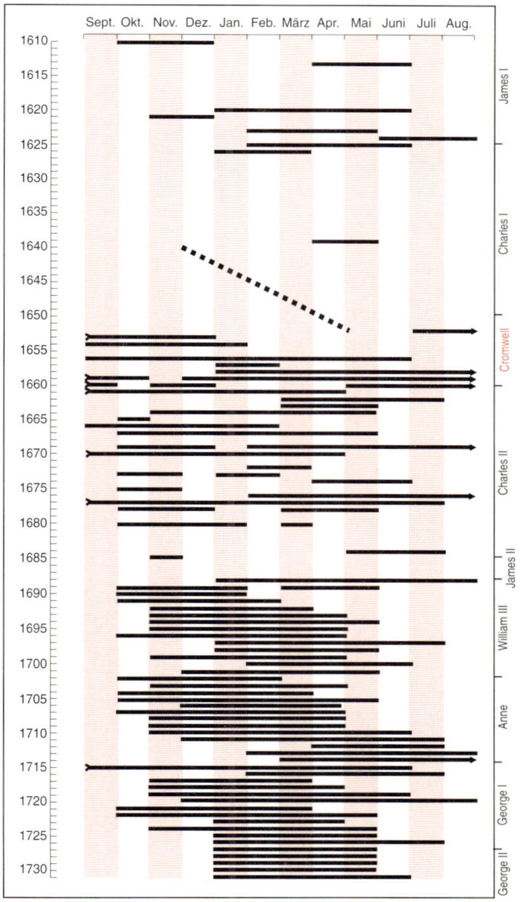

Häufigkeit der Sitzungen des *House of Commons* 1610–1730. Deutlich zeichnen sich die Regierungszeiten Karls I. (1625–1648) und die Jahre 1660 und 1688 ab.

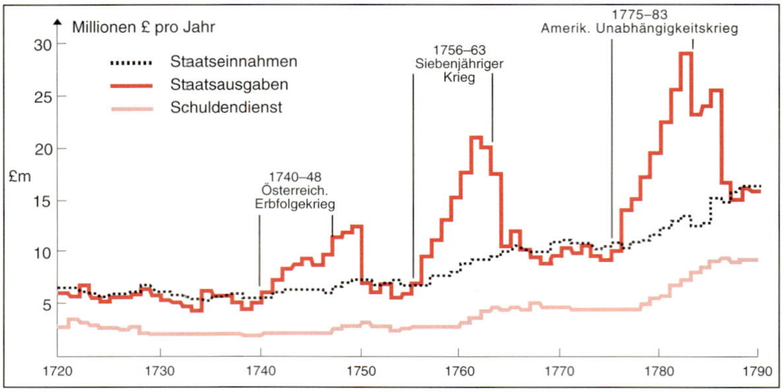

Staatsfinanzen 1720–1790. Die Kriege als Hauptproblem der Staatsfinanzierung treten deutlich hervor.

Paul Langford: A Polite and Commercial People (Clarendon) Oxford 1989. S. 641

bewegte sich in die gleiche Richtung. Damit begann sich die bürgerliche Gesellschaft im modernen Sinne herauszubilden. Die durch politische und rechtliche Privilegien oder Eigenrechte definierten und in gewissem Umfang autonomen Stände lösten sich auf; an ihre Stelle trat ein zunehmend einheitlicher Staatsbürger mit gleichen Rechten und Chancen. Langsam bildeten sich die Grundlagen des politischen Liberalismus heraus, der im 19. Jahrhundert ganz Europa prägen sollte.

Das *House of Lords* 1766 – wie das *House of Commons* ein wenig repräsentatives Gebäude für die Vertretung des englischen Volkes

Zugleich differenzierte sich die Gesellschaft nach Vermögen und Selbstverständnis in ein neues Oben und ein Unten, wobei sich der besitzende Bürger (frz. *bourgeois*) als der eigentliche Bürger und Träger von Staat und Gesellschaft verstand. In seiner politischen Ausstattung aber war der britische Bürger im 18. Jahrhundert noch recht defizitär, wenn man seine unzureichende parlamentarische Vertretung und das Übergewicht der großen wirtschaftlichen Interessen sieht. Daß die vielen inneren Unruhen des 18. Jahrhunderts sozial und lokal beschränkt blieben und die *middle class* die Ordnung des *King in Parliament* vorbehaltlos unterstützte, zeigt, daß die neue Ordnung so attraktiv war, daß sie sich stabilisieren konnte.

Die wichtigste Leistung des Parlaments ab 1689 war es, die Handlungsfähigkeit des Staates zu sichern und zugleich dafür zu sorgen, daß der Bürger Geld verdienen konnte ohne die Sorge, daß der Staat ihm dieses willkürlich fortnahm. Entscheidend für beides war eine zuverlässige Finanzierung des Staates. Da es mit der *Bill of Rights* nicht mehr nötig war, das Geld restriktiv zur Schwächung des Königs einzusetzen, konnte man nun an eine langfristige, produktive Lösung denken. Für den normalen Staatshaushalt wurde ein relativ leistungsfähiges, zugleich aber für die Bürger tragbares Steuersystem geschaffen, dessen Lasten recht gleichmäßig auf die verschiedenen sozialen Gruppen verteilt wurden – mit einer gewissen Bevorzugung des *moneyed interest*. Vor allem zur Finanzierung der Kriege war die Staatsschuld vorgesehen, zu deren Handhabung die *Bank of England* gegründet wurde.

Westminster *und* City – *Staat und Bürger als Verbündete*

Zu Beginn des 18. Jahrhunderts war London zumindest zweigeteilt in die eigentliche City mit Handel und Industrie einerseits und Westminster und andere westlich gelegene Orte andererseits, in denen Adel und Reiche wohnten und König, Regierung und Parlament residierten. Zwischen beiden aber herrschte die lebendigste Verbindung, und Beobachter des 18. Jahrhunderts sahen das als den Ausdruck des engen Zusammenspiels zwischen Geschäftswelt und Regierung. Die Außenpolitik orientierte sich kaum an dynastischen Interessen und Erweiterungen der britischen Herrschaft in Europa, sondern strebte langfristig und systematisch die Beherrschung der globalen Seewege an. Die Politik gegenüber den kontinentalen Mächten Europas sollte verhindern, daß sich hier Hegemonien herausbildeten. Im Spanischen Erbfolgekrieg 1701–13 gelang Großbritannien die Schwächung Frankreichs, das ihm Neufundland und die Hudson-Bay abtreten mußte; von Spanien gewann es Gibraltar, den Schlüssel zum Mittelmeer, und das Monopol auf den Sklavenhandel zwischen Afrika und Südamerika. 1755–63 nutzte Großbritannien Frankreichs Verwicklung in den Siebenjährigen Krieg, um sich dessen Besitzungen in Nordamerika und Indien anzueignen. Damit war es zur stärksten Macht geworden und hatte den größten Teil der Welt in einen zusammenhängenden Wirtschaftsraum verwandelt. Wer in der britischen Entwicklung seit dem 16. Jahrhundert die zielgerichtete Anstrengung zahlloser Bürger und einiger tausend fähiger Unternehmer, Politiker und Militärs verstand, Großbritannien reich und mächtig zu machen, konnte 1763 das Ziel erreicht sehen. So einzigartig und erfolgreich der Modernisierungsprozeß in Großbritannien als Ergebnis der Kooperation von Bürgern und Staat, Wirtschaft und Politik im 18. Jahrhundert auch war, so wäre es ein Mißverständnis, wenn man ihn als einen ausschließlich zielgerichteten Prozeß sähe.

6.6 Der europäische Charakter der beginnenden industriellen Revolution

Das Ausmaß und die Geschwindigkeit der wirtschaftlichen Entwicklung, die sich in der zweiten Hälfte des 18. Jahrhunderts vollzog, gab schon den Zeitgenossen das Gefühl, in eine neue Epoche einzutreten. Leitbranche dieses Prozesses war die Textilindustrie in den englischen Midlands, deren Produktionsmengen, Unternehmensgrößen und Maschineneinsatz neue Dimensionen erreichten; auch in Bergbau, Eisenindustrie, Maschinenbau und anderen Gewerben setzten ähnliche Entwicklungen ein. Dabei wurde die menschliche Arbeitskraft knapp, was neue Lösungen erzwang. Nachdem ein immer dichteres Straßen- und Kanalnetz auch die abgelegenen Gebiete für die moderne Wirtschaft erschlossen hatte, konzentrierte sich die Erfindungskraft darauf, durch die Mechanisierung der Arbeit die menschliche Arbeitskraft zu vervielfältigen. So entstanden z.B. aus zahllosen Einzelerfindungen, die sich über Jahrzehnte erstreckten, 1767 die erste Spinnmaschine, 1785 der mechanische Webstuhl. In der Eisenverhüttung ersetzte der Steinkohlenkoks bis 1800 zu 80 Prozent die Holzkohle als Energiebasis und hob die natürlichen Grenzen auf, die der Waldbestand der Expansion gesetzt hatte. Es waren die Dampfmaschinen, die vielen als Symbol der beginnenden Herrschaft des Menschen über die Natur erschienen, obwohl sie nur ein Fünftel der 170 000 PS Maschinenleistung erbrachten, die um 1800 in englischen Fabriken und Bergwerken installiert waren.
Die Errungenschaften Englands ließen viele Zeitgenossen übersehen, wie weit die Grundlagen der Industrialisierung, d.h. die Kapitalbildung, die Entwicklung der Märkte und die Qualifikation von Kaufleuten und Arbeitskräften in ganz Europa fortgeschritten waren. Die engen persönlichen Kontakte und eine große und vielfältige Fachliteratur verbreiteten die Kenntnis von jeder neuen Entwicklung innerhalb von Monaten in ganz Europa. Die intellektuelle und wirtschaftliche Vorherrschaft des Bür-

England und Frankreich im 18. Jahrhundert – Vergleich ihrer Entwicklungen

	Frankreich		England	
	1700	1780	1700	1780
Einwohner in Millionen	19,25	25,6	6,9	9,0
Städtische Bevölkerung in Prozent der Gesamtbevölkerung	17	22	17	24
Außenhandel in Millionen Pfund	9	22	13	23
Anteil pro Einwohner in Pfund	0,46	0,86	1,88	2,55
Eisenerzeugung in 1 000 Tonnen	22	135	15	60
Anteil pro Einwohner in kg	1,14	5,27	2,17	6,67
Verbrauch von Baumwolle in Tonnen	226	4 983	498	3 352
Anteil pro Einwohner in kg	0,01	0,19	0,07	0,37

Akos Paulinyi: Die Umwälzung der Technik in der Industriellen Revolution; in: Akos Paulinyi/Ulrich Trotzsch: Mechanisierung und Maschinisierung 1600–1848. (Propyläen Verlag) Berlin 1991, S. 274 (Propyläen Technikgeschichte, hg. v. Wolfgang König).

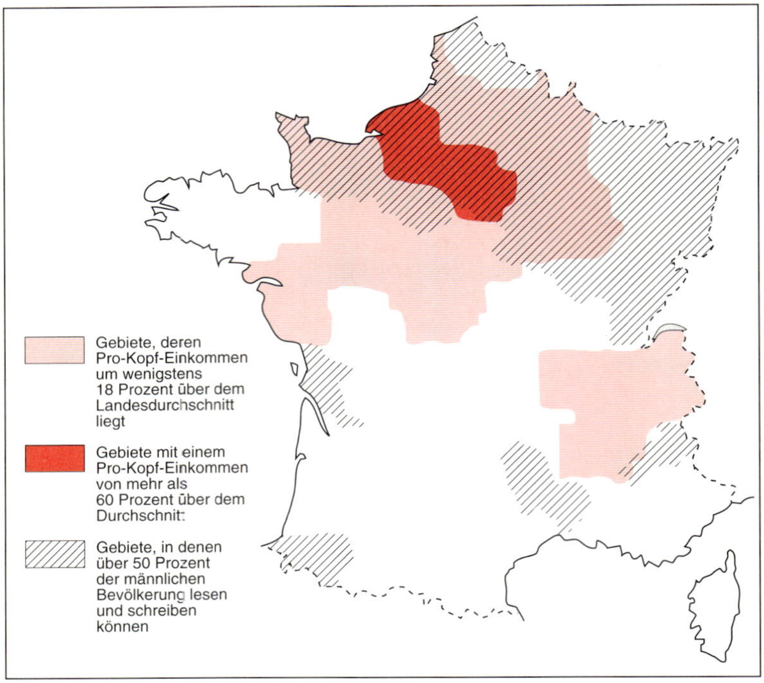

Ungleiche Entwicklung innerhalb eines Landes: Frankreich im 18. Jahrhundert

Zit. und bearbeitet nach F. Braudel: Aufbruch zur Weltwirtschaft. (Kindler) München 1986. S. 376f.

gertums hatte schon vor 1789 auch in Frankreich, den Niederlanden, Deutschland und Österreich die Werte und Fähigkeiten verbreitet, auf denen das Industriezeitalter gründete. Sogar im Mittelmeerraum und in Osteuropa waren davon deutliche Ansätze zu finden. Englands Vorsprung war unbestreitbar, aber nicht mit dem heutiger Industrieländer vor den Schwellenländern zu vergleichen. Die britischen Exportverbote für Maschinen lassen erkennen, daß man auch in London die Überlegenheit gegenüber dem Kontinent nicht sehr hoch einschätzte. 13 Jahre nach der ersten mechanischen Spinnerei in England eröffnete im Rheinland die erste gleichwertige Anlage den Betrieb.

Vor allem die Entwicklung Frankreichs im 18. Jahrhundert wird auch heute noch unterschätzt, weil die Statistiken die Unterentwicklung der Mitte und des Südens gegen die Modernität des Nordens verrechnen. Viele Darstellungen der Vorgeschichte der Französischen Revolution betonen zu sehr die feudalen Strukturen und übersehen, daß nördlich von Paris die Agrarverfassung längst kapitalistisch geworden war. Hier bestimmte der Markt die Produktion, hatte die Pacht die Feudallasten abgelöst, hatten Fachliteratur und neue Kommunikationsstrukturen moderne Methoden und die Mechanisierung gefördert und die Erträge massiv gesteigert. Auch die gewerbliche Produktion Frankreichs wies in etwa dieselbe Tendenz auf wie die britische.

Der bäuerliche Protest gegen die Feudallasten für sich allein hätten 1789 wohl nicht mehr ausgelöst als eine weitere von vielen erfolglosen Erhebungen; erst die Modernität von Paris und Nord- und Ostfrankreich ermöglichten ein Ereignis von der Tragweite der Französischen Revolution. Der wirtschaftliche Rückstand gegenüber Großbritannien im 19. Jahrhundert ist nicht primär auf ein Defizit an Modernität im 18. Jahrhundert zurückzuführen, sondern auf gewisse Folgen der Französischen Revolution (Festigung kleinbürgerlicher und kleinbäuerlicher Interessen) und auf Englands Beherrschung der Weltmeere und -märkte im 19. Jahrhundert.

Die Modernisierung der Gesellschaft und das Ende der Ehre

Die Vorstufen der Industrialisierung (Proto-Industrialisierung) im 18. Jahrhundert veränderten die sozialen Verhältnisse auch in Deutschland. In bestimmten Gebieten wie z. B. zwischen dem Rhein und dem Siegerland waren schon vor 1800 über 50 Prozent der Menschen in einer hoch arbeitsteiligen gewerblichen Massenproduktion beschäftigt. An vielen Stellen begann die alte soziale Ordnung sich aufzulösen. Die Denker und Publizisten der Aufklärung waren überzeugt, daß der Mensch diese Befreiung aus den Schranken der Ständegesellschaft als ein Glück verstehen und seine neue Rolle als Individuum in Markt und Politik begrüßen müsse. Tatsächlich aber waren die Reaktionen vieler Menschen auf die Modernisierung eher zweispältig. Als 1731 der Reichstag des Deutschen Reichs entschied, daß auch „unehrlich“ geborene Personen zur Handwerkslehre zugelassen werden mußten, war das scheinbar eine Bagatelle. Sie belegte allenfalls die ökonomischen Interessen der deutschen Fürsten, das Potential an gewerblichen Arbeitskräften zu vergrößern. Tatsächlich aber setzte ein Protest der Zünfte und Städte ein, der die Durchführung des Gesetzes behinderte. Sein zentrales Argument war das der Ehre, genauer der Standesehre. Was nach dem Verständnis der Aufklärung die Beseitigung eines „alten Zopfes“ schien, war tatsächlich ein Angriff auf ein fundamentales Ordnungselement der alten europäischen Gesellschaft. Der Widerstand gegen eine derartige Modernisierungspolitik hielt lange über 1800 hinaus an.

In der ständischen Ordnung mit ihren ausgeprägten Grenzen zwischen Oben und Unten war die Ehre, die jeder Stand für sich in Anspruch nehmen konnte, ein Faktor der Stabilität. Der Anspruch von Gruppen, einen Vorsprung der Ehre vor anderen zu beanspruchen, hatte das alte Drei-Stände-System zu einem komplizierten Muster der Vor- und Nachordnungen differenziert. Alle die Gruppen waren mit größeren und kleineren Privilegien und Pflichten ausgestattet, die an ihrem jeweiligen Nutzen für die gesamte Gesellschaft gebunden waren. Auch dem untersten, dem siebten Stand stand noch seine eigene Ehre zu, die er den „unterständischen“ Gruppen, den „ehrlosen“ Schindern, Scharfrichtern, Schäfern u. a. voraushatte. Dies war, wie es der französische Soziologe Bourdieu formuliert hat, ein unsichbares Kapital, das den Menschen Wert und Würde sicherte, das sie aber wie Arbeit und Brot nur als ganze Gruppe teilten und verteidigten. Ihr Bestand war durch komplizierte Umgangsformen, Titel und Rituale abgesichert. So war es Handwerkern wichtig, daß die Kinder „unehrlicher“ Gruppen nicht zum Handwerk zugelassen wurden. Wenn nun der Reichstag 1731 die Unehrlichen im Handwerk mit den „Ehrbaren“ gleichstellte, bedrohte er grundsätzlich das ganze Kapital der handwerklichen Ehre. Er stellte damit die ganze Einrichtung der Ständegesellschaft in Frage. – Es waren übrigens nicht nur die unteren Stände, die ihre Standesehren gefährdet sahen; den Adligen, die ihre Güter an Bürgerliche verkaufen mußten, ging es ähnlich. Die Erfolgreichen und Gebildeten unter den Bürgern dagegen, zu denen auch die Philosophen und Schriftsteller gehörten, sahen keinen Nutzen in der Verteidigung der Ständeordnung, die ihren individuellen Ehrgeiz eher behinderte.

Es war ein Zeichen der Krise, daß die Ehre ein wichtiges Thema in der deutsche Literatur des ausgehenden 18. Jahrhunderts wurde. Aber während das aufstrebende Bürgertum in der „inneren Ehre“, die sich durch individuelles moralisches Handeln gewinnen und bewahren ließ, eine attraktive neue Form des Selbstverständnisses fand, sah sich die Mehrheit der Menschen verunsichert. Manufakturen, Verlagsgewerbe und Verfall der Zünfte gefährdeten ihre wirtschaftliche Basis und setzten sie als einzelne den Risiken des Marktes aus. Mit dem Verlust der Standesehre drohte ihnen auch noch die moralische und psychologische Absicherung verloren zu gehen. Der Prozeß der Modernisierung führte (und führt auch heute noch) für viele Menschen in Krisen, die ganze Menschenleben, ja sogar über mehrere Generationen andauern konnten und können. Der langfristige „größte Nutzen für die größte Zahl“ reicht vielleicht nicht aus, darin ohne Nachdenken nur den Fortschritt zu sehen und positiv zu werten. Der Preis der Modernisierung ist eine Größe, die ein sehr sorgfältiges Abwägen verlangt.

Augsburg 1616 – Ständepyramide
Die sieben Stände vom Papst bis hinab zum Bauern und Handwerker – mit ungleichen Anteilen an der Ehre, aber alle ehrbar und vor allem gleich vor dem Tod.

Überlegungen zur weiteren Arbeit und Aufgaben zu Kapitel 6

Der Modernisierungsprozeß in Großbritannien wird wie der Hollands synchronisch dargestellt, so daß sich die Wechselwirkung zwischen Wirtschaft, Gesellschaft, Politik und Mentalität gut untersuchen läßt. Dabei wird man zugleich in einer genetischen Perspektive fragen, warum Großbritannien die Niederlande als Motor der Modernisierung ablöste. Wichtig ist auch die perspektivisch-ideologiekritische Methode, weil die Interpretation der britischen Rolle in Demokratisierung und Industrialisierung Annahmen enthält, die bis heute wirken und ständig neu zu prüfen sind.

① Stellen Sie die Expansion des englischen Handels dar, schätzen Sie die Bedeutung der europäischen und außereuropäischen Märkte für ihn ab, und erklären Sie das Zusammenwirken von Märkten und Produktionen (M 6.1–6.5)!

② Die im Vergleich zum übrigen Europa stark ausgeprägte Zentralität Englands (ab 1707 Großbritanniens) und die Rolle Londons in Politik und Binnenmarkt führten zu einer Intensivierung und Differenzierung der wirtschaftlichen Strukturen. Stellen Sie das Zusammenwirken dieser Faktoren mit dem Kolonialhandel dar, und erklären Sie so den Beginn der Industrialisierung und die Verdichtung der Weltwirtschaft (M 6.4–6.6, 6.8)!

③ Stellen Sie die Entwicklung der englischen Gesellschaft im Vergleich zum übrigen Europa als zugleich Vereinheitlichung und Differenzierung sozialer Strukturen dar. Im Mittelpunkt sollte die *middle class* stehen, aber übersehen Sie dabei nicht die Gleichzeitigkeit von ständischen und Klassenelementen (6.8–6.13)!

④ Noch deutlicher als im Falle der Niederlande zeigten sich in England die inneren Widersprüche des Modernisierungsprozesses. Untersuchen Sie in diesem Sinne die Entwicklung der Familie und ihre „Privatisierung“! Klären Sie, wie moderne und traditionale Elemente zusammenwirkten, als sich Ansätze und Grenzen einer Emanzipation der Frau herausbildeten (M 6.15–6.20)!

⑤ Die wachsende Verknüpfung von wirtschaftlicher und staatlicher Macht und die gleichzeitige innere Differenzierung der Gesellschaft förderten neue Formen der Identitätsbildung. Untersuchen Sie die Entwicklung des politischen Systems Englands, wie es sich zu einem stärker parlamentarisch bestimmten System entwickelte (M 6.23–6.25)! Berücksichtigen Sie dabei sowohl die neue politische Rolle des Individuums als auch die neuen Mittel zur Integration dieser Individuen (M 6.21, 6.22, 6.26)!

⑥ Erläutern Sie die modernen Attribute: „Uhren, Beruhigungsmittel, Feuerversicherungen, Straßenbeleuchtung, Romane, Zeitungen, Teetrinken und Anzüge, überhöhter Zuckerkonsum, Statistiken, die Wirtschaftswissenschaft, Hobbies, Clubs, Staatsschulden, Beerdigungsunternehmer, Buchhalter, Arbeitshäuser und der Verein für die Verbreitung christlicher Bildung“, die der Historiker Peter Earle als Merkmale der modernen *middle class* aufzählt.

⑦ Die Wirklichkeit der modernen Gesellschaft bedeutete eine intellektuelle und moralische Herausforderung. Untersuchen Sie dies in einer Fallstudie des Schriftstellers Daniel Defoe, der das Neue an seiner Zeit rühmte und zugleich nicht richtig verstand (M 6.7, 6.8) und sogar die Vergangenheit zurückwünschte, wie er geschickt die Geschichte der Moll Flanders vermarktete (M 6.16) und seiner Zeit mit Robinson Crusoe das Bild des tugendhaften Kolonisators und Missionars anbot (M 6.22)!

⑧ Das 18. Jahrhundert war das Zeitalter der großen englischen Satiriker, die die Doppelmoral ihrer Zeitgenossen aufzeigten. Stellen Sie anhand des Textes M 6.27 dar, wie das individuelle Streben nach Gewinn, die Rationalität der Wirtschaft und die Herrschaft über die Natur nicht nur die christlichen Tugenden, sondern auch die Humanität in Frage stellten!

⑨ Erörtern Sie am Begriff der Proto-Industrialisierung und der Zusammenfassung der wissenschaftlichen Diskussion darüber einerseits die Gesamttendenz des Modernisierungsprozesses und seiner europäischen Dimension und andererseits die Schwierigkeiten, die sich der Begriffsbildung und der Interpretation historischer Prozesse allgemein stellen (M 6.31)!

⑩ Wir können an dieser Stelle Bilanz eines jahrhundertelangen Prozesses ziehen Stellen Sie mit Hilfe des Modernisierungsbegriffs aus Kapitel 1 und im Bezug auf die Positionen der modernen Geschichtswissenschaft (M 6.32) dar, was das moderne Bürgertum von dem des Mittelalters unterscheidet. Definieren und konkretisieren Sie den Begriff der Weltwirtschaft für die Mitte des 18. Jahrhunderts! Diskutieren Sie die These, daß hier im 18. Jahrhundert der Prozeß der Modernisierung die Schwelle zu einem ganz neuen Zeitalter überschreitet, und benennen Sie die Eigenschaften, mit denen diese Moderne sich von aller früheren Geschichte verschieden sieht.

Materialien zu Kapitel 6

Englands Wirtschaft

M 6.1 Der englische Außenhandel im späten 17. Jahrhundert (in Millionen £)

Importe	Gesamtwert 1699–1701	Nord- und Mitteleuropa	Südeuropa	Amerika	Asien
Manufakturwaren:					
– Leinen	903	903	–	–	–
– Baumwolle	367	–	–	–	367
– Seide	208	–	83	–	107
– Sonstiges	366	260	28	–	78
Nahrungsmittel und Rohprodukte:					
– Spirituosen	546	48	496	–	–
– Zucker	630	–	–	630	–
– Tabak	249	–	–	249	–
– Pfeffer	103	–	–	–	103
– Rohseide	346	1	302	–	42
– Wolle	200	124	73	–	–
– Farbstoffe	226	41	92	85	4
– Stahl und Eisen	182	153	24	–	–
– Holz	138	123	1	14	–
– Sonstiges	385	778	456	138	13
Importe ges.	4 849	2 431	1 555	1 116	714

Exporte und Re-Exporte	Gesamtwert 1699–1701	Nord- und Mitteleuropa	Südeuropa	Amerika	Asien
Exporte					
Wollwaren	3 045	1 570	1 201	185	89
Sonstiges	1 388	718	283	354	33
Re-Exporte[1]					
Manufakturwaren:					
– Leinen	182	12	13	157	–
– Baumwolle	340	259	36	45	–
– Seide	150	131	5	14	–
– Sonstiges	74	25	10	36	3
Nahrungsmittel und Rohprodukte:					
– Tabak	421	379	41	–	1
– Zucker	287	282	5	–	–
– Pfeffer	93	29	63	1	–
– Farbstoffe	85	69	16	–	–
– Sonstiges	354	250	35	59	10
Exporte + Re-Exporte	6 419	3 724	1 708	851	136

Ilja Mieck (Hg.): Handbuch der europäischen Wirtschafts- und Sozialgeschichte. Band 4. (Klett) Stuttgart 1993. S. 167

[1] Re-Exporte: Importe, die wieder exportiert werden

M 6.2 Indien gerät unter britische Kontrolle

Die *East India Company* veränderte die indische Wirtschaft schon im 17. Jahrhundert, da sie die Textilien nicht einfach in den Häfen von indischen Händlern kaufte, sondern räumlich und ökonomisch tief in das Land eindrang. Meinung eines Agenten der niederländischen V.O.C. über die Arbeit der indischen Handwerker:

Leichte Baumwollstoffe (Chintz) werden hier nach (europäischen) Mustern bemalt, die man den indischen Stoffmalern vorlegt, die sie vollständig und außerordentlich perfekt nachmachen; denn ihr Nationalcharakter ist so stumpfsinnig, daß sie nichts selbst erfinden, sondern nur etwas so imitieren können, daß es der Vorlage täuschend ähnlich ist. […] Das Malen der Stoffe geht so langsam, wie eine Schnecke kriecht, und scheint überhaupt nicht voranzukommen. Ja, wer die Geduld darstellen möchte, braucht kein besseres Vorbild als einen solchen Stoffmaler aus Palicol.

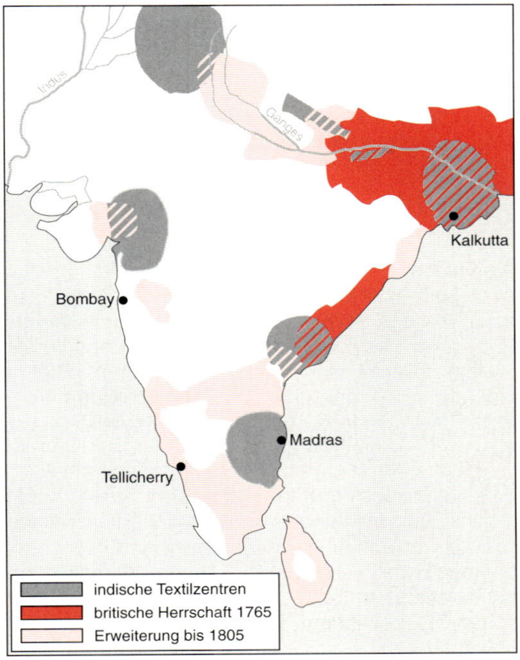

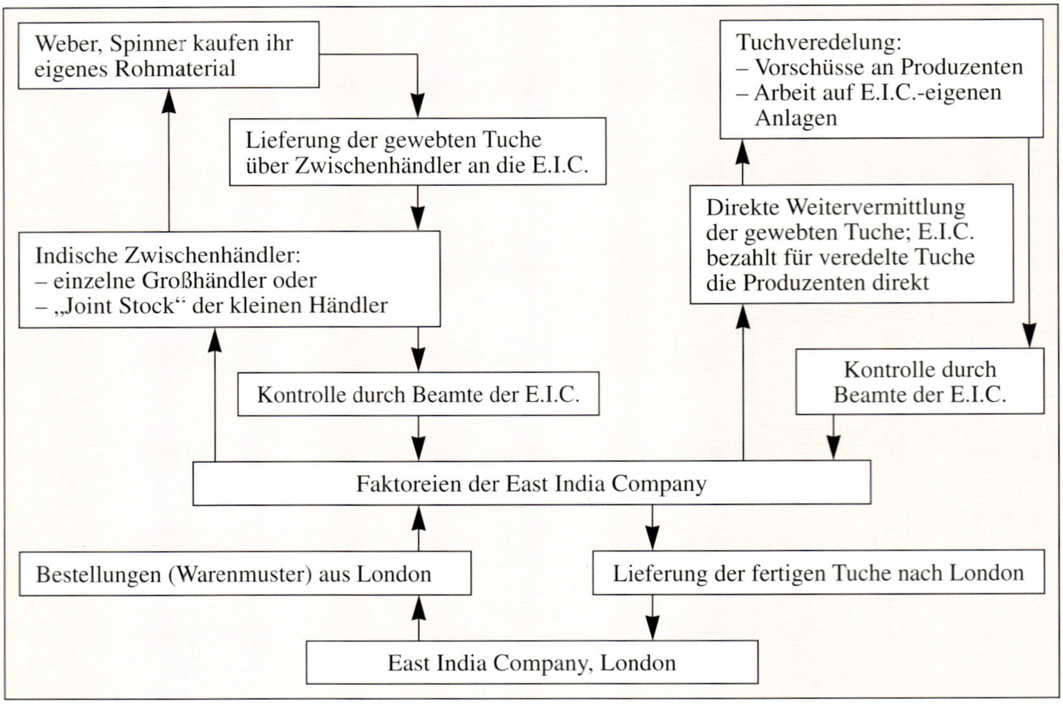

Zusammenstellung nach Times Atlas of Modern History, K.N. Chaudhuri: Asia before Europe. (Cambridge University Press) Cambridge 1990. p. 302 and 311 (Übers. H. Prokasky) und E. Schmitt: Dokumente zur Geschichte der europäischen Expansion. Bd. 5 (Beck) München 1994. S. 301.

M 6.3 Die britisch-niederländische Konkurrenz im Indischen Ozean

Die massive Verbilligung des Pfeffers infolge der großen Importe um 1670 verringerte seinen Wert als Statussymbol und führte zu einem Rückgang des Konsums. Um 1750 dominierten andere Waren die Importe aus Asien: Pfeffer machte noch knapp 7% aus, Tee und Kaffee aber 23% und *calicoes*, indische Baumwollgewebe, 42%.

Das Defizit Europas im Handel mit Asien wurde durch Silberzahlungen ausgeglichen. England konnte immerhin einen höheren Anteil an Warenlieferungen aufweisen. Beide Gesellschaften bemühten sich, durch ihren innerasiatischen Handel einen Teil des Silbers zurückzugewinnen.

Durchschnittliche Umsätze der englischen (E.I.C.) und der niederländischen (V.O.C.) Ostindiengesellschaft 1740-45 in Millionen £

		E.I.C.	V.O.C.
Exporte	Edelmetall	2 171	1 450
	Waren	1 009	251
	Handelswechsel	620	609
	Summe	3 800	2 310
Importe	Verkaufswert	7 555	5 320
	Einkaufswert	3 328	2 351
	Bruttogewinn	4 227	2 969

N. Steengard: Commodities, Bullion, and Services. in: VSWG 89, (Steiner) Stuttgart 1990. S. 14 und 77

M 6.4

Die wirtschaftliche Entwicklung Englands im 17. und 18. Jahrhundert

Die Wirtschaftskarte Englands enthält:

Infrastruktur (Haupthäfen, schiffbare Flüsse, Kanäle, Hauptstraßen, *turnpikes*)

Industrien Textilindustrie, Kohlebergbau, Metallbergbau

Bevölkerung (Dichte, Wachstum)

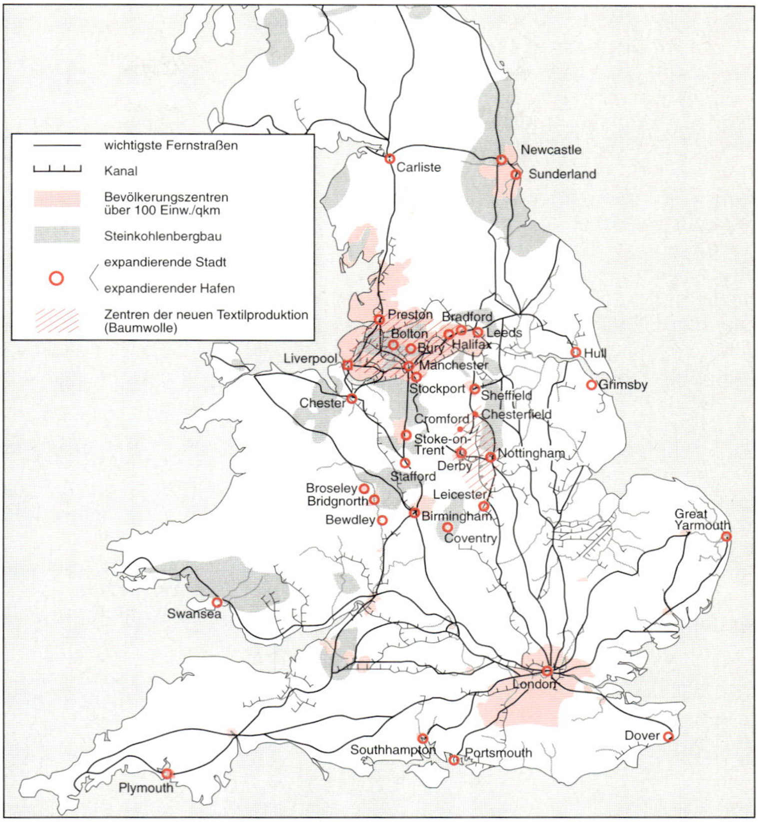

Zusammengestellt nach Times Atlas of World History u.a. Quellen

M 6.5

Ca. 1700 – Frühe Industrialisierung

Daniel Defoe (1660–1731) in seinem Reisebericht über das Industriedorf Halifax in Yorkshire:

Ich glaube, daß man etwas so Durchdachtes nirgendwo sonst auf der Welt finden kann, nämlich Kohlen und fließendes Wasser auf den Gipfeln der höchsten Berge. Das scheint von der göttlichen Hand der Vorsehung zu genau dem Zweck vorbereitet worden zu sein, dem es jetzt dient, nämlich der Produktion, die sonst nicht möglich wäre; es könnte auch nicht ein Fünftel der Bewohner ohne sie ernährt werden, denn vom Land könnten sie nicht leben. Nachdem wir auf den dritten Berg gestiegen waren, fanden wir das Land wie ein einziges Dorf, das sich trotz der Berge in alle Richtungen fortsetzte. Kaum ein Haus stand nicht in Hörweite des nächsten, und als der Tag aufklarte und die Sonne schien, konnten wir sehen, daß fast jedes Haus einen Spannrahmen hatte und auf jedem Rahmen ein Tuch gespannt war […].
Um auf den Grund zurückzukommen, warum die Häuser so verteilt sind, so fand ich, als unsere Straße sich zwischen ihnen hindurchwand (denn anders wäre es nicht möglich gewesen), bei jedem Haus ein kleines Rinnsal oder einen Graben mit Wasser; das Wasser wurde so verteilt und in Gräben und Rohren geführt, daß kein Haus ohne eine Wasserader war, die in die Werkstätten hinein- und durch sie hindurchfloß. Zwischen den Häusern der Tuchmacher liegt eine Menge kleiner Hütten verstreut, in denen die Arbeiter wohnen, deren Frauen und Kinder ständig mit Krempeln, Spinnen usw. beschäftigt sind, so daß keine Hand unbeschäftigt ist und vom Jüngsten bis zum Ältesten alle ihr Brot verdienen können; kaum daß jemand über vier Jahre alt ist, kann er sich mit seinen Händen schon nützlich machen. Deswegen sah man auch so wenige Leute draußen, aber wenn wir an die Tür eines Meisters klopften, sahen wir das Haus voller tüchtiger Gesellen, einige am Färbbottich, einige beim Zurichten der Tuche, einige am Webstuhl, einige hier, einige da, alle fleißig, vollbeschäftigt und gut mit Arbeit versorgt. […] Besonders seit der jüngsten Revolution (1688) ist das Geschäft gewaltig ermutigt und vergrößert worden […] durch die Nachfrage nach ihren Kerseys (grobe Wollstoffe) für die Armeen im Ausland.

Daniel Defoe: A Tour through the Whole Island of Great Britain. Harmondsworth 1971. S. 492 f. (Übers. H. Prokasky)

M 6.6 1757 – Die wirtschaftliche Überlegenheit Großbritanniens

Wenige Länder erreichen und vielleicht keines übertrifft England in der Zahl maschineller Erfindungen, um die Arbeit zu verkürzen. Tatsächlich sind ihnen die Holländer bei Gebrauch und Anwendung von Windmühlen zum Holzsägen, Ölpressen, Papiermachen usw. überlegen, aber Bergwerke und Metallverarbeitung betreffend sind die Engländer ungewöhnlich geschickt bei der Nutzung mechanischer Kraft. Einige Erfindungen wie Seilfahrten und Pferdegöpel sind dazu gemacht, das Erz aus den Gruben zu heben, andere wie Wasserräder und Dampfmaschinen sind dazu da, das Grubenwasser zu heben, andere sind dazu da, die Transportkosten zu senken, wie z.B. schiefe Ebenen oder Wege mit hölzernen Gleisen, um das Material tonnenweise zu transportieren. [...] Wenn wir daher bedenken, daß in Birmingham, Wolverhampton, Sheffield und anderen Industrieorten fast jeder Fabrikant seine eigenen neuen Erfindungen hat und täglich die anderer verbessert, so können wir mit einiger Zuversicht behaupten, daß die Teile Englands, in denen wir diese Dinge sehen, ein Beispiel der Ingenieurkunst bieten, dem kaum etwas irgendwo auf der Welt gleichkommt.

J. Tucker, Instructions to Travellers, zit. nach Charles Wilson: England's Apprenticeship 1603-1763. (Longman) London 1984. S. 311 (Übers. H. Prokasky)

London als neuer wirtschaftlicher Mittelpunkt Europas und des Welthandels

M 6.7 1725 – London als das neue Zentrum Europas

Aus Daniel Defoes Beschreibung Londons:

Unbeschadet der Tatsache, daß wir eine freie Nation sind, gibt es in London mehr öffentliche und private Gefängnisse und Häuser zur geschlossenen Unterbringung als in jeder anderen Stadt Europas, vielleicht so viele wie in allen Hauptstädten Europas zusammengenommen, z.B.

Öffentliche Gefängnisse:
The Tower, Newgate, Ludgate, King's Bench, the Fleet, Bridewell, Marshalseas, the Gatehouse, zwei Gefängnisse für zahlungsunfähige Schuldner in der City, eines in der Vorstadt, St. Martin's le Grand, the Clink, Whitechapel, Finsbury, the Dutchy, St. Katherines, Bale-Dock, Little Ease, New Prison, New Bridewell, Tottil-Fields Bridewell, fünf Nachtgefängnisse usw.

Private Gefängnisse:
Bethlem oder Bedlam (Irrenanstalt), 119 Spinn- und Arbeitshäuser, 15 private Irrenanstalten, 3 Pesthäuser.
(Es folgt die Aufzählung der Gefängnisse von sechs Gerichts- und Polizeibehörden.)

Erst nach den Gefängnissen zählt Defoe auch die respektablen öffentlichen Gebäude auf!

Zwei Kathedralen
vier Kapellen für Musikgottesdienste
135 Pfarrkirchen
9 unvollendete Kirchen, Teil von 50 neu zu errichtenden
69 Kapellen für den Gottesdienst der *Church of England*
2 Kirchen in Deptford
28 Kirchen der Ausländer
außerdem Versammlungsräume der *Dissenters* aller Richtungen
papistische Kapellen
eine Synagoge der Juden
13 Hospitale und außerdem Armenhäuser, von denen man über 100 rechnet, von denen viele eine Kapelle für den Gottesdienst haben,
3 *Colleges*
27 öffentliche Gefängnisse
8 öffentliche Schulen, freie Schulen genannt
83 Armenschulen
14 Fleischmärkte
2 Lebendvieh- und zwei Gemüsemärkte
23 andere Märkte
15 *Inns of Court* (Rechtsschulen)
4 Jahrmärkte
27 öffentliche Plätze...
5 öffentliche Brücken
ein Rathaus
eine königliche Börse
zwei andere Börsen
ein Zollhaus
3 Artillerieschießplätze
4 (! – s.o.) Pesthäuser
2 Bischofspaläste
3 königliche Paläste

Der höfische Teil der Stadt, der jetzt so eindrucksvoll vergrößert worden ist, würde ein Buch für sich selbst erfordern. Der königliche Palast (St. James's), obwohl er allen Pomp und Glanz Englands enthält, sieht schäbig aus im Vergleich zu seiner Inneneinrichtung, worunter ich das lebende Mobilar verstehe, den prachtvollen Hof des Königs von Großbritannien, den Glanz der Aristokratie, den Reichtum und die Bedeutung der Höflinge, den Betrieb des Hauses und die wirkliche *grandeur* der ganzen königlichen Familie, die alle Höfe in Europa übertreffen, selbst den Frankreichs, wie er seit dem Tode Ludwigs des Großen geführt wird.

Daniel Defoe: (M 6.5). S. 321 ff. (Übers. H. Prokasky). Karte nach Ch. Wilson (M 6.6), S. 180 f.

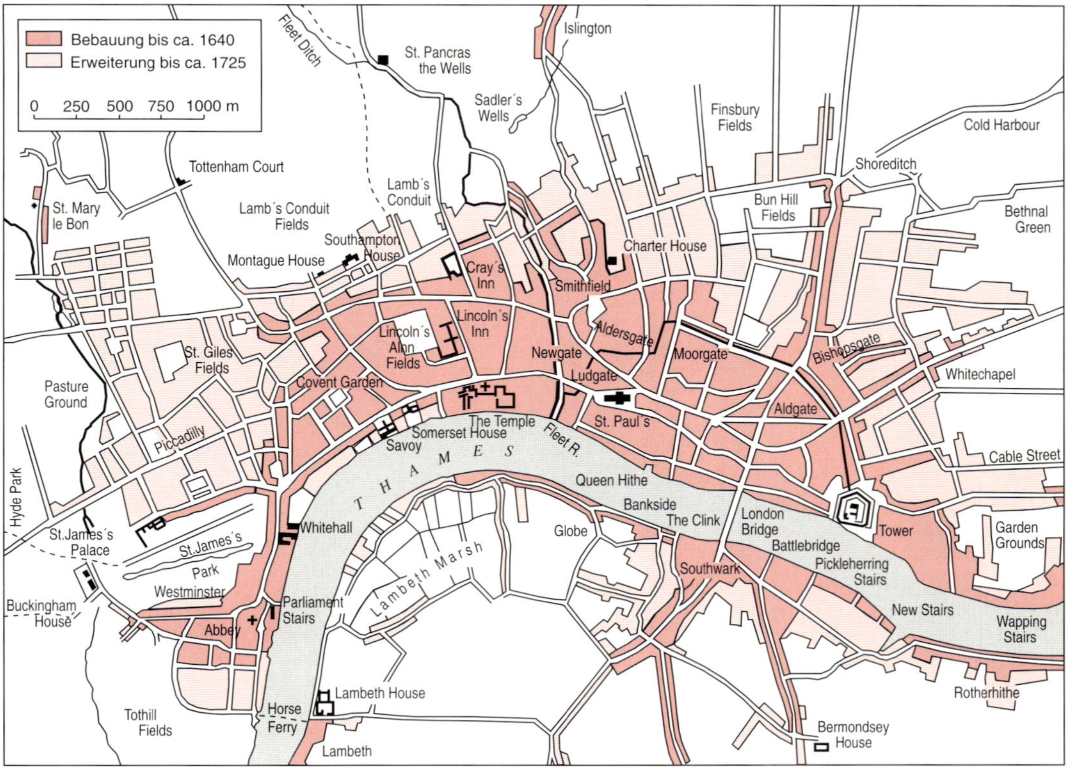

Ausdehnung Londons ca. 1720: Die Einwohnerzahl lag bei 750 000 Menschen. (Defoe irrte sich, als er sie doppelt so hoch einschätzte.)

M 6.8 1725 – Das wirtschaftliche und gesellschaftliche Gefüge Londons

Das Scheitern des ersten Papiergeldes in Frankreich und der Zusammenbruch der *South Sea Company,* einer Spekulationsgesellschaft, in London 1721 lösten die erste europäische Börsenkrise aus. Defoe steht so unter ihrem Eindruck, daß sie seine Beschreibung Londons färbt.

Wenn wir nun den ganzen Bau dieses riesigen Gebildes, das man als eine Stadt, als London, versteht, ins Auge fassen und uns nicht mit der Unterscheidung der verschiedenen Gerichtsbezirke aufhalten, dann sehen wir es in nur drei Teile gegliedert, nämlich die *City*, den Hof (Westminster) und die Außenbezirke. Die *City* ist der Mittelpunkt von Handel und Reichtum, der Hof der der adligen Lebensformen und des Glanzes, die Außenbezirke der der großen Menschenzahlen und der Gewerbe, und hinsichtlich aller drei kann keine Stadt der Welt London das Wasser reichen. Zwischen Hof und *City* besteht ein ständiger Geschäftsverkehr in einem Umfang, daß nichts in der Welt dagegen ankommen kann. Da die *City* das Zentrum der Geschäfte ist, steht dort das Zollhaus, das, weil es der Öffentlichkeit ungeheure Einnahmen bringt, nicht von dort wegverlegt werden kann, da der riesige Import und Export von Gütern sich dort abspielt. Hier finden sich auch das Steueramt, die Marinebehörde, die Bank (von England) und alle anderen Institutionen, in denen diese großen Summen bewegt werden, von denen ein so großer Teil der Nation betroffen ist und auf deren Sicherheit so viele Millionen Kredit gegeben werden. Hier finden sich die *South Sea Company,* die *East India Company,* die Bank, die *African Company* etc., deren Aktien diesen gewaltigen Handel auf dem Papier, den man Aktienspekulation nennt, in Gang halten. Dieser Handel, der einmal die ganze Nation zu ihrem Unglück verhext hatte, und der, obwohl stark reduziert und von diesem schrecklichen Wahn genesen, der einmal die ganze Nation erfaßt hatte, ist immer noch ein so ausgedehntes Geschäft, daß fast alle vermögenden Männer mehr oder weniger darin engagiert sind. Der Aktienbesitz wird dabei so oft gewechselt, daß sogar die Börsenumsatzsteuer, obwohl sie nur fünf Schilling pro Geschäft beträgt, der Regierung viele tausend Pfund pro Jahr einbringt. Man behauptet, daß jedes Jahr nicht weniger als 100 Millionen Aktien von Hand zu Hand gehen. Das ist ein Geschäft, das einen dauernden täglichen Verkehr zwischen dem höfischen Teil der Stadt und der *City* ausmacht. Man bezeichnet dies als einen der Hauptgründe für den enormen Zustrom von Adel und *gentry* aus allen Teilen Englands nach London, der größer ist, als er früher je war, d.h. daß viele tausend Familien tief im Aktienhandel engagiert sind und es für unbedingt nötig halten, zur Stelle zu sein, um ihren Vorteil beim Kauf und Verkauf zu wahren, wie es das Steigen und Fallen der Preise gebietet.

[...] Aber die Bürger und Bewohner Londons sollten wissen, und besonders auch einige der Hausbesitzer und Bauunternehmer sollten sich darüber Gedanken machen, daß, wenn der Friede andauert und die öffentlichen Angelegenheiten weiterhin ehrlich und solide betrieben werden, eine Zeit kommen wird – zumindest hofft die Nation darauf –, wenn die Staatsschulden verringert und zurückgezahlt werden und die Abgaben und Steuern zu ihrer Finanzierung abgeschafft werden und daher auch die 50 oder 60 Millionen Pfund, die jetzt die feste Grundlage der *South Sea Company*, der *East India Company* und der *Bank of England* bilden, verschwinden werden. Aus diesem Grund wird dann der Zustrom der Menschen nach London nachlassen, und sie werden nach der Natur der Dinge auf ihre Landsitze zurückkehren. [...] Was in diesem Falle die Lage dieser übervölkerten Stadt sein wird, muß ich der Zeit überlassen; aber mit der Zeit, so ist zu hoffen, werden vielleicht alle unsere Steuern verschwinden und die normalen Verbrauchsabgaben die Staatsausgaben decken, wie es immer war.

Daniel Defoe: (M 6.5) S. 306 ff. (Übers. H. Prokasky)

M 6.9 Öffentlichkeit – die neue Mode der Kaffeehäuser

Ausbreitung des Kaffeekonsums in Europa im 17. Jahrhundert: Kaffeehäuser wurden rasch zu öffentlichen Treffpunkten, die geselligen, künstlerischen und literarischen und ganz besonders geschäftlichen Zwecken dienten. 1683 trafen sich in dem Kaffeehaus des E. Lloyd erstmals und regelmäßig Kaufleute, die Versicherungsgeschäfte betrieben, woraus sich eines der größten Versicherungsunternehmen des 20. Jahrhunderts entwickelte. Ende des 18. Jahrhunderts wurde das Kaffeehaus, das der Ingenieur Telford besuchte, zeitweilig ein wichtiger Treffpunkt für Ingenieure.

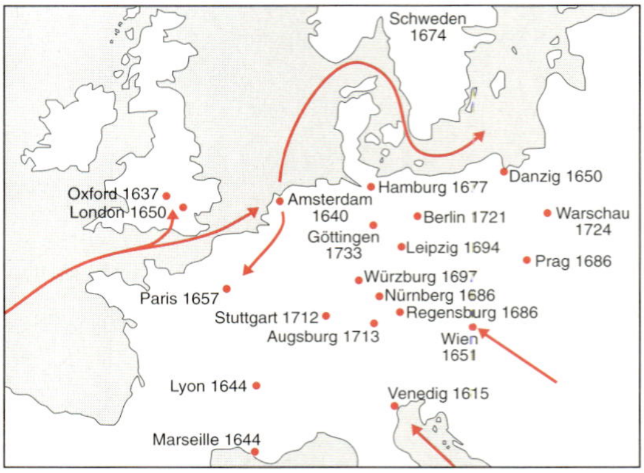

Karte nach J. Schneider: Produktion, Handel und Konsum von Kaffee, in: VSWG, Beiheft 89 (Deutscher Apotheker Verlag) Stuttgart, 1990. S. 131

M 6.10 1699 – Die Bildung des jungen Mannes der *middle class*

Die Inhalte von Bildung schwanken zwischen adlig-klassischen, bürgerlich-frommen und gewerblich-praxisorientierten Zielvorstellungen.
Inhaltsangabe von William Mather: *The Young Man's Companion*

Der Begleiter des jungen Mannes: oder: Die Arithmetik einfach gemacht mit klaren Anweisungen für einen jungen Mann, wie man Lesen, gutes Englisch zu schreiben und Kurzschrift lernt. Und auch sehr einfache Regeln, wie man Land, Kugeln, Kirchtürme, Mauern, Holz, Stein, Bretter, Glas und dergleichen mißt, sei es Oberfläche oder Volumen. [...] Mit einfachen Regeln, um die Kosten der Errichtung von Häusern, Mauern etc. zu errechnen. Der Gebrauch des Quadranten und des Markscheiderkompasses sowie farbige Anstriche drinnen wie draußen. Ausgewählte monatsweise Regeln für Gartenarbeit, Pflanzen und Pfropfen, Angeln, Vogelfang, Vernichtung von Ungeziefer. Abfassen von Briefen für viele notwendige Gelegenheiten, alphabetische Vorlagen in Versen, die für eine Schönschreibschule geeignet sind. Die Sieben Künste erklärt und die weisesten Aussprüche der Gelehrten. Eine Karte von England und Wales, die alten Bewohner (derselben) mit ihren vielen Eroberungen, mit einer alphabetischen Tabelle der Marktstädte, die die Grafschaft nennt, in der sie liegen und ihre Entfernung von London in Meilen, die Hauptstraßen dorthin und wie gut man von der *gentry* dächte, wenn sie diese reparierte. Gleichfalls viele ausgewählte und bewährte physikalische Experimente zusammen mit der Herstellung englischer Weine. Eine kurze Beschreibung des Erdballs. Aus der Übersetzung der Heiligen Schrift: Die Weissagung Christi im Alten Testament, die im Neuen Testament erfüllt wird.

Zit. nach J. Hoock, P. Jeannin: Ars Mercatoria. (Schöningh) Paderborn 1993. Band 2, S. 373 (Übers. H. Prokasky)

M 6.11 Um 1700 – Lebensstandard und Ernährung der Bevölkerung

a) Kosten für Ernährung pro Kopf und Woche in *pence*

Das ergibt für einen Fünfpersonenhaushalt gut £ 50 bei einer leidlich gutgestellten *middling*-Familie und gut £ 20 bei einer Arbeiterfamilie im Jahr.
Man rechnet, daß um die Mitte des 18. Jahrhundert knapp 20% der britischen Familien mehr als £ 50 pro Jahr zur Verfügung hatten, gut 20% zwischen £ 40 und 50 und der Rest weniger.

P. Earle: The Making of the English Middle Class. (Methmen) London 1989. S. 281

	nach Vanderlint		nach G. King
	Mittelklasse	Arbeiter	Durchschnitt England
Brot	5,25	5,25	3,50
Fleisch u. Fisch	17,50	7,00	4,25
Butter	5,25	1,75	
Käse	1,75	0,87	2,00 (Butter, Käse, Milch)
Milch	0,75	0,87	
Bier	9,50	5,25	4,75
Tee u. Zucker	7,00	0,00	0,00
Anderes	3,50	1,75	2,00
	50,50	22,75	16,50

„Anderes“ umfaßt bei G. King „Obst, Wurzel- u.a. Gartengemüse, Salz, Öl, in Essig eingelegtes Gemüse usw.“.

b) 1695 – Zeitgenössischer Vergleich Gregory Kings, des ersten Statistikers der englischen Wirtschaft

	Einwohner (Mill.)	Jahreseinkommen pro Kopf	Staatseinnahmen (Mill. £)	Steuer pro Kopf
England	5.45	£ 7.16	6.5	£ 1.4
Frankreich	13.5	£ 5.18	17.5	£ 1.5
Niederlande	2.24	£ 8.2	6.9	£ 3.1.7

Ch. King: (M 6.6). S. 382

c) **Die Entwicklungen des 18. Jahrhunderts nach modernen Berechnungen**

Preisentwicklung
Index 1780 = 100

Reallöhne Londoner Arbeiter
Index 1750 = 100

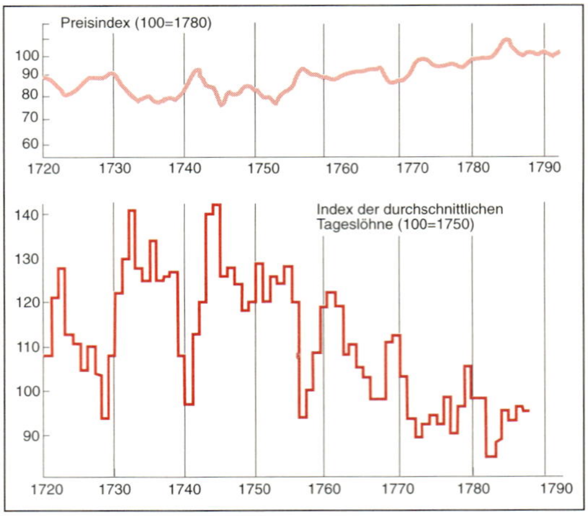

H. T. Dickinson: Liberty and Property. (Weidenfeld) London 1977. S. 456

M 6.12 1697 – Gliederung der englischen Gesellschaft

Größe und Einkommen der Haushalte nach der Berechnung des Zeitgenossen Gregory King. Kings Werte können nur als Schätzungen verstanden werden, die aber einen realistischen Eindruck von den relativen Positionen der Familien geben. King's Gliederung folgt vor allem dem Kriterium der Einkommen und deutet die Entwicklung der englischen Gesellschaft zu einer Schichtgesellschaft an. Nur die vier obersten Gruppen heben sich 1697 und auf Dauer deutlich von der *middle class* Gesellschaft ab. – Auffällig ist Kings Unterscheidung zwischen den 511 000 Haushalten, „die den Reichtum des Königreichs vermehren", und den unteren 849 000, „die den Reichtum des Königreichs verringern", d.h. deren Arbeit als nicht produktiv angesehen wird!

Familienzahl	Rang, Titel und Beruf	Personen pro Familie	Jahreseinkommen pro Familie
160	weltliche Lords	40	2 800
26	geistliche Lords (Bischöfe etc.)	20	1 300
800	Barone	16	800
600	Ritter	13	650
3 000	Herren (*Esquires*)	10	450
12 000	*Gentlemen*	8	280
5 000	Amtspersonen	8	240
5 000	Amtspersonen	6	120
2 000	Überseekaufleute	8	400
8 000	Landkaufleute	6	200
10 000	Juristen	7	140
2 000	Geistliche	6	60
8 000	Geistliche	5	45
40 000	freie Bauern	7	84
140 000	freie Bauern	5	50
150 000	sonstige Bauern	5	44
16 000	Personen in Wissenschaften und freien Berufen	5	60
40 000	Ladeninhaber und Kleinhändler	4,5	45
60 000	Handwerker	4	40
5 000	Marineoffiziere	4	80
4 000	Heeresoffiziere	4	60
511 586		5,25	67
50 000	Seeleute	3	20
364 000	Arbeiter und Diener	3,5	15
400 000	Landarbeiter und Arme	3,25	6
35 000	einfache Soldaten	2	14
849 000		3,25	10
1 360 586		4,0	31,5

Ch. Wilson: (M 6.6). S. 239

M 6.13 Bilder der Gesellschaft von William Hogarth (1697–1764)

Der verschwenderische Erbe

Der müßige Adel

Gin Lane – Laster und Krankheit: Nur der Pfandleiher (♣-Zeichen) gedeiht.

Beer Street – das gesunde England: Den tüchtigen Bürgern geht es gut, dem Pfandleiher schlecht.

Familie und Frau

M 6.14 Heiratsalter und Altersunterschiede

Alter bei der ersten Eheschließung

	Männer		Frauen	
	Zahl	%	Zahl	%
Unter 21	0	0,0	89	41,2
21–24	59	21,5	86	39,8
25–29	137	49,8	37	17,1
30–35	59	21,5	4	1,9
über 35	20	7,3	0	0,0

Earle: (M 6.11). S. 182

Vermögen des Mannes beim Tode	Alter von Mann und Frau bei der Heirat		
	Männer	Frauen	Unterschied
Unter £ 1 000	25	22	3
£ 1 000 – £ 1 999	26	22	4
£ 2 000 – £ 4 999	28	22	6
£ 5 000 und mehr	30	20	10

Die Werte beruhen auf der Auswertung von 260 individuellen Lebensläufen des frühen 18. Jahrhunderts.

M 6.15 Frauen als Repräsentanten des sozialen Status und des gesellschaftlichen Erfolgs einer Familie

1739 – François Boucher: Das Frühstück

1785 – Th. Gainsborough: Morning Walk

M 6.16 Ca. 1680 und 1722 – Was Autorinnen und Autoren erlaubt ist

Aphra Behn (1644–1690) war die erste Frau, die in England mit Theaterstücken und Gedichten ihren Lebensunterhalt verdiente. Die nach dem Maßstab der Zeit zu große moralische Freizügigkeit ihrer männlichen Charaktere trug ihr scharfe Kritik vor allem von Frauen ein.

Ich ließ dieses Stück mit aller hastigen Ungeduld drucken, wie der sie zeigt, der sich gegen die ungerechteste und dümmste Verleumdung verteidigen muß, die eine Frau gegen eine andere Frau erfindet, und die ich mir nur durch die Tatsache, daß ich eine Frau bin, eingehandelt habe: *That it was bawdy.*[1] Das ist der geringste und verzeihlichste Fehler der männlichen Schriftsteller, in deren Stücke sie sich alle drängen, als ob sie zu keinem anderen Zweck kämen, als das zu hören, was sie hier verurteilen. Aber von einer Frau geschrieben erschien ihnen das unnatürlich.

S. Mendelson: The Mental World of Stuart Women. Amherst (Mass.) 1987. S. 145 (Übers. H. Prokasky)

[1] unzüchtig, obszön; *bawdy house* = Bordell

Daniel Defoe konnte unter dem Mantel des moralischen Beispiels unwidersprochen an die geheimen Neugierden und Neigungen seiner Leser appellieren. Der vollständige Titel seines berühmten Romans lautet:

Moll Flanders,

die, im Zuchthaus Newgate geboren, nach vollendeter Kindheit noch sechzig wechselvolle Jahre durchlebte, zwölf Jahre Dirne war, fünfmal heiratete, darunter ihren Bruder, zwölf Jahre lang stahl, acht Jahre deportierte Verbrecherin in Virginia war, schließlich reich wurde, ehrbar lebte und reuig starb, beschrieben nach ihren eigenen Erinnerungen.

D. Defoe: Glück und Unglück der berühmten Moll Flanders, (Reclam) Stuttgart 1979. S. (3)

M 6.17 1740 – Die Ehre der Frau, die „nicht von Stand" ist

Samuel Richardson stellt in einem Briefroman *Pamela – or Virtue Rewarded* das Schicksal einer armen jungen Frau dar. Pamela wird nach dem Tode der Dame, deren Dienerin sie war, von deren Sohn belästigt. Daß sie ihre Ehre wahrt, ist in dieser Zeit ebenso bemerkenswert wie, daß sie den jungen Mann erziehen und später heiraten wird. Das Werk wird Bestseller und literarisches Vorbild, ein Spiegel des modernen Bewußtseins zwischen alten und neuen Werten, der Ehre der kleinen Leute und dem Streben des Individuums. Pamela schreibt ihren Eltern:

Eines Tages kam er zu mir, als ich im Sommerhaus im kleinen Garten mit Nadelarbeit beschäftigt und Mrs Jervis gerade fortgegangen war. Ich wäre auch gegangen, aber er sagte: Nein, geh nicht, Pamela, ich muß dir etwas sagen; aber du fliehst immer vor mir, wenn ich mich dir nähere, als ob du dich vor mir fürchtest. Ich war ganz außer Fassung, wie Ihr Euch vorstellen könnt, sagte aber schließlich: Es gehört sich nicht für Ihre bescheidene Dienerin, in Ihrer Nähe zu weilen, wenn es meine Pflichten nicht erfordern, und ich hoffe, ich werde immer wissen, was mein Platz ist. Nun, sagte er, mein Geschäft erfordert es manchmal, und ich denke wohl, daß du bleiben solltest um zu hören, was ich dir zu sagen habe.

Ich stand noch wie vom Schlag gerührt und begann zu zittern und das um so mehr, als er mich bei der Hand nahm und keine Seele in der Nähe war. Meine Schwester, sagte er (und schien nach Worten so verlegen zu sein wie ich), möchte dich gerne bei sich im Hause haben, aber sie würde nicht das für dich tun, was ich zu tun entschlossen bin, falls du weiter treu und gefällig bist. Was meinst du dazu, mein Mädchen, sagte er mit einigem Eifer, möchtest du lieber bei mir bleiben oder zu meiner Schwester gehen? Er schaute mich so an, daß mich das mit Angst erfüllte: Ich weiß nicht wie, aber ich überlegte in panischer Angst. Als ich wieder sprechen konnte, sagte ich: Euer Ehren werden mir vergeben, aber da Sie keine Dame haben, der ich dienen kann, und da meine Herrin jetzt ein Jahr tot ist, möchte ich lieber, wenn es Ihnen nicht mißfällt, Lady Davers dienen, weil – fuhr ich fort, und er sagte etwas hastig – weil du eine kleine Närrin bist und nicht weißt, was gut für dich ist. Ich verspreche dir, daß ich eine Dame aus dir machen werde, wenn du gefällig bist und dir nicht selbst im Wege stehst. Und als er das sagte, legte er seinen Arm um mich und küßte mich.

Nun, liebe Eltern, werdet Ihr sagen, daß alle seine Niedertracht offen zu Tage trat. Ich kämpfte und zitterte und war so von Entsetzen benommen, daß ich niedersank – nicht in einem Anfall, aber auch nicht mehr ich selbst. Ich fand mich in seinen Armen, von allen Kräften verlassen, und er küßte mich zwei-, dreimal mit schrecklichem Eifer. Schließlich riß ich mich von ihm los und wollte aus dem Sommerhaus flüchten; aber er hielt mich fest und schloß die Tür. Ich hätte nichts mehr für mein Leben gegeben, und er sagte: Ich tu dir nichts, Pamela, hab keine Angst vor mir. Ich sagte, ich bleibe keinen Augenblick länger. Nein, du dummes Ding, sagte er: Weißt du, mit wem du sprichst? Ich verlor alle Angst und allen Respekt und sagte: Ja, ich weiß es, mein Herr, nur zu gut! Wohl mag ich vergessen, daß ich Ihre Dienerin bin, wenn Sie vergessen, was sich für einen Herren gehört. Ich weinte und schluchzte sehr kläglich. Was für ein dummes Ding du bist, sagte er. Habe ich dir irgendetwas angetan? – Ja, mein Herr, das Schlimmste auf der Welt. Sie haben mich gelehrt, zu vergessen, wer ich bin und was sich für mich gehört. Sie haben den Abstand verringert, den das Schicksal zwischen uns errichtet hat, indem Sie sich erniedrigten, so frei zu einer Dienerin zu sein. Ja, ich bin so kühn zu sagen, daß ich meine Ehre habe, wenn ich auch arm bin. Und wenn Sie ein Prinz wären, wäre ich nicht anders.

S. Richardson: Pamela or Virtue Rewarded. Oxford 1919, vol I, p. 18 f. (Übers. H. Prokasky)

M 6.18 Jane Austen (1775–1817) – individuelle Emanzipation im Roman

Auszug auf *Pride and Prejudice* (1813) – ein Landpfarrer macht einen Heiratsantrag. Jane Austen kritisiert aus der Sicht der intellektuell und emotional emanzipierten Frau die Ehe ihrer Zeit, die konventionelle Enge der ländlichen *gentry* und die geistiggeistliche Flachheit, Fühllosigkeit und Geschäftstüchtigkeit vieler Geistlicher, die aus der *gentry* stammen.

[Der Pfarrer, um die Hand seiner Cousine Elisabeth werbend:] „Meine Gründe zu heiraten sind: erstens: ich halte es für richtig, daß jeder Geistliche in guten Verhältnissen – wie ich – das Beispiel der Ehe in seiner Gemeinde geben soll; zweitens: ich bin überzeugt, daß dies mein Glücksgefühl um ein bedeutendes erhöhen wird; und drittens, was ich vielleicht schon früher hätte erwähnen müssen, ist es der besondere Rat und Wunsch der sehr edlen Dame, die ich die Ehre habe, meine Gönnerin zu nennen. Zweimal hat sie sich herabgelassen, mir – ohne eine Anfrage meinerseits – ihre Ansicht über diesen Punkt mitzuteilen. Und erst am letzten Samstagabend sagte sie: Mr. Collins, Sie müssen heiraten. Ein Geistlicher wie Sie muß heiraten. Wählen Sie mit Bedacht! Wählen Sie ein feingebildetes Mädchen, meinet- und Ihretwegen. Eine tätige, brauchbare Sorte von Frau soll es sein, nicht anspruchsvoll erzogen, jedoch fähig, ein kleines Einkommen klug zu verwalten.
Die Mitgiftfrage läßt mich völlig gleichgültig, und ich werde kein Anliegen solcher Art an Ihren Vater stellen, da ich weiß, daß er ihm doch nicht nachkommen könnte und daß die eintausend Pfund zu vier Prozent, die erst nach dem Tod Ihrer Mutter in Ihren Besitz übergehen, alles sind, was Sie zu erwarten haben. Deshalb werde ich hierüber Schweigen bewahren, und Sie dürfen überzeugt sein, daß niemals ein unedelmütiger Vorwurf dieserhalb über meine Lippen kommen soll, wenn wir verheiratet sein werden."
Jetzt war es unbedingt notwendig, ihn zu unterbrechen. „Sie sind zu voreilig, Sir", rief sie. „Sie vergessen, daß ich Ihnen noch nicht geantwortet habe. Lassen Sie es mich ohne weiteren Aufschub tun. Nehmen Sie meinen Dank für die Artigkeit, die Sie mir erwiesen haben. Ich weiß die Ehre Ihres Antrags durchaus zu schätzen, aber es ist mir nicht möglich, anders zu handeln, als ihn abzulehnen."
„Es ist mir bekannt", antwortete Mr. Collins, „daß es bei jungen Damen üblich ist, die Huldigungen des Mannes, wenn er das erstemal um ihre Gunst wirbt, zurückzuweisen, auch wenn sie im geheimen gewillt sind, ihn zu erhören, und daß diese Weigerung oft ein zweites und sogar ein drittes Mal wiederholt wird. Deshalb bin ich durch Ihre Worte durchaus nicht entmutigt und hoffe, Sie binnen kurzem zum Altar zu führen." „Auf mein Wort, Sir", rief Elizabeth. „Ihre Hoffnung ist nach meiner Erklärung doch etwas ungewöhnlich. Ich versichere Ihnen, daß ich nicht zu diesen jungen Damen zähle – wenn es solche jungen Damen überhaupt gibt –, die es wagen würden, ihr Glück zu riskieren auf die Möglichkeit hin, ein zweites Mal gefragt zu werden. Ich meine es mit meiner Weigerung vollkommen ernst. Sie könnten mich nicht glücklich machen, und ich bin davon überzeugt, daß ich die letzte Frau auf der ganzen Welt bin, die Ihr Glück begründen könnte."

Jane Austen: Stolz und Vorurteil. (Manesse) Zürich 1976. S. 88 ff.

M 6.19 1804 – Die soziale Stellung der Frau als Gradmesser der Zivilisation

John Barrow nahm 1793/94 an der britischen Gesandtschaft an den chinesischen Kaiserhof teil; in seinem 1804 veröffentlichten Reisebericht behandelt er auch die Rolle der Frau in China.

Es kann wohl als ein unveränderlicher Grundsatz festgelegt werden, daß in jeder Nation die Lebensumstände des weiblichen Teils der Gesellschaft einen ziemlich genauen Gradmesser der Zivilisation abgeben, den diese Nation erreicht hat. Die Sitten, Gewohnheiten und vorherrschenden Empfindungen der Frauen haben einen großen Einfluß auf die, zu denen sie gehören, und geben ein Bild der Gesellschaft. So finden wir, daß jene Nationen, wo die moralischen und intellektuellen Kräfte des weiblichen Geschlechts am höchsten in Ehren gehalten werden, auch von solchen Gesetzen regiert werden, die am besten dazu berechnet sind, das allgemeine Glück der Menschen zu fördern; und daß im Gegensatz dazu dort, wo die körperlichen Eigenschaften des weiblichen Geschlechts die einzigen sind, die in Betracht gezogen werden – wie es in allen despotischen Herrschaftsgebieten Asiens der Fall ist, Tyrannei, Unterdrückung und Sklaverei mit Sicherheit überwiegen. Diese körperlichen Vorzüge sind weit entfernt davon, von einem persönlichen Nutzen für ihre Besitzerinnen zu sein, und dienen nur dazu, sie ihrer Freiheit und der Gesellschaft ihrer Freunde (Freundinnen) zu berauben; sie dienen dazu, sie zu einem entwürdigten Opfer zu machen, das dem sinnlichen Genuß, der Laune und der Eifersucht des tyrannischen Mannes dient. Unter wilden Völkern fallen Arbeit und Mühen unvermeidlich am schwersten dem schwächeren Geschlecht zu. In unserem eigenen glücklichen Land begannen die Talente der Frauen erst unter der Herrschaft Königin Elisabeths ernstgenommen zu werden.

John Barrow: Travels in China. London 1804. S. 138 f. (Übers. H. Prokasky)

M 6.20 Die Familie als Zentrum der privaten Existenz, die Frau als Muse

Ein zeitgenössisches französisches Beispiel: Der berühmte Chemiker Lavoisier (1743–1794) mit seiner Frau im Labor

1769 – J. Wright of Derby: Das Experiment mit der Luftpumpe. Das naturwissenschaftliche Experiment wird im Kreise der Familie durchgeführt.

Nationalismus als neue Identität

M 6.21 Von der wirtschaftlichen Konkurrenz zum Nationalismus

Andrew Marvell, ein bedeutender Dichter des 17. Jahrhunderts, entwickelte in dem Gedicht *The Character of Holland* zu den britisch-niederländischen Seekriegen ein passendes Feindbild vom Holländer:

Holland, das kaum den Namen Land verdient,
nur angeschwemmter englischer Sand
und soviel Erde, wie britische Seeleute hinterließen,
als sie das Lot hochholten,
oder was durch langsame Anschwemmung des Ozeans
an schiffbrüchigen Muschelschalen sich sammelte,
– dieses unverdaute Erbrochene der See
fiel verdientermaßen den Holländern als Eigentum zu.

Froh wie Bergleute, die Erz gefunden haben,
holten sie in wilder Arbeit das Land ans Ufer
und tauchten verzweifelt nach jedem Brocken Erde,
als ob er Bernstein wäre;
sie sammelten ängstlich kleine Mengen Lehm,
weniger als was nestbauende Schwalben tragen
oder als die Pillen, die schmutzige Käfer rollen
und denen sie ihre Misthaufenseelen einflößen.

Andrew Marvell: The Poems and Letters. (Clarendon) Oxford 1971. Bd. 1, S. 100 f.

Die Karikatur der Kriege mit dem revolutionären Frankreich

1794 – I. Cruikshank: Das Öffnen der Schleusen oder Hollands letzte Rettung (Holland und Großbritannien waren zu dieser Zeit Verbündete gegen Frankreich).

J. Gillray: Jack Tar macht Bürger Franz fertig. (Jack Tar war der Spitzname des einfachen englischen Seemanns.)

M 6.22 1719 – Europäer und Farbiger – Herr und Diener

Robinson Crusoe rettet einen Eingeborenen, gibt ihm einen Namen und lehrt ihn das erste Wort.

Er war ein recht hübscher Bursche, gut gebaut, mit kräftigen Gliedern, nicht zu groß, schlank und ebenmäßig gewachsen; ich schätzte sein Alter auf sechsundzwanzig Jahre. Seine Erscheinung war sehr gut, er machte keinen wilden, trotzigen Eindruck, in seinen Zügen lag eher etwas sehr Männliches, und doch zeigten sie auch die Anmut und Liebenswürdigkeit des Europäers, besonders wenn er lächelte. Das Gesicht war rund und voll, die Nase schmal, nicht nach Negerart flach, er hatte einen hübsch gezeichneten Mund, schmale Lippen und schöne, regelmäßige Zähne, weiß wie Elfenbein.
Nachdem er etwa eine halbe Stunde mehr geschlummert als richtig geschlafen hatte, erwachte er und kam aus der Höhle zu mir heraus, ich war nämlich gerade beim Melken meiner Ziegen in dem Pferch dicht daneben. Als er mich erblickte, lief er auf mich zu, warf sich wieder auf den Boden und bemühte sich auf alle Weise mit seltsamen Gebärden, seine Dankbarkeit und Ergebenheit zu zeigen. Zuletzt legte er seinen Kopf auf den Boden, ganz dicht bei meinem einen Fuß, und setzte wie schon früher meinen andern auf

seinen Kopf. Durch allerhand Zeichen wollte er mir seine Unterwürfigkeit, Dienstbarkeit und vollkommene Ergebenheit zum Ausdruck bringen und mir andeuten, daß er mir zeitlebens zu dienen bereit sei. Ich begriff das meiste, was er sagen wollte, und gab ihm zu verstehen, daß ich mit ihm sehr zufrieden wäre. Bald darauf fing ich an, ihn im Sprechen zu unterrichten und brachte ihm zuerst bei, daß er Freitag heiße, das sei der Tag, an dem ich ihm das Leben gerettet habe. Ich gab ihm diesen Namen, um mich stets daran zu erinnern. Mich sollte er mit „Herr" anreden, wobei ich ihm zu verstehen gab, daß dies mein Name sei. Ebenso lehrte ich ihn die Worte Ja und Nein und ihre Bedeutung. Dann reichte ich ihm in einem irdenen Topf etwas Milch und zeigte ihm, wie ich trank und mein Brot eintauchte.

(Für Defoe ist Freitag natürlich ein Menschfresser, der erst noch auf Milch und Brot umgestellt werden muß.)

Daniel Defoe: Robinson Crusoe. (Winkler) München 1966. S. 222 ff.

Das politische System

M 6.23 1689 – Die *Bill of Rights*

Die *Lords* und *Commons* als „die gesetzmäßige, vollständige und freie Vertretung aller Stände des Volkes in diesem Königreich" legten Wilhelm von Oranien die *Bill of Rights*, eines der Grunddokumente der britischen Verfassung, vor:

Die angemaßte Befugnis, Gesetze oder die Ausführung von Gesetzen durch königliche Autorität ohne Zustimmung des Parlaments aufzuheben, ist gesetzwidrig. Die angemaßte Befugnis, von Gesetzen oder der Ausführung von Gesetzen durch königliche Autorität zu dispensieren, wie sie kürzlich beansprucht und ausgeübt wurde, ist gesetzwidrig.

Die Errichtung des früheren außerordentlichen Gerichtshofes für kirchliche Rechtsfälle sowie alle anderen Kommissionen und Gerichtshöfe ähnlicher Natur sind gesetzwidrig und gefährlich.

Steuern für die Krone oder zum Gebrauch der Krone unter dem Vorwand eines Prärogativs[1] ohne Erlaubnis des Parlaments für längere Zeit oder in anderer Weise, als erlaubt und bewilligt wurde, zu erheben, ist gesetzwidrig.

Es ist das Recht des Untertans, dem König Bittschriften einzureichen, und jede Untersuchungshaft sowie Verfolgung wegen solch einer Petition ist gesetzwidrig.

Es ist gegen das Gesetz, es sei denn mit Zustimmung des Parlaments, eine stehende Armee im Königreich in Friedenszeiten aufzustellen oder zu halten. Den protestantischen Untertanen ist es erlaubt, Waffen zu ihrer Verteidigung gemäß ihrer Stellung und wie es das Gesetz gestattet, zu führen. Die Wahl von Parlamentsmitgliedern soll frei sein. Die Freiheit der Rede und der Debatten und Verhandlungen im Parlament darf von keinem Gerichtshof oder sonstwie außerhalb des Parlaments angefochten oder in Frage gestellt werden.

Um allen Beschwerden abzuhelfen sowie zur Besserung, Stärkung und Erhaltung der Gesetze sollen Parlamentssitzungen häufig gehalten werden.

Zit nach English Historical Documents, Bd. 8, S. 122 ff. London 1953–1955; übers. v. B. Dombrowsky.

---

[1] Prärogativ – dem König vorbehaltenes Recht.

M 6.24 1690 – John Locke – die Theorie der Volkssouveränität

John Locke (1632–1704) einer der bedeutendsten Gesellschaftsphilosophen, entwickelte seine Theorie im engen Zusammenhang mit den politischen Konflikten seiner Zeit.

89. So oft also eine Anzahl von Menschen sich so zu einer Gesellschaft vereinigt, daß jeder einzelne seine exekutive Gewalt des Naturrechts aufgibt und zugunsten der Gemeinschaft darauf verzichtet, entsteht, und zwar nur dann allein, eine politische oder staatliche Gesellschaft. Dies versetzt die Menschen aus dem Naturzustand in den eines Gemeinwesens, indem sie einen Richter auf Erden einsetzen mit Autorität, alle Streitigkeiten zu entscheiden und Schädigungen zu sühnen, die einem Mitgliede des Gemeinwesens zugefügt werden, und dieser Richter ist die Legislative oder die durch sie ernannte Obrigkeit. Überall aber, wo mehrere Menschen eine solche entscheidende Gewalt, die sie anrufen könnten, nicht besitzen, befinden sie sich, so verbunden sie sonst auch sein mögen, noch im Naturzustande.

90. Das beweist, daß die absolute Monarchie, die von manchen Menschen als einzige Regierung in der Welt angesehen wird, mit staatlicher Gesellschaft in der Tat unverträglich ist und eine Form von staatlicher Regierung überhaupt nicht sein kann. Denn der Zweck der staatlichen Gesellschaft ist, die Unzuträglichkeiten des Naturzustandes, die sich notwendigerweise ergeben, wenn jedermann Richter in eigener Sache ist, dadurch zu vermeiden und abzustellen, daß eine allen bekannte Autorität eingesetzt wird, die jeder auf erlittenes Unrecht oder bei entstandenem Streit aufrufen kann und der jeder einzelne der Gesellschaft gehorchen muß.

134. Da der große Zweck, zu welchem Menschen in eine Gesellschaft eintreten, im friedlichen und sicheren Genuß ihres Eigentums besteht, und da das große Werkzeug und Mittel dazu das in dieser Gesellschaft eingesetzte Recht ist, so ist das erste und grundlegen-

de positive Gesetz aller Staaten die Einsetzung der legislativen Gewalt, wie das erste und grundlegende natürliche Gesetz, das sogar die legislative Gewalt selbst beherrschen muß, die Erhaltung der Gesellschaft und – soweit es sich mit dem öffentlichen Wohl verträgt – jeder einzelnen Person in ihr ist. Diese Legislative ist nicht allein die höchste Gewalt des Staates, sondern sie ist heilig und unabänderlich in den Händen, in welche die Gemeinschaft sie einmal gelegt hat; auch kann eine Verordnung irgendeines anderen, in welcher Form sie auch verfaßt, von welcher Macht sie auch gestützt sein mag, nicht die verpflichtende Kraft eines Gesetzes haben, wenn sie nicht ihre Sanktion von derjenigen Legislative erhält, die das Volk gewählt und ernannt hat [...].

142. Folgende sind die Grenzen, die der legislativen Gewalt eines jeden Landes, in allen Formen der Regierung, durch das Vertrauen, das die Gesellschaft in sie gesetzt, durch das Gesetz Gottes und der Natur gezogen sind:

Erstens, sie muß nach öffentlich bekannt gemachten, festen Gesetzen regieren, die nicht in besonderen Fällen geändert werden dürfen, sondern nur *ein* Maß haben für Reich und Arm, für den Günstling am Hofe und für den Bauern am Pfluge. Zweitens, diese Gesetze sollen zuletzt keinem anderen Zweck dienen als dem Wohl des Volkes. Drittens, sie dürfen keine Steuern von dem Eigentum des Volkes erheben ohne seine durch das Volk selbst oder seine Vertreter gegebene Zustimmung... Viertens, darf weder noch kann die Legislative Gewalt, Gesetze zu geben, auf irgendeinen anderen übertragen oder sie einem anderen beilegen, als es durch das Volk geschehen ist.

Zit. nach F. Dieckmann (Hg.): Geschichte in Quellen, Bd. 3. (Bayr. Schulbuchverlag) München 1966. S. 496 f.

M 6.25 1991 – Eine moderne Definition des Begriffs der Souveränität

Souveränität läßt sich allgemein kennzeichnen als die abschließende, keiner weiteren Entscheidungsinstanz mehr unterworfene Herrschaftsgewalt des Staates nach innen und außen. Der Souveränitätsgedanke wandte sich scharf gegen einen traditionalistisch gefaßten Rechts- und Herrschaftsbegriff, „bot (er doch) den Schlüssel zu einer deduktiven Ermittlung und Begründung weitreichender Herrschaftsbefugnisse, die den Rahmen der jeweils überkommenen Rechtspositionen überschritten". Er hob sich von der traditionellen Herrschaftskonzeption insbesondere dadurch ab, daß die Ausweitung und Vervielfältigung der Staatsaufgaben nicht mehr um den Preis der Erweiterung und Verfestigung herrschaftlicher und genossenschaftlicher Partikulargewalten erfolgte; der souveräne Staat höhlte vielmehr diese Eigenherrschaften tendenziell aus oder beseitigte sie und gewährleistete „die Ausübung der Verbandsherrschaft durch beliebig und jederzeit auswechselbare Funktionäre aus der Gesamtheit der Staatsbürger". Auf die Verfassungsverhältnisse der frühen Neuzeit übertragen, kappte die Theorie der Souveränität somit sämtliche am Träger der Souveränität vorbeigehenden Beziehungen und Abhängigkeiten zwischen den Angehörigen und Einwohnern des souveränen Staates und dem „Ausland". In der äußeren Souveränität gipfelten zumindest theoretisch die Bemühungen der Landesherren um ein *territorium clausum,* das den abschließenden Orientierungs- und Bezugsrahmen für das Leben der Untertanen abgeben sollte. [...]

Innere Souveränität war wesentlich durch das Gesetzgebungsrecht des Landesherrn definiert. Das Gesetzgebungsrecht erwies sich als dynamisches politisches Werkzeug in der Hand des Landesherrn, dem gegenüber der eher statisch strukturierte Rechtsbegriff der Stände und Korporationen in die Defensive geriet. *„La puissance de donner loy à tous en general, & à chacun en particulier"*, wie Bodin die Gesetzgebungsgewalt des souveränen Fürsten definierte, implizierte eine der Gesetzgebungs- und Befehlsgewalt gegenüber nivellierte Gesellschaft von Untertanen, deren ständische und korporative Sonderungen und Unterteilungen angesichts des Gesetzesbefehls tendenziell irrelevant wurden.

Gegenüber dem Mechanismus von Befehl und Gehorsam, auf dem die *potestas legislatoria* praktisch basierte, erwies sich die Untertanenhuldigung als Störfaktor. Die der Huldigung[1] aufgrund ihrer Verwurzelung im mittelalterlichen Rechtsverständnis inhärenten Merkmale der Mutualität[2] und des Konsens stießen mit der unilateralen[3] Konzeption des gehorsamen und pflichtigen Untertanen zusammen. [...]

Die der staatlichen Gesetzgebungsgewalt gegenüber grundsätzlich gleichgeschaltete Untertanengesellschaft war eine der wesentlichsten Voraussetzungen für die Fundamentaldemokratisierung, die sich in politischer Hinsicht im Übergang von der Fürsten- oder Staatssouveränität zur Volkssouveränität realisierte. Der Gedanke, daß das Volk Souverän und Träger der *suprema potestas* sei, setzte sich in den Konstitutionen der zweiten Hälfte des 18. und des 19. Jahrhunderts unaufhaltsam durch.

A. Holenstein: Die Huldigung der Untertanen. (G. Fischer) Stuttgart/New York 1991. S. 486 f.

---

1 Huldigung – Rechtsakt mittelalterlicher Herkunft: Treuegelöbnis der Untertanen gegen Beschwörung ihrer Rechte durch den Fürsten

2 Mutualität – Gegenseitigkeit

3 unilateral – einseitig

M 6.26 Der Motor der modernen Volkssouveränität – die *Dissenters*

Der englische Protestantismus außerhalb der von Heinrich VIII. gegründeten *Church of England* war von einer Vielfalt von Sekten bestimmt; mit seinem Verlangen nach Aufsicht über die Kirche verwandelte der Staat die Frage der Glaubensfreiheit in einen Machtkampf. Der Kampf der Minderheiten (auch der katholischen) um religiöse Freiheit wurde eine der Quellen der angelsächsischen Demokratie; besonders die Sprache der englischen *Dissenters* enthält viele Begriffe, die in der amerikanischen Revolution von 1776 wiederkehren.

So wie niemand rechtmäßig seine religiöse Freiheit aufgeben kann, indem er auf sein Recht verzichtet, in Glaubensfragen selbst zu entscheiden, oder irgendeinem Menschen erlaubt, ihm vorzuschreiben, welchen Glauben er anzunehmen oder welches Bekenntnis er auszuüben hat, so kann keine *civil society* ihre *civil liberty* aufgeben, indem sie einer fremden Gewalt (*jurisdiction*) ihre Macht überläßt, sich selbst Gesetze zu geben und über ihr Eigentum selbst zu verfügen. Ein solcher Verzicht wäre, da sie unvereinbar mit den unveräußerlichen Rechten der menschlichen Natur wäre, unverbindlich oder würde nur das Individuum binden, das ihn gemacht hat. Das ist ein Segen, auf den keine Generation für eine andere verzichten kann; sollte sie verloren gehen, hat ein Volk immer das Recht, sie zurückzuverlangen.

Deine ganze Existenz beruht darauf, daß du den einen Grund für deinen *dissent* [...] gegen einen anderen austauschen kannst; das ist der einzige vernünftige und zu rechtfertigende Grund für den *dissent*, das unveräußerliche und unbegrenzte Recht auf das eigene Urteil (*the unalienable and universal right of private judgment*). (Deine Existenz beruht ferner) auf der Notwendigkeit einer unbehinderten Wahrheitssuche (*enquiry*) und der Debatte und Erörterung aller Gegenstände des Wissens, der Moral und der Religion. Man kann das *intellectual liberty* nennen. Dies sollte der allgemeine Grund des *dissent* sein.

H.T. Dickinson: Liberty and Property. (Weidenfeld and Nicolson) London 1977. S. 202 f.

M 6.27 1726 – Gullivers Reisen – eine Politsatire

Jonathan Swift veröffentlichte *Gullivers Reisen* zunächst anonym, weil er wütende Reaktionen auf seine Kritik befürchtete. Tatsächlich hatte sein Buch einen riesigen Erfolg, der wohl stark darauf beruhte, daß das Publikum vor allem seine phantasievollen Einfälle schätzte. Daß es dann zu einem der klassischen Kinderbücher wurde, muß wohl auf einem grundlegenden Mißverständnis beruhen.

Am Ende seines Berichts begründet der Erzähler, Kapitän Lemuel Gulliver, warum er seine Entdeckungen nicht den englischen Behörden mitgeteilt hat, und zieht er sich deprimiert zurück, weil die *Yahoos*, die Menschen *homo sapiens*, so niederträchtig sind, und erinnert sich wehmütig an die *Houynhnhnms*, die klugen und „humanen" Pferde seiner letzten Entdeckung.

Aber ich habe noch andere Gründe, die mich davon zurückhalten, eine Erweiterung des Gebietes Seiner Majestät durch die von mir entdeckten Länder zum empfehlen. Ich zweifle ernsthaft daran, ob die Fürsten bei einer solchen Verteilung wirklich gerecht vorgehen würden. Um ein Beispiel zu nehmen: ein Piratenschiff wird durch einen Sturm weit abgetrieben; schließlich entdeckt ein Schiffsjunge vom Mast aus Land; die Besatzung geht in die Boote und fährt hin, um zu rauben und zu plündern. Sie finden ein harmloses Volk, das sie freundlich empfängt; sie geben dem Land einen neuen Namen, belegen es für ihren König mit Beschlag, richten eine morsche Planke oder einen Stein als Gedenkzeichen auf, ermorden zwei oder drei Dutzend Eingeborene, nehmen einige als Beweis für ihre Tat mit, kehren nach Hause zurück und werden in Gnaden aufgenommen. Damit hat nach gottgegebenem Recht eine neue Herrschaft in einem neuen Gebiet begonnen. Schiffe werden dorthin geschickt, die Eingeborenen vertrieben oder ausgerottet, und ihre Häuptlinge werden gefoltert, um ihnen zu entpressen, wo sich ihr Gold befindet. Der Unmenschlichkeit und Mordlust werden Freibriefe ausgestellt, die Erde dampft vom Blut der Einheimischen, und diese zu frommem Zweck ausgeschickte Schlächterbande nennt man heutzutage eine Expedition, die gekommen ist, ein heidnisches und barbarisches Volk zu zivilisieren und zu bekehren.

Diese Schilderung bezieht sich selbstverständlich nicht auf die Briten, die sich die ganze Welt als kluge, vorausschauende und gerechte Kolonisten zum Vorbild nehmen kann. Sie setzen großzügig Stiftungen aus zur Förderung von Religion und Wissenschaft, sie wählen die frömmsten und fähigsten Geistlichen aus, um das Christentum zu propagieren, sie entsenden überhaupt nur Leute mit sauberer Weste, und als Beamte setzen sie nur die geschicktesten und unbestechlichsten Männer ein.

J. Swift: Gulliver's Travels. (Everyman's) London 1991. S. 314 ff.

Die Ehre der alten Stände schwindet

M 6.28 Was heißt „Ehre" in der vormodernen Gesellschaft – eine moderne Darstellung

Die Ehre war *das* prägende Ordnungs- und Orientierungsmoment im Leben der damaligen Menschen, sie bestimmte, begleitete und normierte das Verhalten sowohl einzelner als auch von Gruppen, sie regelte den täglichen Umgang miteinander, sie konnte bereits bei der Geburt eines Mannes oder einer Frau den spezifischen Platz des Individuums in der Gemeinschaft festlegen. Obwohl die Ehre ein für die gesamte Gesellschaft gültiges Prinzip war, nach dem alle zu leben bemüht waren, so sah der Ehrenkodex doch nicht für alle gleich aus: Jeder Stand hatte seine eigenen Ehrnormen, die sich zum Teil in ihrer Wertigkeit erheblich voneinander unterschieden. Worin die jeweilige persönliche oder auch ständische Ehre der Betreffenden bestand, war allen Beteiligten klar, ohne daß dies in einer Rechtsnorm verbindlich festgelegt worden wäre. Die Nichtbefolgung des *ungeschriebenen Kodex der öffentlichen Ehre* zog ausnahmslos Konsequenzen nach sich, Folgen, die je nach Schwere des Verstoßes bis hin zu Rechtlosigkeit und der unwiderruflichen gesellschaftlichen Ausgrenzung reichen und damit den sozialen Tod bedeuten konnten. [...]

In den Städten des ausgehenden Mittelalters und der Frühen Neuzeit bildeten sich Ehrvorstellungen aus *den bürgerlichen Berufs- und Lebensgemeinschaften* vor allem der Kaufleute und Handwerker heraus; ihre Ehrauffassungen gründeten hauptsächlich in beruflichen Tugenden wie Ehr- und Redlichkeit, Treue, Sparsamkeit, eine geregelte Haushaltsführung, Fleiß und die Wertschätzung der durch Arbeit erbrachten Leistung. Gerade das Handwerk kannte dabei besonders strenge Ehrvorschriften, die im Hinblick auf den als ständisch begriffenen Status einer jeweiligen Profession dringlichst befolgt und eingehalten werden mußten, sollte das Fehlverhalten eines Mitgliedes einer Berufsgruppe nicht auf den gesamten Stand zurückfallen. Da der Mensch der Frühen Neuzeit nicht über die sich heute bietenden Möglichkeiten zur freien Entfaltung seiner Persönlichkeit verfügte und sich daher weniger als Individuum, sondern ungleich stärker als Vertreter einer bestimmten Gruppe bzw. eines Standes begriff, war seine persönliche Ehre auch immer eng mit der Gruppenehre verknüpft; diese Auffassung hatte zur Folge, daß tatsächlich eine Art Kollektivschuld den Stand traf, wenn einer seiner Angehörigen den Ehrkodex verletzte.

Die Kontrolle darüber, ober der/die einzelne die Normen der Ehre befolgte, oblag der Öffentlichkeit. Diese Öffentlichkeit jedoch war umfassend, denn eine Trennung zwischen Lebensbereichen, die heute als anerkannte Sphäre des Privaten gelten, und dem gemeinschaftlichen Leben kannte die Frühe Neuzeit noch kaum. Der Omnipräsenz der Öffentlichkeit entsprach das Ausmaß des Einflusses, den sie ausübte: Dank der allgegenwärtigen Kontrolle wußte man Bescheid über den anderen und hatte das Recht, über ihn zu sprechen.

S. Alfing, Ch. Schedensack: Frauenalltag im frühneuzeitlichen Münster. (Verlag für Regionalgeschichte) Bielefeld 1994. S. 26ff.

M 6.29 1803 – Konflikt um die Ehre und seine Rituale

Noch nach 1800 verteidigen Handwerksgesellschaften nach alten Ritualen ihre Ehre, wenn sie sie von den Meistern gekränkt sehen.

(In der Nacht) kam keuchend und schweißgebadet ein Geselle aus der Stadt, der Baranowsky hieß und aus Bochnia in Galizien gebürtig war, und brachte uns die Nachricht, daß der Sohn der Witwe Keil auf dem Jahrmarkt von einem Meister des Handwerks mit ehrenrührigen Schmähworten gröblich beleidigt worden sei. Dabei habe der junge Mensch nach dem Sprichwort: „Wie es in den Wald hineinschallt, so schallt es wieder heraus“ den Meister mit seinen eigenen Schimpfworten wieder zurück beschimpft, anstatt sich schweigend nach Zeugen umzusehen, um eine Injurienklage wider seinen Gegner anzustrengen. Der Meister habe dann noch nachts das Gewerk sich versammeln lassen und vor diesem hoch- und wohlweisen Tribunale den Keil verklagt. Dieser sei nach dem Richterspruche des präsidierenden Assessors und aller Zunftgenossen zu einer Strafe von drei Talern verdonnert worden, die er ohne weiteres erlegen müsse.

Die Gesellen beschließen einen Streik, den die Meister mit Polizeigewalt brechen. Daraufhin verlassen die auswärtigen Gesellen die Stadt und stellen so die Ehre der Meister in Frage. Ein Meister trifft den Schreiber:

Dieser eröffnet uns die Besorgnis der Meister, die sich beraten wollen, ob es tunlich sei, alle Fremden abreisen zu lassen, die wohl gar, was das schlimmste wäre, die Stadt verschimpfen möchten, auch daß er an den Altgesellen den Auftrag habe, die Brüderschaft zusammenzurufen.

Man fing also an, in sich zu gehen und einzusehen, man habe uns zuviel getan. Man war geneigt, zu bösem Spiel gute Miene zu machen und da nachzugeben, wo Halsstarrigkeit von bösen Folgen sein konnte. Städte zu beschimpfen war zur damaligen Zeit für die dort wohnenden Meister äußerst verderblich. Denn die Ursache der Verschimpfung ward auf den Gesellentafeln aller Herbergen in der ganzen Umgegend angeschlagen und blieb keinem Gesellen unbekannt. Und wehe dem, der nach solch einer verschimpften Stadt wanderte oder gar darin arbeitete. Man umging sie wie einen Ort, in dem ein bösartiges Pestübel herrscht. Die auf solche Art gleichsam geächteten Meister konnten keine Gesellen erhalten, bis sie sich mit den Urhebern solcher Acht völlig geeinigt und verglichen hatten und die Verschimpfung widerrufen wurde. Nun wurden die Beisitzer-Meister an uns abgeschickt, um uns zu fragen, welche Genugtuung wir für die freilich etwas zu harte Behandlung verlangten.

Zit. nach W. Fischer: Quellen zur Geschichte des deutschen Handwerks. (Musterschmidt) Göttingen 1957 S. 96ff.

M 6.30 1760er Jahre – Ein Stand verliert seine Ehre und der Staat seine Ordnung

Justus Möser (1720–1794), Politiker im Fürstentum Osnabrück, übte publizistisch mit seinen *Patriotischen Phantasien* einen großen konservativen Einfluß aus. In einem fiktiven Brief läßt er ein „Ehrenmitglied des löblichen Schneideramtes" über die Zulassung „unehrlicher" Leute zum Handwerk klagen:

a) Sagen Sie mir doch, was ich mit meinem Jungen anfangen soll? Ich hatte ihn zum Strumpfweber bestimmt; allein, nachdem er in den Zeitungen gelesen, daß die Söhne der Schinder und Gott weiß was mehr für Leute in Zünfte und Gilden angenommen werden sollen, kann ich ihn gar nicht mehr dazu bewegen. Heut spricht er, es sei nichts besser, als Soldat zu werden; morgen will er Theologie studieren; dann will er *Juris practicus* werden; und ich schließe aus dem allen so viel, daß er endlich lieber aufs Theater gehen als ein Handwerk lernen wird. Die Sache liegt mir indessen sehr am Herzen; der Junge hat Verstand, und ich habe noch ziemliche Mittel. Er könnte einmal was Rechts in der Handlung tun, wenn er das Strumpfweben oder ein ander gutes Handwerk ergriffe. Allein, verdenken kann ichs ihm jetzt nicht, daß er für alles Handwerk einen Abscheu bekommen [...].

b) Die Folgen des Reichsabschiedes sind würklich traurig für Gilden und Zünfte gewesen. Denn dadurch, daß ihre Ehre solchergestalt und ihre Klasse zerstöret ist, wird es allmählich verächtlich, sich in eine Zunft zu begeben. Nur in England verschmäht es der König nicht. Der Reiche wird lieber ein sogenannter Fabrikant; und die etwas Vermögen haben, kaufen sich Adelbriefe, um aus der siebenden Klasse in eine höhere zu kommen. Die Politik unser Vorfahren war unendlich feiner, und nach ihren Grundsätzen sollte die gemeine Ehre ebenso sorgfältig bewahret werden als die hohe, weil der Stand der gemeinen Ehre alle Lasten trägt und dem Staat daran gelegen ist, daß sich solcher täglich vermehre, welches gewiß nicht dadurch geschicht, daß er beschimpft wird. So wenig der Kaiser einen aus der siebenden Klasse stiftsfähig machen kann: so wenig hätte er jemand aus der Klasse ohne Ehre zunftfähig machen sollen.
Allein diejenigen, so den Reichsabschied verfertigten, waren nicht aus der siebenden Klasse; diese fühlten nur vor sich und nicht vor andere. Sie dachten wie vor Höchstgedachter Reichsfürst, ohne es öffentlich zu sagen. In der Tat aber war es eine fehlerhafte Gesetzgebung, daß solchergestalt ein Stand über den andern richtete. Der gemeine Soldat kann nicht verurteilet werden, ohne daß nicht zwei seiner Kameraden mit zu Gerichte kommen. Und der Reichsabschied hätte nach den Grundsätzen der deutschen Gesetzgebung nicht ohne besondere Deputierte aus der siebenden Klasse verfertiget werden sollen. Diese verliert auf einmal Freiheit und Eigentum, sobald man ihr ohne ihre Einwilligung willkürliche Gesetze geben kann; und die russische Kaiserin verfährt mit ihren Untertanen so strenge nicht, wie das Reich mit bestätigten und privilegierten Zünften verfahren ist.

a) Justus Möser: Sämtliche Werke. (Stalling) Oldenburg. Bd. 5 (1945) S. 137f.
b) Bd. 4 (1944) S. 243

M 6.31 Proto-Industrialisierung – Entstehung und Entwicklung eines geschichtswissenschaftlichen Denkmodells

1972 – Franklin Mendels
Definition eines Begriffs: „Proto-Industrialisierung ist die vorindustrielle Industrialisierung, die der eigentlichen Industrialisierung voraufging und sie vorbereitete." *Charakterisierung*: Überregionale Märkte (Textilien) lösten Einbindung ländlicher Arbeitskraft in hausindustrielles Gewerbe aus.
Räumlicher Umfang: ausgehend von Flandern ganzes frühneuzeitliches Europa
Folgen:
- Lösung ländlicher Arbeitskräfte von agrarischer Lebensbasis
- Niedergang städtisch-zünftischer Gewerbe
- regionale Spezialisierung: dörfliches Textilgewerbe und Agrarproduktion für den Markt
- dauerhaftes Bevölkerungswachstum wegen besserer Einkommen

1977 – David Levine (stimmt Mendels weitgehend zu; Ergänzung)
Folgen:
- Bevölkerungsvermehrung hat Charakter einer demographischen Revolution
- ländliche Arbeitskräfte werden proletarisiert, d.h. als Besitzlose abhängig von bürgerlichen Kapitalisten und dem von ihnen beherrschten Arbeitsmarkt

1977 – Peter Kriedte, Hans Medick und Jürgen Schlumbohm (Mendels meist folgend)
Folgen/Gesamtinterpretation:
Proto-Industrialisierung ist der Motor des umfassenden Prozesses, in dem sich die feudale europäische Agrargesellschaft in die bürgerlich-kapitalistische Gesellschaft verwandelt.

1982 – Pierre Deyon, Franklin Mendels
(Aufarbeitung der inzwischen umfangreichen wissenschaftlichen Diskussion)

Proto-Industrialisierung wurde nicht als nationales oder internationales, sondern regionales Phänomen betrachtet (und sollte auch am besten in dieser Dimension untersucht werden). Innerhalb von Regionen wurden für eine Definition der Proto-Industrien die Kombination von drei bestimmten Charakteristiken angenommen: (1) Von traditionellen „Handwerken" unterschied sich die Proto-Industrie dadurch, daß ihre Produkte nicht für den lokalen oder regionalen Konsum bestimmt waren, sondern für den Verkauf auf Exportmärkten außerhalb der Region. (2) „Der signifikanteste Aspekt der Proto-Industrialisierung" war, daß sie „Beschäftigungsmöglichkeiten in ländlichen Gebieten schuf": sie wurde in Nebenbeschäftigung von „Bauern" ausgeübt, die auch in der Landwirtschaft arbeiteten, und nur in ihrer „extremen oder letzten Ausformung" schloß sie die Vollbeschäftigung mit ein. (3) Die Proto-Industrialisierung beinhaltete die „Symbiose ländlicher Industrie mit der regionalen Entwicklung einer kommerziellen Landwirtschaft". Zusätzlich gab es „das dynamische Element": Proto-Industrialisierung wurde als ein diachrones Wachstum in der Industriebeschäftigung von ländlichen Arbeitskräften definiert.

Deyon und Mendels präsentierten vier weitere Hypothesen zu den Auswirkungen der Proto-Industrialisierung. Erstens hätte sie zu Bevölkerungswachstum und zur Zersplitterung des Grundbesitzes geführt, indem sie die durch Bauern, Grundherren oder Erbschaftssysteme getragenen traditionellen Beschränkungen des demographischen Verhaltens brach. Zweitens hätte sie Profite abgeworfen, die das Kapital für die Fabrikindustrialisierung bildeten. Drittens hätte sie eine Schicht von Kaufleuten hervorgebracht, deren Fähigkeiten und Erfahrungen für die Fabrikindustrialisierung gebraucht wurden.

[...] Mendels [hob] hervor, daß Proto-Industrialisierung in Abhängigkeit von einer Anzahl von Faktoren entweder zur Industrialisierung oder zur De-Industrialisierung führen konnte. Fünftens wurde von ihm anerkannt, daß der Effekt der Proto-Industrialisierung vom größeren Rahmen der Weltwirtschaft abhängig war, was es riskant erscheinen ließ, die Theorie auf die gegenwärtigen Entwicklungsländer anzuwenden. Zuletzt argumentierte er, daß die Proto-Industrialisierung die modernen Entwicklungsökonomen vor den Gefahren simpler linearer Sichtweisen der Entwicklung, eingeschlossen die geradlinige Transformation von statischen feudalen Gesellschaften zu dynamischen kapitalistischen, warnen sollte.

1994 – Markus Cerman und Sheilagh C. Ogilvie
(Fortsetzung der Diskussion)

Die Forschung hat gezeigt, daß die demographischen Auswirkungen der Proto-Industrialisierung und die Beeinflussung der Grundbesitzstruktur extrem variabel waren. Weiter schien Proto-Industrialisierung nur eine von vielen Kapitalquellen für die Industrialisierung gewesen zu sein. In manchen Fällen flossen Profite aus der Proto-Industrie in die Landwirtschaft, in Grundbesitz oder sozio-politische Investitionen. Proto-Industrialisierung war auch nur eine von zahlreichen Ursprüngen von unternehmerischen Kompetenzen für die Industrialisierung und fand manchmal unter stark beschränkten Rahmenbedingungen statt, so daß es überhaupt nicht zur Herausbildung entsprechender unternehmerischer Fähigkeiten kam. Es gibt darüber hinaus keinen Hinweis darauf, daß die Entwicklung kommerzieller Landwirtschaft tatsächlich durch die Proto-Industrialisierung verursacht wurde und nicht etwa durch landwirtschaftliche Überschüsse, die umgekehrt zum Wachstum sowohl von Proto-Industrien als auch Städten und Märkten geführt haben. Kommerzielle Landwirtschaft entwickelte sich in vielen Fällen früher als eine Proto-Industrie und auch in unterschiedlichen Regionen. Zuletzt kam es in vielen proto-industriellen Gebieten nicht zur Industrialisierung, sondern sie verblieben proto-industriell oder kehrten zur Landwirtschaft zurück. Es gibt über die Faktoren, die diese Frage entschieden, keine Einigkeit und daher sind die determinierenden Aspekte der Theorie stark reduziert.

Zusammenfassung und zit. nach M. Cerman, Sh. C. Ogilvie: Proto-Industrialisierung in Europa. (Verlag für Gesellschaftskritik) Wien 1994. S. 12 f. und 15

M 6.32 Das 18. Jahrhundert in der modernen Geschichtswissenschaft

a) Immanuel Wallerstein: Kapitalismus und Weltwirtschaft – Zentrum und Peripherie

Schließlich haben wir darauf hingewiesen, daß vor der Neuzeit Weltwirtschaften außerordentlich instabile Strukturen waren, die entweder zur Umgestaltung in Reiche oder zur Desintegration tendierten. Es ist die Besonderheit des modernen Weltsystems, daß eine Weltwirtschaft 500 Jahre überdauert hat und nie in ein Weltreich verwandelt worden ist – eine Besonderheit, die das Geheimnis seiner Stärke ist.

Diese Besonderheit ist die politische Seite der Form der Wirtschaftsorganisation, die Kapitalismus heißt. Der Kapitalismus hat gerade deshalb gedeihen können, weil die Weltwirtschaft in ihren Grenzen nicht ein politisches System, sondern deren viele enthält. Ich will hier nicht das klassische Argument der kapitalistischen Ideologie vortragen, der Kapitalismus sei ein System, das auf der Nichteinmischung des Staates in ökonomische Belange beruht. Ganz im

Gegenteil! Der Kapitalismus beruht auf der ständigen Absorption von ökonomischen Verlusten durch politische Gebilde, während der ökonomische Gewinn an „private“ Besitzer verteilt wird. Ich vertrete eher die Ansicht, daß der Kapitalismus als Wirtschaftsweise sich darauf gründet, daß die Wirtschaftsfaktoren in einem Gebiet wirksam sind, das größer ist als das, das ein politisches Gebilde völlig kontrollieren kann. Dies gibt den Kapitalisten eine strukturell begründete Handlungsfreiheit. Dadurch wurde, trotz der sehr einseitigen Verteilung seiner Gewinne, die stetige wirtschaftliche Ausdehnung des Weltsystems möglich. [...]
Nach unserer Definition ist das Weltsystem eines, in dem es eine umfassende Teilung der Arbeit gibt. Diese Teilung ist nicht nur funktional – das heißt tätigkeitsbezogen –, sondern auch geographisch. Das soll heißen, die Bandbreite der ökonomischen Aufgaben war im Weltsystem nicht gleichmäßig verteilt. Zum Teil ist dies natürlich eine Folge ökologischer Rücksichten, doch zum größten Teil ist es eine Funktion der sozialen Organisation der Arbeit, einer die die Fähigkeit einiger Gruppen innerhalb des Systems, die Arbeit der anderen auszubeuten, d.h. einen größeren Anteil am Überschuß zu erhalten, vergrößert und legitimiert. [...]
Die Teilung einer Weltwirtschaft bedeutet auch eine Hierarchie von Aufgaben, wobei den höherrangigen Gebieten die Aufgaben vorbehalten sind, die ein höheres Niveau an Ausbildung und größere Kapitalisierung erfordern. Da eine kapitalistische Weltwirtschaft im wesentlichen akkumuliertes Kapital, inklusive menschliches Kapital, höher belohnt als „rohe“ Arbeitskraft, hat die ungünstige geographische Verteilung der anspruchsvollen Tätigkeiten einen starken Trend, sich selbst zu erhalten. Dies wird von den Kräften eines Marktplatzes eher verstärkt als unterminiert. Und daß ein zentraler politischer Mechanismus für die Weltwirtschaft fehlt, läßt die Kräfte, die gegen diese ungünstige Lohnverteilung gerichtet sind, kaum eindringen.

I. Wallerstein: Das moderne Weltsystem. Frankfurt 1986. S. 518 ff.

b) Reinhart Koselleck: Das 18. Jahrhundert als Epochenschwelle

Neben der Beschleunigung sei als zweites Kriterium genannt die Erschließung einer *offenen Zukunft*. Der emphatische Gebrauch des Ausdrucks einer neuen Zeit zehrte nicht nur von den bereits vorgefundenen Erfindungen, Neuerungen und Entdeckungen, die der Welt – rückblickend – eine ganz neue Gestalt verliehen hätten, sondern ebenso richtete sich dieser Begriff auf die Zukunft, in der sich weiterhin Neues einstellen werde. Es sei nur auf die flankierenden Begriffe des Fortschritts und der Entwicklung verwiesen, die erst Ende des 18. Jahrhunderts als universalhistorische Kategorien konzipiert wurden. Beide Begriffe enthalten zugleich Vorgriffe in eine veränderbare Zukunft. Innerhalb des historiographischen Sprachgebrauchs fällt es zudem auf, daß sich seit dem letzten Drittel des 18. Jahrhunderts der Terminus einer „neuesten Zeit“ von dem der neuen Zeit abzulösen beginnt: und mit dem französischen Revolutionskalender wurde dann der Versuch staatlich sanktioniert, eine neue Zeitära schon mit jenem Einschnitt beginnen zu lassen, der als Revolution gefeiert wurde. Die „neueste Zeit“ ist dann nicht nur die eigene Zeit, sondern mehr: der Anfang einer neuen Epoche. [...]
Zusammenfassend sei gesagt: Der Begriff der Neuzeit zeichnet sich dadurch aus, daß er nicht nur ein formaler Anschlußbegriff an frühere Periodenbestimmungen sein soll. Er enthält Kriterien, die sich hypothetisch auch auf die früheren Geschichten der vorausgegangenen Zeitalter anwenden lassen. Aber sie haben, im 18. Jahrhundert auf den Begriff gebracht, all jene Fragen hervorgerufen, die zu beantworten erst eine Aufgabe der „Neuzeit“ ist. Die Dynamisierung und Verzeitlichung der Erfahrungswelt; die offene Zukunft, die planend anzugehen unsere Aufgabe bleibt, ohne die Wege der Geschichte voraussehen zu können; die Gleichzeitigkeit des Ungleichzeitigen, die das Geschehen auf unserem Globus pluralistisch differenziert; die daraus sich ergebende perspektivische Vielfalt, in der historische Erkenntnis gewonnen und abgewogen werden muß; ferner das Wissen, in einer Übergangszeit zu leben, in der es immer schwerer wird, die überkommenen Traditionen mit den notwendigen Neuerungen zu vermitteln. Schließlich das Gefühl der Beschleunigung, mit der sich die Prozesse des Wandels ökonomisch oder politisch zu vollziehen scheinen. Alle Kriterien wurden einzeln in der Zeitspanne vom 16. bis zum 18. Jahrhundert entwickelt und durchdacht. Aber erst im geschichtstheoretisch bewußten 18. Jahrhundert wurden sie – auf verschiedene Weise – aufeinander abgestimmt. Es handelt sich um die Bewußtseinsleistung und Erfahrungsverarbeitung einer kleinen Gruppe von Literaten, Schriftstellern und Kritikern, von „Philosophen“, die ihrem eigenen Jahrhundert den Namen der Aufklärung und der Kritik gegeben haben.

R. Herzog, R. Koselleck (Hg.): Epochenschwelle und Epochenbewußtsein. (Fink) München 1987.

7 Europa und China

7.1 Die Schwierigkeiten eines Vergleichs

Nach der Behandlung des europäischen Ausgreifens auf die Welt liegt ein Wechsel des Standpunkts in die außereuropäische Welt nahe, um zu betrachten, welche Wirkung dieser Prozeß z.B. auf Asien hatte. Bei diesem Versuch stößt man auf überraschende Schwierigkeiten, die daher rühren, daß auch die uns selbstverständliche geographische Gliederung der Welt eine Erfindung der Europäer ist. Es gab für Inder und Chinesen kein Asien; das chinesische Wort *ya-zhou*[1] entstand Ende des 19. Jahrhunderts als Umschreibung des englischen *Asia*. Es waren Griechen, die im 5. Jahrhundert v. Chr. die Welt im Verhältnis zum Mittelmeer – lateinisch *mare mediterraneum*, dem Meer in der Mitte der Welt – dreiteilten und die Länder östlich des Mittelmeeres als *Asia* bezeichneten. Die nachantiken Europäer behielten diese Einteilung bei und setzten sie in der Neuzeit weltweit durch, wobei sie den Begriff Asien auf alles Land ausdehnten, das sie nach Osten bis zum Pazifik fanden. Zugleich beharrten sie aber auf der Grenze zu Europa; als Einheiten sind Asien und die Asiaten Vorstellungen der Europäer.

Wenn Asien bis zum 19. Jahrhundert eine Vorstellung der Europäer war, ist es auch nicht möglich, es als einen einheitlichen Gegenstand der Geschichte zu betrachten. Wir müssen daher eine einzelne Kultur für eine nähere Untersuchung auswählen. Wenn wir uns hier für China entscheiden, dann gibt es dafür mehrere Gründe. Auch aus unserer heutigen Sicht war China eine alte Hochkultur – so fragwürdig dieser Begriff auch sein mag. Die Europäer akzeptierten China vom 16. bis zum 18. Jahrhundert als einzige fremde Kultur als gleichrangig, ja oft sogar als „überlegen". – China selbst verstand sich als Reich der (Welt)Mitte, und seine Grenzen waren zugleich die der Kultur überhaupt; jenseits davon gab es für sie nur verachtete, wenn auch militärisch gefährliche Barbaren. Während aber die Gefahren, die von den Nomaden der Steppen ausgingen, China zwangen, Innerasien große Aufmerksamkeit zu widmen, blieb sein Interesse an den Ländern jenseits des Meeres gering und beschränkte sich darauf, die symbolische Anerkennung seines Vorrangs bei einigen Völkern zu sichern.

China und Europa entwickelten sich bis zum 16. Jahrhundert völlig unabhängig, ja sogar weitgehend ohne Kenntnis voneinander. In der Antike drangen nur ein paar sagenhafte Nachrichten von China nach Europa und umgekehrt. Im 13. Jahrhundert kehrten erstmals europäische Reisende mit genaueren Kenntnissen aus China zurück, doch gingen diese in der Fülle der phantastischen Darstellungen unter; auch die Berichte Marco Polos um 1300 stießen auf kein ernsthaftes

1 Die Schreibung der chinesischen Wörter folgt, soweit sie nicht im Duden verzeichnet sind, der Pinyin-Transkription.

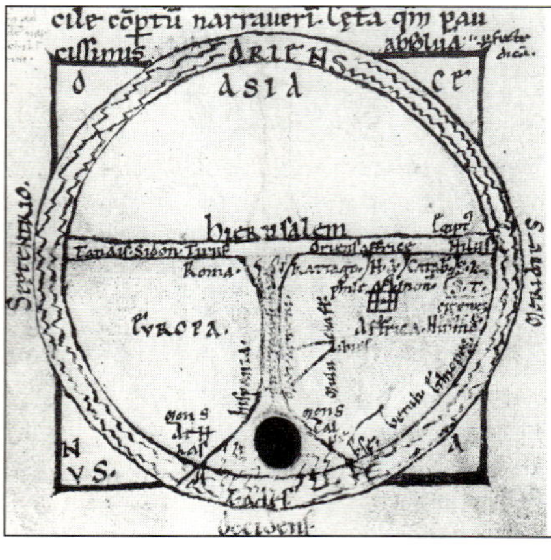

T-förmige christliche Weltkarte des 12. Jahrh.; das T stellt Mittelmeer, Schwarzes und Rotes Meer dar, der Osten ist oben, Jerusalem als Symbol der Heilserwartung ist der Mittelpunkt

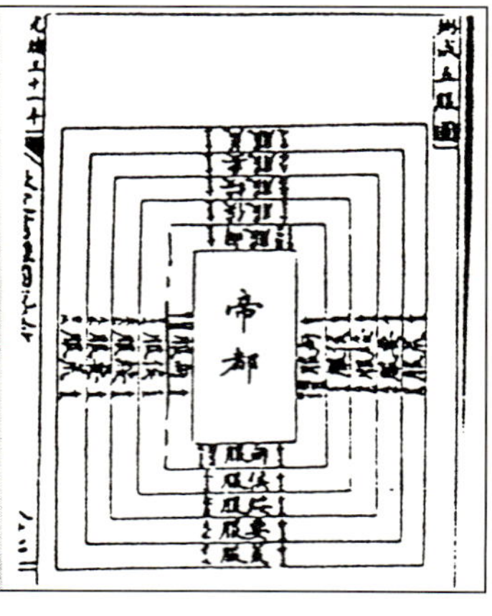

Chinesische symbolische Weltkarte: Konzentrisch ordnen sich um den Palast des Kaisers die Hauptstadt, China, die Tributstaaten und der Rest der Welt.

Interesse. Wichtige Erfindungen übernahmen die Europäer sozusagen wortlos aus China, und die kostbaren Seiden und Porzellane wurden von islamischen Zwischenhändlern vermittelt.
Eine intellektuelle Auseinandersetzung Europas mit China begann Ende des 16. Jahrhunderts, als eine ernsthafte Berichterstattung auf ein nunmehr interessiertes Publikum traf. (→ M 7.1) Die wichtigsten geistigen Botschafter waren 200 Jahre lang Jesuiten. 1582 ging Matteo Ricci als erster von vielen bedeutenden Missionaren dieses Ordens nach China; ausgerechnet die kompromißlosen Träger der Gegenreformation, der katholischen Erneuerung des 16. Jahrhunderts, wurden unvoreingenomme Mittler zwischen den Welten. Sie prägten lange Zeit das Bild Europas von China, und die Vergleiche, die ihre Berichte provozierten, fielen nicht immer zugunsten Europas aus. (→ M 7.2)
Zwar hatten schon französische Aufklärer des späten 18. Jahrhunderts Skepsis an dem positiven Chinabild geäußert, doch begann erst nach 1793/94 eine Neubewertung Chinas, nachdem die erste britische Gesandtschaft den Kaiserhof aufgesucht hatte. Nach der Rückkehr verglichen die Teilnehmer in ihren Berichten China kritisch mit dem frühindustriellen England und warfen die Frage auf, ob das alte Reich der Mitte nicht vielleicht ein rückständiges, zu Reformen unfähiges Reich sei. Die Unterwerfung Chinas unter die europäischen Mächte und die katastrophale innere Entwicklung des Landes im 19. und früheren 20. Jahrhundert konnten als Beweis für die „moderne" Sicht des englischen Liberalismus verstanden werden. – Das ist auch eine Folge des geringen chinesischen Interesses an Europa vor 1830. Eine kleine Zahl chinesischer Gelehrter lernte vor allem durch die Jesuiten die Welt außerhalb Chinas besser kennen und kannte Weltkarten, Globen und kleinere Texte. Eine genauere Kenntnis der politischen und gesellschaftlichen Wirklichkeit Europas erwarben sie aber nicht; gegenseitige Vorbehalte verstärkten die Distanz.

7.2 Die chinesische Gesellschaft

Bei zwei so unterschiedlichen Welten wie China und Europa stellt sich die Frage, welche Vergleichsmerkmale es gibt, daß nicht nur Zufälliges erfaßt wird. Ein derartiges Modell ist z.B. die Gliederung der Gesellschaft in Schichten (Stände, Klassen), die jeweils durch gemeinsame ökonomische und kulturelle Merkmale bestimmt und voneinander nach Privilegien und Rang unterschieden sind, also ein hierarchisches System bilden. – Eine andere Möglichkeit ist die, nach den kleinsten

Zur Geschichte Chinas
Die ältesten Spuren der chinesischen Kultur datieren aus dem 3. Jahrtausend v. Chr.; die sagenhaften Anfänge der staatlichen Geschichte liegen im 18. Jahrhundert v. Chr. im oberen Hoangho-Tal. Die Han-Chinesen, heute 90 Prozent der Einwohner, sind Ergebnis eines langen Integrationsprozesses ethnisch, kulturell und sprachlich unterschiedlicher Bevölkerungsgruppen und sind in sich auch heute nicht weniger differenziert als die Europäer. – Die starke Betonung der Einheit in heutigen China hat politische Gründe und darf nicht vergessen lassen, daß die Phasen der Mehrstaatlichkeit ebensolang waren wie die der Einheit. – Von einem Reich kann ernsthaft erst vom 2. Jahrhundert v. Chr. an gesprochen werden (Han-Reich). Bestimmend für China war sein Verhältnis zu den Nomaden der umgebenden Steppen (Mauerbauten seit der Han-Zeit); wiederholt erobert (4./5. Jahrhundert Hsiung-nu u.a., ab 1215 Mongolen, ab 1644 Mandschuren), vermochte China die Eroberer stets schnell zu assimilieren (sinisieren).
Wie andere Hochkulturen, die von großen Flüssen abhingen (Nil, Euphrat, Indus), entwickelte China früh (2. Jahrtausend v. Chr.) ein hohes kulturelles Niveau – soziale Differenzierung, Städte, großräumiger Wasserbau, Schrift, Mathematik. Der Zentralgewalt stand eine starke Aristokratie gegenüber, die über die Bauern herrschte und über eigene Truppen verfügte. In wechselvollen Kämpfen zerstörten die Kaiser im 1. Jahrtausend n. Chr. diese Feudalgewalten und bauten eine zentrale Verwaltung mit Beamten auf, die sich seit dem 12. Jahrhundert n. Chr. durch zentrale Prüfungen aus den Reihen der Großgrundbesitzer (*gentry*) rekrutierten. Wachsende gewerbliche Produktion und weiträumiger Handel förderten die weitere Differenzierung der Gesellschaft.
Vom 5. bis 3. Jahrhundert v. Chr. bildeten sich in China die Denkmuster und Werte heraus, die die Gesellschaft bis ins 20. Jahrhundert am stärksten bestimmt haben. Der Konfuzianismus begründete Familie und Staat auf den strikten Gehorsam gegen die Autoritäten von Vater und Herrscher und die unbedingte Befolgung von sittlichen Geboten, Traditionen und Riten – auch denen gegenüber Gottheiten und Ahnenkulten älterer Herkunft. Der Taoismus strebte nach Harmonie mit Kosmos, Natur und Gesellschaft. Es dominierte eine pragmatisch-diesseitige Grundhaltung, d.h. die Orientierung des Denkens und Handelns an Tatsachen, Erfahrung und Nützlichkeit. Heils- und Erlösungsglauben spielten für gebildete Chinesen eine geringe Rolle.

Einheiten von Gesellschaften zu suchen. In unserer Gegenwart denken wir dabei gewöhnlich an das Individuum, doch eignet sich für frühere Zeiten eher die Familie, d.h. der Personenverband, in dem allein dauerhafte Erhaltung und Fortpflanzung der Menschen möglich war. Da die Familien sich in den historischen Kulturen und Epochen nach Größe, Funktionen und innerer Struktur stark unterschieden, eignen sie sich gut zu Vergleichen. Ob man bei der Darstellung einer Gesellschaft besser oben oder unten – bei den größten oder bei den kleinsten Einheiten – beginnt, hängt vom einzelnen Fall ab; bei China empfiehlt sich die Familie.
An dieser Stelle muß noch einmal betont werden, daß unsere Bemühungen sich der komplexen Wirklichkeit Chinas nur begrenzt annähern können. Doppelt so groß wie Europa, ist China historisch und kulturell nicht weniger differenziert als Europa. Unsere Aufgabe wird etwas einfacher, weil wir uns auf die Zeit des 17. bis 19. Jahrhunderts konzentrieren, als China unter den Mandschu-Kaisern (1644–1911) eine starke Angleichung der Lebensformen erfuhr, aber auch so enthalten die folgenden Ausführungen noch erhebliche Vereinfachungen und treffen am ehesten auf die Ober- und Mittelschichten Zentralchinas zwischen Hoangho und unterem Jangtse zu.
Den frühen europäischen Reisenden in China fiel auf, daß sich Stadt und Dorf in Erscheinungsbild und Struktur, aber auch in ihren ökonomischen Aufgaben nur schwer unterscheiden ließen. Anders als in Europa fehlten Städte als eigene Rechtsbezirke, die als Körperschaften freier Bürger verfaßt und mit Selbstverwaltungsrechten ausgestattet waren. Gegenüber den Dörfern besaßen sie weder Markt- noch Gewerbemonopole. Sie unterschieden sich von ihnen am ehesten durch ihre Größe, die Ausdehnung ihrer Marktfunktionen und den kleineren Anteil an bäuerlicher Bevölkerung. Da die untere Ebene der staatlichen Verwaltung bei Bezirken mit 200 000 bis 300 000 Einwohnern lag, waren viele obrigkeitliche Aufgaben von den Städten zu erfüllen. Sie wurden von reichen Personen (Honoratioren) wahrgenommen, die von der kaiserlichen Bürokratie nach Ansehen und Einfluß von Person und Familie ausgesucht und eingesetzt wurden. Verfassungen und Institutionen im europäischen Sinne gab es nicht. Auch kultische Gemeinschaften, Zünfte und Kaufmannsgilden waren in China recht schwach, da alle Korporationen (Zusammenschlüsse von Untertanen zur Verfolgung gemeinsamer Interessen) vom Kaiser und seinen Beamten mit Mißtrauen verfolgt wurden.

Jia – *die Großfamilie der chinesischen Mittel- und Oberschichten*

Die stabilsten Verbände der chinesischen Gesellschaft waren die *jia*, was man gewöhnlich mit Familie übersetzt. Daß *jia* zugleich die häufigste Metapher für den Staat wie auch für geordnete (d.h. hierarchische) Verhältnisse war, zeigt, daß wir es hier mit einem grundlegenden Ordnungsbegriff zu tun haben, der über den der heutigen Familie in Europa weit hinausgeht. Man kann ihn am ehesten mit der *familia* der römischen Gesellschaft vergleichen.[2] In den mittleren und am ausgeprägtesten in den oberen sozialen Schichten der streng vaterrechtlich organisierten chinesischen Gesellschaft war *jia* der gesamte Personenverband, der mit dem ältesten männlichen Mitglied durch Abstammung, Einheirat, Adoption und andere Formen der Abhängigkeit verbunden war. Wie im antiken Rom war die Gewalt des Vaters fast uneingeschränkt und umfaßte noch im 18. Jahrhundert die Befugnis über Leben und Tod seiner erwachsenen Söhne. Da in reichen Familien die Söhne früh heirateten und Nebenfrauen haben konnten, umfaßte eine *jia* nicht selten Hunderte von Personen. In einem erweiterten Sinne war die *jia* vor allem in der Oberschicht auch durch gemeinsame Abstammung von einem längst verstorbenen Ahnherrn umschrieben und durch Heiratsverbindungen mit anderen *jia* ein kompliziertes soziales Großgebilde mit großem gesellschaftlichem und wirtschaftlichem Gewicht. (→ M 7.9–7.11)
Der Konfuzianismus als umfassende Morallehre erhob das Modell der geordneten Familie zum Muster für die ganze Gesellschaft, die väterliche Autorität wurde Leitbild für alle sozialen Verhältnisse. (→ M 7.12) In einem Land, dessen Staat auf der untersten Ebene wenig präsent und in dem korporative Strukturen schwach waren, mußten die familialen Strukturen alle Bereiche des Lebens ordnen. Eine *jia* der Oberschichten war für viele ihrer Mitglieder eine geschlossene Welt; sie besaß gemeinsame Heiligtümer, Begräbnisplätze und umfangreichen Landbesitz, durch den das Familienoberhaupt über seine Verwandten verfügen konnte. Wirtschaftliche Unternehmen, die die Mittel des einzelnen überstiegen, wurden bis ins 18. Jahrhundert fast ausschließlich im Rahmen der Großfamilie organisiert. Familien der Oberschichten betrieben sogar eine gezielte Differenzierung der Berufe ihrer Mitglieder, um den Gesamtverband abzusichern. Wer in Not geriet, konnte nur von seiner Großfamilie Hilfe erwarten. Die chinesische Literatur der Mandschu-Zeit vermittelt uns ein lebhaftes Bild der massiven inneren Konflikte dieser Großfamilien, deren Solidarität nach außen aber unter keinen Umständen in Frage gestellt wurde. – Wenn schließlich die *jia* an ihre Grenzen stieß, etwa als Ergebnis der höheren Mobilität im 18. Jahrhundert, dann suchte ein Chinese nach Angehörigen anderer ihm vertrauter Gemeinschaften, der Tempelgemeinde oder der Stadt.

[2] Vgl. dazu Geschichts-Kurse 1 – Europäische Agrargesellschaften, S. 35 f. und 58 f.

Die Öffentlichkeit und im Falle der Aktiengesellschaft sogar die Anonymität der Geschäftspartner – in Holland und in England im 17. Jahrhundert alltäglich und eine Voraussetzung der Modernisierung – blieb China fremd.

Ehe und Geschlechterrollen

Anders als die katholischen Missionare sahen die protestantischen, die nach 1800 nach China kamen, die Situation der Frau als einen der schlimmsten Übelstände des Landes an und machten ihn zu einem Zentralpunkt ihrer Kritik. Nach konfuzianischem Denken war die Frau erst ihrem Vater, dann ihrem Mann und als Witwe noch ihrem Sohn unterworfen. Sie wurde ohne Rücksicht auf ihre Neigungen verheiratet – als Hauptfrau nach familienpolitischem Kalkül, als Nebenfrau oft verkauft; Scheidung war Privatsache des Ehemanns. Natürlich waren auch die historischen Gesellschaften Europas patriarchalisch verfaßt, und nach ihren Rechten und Freiheiten waren die Frauen dort nicht immer besser gestellt als Chinesinnen. Aus chinesischen Gedichten und Romanen kennen wir zahllose Klagen von Frauen darüber, wie sie von Männern mißhandelt und ausgebeutet wurden, wissen aber auch, daß die reale Position der einzelnen Frau mit ihrer rechtlichen nicht identisch sein mußte. Zunächst einmal genoß die Hauptfrau, vor allem wenn sie eine wichtige familienstrategische Verbindung darstellte, ein hohes Ansehen. Sie hatte die Aufsicht über die Hauswirtschaft und verfügte häufig auch über größere Geldsummen. Im 18. Jahrhundert, als sich in China viele alte Fesseln lockerten, gab es in den Oberschichten Frauen, die dauerhaft Geldgeschäfte betrieben. Die Töchter reicher Familien erhielten gewöhnlich zusammen mit den Söhnen die in China so wesentliche literarische Bildung. Neigten Männer oft dazu, Hauptfrauen zu wählen, die von etwas geringerer Herkunft und Bildung waren als sie selbst, so galt zugleich auch, daß gebildete Frauen das Prestige des Mannes erhöhten. Wenn schließlich in einem reichen Hause Haupt- und Nebenfrauen sensibel miteinander umgingen, waren männlicher Willkür Grenzen gesetzt. Ein Prozeß der Emanzipation der Frau, der diesen Namen verdient, setzte in China aber erst im 20. Jahrhundert unter amerikanischem und europäischem Einfluß ein. (→ M 7.13–7.14)

Die Bevölkerungsentwicklung unterlag wie in allen vorindustriellen Gesellschaften auch in China Mechanismen, die verhinderten, daß selbst in den langen Friedenszeiten des 18. Jahrhunderts das Wachstum selten 0,8 Prozent pro Jahr erreichte. Hauptursache dafür war die Kindersterblichkeit, die auch in der Oberschicht sehr hoch war. Selbst von den optimal versorgten zahlreichen Kindern der chinesischen Kaiser starb gut die Hälfte vor dem 15. Lebensjahr; die durchschnittliche Lebenserwartung eines Prinzen betrug 31, die einer Prinzessin 26 Jahre. Diese Werte lagen für die Masse der Bevölkerung noch niedriger und entsprachen den gleichzeitigen Werten in Europa. Geburtenkontrolle gab es in China wohl nicht; aber die relativ häufige Tötung unerwünschter Neugeborener, und zwar einseitig von Mädchen, hatte einen ähnlichen Effekt. Aus einem Verhältnis von 100 Frauen zu 120 Männern im frühen 19. Jahrhundert kann man Rückschlüsse auf den Umfang dieser Praxis ziehen. Ihre Auswirkungen waren bevölkerungspolitisch spürbar; die generelle Knappheit an Frauen und die Tatsache, daß etwa ein Zehntel der Männer eine oder mehr Nebenfrauen hatten und Witwen nicht ein zweites Mal heiraten sollten, wirkten sich spürbar auf die Geburtenzahlen aus. Dabei trat eine sozialpolitische Nebenwirkung ein, die den Chinesen bewußt war. Die männliche Ehelosigkeit aus Frauenmangel wirkte sich vor allem zuungunsten der unteren Schichten aus. Wer arm war, bekam häufiger keine Frau, seine *jia* – ohnehin meist ein schwächlicher Verband von Hungerleidern – schrumpfte; er hatte keine Hilfe bei der Existenzsicherung und keine Kinder, die ihm in der Not halfen, Almosengeben und öffentliche Wohlfahrtseinrichtungen für Waisen und Arme waren in China schwach. Die Hartherzigkeit, die viele Weiße im 19. Jahrhundert den Chinesen vorwarfen, war selektiv und richtete sich gegen die, die nicht zur Familie gehörten.

Die Sozialstruktur Chinas – gentry *und Beamtenschaft*

Ungeachtet des hohen zivilsatorischen Niveaus war China eine Agrargesellschaft, und die Bauern machten noch um 1900 über 90 Prozent der Bevölkerung aus. Sozial und politisch waren seine Oberschichten erst von einer feudalen und höfischen, später von einer städtischen Kultur bestimmt; an der Schnittstelle von Stadt und Land stand die *gentry.* Diese in der Fachliteratur übliche Bezeichnung einer chinesischen Gesellschaftsschicht mit einem Begriff der englischen Sozialgeschichte ist auffällig und deutet gewisse Ähnlichkeiten beider sozialen Formationen an, erlaubt aber keine Gleichsetzung. Die chinesische *gentry* wies wie die englische eine überwiegend adlige Herkunft auf; ihre wirtschaftliche Basis war ihr Landbesitz, den sie nicht feudal durch abhängige Bauern, sondern kapitalistisch durch Verpachten bewirtschaftete. Anders als die englische lebte die chinesische *gentry* die meiste Zeit in Städten und mehrte ihr Vermögen auch durch reine Geldgeschäfte; sie war nach Bildung und Mentalität stärker städtisch und kaufmännisch. Durch Heiraten und vor allem auf dem Wege der Bildung und der Beamtenkarrieren nahm die chinesische *gentry* wie die englische ständig neue Mitglieder auf.

Die Verachtung der gebildeten *gentry* für den alten Adel im Roman „Der Traum der roten Kammer". Liu Hsiang Liän: „Der verwaiste Sproß aus altadligem Geschlecht war ein flotter Genießer, der sich nichts aus Büchern machte."

An sozialer Macht übertraf die chinesische *gentry* ihre englische Entsprechung, da sich weitgehend aus ihr die chinesische Beamtenschaft rekrutierte. Seit der chinesische Adel im 11. und 12. Jahrhundert seine letzten Standesprivilegien zur Besetzung von Staatsämtern verloren hatte, standen diese theoretisch allen offen, die die Prüfungen für den Staatsdienst bestanden, die alle drei Jahre in allen Provinzen, in der Hauptstadt und – mit dem höchsten Schwierigkeitsgrad – im Kaiserpalast stattfanden. Diese Prüfungen beruhten auf der konfuzianischen Bildung, der Beherrschung des Schriftsystems und der klassischen Literatur. Die Eigenart der chinesischen Hof- und Verwaltungssprache (des „Mandarin"), der Schrift, die nur von wenigen Prozent der Bevölkerung beherrscht wurde, und die Lektüre der klassischen Literatur erforderten etwa zwanzig Schuljahre. Da die öffentlichen Schulen dafür selten ausreichten, geschah der Unterricht meist privat in den Familien oder in kleinen Familienschulen, was wegen seiner Kosten die *gentry* begünstigte. Der Eintritt in den Staatsdienst verringerte die Bindungen des Beamten an seine *jia* nicht, und es entstanden Verflechtungen von Macht und Einfluß zu gegenseitigem Nutzen. Die Vorteile der *gentry*-Familien der Beamten braucht man kaum näher zu betonen; aber auch der Kaiser profitierte von dem Ansehen und dem Einfluß seiner Amtsträger, die aus deren *jia* herrührten. Privater und dienstlich-öffentlicher Bereich waren kaum trennbar; eine Trennung hätte dem Herrschaftssystem wohl eher geschadet. Es gelang der *gentry* übrigens nicht, die Staatsämter erblich zu machen, und was immer sie in ihre Söhne an Bildung investierte, blieb letztlich den Prüfungen unterworfen, bei denen jeder Kandidat mit seinen Aufgaben allein in einer Zelle saß.

Wenn aber überhaupt Kritik an der Rekrutierung der Beamten geübt wurde, dann richtete sie sich nicht gegen ihre soziale Einseitigkeit, sondern vor allem gegen die Prüfungspraxis. Versuche mehrere Kaiser, Sachthemen aus Verwaltung, Recht und Landwirtschaft darin einzubeziehen, ließen sich nicht durchsetzen. Damit war die Eigenart der Verwaltung Chinas vorgegeben, daß im Prinzip nur ein Gelehrter, aber kein Fachmann aus der Praxis in den Staatsdienst treten konnte. Das hohe soziale Prestige der führenden Beamten, der „Mandarine", beruhte nicht primär auf fachlicher Tüchtigkeit, sondern auf ihre Rolle als Träger der Kultur und als Repräsentanten der alten Ordnung. China war damit aber nicht zum Stillstand verurteilt. Die Orientierung des Konfuzianismus am Wohl des Staates hat die Verantwortlichkeit der Eliten über ihre *jia* hinaus für die ganze Gesellschaft in recht hohem Maße gesichert. Auch die Berufspraxis der Mandarine, ihre häufigen Versetzungen und Reisen und ein System innerer Kontrollen ließen einen Staatsapparat entstehen, dessen Leistungen die Europäer bis zum 18. Jahrhundert nur bewunderten. Der Zwang zu erfolgreichen Lösungen großer und weiträumiger Probleme garantierte einen langsamen Prozeß der Veränderungen und Innovationen. (→ M 7.11)

Die Mentalität der *gentry* war indes nicht nur von der wirtschaftlichen Rationalität der Geldgeschäfte und der Vernunft der Verwaltung bestimmt, sondern auch von den traditionellen Werten der Agrargesellschaft, der Muße und des Luxus. Wunsch des Beamten am Ende seiner Laufbahn wie jedes wohlhabenden gebildeten Chinesen war das Leben eines Gelehrten, der sich in sein Gartenhaus zurückzog und Bücher über Literatur, Geschichte und Moral las und schrieb. Im Garten verbanden sich Traditionen einer Agrargesellschaft mit taoistischen Vorstellungen von Naturharmonie. In der Sicht Europas und des neuen Chinas wurde dieses Leben der gebildeten Muße meist als weltabgekehrt und unproduktiv kritisiert. Aber die Gelehrten waren dank vielfältiger gesellschaftlicher Verbindungen und beruflicher Erfahrungen nicht nur weltfremde Hüter der Traditionen. Im 17. Jahrhundert entwickelte sich auch beim Studium der

Das Lebensziel der chinesischen Oberschichten – der Garten als Ort der gelehrten Muße

Klassiker und der historischen Literatur neue Gedanken. Indem man die Überlieferung einer methodischen Prüfung aussetzte, gewann man die kritische Distanz, die China vor einer doktrinären Versteinerung zumindest teilweise bewahrte. – Der europäische Betrachter fühlt sich hier entfernt an die europäische Aufklärung erinnert.

Beim Vergleich mit dem gleichzeitigen Europa fällt in China der geringe Rang alles Militärischen auf, seit im 7./8. Jahrhundert der adlige Kriegerstand verschwand. Trotz der großen Gefahr von außen hat China seither dem Militär keinen hohen Rang eingeräumt; die Offiziere der kaiserlichen Armee erscheinen in der Literatur als einfache Menschen, die sich höchstens als einzelne durch Anstand und Mut auszeichneten. An den gefährdeten Grenzen bestanden die meisten Truppen aus wenig geachteten Nicht-Chinesen. Die Mandschu, die als Eroberer nach China gekommen waren, besetzten das Land mit ihren Garnisonen, die sich von der örtlichen Bevölkerung fremd abhoben.

Kaufleute und Handwerker

Trotz ihrer pragmatischen und kaufmännischen Denkweise hob sich die *gentry* scharf von Kaufleuten und Handwerkern ab, eine für feudale Gesellschaften eher typische Haltung. Handwerker gehörten zu den Unterschichten und wurden häufig verachtet, was sich in China nicht nur auf die einfachen Arbeiter bezog, sondern auch auf die Kunsthandwerker und die meisten Erfinder. Während wir aus dem antiken Athen die Namen Hunderter von Töpfern und Vasenmalern kennen, sind die Schöpfer der Meisterwerke der chinesischen Keramik anonym geblieben. – Auch die kaufmännische Aktivität blieb stärker als in Europa den Mentalitäten und Machtverhältnissen einer agrarischen Gesellschaft untergeordnet. Die Verachtung der konfuzianischen Beamten-Gelehrten für das Geld (die sie übrigens nicht vor massiver Korruption bewahrte), isolierte die Kaufleute von den Eliten. Dabei hatten die Größe und Zentralisierung Chinas früh eine differenzierte Kaufmannschaft entstehen lassen, deren oberste Schicht weiträumig und weitsichtig dachte und investierte und zu großem Reichtum gelangte. Nennenswerten gesellschaftlichen Einfluß konnte sie selten gewinnen, und ihr Wertekanon blieb dem der *gentry* untergeordnet. Für die sozial Ehrgeizigen unter den Kaufleuten gab es nur nicht-kaufmännische Wege zum Aufstieg. Sie konnten ihren Söhnen durch eine aufwendige Erziehung den Weg zu den Staatsprüfungen und damit in die Beamtenlaufbahn ebnen, oder sie konnten ihr Vermögen zu Heiratsverbindungen mit der *gentry* nutzen, aber diese Wege führten aus dem aktiven Wirtschaftsleben hinaus. Das war, sieht man Kapitalbildung als etwas Positives an, für China schädlich, weil große Vermögen für unwirtschaftliche Statussymbole verschwendet wurden. Solche Mentalitäten waren zwar auch in Europa bis zur Neuzeit verbreitet, doch wurden sie hier von einem Bürgertum abgelöst, das sich von den feudalen Werten emanzipierte.

Im 18. Jahrhundert zeigten sich in China Ansätze zu einem langsamen Wertewandel. Die Umwandlung persönlicher und dinglicher Abgaben in Geldleistungen steigerte die Bedeutung des Geldes; die Verfügbarkeit von Geld und seine Menge traten in Konkurrenz zu Ansehen und Beziehungen. Insofern die *gentry* an diesem Prozeß teilhatte und dank ihres Landbesitzes und der Pachten in das Kreditgeschäft eintrat, profitierte sie von diesem Trend. Zugleich näherten sich ihre Interessen denen der Kaufleute, mit denen sie sich in Finanzgeschäften zunehmend verflocht. Da zugleich die Familienverbände in einer mobiler werdenden

Gesellschaft neue Formen der Existenzsicherung suchten, nahmen im 18. Jahrhundert Verbindungen zwischen *gentry* und Großkaufleuten zu.

Die bäuerliche Bevölkerung

Unter den Mandschu-Kaisern waren gut 90 Prozent der chinesischen Bevölkerung Bauern; die Mehrheit von ihnen produzierte vorwiegend für den Eigenbedarf und nur in dem Maße für den Markt, in dem Steuern und Pachtabgaben dazu zwangen. Man rechnet noch für die Zeit um 1800 damit, daß nur 10 Prozent des Getreides auf den Markt kamen. Daneben gab es das Tributgetreide als dingliche Abgabe, mit dem das untere Jangtse-Gebiet die Hauptstadt Peking ernährte. Nach einem Jahrhundert des Friedens und der intensiven inneren Verwaltung der frühen Mandschu-Zeit ging es den Bauern relativ gut, was in der chinesischen Geschichte eher die Ausnahme war.

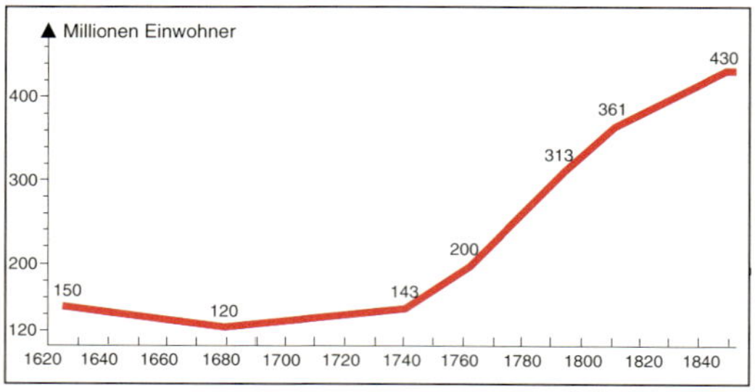

Bevölkerungsstatistik

J. Gernet: Die chinesische Welt. (Suhrkamp) Frankfurt 1979, S. 411.

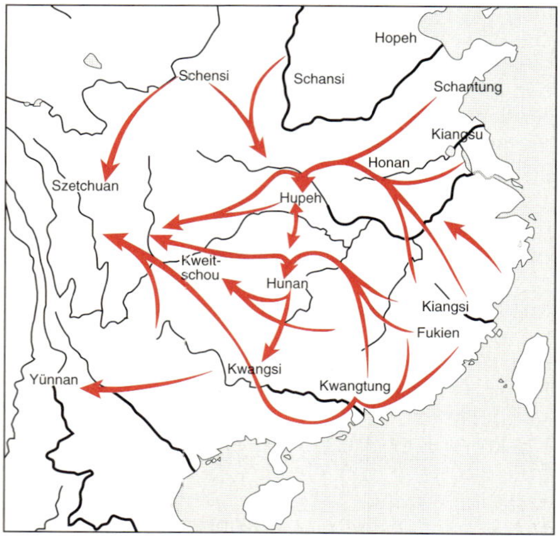

Wanderbewegungen der chinesischen Bevölkerung im 18. Jahrhundert

F. Braudel: Sozialgeschichte des 15.–18. Jahrhunderts – Der Alltag. (Kindler) München 1985, S. 37.

Mit dem Adel verschwanden in China bis zum 11. Jahrhundert auch Formen der Grundherrschaft. Großbetriebe mit Landarbeitern waren unter den Mandschu selten, da sie im Reisanbau und bei der oft gartenartigen Bestellung wenig Vorteile boten. Es dominierte der Kleinbetrieb – im Norden häufiger im Eigenbesitz und im Jangtse-Gebiet meist als Pachtwirtschaft. Die überaus differenzierten agrarischen Rechtsverhältnisse entwickelten sich weiter und verbesserten im 18. Jahrhundert auch die Lage der Bauern. Die persönlichen Pflichten gegen Staat und Personen wurden durch Geldzahlungen abgelöst, Pachten auf feste Geldwerte umgestellt. Viele Pächter erhielten ein lebenslängliches und vererbbares Anrecht auf ihren Boden, so daß sich Initiative und Marktorientierung mehr lohnten als früher. Die Abgrenzung der unteren *gentry* gegen größere Bauern und erfolgreiche Pächter schwächte sich ab. Auch nach europäischen Maßstäben war die Lage vieler chinesischer Bauern günstiger als z.B. die ihrer osteuropäischen Zeitgenossen. Die zunehmende Bedeutung des Marktes und seine positive Wechselwirkung mit der wachsenden Bevölkerung lassen sich bis etwa 1760 mit der gleichzeitigen Entwicklung in Europa vergleichen. Ob darin aber auch die Möglichkeit einer mit der europäischen vergleichbaren Agrarrevolution lag, bleibt schwer zu entscheiden. Der Druck der Verhältnisse auf die Eliten und die Regierung nahm in China nach etwa 1750 zu. Waren die großen Menschenverluste bei der Eroberung Chinas durch die Mandschu zunächst nur langsam ausgeglichen worden (1740 war die Einwohnerzahl wohl nicht größer als 1620), so verdoppelte sich jetzt die Bevölkerung in 50 Jahren. Das Wachstum war größer, je dichter die Besiedlung war, und löste große Wanderungen vor allem nach Westen aus. Zugleich zogen immer mehr Menschen mit vagen Hoffnungen auf bessere Chancen in die Städte.

Die Mobilität nahm in allen Sektoren der Gesellschaft zu. Mehr Menschen gingen für längere Zeit, oft im Auftrag ihrer Familien, in weit entfernte Orte. Das schwächte die Hilfs- und die Einflußmöglichkeiten des Familienoberhauptes und verminderte die Stärke der *jia* insgesamt. Für mehr Menschen wurde es notwendig, sozial und ethisch neue Orientierungen zu suchen. Daß der ererbte Status flexibler wurde, eröffnete neue Chancen; wo aber der Aufstieg möglich ist, wird der Abstieg eine reale Drohung. Die *gentry* und besonders die Träger alter Namen, die bisher die größten Vorteile der Gesellschaftsordnung genossen hatten, fühlten sich am stärksten gefährdet. Der große „Moderoman“ des Zeitalters, „Der Traum der roten Kammer“, spielt im Milieu großer Familien, die vom Niedergang bedroht sind, und dem Leser fallen die sensiblen und verwöhnten jungen Männer auf, die wenig Lust verspüren, sich den Härten des Lebens auszusetzen. In der populären Literatur standen dem die Geschichten vom armen Bauernjungen gegenüber, der in die Stadt geht und den Weg nach oben schafft, meist durch Lernen und das Bestehen der Staatsprüfungen, was die Stabilität der traditionellen Werte auch in Zeiten des Wandels zeigt.

7.3 Chinas Wirtschaft im 17. und 18. Jahrhundert

Chinesische und europäische Landwirtschaft

Das Schicksal Chinas, des größten Agrarlands der Erde, ist bis heute von der Knappheit an fruchtbaren Gebieten bestimmt. Umgeben von den gebirgigen, trocknen Gebieten Innerasiens blieb nur die Intensivierung des Anbaus, um die wachsende Bevölkerung zu versorgen. Seit den frühen Zeiten ihrer Geschichte haben die Chinesen umfangreiche und weiträumige Fluß- und Kanalbauprojekte durchgeführt, um Hochwässer zu bewältigen, trockene Gebiete zu bewässern und Ernteüberschüsse zu transportieren. Früh beherrschten sie Verfahren der Flächen- und Höhenmessung und konnten die Arbeit Tausender von Arbeitskräften rationell organisieren. Chinas Bauern waren traditionell innovationsbereit. Im 10. Jahrhundert führten sie schnellreifende Reissorten aus Vietnam ein, die in Südchina zwei Ernten im Jahr ermöglichten. Im 16. Jahrhundert lernten sie über die Portugiesen Süßkartoffel, Mais und Erdnuß aus Südamerika kennen. Bei der Knappheit an Boden war in China keine extensive Viehzucht möglich. Das begrenzte nicht nur den Fleischkonsum, sondern auch die verfügbare tierische Arbeitskraft, an deren Stelle stärker die menschliche trat. Europäer haben das häufig als Rückständigkeit kritisiert, dabei den Geräte- und Energieeinsatz zum einseitigen Kriterium gemacht und übersehen, welche außerordentliche Leistungen in der Differenzierung und Anpassung der Kulturpflanzen an die klimatischen und Bodengegebenheiten lagen. Um 1900 zählte man in China über 500 nach Pflanzen und Anbaurhythmen verschiedene Fruchtfolgen – ein Vielfaches dessen, was Europa kannte.

Der Frieden und die wirtschaftlichen Erfolge der ersten Hälfte der Mandschu-Zeit ließen die Bevölkerung Chinas ab 1680 zunehmend schneller wachsen. Der jährliche Bevölkerungsüberschuß stieg bis 1800 auf etwa 0,8 Prozent und ging bis 1850, noch vor dem Beginn der großen Katastrophen, auf 0,5 Prozent zurück. (Zur Zeit wachsen viele Länder der „Dritten Welt" pro Jahr um 3 Prozent und mehr.) Bei einer Verdoppelung der Bevölkerung vergrößerten sich die Anbauflächen unter den Mandschu-Kaisern nur um etwa 40 Prozent. Das erhöhte die Anforderungen des Marktes und förderte den Anbau hochwertiger Agrarprodukte und in Südchina den Reisimport aus Vietnam. Das kam zunächst den Bauern zugute, die europäischen Reisenden in ihrer Masse gut ernährt und gekleidet schienen. Ende des 18. Jahrhunderts aber wußte die kaiserliche Regierung nicht mehr, wie das Land weiter ernährt werden sollte. Am besten ließ sich die Bevölkerung dort ernähren, wo sie am dichtesten war und am schnellsten wuchs, am unteren Jangtse. Dagegen war die Lage in Randgebieten, wohin viele Menschen aus Zentralchina auswanderten, schon vor 1800 kritisch.

Chinas Zustand Ende des 18. Jahrhunderts bestärkte die konfuzianische Vorstellung, daß jede Herrscherfamilie einen Zyklus durchlief, der nach erfolgreichem Aufstieg und Blütezeit in Niedergang und Katastrophe endete, wenn der Kaiser die Kontrolle über das Land verlor und Korruption, Hunger und Aufstände ausbrachen. Hinter dieser Vorstellung stand die Erfahrung, daß auch ein zentralisierter und rationaler Staat in einer Agrargesellschaft regelmäßig seine Handlungsfähigkeit verlor, wenn die zyklisch wiederkehrenden Ernährungsprobleme von der Bevölkerung mit gewaltsamem Protest beantwortet wurden. Um 1800 war eine schwere Krise Chinas nach allen historischen Erfahrungen unvermeidlich, und nach diesen Erfahrungen wäre sie durch die inneren Konflikte mit ihren Menschenverlusten und dem Aufstieg neuer Eliten überwunden worden. Daß das 19. Jahrhundert eine Katastrophe ganz neuer Art wurde, lag an neuen wirtschaftlichen und politischen Faktoren, die aus Europa wirkten und außerhalb der Macht der chinesischen Regierung lagen.

Die gewerbliche Produktion

China war in seiner Geschichte kein Rohstoff- und Agrarexportland – sieht man einmal vom Tee ab. Von der Antike bis ins 20. Jahrhundert wurde das Land bewundert für seine hochwertigen Produkte; chinesische Porzellane wurden in großen Mengen nach Innerasien, Indien, Persien und Ostafrika, später auch nach Europa ausgeführt. Noch die Schriftsteller der Aufklärung zweifelten nicht, daß China Europa in der Qualität und auch in der Menge seiner gewerblichen Produktion übertraf. Man wußte von großen kaiserlichen Manufakturen als Produktionsstätten, denen in Europa vor dem 19. Jahrhundert nichts Gleichwertiges entsprach. Allein in den Porzellanmanufakturen von Jingdezhen sollen 100 000 Menschen gearbeitet haben. Man muß dieses Bild aber in die richtigen Proportionen rücken, um es nicht mißzuverstehen.

Europäer sahen in China vor allem den schmalen Sektor der Luxusprodukte, dessen volkswirtschaftliche Bedeutung begrenzt war. Bestimmend war dort aber wie in Europa die Massenproduktion z.B.

Großbetrieb der Eisenverarbeitung im 17. Jahrhundert: Schmieden des Ankers eines Hochseeschiffes

von Textilien. Gewebe aus Wolle, Leinen und Baumwolle wurden in China ausschließlich und in ausgezeichneter Qualität auf dem Lande in den Bauernfamilien in sehr einfacher Technik hergestellt. Während in Europa schon im Mittelalter die textile Arbeitsteilung weit fortgeschritten war, kannte China nicht einmal die Trennung der Spinnerei von der Weberei. Zwar gab es schon ein Verlagswesen, doch erst nach 1880 schufen englische Firmen mit der Produktion von Baumwollgarnen die Voraussetzung für Arbeitsteilung und Industrialisierung. Die Herstellung von Seidengeweben war anspruchsvoller und in den Städten lokalisiert, aber die Betriebe hatten nur zwei oder drei Arbeitskräfte. Die drei kaiserlichen Seidenmanufakturen mit etwa 7000 Arbeitern dagegen waren gesamtwirtschaftlich weniger bedeutsam und produzierten kaum für den Markt, sondern vor allem für die Bedürfnisse des kaiserlichen Hofs und für Tribute an Chinas unruhige Nachbarn.

Während die Europäer die Qualität der chinesischen Produkte meist lobten, fiel ihnen früh auf, daß Werkzeuge und Produktionsweisen einfacher als in Europa waren und vor allem arbeitssparende Methoden fehlten. Traditionell stand menschliche Arbeitskraft im Überfluß, d.h. billig zur Verfügung. Das Bevölkerungswachstum verstärkte diese Tendenz und begünstigte die Verlegung von Produktionen aufs Land; es zwang die Bauern in den dicht besiedelten Gebieten, buchstäblich zu jedem Lohn für Verleger zu arbeiten. Selbst in den Schwerpunkten dieser Produktion trug sie nicht mehr als 10 Prozent zum Einkommen bei. Das legt die Annahme nahe, daß der Bevölkerungsdruck in China den technischen Fortschritt „aushungerte". Als alleinige Erklärung reicht das allerdings nicht aus; man muß auch berücksichtigen, daß der „ganzheitlichen" chinesischen Mentalität eine Spezialisierung und Rationalisierung im europäischen Sinne fremd war. Die zahlreichen Illustrationen der Produktion in China geben kaum Hinweise auf Arbeitsteilung. Selbst in den Porzellanmanufakturen von Jingdezhen war die Arbeit wenig in Einzelvorgänge zerlegt, die durch Mechanisierung rationeller hätten geleistet werden können. Die Arbeiter spezialisierten sich auf einzelne Produkte, die sie außerordentlich perfekt und vollständig herstellten. Beim Ausfall solcher Spezialisten konnte sogar die Ausführung großer Aufträge des Kaiserhofs in Schwierigkeiten geraten, weil kein zweiter Arbeiter zur Herstellung bestimmter Einzelstücke fähig war.

Naturwissenschaft und Technik

Seit Joseph Needham in den 1930er Jahren die Naturwissenschaften und Technik Chinas zu erforschen begann, lernten Europäer ein ihnen bis dahin unbekanntes Denken kennen. Statt des Analysierens, Zerlegens und Strukturierens und der streng kausalen, oft mechanischen Modelle überwog in der chinesischen Tradition die Suche nach dem Ganzen und den Prinzipien einer Harmonie der Teile. Die neuzeitliche europäische Tendenz zu einer expansiven Naturbeherrschung war hier fremd; das hat China jahrhundertelang nicht geschadet, erwies sich aber in dem Moment, in dem es mit Europa in Konkurrenz trat, als ein gefährlicher Nachteil.

	China	Europa
See-Kompaß	10. Jahrh.	um 1180
Schiffbau: Heckruder statt Seitenruder	4. Jahrh.	um 1190
Brustgurtgeschirr bei Pferden	3. Jahrh. v. Chr.	um 1200
Schubkarren	1./2. Jahrh.	um 1250
Schießpulver	9. Jahrh.	1285
Papierherstellung	1./2. Jahrh.	13. Jahrh.
Blockdruck (ganze Seite in einem Block)	8. Jahrh.	um 1375
Druck mit beweglichen Lettern	1041	1430–60
Kanalschleusen mit Toren	11./12. Jahrh.	um 1375
Gußeisen	513	um 1380
Hochofengebläse mit Wasserradantrieb	2. Jahrh. v. Chr.	um 1380

Chinesische Erfindungen, die mit Sicherheit – meist indirekt – von Europa übernommen wurden

J. Gernet: (s. S. 230), S. 322.

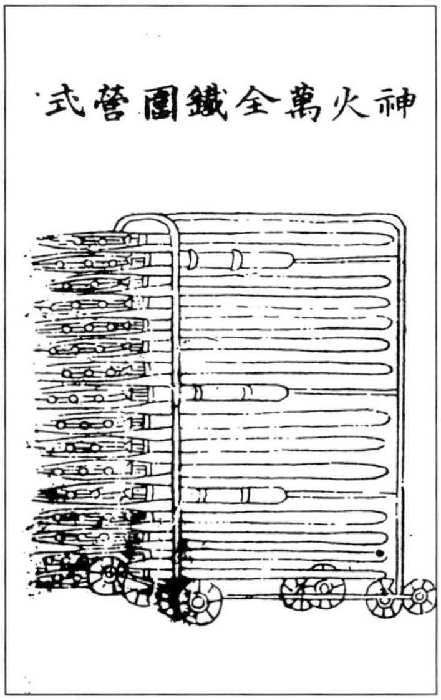

1412 – Anlage zum Abschuß einer großen Zahl pulvergetriebener Explosivkörper (Raketenwerfer)

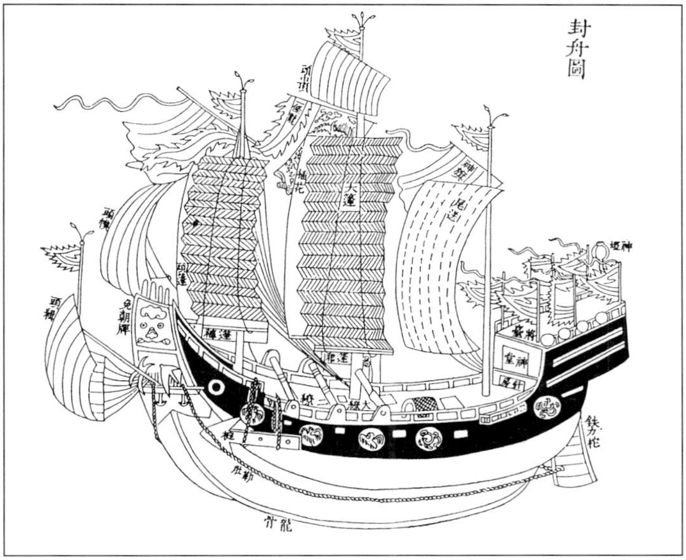

Chinesisches Segelschiff des 18. Jahrhunderts, Rumpf und Takelung nach europäischen Vorbild; im Gegensatz zu Dschunken unabhängig vom Monsun

In der Technik hat China bedeutende Erfindungen gemacht, und Europa hat davon über einen mehrstufigen Vermittlungsprozeß stark profitiert. Sie waren in China schon weit verbreitet, als das zivilisatorische Niveau in Europa sie noch nicht erforderte. Große Wasserbauprojekte wie die chinesischen Flußregulierungen, die schon vor 3 000 Jahren eine entwickelte Vermessungstechnik, hydraulische Physik und Arbeitstechnik erforderten, fanden erst im Spätmittelalter Entsprechungen in Europa. Hinsichtlich der Fähigkeit, Eisen in größeren Mengen zu erschmelzen und zu Stahl weiterzuverarbeiten, war China den Europäern um ein Jahrtausend voraus. Die Kenntnisse solcher Fähigkeiten verbreiteten sich teilweise über Südasien und die islamische Welt (z.B. bei Papier), mit der die Europäer während der Kreuzzüge in Berührung kamen. Teilweise war es die Expansion der Mongolen, die Europa mit Erfindungen Chinas vertraut machte.

Es ist nicht sicher erwiesen, ob Europa auch bei Windmühlen und mechanischen Getrieben chinesischen Vorbildern folgte. Bei Tiefbohrungen zur Erschließung von Salzquellen, beim Brückenbau und der Nutzung von Erdgas blieb China bis zum 19. Jahrhundert überlegen. Das Potential Chinas in Wissenschaft und Technik war nicht geringer als das Europas. Allerdings ist es schwer, den genauen Stellenwert dieser Fähigkeiten einzuschätzen. Auf die lange Zeitdauer und die Größe Chinas gerechnet war die technische Entwicklung langsam; Epochen rascher technischer Veränderungen wie im Europa des späten 18. Jahrhunderts hat es in China wohl nie gegeben. Die reichlich verfügbare menschliche Arbeitskraft hat viele Innovationen auf die Bereiche begrenzt, wo sie politisch geboten waren. Sie förderten daher nicht die ökonomische Eigendynamik, wie es die Technik in der englischen Textilindustrie im 18. und 19. Jahrhundert tat, wo die Erfindungen in Weberei und Spinnerei wechselseitig Engpässe verursachten, die nur durch neue Maschinen und Produktionsweisen zu beheben waren.

Handel und Kapital in China

Der chinesische Handel war davon geprägt, daß es keine Marktmonopole der Städte gab; er begann in den kleinsten Orten und war auf größere Orte ausgerichtet, die den Verkehr mit entfernteren Zentren bewältigten. Dementsprechend abgestuft war auch die Kaufmannschaft, die von kleinen Händlern und Maklern bis zu großen Unternehmern mit weiträumigen Geschäften reichte. Die Zentralisierung Chinas und das große Wasserstraßennetz begünstigten einen intensiven Austausch. Das 18. Jahrhundert erweiterte das Wirkungsfeld des Handels erheblich; eine wachsende nichtagrarische Bevölkerung, die Verwandlung von Sachleistungen in Geldzahlungen und der Rückzug des Staates aus dem Produktionssektor schufen neue Tätigkeitsfelder für Kaufleute. Sogar die Porzellanwerke von Jingdezhen wurden „privatisiert“, Kanal- und Deichbauten nach einer staatlichen Anlaufphase an örtliche Unternehmer vergeben. Auch zwischen dem bäuerlichem Produzenten im Textilbereich und dem Konsumenten stand ein Händler. Die Expansion des chinesischen Herrschaftsbereichs nach Innerasiens und der lange Friede dort trugen zu einer asiatischen Konjunktur des frühen 18. Jahrhunderts bei, von der China profitierte.

Der chinesische Handel litt unter der Tradition, Firmen nur mit Mitgliedern der eigenen *jia* oder wenigstens mit engeren Landsleuten zu gründen. Er kämpfte auch mit Schwierigkeiten des Zahlungsverkehrs, der in China vor allem mit Kupfermünzen abgewickelt wurde (für größere Beträge in Schnüren zu 1000 Stück, zu welchem Zweck die Münzen gelocht waren). Grundlage der Währung war das Silber, das aber vor dem 19. Jahrhundert nie ausgemünzt wurde und vorwiegend als Rechnungseinheit diente. Nur größere Zahlungen wurden mit Silberbarren und Stücken davon getätigt. Die Schwäche dieses Systems lag in dem wechselnden Wertverhältnis zwischen Silber und Kupfer, das stark von außen beeinflußt wurde und vom chinesischen Staat nicht zu steuern war. Solange China nur wenig Waren von außen bezog und seine eigenen Produkte sehr begehrt waren, kam es zu einer Zufuhr von Silber. Es gelangte meist von Europa auf dem Land- und Seeweg nach China, teilweise auch direkt von Mexiko über die Philippinen, was zum Umlauf mexikanischer Silber-Pesos in China führte. Hier wurde China in einen weltweiten wirtschaftlichen Prozeß eingebunden, aus dem es sich nicht mehr lösen konnte. Der Takt der beginnenden Weltwirtschaft schlug für England und China gleich. Als die Ming-Kaiser im frühen 17. Jahrhundert den Überseehandel verboten, lösten sie eine katastrophale Knappheit an Silber aus. Eine Unze Silber kostete mehr Kupfermünzen als zuvor, und da Steuern und Pachten in Silber festgelegt waren, Bauern, Handwerker und kleine Kaufleute aber Kupfergeld für ihre Erzeugnisse erhielten, stiegen ihre Abgaben spürbar an, was zu schweren Unruhen führte und zum Sturz der Ming-Dynastie beitrug. – Der Mandschu-Kaiser Kangxi, der seit den 1680er Jahren China wieder stabilisierte, förderte dagegen den Überseehandel. Der Verkehr mit den Europäern wurde auf Kanton konzentriert, wo diese streng kontrolliert und ohne Zutritt zum Landesinneren mit 13 lizensierten chinesischen Handelshäusern von Oktober bis Mai Geschäfte tätigen durften. 1689 regelte der Vertrag von Nertschinsk den Handel mit Rußland. Während dieser aber reiner Warentausch war und trotz großen Umfangs wenig Wirkungen auf China zeigte, gingen von Kanton tiefgreifende Einflüsse aus; sogar der chinesische Überseehandel expandierte. Die Jahre 1720 bis 1760 gelten als der hoffnungsvolle Beginn eines chinesisch-europäischen Handels von wachsenden Dimensionen, der zunächst konfliktarm zu beiderseitigem Vorteil verlief.

Vor allem bei der wachsenden englischen Nachfrage nach Tee bewies die chinesische Wirtschaft ihre Flexibilität und konnte mühelos die Produktion erweitern. Der Handel löste einen erneuten Silberzufluß aus, so daß der Geldmechanismus sich umkehrte und den chinesischen Bauern wieder sinkende Lasten einbrachte – ein nicht unwichtiger Beitrag zu der Blüte Chinas im 18. Jahrhundert. – Das Papiergeld, eine der großen Erfindungen Chinas, erlebte nach seiner Krise im frühen 17. Jahrhundert keine Neubelebung; es kursierten aber zunehmend Wechsel privater Kaufleute und erweiterten den Kreditspielraum. Da für Europäer die Produktionsstätten und Anbaugebiete im Innern des Landes unerreichbar waren, benötigten sie leistungsfähige chinesische Partnerfirmen. Indem sie ihre Teekäufe von einer Handelssaison zur nächsten zu 50 Prozent vorfinanzierten und diese Kredite ins Innere Chinas weitergegeben wurden, förderte der Außenhandel das Wachstum großer chinesischer Handelskapitalien und eine gewisse wirtschaftliche Dynamik. Die Selbständigkeit und das Selbstbewußtsein der Kaufleute wuchsen, was sich auch in der Zunahme „weißer“ Verträge zeigte, d.h. von Kontrakten, die nicht mehr von Staatsbeamten bestätigt und rot gesiegelt wurden („rote“ Verträge). Man kann diese Entwicklung vorsichtig eine Modernisierung nennen.

Solange China keine britischen Produkte kaufte, mußte der Tee mit Silber bezahlt werden, was für England unvorteilhaft war. Der chinesische Import von Baumwolle aus Indien und von Tabak, der seit dem 17. Jahrhundert in China in Mode kam, konnte das Defizit nicht ausgleichen. Nicht die große *East India Company*, sondern Hunderte kleiner britischer und amerikanischer Kaufleute waren es, die in dieser Situation den Wert des Opiums als Handelsware erkannten und diese in Indien billig

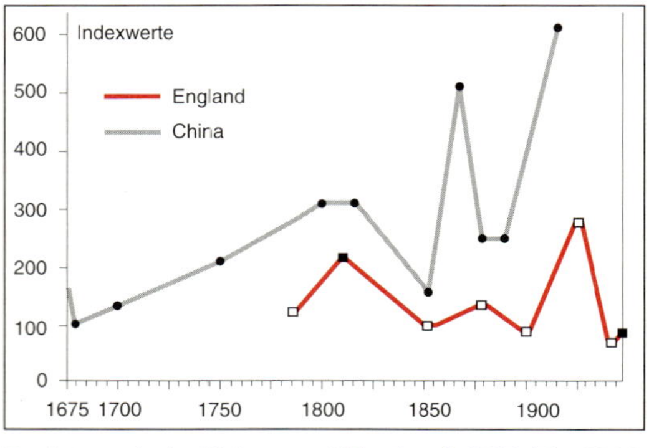

Preistrends in China und England 1700 bis 1900
Index England 1675 = 100
Index China 1780 = 100

Man-houng Lin: From Sweet Potato to Silver. In: VSWG Beiheft 89. (Steiner) Stuttgart 1990. S. 323

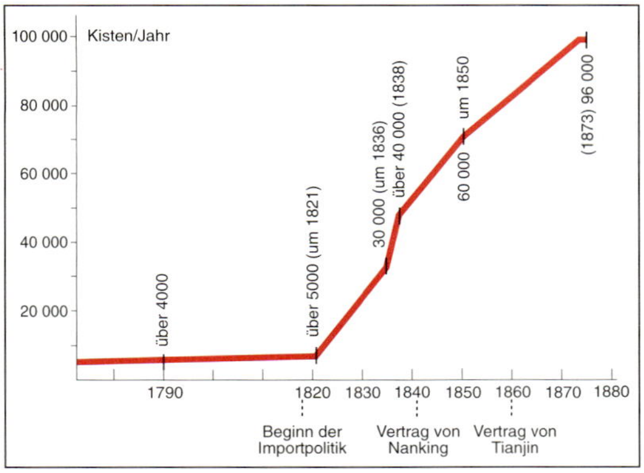

Jährlicher Opium-Import Chinas (Angaben in Kisten zu 65 kg pro Jahr)
J. Gernet: (s. S. 230), S. 451

erzeugte Droge massenhaft nach China lieferten, wo sie fast unbekannt gewesen war, sich jetzt aber schnell verbreitete. Die Handelsbilanzüberschüsse Chinas gingen zurück, und im 19. Jahrhundert führte der steigende Opiumkonsum zu einer Umkehr der Verhältnisse, so daß China in wachsendem Maße Silber ausführte. Nur durch einen einzigen Hafen und wenige Produkte – darunter allerdings das für die Währung entscheidende Silber – war China an den Weltmarkt angeschlossen; aber diese Kräfte waren bereits stark genug, um in Verbindung mit der inneren Krise des späten 18. Jahrhunderts das Land in die größten Katastrophen seiner Geschichte zu stürzen.

7.4 Das chinesische Herrschaftssystem unter den Mandschu-Kaisern

Die chinesische Monarchie – die Herrschaft einer durch Erbe und religiöse Tradition legitimierten Person an der Spitze der Gesellschaft – läßt sich mit ihren europäischen Entsprechungen nur begrenzt vergleichen. Die Übersetzung *Kaiser* im mittelalterlichen Sinn des Wortes für das chinesische *huang di* läßt sich mit dem universalen, d.h. sich auf die ganze Welt erstreckenden Anspruch beider Herrscher begründen. Beiden war ein sakraler Anspruch zu eigen – sie beriefen sich auf ein göttliches Amt. (→ M 7.5–7.7) Während aber das Kaisertum in Europa keine dauerhafte Macht wurde und sich gegen die Konkurrenz der anderen Fürsten nicht behaupten konnte, stellte der *huang di* und sein Hof meist eine sehr reale Macht dar, die im 18. Jahrhundert zunahm. Europäische Beobachter werteten die fast unbeschränkte Macht der chinesischen Kaiser zunächst positiv, seit der Französischen Revolution aber deutlich negativ. Hegel und Marx sprachen von orientalischer Despotie; auch Vergleiche mit dem Absolutismus wurden angestellt. Man hat allenfalls Rechtfertigungsgründe akzeptiert, indem man den Zwang zu einer weiträumigen Wasserwirtschaft („hydraulische Despotie"!) oder zum Schutz gegen die Nomaden der Steppen betonte. Im 19. Jahrhundert aber erschien die Monarchie allen europäischen Betrachtern als die schwerste Belastung Chinas – versteinert in Traditionen und Ritualen, Symbol der Unreformierbarkeit.

Die Leistungen der mandschurischen Kaiser

Die Mandschu, die von 1644 bis 1911 regierten, waren die letzte Kaiserdynastie der chinesischen Geschichte; bis ca. 1780 brachten sie dem Land eine große Blütezeit. Die Mandschu waren Fremde, deren Fürsten aber im späten 16. Jahrhundert begonnen hatten, ihr Land nach chinesischem Vorbild zu modernisieren. Als sie 1644 in China einfielen, waren in ihrer Armee und unter ihren Beratern bereits viele Han-Chinesen, was die Unterwerfung Nordchinas erleichterte. Die Eroberung des Südens dagegen dauerte über 30 Jahre und hinterließ schwere Verwüstungen und dauerhafte Verbitterung. Die Mandschu versuchten dem entgegenzuwirken, indem sie bei der Besetzung der Ämter streng auf mandschurisch-chinesische Parität achteten, was wegen der vielen Han-Chinesen unter den Eroberern deren Dominanz sicherte. Da sie ihren Erfolg der Imitation chinesischer Einrichtungen verdankten, stellten die Mandschu das Beamtentum nicht nur wieder her, sondern erweiterten und stärkten es als ihr wichtigstes Instrument und rekrutierten es durch die traditionellen Prüfungen. Die Blüte Chinas im 18. Jahrhundert war vor allem drei sehr fähigen und überaus fleißigen Kaisern zu verdanken, die zusammen 133 Jahre regierten. Ihr Ziel war die Vereinheitlichung des Landes, die sie gegen die Vielfalt regionaler kultureller Traditionen durchsetzten. Europas Bild von China – vom buchstäblichen chinesischen (tatsächlich aber mandschurischen) Zopf bis zur Tempelarchitektur – war das Produkt des 18. Jahrhunderts. Insgesamt aber bewiesen die Mandschu im Umgang mit den han-chinesischen Eliten zunächst Toleranz und Geschick.

China war trotz seiner riesigen Ausdehnung seit dem 2. Jahrhundert v. Chr. ein Zentralstaat; zu seiner Regierung verfügten die Kaiser im 18. Jahrhundert über etwa 20 000 Beamte, jeder davon mit Dutzenden, ja Hunderten von Hilfskräften. Feste Steuern und ein ausgebautes Verkehrs- und Nachrichtensystem gaben dem chinesischen Staat mehr Handlungsmöglichkeiten als den europäischen Königen vor dem 18. Jahrhundert. Trotzdem war seine Leistungsfähigkeit eng begrenzt. Gerade die Eigengesetzlichkeit der Beamtenschaft als einer Elite mit Herrschaftswissen und Kastengeist behinderte eine wirksame

Regierung. Untereinander in Cliquen aufgespalten, standen die Beamten gegen Angriffe auf ihre Privilegien fest zusammen. Hinter jedem von ihnen stand eine *jia*, deren Anspruch auf Nutzen von ihrem prominenten Mitglied mit der Pflicht zur Wahrung des allgemeinen Nutzens konkurrierte. 1663 schrieb der bedeutende Mandarin Huang Tsung-hsi: „Wenn ich in den Dienst der Regierung eintrete, dann arbeite ich für das Reich und nicht für den Kaiser, für die zahllose Bevölkerung und nicht für eine Familie. [...] Herrschaft nach dem Gesetz sollte vor der Herrschaft durch die Person [des Kaisers] stehen.“[1] Solche Sätze, die an die politische Diskussion des 17. und 18. Jahrhunderts in Europa erinnern, stellten mehr eine ethische Forderung als die reale Politik dar.

Gegenüber früherer kritikloser Bewunderung Chinas erweisen sich die Leistungen der chinesischen Beamten bei genauer Prüfung als mittelmäßig. (→ M 7.11) Die Volkszählungen, Symbol moderner Staatsführung, waren recht ungenau. Dank der Verflechtungen der Beamtenschaft mit der *gentry* verschwanden Hunderttausende Hektar Land aus den Steuerlisten, und selbst die starken Mandschu-Kaiser konnten keine neue Landesaufnahme durchsetzen und mußten ihre Steuern nach über 100 Jahre alten Listen erheben lassen. Zwar rühmten Europäer die chinesische Justiz, doch findet man in der chinesischen Literatur reichlich Belege für Rechtsbeugung. In kritischen Zeiten nahmen die Beamten in die unteren Ränge des Apparats zahlreiche Angehörige ihrer *jia* auf, um sie zu versorgen. Das kostete nur Geld und behinderte die Funktionsfähigkeit des Systems. Die Mandschu-Herrscher versuchten wie ihre Vorgänger, sich aus den Fesseln ihrer Beamten zu befreien. Gewöhnlich gaben sie einzelnen Personen besondere Vollmachten, häufig Eunuchen, die ursprünglich zur Verwaltung des Harems eingesetzt waren und aus einleuchtenden Gründen keine *jia* gründen konnten. Solche Brüche der Geschäftsordnung aber produzierten nur neue Reibungen, die beweisen, daß mit den Mitteln des Regierungs- und Verwaltungsapparates allein die Grundbedingungen und Grenzen einer Agrargesellschaft nicht aufzuheben waren.

Bei der Sicherung des Friedens bewiesen die Mandschu-Herrscher nach 1680 zunächst ein Geschick, das das Klischee vom traditionsgelähmten China widerlegt. Die Anerkennung Rußlands als gleichberechtigter Vertragspartner 1727 und die Aufnahme diplomatischer Beziehungen zu Tibet können sogar als Anfänge einer chinesischen Außenpolitik im modernen Sinne gesehen werden. Kaiser Qianlong ließ 1770 in seiner mandschurischen Residenz eine gigantische Kopie des Palasts von Lhasa errichten, um die buddhistischen Kräfte Innerasiens an sich zu binden. Gefährliche Kräfte wie die Dsungaren und die Oirathen, die sich in den Steppen gegen China sammelten, wurden in langen Kriegen unterworfen. 1757, als England in der Schlacht von Plassey seine Vorherrschaft über Indien gewann, erreichte China mit der Eroberung Innerasiens die größte Ausdehnung seiner Geschichte. Es hatte nach Jahrhunderten der äußeren Bedrohungen in seiner Welt Vorherrschaft und Frieden gesichert; konnte ein Herrscher von China erfolgreicher sein? Kann man den Mandschu-Kaisern als grundlegendes Versagen vorwerfen, daß sie die Entwicklung der britischen Macht jenseits des Meeres in Indien verkannten? War es die auch Europäern geläufige Wirkung großer Erfolge, die zur Selbstüberschätzung führte und für Neues blind machte? – Eine Notiz des alten und sehr erfahrenen Kaisers Qianlong zu einer Denkschrift eines Beamten spricht eher für einen ausgeprägten und skeptischen Wirklichkeitssinn:

„Ich mühe mich Tag und Nacht. Nicht daß ich nicht wünschte, daß die Sitten der Menschen einfach und rein werden; aber die Gewohnheiten werden mit jedem Tag ungewöhnlicher, und die Lage läßt sich nicht durch Gesetze ändern. So wie die Wasser der Flüsse [in China] nach Osten fließen, wer kann sie aufhalten und nach Westen lenken? [...] Die Denkschrift des Tian cheng ist als guter Rat annehmbar, aber sie ist keine gute Politik, um in der Welt von heute zu regieren.“[2]

	Grundsteuer und Kopfsteuer	Salzsteuer	Handelssteuer
1653	21,28 (87%)	2,13 (9%)	0,10 (4%)
1685	27,27 (88%)	2,76 (9%)	0,12 (4%)
1725	30,07 (85%)	4,43 (12%)	1,35 (4%)
1753	29,38 (73%)	7,01 (17%)	4,30 (10%)
1766	29,91 (73%)	5,74 (14%)	5,40 (13%)

Steuereinnahmen der ersten Mandschu-Kaiser in Millionen Unzen Silber
J. Gernet: (s. S. 230), S. 410.

Die Krise am Ende des 18. Jahrhunderts

Die krisenhaften Entwicklungen Mandschu-Chinas begannen im Inneren. Die langen Friedensjahre hatten verborgen, daß die Steuern zu niedrig waren. Trotz wachsender Bevölkerung stieg die Kopfsteuer nach 1685 nicht mehr an, und der Handel wurde nur mäßig besteuert. Obwohl der Staat wohl nur etwa 5 Prozent des Sozialprodukts an sich zog, bildeten sich in der Staatskasse zunächst

[1] Ssu-yü Teng, John K. Fairbank: China's Response to the West. (Harvard Univ. Press) Cambridge [6] 1981, S. 9

[2] S. Naquin, E. Rawski: Chinese Society in the 18th Century. (Yale University Press) New Haven 1987. S. 63 (Übers. H. Prokasky)

große Überschüsse; 1736 waren es 24 Millionen Unzen Silber, 1786 sogar 70 Millionen. Sie erlaubten Kaiser Qianlong, die Folgen von Naturkatastrophen zu lindern, Wasserbauprojekte zu finanzieren und Kriege an den Steppengrenzen zu führen. Diese Kriege waren es schließlich, die die Reserven in den 1790er Jahren in kurzer Zeit aufzehrten. Am Ende waren die Mittel des Staates zur Sicherung Sinkiangs gegen die Nomaden und gegen den Aufstand der Sekte „Weißer Lotus" rasch verbraucht. Die Kassen waren in dem Augenblick leer, als die Folgen des Bevölkerungswachstums und des Endes der Silberzufuhr von außen sich zu einer Staatskrise verbanden. (→ M 7.17–7.20) Um 1800 bereits, lange bevor Großbritannien eingriff, war die Verwaltung Chinas gelähmt.

Ab etwa 1800 suchte China seine Probleme durch Abschottung des Landes nach außen zu überwinden, statt durch die Ausweitung des Handels, wie sie England anbot, die Wirtschaft zu beleben. Aus der europäischen Sicht war das der Beweis der Starrheit und Rückständigkeit des Landes; tatsächlich aber waren rasche wirtschaftliche und soziale Änderungen mit den Traditionen Chinas nicht vereinbar. Anders als in Europa, wo die Fürsten früh begriffen, daß sie nur vom Bürgertum genügend Mittel für höfischen Luxus, Rüstung und den Ausbau des Staates bekommen konnten, haben die Eliten in China kapitalistische Ansätze nicht verstanden. Die europäischen Fürsten mochten ihrem Bürgertum hohe steuerlichen Belastungen auferlegen, doch gewährten sie ihm dafür zugleich massive wirtschaftliche Vorteile. In China dagegen erpreßten der Kaiser und seine Beamten die Mittel für repräsentativen Luxus von den Kaufleuten über deren finanzielle Grenzen hinaus und ohne Rücksicht auf die volkswirtschaftlichen Folgen. So wurden die Kaufleute des Salzmonopols, wahrscheinlich die reichsten Unternehmer, in den finanziellen Ruin und die 13 chinesischen Außenhandelsfirmen in Kanton in die völlige Abhängigkeit von den Krediten ihrer britischen Geschäftspartner getrieben.

Das entscheidende gesellschaftliche und politische Defizit Chinas war wohl der Mangel an Strukturen, die stärker gewesen wären als die *jia*. Trotz einer langsamen Stärkung von Korporationen in der Mandschu-Zeit blieb das grundlegende Mißtrauen des Hofs und der Bürokratie bestehen. Es gab nie Körperschaften wie die Stände in Europa, die – wie begrenzt auch immer – Mitträger von Herrschaft waren, Interessen vertreten und mit dem Herrscher Kompromisse aushandeln konnten. Das chinesische Volk blieb selbst auf lokaler Ebene grundsätzlich von der Politik ausgeschlossen. Gegen die unkontrollierbaren Gruppeninteressen der Beamten aber blieb das Amt der Zensoren, das als einziges auch dem Kaiser gegenüber eine eigene Rechtsposition hatte, faktisch wirkunglos. Wenn ein Zensor den Mut hatte, dem Kaiser entgegenzutreten, war das gewöhnlich sein letzter Gang. So ließ die Geschichte Chinas nur eine letzte Maßnahme übrig, nämlich die Rebellion des Volkes gegen den Herrscher. Wenn sie gelang, galt sie seit alten Zeiten als Zeichen des Himmels und rechtfertigte das Ende des Herrschaftszyklus.

China im Zeitalter des Imperialismus

Chinas Geschichte im 19. Jahrhundert war eine Folge von Katastrophen, die unter ungeheuren Menschenverlusten bis zur fast völligen Unterwerfung das Landes unter die Europäer führte. Brachte das Land um 1800 noch ein Drittel der Weltproduktion hervor, so waren es um 1950 nur noch drei Prozent. Als das entscheidende Datum, oft geradezu als eine Epochengrenze, wird gewöhnlich der Opiumkrieg von 1840 genannt, als Großbritannien mit Waffengewalt die Öffnung Chinas für den britischen Handel erzwang. Chinas Schicksal wurde für die folgenden Jahrzehnte primär von außen bestimmt.

Unter der Oberfläche einer fast völligen Fremdbestimmung Chinas begann ein Lern- und Erneue-

1842	Vertrag von Nanking (1. „ungleicher" Vertrag); Öffnung von 5 Häfen für Außenhandel
1844	China verliert Zollautonomie – Land von ausländischen Waren überschwemmt
1851–1864	Taiping-Aufstand – ein christlicher Chinese, der sich für den Erlöser hielt, sammelte die Kleinbauern im Süden, die durch die von Europa verursachte Geldkrise verarmt waren. Niederschlagung durch die chinesische Armee mit Hilfe europäischer Offiziere und Truppen; etwa 20 Millionen Tote, Verwüstung Südchinas
1860	Vertrag von Tientsin; Opiumhandel legalisiert, Freizügigkeit und weitgehende Sonderrechte (exterritorialer Status, europäische Gerichte in China) für europäische Kaufleute und Missionare, Binnengewässer für ausländische Schiffe freigegeben.
1894/95	Abtretung der Gebiete zwischen Amur/Ussuri und dem Meer an Rußland
1899/1900	Niederlage gegen Japan; China tritt Taiwan und Korea ab
	„Boxeraufstand" gegen die Fremden im Lande; ausländische Intervention, Deutsche und Japaner erobern Peking; hohe Finanzbußen und demütigende Form der Unterwerfung
1911	Revolution, Ende der Monarchie, zunehmender Zerfall der inneren Einheit Chinas

rungsprozeß des Landes, der langfristig nach Jahrzehnten schwerer innerer Konflikte und nicht endender Fehlschläge die Grundlagen für einen neuen Aufstieg des Landes legte. Auch wenn es angesichts des ein Jahrhundert lang wachsenden Elends der Masse der Bevölkerung schwerfällt, kann man einen Modernisierungsprozeß im europäischen Sinn feststellen. China und Japan (das unter günstigeren Bedingungen schneller vorankam) sind bedeutende Beispiele für die eigenständige Übernahme der Modernisierung durch außereuropäische Länder, die gewisse Einblicke in ihre Bedingungen erlauben.

In China waren die ersten Träger dieses Prozesses Teile der alten Beamtenelite. Ihre Mentalität bot für ihre Denktraditionen wichtige Ansatzpunkte; ihr vernunftorientiertes Denken und ihr Pragmatismus, der praktischen Erwägungen den Vorrang vor prinzipiellen Erwägungen gab, eröffneten ihnen ein recht schnelles Verständnis Europas und der USA. Der erste Chinese, der mit einem Auslandsexamen (Yale 1854) in den Staatsdienst zurückkehrte, lenkte ab 1872 gezielt begabte junge Männer in amerikanische und europäische Universitäten und Militärakademien. Er ermöglichte die Gründung vor allem amerikanischer Missionsschulen, die sich als sehr wirkungsvoll erwiesen. Die jungen Chinesen sollten sich auf technische, naturwissenschaftliche und militärische Fragen konzentrieren; sie begriffen erstaunlich rasch, daß das Geheimnis der westlichen Überlegenheit mehr in den sozialen und ökonomischen Institutionen und Strukturen als in den Maschinen lag. (→ M 7.22) Dennoch benötigte die Modernisierung Chinas bis zu ihren ersten Erfolgen lange Zeit. Der Kaiserhof und die Mehrheit der Beamtenschaft verteidigten auch im Elend Chinas ihre Privilegien, und der Übergang von der *gentry* zu einer westlich-kapitalistischen Unternehmerschaft vollzog sich nur in einem langsamen Erfahrungsprozeß voller wirtschaftlicher Katastrophen. Das Land- und Industrieproletariat, mittelbar und unmittelbar Produkt der europäischen Intervention, wurden Träger der ersten kommunistischen Revolution Asiens, die mit ihren Ansätzen aus der europäischen Aufklärung des 18. Jahrhunderts die endgültige Hinwendung des Landes zur Modernisierung im europäischen Sinn bewirkte.

Überlegungen zur weiteren Arbeit und Aufgaben zu Kapitel 7

Die Frage, ob der Begriff der Modernisierung auf das China vor dem 19. Jahrhundert anwendbar ist, läßt sich schon vorab beantworten. Modernisierung ist ein historischer Prozeß, der von Europa ausging; er hat China erst im 19. Jahrhundert zunächst langsam und dann mit eher zerstörerischer Gewalt erfaßt. Es ist zunächst zu untersuchen, ob es in der chinesischen Geschichte etwas der europäischen Entwicklung Ähnliches gab. Für die Annahme, daß man die beiden Welten sinnvoll miteinander vergleichen kann, spricht die Tatsache, daß europäische Beobachter dies seit dem Mittelalter getan haben und zu ernstzunehmenden Ergebnissen kamen. Sodann ist zu erörtern, inwieweit die chinesische Tradition die Einbeziehung Chinas in den globalen Modernisierungsprozeß des 19. und 20. Jahrhunderts erleichterte. Zugleich bietet der Vergleich mit China den Europäern eine Hilfe, sich selbst besser zu verstehen.

Insoweit dieses Kapitel die lange Geschichte Chinas fast ganz ausgeklammert hat, grenzt sich die Betrachtung auf die Fallanalyse Chinas in der frühen Mandschu-Zeit ein. Insofern China nicht isoliert behandelt wird, kommt es zu einem synchronen Systemvergleich mit dem Europa des 18. Jahrhunderts, der es ermöglicht, viele der zuvor gewonnenen Ergebnisse zu wiederholen und neu zu strukturieren. Insofern dabei früheres und heutiges Selbstverständnis der Europäer mit einer fremden Wirklichkeit konfrontiert wird, umfaßt die Arbeit auch ideologiekritische Elemente.

① Untersuchen Sie die zivilisatorischen Errungenschaften Chinas an einigen Beispielen seiner Technik und Produktion, der Infrastruktur des Landes und des Handels im Vergleich mit den entsprechenden europäischen Strukturen! Beachten Sie dabei die zeitliche Dimension der Entwicklungen im Vergleich zur Dynamik des europäischen Spätmittelalters und der Neuzeit (Darstellung S. 231)!

② Vergleichen Sie das chinesische Verhältnis zwischen Vernunft und Magie, Eingreifen in die Natur und zu respektierender Harmonie mit der europäischen Modernisierung, ihrer Rationalität und Tendenz zur Domestizierung der Natur (M 7.3–7.9)!

③ Untersuchen Sie die sozialen Strukturen Chinas – Familie und Verwandtschaft, Adel und Bürokratie! Beurteilen Sie das Verhältnis zwischen Stabilität und ihre Dynamik, d.h. ihre Fähigkeit zur Differenzierung und Entwicklung! Vergleichen Sie das Tempo ihrer Veränderung mit dem Europas (M 7.10 bis 7.12)!

④ Vergleichen Sie Rollen und Strukturen der Familie in Europa mit denen der *jia,* und ziehen Sie daraus Rückschlüsse auf die unterschiedlichen Werte, Mentalitäten und Entwicklungsmöglichkeiten der Gesellschaften (M 7.10–7.13)!

⑤ Vergleichen Sie das politische System und besonders die Rolle der Beamten darin mit europäischen Staatsstrukturen – besonders denen Großbritanniens nach 1688, und beurteilen Sie ihre Leistungsfähigkeit und Anpassungsfähigkeit (Kapitel 6 und 7.10, 7.11, 7.16–19)!

⑥ Mentalität und Wertesystem der historischen chinesischen Gesellschaft sind für Europäer sehr schwer zu verstehen – selbst wenn man die enormen regionalen und sozialen Unterschiede außer acht läßt. Stellen Sie die Schwierigkeiten von Vergleich und Verständnis besonders an den Fällen dar, wo europäische und chinesische Perspektive sich gegenüberstehen (M 7.1 bis 7.3, 7.11, 7.17, 7.20)! Für Europa kann man daraus Schlüsse ziehen, welche Motive hinter auch wohlwollendem Vergleich zwischen Kulturen stehen.

⑦ Stellen Sie dar, wie China in das europäisch bestimmte System der Weltwirtschaft einbezogen wurde, und wann und wodurch sich wichtige Wirtschaftsfaktoren der Kontrolle durch den chinesischen Staat zu entziehen begannen! Erklären Sie, durch welche endogenen (inneren) und exogenen (äußeren) Ursachen China Ende des 18. Jahrhunderts aus seiner Blütezeit in die Krise geriet (M 7.16–7.20)!

⑧ Welche Faktoren erzwangen und welche förderten Chinas Modernisierung im 19. und 20. Jahrhundert (M 7.20 und 7.21)?

⑨ Stellen Sie zusammenfassend Europa und seinen Modernisierungsprozeß der Geschichte und dem Denken Chinas vor und nach 1840 gegenüber! Wie läßt sich – als Ergebnis der bisherigen Arbeit – Modernisierung zusammenfassend definieren, in wie ließe sich dieser Begriff der Modernisierung auf China sinnvoll anwenden? Beziehen Sie hier die Positionen zweier moderner Historiker ein (M 7.22)!

⑩ Als Abschluß bietet sich eine Debatte über drei Thesen an: „Die Modernisierung ist gleichbedeutend mit der Europäisierung der Welt. Die Weltgeschichte des 20. Jahrhunderts war eine europäische Geschichte. Ihr Ende ist absehbar.“ (Dazu auch S. 258 und 277).

Materialien zu Kapitel 7

Die europäische Perspektive in der Neuzeit

M 7.1 Die Wahrnehmung der Spanier im 16. Jahrhundert

Die Männer und Frauen in China haben einen anmutigen und gut gegliederten Körper und sind eher groß als klein. Ihre Gesichter sind breit, die Augen schmal, die Nasen platt, das Kinn ist eher bartlos; kaum daß es einige Haare an der Rundung bedecken. Aber es gibt auch welche mit größeren Augen, gut gewachsenen Bärten und wohlgestalteten Gesichtern. Doch ist ihre Anzahl nicht mit der jener anderen zu vergleichen, und man glaubt, daß sie aus einer Vermischung ihrer Vorfahren mit Ausländern stammen, zu einer Zeit, in der es noch erlaubt war, das Reich zu verlassen, oder in der Ausländer eingedrungen sind.
Die aus der Provinz Canton Gebürtigen neigen zu dunkler Hautfarbe, die übrigen ähneln in ihrer hellen und rosigen Hautfarbe den Deutschen, Italienern und Spaniern. [...]
Kunst, Anmut und Schönheit kennzeichnen aber auch die bürgerlichen Häuser. Sie wetteifern innen an hellem Glanze mit dem Schnee, dazu kommen noch geschmackvoll quadratisch geschliffene Steine. Die Dächer, aus vorzüglichem Holz gearbeitet, werden mit einer wunderbaren Flüssigkeit bestrichen, durch die man die Farbe des Goldes großartig nachahmt. Vor den Häusern pflanzen die Chinesen Bäume, die den Straßen Schatten und Schönheit verleihen sollen. Zur eigenen Freude bepflanzen sie ihre Gärten mit Blumen und grünen Kräutern. Und kein Garten ist so klein, daß nicht ein Teich mit Fischen darin wäre. Auf der einen Seite des Hofes, der in keinem Hause fehlt, stehen Schränke, auf die sie viele und aus verschiedenen Materialien geschnitzte Götzenbilder stellen. Die übrigen drei Seiten schmücken sie mit Bildern.
In allem sind sie sehr reinlich; deshalb richten sie sogar in den Gassen drei oder vier sehr saubere Latrinen ein, in denen sich die von der menschlichen Notdurft Geplagten befreien können, ohne die Gassen zu verschmutzen. Genauso sorgen sie auch für die Straßen.
Es gibt Städte, deren Straßen zur Schiffahrt geeignete Flüsse und Kanäle sind, wie zu Brügge in Belgien, zu Mexiko in Westindien und zu Venedig in Italien, so daß der Transport notwendiger Dinge mit Schiffen bis zu den Häusern selbst möglich ist.
Bis jetzt ist kein Land entdeckt, in dem mit größerem Eifer öffentliche Straßen gebaut und gepflastert werden, die selbst in höchste Regionen führen; wie auch die Augenzeugen bestätigen, daß nirgends im ganzen Reich fleißiger und beharrlicher gearbeitet wird. [...]
Es gibt keinen Krieg – diese grausame Fleischbank der Menschen!
Die dem Volk angeborene Neigung endlich zum Genießen bei Essen und Trinken, zur Prachtentfaltung in der Kleidung und zur Zierde der Häuser läßt es keine noch so große Mühe scheuen. Daher ist das Ergebnis nicht erstaunlich, wenn die an sich fruchtbare Erde noch fruchtbarer wird. Darin übertrifft sie all die übrigen Länder der Erde.

Zit. nach M. Grießler (Hg.): Die Geschichte der höchst bemerkenswerten Dinge und Sitten im chinesischen Königreich des Juan Gonzales de Mendoza. (Thorbecke) Sigmaringen 1992. S. 41 f. und 32

M 7.2 Urteile der französischen Aufklärung

a) Um 1760 – Denis Diderot in der *Encyclopédie*

China ist ungefähr siebenhundertfünfzig Meilen[1] lang und fünfhundert Meilen breit. Es ist das am dichtesten bevölkerte und am besten bebaute Land, das es in der Welt gibt; es wird von mehreren großen Flüssen bewässert und von unzähligen Kanälen durchschnitten, die man dort anlegt, um den Handel zu erleichtern. Der bedeutendste ist derjenige, den man den Königskanal nennt und der ganz China durchquert. Die Chinesen sind sehr fleißig; sie lieben die Kunst, die Wissenschaften und den Handel. Der Gebrauch des Papiers, des Buchdrucks, des Schießpulvers war dort schon sehr lange bekannt, ehe man in Europa daran dachte. Dieses Land wird von einem Kaiser regiert, der zugleich das Oberhaupt der Religion ist und unter dessen Befehlsgewalt Mandarine stehen, die die großen Herren des Landes sind; denn sie haben das Recht, ihn auf seine Fehler hinzuweisen. Die Regierung ist sehr mild. Die Bewohner dieses Landes sind Götzendiener: sie nehmen so viele Frauen, wie sie wollen.

Zit. nach M. Naumann u.a. (Hg.): Artikel aus Diderots Enzyklopädie. (Reclam) Leipzig 1984, S.175

[1] 1 Meile, hier = 6 km

b) Constantin Volney (1757–1820)

Ganz Asien liegt in dicker Finsternis begraben. Die Chinesen, durch den Despotismus des Bambus[1] entwürdigt, geblendet durch astrologische Träumereien, durch ein unveränderliches Gesetzbuch von Gestikulationen[2], durch den Grundfehler einer schlecht eingerichteten Sprache und Schrift in Fesseln gelegt, bieten mir in ihrer verunglückten Verfeinerung nur ein maschinenmäßiges Volk dar. Der Indier, mit Vorurteilen überhäuft, durch die geheiligten Bande seiner Kasten eingeschränkt, führt in unheilbarer, dumpfer Betäubung sein Pflanzenleben fort. Der Tatar, umherschweifend oder auf einen Ort geheftet, stets unwissend und roh, lebt in der Barbarei seiner Voreltern.

Zit. nach J. Osterhammel: Asien in der Neuzeit 1500–1950. (Fischer) Frankfurt 1994. S. 13

1 Mittel der Prügelstrafe
2 Riten der Götterverehrung

China – die sichtbare und die unsichtbare Ordnung der Welt

M 7.3 Die ideale Stadt und die ideale Landschaft

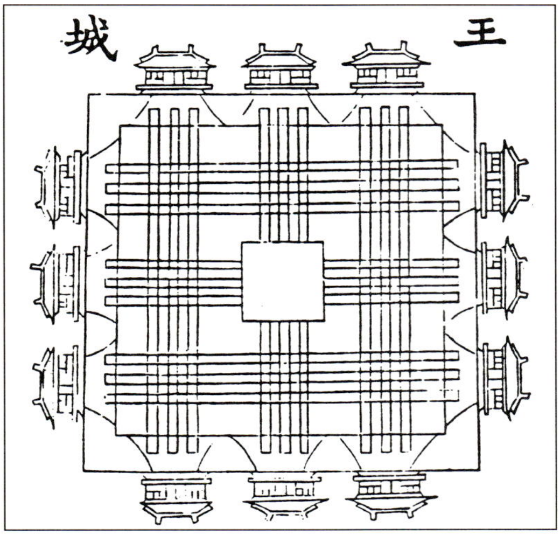

Folgendermaßen ordnet (der Herrscher) das Land: Zwischen zwei Bauernhöfen erstreckt sich ein Graben mit einem Weg zur Seite; zwischen je 10 Bauernhöfen verläuft ein Sammelgraben mit einem Weg; zwischen je 100 Bauernhöfen läuft ein kleiner Kanal mit einer einfachen Straße. Zwischen je 1 000 Bauernhöfen läuft ein mittlerer Kanal mit einer zweifachen Straße. Zwischen je 10 000 Bauernhöfen läuft ein großer Kanal mit einer dreifachen Straße. So sind die Verbindungswege auf den kaiserlichen Besitzungen.

Zit. nach Joseph Needham: Science and Civilization in China. Vol. IV. 3. (Cambridge University Press) Cambridge 1971. S 5 f. (Übers. H. Prokasky)

M 7.4 Die Qualität der empirischen Geographie Chinas

Chinesische Karte von 1137 mit 100-li-(50-km)-Raster und englische Karte des 18. Jahrhunderts

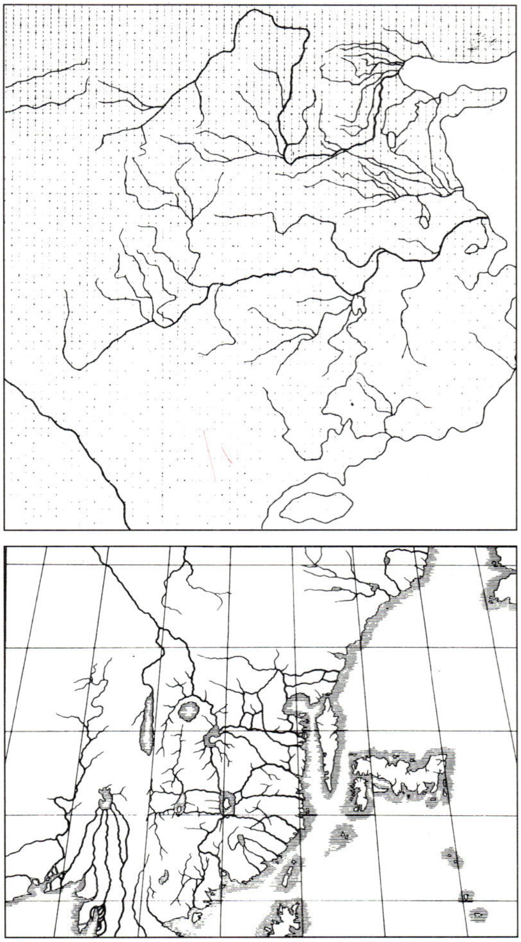

M 7.5 Der Kaiser ordnet das Reich – Die Südreise des Kaisers Kangxi 1689

Die Reise wurde in mehreren großen Bildrollen in Bild und Schrift dargestellt.

Der Kaiser überquerte den Qiantang-Fluß und passierte Xiaoshan. Am Weg lagen Flußdörfer, Fischerhütten, niedrige Anhöhen mit Weizenfeldern und Gärten mit Maulbeerbäumen. Von fern und nah bewunderte das Volk den strahlenden Anblick. Der Kaiser zog direkt nach Shaoxing. Er ließ die kaiserliche Equipage klar machen, Banner als Zeichen des Respekts wie auch Truppeneinheiten aufstellen, um

mit Ehrerbietung zur Grabstätte Yus[1] zu ziehen und dort respektvoll ein Opfer darzubringen. Der Kaiser richtete seinen Sinn darauf, Dämme an Flüssen zu bauen, die Gewässer zu zähmen und berichtet über seinen Erfolg, den Frieden auf Erden zu bringen und das Werk des Himmels zu vollenden. In der Tat, er folgt Yus Spuren! Längs des Weges jubelte ihm das ganze Volk zu. Die guten Absichten unseres Kaisers, den Göttern Opfer zu bringen und seine Fürsorge für das Wohl des Volkes haben sich als völlig angemessen erwiesen. [...]
Der Kaiser erklärte die Aufgabe der Südreise sei vollbracht. Während dieser Zeit waren Aufzeichnungen über den Lauf des Gelben Flusses, über verdienstvolle Taten und örtliche Verhältnisse vorgenommen worden. Wo der Kaiser hinkam, erfolgten Veränderungen durch seine vortreffliche und machtvolle Wachsamkeit, und er gewährte Wohltaten in verwüsteten und überschwemmten Gebieten. Als dies geschehen war, gab er Befehl, in die Hauptstadt zurückzukehren, und setzte das kaiserliche Reisezeremoniell fort.

Zit. nach L. Ledderose (Hg.): Palastmuseum Peking – Schätze aus der Verbotenen Stadt. (Insel) Frankfurt 1985. S. 140

1 Yu – sagenhafter Kaiser der Frühzeit, der China seine Ordnung gab.

M 7.6 Der chinesische Herrscher beim rituellen Anpflügen im Frühling (1786)

(Der Kaiser) befiehlt dem Großastrolog, auf die Wahrung der Gesetze zu achten und Verordnungen zu erlassen, den Lauf des Himmels, der Sonne, des Mondes, der Sterne und Sternzeichen zu beobachten, damit die Mondhäuser in ihrem Rückgang ohne Irrtümer festgestellt werden, damit die Bahnen nicht falsch berechnet werden und der Frühlingseintritt als fester Punkt bestimmt wird.
In diesem Monat bittet der Himmelsohn an einem guten Tage um Getreidesegen zum höchsten Herrn. Darauf wird eine glückliche Stunde gewählt. Dann legt der König selbst eine Pflugschar an den dritten Platz des Wagens zwischen einen gepanzerten Wächter und den Wagenführer. Er begibt sich an die Spitze der drei höchsten Würdenträger, der neun hohen Räte, der Fürsten und Räte persönlich zum Pflügen auf den Acker des Herrn. Der Himmelssohn zieht drei Furchen, die drei höchsten Würdenträger ziehen fünf Furchen, die hohen Räte, Fürsten und Räte neun Furchen.

Zit. nach L. Ledderose: Europa und die Kaiser von China. (Insel) Frankfurt 1985, S. 87 und 89

M 7.7 1670 – Der Alltag des Regierens zwischen Vernunft und Magie

Huang Liu-hung, hoher Provinzbeamter und Verfasser wichtiger Handbücher über eine rationale Verwaltung, griff in einer Hungersnot zu älteren Mitteln.

Wir haben seit dem sechsten Monat keinen Regen gehabt. Jetzt ist der achte Monat, und das Getreide ist noch nicht geerntet. Die Saat für das nächste Jahr kann nicht ausgebracht werden. Daher können wir nicht anders, als der Gottheit unsere Gebete zu Füßen zu legen. Obwohl die Menschen von Tan-cheng ihren Kummer schon mehrfach der Gottheit vorgebracht haben, haben sie keine Alternative. Tan-cheng hat lange Zeit die Verwüstungen von Krieg und Hunger erlitten. Wir können uns keine prachtvollen Gaben leisten, nur reine Opfergeräte mit einfachen Opfern anstelle der aufwendigen Zeremonien mit der Musik von Saiteninstrumenten. Gott, bitte erfülle unseren Wunsch.

Zit. nach K. N. Chaudhuri: Asia before Europe. (Cambridge University Press) Cambridge 1990. S. 74 (Übers. H. Prokasky)

M 7.8 China und die überseeische Welt

Vor allem die Ming-Herrscher des 16. Jahrhunderts sandten wiederholt große Flotten aus, um der Welt den Vorrang des chinesischen Kaisers zu beweisen, die Entsendung symbolischer Tributgaben anzumahnen und Mittel zur Verlängerung des Lebens zu suchen. Die Delegationen wandten sich auch an Gottheiten:

Seine Majestät der Kaiser aus dem Hause Ming hat die Großeunuchen Chèng Ho, Wang Chhing-Lien und andere ausgesandt, um sein Anliegen dem Herrn Buddha, dem von der Welt verehrten Einen, wie folgt vorzubringen:
Tief verehren wir Dich, gnädiger und geehrter Einer, von leuchtender Vollkommenheit weitumfassend, dessen Weg und Tugend alles Verstehen übertrifft, dessen Gesetz alle menschlichen Verhältnisse durchdringt und dessen Jahre der großen *kalpa*[1] an Zahl mit dem Sand der Flüsse wettstreiten; Dich, dessen beherrschender Einfluß veredelt und verwandelt, Taten der Liebe inspiriert und verständigen Einblick (in das Wesen dieses Tränentals, der Erde) gewährt. [...] Wir haben in jüngster Zeit Gesandtschaften ausgeschickt, um unsere Herrschaft den fremden Völkern mitzuteilen, und bei ihren Reisen über die Ozeane sind sie vom Segen Deines wohlwollenden Schutzes begünstigt worden. Sie sind Gefahr und Unglück entronnen und sicher hin und her gereist, immer von Deiner großen Tugend geleitet. Dafür leisten wir nach den Glaubensvorschriften zum Lohn Opfergaben und bereiten vor dem Herrn Buddha, dem von der Welt verehrten Einen, Gaben von Gold und Silber aus.

Zit. nach Joseph Needham: (M 7.3), S. 522 (Übers. H. Prokasky)

[1] *kalpa* – eine Sekunde in der Existenz Buddhas = Millionen Menschenjahre

Die *jia* als Ordnungsprinzip und als konkrete Macht

M 7.9 Die *jia* des Kaisers und die Ordnung der Welt

Wenn darum zur Blütezeit der Drei Dynastien heilige und edle Fürsten die Regierung auf einen Zustand der Vollkommenheit führen konnten, so lag dies stets lediglich daran, daß sie ihre Familien in Ordnung hielten. Nur, wenn die Männer ihren richtigen Platz außer dem Hause, die Frauen ihren richtigen Platz im Hause haben, wenn zwischen Gatte und Gattin die Trennung scharf gezogen ist, dann ist Ordnung in der Familie. Wenn die Hauptfrau dem Manne gleichgeordnet ist, unter ihr aber die Nebenfrauen zu gehorchen haben, wenn zwischen der rechtmäßigen Gattin und den Konkubinen eine feste Scheidung besteht, dann ist Ordnung im Hause. Wenn der Kaiser die tugendhaften Frauen bevorzugt und sich vor Wohlklang der Stimme und Schönheit des Aussehens hütet, wenn er in seiner Nähe nur Würde und Selbstzucht duldet, dagegen Spiel und Tand daraus entfernt, dann ist Ordnung im Hause. Wenn Haremsangelegenheiten nicht nach außen dringen, dagegen politische Angelegenheiten nicht in den Harem hineingezogen werden, wenn Bittgeschenke ihren Weg nicht zur Person des Kaisers finden dürfen und Bittgesuche kein Gehör finden, dann ist Ordnung in der Familie. Aber innerhalb der Haremspforte überdeckt oft Zuneigung die Pflicht, deswegen mag der Kaiser auch herrliche und glänzende Gaben besitzen, er läßt sich mitunter gleichwohl in Schlemmerei und Wollust verstricken, versinkt in leidenschaftliche Liebe und kann keine Selbstbeherrschung üben.

Zit. nach Europa und die Kaiser von China. (M 7.6), S. 88

M 7.10 Der Mandarin zwischen Prinzipien und Zwängen

Yü Tsun ist einer der Helden des großen Erfolgsromans *Der Traum der großen Kammer,* der 1791 erstmals vollständig gedruckt wurde und das farbigste Bild von China im 18. Jahrhundert bietet. Yü Tsun wird nach einem mißglückten ersten Anlauf Präfekt in der Provinz – Verwaltungschef und Richter in einer Person. Sein erster Fall hätte leicht sein letzter sein können.

Als Yü Tsun ihn zu Ende gehört hatte, schlug er zornig mit der Faust auf den Richtertisch.
»Was! Mörder läßt man frei laufen! Wie ist das nur möglich!« rief er empört aus. »Ich werde sofort Haftbefehle ausschreiben und Häscher nach den Anverwandten des Mörders ausschicken. Und wenn sie den Aufenthalt des Mörders nicht gutwillig gestehen, sollen sie die Folter zu spüren bekommen!«
Er wollte schon zum Pinsel greifen, da bemerkte er, wie einer von den Yamensekretären, die den Richtertisch umdrängten, ihm auffällig mit den Augen zublinzelte. Er begriff, daß ihm der Sekretär offenbar etwas von Wichtigkeit mitzuteilen wünsche, legte den Pinsel wieder hin, unterbrach die Sitzung und zog sich in sein Geheimkabinett zurück. Dort nahm er sich den betreffenden Beamten allein vor. [...]

»Solltet Ihr, seit Ihr hier amtet, Euch noch keine Protektionsliste zugelegt haben?«

»Was verstehst du unter einer Protektionsliste?«

»Es ist heutzutage bei den Provinzbeamten üblich, daß sie eine Geheimliste führen, in der die Namen aller in ihrem Amtsbezirk ansässigen, besonders prominenten, wohlhabenden und einflußreichen Bürger verzeichnet stehen, vor allem der ›Gürtelträger‹, ehemaliger hoher Beamter, die über wichtige Beziehungen zu den Regierungskreisen bei Hof verfügen. Der wissende Provinzbeamte wird sich hüten, bei diesen wichtigen Leuten irgendwie anzustoßen, sonst setzt er sein Amt, unter Umständen sogar sein Leben aufs Spiel. Daher der Name Protektionsliste. Auch jener Siä Pan ist einer der Prominenten des Bezirks, die man nicht reizen darf. Deshalb hat auch Euer Amtsvorgänger keine Schritte in der Mordangelegenheit getan, obwohl die Schuld des Siä Pan klar erwiesen ist.«

Während er noch sprach, hatte er aus der Tasche einen zusammengefalteten Zettel hervorgeholt, den er Yü Tsun hinreichte. Es war die Protektionsliste, die er persönlich für sich führte. Yü Tsun fand sie vollgeschrieben mit Namen der ersten Familien des Bezirks, und neben einzelnen Namen in vulgärer Sprache abgefaßte Randbemerkungen, die das wiedergaben, was der Volksmund über die betreffenden Familien sagte. Unter anderem las er auch die vier Namen Kia, Schi, Wang und Siä.

»Diese vier mächtigen Familien«, erklärte ihm der Sekretär, »sind alle untereinander verwandt und verschwägert und auf Gedeih und Verderb miteinander verknüpft. Das Leid, das Ihr der einen Familie zufügt, trifft alle vier Familien, die Ehre, die Ihr der einen Familie erweist, ehrt auch die drei anderen. Der Mörder Siä Pan verfügt außer diesem starken Familienrückhalt noch über einen einflußreichen, weitverzweigten Anhang bei Hof und in der Provinz. Wenn Ihr jetzt Haftbefehle gegen seinen Anhang loslassen wolltet, wieviel Menschen wollt Ihr da eigentlich einsperren?«

»Hm, das ist freilich etwas anderes. Wie soll ich mich dann aber in dieser Angelegenheit verhalten? Vermutlich ist dir der Aufenthalt des Mörders wohl bekannt?«

Der Sekretär lächelte verschmitzt.

Franz Kuhn (Übers.): Der Traum der roten Kammer. (Insel) Wiesbaden. S. 52 ff

M 7.11 Der Kaiser und die Beamten

a) 1585 – Europäische Bewunderung chinesischer Weisheit ...

So groß ist die Sorge des heidnischen Königs um gerechte Handhabung der Gerichtsbarkeit, daß er die Ämter von Proregenten, Statthaltern, Vorsitzenden und anderen Amtspersonen nur für drei Jahre vorgesehen hat. Nach Ablauf dieser Frist werden die Beamten dazu angehalten, den Bereich ihrer Verwaltung den Richtern, welche sie Chaenes nennen, zurückzugeben. Überdies entsendet der König alljährlich unter größter Geheimhaltung Visitatoren in jede Provinz, Männer von bewährter Redlichkeit, Umsicht und Zuverlässigkeit, die Leachis genannt werden. Unerkannt durchwandern diese alle Städte und Dörfer und forschen ernsthaft nach Klagen über die Ausübung der Gerichtsbarkeit. Da sie immer einer Visitation gewärtig sein müssen, werden also die Beamten des Königs nicht leicht übermütig.

Die Visitatoren haben die Vollmacht, ohne zum König zurückkehren zu müssen, Beamte verhaften und bestrafen zu lassen, von ihrem Amte zu suspendieren oder zu entlassen, wenn diese ertappt werden, gefehlt zu haben. Unangetastet allein ist das Leben des Beamten, welches keinem ohne Einwilligung des Königs genommen werden kann.

Zit. nach M. Grießler: (M 7.1). S. 93

b) ... und das Bild in der chinesischen Literatur

Das Bewußtsein seiner [YüTsuns (M 7.10)] ungewöhnlichen Fähigkeiten verleitete ihn zu einem bedauerlichen Mangel an Respekt gegenüber seinen Kollegen und Vorgesetzten und an rücksichtsvoller Nachsicht gegenüber der Bevölkerung. Bei seinen Oberen wie bei seinen Untergebenen machte er sich gleichermaßen unbeliebt. Nach kaum zweijähriger Amtsführung sah er sich bereits beim Hof denunziert. Er hätte eigenmächtig althergebrachte Riten und Landesbräuche abgeschafft, hinter der Maske der Korrektheit verberge er eine Tiger- und Wolfsnatur, er habe seinen Amtsbezirk in Unordnung gebracht und der Bevölkerung das Leben unerträglich gemacht, so und ähnlich hieß es in der Tadelschrift, die sein vorgesetzter Provinzgouverneur einreichte.

Das Drachenantlitz des Himmelssohnes[1] verfinsterte sich, und die kaiserliche Hand schrieb an den Rand der Tadelschrift ein zorniges Reskript, das den beschuldigten Beamten zur Freude der mißgünstigen Kollegenschaft seines Postens enthob.

Yü Tsun nahm den Schlag mit philosophischer Gelassenheit hin. Er hatte aus den Amtseinkünften der letzten beiden Jahre genügend zurückgelegt, um einige Zeit ein sorgenfreies Privatleben führen zu können.

Der Traum der roten Kammer (M 7.10). S. 20

[1] = Kaiser

M 7.12 Die Moral der konfuzianischen Gesellschaft

Welches sind die bürgerlichen Pflichten? Es sind: die elterliche Sorge für das Kind, der kindliche Gehorsam gegen die Eltern; die Freundlichkeit des älteren Bruders gegen den jüngeren, die Nachgiebigkeit des jüngeren Bruders gegen den älteren; rücksichtsvolle Behandlung der Frau durch den Ehemann, Unterwerfung der Ehefrau unter den Willen des Mannes; wohlwollende Behandlung der Jüngeren durch die Älteren, Respekt der Jüngeren gegenüber der Älteren; Mitgefühl des Herrschers für die Beherrschten, Treue der Beherrschten gegenüber dem Herrscher. Das sind die zehn bürgerlichen Pflichten. [...]
Durch die Heiratszeremonien erfolgt die freundschaftliche Vereinigung zweier Personen verschiedenen Familiennamens: nach Oben, um im Ahnentempel zu dienen, und nach Unten, um den Stamm durch Nachkommen in gerader Linie fortzusetzen. Deswegen legten die Weisen so großes Gewicht auf diese Zeremonien. [...] Aus der Verschiedenheit der Aufgaben von Mann und Frau ergeben sich ihre gegenseitigen Pflichten. Wenn Mann und Frau ihre Pflichten erfüllen, dann herrscht auch Liebe zwischen Vater und Sohn, dann ist auch das Verhältnis zwischen Fürst und Untertan in Ordnung. Daher sagt man: „Die Heiratszeremonien sind die Wurzel aller Sitten."

Zit. nach B. von Borries: Frauen im alten China. In: A. Kuhn, G. Schneider (Hg.): Frauen in der Geschichte 1. (Schwann) Düsseldorf [3]1984. S. 254 f.

M 7.13 Die Frauen des reichen Mannes

a) In europäischer Perspektive ...

Die Frauen haben eine kostspielige Vorliebe für Schmuck; die Form ihrer Kleidung unterscheidet sich nicht viel von der spanischen. Sie behängen sich mit Gold und Edelsteinen, daß nirgendwo von einem schöneren Frauenputz gesprochen werden kann. Nicht weniger als die Männer erfreuen sie sich an weiten Ärmeln. Das Material ihrer Kleider ist goldenes oder silbernes Tuch oder exquisite Seide. Die Armen nehmen auch Samt dazu, wenngleich sie auch mit gröberem Material zufrieden sind.
Sie haben wunderschönes Haar, sind gar sehr beschäftigt, es zu ordnen, und binden es mit einem breiten und reichlich mit Edelsteinen besetzten Band um das Haupt. Die Verwendung von Schminke ist üblich, sie wird mit Übertriebenheit gebraucht.
Sie halten für schön, kleine Füße zu haben, welche sie von Kindheit an mit Binden fest zusammenschnüren; die Mädchen ertragen geduldig den Schmerz aus Verlangen nach Schönheit. Einige halten das für Absicht der Männer, wodurch sie durch den willkommenen Vorwand der Schönheit die Frauen Tugenden lehrten, die den Frauen geziemen: nämlich selten von der Arbeit aufzustehen und noch seltener das Haus zu verlassen. Denn ihr Gang ist nicht nur beschwerlich, sondern auch häßlich geworden[58]. Die Sache – aus solchen Anfängen geboren – ist im Laufe der Jahre zu einer Gewohnheit und gleichsam zur Vorschrift geworden. Wenn eine angesehene Mutter die Füße ihrer Tochter nicht bindet, wird sie nicht nur getadelt, sondern auch bestraft. Durch die beschränkte Möglichkeit, umherzugehen, haben sie die Tugend in solchem Ausmaß lieben gelernt, wie es ihre Dokumente deutlich enthüllen: Niemals gehen sie zum Fenster, niemals zur Tür; um so weniger laufen sie Gefahr, gesehen zu werden. (vgl. M 6.19)

M. Grießler: (M 7.1). S. 42 und 63

b) ... und aus chinesischer Sicht (Gedicht aus dem 2. Jahrhundert n. Chr.)

Alt war sie erst siebzehn Jahre,
als sie einem Mann vermählt ward.
Dennoch konnte ihres Lebens
froh von Herzen nie sie werden.
Ihren Gatten, der im Amtshaus
des Präfekten Sekretär war
und dem sie stets treu ergeben,
sah sie, ach, nur gar zu selten,
saß daheim im öden Hause.
Morgens früh beim Hähnekrähen
trat heran sie an den Webstuhl,
fing zu weben an und webte
tief bis in die Nacht, die dunkle.
Sie vollendete fünf Rollen
im Verlaufe dreier Tage.
Dennoch schalt die Schwiegermutter,
daß zu träge sie und langsam.
„Nein, ich webe nicht zu langsam,
aber, ach, in diesem Hause
hat es schwer die Schwiegertochter.
All dem Quälen und dem Drängen
bin ich leider nicht gewachsen.
Denn solange ich hier bleibe,
kann ich nie genügend schaffen." [...]
(Der Ehemann tritt liebevoll für seine Frau ein.)
Ihm entgegnete die Mutter:
„Deine Rede zeigt mir deutlich
eine klägliche Gesinnung.
Deine liebe Frau ermangelt
ganz der Sitte und des Anstands,
zeigt in allen ihrem Handeln
störrisch sich und eigenwillig.
Ja, ich hege lang gestauten
Groll auf sie deshalb im Herzen.
Wagst auch du dich aufzulehnen?
Eine edle Jungfrau kenn ich
[...] Laß um dieses holde Mädchen
deine Mutter für dich werben.
Und entlasse deine erste Gattin,
die zu gar nichts tauget.
Halte sie nicht länger bei dir!"

Zit. nach B. von Borries: (M 7.12). S. 265

Gesellschaft und Wirtschaft

M 7.14 China im 18. Jahrhundert

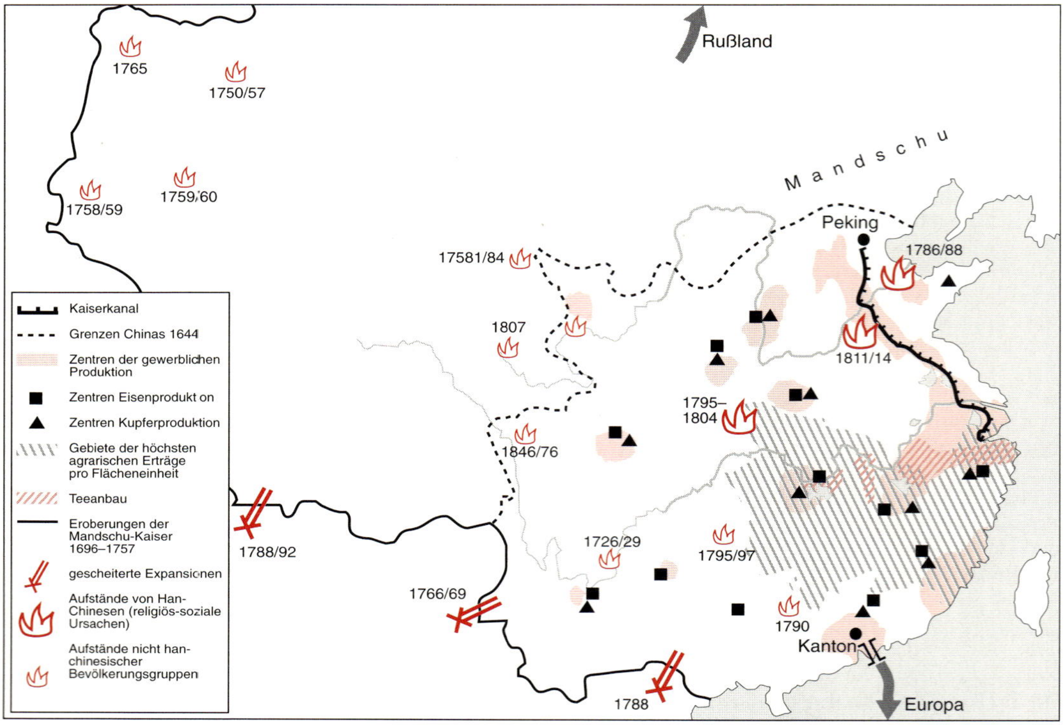

Zusammengestellt nach S. Naquin, E. Rawski: Chinese Society in the 18th Century. (Yale) New Haven 1987 und R. R. Sellman: An Outline Atlas of Eastern History. (Edward Arnold) London 1954. S. 43 und The Times Atlas of World History. London 1991, pp. 168 u. 174.

M 7.15 Bevölkerungsentwicklung und Getreidepreis

Der neuzeitliche Modernisierungsprozeß in Europa ist in der Bevölkerungsentwicklung erkennbar als ein deutlicher Wachstumsprozeß. In China beginnt ein ähnlicher Prozeß später, wird in den Kriegen nach dem Sturz der Ming-Dynastie (1644) gebremst, um dann im 18. Jahrhundert geradezu dramatisch anzusteigen.

Der Preis für den Reis, das wichtigste Nahrungsmittel Chinas, schwankt je nach Ernte erheblich; zugleich steigt er im 18. Jahrhundert unaufhaltsam an.

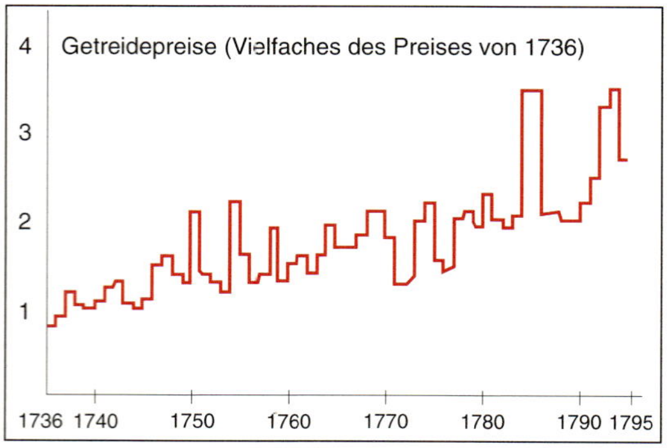

Nach Man-Houng Lin: From Sweet Potato to Silver. In: H. Pohl (Hg.): The European Discovery of the World and its Economic Effects on Pre-Industrial Society. (Deutscher Apotheker Verlag) Stuttgart 1990. S. 306.

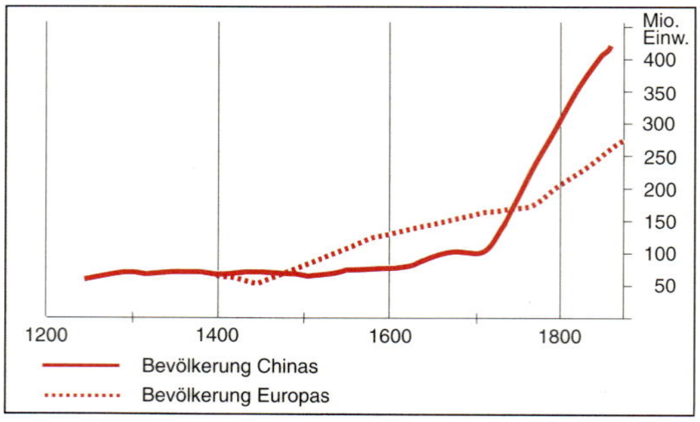

Nach Fernand Braudel: Sozialgeschichte des 15.–18. Jahrhunderts – Der Alltag. (Kindler) München 1985, S. 31.

M 7.16 1716 – Kaiser Kangxi sagt Konflikte mit den Europäern voraus

Die Äußerung des Kaisers im Anschluß an eine Inspektionsreise zeigt seine sorgfältige Arbeit, verrät aber zugleich seine wirtschaftlichen Verständnisschwierigkeiten. Er versteht weder den Wert des Silbers für das chinesische Währungssystem, noch sieht er Chinas Abhängigkeit von seiner Zufuhr, die 1644 wesentlich zum Sturz der Ming-Dynastie beigetragen hatte.

Alles auf dieser Erde beginnt klein und wächst heran. Wir sollten die kleinen Dinge nicht vernachlässigen, obwohl Wir natürlich den größeren mehr Aufmerksamkeit widmen müssen. [...] So ist z.B. heutzutage die Küstenverteidigung wichtig. Weil Wir häufig Untersuchungen angeordnet haben, kennen Wir ihre Ursachen gut. Vielleicht kennen die Vizekönige, Gouverneure, Provinzkommandeure und Generäle die Einzelheiten nicht so klar (wie Wir). Als Wir auf unserer Südreise durch Suchoo kamen, besuchten Wir viele Werften und stellten Fragen. Wir erfuhren, daß jedes Jahr Seefahrer möglicherweise über 1 000 Schiffe bauen, um übers Meer zu fahren. Nur fünf oder sechs von zehn brachten ihre Schiffe nach China zurück; der Rest verkaufte seine Schiffe im Ausland und brachte nur (!) Silber zurück. [...] Darüberhinaus haben Uns einige - Minister informiert, daß der Kiel von Seeschiffen aus Tieh-li-li-Holz angefertigt werden muß, das nur in der Provinz Kwangtung und nicht in fremden Ländern wächst. Daher verkaufen es Kaufleute, die Gewinn machen wollen, heimlich. Als Wir sie danach befragten, gaben sie alle vor, die Schiffe durch Schiffbruch verloren zu haben. Dieses Übel (der Holzexport gegen Silber) muß sofort aufhören!

Lo-shu Fu: A Documentary Chronicle of Sino-Western Relations. (University of Arizona Press) Tucson 1966. S. 122 (Übers. H. Prokasky)

M 7.17 Die Finanzprobleme Chinas

a) Um 1760 – Klagen über die Geldkrise

Silber- und Kupfermünzen waren hier (Wu-hsi in Kiang-su) gleichermaßen im Umlauf. In der Vergangenheit aber war Silber stärker in Gebrauch als Kupfer. Jetzt bleiben die Kupfermünzen übrig und das Silber verschwindet. Unter der Herrschaft Kangxis (1662–1722) wurden Kupfermünzen nie bei Geschäften von über einem *liang* Wert verwendet. Selbst bei kleinen Beträgen von einem Zehntel oder Hundertstel *liang* wurden Kupfer und Silber gleichermaßen verwendet. [...] Seit dem fünften oder sechsten Regierungsjahr des Kaisers Qianlong (1740/41) hat sich der Gebrauch des Silbers allmählich verringert und der des Kupfers vermehrt. Heute werden die meisten Zahlungen in Kupfermünzen gemacht. Selbst für Beträge von 10 oder 100 *liang* wird eher Kupfer als Silber benutzt.

Man-Houng Lin: (M 7.15). S. 315.

b) 1807 – Der Vizekönig von Lianghuang über den fremden Einfluß

Fremdes Geld wird in der ganzen Provinz Kanton benutzt. Daher wollen nicht nur kleine Leute (fremdes) Geld erlangen und tun dafür alles, sondern auch die *gentry* spricht von nichts als (fremdem) Geld. Schlechte Sitten wie z.B. die Verbreitung des giftigen Opiums ins Innere des Landes, die Errichtung von Spielhallen zur Verführung anständiger Menschen und die Verbreitung des Irrglaubens der westlichen Religion, die die Köpfe und Herzen der Menschen verwirren, sind vielleicht alle die Folgen davon, daß das fremde Geld die Menschen von Kanton verdirbt. Der Umlauf des Geldes in Kanton ist folgendermaßen: Wir müssen unser Barrensilber in fremdes Geld umtauschen und dann das fremde Geld in unsere (Kupfer-)Münzen. So können die Barbaren einen versteckten Einfluß auf unser Geld ausüben. Das ist eine Sache von großer politischer Wichtigkeit für unser Reich.

Lo-shu Fu (M 7.16). S. 367 f.

M 7.18 Der Überseehandel mit Europa

a) Durchschnittliche Gesamttonnage der aus Europa eintreffenden Schiffe in Kanton. (Pro Schiff kann man 1 000 bis 1 500 t rechnen; daneben gab es noch einen viel größeren Handel europäischer Schiffe, die nur zwischen asiatischen Häfen verkehrten.)

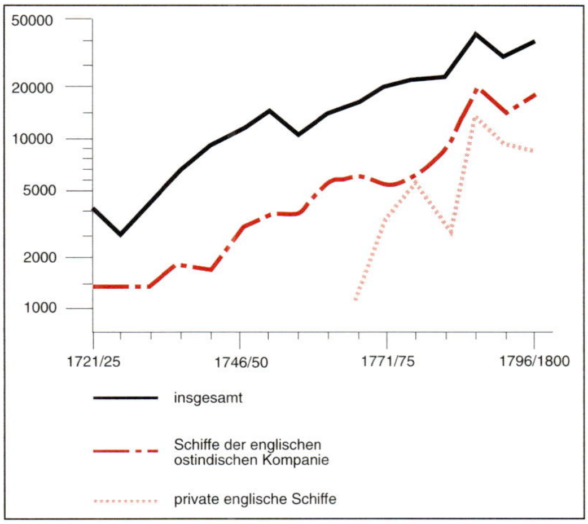

b) Die englischen Exporte nach Indien und China im 18. Jahrhundert (mittlere Jahreswerte)

a) und b) nach Peter Kriedte: Spätfeudalismus und Handelskapital. (Vandenhoeck u. Ruprecht) Göttingen 1980. S. 151 f.

	1719/62		1763/1806	
	£	%	£	%
Silber	526 291	71,9	342 574	27,4
Waren	205 792	28,1	905 643	72,6
zusammen	732 083	100,0	1 248 217	100,0

M 7.19 Zufluß und Abfluß von Silber als eines der chinesischen Probleme

a) Silberzuflüsse Chinas im 17. und 18. Jahrhundert in Unzen Silber

Jahre	Silber-Import	Jahre	Silber-Import
1681–1690	189 264	1741–1750	642 000
1691–1700	139 833	1751–1760	412 800
1701–1710	769 665	1761–1770	3 411 453
1711–1720	6 312 798	1771–1780	7 564 320
1721–1730	2 287 676	1781–1790	16 431 169
1731–1740	2 528 338	1791–1800	5 159 542

Nach Man-houng Lin (M 7.15)

b) Die Silberbilanz Chinas im ersten Drittel des 19. Jahrhunderts und der Wert des Opiumimports (Wert in Millionen Unzen Silber)

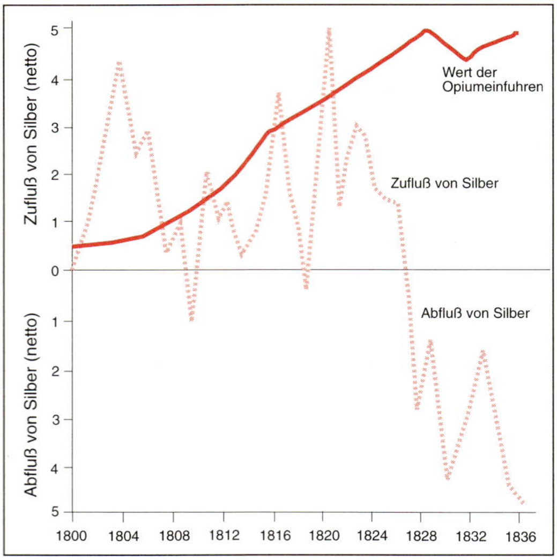

The Times Atlas of World History (M 7.14). S. 174.

M 7.20 1794/1804 – China im Urteil der ersten britischen Gesandtschaft

Großbritannien entsandte 1793/94 eine Gesandtschaft an den Kaiserhof; es gelang ihrem Leiter, Lord Macartney, den traditionellen Kotau vor dem Kaiser zu vermeiden, doch war der Erfolg gering. Lord Macartney betrachtete China freundlich und verständnisvoll, sah aber deutlich die wirtschaftlichen Defizite im Vergleich zu England. Die Liste der Waren, für die China aufnahmefähig schien, umfaßte u.a. grobes Leinen, Papier (!), Sättel und Peitschen, Messer, Gabeln, Löffel, Scheren, Bürsten, Kämme, Glas, Bilder und Schmuck und Metalle wie Blei, Zinn und Kupfer.

Ich kann mir vorstellen, daß man in Birmingham alle Eisenwaren billiger herstellen kann als China. Ich möchte daher vorschlagen, daß man ein paar Proben nach chinesischen Mustern herstellt. Eine Schneiderschere, in Kanton hergestellt, kostet 10 Pence, und ich vermute, daß sie in England die Hälfte kostet. Tatsächlich kann unser Handel, wenn wir unseren Vorsprung halten (und ich glaube, wir können ihn noch vergrößern), durch geschicktes Management nach und nach zu einem gewaltigen Umfang gesteigert werden. […]
(Die Jesuiten) versuchten, die experimentellen Naturwissenschaften in China einzuführen, und ihre Berichte von dem Geschmack bei Hof und der Begierde, mit der ihre Lektionen aufgenommen wurden, veranlaßten uns, verschiedene teure wissenschaftliche Instrumente der neuesten Art zu besorgen und mitzubringen; aber wir hatten wenig Gelegenheit, sie zu nutzen. Alles Wissenschaftliche, das die Jesuiten gelehrt hatten, schien entweder vergessen oder für wenig nützlich gehalten zu werden. Weder (Kaiser) Qianlong selbst noch jemand in seiner Umgebung hatte offenbar irgendein Interesse an diesen Dingen. Es ist übrigens die Politik der gegenwärtigen Regierung, alle Neuerungen zu entmutigen und ihre Untertanen so viel wie möglich daran zu hindern, von Fremden eine höhere Meinung zu hegen als von sich selbst.

J. L. Cranmer-Byng (Hg.): An Embassy to China. The journal kept by Lord Macartney. (Longmans) London 1962. S. 158 und 166.

M 7.21 1877 – Bericht des ersten chinesischen Studenten in Paris

Ma Chien-chung war bereits Beamter und 33 Jahre alt, als er als erster Chinese zum Studium nach Frankreich geschickt wurde; nach nur einjähriger Ausbildung legte er ein Examen ab. Seine Offenheit für Neues zeigt sich daran, daß er die Fixierung der westlich orientierten Mandarine in China auf Maschinen und Waffen indirekt kritisieren kann.

Die dritte (Prüfungsfrage) betraf die Wirtschaftsangelegenheiten der Nationen und handelte von den Grundlagen des Kredits der Wirtschaftsunternehmen und der Bankbuchungen. Daraus wissen wir, daß der Reichtum der westlichen Völker in den letzten 100 Jahren nicht allein aus der Erfindung und Entwicklung der Maschinen stammt, sondern wesentlich aus dem Schutz ihrer wirtschaftlichen Strukturen. [...]

Daher besteht, obwohl das für Eisenbahnen, Telegraphen, Dampfmaschinen und Bergwerke erforderliche Kapital groß ist und die Menge an Gold und Silber begrenzt ist, kein Mangel an Geld, da die Währung in Papiergeld besteht, das durch den Kredit garantiert wird. Eine Münze kann den Nutzen von 100 Münzen annehmen. [...]

Die achte Frage betraf die Erhebung der Steuern und die Höhe der Staatsschuld. Die westlichen Steuern sind zehnmal so hoch wie in China und trotzdem sind die Leute nicht verdrossen. Die Staatsschuld wird von den Bürgern geliehen und trotzdem sind die Leute nicht mißtrauisch. Warum? [...]

Ich bin jetzt über ein Jahr in Europa gewesen, als ich zuerst hierher kam, glaubte ich, daß Reichtum und Macht der europäischen Nationen auf ihrer ausgezeichneten Industrieproduktion und ihrer strikten Militärdisziplin beruhten. Als ich aber mit ihren Gesetzen und Akten arbeitete und ihre Schriften las, begriff ich, daß ihr Streben nach Reichtum auf dem (staatlichen) Schutz ihrer wirtschaftlichen Belange beruht, und daß die, die nach Macht streben, es für wichtig halten, die Herzen der Leute zu gewinnen. Wenn sie die wirtschaftlichen Belange schützen, können auch die Steuern erhöht werden und die Ersparnisse werden natürlich günstiger sein. Wenn die Unterstützung der Öffentlichkeit gewonnen wird, werden Staatstreue und Patriotismus vermehrt, und man kann von den Menschen erwarten, daß sie gegen den nationalen Feind zusammenstehen. Andere Vorteile sind die vermehrte Zahl der intelligenten Studenten als Folge der Ausdehnung des Schulsystems und die Artikulation der Meinungen der unteren Volksklassen durch die Einrichtung der Parlamente. Was Produktion, Armee und Flotte und solche großen Dinge angeht, so sind sie nur unwichtige Details.

Zit. nach Ssu-yü Teng, J. K. Fairbank: China's Response to the West. (Harvard University Press) Cambridge/Mass. 61981. S. 95 f. (Übers. H. Prokasky)

M 7.22 Die moderne Geschichtswissenschaft zu China im 17. und 18. Jahrhundert

a) Jürgen Osterhammel über europäisches Selbstverständnis gegenüber China

Europa hat China in sich aufgenommen und sich doch immer wieder von ihm abgegrenzt. Von der Konfuzius-Bewunderung der Frühaufklärung über die architektonischen und kunstgewerblichen Chinoiserien des Rokoko bis hin zur Rezeption des Daoismus in der exotisierenden Kulturkritik seit der letzten Jahrhundertwende hat sich Europa von China vielfältig anregen lassen. Mindestens ebenso wichtig wie die *Anverwandlung* des Fernen Ostens war aber die weit über die Bereiche des Philosophischen und Ästhetischen hinausgehende Selbstdefinition des Okzidents durch *Abgrenzung* vom oft in typisierender Kontrastierung erfaßten chinesischen Gegenprinzip: hier eine Kultur der Zeit, dort eine des Raumes; hier geschichtlicher Fortschritt, dort die geschichtslose ewige Wiederkehr des Gleichen; hier die Freiheit des Individuums, dort die Bindung durch Sippe und Sitte; hier der innengeleitete Charaktertypus, dort die Außenleitung durch Tradition und Konvention; hier die Öffentlichkeit der Rede als Bedingung der Möglichkeit von Herrschaftskritik, dort die Schrift als Instrument der Herrschaftsausübung; hier Polis und Nationalstaat, dort das zentralistische Imperium; hier der christliche Offenbarungsglaube, dort eine widersprüchliche Verbindung aus der transzendenzlosen Pflichtenlehre des Konfuzianismus und den magischen Vorstellungen des Daoismus. Europa wurde zum Gegenteil dessen, was es in China – und in dieser Kombination *nur* dort – zu sehen glaubte. Für Max Weber etwa war China das hochkulturell Andere schlechthin, «ein radikal entgegengesetztes System der Lebensreglementierung, ja eine andere Welt». «Höheres Chinesentum» war Nietzsches Name für das, was er als Bedrohung Europas verstand; «eine Art Stillstands-Niveau des Menschen». [...]

Die drei für eine weiträumige Expansion erforderlichen Instrumente – den offensiven Reiterkrieg, die Hochseeschiffahrt und die religiöse Mission – hat China nur in vergleichsweise unbedeutenden Ansätzen ausgebildet. Es gab zwar fortwährend Versuche einer Stabilisierung der chinesischen Weltordnung an ihrer gefährdeten Peripherie, die zumindest im 18. Jahrhundert vorübergehend zu heftiger Aggression gegen schwache Nachbarn ausarteten; es gab jedoch so gut wie keine Ambitionen zu «Weltpolitik», zum expansiven Ausgreifen in die Kernbereiche anderer Zivilisationen.

J. Osterhammel: China und die Weltgesellschaft. (Beck) München 1989. S. 3 f.

b) Jacques Gernet über Chinas Blüte im 18. Jahrhundert

Dieses Reich, das einen großen Teil des asiatischen Kontinents umfaßte, war gleichzeitig auch das Land der Welt, in dem der Reichtum und die Bevölkerung am schnellsten zunahmen. China trat im 18. Jahrhundert in eine Periode des Wohlstands ein, der auf einem noch nie dagewesenen Aufschwung der Landwirtschaft, des Handwerks und des Handels beruhte. Hinsichtlich des Volumens seiner Produktion und seines Binnenhandels nahm es den ersten Rang unter den Nationen ein. Die chinesische Landwirtschaft erreichte den Höhepunkt ihrer Entwicklung im 18. Jahrhundert. Aufgrund ihrer Techniken, der Mannigfaltigkeit der angepflanzten Sorten und aufgrund ihrer Erträge erscheint sie als die höchstentwickelte und am besten durchdachte der Geschichte vor der Entwicklung der modernen Agronomie. Zu den traditionellen Kulturen (Weizen, Gerste, Hirse und Reis, dessen Sorten seit dem 11. Jahrhundert vermehrt wurden) kamen neue, die eine Verteilung der Ernten auf das ganze Jahr ermöglichten, denen schlechte oder schlecht bewässerte Böden genügten und die das Problem der Überbrückung des Winters lösten: Süßkartoffel, Erdnuß, Sorghum, Mais. Die Einführung amerikanischer Pflanzen seit dem 16. Jahrhundert wirkte sich nun voll aus und löste eine echte landwirtschaftliche Revolution aus. [...]

Dieser bemerkenswerte Aufschwung der chinesischen Landwirtschaft im 18. Jahrhundert, der im übrigen von der gleichzeitigen Blüte des Handwerks und des Handels stimuliert wurde, macht eine Überprüfung bestimmter heutiger Urteile nötig.

Die sehr hohe Bevölkerungsdichte in manchen Ebenen und Deltagebieten Ostasiens (Nordchinesische Tiefebene, unteres Yangzi-Becken, Delta des Roten Flusses in Vietnam, Küstenebenen Südchinas und Javas usw.) wird oft als charakteristisch für das Asien der Monsune genannt, und man sieht darin ein Element eines diesen alten Ländern eigenen Teufelskreises: hohe Geburtenziffer, rückständige Technik, die im wesentlichen auf handwerklichem Niveau stehenbleibt, allgemeine extreme Armut. [...]

Das 18. Jahrhundert ist der historische Zeitpunkt, in dem die Unterschiede in der Entwicklung am deutlichsten zutage traten: damals stand die wenig ertragreiche Landwirtschaft eines dünnbesiedelten Europa, dessen Bevölkerung nur langsam zunahm, im Gegensatz zur hochentwickelten und differenzierten Landwirtschaft eines China, das einen außergewöhnlichen demographischen Aufschwung erlebte. Zu diesem Zeitpunkt gewann die Bevölkerung Chinas und ganz Ostasiens dank einer kontinuierlichen Ansammlung von technischen Fortschritten seit dem 9.–11. Jahrhundert einen eindeutigen Vorsprung vor der europäischen Bevölkerung. Die Gesellschaften des Fernen Ostens waren nicht im »Rückstand« gegenüber Europa: sie haben nur einen anderen Weg beschritten.

Was für die Nahrungsmittelproduktion gesagt wurde, gilt auch für Handwerk und Handel: im 18. Jahrhundert gelang es China, den größtmöglichen Nutzen aus den Techniken des vorindustriellen Zeitalters zu ziehen. Die Verbindung dieser drei Bereiche – Landwirtschaft, Handwerk und Handel – muß im übrigen betont werden, da sie in engster Beziehung zueinander standen.

J. Gernet: Die chinesische Welt. (Suhrkamp) Frankfurt 1979. S. 403 f.

8 Das „lange" 19. Jahrhundert oder: Der langsame, aber endgültige „Durchbruch" zur Moderne – ein Ausblick

Wenn hier von „Durchbruch" zur Moderne gesprochen wird, so ist damit zunächst nur gemeint, daß sich der lange Entwicklungsprozeß, von dem in den vorhergehenden Kapiteln die Rede ist, im 19. Jahrhundert unumkehrbar durchsetzte. (Der Begriff „unumkehrbar" meint hier folgendes: wenn man sich in einem Gedankenspiel vorstellte, die erreichte Ordnung sei doch umkehrbar, dann würde dies bedeuten, zu einer völlig anderen Ordnung überzugehen.)

Welche Entwicklungen setzten sich nun endgültig durch?

(1) In wirtschaftlicher und gesellschaftlicher Hinsicht war es entscheidend, daß sich die kapitalistische Wirtschaftsweise umfassend etablierte. In den früheren Kapiteln hatten wir gesehen, wie weit sie ins Mittelalter zurückreichte und nachfolgend immer wichtiger wurde. Im sogenannten „langen" 19. Jahrhundert, das in den letzten Jahrzehnten des 18. Jahrhunderts einsetzte und bis 1914/8 reichte, wurden ständisch-feudale Strukturen nach und nach abgebaut; an ihre Stelle traten individualisierte Eigentumsrechte, die einer kapitalistischen Marktwirtschaft angemessen waren. Die Marktwirtschaft durchdrang nach und nach alle Arbeits- und Lebensbereiche; damit ging eine Auffächerung wirtschaftlicher Rollen einher. Die Zeitgenossen mußten lernen, mit der Tatsache umzugehen, daß die ihnen so natürliche Selbstversorgung der Haushalte zwar langsam, aber unaufhaltsam zurückging – die Versorgung über den Markt wurde zur neuen Norm. Dies vollzog sich auch im ländlichen Raum, die Marktquote der landwirtschaftlichen Betriebe nahm unaufhörlich zu. Die ausschließliche Versorgung über den Markt machte die Haushalte abhängig von der Funktionstüchtigkeit des Marktes; ganz zugespitzt zeigte sich die Abhängigkeit in Ausnahmesituationen, z.B. während großer Kriege, bedeutender Inflationszeiten, politischer Umbrüche wie etwa der alliierten Besetzung Deutschlands nach dem Zweiten Weltkrieg oder politischer Krisen im Welthandel wie der sogenannten „Ölkrise" in den siebziger Jahren. Parallel zur Herausbildung immer dichterer Marktbeziehungen nahm die Arbeitsteilung zu; sie verfeinerte sich schließlich derart, daß für den heutigen Menschen die meisten Arbeitsverrichtungen nicht mehr durchschaubar sind. Die Spezialisierung ist so groß geworden, daß wir die meisten Geräte des täglichen Lebens nicht einmal mehr selbst reparieren können.

Die Marktbeziehungen nahmen nach und nach einen solchen Umfang an, daß sie fast alle Lebensbereiche durchdrangen. Für das Wohnen entwickelte sich ein Wohnungs- und Immobilienmarkt, für die Beschäftigung ein Arbeitsmarkt, für wirtschaftliche Unternehmungen wurden Kapital- und Geldmärkte ebenso wichtig wie Rohstoffmärkte und vieles andere mehr.

Mit zunehmender Verbesserung der Transport- und Kommunikationswege nahm der Austausch zwischen lokalen, überörtlichen und regionalen Märkten zu; die Menge der ausgetauschten Waren und Dienstleistungen wuchs deutlich an. Mit der Möglichkeit, an vielen verschiedenen Marktbeziehungen teilzunehmen, entstand etwas historisch Neuartiges: der Mensch in seiner Rolle als Konsument, und zwar als Verbraucher, der (fast) alle Güter und Dienstleistungen über den Austausch am Markt bezieht. Das brachte ihm ein hohes Maß an Bequemlichkeit, aber gleichzeitig auch eine Abhängigkeit von anonymen Marktmächten, die Menschen früherer geschichtlicher Epochen äußerst befremdlich erschienen wäre.

Mit dem immer dichter werdenden Geflecht der kapitalistischen Marktbeziehungen verschwand in kleinen Etappen eine Haltung, die für die meisten Individuen seit dem Mittelalter charakteristisch war. Das sogenannte „Nahrungs"-Denken, also das Bestreben, für sich und seine soziale Kleingruppe (Familie, Verwandtschaft, „Freunde" etc.) ein Auskommen zu finden, wich dem Marktkalkül. Der Produzent (Landwirt, Handwerker, Unternehmer) achtete darauf, einen möglichst hohen Gewinn zu erzielen, während der Konsument bestrebt war, die für ihn günstigsten Angebote aufzuspüren. Dieser Prozeß verlief für die einzelnen Gruppen zeitlich sehr unterschiedlich; in der Landwirtschaft wie im

Handwerk blieb die Orientierung am Markt und am Gewinn noch lange zugunsten des „Nahrungsprinzips“ begrenzt, während das Unternehmertum, die sogenannte „Bourgeoisie“, früher und eindeutiger an Gewinnchancen interessiert war.

Während noch um die Jahrhundertwende nichtmarxistische Autoren wie Sombart und Weber den Begriff des „Kapitalismus“ ganz selbstverständlich verwendeten, ist er in Deutschland im 20. Jahrhundert offenkundig in eine Art von Mißkredit geraten, der sich so in anderen europäischen Ländern nicht findet. Die mit der kapitalistischen Marktwirtschaft verbundene Profitorientierung, die Ungleichheit der Marktchancen und ihrer Verwertung, die Abhängigkeit der wirtschaftlich Schwächeren haben in den politischen und ideologischen Auseinandersetzungen in Deutschland zu der Ansicht geführt, daß der Begriff „Kapitalismus“ negativ aufgeladen sei. Daher wird er vielfach übergangen und gar nicht selten durch „Industrialisierung“ ersetzt.

Zwar ist es richtig, daß historisch die Industrialisierung auf der Basis einer kapitalistischen Marktwirtschaft entstand, doch ist sie keineswegs mit ihr gleichzusetzen: daß Industrialisierung auch ohne Marktwirtschaft möglich war, zeigten die entsprechenden Entwicklungen in der ehemaligen Sowjetunion und in der Volksrepublik China. Industrialisierung meint vor allem den Durchbruch der zentralisierten Produktion, deren Grundlage der Einsatz von Maschinen war. Ort der Produktion wurde die Fabrik. Geschichtliche Bedeutung gewann die industrielle (kapitalistische) Produktion vor allem dadurch, daß mit ihr eine Phase fortgesetzten Wirtschaftswachstums einsetzte.

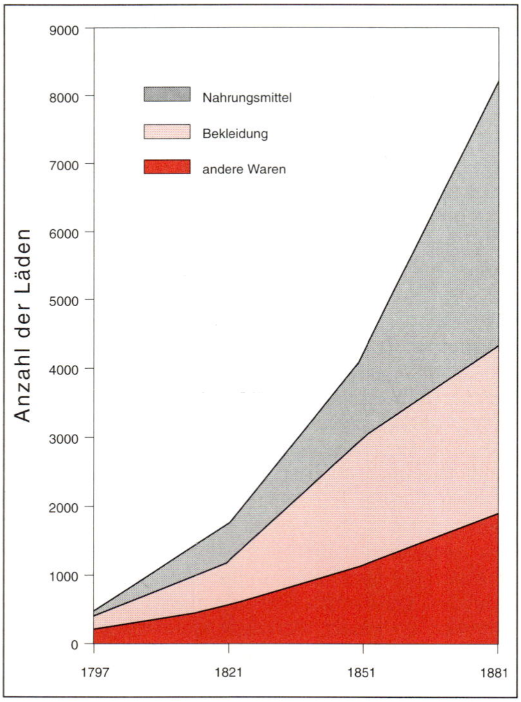

Nach Gareth Shaw: The Development of Retailing in Nineteenth Century British Cities, in: Heinz Heineberg (Hg.): Innerstädtische Differenzierung und Prozesse im 19. und 20. Jahrhundert. (Böhlau) Köln-Wien, 1987, S. 234.

Je länger der Prozeß der Industrialisierung andauerte, um so deutlicher wurde es, wie nachhaltig er in Lebensweisen und Lebenschancen der ganzen Bevölkerung eingriff. Zwar ging die Industrialisierung erheblich langsamer vonstatten, als viele es sich vorstellen – noch um die Mitte des 19. Jahrhunderts gab es z.B. in Preußen mehr Handwerksmeister als Fabrikarbeiter – , aber ihr Erfolg schien unaufhaltsam, weil sie grenzenloses Wachstum versprach. Mit dem Einsatz von Maschinen und Antriebskräften wie Dampf oder Elektrizität hatte sich die Produktion von ihrer Bindung an die relativ schnell ermüdenden natürlichen Ressourcen wie menschliche und tierische Muskelkraft, Wind- und Wasserenergie gelöst; der Produktionsprozeß konnte scheinbar beliebig ausgedehnt werden. Die Natur, die bis dahin den Rahmen menschlicher Aktivitäten abgesteckt hatte, wurde nun allem Anschein nach vom Menschen beherrscht. Das Symbol für den Erfolg wurde der rauchende Schornstein, ebenso einer Lokomotive wie einer Fabrik.

Die Kehrseite der vermeintlichen Beherrschung der Naturkräfte war eine historisch einmalige, beispiellose Belastung der Umwelt, die in unseren Tagen anhält. Das sogenannte „Waldsterben“ stellte schon Ende des 19. Jahrhunderts ein großes Problem dar; im Unterschied zu heute war es meist regional beschränkt auf die jeweiligen Industriestandorte, während es heute flächendeckend auftritt. Die Waldschäden werden nicht mehr ausschließlich von Schadstoffemissionen der Fabriken verursacht, sondern zu einem überwiegenden Teil vom privaten und gewerblichen Automobilverkehr.

(2) Eng mit der definitiven Ausbreitung von kapitalistischer Marktwirtschaft und Industrialisierung war ein zwar langsamer, aber tiefgreifender Umbau der Gesellschaft verbunden. An die Stelle der alteuropäischen Ständegesellschaft trat eine Klassengesellschaft, die viele Elemente der alten Ordnung unter Veränderungen beibehielt und die im 20. Jahrhundert in der beginnenden „post-industriellen“ Ära schon wieder nachhaltig verändert wurde. So drängt sich der Eindruck auf, daß die Klassengesellschaft zerfasert, ehe sie sich vollständig durchgesetzt hat.

Will man sich die Gesamtheit der Entwicklung vergegenwärtigen, ist es nützlich, bei der alteuropäischen Sozialordnung einzusetzen. Ihr herausragendes Kennzeichen waren die *Stände,* in die man hineingeboren oder aufgenommen wurde. Die Mitglieder eines Standes unterschieden sich von den Angehörigen anderer Stände dadurch, daß sie

über bestimmte Vorrechte und eigene Gerichte verfügten, eine besondere Form des Einkommens („Nahrung“, „Pfründe“ usw.) hatten, eine jeweils ausgeprägte Lebensführung und Verhaltensweisen aufwiesen und schließlich in unterschiedlichem Maß an politischer Herrschaft teilnahmen. Die bekannten Stände des Adels, des Klerus sowie des Stadtbürgertums (teilweise auch der Bauern) hatten sich im Lauf der Jahrhunderte seit dem Mittelalter immer weiter aufgefächert; gemeinsames Merkmal blieb, sich von nicht-ständischen Gruppen abzugrenzen. Jeder Stand hatte seine Kennzeichen und seine spezifische „Ehre“ herausgebildet, die nicht-ständischen Menschen abgesprochen wurde. Die Einbindung in die Stände schärfte beim Individuum das Bewußtsein, in die soziale Geborgenheit, aber auch Verpflichtung gegenüber einer Gruppe einbezogen zu sein. Es wäre falsch, anzunehmen – wie es manche Autoren des späten 19. Jahrhunderts taten –, das Mitglied eines Standes sei überwiegend einem Kollektiv verpflichtet gewesen und habe (fast) keine Individualität entfalten können. Der Unterschied lag eher darin, daß diese nicht zum Selbstzweck erhoben wurde.
Überall zeigten sich spätestens seit dem 18. Jahrhundert in den Gesellschaften Alteuropas Auflösungserscheinungen der Stände als festgefügter Körperschaften (s. S. 201). In einer langandauernden Übergangszeit lösten sich die Bindungen an ständische Privilegien, das Prinzip der Rechtsgleichheit aller Menschen trat an ihre Stelle. Prinzipiell gehörte zur rechtlichen Gleichheit auch die Wahrnehmung gleicher staatsbürgerlicher Mitwirkungsrechte durch alle Menschen; wie langsam die Verwirklichung vor sich ging, ist daran zu ersehen, daß es bis ins 20. Jahrhundert dauerte, ehe das Wahlrecht für Frauen durchgesetzt wurde.
Grundlage dieser rechtlichen Benachteiligung waren nicht mehr ständische Privilegien als Maßstab für die Abgrenzung der gesellschaftlichen Gruppen untereinander, sondern zunehmend mehr die wirtschaftliche Stellung und, mit ihr verknüpft, gleiche Interessen. Die wirtschaftliche Stellung drückte sich darin aus, in welcher Ausstattung der einzelne Zugang zu den zentralen Märkten hatte. Verfügte jemand über Produktionsmittel, war seine Stellung eine völlig andere als diejenige eines Dritten, der nur seine Arbeitskraft einsetzen konnte. Derjenige, der Produktionsmittel besaß, bestimmte auch, wie viele Arbeitsplätze ihnen zugeordnet wurden und wer sie besetzte. Ein anderer, dem keine Produktionsmittel zur Verfügung standen, war darauf angewiesen, einen Arbeitsplatz zu bekommen, der den Lebensunterhalt sicherte. Für den Unternehmer waren Ausgaben für Arbeitsplätze Kosten; wie andere Kosten auch schmälerten sie den erzielbaren Gewinn. Es lag im wirtschaftlichen Interesse des Unternehmers, die Kosten gering zu halten, während die Lohnempfänger ihr Interesse darauf richten, eine möglichst hohe Bezahlung zu erlangen. Die daraus resultierenden Gegensätze zwischen Unternehmern und den Beschäftigten waren grundsätzlicher Art, die das Entstehen von zwei unterschiedlichen gesellschaftlichen Gruppen förderte. Sie wurden bereits von Zeitgenossen als „Klassen“ bezeichnet; dabei fällt auf, daß der Begriff zumeist auf die Arbeiter bezogen wurde, währen die Unternehmer häufig mit dem französischen Wort „Bourgeoisie“ gekennzeichnet wurden. Ähnlich wie beim Begriff „Kapitalismus“ ist „Klasse“ in Deutschland im 20. Jahrhundert aus politisch-ideologischen Gründen relativ verpönt; demgegenüber wird im englischen Sprachraum „working class“ und im französischen „classe ouvrière“ ohne Einschränkung verwendet. In Deutschland spielte eine große Rolle, daß sich nach dem Zweiten Weltkrieg zwei Staaten gesellschaftlich und politisch-ideologisch frontal gegenüberstanden; da in der DDR Begriffe wie „Kapitalismus“ und „Arbeiterklasse“ politisch besonders aufgeladen waren, galten sie im westlichen Teil, in der Bundesrepublik, als gegnerische Bezeichnungen.
(3) Parallel zur endgültigen Herausbildung von kapitalistischer Marktwirtschaft und einer Klassengesellschaft war ein weiterer Vorgang fundamental, der den Durchbruch zur Moderne kennzeichnete: eine regelrechte Bevölkerungsexplosion brachte eine Massengesellschaft hervor, deren Lebensmittelpunkt die Stadt wurde. Es ist beinahe überflüssig, zu betonen, daß sich auch die Verstädterung an den verschiedenen Stellen der Erde in unterschiedlichem Tempo und Ausmaß vollzog. Während sich manche alte, bedeutende Stadt relativ langsam entwickelte, gab es Industriestädte, die innerhalb weniger Jahrzehnte von einem kleinen, beschaulichen Dorf zu einer riesenhaften Großstadt heranwuchsen.
Dieser Prozeß der Verstädterung hält immer noch an; er hat die ganze Welt erfaßt und Städte entstehen lassen, die an Fläche und Einwohnerzahl so groß sind, daß man sich fragt, ob sie denn noch funktionstüchtig sind.
In Westeuropa ist das Netzt an Städten so dicht und die städtische Lebensweise so beherrschend geworden, daß ein wirkliches bäuerlich-dörfliches Landleben nur noch in Restbeständen vorhanden ist und häufig allein wegen vermeintlicher oder echter Brauchtumspflege Beachtung findet, die nicht selten für touristische Zwecke eingesetzt wird. Moderne Medien wie das Fernsehen und moderne Transportmittel wie das Auto verhindern die früher so charakteristische Isolation des ländlichen Lebens. Die daraus entstehende Lebensweise hat zu einer Vereinheitlichung geführt, die früher unvorstellbar war. (vgl. M 8.1)
Die Verstädterung wäre auf lange Sicht nicht möglich gewesen ohne umfangreiche Wanderungen vom Land zur Stadt. Der Geburtenüberschuß blieb

Weltweite Spuren der westlichen Zivilisation

in den Städten häufig hinter demjenigen auf dem Lande zurück, so daß das Wachstum der Städte auf die Zuwanderung vom Lande angewiesen war. Vielfach kamen Einwanderer aus weit entfernten Gebieten – erinnert sei hier an den Zustrom von Polen ins Ruhrgebiet sowie an die millionenfache Einwanderung von Deutschen in die USA.
Andererseits verließen aber auch immer wieder viele Menschen die Städte, kehrten in ihre Herkunftsorte zurück oder wanderten in andere Städte weiter. Das lag an Arbeitsbedingungen, die als sehr abschreckend empfunden wurden, an unsicheren Arbeitsplätzen, an konjunkturellen Schwankungen, an unzureichenden Wohnmöglichkeiten und vielem anderen mehr. Die vielen Wanderungsbewegungen führten dazu, daß beispielsweise 1907 im Deutschen Reich die Hälfte der Bevölkerung außerhalb der Gemeinde lebte, in der sie geboren war. Diese Mobilität betraf, wie gesagt, vor allem die ländliche Bevölkerung, die aus ihrer dörflichen Lebensweise herausgerissen wurde und die sich, in einem für sie teilweise schmerzlichen Lernprozeß, auf neue Verhaltensarten umstellen mußte. Kaufleute, Handwerker und Akademiker waren im 19. Jahrhundert vielleicht weniger wanderungsfreudig als im 15. oder 16. Jahrhundert, weil bei den Handwerkern das Wandern der Gesellen nicht mehr vorgeschrieben war, die Kaufleute weniger reisten und Akademiker als Beamte eine feste Anstellung hatten.

8.1 Die Entwicklung Englands zur führenden Industriemacht – Vorbild für alle oder Sonderfall?

Die Entwicklungen, die in der Einleitung zu diesem Kapitel dargestellt wurden, kennzeichneten den Weg aller westeuropäischen Staaten zur modernen Industriegesellschaft. Jedes Land kennt seine nationalen Besonderheiten, aber die globalen Übereinstimmungen überwiegen doch – vor allem im 20. Jahrhundert. (s. auch M 8.2)
Die (späteren) Gemeinsamkeiten entheben uns nicht von der Aufgabe, zu fragen, ob die frühe Führung Englands als Industriemacht eher ein Sonderfall war oder die vorzeitige Ausprägung einer typischen Entwicklung in Europa. In den vorhergehenden Kapiteln war darüber berichtet worden, wie sich Elemente kapitalistischer Marktwirtschaft und wissenschaftlich-technische Neuerungen seit dem Mittelalter in Europa ausbreiteten und wie sich Schwerpunkte zunächst in Norditalien, Nordfrankreich und Flandern herausbildeten, die später ihre Ergänzungen im Rheinland und in Süddeutschland fanden. Im 16. Jahrhundert verschoben sich die Zentren vollends nach Deutschland und in die Niederlande, wo Antwerpen die Nachfolge von Brügge antrat. An der Wende vom 16. zum 17. Jahrhundert traten dann die Niederlande, mit Amsterdam an der Spitze, die Führung an. Nach harten Auseinandersetzungen setzte sich schließlich England als führende Wirtschaftsmacht, aber auch als politische Weltmacht durch. Eine Reihe von Bedingungen im 17. und 18. Jahrhundert ließen in England die Industrialisierung auf marktwirtschaftlicher Basis zum Durchbruch kommen.
– Während in der Mitte Europas Deutschland durch den Dreißigjährigen Krieg enorme Verluste an Wirtschaftskraft und Bevölkerungszahlen erlitt, an deren Folgen die betroffenen Regionen noch Generationen später litten, stieg die Zahl der Menschen in England kontinuierlich an.

– Die Bevölkerung in den englischen Städten wuchs schneller als auf dem Lande, die Verstädterung nahm deutlich zu. Bemerkenswert ist sicherlich auch die Tatsache, daß England Ende des 18. Jahrhunderts im europäischen Vergleich über eine beachtliche Anzahl großer Städte (mit mehr als 50 000 Einwohnern) verfügte.

– Die Einwohner dieser Städte waren zwar im Durchschnitt sehr arm, jedoch hinsichtlich der Versorgung mit Gütern des täglichen Bedarfs darauf angewiesen, sie unter Marktbedingungen zu erwerben. Dies führte dazu, daß in der Mitte des 18. Jahrhunderts in England und Wales 23 Läden auf 1000 Personen kamen, während es z.B. in Bayern 2 pro 1000 und in Schlesien 5 Detailhändler pro 1000 Einwohner waren (Jahrbuch für Wirtschaftsgeschichte 1/1994, S. 32). Damit entstanden Ansätze von Massenkonsum, der als Nachfragefaktor Auswirkungen auf das Marktgeschehen hatte – ebenso wie neue oder veränderte Produkte das Angebot erweiterten und die Entwicklung auf den Märkten beeinflußte. Die hohe Marktorientierung gewöhnte eine Vielzahl von Menschen an die „Spielregeln" des Marktes – genauso wie an seine Wechselfälle. Dies bedeutete aber nicht, daß sich die Menschen dem Marktgeschehen widerspruchslos ausgeliefert hätten: dort, wo die Existenzgrundlage gefährdet war, griffen sie zu Maßnahmen, die unter dem Begriff „moral economy" bekannt wurden. Gerade im Bereich der Grundversorgung mit Lebensmitteln konnten sie, meist mit Unterstützung der Obrigkeit, durchsetzen, daß bei großen Preisausschlägen die Marktgesetze teilweise außer Kraft gesetzt wurden. Es dauerte übrigens bis in die Mitte des 19. Jahrhunderts, bis sich endgültig die Verfechter des freien Marktes auch hinsichtlich des Getreidemarktes durchsetzen konnten.

– Die größere Hinwendung zu marktwirtschaftlichen Strukturen hatte in England wohl damit zu tun, daß die herkömmliche ländliche-dörfliche Welt unwiderruflich Änderungen erlebt hatte. Durch die *enclosures,* die sogenannten „Einhegungen", war unter anderem die traditionelle, für die Masse der ärmeren Leute eines Dorfes so wichtige Allmende aufgelöst und größerem Landbesitz zugeschlagen worden. Es war ein für die Existenz der alteuropäischen agrarischen Lebensweise typisches Merkmal, daß die meisten Dorfbewohner darauf angewiesen waren, fremdes Eigentum mitzubenutzen – wie z.B. das Weiden von Tieren auf abgeernteten Feldern sowie die Mast im Wald, Sammeln von Holz und Waldfrüchten und vieles mehr. Mit dem Privatisieren des Grundbesitzes wurden diese alten Gewohnheiten hinfällig; der Nutzer mußte nun den Marktpreis zahlen. Da viele ärmere Menschen ihn nicht zahlen konnten oder es ablehnten, ihn zu bezahlen, kam es beispielsweise zu umfangreichen Holzdiebstählen. Das Abdrängen eines größeren Teils der ländlichen Bevölkerung aus ihrer traditionellen Versorgungsweise zwang sie, sich nach anderen Erwerbsmöglichkeiten umzusehen. Nicht wenige verließen ihre Heimat und wanderten in die neuen Kolonien aus, andere zogen in benachbarte, zum Teil auch in weiter entfernte Städte. Einer weiteren Gruppe erschlossen sich Verdienstmöglichkeiten im ländlichen Gewerbe, vor allem im Textilbereich.

– Die Gewerbefreiheit hatte in England schon lange größeren Umfang als in anderen europäischen Ländern, weil Zünfte keine Rolle spielten. Die Zünfte hatten ihre Aufgabe darin gesehen, dadurch für ein gleichmäßiges Auskommen („gerechte Nahrung") ihrer Mitglieder zu sorgen, daß durch Preis-, Mengen- und Qualitätskontrollen die Konkurrenz unter den Handwerkern verhindert wurde. Darüber hinaus hatten die Zünfte große Bedeutung für die soziale Existenz ihrer Mitglieder, indem sie einen angesehenen Platz in der Gesellschaft sicherten. Das betraf die materielle Absicherung in Notfällen ebenso wie die Sicherung der standesspezifischen „Ehre". Mit dem Fehlen der Zünfte war die englische Gesellschaft mobiler und mehr dem Wettbewerb ausgesetzt als anderswo in Europa.

– Eine weitere Besonderheit betraf die Zusammensetzung des englischen Adels: er war im Vergleich zum anderen Adel Europas zahlenmäßig sehr klein. Der Hochadel bestand aus wenigen *peers,* die das Oberhaus bildeten. Unterhalb des Hochadels gab es den niederen Adel, der als *gentry* zusammengefaßt wurde. Der Hochadel begrenzte seine Zahl und seine wirtschaftliche Macht dadurch, daß der Adelstitel wie der Großteil des (riesigen) Besitzes nur an den ältesten Sohn vergeben wurde. Die *gentry* beschränkte die Zahl ihrer Mitglieder dadurch, daß nur Großgrundbesitz den Status sicherte. Der umfangreiche Landbesitz führte zusammen mit der oben erwähnten frühen Durchsetzung des Agrarkapitalismus zu einer Situation, die eine Modernisierung der Produktionsweise sehr begünstigte.

Die nachgeborenen Söhne des Erbadels suchten sich ihren Platz teils in den freiberuflichen, mitunter auch kommerziellen Eliten, teils auch in den politischen und staatlichen Führungsstellen. Dieser „Abstieg" wog nicht so schwer wie in anderen europäischen Ländern, weil es in England keinen eng definierten Katalog von unstandesgemäßen Tätigkeiten gab, die anderswo zum Ausschluß aus dem Adel führten.

Das Fehlen scharf markierter, undurchlässiger Grenzen zwischen Adel und Bürgertum zeigte sich auch zwischen der *gentry* und bürgerlichen Kreisen, da sie sich durch den Erwerb entsprechend großen Landbesitzes „selbst adeln" konnten. Diese „Nobilisierung" war insofern relativ unerheblich, weil mit ihr fast keine Privilegien verbunden waren. Selbst die Mitglieder des Hochadels, die einige Vorrechte besaßen, waren nicht von der Steuerpflicht befreit. Er bot damit – im Vergleich zu ande-

	1809–19	1820–39	1840–59	1860–79	1880–99
Industrie	1	7	13	47	118
Handel/Finanz/Transport	3	16	17	71	94
Verleger	0	1	0	2	4
Professions	0	3	2	5	4
Sonstige	0	1	0	0	3
Summe nichtagrarischer Vermögen	4	28	32	125	223
Landbesitz[1]	3	5	7	17	24
Fehlender Landbesitz[2] (Hochrechnung Rubinstein)	517[3]			263[4]	150

[1] In „probates“ erfaßte Vermögen
[2] Nicht in „probates“ erfaßte Vermögen
[3] 1809–58
[4] 1858–79

Aufteilung britischer Spitzenvermögen über £ 500 000 nach Berufsgruppen

nach Hartmut Berghoff: Adel und Bürgertum in England 1770 – 1850. Ergebnisse der neueren Elitenforschung, in Elisabeth Fehrenbach (Hrsg.): Adel und Bürgertum in Deutschland 1770 – 1848. (Oldenbourg) München 1994, S. 102.

ren europäischen Ländern – den Nichtadeligen viel weniger Anlaß zur Kritik; da seine ökonomische Grundlage das (Privat-)Eigentum an Produktionsmitteln war, ähnelte er darin deutlich dem Bürgertum.
Wie lange das Übergewicht des agrarischen Sektors anhielt, zeigt die obige Tabelle, aus der deutlich wird, daß erst in den letzten Jahrzehnten des 19. Jahrhunderts die nichtagrarischen Vermögen die Spitzenstellung übernahmen.
Der Sachverhalt erklärt sich daraus, daß man das volkswirtschaftliche Gewicht der führenden Wirtschaftssektoren vor der Mitte des 19. Jahrhunderts hinsichtlich der Industrie nicht überschätzen und in bezug auf die Landwirtschaft nicht unterschätzen darf. Der Höchststand der agrarisch Beschäftigten wurde erst 1861 erreicht.
– In politischer Hinsicht war bedeutsam, daß es seit dem Ende des 17. Jahrhunderts in Großbritannien keine Kriege mehr gab. Dies erlaubte dem Land, seine Kräfte nach außen zu richten: mit Hilfe der Flotte gelang es, die wichtigsten Seewege zu kontrollieren und schließlich für wichtige Transportwege ein Monopol zu errichten. Die außenpolitische und militärische Stärke bot die Möglichkeit, in weltweitem Rahmen Kolonien zu gründen und ertragsversprechende Märkte zu erobern. Großbritannien konnte sich Zugang zu wichtigen Rohstoffen verschaffen, unter denen die Baumwolle eine bedeutsame Rolle spielte. In der vor- und frühindustriellen Zeit nahm die Textilwirtschaft innerhalb der gewerblichen Produktion einen beherrschenden Platz ein. Baumwolle eignete sich gut für die Herstellung preiswerter Massenwaren, sofern man die Produktion kostengünstig gestalten konnte.
Es war ferner bedeutsam, daß die innere politische Situation das Bürgertum begünstigte, unternehmerisch tätig zu sein.

8.1.1 Die frühe Industrialisierung Englands bis ca. 1850 – bereits der Durchbruch zur Moderne?

In vielen Darstellungen wird England mit seinen technischen Neuerungen auf dem Textilsektor (vor allem mit den Verbesserungen in der Spinnerei) und dem neuartigen Einsatz der Dampfmaschine zu Recht als Pionierland vorgestellt.
Mit den Abbildungen bestätigt sich der Eindruck, daß England in den Bereichen Baumwollverarbei-

Die europäischen Spitzenreiter der Industrialisierung im Jahresdurchschnitt 1850/54 (mit Positionsangabe)

Land	Verbrauch an Rohbaumwolle (in 1000 t)	Stein- u. Braunkohlen-Förderg. (in Mio. t)	Roheisenproduktion (in 1000 t)	Anzahl der Baumwollspindeln 1852 (in 1000 Stück)
Verein. Königreich	319,8 (1)	57,9 (1)	2716 (1)	18000 (1)
Frankreich	67,2 (2)	5,3 (4)	561 (2)	4500 (2)
Österreich-Ungarn	30,4 (3)	1,4 (5)	221 (5)	1400 (3)
Rußland	26,4 (4)	0,4 (6)	231 (4)	– (6)
Deutschland	26,0 (5)	8,8 (2)	245 (3)	900 (4)
Belgien	10,8 (7)	6,8 (3)	201 (6)	400 (5)

Kapazität der europäischen Dampfmaschinen (in 1000 PS)

nach Wolfram Fischer u.a.(Hrsg.): Handbuch der europäischen Wirtschafts- und Sozialgeschichte. (Klett-Cotta) Stuttgart 1993, Bd. 4, S. 153.

Land	1840	1850	1860
Großbritannien	620	1290	2450
Deutschland	40	260	850
Frankreich	90	270	1120
Österreich	20	100	330
Belgien	40	70	160
Rußland	20	70	200
Italien	10	40	50
Spanien	10	20	100
Schweden	–	–	20
Niederlande	–	10	30
Europa	860	2240	5540

Der Index der industriellen Produktion in den europäischen Ländern von 1750 bis 1860 (Vereinigtes Königreich 1900 = 100)

nach Wolfram Fischer u.a. (Hrsg.): Handbuch der europäischen Wirtschafts- und Sozialgeschichte. (Klett-Cotta) Stuttgart 1993, Bd. 4, S. 152.

Land	Insgesamt				Pro Kopf			
	1750	1800	1830	1860	1750	1800	1830	1860
Belgien	0,4	0,7	1,3	3,1	9	10	14	28
Bulgarien	–	0,3	0,3	0,3	–	5	5	5
Dänemark	–	0,2	0,2	0,4	–	8	8	10
Deutschland	3,7	5,2	6,5	11,1	8	8	9	15
England/Verein. Königr.	2,4	6,2	17,5	45,0	10	16	25	64
Finnland	–	0,2	0,2	0,5	–	8	8	11
Frankreich	5,0	6,2	9,5	17,9	9	9	12	20
Griechenland	–	0,1	0,1	0,2	–	5	5	6
Italien	3,1	3,7	4,2	5,7	8	8	8	10
Niederlande	–	0,6	0,6	0,9	–	9	9	11
Norwegen	–	0,2	0,2	0,4	–	9	9	11
Österreich-Ungarn	3,7	4,8	5,8	9,5	7	7	8	11
Portugal	–	0,6	0,6	0,8	–	7	7	8
Rumänien	–	0,5	0,5	0,6	–	5	5	6
Rußland	6,4	8,3	10,3	15,8	6	6	7	8
Schweden	0,3	0,5	0,6	1,4	7	8	9	15
Schweiz	0,2	0,4	0,8	1,6	7	10	16	26
Serbien	–	0,2	0,2	0,2	–	5	5	6
Spanien	1,6	2,1	2,7	4,0	7	7	8	11
Europa	29,6	41,2	63,0	120,3	8	8	11	17

tung, Kohleförderung, Roheisenförderung und Einsatz der Dampfmaschine sehr deutlich oben an stand. Immerhin aber muß man bedenken, daß z.B. in der Eisenproduktion Rußland im 18. Jahrhundert vor England lag. Der Spitzenplatz ging dann an England über, weil dieses Land es verstand, die Eisenindustrie wie die Baumwollspinnerei zu Leitsektoren der früheren Industrialisierung zu entwickeln. Obwohl das Konzept der Leitsektoren zunehmend in die Kritik geraten ist, kann man dennoch feststellen, daß die genannten Wirtschaftsbereiche bedeutende Anstöße vermittelten.
Daß sie noch keinen endgültigen Durchbruch zur Moderne darstellten, kann man daran ermessen, wie sehr der Übergang von der vorindustriellen zur modernen Welt auf wirtschaftlichem Gebiet von einem tiefgreifenden *Strukturwandel* geprägt war. Während die vorindustrielle Zeit ganz umfassend durch den primären Sektor (Landwirtschaft, Forsten, Fischerei) geprägt war, in dem häufig bis zu 80% der Arbeitskräfte tätig waren, zeichnet sich das moderne Industriezeitalter durch einen nachhaltigen und dauerhaften Rückgang dieses Bereiches und eine steilen Anstieg des sekundären Sektors (Bergbau, Warenproduktion, Energiegewinnung) aus. Heutzutage hält der globale Strukturwandel an, und Zukunftsforscher wie Fourastié behaupten, daß der tertiäre Sektor bald 80% der Beschäftigten umfassen wird.
Dieser Strukturwandel, der enorme Auswirkungen auf die Menschen in fast allen Lebensbezügen hat, setzte sich in nachhaltiger Weise erst nach der Mitte des 19. Jahrhunderts durch. Zwar behielt auch dann England noch für einige Zeit eine wichtige Rolle, aber an der Verwirklichung des strukturellen Wandels waren die meisten anderen Länder Europas – und nicht zu vergessen: die USA – gleichermaßen beteiligt. Der Prozeß verlief in den ein-

zelnen Ländern keineswegs gleichmäßig: der dauerhafte Rückgang des Agrarsektors zeigte große Unterschiede, so daß z.B. in Frankreich auf Grund von protektionistischen Maßnahmen die Landwirtschaft einen großen Platz behielt – und dies, obwohl Frankreich bereits im 18. Jahrhunderts über beachtliche industrielle Unternehmungen verfügte. So muß man feststellen, daß England schon früh über marktwirtschaftliche Strukturen (s. oben S. 199) und Elemente der Industrialisierung verfügte, der endgültige Durchbruch in das moderne Industriezeitalter jedoch auch für dieses Land erst nach 1850 erfolgte. Es kommt noch etwas hinzu: für die Zeit vor 1850 müßte man genauer von *Industrieregionen* oder –landschaften sprechen (in England genauso wie in Belgien oder Deutschland), während man von *Industrieländern* erst seit der zweiten Hälfte des 19. Jahrhunderts sprechen kann. Zwar blieb es auch in den Industrieländern so, daß sich die Industrie an bestimmten Stellen des Landes sehr stark konzentrierte – in Deutschland etwa im Ruhrgebiet, im Berliner Raum, in Sachsen –, aber der mit der Industrialisierung einhergehende Strukturwandel, die Verstädterung, die dichteren Marktbeziehungen erfaßten das gesamte Land. Dieser Prozeß ergriff in der zweiten Hälfte des 19. Jahrhunderts erstaunlich rasch, wenn auch in unterschiedlicher Intensität, ganz Europa – mit Ausnahme derjenigen Staaten, die am Rand lagen.

8.1.2 Die Industrialisierung Europas nach 1850 und die Beherrschung der Weltwirtschaft

Der endgültige Durchbruch zur Industrialisierung Europas nach 1850 führte zu einer merkwürdigen Situation, die auch teilweise heute noch andauert. Das Wachstum der einzelnen Volkswirtschaften war – wie bei kapitalistischen Märkten üblich – von mehr oder weniger heftigen Konjunkturschwankungen begleitet. Besonders in konjunkturell schwierigen Zeiten versuchte man, auf Märkte der Nachbarländer auszuweichen, um beispielsweise den Preisverfall während einer Überproduktionsphase aufzuhalten. Dies veranlaßte die Unternehmer (und andere) des zweiten Staates, auf diese Herausforderung wirtschaftlich (und nicht selten auch politisch) zu reagieren. Derartige Aktionen und Reaktionen zeigten an, daß es harte Konkurrenzkämpfe der europäischen Industrieländer untereinander gab. Dem Wettbewerb konnte sich letztlich keiner der beteiligten Staaten entziehen, selbst wenn durch protektionistische Maßnahmen zeitweise die Konkurrenz ausgeschaltet wurde. Der europaweite Konkurrenzkampf und andere Faktoren führten dazu, daß einzelne Länder nicht sicher sein konnten, den einmal errungenen Spitzenplatz der Wirtschaftsmächte zu behaupten. So blieb z.B. England zwar bis zu Ausbruch des Ersten Weltkrieges eine führende ökonomische Kraft, aber seine Wachstumsdynamik ließ schon deutlich vor Ende des 19. Jahrhunderts nach, während beispielsweise Deutschland und als „Übersee-Europa“ die USA ein erheblich größeres Wirtschaftswachstum aufwiesen. Parallel zu dem Wettbewerb verlief ein Integrationsprozeß, durch den die einzelnen europäischen und US-amerikanischen Volkswirtschaften immer enger miteinander verflochten wurden – der internationale Außenhandel wurde (und wird) zum überwiegenden Teil zwischen diesen Staaten abgewickelt.
Wie die Tabelle zeigt, entwickelte sich eine weitere Parallelität, die bis heute weiterwirkt.

	1860	1880	1900	1913
Entwickelte Länder	63,4	79,1	89,0	92,5
Europa	53,2	61,3	62,0	56,6
Österreich-Ungarn	4,2	4,4	4,7	4,4
Frankreich	7,9	7,8	6,8	6,1
Deutschland	4,9	8,5	13,2	14,8
Italien	2,5	2,5	2,5	2,4
Rußland	7,0	7,6	8,8	8,2
England (Ver. Königreich)	19,9	22,9	18,5	13,6
Außerhalb Europas	10,2	17,8	26,9	35,9
Kanada	0,3	0,4	0,6	0,9
USA	7,2	14,7	23,6	32,0
Japan	2,6	2,4	2,4	2,7
Dritte Welt	36,6	20,9	11,0	7,5
China	19,7	12,5	6,2	3,6
Indien/Pakistan	8,6	2,8	1,7	1,4
Brasilien	0,4	0,3	0,4	0,5

Anteile verschiedener Länder an der Weltindustrieproduktion (ohne Bergbau) 1860 bis 1913 in Prozent

nach Gerhard A. Ritter, Klaus Tenfelde: Arbeiter im Deutschen Kaiserreich. 1871 bis 1914. (Dietz) Bonn 1992, S.13.

Der Index der Weltindustrieproduktionen wurde auf der Grundlage der englischen Industrieproduktion im Jahre 1900 berechnet. Mithin wurde auf der Welt im Jahre 1860 das 2.259-fache, im Jahre 1913 das 9.325-fache der englischen Gesamt-Industrieproduktion von 1900 hergestellt.

Waren noch zu Beginn des 19. Jahrhunderts Länder der „Dritten Welt“ wie etwa China ganz erheblich an der weltweiten wirtschaftlichen Produktion beteiligt, so ging ihr Anteil während der endgültigen Industrialisierung Europas unaufhörlich zurück. Man erkennt leicht, daß Länder wie China oder Indien über einen gewerblichen Bereich verfügten, der ihnen einen beachtlichen Platz bei der Weltindustrieproduktion sicherte. Die Produktion dieser Länder wurde noch mit traditionellen Mitteln betrieben; sie konnte mit der europäischen nicht mehr mithalten, als letztere industrielle Herstellungsweisen generell anwandte und darüber hinaus politisch und militärisch nicht-europäische Länder unterwarf. Die Vorherrschaft Europas über die Welt zeigte sich besonders deutlich seit den letzten beiden Jahrzehnten des 19. Jahrhunderts, intensivierte die seit dem 16. Jahrhundert erfolgte Europäisierung der Erde und führte zu einem Nord-Süd-Gefälle, das auch die südlichen und südöstlichen Ränder Europas erfaßte. Der Balkan, große Teile Italiens, das einst „Motor“ der Entwicklung gewesen war, und die iberische Halbinsel wurden zum „Armenhaus“. Besonders hart waren die Länder des Balkans betroffen, da ihre ökonomische Rückständigkeit durch eine politische Konstellation verschärft wurde, durch die sie zwischen den Herrschaftsansprüchen Rußlands, Österreich-Ungarns sowie des osmanischen Reiches und vielfältigen Nationalbewegungen zerrieben wurden. Ihre Lage war deutlich schlechter als die der Länder Südeuropas.

8.1.3 Europas Herrschaft über die Welt – weltweite Eingriffe in die natürliche Umwelt

Das schier grenzenlose Wachstum der industriekapitalistischen Volkswirtschaften seit der Hochindustrialisierung stieß eine Entwicklung an, die seit geraumer Zeit die Welt vor ernste Probleme stellt. Das andauernde Wachstum bedeutete nicht nur zunehmenden Ausstoß an Waren und Gütern, sondern auch immer größere Zufuhr von Rohstoffen und Energie sowie einen stets wachsenden Ausstoß an Schadstoffen. Dies führte einesteils zu erheblichen Ungleichheiten: im Jahre 1990 verbrauchte z.B. das kleine Österreich mit 27.3 Millionen Tonnen Öläquivalenten doppelt so viel Primärenergie wie die bevölkerungsreichen Philippinen mit 13,6 Millionen Tonnen Öläquivalenten (Statistisches Jahrbuch für das Ausland 1992, S. 359). Hinsichtlich wichtiger Metalle sieht die Bilanz ähnlich aus: die Industrieländer verbrauchen pro Kopf erheblich mehr als die nicht oder nur schwach industrialisieten Länder. Da erstere so viele Rohstoff- und Energievorräte gar nicht im eigenen Land finden, sind sie auf Zufuhren aus der ganzen Welt angewiesen. Der weltweite und rasante Verbrauch an Ressourcen ist geschichtlich einmalig: die Menschen des Industriezeitalters dürfen bisher mehr Rohstoffe und Energie verbraucht haben als die gesamte Menschheit vorher; sie ist aber auch problematisch, weil der Verbrauch sehr ungleich verteil ist und angesichts knapper Vorräte gar nicht alle Menschen am Komfort teilhaben können, den die industrielle Lebensweise bietet. Hätten die bevölkerungsreichen Länder Asiens wie China und Indien die gleiche Autodichte wie Deutschland – fast jeder zweite Bundesbürger verfügt über ein Automobil –, dann wären die bekannten Erdölvorräte innerhalb ganz weniger Jahre verbraucht. Darüber hinaus dürften die dann anfallenden Schadstoffausstöße so groß sein, daß man weltweiten Smogalarm auslösen müßte. Die ehemals sozialistischen Länder waren im Umgang mit den natürlichen Ressourcen und der Umwelt keineswegs sensibler als kapitalistische; sie glaubten, den Wettbewerb mit marktwirtschaftlichen Staaten dadurch zu bestehen, daß sie die Produktionsmethoden dieser Länder kopierten. Wollten sie im Wettbewerb mithalten, mußten sie versuchen, gleichermaßen wachstumsorientiert zu produzieren. Wie fahrlässig mit Ressourcen, beispielsweise in der ehemaligen DDR und Sowjetunion, umgangen wurde, war eine immer wiederholte Kritik der damaligen Partei- und Staatsführungen an den selbst geschaffenen Zuständen.

Die globale Verantwortung, die die Menschen des Industriezeitalters für weltweiten Ressourcenverbrauch und Umweltbelastung eigentlich übernehmen müßten, ist bis heute nur in geringen Ansätzen verwirklicht. Zwar gibt es einige Vereinbarungen – wie etwa die Klimaschutzkonvention –, jedoch sind ihre Maßnahmen zeitlich weit gestreckt und inhaltlich wenig verbindlich, weil es unter anderem keine (überstaatliche) Einrichtung gibt, die die Einhaltung der Maßnahmen erzwingen könnte.

8.2 „Die“ moderne Industriegesellschaft setzt sich durch

Um die moderne Industriegesellschaft zu kennzeichnen, könnte man den Weg wählen, sie der vormodernen Ständegesellschaft gegenüberzustellen und aus den Unterschieden ihre besonderen Merkmale abzuleiten. Das Verfahren hätte aber gravierende Nachteile: eine solche Gegenüberstellung könnte den Eindruck erwecken, als habe es einen abrupten Wechsel gegeben, der beide Gesellschaftstypen klar voneinander getrennt habe. Tatsächlich aber nahm der Übergang einen großen Zeitraum (ungefähr 100 Jahre) in Anspruch; darüber hinaus bewahrte die neue Gesellschaft lange nennenswerte Anteile der alten Ordnung.

Es ist nun interessant, daß die Bezeichnung „Gesellschaft“ einen auffälligen Wandel durchgemacht hat. Bis zum 17. Jahrhundert gehörte sie zur ökonomischen Sphäre, um Handels- oder Erwerbsorganisationen damit zu bezeichnen (z.B. die seit dem Mittelalter berühmte „Ravensberger Handelsgesellschaft“). Im 17. Jahrhundert benutzte man die Bezeichnung „Gesellschaft“, um damit die neuen kulturellen Vereinigungen, Sprachgesellschaften und Akademien zu benennen. Zu ihnen traten seit dem 18. Jahrhundert die Lesegesellschaften und „Patriotische Gesellschaften“ (so die noch existierende Hamburger Patriotische Gesellschaft von 1765). All diese Gesellschaften waren nach unserem Verständnis Vereine; seit dem 19. Jahrhundert wurde es üblich, daß sich gesellschaftliche Vereinigungen und Zusammenschlüsse tatsächlich „Verein“ nannten.

Aufhebung der Leibeigenschaft – Dank- und Gedenkstein der Gemeinde Eutingen (Baden) zur Aufhebung der Leibeigenschaft 1783

Es war geradezu typisch für die lange Übergangszeit bis in die zweite Hälfte des 19. Jahrhunderts, daß die „Gesellschaften“ bzw. „Vereine“ Elemente der älteren Ständezeit weitertrugen und dem noch weitere, neue Bestandteile hinzufügten. Welches waren nun die älteren Elemente? Es handelte sich vor allem um Merkmale, die im sich ändernden gesellschaftlichen Umfeld neue Bedeutung bekamen:

- Freiwilligkeit des Zusammenschlusses
- Verbindung früher getrennter Kräfte zur Verfolgung gemeinsamer Ziele
- Gleichheit bzw. Gleichstellung.

Während die beiden zuerst genannten Merkmale ohne größere Schwierigkeit fortgeführt werden konnten, verbirgt sich beim dritten hinter einem gleichbleibenden Begriff ein deutlicher Wandel. „Gleichheit“ bei Zusammenschlüssen der ständischen Zeit meinte Gleichheit *innerhalb* des Standes, also etwa bei den Vereinen des Adels oder aber auch bei den Zünften oder Gilden. Bei einem modernen Verein, z.B. einer Lesegesellschaft, ging es aber darum, daß Mitglieder, die aus verschiedenen Ständen (Adel, Bürger) kamen, innerhalb ihres Vereins als Gleiche miteinander verkehrten. Grundlage dieser Gleichheit, die die Kommunikation zwischen einem Adeligen und einem Bürgerlichen rechtfertigte, war der Gleichheitsbegriff des Naturrechts, wie er durch die Aufklärung nachhaltig vertreten wurde. Die Gleichheit in ständischer Zeit war auf Dauer angelegt, da man doch in einen Stand hineingeboren (z.B. Adel) oder auf Dauer eingetreten war (z.B. Klerus).
Die Gleichheit der Moderne setzte nicht auf die dauerhafte Zugehörigkeit zu einem Stand, sondern auf die eher abstrakte Gleichheit als Kennzeichen eines menschlichen Individuums. Damit setzte eine Entwicklung ein, bei der einerseits Momente der Gleichheit betont wurden („alle Menschen sind gleichermaßen vernunftbegabt“ u.a.m.), auf der anderen Seite Unterschiede aus der unterschiedlichen sozio-ökonomischen Situation legitimiert wurden.

8.2.1 Das 19. Jahrhundert – ein bürgerliches Jahrhundert?

Gegen Ende des 18. Jahrhunderts und zu Beginn des 19. Jahrhunderts wurden mit der Französischen Revolution und mit Reformen in anderen Ländern die überkommenen Ständeordnungen und -privilegien abgeschafft. Damit wurden Forderungen verwirklicht, die Vertreter der Aufklärung immer wieder erhoben hatten, und der Weg schien frei zu sein für das Bürgertum. Doch für welches Bürgertum?
Das alteuropäische Stadtbürgertum war selbst Teil der ständischen Ordnung gewesen; es hatte Anteil an der Stadtherrschaft und gehörte zu den gesellschaftlichen sowie den wirtschaftlichen Führungs-

gruppen in der Stadt. Es bildete eine Gruppe für sich, die mit den anderen Einwohnern der Stadt wenig gemeinsam hatte.
Mit ihm punktuell verwandt war das Bildungsbürgertum, dessen Bedeutung mit dem Ausbau des modernen Staates und seiner Verwaltung, mit der Zunahme der Zahl der Universitäten und der höheren Schulen und mit der zunehmenden Verbreitung der gedruckten Medien erheblich gestiegen war. Ferner muß das neue Wirtschaftsbürgertum erwähnt werden; jene zunächst noch kleine Gruppe aus Unternehmern, die entweder in der Produktion oder im Handel sowie im Bankgewerbe tätig waren. Schließlich muß noch eine (Teil-)Gruppe erwähnt werden, deren Bedeutung im 19. Jahrhundert immer größer wurde: die sogenannten Freiberufler (Rechtsanwälte, selbständige Ingenieure, Ärzte usw.), die rechtlich gesehen Unternehmer waren, aber in der Regel keine Fabrik oder ähnliche Produktionseinrichtung leiteten, sondern – vorwiegend im Dienstleistungsbereich tätig – ein Büro oder eine Praxis selbständig führten. Die freiberuflich Tätigen bildeten seit Ende des 19. Jahrhunderts mit dem (führenden) Angestellen den sogenannten „neuen Mittelstand“, der zunehmend dem „alten Mittelstand“ aus Handwerksmeistern, kleineren Kaufleuten (Einzelhändlern) usw. den Rang ablief.
Wie man sieht, war die Zusammensetzung des Bürgertums vielfältig; sie war es so sehr, daß einer der bekanntesten zeitgenössischen Soziologen, Max Weber (1864 – 1920) von „bürgerlichen Klassen“ sprach. Was verband diese „bürgerlichen Klassen“? Autoren des 18. und 19. Jahrhunderts sahen die Gemeinsamkeit unter anderem darin, daß die Mitglieder des Bürgertums selbständig wirtschafteten und einen eigenständigen Haushalt führten. Damit grenzte man sie ab von dem zahlreichen Gesinde (Hauspersonal im engeren Sinne) sowie den Mägden und Knechten, ferner von Gesellen, von Lohnarbeitern – aber vor allem von der Masse derjenigen, die sich als mehr oder weniger unterbeschäftigte Tagelöhner, Heuerlinge, Instleute usw. verdingten.
Ferner konnte man – jedenfalls auf den ersten Blick – anführen, die Mitglieder des Bürgertums gehörten zur Elite. Während in der Ordnung Alteuropas der Adel unbestreitbar *die* Elite bildete, stellte sich die Situation im Industriezeitalter anders dar. Warum?
Der Adel (in seiner weltlichen wie in seiner geistlichen Ausprägung) besaß den größten Anteil an Grund und Boden; er verfügte damit über die bedeutendste Wirtschaftskraft der alteuropäischen Ordnung. Zwar hatten sich einige bürgerliche Vermögen im Handel und im Verlagswesen gebildet, doch gefährdeten sie nicht die herausragende Stellung des Adels. Daneben stellte der Adel die politische Elite; war er es doch, der die verschiedenen herrschaftlichen Funktionen wahrnahm. Auch sozial konnte sich der Adel zur Elite zählen, da er die wichtigsten gesellschaftlichen Positionen besetzte – wenn auch im Laufe der Zeit das Bürgertum seine Ansprüche anmeldete. (Zur Diskussion s. M 8.18)

Wirtschaftsbürger als Elite?

Es ist schwierig, dem Bürgertum des 19. Jahrhunderts eine dem alteuropäischen Adel vergleichbare umfassende Eliteposition zuzuschreiben. Die kleine Gruppe der Unternehmer, der Wirtschaftsbourgeoisie überhaupt, verfügte zweifellos in ökonomischer Hinsicht über eine Elitestellung, die im Lauf des 19. Jahrhunderts noch größer wurde, weil mit fortschreitender Industrialisierung die Bedeutung der Industriebetriebe stieg. Da sie die Produktionsmittel besaßen, die für das Wohlergehen vieler Menschen ausschlaggebend waren, hatten sie die Möglichkeit, politischen Druck auszuüben – was sie im Kaiserreich über ihre Verbände auch taten. Sie waren jedoch keine politische Elite im engeren Sinne, da sie keine dem Adel in feudaler Zeit vergleichbare politische Herrschaft ausübten. Diese fiel in die Kompetenz der bürgerlichen Beamtenschaft und hochrangiger Amtsträger, die aus dem Adel stammten. Das Wirtschaftsbürgertum war auch keine eindeutige soziale Elite; es war eher das, was die Soziologen eine „Funktionselite“ nennen, d.h. in ihrer Eigenschaft als führende Vertreter innerhalb der industrie-kapitalistischen Marktwirtschaft nahmen sie solche Aufgaben wahr, die für diese wirtschaftliche Ordnung unerläßlich blieben. Konkreter: als Fabrikbesitzer koordinierten sie die Vorgänge, die für das Funktionieren der Fabrik wichtig waren, d.h. große Summen Kapital organisieren, Rohstoffe, Maschinen und Menschen so einsetzen, daß ein erfolgreicher Produktionsprozeß durchgeführt werden konnte, den Absatz voranbringen und vieles mehr. Die Fähigkeiten und Fertigkeiten, die einen Wirtschaftsbürger auszeichneten, also z.B. Erkennen und Nutzen von Marktchancen, was immer auch meinte, die momentanen Schwächen von anderen Marktteilnehmern auszunutzen, das Durchsetzen einer Produktionsweise, die den Beteiligten großen Einsatz und große Überwindung abverlangte, waren nicht gerade Verhaltensweisen, die man auch mit dem Begriff „bürgerliche Tugenden“ belegte. Darunter verstand man „Fleiß“, „Ordentlichkeit“, „Rechtschaffenheit“ usw., Begriffe, die auf Kreise des Bildungsbürgertums, die sich an Zünften orientierten des selbständigen Handwerks und der Einzelhändler verwiesen.
Das Bildungsbürgertum nahm für sich in Anspruch, die geistige Elite des Landes zu sein, aber es konnte sicherlich nicht als wirtschaftliche Elite gelten. Viele Bildungsbürger waren ihre Leben lang fortdauernd verschuldet, wenn sie nur die An-

sprüche bezahlen wollten, die man an ein „standesgemäßes“ Leben stellte, wie z.B. genügend Dienstboten zu halten, an gesellschaftlichen Veranstaltungen teilzunehmen, den eigenen Kindern eine höhere Schulbildung zu finanzieren.
Wenn man zusammenfassend überlegt, ob man das 19. Jahrhundert – und damit das moderne Industriezeitalter – „bürgerlich“ nennen sollte, dann ist wohl deutlich geworden, daß das Bürgertum im Vergleich mit dem alteuropäischen Adel in einzelne Funktionen und Teilgruppen zersplittert erschien. Es wirkte uneinheitlicher und weniger kraftvoll als die alte, adlige Ordnung. (Bezeichnenderweise hatte sich der Adel als flexibel erwiesen und hatte es vielfach geschafft, sich erfolgreich den Bedingungen der Moderne zu stellen.) Die teilweise Verunsicherung über die tatsächliche Stellung des Bürgertums trieb bürgerliche Autoren dazu, die Rolle des mittelalterlichen Stadtbürgertums als unerschrockenen Kampf gegen den Feudaladel zu beschreiben oder etwa im Bereich der Familie die „ideale“ Familie in der (patriarchalischen) Großfamilie zu suchen, die gegen die moderne „Verfallserscheinung“ der Kern- oder Restfamilie verteidigt werden müßte. Man fand eine scheinbare Einheit, wenn man frühere Verhältnisse idealisierte; man glaubte aber auch, eine Einheit dadurch zu finden, daß man sich als bürgerliche Gruppe vom feudalen Adel abgrenzte. In der Gegenwart fand man eine einheitsstiftende Abgrenzung nach unten: die „Unterschichten“ wurden als unterbürgerlich eingestuft, weil sie wegen der geringen Bildung, wegen ungesicherter Arbeitsverhältnisse und wegen der Armseligkeit der Lebensführung nur eine gering geachtete Existenz hatten. Was die so verschiedenen Gruppen des Bürgertums zusammenhielt, war die Furcht, in die Unterschichten abzusteigen; gleichermaßen groß war die Furcht *vor* den Unterschichten. In Frankreich galt in der ersten Hälfte des 19. Jahrhunderts beispielsweise die Gleichsetzung „classes laborieuses = classes dangereuses“.

8.2.2 Unterschichten im Übergang: von der feudalen Randexistenz zum modernen Lohnempfänger

Wer waren die Unterschichten, die dem Bürgertum so sehr zusetzten?
Aus den früheren Kapiteln wissen wir, daß in der vormodernen Zeit dem Bürgertum Unterschichten vor allem in seiner städtischen Form bekannt waren. Dazu gehörten das häusliche Gesinde, Mägde und Knechte im Geschäft des Stadtbürgers, Gesellen bei dem Handwerker, Tagelöhner, Bettler, Vagabunden und andere mehr. Die meisten Angehörigen dieser Unterschichten wohnten mit ihrer Herrschaft unter einem Dach und waren so deren Aufsicht unterstellt; Bettler und Vagabunden wurden von der städtischen Obrigkeit streng überwacht und besonders seit dem 16. Jahrhundert scharfen Ordnungen unterworfen.
Auf dem Lande standen große Teile der Unterschichten unter der Aufsicht und Kontrolle der einflußreichen größeren Bauern, z.B. die Heuerlinge, oder der feudalen Herren, z.B. das Gesinde sowie die leibherrlich abhängigen Personen, die beispielsweise eine Genehmigung ihres Herrn brauchten, wenn sie den Hof verlassen oder heiraten wollten.
Die Bindungen der Unterschichten in Stadt und Land lockerten sich oder entfielen ganz durch die Maßnahmen, die etwa während der Französischen Revolution oder bei den Reformen in vielen Gegenden Deutschlands ergriffen wurden. Da das Bevölkerungswachstum unvermindert anhielt, stieg die Zahl der bindungslosen und unterbeschäftigten Menschen deutlich an. Die erste Hälfte des 19. Jahrhunderts gilt auch und gerade als Zeit des „Pauperismus“.
Der Begriff meint nicht, daß Millionenheere von Armen, Bettlern und Landstreichern umhergezogen seien, sondern eher die Tatsache, daß sehr

Das fragwürdige Image der Hausmagd, der Kindsmagd, der Köchin, der Beschließerin und der Bauernmagd

viele Menschen dauerhaft unterbeschäftigt waren und zu wenig verdienten, um eine hinreichende Versorgung sicherstellen zu können. Besonders zugespitzt zeigte sich die Situation in den dreißiger und vierziger Jahren des 19. Jahrhunderts, als die vielen Heimarbeiter – unter ihnen vor allem die Spinner und Weber – durch Konjunkturschwankungen ihre Verdienstmöglichkeiten weiter geschmälert sahen. Die Verelendung erreichte stellenweise eine Zuspitzung, wie wir sie heute aus einigen Ländern der sogenannten „Dritten Welt“ kennen. Trotz Anspannung aller Kräfte und des Einsatzes aller Familienmitglieder, auch der Kinder, reichte es kaum zum Überleben.
Um die Mitte des 19. Jahrhunderts erlauben es die Quellen, die zahlenmäßige Größe der Unterschichten und ihre Zusammensetzung genau zu erfassen. Demnach lag 1846/48 der Anteil der Unterschichten an der Erwerbsbevölkerung zwischen 72% (bei enger Definition) und bei 82% (bei weiterer Zuschreibung). Gut 20 Jahre später bewegten sich die Werte im Grunde auf gleicher Höhe. Sie bedeuteten aber kein Gleichbleiben der Verhältnisse, weil sich innerhalb der Unterschichten bemerkenswerte Veränderungen ergeben hatten. Man mag es als „Modernisierung“ ansprechen, daß die Gruppe der Heimarbeiter kleiner wurde; jene Gruppe, die mit den Anfängen des Verlagskapitalismus verbunden war und nun im Zeitalter des Industriekapitalismus nicht mehr zeitgemäß zu sein schien. Wenn man sich die Kategorie „moderne Arbeiter“ ansieht, dann stellt man eine deutliche Vergrößerung ihrer Zahl fest. Dennoch bleibt diese Gruppe klein – besonders im Vergleich zu den Arbeitern, die als „Dienende“ sowie als „Handarbeiter in der Landwirtschaft ohne feste Zuordnung“ aufgeführt werden. Die letztgenannte Gruppe ist die umfangreichste und zugleich diejenige, die am wenigsten einheitlich ist, weil sich in ihr vielfach Menschen mit Gelegenheits- und Aushilfstätigkeiten finden bzw. solche, die hauptsächlich in der Landwirtschaft Saisonarbeiten ausführten.

Die Vielfalt der Lebens- und Arbeitsbedingungen der Personen, die in Statistiken als „Unterschichten“ zusammengefaßt sind, läßt erahnen, wie gering doch die Vergleichbarkeit hinsichtlich sozialer Lage und sozialem Bewußtsein gewesen sein mußte. Selbst innerhalb der Industriearbeiterschaft gab es noch deutliche Unterschiede: während die Metallindustrie häufig spezialisierte Arbeiter beschäftigte, die stolz auf ihre handwerkliche Leistung und ihr Herkommen aus dem renommierten Handwerk waren, gab es besonders in der Textilindustrie viele Frauenarbeitsplätze, die nur eine unqualifizierte, monotone Tätigkeit an ungesunden Stellen in der Fabrik beinhalteten. Bei den Metallarbeitern konnte es noch in den siebziger Jahren des 19. Jahrhunderts passieren, daß sie in den Streik traten, weil sie ihre „Ehre“ verletzt sahen; die Textilarbeiterinnen empfanden ihre Fabrik eher als Zuchthaus, dem sie auf fast jede erdenkliche Art zu entfliehen versuchten. In der Konsequenz sahen sich die Unternehmer gezwungen, die Arbeitskräfte für besonders ungeliebte Tätigkeiten, z.B. das Naßspinnen, aus immer weiterer Entfernung herzuholen.
Die generelle Situation war bei Metallarbeitern und Beschäftigten im Textilsektor gleich: beide sahen sich in ihrem Dasein und ihrer Lebensweise auf Lohnarbeit angewiesen; sie waren gleichermaßen mit den Grundproblemen konfrontiert, die ihnen die Lohnarbeit zumutete. Und doch waren, wie oben kurz skizziert, die Unterschiede so groß, daß man sich fragen kann, ob man zweckmäßig von *einer* Arbeiterklasse zu diesem Zeitpunkt sprechen sollte.

Durchbruch zur Industriegesellschaft

Der Nationalökonom Werner Sombart bemerkte in seiner 1913 in dritter Auflage erschienenen „Deutschen Volkswirtschaft im 19. Jahrhundert“ über die Gesellschaft seiner Zeit: „Es ist dieselbe breite Bettelsuppe armer und kümmerlicher Existenzen,

Erwerbstätige nach Wirtschaftsbereichen und Stellung im Beruf 1882–1907 (in Prozent)

Wirtschaftsbereich	Jahr	Selbständige	Angestellte	Arbeiter
Landwirtschaft	1882	27,8	0,8	71,4
	1895	31,0	1,2	67,8
	1907	25,3	1,0	73,7
Industrie	1875	41,7	1,6	56,7
	1882	34,4	1,6	64,0
	1895	24,9	3,2	71,9
	1907	17,6	6,1	76,3
Handel und Verkehr	1882	44,7	9,0	46,3
	1895	36,1	11,2	52,7
	1907	29,1	14,6	56,3
Alle Bereiche	1882	32,0	1,9	66,1
	1895	28,9	3,3	67,8
	1907	22,3	5,2	72,5

nach Gerhard A. Ritter, Klaus Tenfelde: Arbeiter im Deutschen Kaiserreich 1871 bis 1914. (Dietz) Bonn 1992, S.167.

auf der die paar Reichen wie Fettaugen schwimmen.“ Diese Bemerkung verstand er nicht als Kritik, sondern bescheinigte im Gegenteil dem Kapitalismus, eine geschichtlich beispiellose Leistung vollbracht zu haben, weil erheblich mehr an Bevölkerung „zu erhalten“ (zu versorgen) gewesen sei als vor dem Durchbruch des Industriekapitalismus.
Tatsächlich blieb der Anteil der Unterschichten wie vorher bei gut 80% bestehen, in einigen Industriestädten des Ruhrgebiets war er noch größer, doch innerhalb der Unterschichten vollzogen sich deutliche Veränderungen. Die Tendenz zu unselbständiger Arbeit nahm immer deutlicher zu; besonders ausgeprägt war die Zunahme der Arbeiterschaft.
Bemerkenswert war aber nicht allein die zahlenmäßige Zunahme, sondern die Tatsache, daß sich nun im Vergleich zu vor- und frühindustriellen Arbeitsverhältnissen neue Beziehungen durchsetzten. Waren früher die Bedingungen der Lohnarbeit zwischen dem Unternehmer bzw. dem „Patron“ und dem Beschäftigten in persönlichem, direktem Kontakt festgelegt worden, so traten entscheidende Änderungen an ihre Stelle. Die Arbeitsverhältnisse wurden zunehmend durch *Anonymität* und *Verrechtlichung* bestimmt: die Arbeitsverträge waren formularmäßig gestaltet, ihr Inhalt und die Umsetzung wurden durch immer mehr rechtliche Regelungen bestimmt.
Ein weiteres Merkmal war immer die umfangreichere *sozialpolitische Regulierung:* als frühestes wurden Maßnahmen gegen die Kinderarbeit eingeführt, schließlich ergingen seit den achtziger Jahren des 19. Jahrhunderts die gesetzlichen Regelungen zur Kranken-, Invaliden- und Rentenversicherung im deutschen Reich. Ähnliche Entwicklungen fanden auch in den anderen Industrieländern statt – wenn auch zu unterschiedlichen Zeitpunkten und in verschiedener Ausprägung.
Es zeichnete sich allmählich der Weg zur modernen Industriegesellschaft ab, die im wesentlichen eine *Lohnempfängergesellschaft* darstellte, d.h. die große Mehrheit der Erwerbstätigen waren abhängig Beschäftigte. Sie handelten im fremden Auftrag, ihre Tätigkeit wurde von Dritten formuliert und beschränkte sich in der Regel auf vorgegebene Ziele.
Diese eher äußerlichen Ähnlichkeiten dürfen nicht den Blick dafür verstellen, daß der Prozeß der Vereinheitlichung begleitet wurde von einer unerhörten inneren Differenzierung. (s. M 8.16–17)

Neue gesellschaftliche Gruppen im Industrialisierungsprozeß

Im Verlauf der Industrialisierung erfuhr der Prozeß der industriellen Produktion vielfache Änderungen: aus kleinen Unternehmen entwickelte sich riesengroße Firmen, wie z.B. im Falle von Krupp, die nur noch mit großem Verwaltungsaufwand zu steuern waren. Es entstanden spezielle Verwaltungsstellen für das Personal, für die Technik, für die Produktion usw.; jede Stelle brauchte unterschiedlich qualifizierte Fachleute, für die die normale Allgemeinbildung und das allgemeine Erfahrungswissen nicht mehr ausreichten.
Unter dem Druck des kapitalistischen Wettbewerbs waren die Unternehmen zu fortwährender Innovation gedrängt; dies verlangte, die Produktpalette und die Art und Weise der Herstellung andauernd weiterzuentwickeln. Die naturwissenschaftlich-technische Forschung veränderte häufig die Situation von Grund auf – Beispiele sind die chemische und die elektrotechnische Industrie.
Um die Aufgaben bewältigen zu können, die sich aus den neuen Gegebenheiten in der Verwaltung und den naturwissenschaftlich-technischen Innovation ergaben, entstanden neue Arten von abhängig Beschäftigten: die Angestellten, die im angloamerikanischen Raum als „white collar jobber“ galten. Das Entstehen dieser Gruppe kündigte eine Entwicklung an, die das 20. Jahrhundert beherrschen sollte: der Anteil derjenigen, die produzierend tätig sind, geht immer weiter zurück, während die Zahl derer, die im Bereich Verwaltung, Beratung, Dienstleistungen im weitesten Sinne tätig sind, unaufhörlich zunimmt.
Eine weitere Tendenz ist gleichfalls bemerkenswert: während schon bei den Arbeitern die Unterschiede zwischen schlecht bezahlter einfacher Hilfstätigkeit etwa in der Textilindustrie und hoch bezahlter Spezialistenarbeit, z.B. in der Metallindustrie, ziemlich groß waren, so wuchsen bei den Angestellten die Unterschiede überproportional an. So wurden Angestellte, die einfache Verwaltungsarbeit verrichteten, kaum besser bezahlt als Arbeiter; demgegenüber verdienten Manager gar nicht so selten mehr als ein Unternehmer, der nur einen kleineren Betrieb besaß.
Diese Hinweise sollten deutlich werden lassen, wie schwierig es mit dem Beginn des 20. Jahrhunderts geworden ist, die Struktur der Gesellschaft angemessen zu beschreiben. Zwar hat sich bis heute im deutschen Sprachgebrauch eine Bezeichnung wie „Mittelstand“ erhalten, doch kann man davon ausgehen, daß auch schon im Kaiserreich Stände in materieller Hinsicht nicht mehr bestanden. Dagegen spielten sie ideell durchaus eine beachtliche Rolle, da das Verhalten vieler Menschen durch den Wunsch bestimmt war, einem herausgehobenen Stand anzugehören. Ständisches Denken zeigte sich, wenn es galt, neue Entwicklungen abzuweisen, die man als bedrohlich empfand.
In einem sehr allgemeinen Sinn war die Industriegesellschaft seit dem Kaiserreich eine Klassengesellschaft, und zwar in der Hinsicht, daß die Menschen in einem besonderen Verhältnis zu den Produktionsmitteln standen. Diejenigen, die keinen

Besitz an und auch keine Verfügungsgewalt über Produktionsmittel hatten, sahen sich auf ihre bloße Erwerbstätigkeit verwiesen. Im weiteren jedoch ergaben sich durch erlernte Fähigkeiten und erbrachte Leistungen bei den abhängig Beschäftigten große Unterschiede (Arbeiter und Angestellte). Unter den letztgenannten gab es eine Gruppe (leitende Angestellte, Manager), die Verfügungsgewalt über den Besitz an Produktionsmitteln bzw. an der Verwertung derartigen Besitzes hatten. Sie rückten damit in die Nähe derjenigen, die Eigentum an den Produktionsmitteln hatten (Unternehmer, selbständige Handwerker, Bauern). Damit wird deutlich, daß schon sehr früh die Klassen eine Differenzierung durch Schichten erfuhren. Neben dem Besitz an Produktionsmitteln und dessen marktgemäßer Verwertung als Kapital bzw. dem entsprechenden Nichtbesitz bildeten sich eine Reihe von Merkmalen heraus, die eine – allerdings sehr schwierige und immer umstrittene – Zuordnung zu gesellschaftlichen Schichten erlauben sollten: etwa die Stellung im Beruf, die Höhe des Einkommens, die berufliche Qualifikation, die Bildung, das gesellschaftliche Ansehen und vieles anderes mehr. Daraus abgeleitete Modelle – wie beispielsweise das abgebildete Beispiel – vermögen eine erste Vorstellung zu vermitteln; wenn man es genauer betrachtet, merkt man bald, daß es nur grobe Annäherungen an die gesellschaftliche Wirklichkeit geben kann. Seine Nützlichkeit müßte jedesmal an konkreten Situationen überprüft werden.

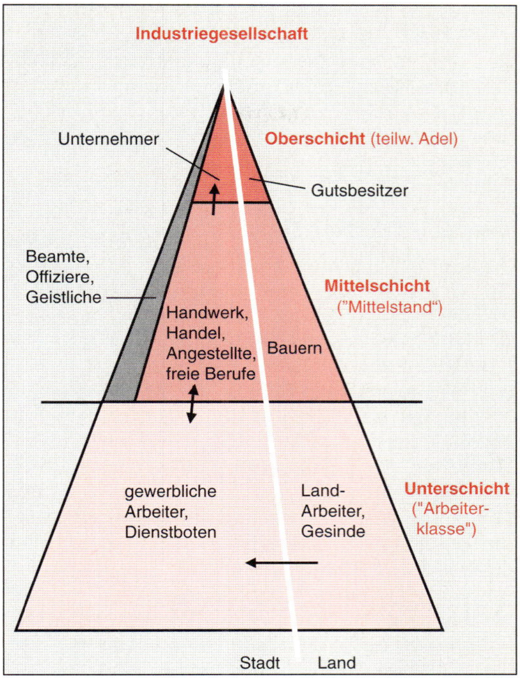

Soziale Schichtung der werdenden Industriegesellschaft im Deutschen Kaiserreich

nach Gerhard A. Ritter, Klaus Tenfelde: Arbeiter im Deutschen Kaiserreich. 1871 bis 1914. (Dietz) Bonn 1992, S. 130.

8.3 Der moderne Staat wird allgegenwärtig (18.–20. Jahrhundert)

Wenn in Kapitel 8.2.2 darauf hingewiesen wurde, daß gegen Ende des 19. Jahrhunderts der Staat mit immer mehr sozialpolitischen Maßnahmen in das Wirtschaftsleben eingriff, so könnte der Eindruck entstehen, der Staat sei vorher im Sinne der liberalen Ideologie ein „Nachtwächter-Staat" gewesen und habe nun mit seiner (zu umfangreichen) Sozialpolitik gegen seine Herkunft und seine „eigentliche" Bestimmung verstoßen.

Eine solche Sichtweise interpretiert die geschichtliche Entwicklung recht einseitig, denn man muß in der Tat feststellen, daß der moderne Staat, seit er im 17. Jahrhundert mit deutlichen Konturen sichtbar wurde, sehr vielfältig in (fast) alle Lebensbereiche der Menschen eindrang. Nach dem Ende des Dreißigjährigen Krieges weitete sich die innere Herrschaft der Staaten aus, besonders als sich auch in Deutschland sogenannte „absolutistische" Herrschaftsformen durchsetzten (zur Problematik des Absolutismusbegriffes s. S. 182). Der Staat kümmerte sich nicht nur um alle im heutigen Sinn öffentlichen Angelegenheiten wie Wirtschaft, Steuern, Münzwesen, Verkehr usw., sondern auch um Kleiderordnung, Vorschriften für Festlichkeiten und die Verpflichtung zum Kirchgang. Auch das sittliche Verhalten der Menschen, das früher in die Zuständigkeit von geistlicher und städtischer Gerichtsbarkeit gehört hatte, wurde zunehmend vom Staat kontrolliert, und die Betroffenen wurden aufgefordert, sich einem bestimmten Verhalten zu fügen. Man hat diesen Zugriff der Obrigkeiten als „Sozialdisziplinierung" bezeichnet, doch ist der Begriff in der historischen Diskussion zunehmend kritisiert worden.

Der Staat griff aber nicht nur mit Gesetzen und Strafen ein, sondern er stellte auch Hilfsangebote und Fürsorgemaßnahmen bereit, z.B. bei unversorgten Kindern durch den Bau von Waisenhäusern.

Im Zeitalter der Aufklärung bewies der Staat seine Nützlichkeit und Modernität dadurch, daß er für die Einwohner des Staatsgebietes die wirtschaftlichen Gegebenheiten verbesserte und die ökonomische Entwicklung förderte, daß er in Notfällen Hilfe anbot, daß er durch den Ausbau des Schulwesens die berufliche und geistige Existenz seiner Bewohner förderte – kurz, daß er auch Daseinsvorsorge und Wohlfahrtssicherung betrieb.

Hier wurde eine Tendenz erkennbar, die sich im 19, Jahrhundert verstärkte und die im 20. Jahrhundert zu dem modernen Staat führte, wie er heute jedem Bürger vertraut ist – als eine Institution, die den Menschen in allen Lebenslagen begleitet; ihn aber nicht so diszipliniert wie der frühneuzeitliche Staat des 16. und 17. Jahrhunderts.

Der moderne Sozialstaat

Zu den herausragenden Merkmalen des *heutigen* Sozialstaates gehört ein umfangreicher Katalog an weitreichenden Zielen: Sicherung des einzelnen gegen die wirtschaftlichen Folgen alltäglicher Lebensrisiken wie Krankheit, Unfall, Invalidität; Hilfe bei Arbeitslosigkeit; Schutz der Abhängigen vor Ausbeutung; die Regelung der Arbeitsbeziehungen sowie ganz allgemein die Förderung sozialer Gleichheit. Hatte sich der Sozialstaat ursprünglich auf wenige Ziele und eine eingegrenzte Zielgruppe (Arme und Arbeiter) beschränkt, so wird heute fast die gesamte Bevölkerung, wenn auch in unterschiedlichem Maß, von ihm erfaßt. Ging es früher um eine Mindestsicherung gegen Armut und unverschuldete Notsituationen, so geht es heute darüber hinaus auch darum, den einmal erreichten sozialen Status fast aller sozialen Schichten (auch der mittleren und höheren) im Alter, in Problemfällen (z.B. Pflegefall) und in Krisensituationen zu erhalten. (vgl. M 8.11–13)
Wie groß allein die wirtschaftliche Bedeutung des Sozialstaates heute ist, kann man daran erkennen, daß in der Bundesrepublik Sozialleistungen in einem Umfang erbracht werden, die etwa ein Drittel des Bruttosozialprodukts ausmachen. Um die ungeheueren Summen zu sammeln und zu verteilen, um die es hierbei geht (zu Beginn der neunziger Jahre etwa 700 Milliarden DM), bedarf es eines weitgespannten Verwaltungsapparats. Man kann sich die Komplexität der Vorgänge annäherungsweise vorstellen, wenn man bedenkt, daß allein die Arbeitsämter in Deutschland viele tausend Personen beschäftigen, die sich mit Hilfe einer Unzahl von Einzelvorschriften um die Vermittlung von Stellen, um Arbeitslosengeld und -hilfe, um Umschulung usw. kümmern. Mit anderen Worten: der moderne Sozialstaat ist gleichzeitig auch ein Verwaltungsstaat. Das war nicht immer so: das Moderne an der Entwicklung im 18. Jahrhundert war die Tatsache, daß es sich eine übergeordnete Instanz, eben der Staat, zur Aufgabe machte, in den sozialen Belangen seiner Bewohner eine gute „policey“ zu schaffen, d.h. eine Ordnung, die dem Menschen in vielen Lebenslagen Rückhalt geben konnte. Dazu sollte der Staat festlegen, worin das für alle Beste lag und welchen rechtlichen Rahmen es brauchte; die Verwirklichung (Finanzierung, Durchführung) wurde meist in die Hände der Bürger gegeben. Der Staat behielt sich die Überwachung und Korrektur der Maßnahmen vor; die staatliche Verwaltung blieb somit noch lange Zeit recht klein. Selbst Preußen, das als Inbegriff eines starken Staates gilt, hatte nur eine geringe Zahl von öffentlich Beschäftigten.

Der Verwaltungsstaat

Ein umfassender Ausbau zum Verwaltungsstaat erfolgte seit Ende des 19. Jahrhunderts, als die sich gegenseitig verstärkenden Einflüsse aus Industrialisierung, Urbanisierung und Veränderung des sozialen Gefüges so weitreichende Probleme schufen, daß man glaubte, Abhilfe nur durch die Tätigkeit staatlicher Einrichtungen erzielen zu können. Dabei gab es zwischen den Industriestaaten zunächst große Unterschiede, die sich jedoch im Laufe des 20. Jahrhunderts immer mehr ausglichen.
Um welche Probleme ging es dabei?
Während in vor- und frühindustrieller Zeit die öffentliche Verwaltung im wesentlichen eine Eingriffsverwaltung war, tritt nun eine Leistungsverwaltung hinzu. In früherer Zeit griff die Verwaltung ein, wenn sie die öffentliche Sicherheit und/oder die allgemeine Wohlfahrt bedroht sah: war z.B. jemand durch einen Arbeitsunfall Invalide geworden und bettelte ohne Genehmigung auf öffentlichen Wegen, so mußte er damit rechnen, von der Polizei aufgegriffen zu werden. War die Familie oder die Verwandtschaft erreichbar, versuchte die Verwaltung, den „Delinquenten“ dort zur Betreuung abzugeben.
Dadurch, daß sehr viele Menschen infolge von Industrialisierung und Verstädterung ohne Bindung an die Familie oder die dörflichen Nachbarschaften dastanden, war es beispielsweise nicht mehr möglich, die alten Gewohnheiten beizubehalten und die Pflege eines Kranken im eigenen Haus(halt) vorzunehmen. Statt dessen etablierte sich ein öffentliches Gesundheitswesen: nach und nach richteten alle größeren Städte in eigener Verwaltung und Finanzierung Krankenhäuser ein. Als gegen Ende des 19. Jahrhunderts und zu Beginn des 20. Jahrhunderts die Krankenhäuser dank technischen Fortschritts und Spezialisierung der Ärzteschaft der herkömmlichen hausärztlichen Versorgung den Rang abliefen, wurden sie auch für das Bürgertum akzeptabel. Damit konnten die Städte Leistungen anbieten, die von praktisch allen sozialen Gruppen angenommen wurden. Sieht man sich Photographien aus deutschen Städten um 1900 an, so kann man das Stadtoberhaupt häufig bei Eröffnungszeremonien beobachten: die städtischen Wasserwerke liefern allen Bürgern zum gleichen Preis amtlich kontrolliertes Wasser; eine städtische Kanalisation sorgt für saubere Straßen und Plätze; die Gas- oder später Elektrobeleuchtung taucht die ganze Stadt in Helligkeit,

Modernes Krankenhaus in Nürnberg um die Jahrhundertwende

so daß man sich gefahrlos bewegen kann; die Müllabfuhr wird mancherorts gar militärisch straff geordnet.
Aber nicht nur die unteren, lokalen Ebenen der Verwaltung traten als Dienstleistende in Erscheinung, sondern auch Kreis- und Bezirks-, dann Landes- und schließlich Reichs- oder Bundesverwaltungen. Der Bau und der Unterhalt von Wegen und Straßen ist ein eindrucksvolles Beispiel dafür, wie die Verantwortung für bestimmte Leistungen hierarchisch geordnet wurde.
Um die Unzahl an Leistungen erbringen zu können, die der Bürger mittlerweile vom Staat erwartet, waren zwei Entwicklungen notwendig:
– es mußten die nötigen finanziellen Mittel aufgebracht werden;
– die Leistungen wurden „verrechtlicht", d.h. zunehmend detaillierter in Verordnungen und Gesetze geregelt. Zur Kontrolle entstand ein besonderer Zweig der Justiz, die Verwaltungsgerichtsbarkeit.
Allerdings muß man auch hinweisen, daß es etliche Industriestaaten gab (und gibt), die zwar viele Bereiche juristischen Regelungen unterworfen haben, aber sich weigerten, eine rechtsstaatliche Kontrolle zuzulassen.

Der Rechtsstaat

Überhaupt scheint es so zu sein, daß es keine zwingende Beziehung zwischen der Herausbildung eines Rechtsstaates und einer industriewirtschaftlichen Ordnung gibt. Zwar finden sich Geschichtswissenschaftler, die – ausgehend vom englischen Beispiel – meinten, die parallele Entwicklung von kapitalistischer Industrialisierung, Rechtsstaat und parlamentarischer Demokratie bilde einen unauflöslichen Zusammenhang, der auch für andere moderne Staaten gültig sei. Mittlerweile fragen sich andere Historiker, ob nicht vielleicht das englische Beispiel eher die Ausnahme gewesen ist.
Der Rechtsstaat konnte gegenüber älteren Formen als moderner gelten, weil
– an die Stelle von Traditionen, Privilegien und häufig ungeschriebenen Gewohnheiten eindeutig festgelegte, schriftliche Regelungen traten, die für bestimmte Fälle nach vorher definierten Maßstäben formuliert wurden; sie folgten einer Rationalität, die zwar grundsätzlich übergeordneten Werten wie den Menschenrechten verpflichtet war, jedoch vor allem danach fragte, welche Ziele der Gesetzgeber mit den rechtlichen Maßnahmen erreichen wollte;
– der Säkularisierung (Verweltlichung bzw. Trennung weltlicher und geistlicher Bereiche) Rechnung getragen wurde und die Grundlagen von Recht und Herrschaft nicht mehr religiös oder metaphysisch bestimmt wurden. Die Rechtsordnung war damit auch der Auseinandersetzung zwischen verschiedenen Glaubensüberzeugungen enthoben und konnte beanspruchen, für alle Mitglieder eines Staates zu gelten.
Ein frühes Beispiel ist das Allgemeine Preußische Landrecht von 1794, das zwar gesellschaftspolitisch der alten Ordnung verpflichtet blieb, aber in rechtlicher Hinsicht ganz modern war. Es wurde erstmalig der Versuch unternommen, alle Rechtsmaterien (vom Privatrecht über Beamten-, Kirchen-, Schul-, Finanz-, Straßen-, Armenrecht bis hin zum

Strafrecht) in einem einzigen Rechtsbuch zusammenzufassen. Das war nur auf der Grundlage des Naturrechtsdenkens der Aufklärung möglich: mit Hilfe der staatlichen Gesetzgebung wurde der Naturzustand in den innerstaatlichen Zustand überführt. Dieser meinte vor allem eine vom Staat garantierte Rechtsordnung. Das staatliche Gemeinwesen war durch Gesellschaftsbildung entstanden; folglich baute die Systematik des Landrechts darauf auf, daß auf den Bürger als kleinste Einheit sich fortschreitend größere Gesellschaften erhoben, in die der Bürger eingebunden war. So folgte dem individuellen Personen- und Erbrecht das Ehe- und Familienrecht, dann handelte es von Herrschaft und Gesinde, weiter von Gesellschaften und Gemeinden. Nach dem Recht der einzelnen Stände, dem die Bewohner jeweils angehörten, sowie der Kirchen handelte das Landrecht vom Staat, der mit in das naturrechtliche Gesellschaftsmodell einbezogen wurde.
Der Rechtsstaat des 19. Jahrhunderts galt als bürgerlicher Rechtsstaat, dessen Ziel es war, eine rechtliche Ordnung zu schaffen, die für alle gelten sollte – ohne Standesunterschiede. Die Menschen, die in einem Staat lebten, wurden als Teil einer Staatsbürgergesellschaft begriffen, die allen gleiche Bedeutung und Mitwirkung zusprach. Als sich im Laufe der Industrialisierung die sozialen Gegensätze verschärften und die Ungleichheit zunahm, sahen viele Vertreter des Bürgertums in den arbeitenden Klassen ein Gefahrenpotential. Sie setzten es durch, daß z.B. politische Teilhabe durch das (Drei-) Klassenrecht eingeschränkt wurde oder gemeinsames Handeln der Arbeiter, etwa bei Demonstrationen oder Streiks, behindert oder unterbunden wurde. (s. M 8.12)

Der Nationalstaat

Als im 16. Jahrhundert Ulrich von Hutten in seiner Auseinandersetzung mit der katholischen Kirche und dem Papst durchaus auch nationalistische Töne anschlug, gab es noch keinen Nationalstaat in Deutschland. Als zu Beginn des 19. Jahrhunderts Napoleon die Territorien des Deutschen Reiches überrannte und einige Herrscher dieser besiegten Staaten ihre Bürger zum Widerstand aufriefen, appellierten sie an den Nationalismus der einstigen Untertanen, die früher nie gefragt worden waren, wenn sich ihr Staat durch Kauf, Tausch, Erbe oder Annexion veränderte. Auch Napoleon zählte auf den Nationalismus seiner Soldaten, die bereits in Frankreich eine gemischte Truppe darstellten, hatten doch die in ihr vertretenen Bretonen, Normannen, Provenzalen usw. eigentlich wenig miteinander gemein. Ihr Zusammensein als Nation hing mit einer politischen Vereinbarung zusammen, die 1789 zu Beginn der Französischen Revolution als Ausdruck gemeinsamen Handelns verstanden wurde. Der französische Nationalismus konnte als Ausdruck eines revolutionären Handelns, als politische Aktion aufgefaßt werden.
Dem entsprach ein Staatsbürgerrecht, das demjenigen die französische Nationalität zusprach, der in Frankreich lebte bzw. dort geboren wurde (das sogenannte „ius soli“). In Deutschland dagegen entwickelte „Nation“ eine andere Bedeutung; hier galt nur derjenige als deutsch, der von deutschen Vorfahren abstammte. Was zählte, war die Abstammung (das sogenannte „ius sanguinis“), die sich darin zeigte, daß die Abstammungsgemeinschaft einen Volkskörper bildete, dessen Merkmale eine gemeinsame Herkunft seiner Mitglieder, gemeinsame Geschichte, Sprache und Kultur bildeten. Während man in Deutschland sehr „Volk“ und „Volkstum“, bis hin zum „Völkischen“, betonte, lag in Frankreich die Betonung eher auf „Nation“ als politischer Handlungseinheit, als Aktionsgemeinschaft. Beiden Nationalismen gemeinsam waren: die Abgrenzung nach außen, gegen andere; ferner das (unkritische) Herausheben, sogar Glorifizieren der eigenen nationalen Gruppierung.
Eine der geschichtsträchtigsten Bewegungen des 19. Jahrhunderts bestand darin, daß Staat und Nation deckungsgleich sein sollten. Nationale Minderheiten sahen sich vor die Alternative gestellt, in der größeren Nation aufzugehen oder für sich das nationale Selbstbestimmungsrecht zu fordern.
In Deutschland hatte jede nationale Bewegung mit dem Problem zu tun, daß Deutschland staatlich sehr zersplittert war und die vorhandenen Staaten große Unterschiede in ihrer politischen, militärischen und wirtschaftlichen Macht aufwiesen. Jeder Versuch einer nationalstaatlichen Einigung mußte mit großen Problemen belastet sein; daß die Einheit 1871 schließlich auf Initiative und unter Führung Preußens zustande kam, sicherte auf Jahrzehnte die Vorherrschaft Preußens im Reich.
Ein altes Reich wie die Habsburgermonarchie stand vor dem Problem, daß die Nation des Herrscherhauses nur eine kleine Minderheit im Gesamtreich darstellte. Die politische Führung des Landes konnte sich halten, wenn es ihr gelang, mit anderen Teilnationen des Reiches zusammenzuarbeiten oder die verschiedenen nationalen Teilgruppen gegeneinander auszuspielen. Die Lage wurde zunehmend schwieriger; die Krisen häuften sich. Die nationalen Bewegungen der verschiedenen Gruppen (Ungarn, Tschechen, Slowaken, Kroaten, Serben usw.) entfalteten solch eine Sprengkraft, daß die Konflikte im Ersten Weltkrieg militärisch ausgefochten wurden und das Habsburgerreich schließlich zerfiel.
Die große Wirkung, die der Nationalismus auf den Zusammenhalt und das Zusammenwirken der ei-

genen Nation ausübte, beruhte meist auf *irrationalen* Argumentationsmustern, wie etwa einer (unbewiesenen) eigenen Überlegenheit bzw. einer Unterlegenheit der anderen. Die enorme Energie, die der Nationalismus hervorbringen konnte, zeigte sich vor allem in kriegerischen Situationen, wenn die ganze Bevölkerung vom Kriegs„fieber" angesteckt wurde und der Krieg mit großer Erbitterung geführt wurde. Vollends irrational gestaltete sich der Nationalismus, seit er vom Ende des 19. Jahrhunderts an zunehmend rassistische Elemente in sich aufnahm.

Wenn ein Hauptkennzeichen der Moderne ihre Rationalität sein soll, so muß man gleichzeitig feststellen, daß diesem Merkmal quasi spiegelbildlich sein Gegenstück zugeordnet werden muß. Es fällt überhaupt auf, wie häufig es im Laufe des Modernisierungsprozesses zu Situationen kam, bei denen Rationalität und Irrationalität dicht beieinander standen. Ein besonders deutliches Beispiel liefert die Zeit gegen Ende des 16. Jahrhunderts bis fast in die Mitte des 17. Jahrhunderts. Den Fortschritten in der Wirtschaft, in den Wissenschaften und der Kunst stand eine beispiellose Jagd auf Hexen gegenüber, deren Irrationalität so groß war, daß es schwer fällt, sie begreifbar zu machen.

Das Veto der Bombe

Karikatur in der satirischen Zeitschrift „Simplicissimus" vom 19. Mai 1956 – „Das Veto der Bombe" mit der Bildunterschrift: „Es wird hier dauernd vom Frieden gesprochen – meine Herren, der Friede bin ich."

8.4 Von der agrarischen „Volkskultur" zur modernen „Massenkultur"

Als im Jahre 1910 die Arbeiterinnen der Bielefelder Wäscheindustrie in einen wochenlangen Streik traten, um ihre Arbeitssituation zu verbessern, zeigten sie – ähnlich wie ihre männlichen Kollegen aus der Metallbranche einige Jahre zuvor – Verhaltensweisen, in denen sich, für die Beteiligten unbemerkt, traditionelle und moderne Elemente mischten. Zu den letzteren gehörte die Tatsache, daß es trotz niedrigen Organisationsgrades gelang, so viel Selbstdisziplin aufzubringen, daß man gemeinsame Streikaktionen durchführte und Solidarität übte über die Grenzen der eigenen Beschäftigung hinaus. Dies war neu, weil die Lage der Beschäftigten sehr große Unterschiede aufwies.

Demgegenüber erinnerten einzelne Aktionen der streikenden Frauen an das Protest- und Rügeverhalten, wie es die sogenannten „kleinen Leute" auf dem Lande und Vertreter des handwerklichen Milieus in vormoderner Zeit zeigten. So wurden z.B. die Namen von wirklichen oder angeblichen Streikbrecherinnen öffentlich gemacht, sie damit im wörtlichen wie im übertragenen Sinne gebrandmarkt (an den Schandpfahl gestellt) und aus der Gemeinschaft ausgestoßen. Die Streikenden unternahmen „Spaziergänge" zum Haus und zur Fabrik des Unternehmers, um ihn herauszufordern. (Bei Konflikten auf dem Dorfe kam es früher vor, daß demjenigen, der sich in den Augen der Mehrheit unsozial oder sonstwie normwidrig verhielt, das Dach abgedeckt oder die Scheiben eingeschlagen wurden.) Eine Direktrice, eine leitende Angestellte, wurde öffentlich lächerlich gemacht – sie habe wie eine „betrübte Lohgerte" dagestanden –, als sie die Polizei gegen einen Protestzug mobilisieren wollte. Aufrufe an die Streikenden, in ihrem Eifer nicht nachzulassen, wandten sich an Väter und Ehemänner der streikenden Frauen, damit sie die Streikenden zum Durchhalten aufforderten.

Während einer langen Zeit – etwa von der Mitte des 19. Jahrhunderts bis in die ersten Jahrzehnte des 20. Jahrhunderts – bewegten sich Einstellungen und Verhalten gerade der Lohnabhängigen zwischen zwei Polen. Das galt vor allem für diejenigen, die noch nicht so lange aus ihrem agrarischen und handwerklichen Umfeld herausgekommen und in Kontakt mit der kapitalistischen, industrialisierten und urbanisierten Welt getreten waren. Man kann sich leicht ausmalen, daß es viele Misch- und Übergangsformen gab, je nachdem, wie groß der Wandel in den Lebensformen ausfiel. Jemand, der auf dem Dorf wohnen blieb und nur zur Arbeit in die Stadt fuhr, konnte manche ländliche Lebensweise beibehalten.

Zwischen welchen Polen bewegten sich die Veränderungen der Lebens- und Denkweisen? Die industrielle Welt brachte Chancen und Zumutungen mit sich, die aus der Existenz der verschiedenen Märkte, der Industriearbeit, des modernen Verwaltungsstaates, der Verweltlichung, kurz: des Modernisierungsprozesses herrührten. Die herkömmliche Welt war gekennzeichnet durch bestimmte Strukturen der Familie, der Verwandtschaft und der Nachbarschaft, die bei der Art zu feiern, bei der Hilfe in Alltags- wie Notfällen, bei religiösem Brauchtum, bei der Art zu haushalten prägnant waren. Dazu kamen bestimmte regionale Gewohnheiten. Dieser traditionale Hintergrund spielte eine große Rolle, wenn es darum ging, sich mit den Zumutungen und Anforderungen des Lebens im Industriezeitalter zurechtzufinden. Das zeigte sich an der Art, wie man protestierte oder aber sich arrangierte.

Die Moderne in ihrer Form als bürgerliche Gesellschaft bot demgegenüber den Rahmen, sich in der industriellen Welt zu behaupten. Konkret heißt das, daß sich z.B. die streikenden Frauen in Bielefeld nicht nur herkömmlicher Formen des Protestes bedienten, sondern auch das nutzten, was die bürgerliche Ordnung bereithielt. Dazu gehörten Vereinigungen („Assoziationen“) der verschiedensten Art. Die Arbeiter, später auch die Arbeiterinnen, gründeten Vereinigungen, die als Gewerkschaften für die Verbesserungen im beruflichen Bereich kämpfen sollten. Ihnen zur Seite standen politische Vereine, die Arbeiterparteien, deren wichtigste Kraft die Sozialdemokraten wurden. Diese Arbeiterbewegung brachte etwas Neues, was es in der langen Geschichte von Gesellenunruhen oder Volksprotesten bisher nicht gegeben hatte. Diese waren in aller Regel defensiv, d.h. sie verteidigten ihre Ziele mit dem Hinweis auf altes Herkommen oder hergebrachte Prinzipien („gerechte Nahrung“). Jetzt aber wurden die Forderungen und Programme offensiv: sie richteten sich auf soziale Verbesserungen, auf Teilhabe in Form von politischer und sozialer Mitbestimmung, auf Freiheits- und Menschenrechte. Sie kämpften für Emanzipation in den verschiedensten Bereichen (Bildung, Betrieb, politische und rechtliche Teilhabe) und letztlich für etwas, was dem Bürgertum wichtig war: für den Fortschritt. Damit standen die Organisationen der Arbeiterbewegung im Widerspruch zu Traditionen der erwähnten Volkskultur, in denen sie dennoch ihre Wurzeln hatten.

Gleichzeitig standen sie in einem weiteren deutlichen Widerspruch: um als Massenbewegung erfolgreich sein zu können, mußten ihre Mitglieder viele der Werte und Verhaltensweisen aufnehmen, die gemeinhin als „bürgerlich“ galten. Ein gehöriges Stück weit mußten sich also die Lohnarbeiter „verbürgerlichen“, wenn sie sich mit ihren neuen Zielen durchsetzen wollten. Über Schule und Beruf übte man sich in bürgerlichen „Sekundärtugenden“ wie Fleiß, Ordentlichkeit, Pünktlichkeit usw., um große und recht anonyme Organisationen funktionstüchtig zu halten. In ihnen war ein anderes Verhalten notwendig als in einer vorindustriellen, dörflichen Protestaktion, bei der sich alle Teilnehmer untereinander kannten. Man mußte lernen, allgemeine Zielsetzungen zu verstehen und zu vertreten, die über den Rahmen eines einzelnen Berufes oder einer einzelnen Qualifikation hinausgingen. Man mußte lernen, Vernunft und Bildung als Kriterien zu akzeptieren, die notwendig waren, wenn man für Ziele wie „Freiheit“, „Gleichheit“, „Emanzipation“ usw. eintreten wollte. Das Heranführen der Arbeiter an die bürgerliche Bildung und Kultur wurde bezeichnenderweise mit dem Begriff „Veredelung“ belegt und durch vielfältige Maßnahmen (Förderung der Lesefreudigkeit, gemeinsamer Theater- und Konzertbesuch usw.) unterstützt.

Die „Verbürgerlichung“ der Arbeiter war insofern paradox, als sich ihre Folgen bzw. Ergebnisse gegen das Bürgertum richteten: allgemeines Ziel sollte es gerade sein, die bürgerliche Gesellschafts- und Wirtschaftsordnung zu überwinden und an ihre Stelle eine neue Ordnung zu setzen. Es ist schwer zu bestimmen, wie weit im einzelnen die anti-bürgerlichen Einstellungen von Lohnempfängern gingen. Es gab sicherlich verbreitet anti-kapitalistische Meinungen und entsprechende Proteste. (s. M 8.22) Es ist jedenfalls auffallend, daß gewaltsame oder gar revolutionäre Aktionen äußert selten anzutreffen waren.

Ob und wieweit sich im einzelnen ein bestimmtes Klassenbewußtsein ausprägte, hing von sehr vielen Faktoren ab:

- Wie stark war (noch) die kirchliche Bindung?
- Wie intensiv blieb die Verflechtung mit ländlichen Lebensweisen?
- Wie stark war am Wohnort ein proletarisches Milieu ausgeprägt?
- Wieweit waren in ihm handwerklich-kleinbürgerliche Traditionen lebendig?
- Wie weit waren am Ort Organisationen der Arbeiterbewegung überhaupt vorhanden?
- Wie war der Arbeitsplatz beschaffen (bestanden z.B. Möglichkeiten des beruflichen „Aufstiegs“)?
- Waren Wohnung, Freizeit, Konsum usw. in eine eher (klein)bürgerliche Umgebung eingebunden?
- Welche politische Orientierung herrschte am Arbeits- und Wohnort vor?

Moderne „Massenkultur“

Die Frage, inwieweit eine bestimmte Haltung als „proletarisch“ oder „bürgerlich“ zu kennzeichnen sei, wurde schon früh durch eine andere Entwicklung überlagert: der Mensch der Moderne wurde Konsument. In einem schwer zu bestimmenden Spannungsverhältnis setzten Verbraucher und Anbieter Mechanismen in Gang, die sich wenig um soziale Grenzen kümmerten.

Aus der Vielzahl der Beispiele seien nur die folgenden genannt:

(1) Symbol der Versorgung mit Waren des täglichen Bedarfs wurde seit dem 19. Jahrhundert das Wa-

Blick auf das Kaufhaus Wertheim in Berlin

renhaus: es hielt Waren in verschiedener Qualität und Preislage bereit, so daß Menschen verschiedenster sozialer Gruppen ihre Wünsche befriedigen konnten. Vorher war es üblich gewesen, ein Verhalten zu zeigen, das sozial unterschiedlich war. Der „Mann aus dem Volke“ stellte vieles, was er benötigte, selbst her; das Mitglied oberer sozialer Schichten ließ nach seinen Angaben in seinem Hause oder im Betrieb des Handwerkers anfertigen. Das Warenhaus dagegen bot in der Regel Waren an, die nicht für einen bestimmten Kunden auf Bestellung hergestellt wurden, sondern die anonym und auf Vorrat hergestellt wurden. Um solche Waren in schneller Folge umschlagen zu können, wurden alle Kunden Adressaten von Werbung. Sie geschah öffentlich und erreichte im Prinzip jeden. Ständische Kleiderordnungen wie in alteuropäischer Zeit wären grundsätzlich sinnwidrig gewesen. Zwar waren die Konsummöglichkeiten in modernen Zeiten nicht gleich, da die Einkommen zu unterschiedlich waren, aber nun hatte ein Angehöriger unterer sozialer Gruppen prinzipiell die Möglichkeit, teurere und höherwertige Konsumgüter zu erwerben – keine Standesvorschrift verbot es. Die Werbung drängte ihn vielmehr, über Warenkredite oder andere Formen der Finanzierung mehr zu konsumieren. Ein wichtiger Umstand unterstützte diese Trends: die Konsumgüter wurden immer seltener handwerklich produziert; nicht nur Kleidung, sondern auch Möbel, Einrichtungsgegenstände, sogar Lebensmittel (Konserven) wurden industriell erzeugt. (s. M 8.21, 23)

Kultur und Unterhaltung

(2) Als in den letzten Jahren vor der Wende zum 20. Jahrhundert „die Bilder laufen lernten“, also der Film entstand, setzte eine Entwicklung ein, die die moderne Kultur und auch die Unterhaltung kennzeichnete. Gab es vorher eine, vereinfacht ausgedrückt, Zweiteilung des Kulturellen in eine sogenannte „höhere“, „ernsthafte“ und „wertvolle“ Kultur, die im wesentlichen aus dem (Bildungs-) Bürgertum stammte und sich wiederum an Mitglieder dieser Gruppe wandte, und in eine sogenannte „einfache“, „volkstümliche“ Kultur, so entstanden mit dem Film (und später mit Rundfunk sowie Fernsehen) Medien, die sich prinzipiell an alle richteten. Diese Medien brachten wie die Industrieproduktion Erzeugnisse hervor, die leicht reproduzierbar waren und in immer gleicher Art hergestellt werden konnten. Die hohen Stückzahlen erlaubten es, ein breitgestreutes Publikum zu erreichen. Um die große Reichweite zu erzielen, mußten sich die Produzenten bemühen, ihre Erzeugnisse so zu gestalten, daß sie einen durchschnittlichen Zuschauer und Zuhörer ansprachen. Ihm durften keine besonderen Vorkenntnisse abverlangt werden, zumal er als Konsument gewonnen und nicht abgeschreckt werden sollte.

Es ist wahrscheinlich kein Zufall, daß die Kommerzialisierung des Films, wie später des Rundfunks und des Fernsehens, zuerst in den USA gelang, obwohl doch die ersten Filme in Deutschland und Frankreich hergestellt wurden. Während in Europa das (Bildungs-)Bürgertum kulturelle Darbietungen mit einer Aura des Höherwertigen und Abspruchsvollen versah, gab es in den USA ein solches Bürgertum nur in geringem Umfang. Soziales Leitbild war dort eher der „self-made man“, dessen Erfolg mehr von der eigenen Tüchtigkeit als von formalen Bildungsabschlüssen abhing. Die Bevölkerung der USA war hinsichtlich von Religionszugehörigkeit, nationaler Herkunft, Sprache und sozio-kulturellen Gewohnheiten sehr unterschiedlich. Neue Medien wie der

(Stumm-)Film, die beim Zuschauer keine besonderen Voraussetzungen erforderten, konnten daher bald zu großen Erfolgen kommen. Die in den Vereinigten Staaten entwickelten Produktionsfirmen erwiesen sich also so durchsetzungsfähig, daß die amerikanische Filmindustrie weltweit den Markt beherrscht.
Die neuen Medien, Unterhaltung überhaupt, gewannen nach der Jahrhundertwende große Bedeutung, weil die Arbeitszeiten immer kürzer wurden und sich außerhalb der Berufstätigkeit ein Bereich auftat, der als „Freizeit“ eine eigenständige Bedeutung bekam. Diese eindeutige Trennung in bezahlte Erwerbsarbeit und Freizeit ist historisch einmalig, ist aber kennzeichnend für die moderne Lebensweise geworden.

Überlegungen zur weiteren Arbeit und Aufgaben zu Kapitel 8

Daß wir heute in einer Zeit der Moderne leben, ist allgemein akzeptierte Einschätzung. Daß der *endgültige* Durchbruch auf *breiter* Front erst im „langen“ 19. Jahrhundert vor sich ging, nachdem die Weichenstellungen im 18. Jahrhundert erfolgten, ist schon nicht mehr so allgemeine Überzeugung. Dies hat vor allem mit unserer eigenen Lebenssituation zu tun: wir wachsen in einer Welt auf und leben unter Bedingungen, die beispielsweise durch umfassende Industrialisierung, hochentwickelte Mobilität, Massenkonsum usw. charakterisiert sind. Diese Art zu leben ist uns so selbstverständlich, daß wir leicht glauben, sie gebe es bereits seit „grauer Vorzeit“. Um nicht solchem Irrtum zu erliegen, sollte man sich immer wieder einmal an wichtigen Gegebenheiten klarmachen, daß sie erst im Verlaufe der letzten 100 bis 150 Jahre eingeführt wurden. Ein Eckpfeiler des Sozialstaates, die Arbeitslosenversicherung, stammt erst aus dem Jahr 1927, andere Elemente der modernen Sozialpolitik aus dem Kaiserreich; die Grundzüge des heutigen, staatlichen Schulwesens wurden in der Zeit der Weimarer Republik gelegt; die moderne Betriebsform der Wirtschaft, die Fabrik, setzte sich im großem Maße erst Ende des 19. Jahrhunderts durch, während vorher das Verlagswesen, das im Mittelalter entstand, eine wichtige Rolle spielte; entscheidend ist, daß seit dem 19. Jahrhundert die hauptsächlichen Kennzeichen der Moderne als massenhafte Erscheinung auftreten; vorher begegnen sie uns punktuell, etwa im hohen Mittelalter, oder regional begrenzt wie seit dem 15. Jahrhundert.
Aufgaben:

① Es ist nicht überraschend, daß so komplexe Vorgänge wie die Industrialisierung und die Europäisierung der Welt lebhafte Diskussionen ausgelöst haben. Die ersten Materialien (M 8.1–8.5) sollen Ihnen helfen, einige Positionen kennenzulernen und sich mit den Argumenten auseinanderzusetzen. Anschließend sollten Sie sich mit einigen ökonomischen Daten beschäftigen und häufig verwendete Begriffe – wie etwa „Strukturwandel“ eines Landes – kritisch untersuchen. (M 8.6–8.10)

② Ein wichtiges Problem der Moderne betrifft das Verhältnis von Staat und Wirtschaft. Anhand einiger Daten und Fallbeispiele sollten Sie zentrale Fragen dieses Verhältnisses diskutieren (M 8.11–8.13).

③ Ein weiteres wichtiges Thema stellt der Aufbau und der Wandel der Gesellschaft dar: je nachdem wie man soziale Gruppen definiert und einschätzt, mag es politisch opportun sein, den Staat in die Pflicht zu nehmen (vgl. z.B. M 8.15 ff.).

④ Als wichtiges Merkmal der Moderne gilt die moderne Lebensweise und der Massenkonsum. Vergleichen Sie typische Elemente der Moderne (z.B. M 8.7, 8.19–23) mit der mittelalterlichen Welt (z.B. M 3.8, 3.9, 3.11, 3.12).

⑤ Organisieren Sie eine Podiumsdiskussion über bestimmte, aktuelle Probleme der Konsumgesellschaft. Bereiten Sie die Diskussion durch einleitende Referate vor, die die geschichtliche Tiefendimension des Problems verdeutlichen. Dabei können Sie auf Materialien wie das Photo auf S. 254, M 8.1–8.4, Photos S. 278, M 8.8, M 8.19–8.24 zurückgreifen.

⑥ Vergleichen Sie die Entwicklung Ihres Wohnortes mit den Materialien in M 8.19–20.

⑦ Wenn jemand vorschlägt, angesichts der heutigen Folgeprobleme der modernen Konsumgesellschaft zu den Verhältnissen des Spätmittelalters und der Frühen Neuzeit zurückzufahren, dann sollte man die Kap. 3.5–3.7 mit den Materialien M 3.1, 3.7–3.13 mit den entsprechenden Materialien aus Kap. 8 vergleichen.

Materialien zu Kapitel 8

Wissenschaftler diskutieren die Eigentümlichkeiten der Entwicklung Europas und der Folgen

M 8.1 Der Historiker Wolfgang Reinhard über die „Europäisierung der Erde und deren Folgen“:

Sie mögen reisen, wohin Sie wollen, wenn Ihnen gar nichts Exotischeres mehr einfällt, notfalls in die Antarktis – überall hin reisen Sie mit dem Flugzeug oder über kürzere Strecken mit dem Auto, manchmal, wenn Sie altmodisch sind, mit der Eisenbahn oder gar mit dem Fahrrad. Überall stoßen Sie auf mehr oder weniger viele Menschen, die mehr oder weniger dieselbe Kleidung tragen wie Sie selbst, die Coca Cola trinken, die Zeitungen oder sogar Bücher lesen oder wenigstens Plakate anschauen, die einem Transistorradio oder sogar einem Walkman lauschen oder sich um ein Fernsehgerät versammeln. Überall können Sie elektrisches Licht anknipsen oder es wenigstens versuchen. Und wenn Sie krank werden sollten, dann gibt es fast überall einen Arzt, der Sie im Prinzip so ähnlich behandelt wie Ihr Doktor zuhause, möglicherweise sogar mit denselben Medikamenten ... Ich breche ab, denn es ist bereits klar, was „Europäisierung der Erde und deren Folgen“ bedeutet, selbst wenn die einschlägigen Güter und Praktiken aus den USA oder inzwischen häufiger aus Japan kommen sollten statt direkt aus Europa. Dann handelt es sich eben um indirekte Europäisierung durch eine ehemalige Kolonie Europas und den erfolgreichsten Nachahmer europäischer und amerikanischer Errungenschaften, sozusagen sekundäre Europäisierung oder tertiäre Folgen.
Aber der Vorgang und seine Folgen erschöpfen sich nicht in Alltagsleben und Technologie. Daß er viel tiefer reicht, könnte Ihnen die Geschichte von Martin Luther King und Mahatma Gandhi demonstrieren. Europäer haben Millionen von Afrikanern über den Atlantik gebracht und mit ihnen eine ökonomisch, ökologisch, gesellschaftlich völlig neue Welt geschaffen, nachdem sie deren frühere Herren zum Verschwinden gebracht hatten. Und als die Nachkommen jener Afrikaner sich endlich erfolgreich erheben, um ihr Recht als Menschen einzufordern, da stehen sie unter der Führung eines Mannes, der den Namen eines europäischen Theologen trägt und der wie seine Anhänger auch Baptist ist, also einer Variante einer europäischen Religion anhängt. Und sie verständigen sich auf Englisch, in einer europäischen Sprache, denn ihre afrikanischen Sprachen haben sie längst vergessen. Auch die Form ihres gewaltlosen Kampfes, die so erfolgreich an den Gerechtigkeitssinn und das schlechte Gewissen ihrer ehemaligen Herren appelliert, haben sie durch das Medium der englischen Sprache gelernt, von einem englischen Rechtsanwalt indischer Herkunft, der es meisterhaft verstanden hatte, Grundmuster seiner indischen Kultur und Religiosität mit Anleihen aus dem Abendland anzureichern, Elementen des Christentums und der Lebensreformbewegung, westlicher Medienkultur und westlicher Politik. Er wurde auf diese Weise zwar zu einem indischen Heiligen, aber zu einem Heiligen neuen Typs, einem im Gegensatz zu seinen Vorgängern äußerst aktiven und publikumswirksamen. So wirksam, daß nicht nur entrechtete Afroamerikaner, sondern sogar manche Abendländer ihn sich zum Vorbild gewählt haben. Europäisierung erschöpft sich also nicht in einem oberflächlichen Firnis technologischer Allerweltsalltagskultur, sondern sie greift tiefer, häufig genug bis an die Wurzeln menschlicher Existenz und kultureller Identität. Dabei braucht die Antwort auf die menschliche Grundfrage „Wer bin ich ?“ aber keineswegs blindlings auf Europäisches zurückzugreifen, wie sich im Falle Gandhis besonders deutlich zeigen läßt. Vielerlei Elemente überlagern sich dabei, und ein souveränes Individuum kann wählen und sich seine eigene, ganz und gar nicht europäische Identität schaffen. Nur – es geht dabei nicht ohne Bausteine europäischer Herkunft ab, schon das zugrundeliegende Individualitätsprinzip kann mit guten Gründen als europäisch angesehen werden. Und die Möglichkeit selber, auf einem weltweiten „Ideenmarkt“ das geeignete Angebot auszuwählen, in den USA auf Gedanken eines Inders zurückgreifen zu können, der dieselbe Sprache benutzt wie man selber, weil er unter der Herrschaft derselben Europäer stand wie die eigenen Vorfahren, bereits dieser elementare Sachverhalt ist eine Folge der Europäisierung der Erde.

Zit. nach Wolfgang Reinhard: Die Europäisierung der Erde und deren Folgen; in: Jörg Schlumberger/Peter Segl (Hrsg.): Europa – aber was ist es? (Böhlau) Köln 1994, S. 77 f.

M 8.2 Europas Industrialisierung – Zufall oder Notwendigkeit?

Warum begann die Industrielle Revolution im 18. Jahrhundert in Westeuropa oder genauer in England, und nicht in China, Indien, Ägypten, Spanien oder Griechenland? Es wird noch immer die Ansicht vertreten, die koloniale „Ausbeutung“ hätte erst den Aufstieg des industriellen Kapitalismus ermöglicht. So behauptet etwa Hans-Heinrich Nolte, daß der mit politischer und militärischer Gewalt durchgesetzte Zwangsbeitrag der außereuropäischen Welt für die Industrialisierung Europas „eine conditio sine qua non“, also eine notwendige Bedingung gewesen sei: „Daß die Dritte Welt arm wurde, war eine der Voraussetzungen dafür, daß die Erste Welt reich wurde.“

Diese Ansicht, die gerade bei einer kritischen Jugend und unter Studenten sehr populär zu sein scheint, ist durch viele historische Vergleiche und statistische Berechnungen widerlegt worden. Ich möchte deshalb hier nicht weiter darauf eingehen. Es geht mir vielmehr um das Problem, welche zufälligen oder notwendigen Bedingungen vorhanden sein mußten, um ein stetiges Wirtschaftswachstum in Gang zu setzten, das den zyklisch wiederkehrenden Hunger- und Seuchenkatastrophen des europäischen Mittelalters und der Frühen Neuzeit ein für allemal ein Ende bereitete. Diese Frage nach „dem Entstehen und Werden der modernen westlichen Industriegesellschaft ist eine der wirklich grundsätzlichen Fragen der Gesellschaftswissenschaften.“ Im Sinne Max Webers geht es um die länderübergreifende Ausprägung eines modernen Rationalismus und Industriekapitalismus und nicht um die schon in der antiken Welt weitverbreiteten Formen des „Kapitalismus der Wucherer, Kriegslieferanten, Amts- und Steuerpächter, großen Handelsunternehmer und Finanzmagnaten“. Vielleicht können gehaltvolle Antworten auf diese Fragen zu einer besseren Abschätzung der Möglichkeiten beitragen, wie unterentwickelten Ländern der Dritten Welt aus dem Teufelskreis von Armut, Bevölkerungsexplosion und niedriger Produktivität herausgeholfen werden kann. Dies mag auch der eigentliche Grund dafür sein, warum neuerdings behauptet wird: „The debate on the causes and nature of industrialization in Europe and in the wider world is now as open and as lively as it has ever been.“

Mein Erklärungsschema der europäischen Industrialisierung weicht von der üblichen Betrachtungsweise von Ökonomen und Wirtschaftshistorikern ab, die den Nationalstaaten bei der Analyse des Wirtschaftswachstums eine herausragende Stellung einräumen. Ich möchte hier nur kurz drei Gründe nennen, warum ich anderer Auffassung bin. Erstens: Historisch betrachtet sind Nationalstaaten eine relativ junge Erscheinung. Ganz besonders gilt dies für die verspätete Industrienation Deutschland. Die Erklärung der ursächlichen Faktoren der europäischen Industrialisierung kann also nur in wenigen Fällen auf einem Nationalstaatskonzept basieren. Nationalstaaten und klassische Wachstumstheorie sind deshalb wenig brauchbare „Instrumente“ für wirtschaftshistorische Analysen. Zweitens: Nationalstaaten unterscheiden sich in der Gebietsgröße, in der Bevölkerungszahl, in der Ressourcenausstattung u.a. oft ganz erheblich, manchmal um das Hundertfache. Die Nichtberücksichtigung dieser gravierenden Unterschiede kann nur zu einer sehr pauschalen Betrachtung der Industrialisierungsdynamik führen. Deshalb bevorzuge ich den Vergleich von Regionen, die ausgewählten Homogenitätskriterien genügen müssen. H. Hartmann hat dies in einem anderen Zusammenhang einmal so ausgedrückt: „Je spezieller man die Voraussagen über eine Gleichrichtung der industriellen Kulturen machen möchte, um so stärker wird auch der Widerspruch aus der Wirklichkeit: jeder Vergleich verschiedener Industriegesellschaften ergibt, daß neben wenigen, hochabstrakten Gemeinsamkeiten ein weiter Raum für Alternativen und Variationen besteht.“ Drittens: Das Instrumentarium zur Messung des Sozialprodukts, der Wertschöpfung in den verschiedenen Sektoren, von Investitionen, Einkommen, etc., kurz: die Volkswirtschaftliche Gesamtrechnung, ist kaum älter als ein halbes Jahrhundert. Würden wir also, wie der Ökonomie-Nobelpreisträger Simon Kuznets, die Industrialisierung eines Staates definieren als „die ununterbrochene Steigerung des Anteils des industriellen Sektors am Sozialprodukt bzw. an der Beschäftigtenzahl und dem genutzten materiellen Kapitalstock“, dann ergäben sich ganz erhebliche statistische Schwierigkeiten, diese Größen zu quantifizieren oder Ersatzindikatoren dafür zu finden, sobald wir in das 19. Jahrhundert oder noch weiter zurückgehen. Wirtschaftshistorische Vergleiche verschiedener Staaten können auf dieser analytischen Basis keinen hohen Anspruch auf Erklärungskraft erheben. Das Instrumentarium der Volkswirtschaftlichen Gesamtrechnung halte ich deshalb für nicht sehr nützlich, wenn Industrialisierungsverläufe für die Zeit vor 1900 untersucht und erklärt werden sollen. Soweit meine Gründe, warum ich das Nationalstaatskonzept für unbrauchbar halte. Das Nationalstaatsprinzip hatte aber offenbar eine solche Attraktivität, daß es im 19. Jahrhundert nicht nur im industriellen Bereich, sondern auch in der europäischen Politik als universelles Prinzip Anwendung fand: „Die europäische Kolonialherrschaft ... war autoritär, und sie war in der Regel angelegt nach dem phantasielosesten Staatsmodell, das sich Europa hat einfallen lassen, nämlich dem zentralistischen Einheitsstaat.“

Die Unterscheidung zwischen zufälligen und notwendigen Faktoren bei der Erklärung der europäischen Industrialisierung soll keineswegs als eine Unterstützung der Ansicht verstanden werden, „daß im einfachen Laufe der menschlichen Gesellschaft eine wachsende Erkenntniß der Gesetzmäßigkeit in der Natur die Lehre vom Zufall zerstört und sie durch diejenige des nothwendigen Zusammenhangs ersetzt“. Die Auffassung, „daß dort, wo der Zufall herrscht, keine Gesetzmäßigkeit herrschen könne“, ist eine falsche Vorstellung, die in den Geistes- und Sozialwissenschaften immer wieder vertreten wird. Die Trennung zwischen zufälligen und notwendigen Faktoren ist dem Bestseller „Zufall und Notwendigkeit“ des französischen Nobelpreisträgers Jacques Monod, einem Biochemiker, entlehnt. Manche Leser werden fragen, was Biochemie mit Wirtschaftsgeschichte zu tun hat. *Eine* Antwort darauf ist, daß diese Unterscheidung als ein nützliches heuristisches Instrument angesehen werden kann, dem Geflecht von unendlich vielen historischen Erscheinungsformen einen Raster überzustülpen, der wichtige Faktoren vergleichend auf ihre ökonomische

Wirkungsmächtigkeit analysiert und unwichtige Faktoren eliminiert. Zufall wird hier nicht als Gegensatz zu Naturgesetzen angesehen, etwa in dem Sinne, daß menschliche Handlungen völlig unabhängig von sozialen Einflüssen seien, während z.B. die genetische Steuerung einem notwendigen, im Stoffwechsel der Zelle eingebauten Code folge. „Zufällige Faktoren" sollen Bedingungen sein, die weitgehend von der Natur vorgegeben sind und von Menschen nicht außer Kraft gesetzt werden können, also von uns unabhängige, naturgegebene Voraussetzungen, die für den Durchbruch der Industrialisierung in den verschiedenen europäischen Staaten unverzichtbar waren. Die wachstumsfördenden Wirkungen dieser zufälligen Faktoren werden uns erst bewußt, wenn wir die langfristige Entwicklung in Europa mit der anderer Erdteile vergleichen. Vier solcher Faktoren möchte ich hier behandeln: 1. die Geographie; 2. die Bodenschätze; 3. das Klima und 4. die Fruchtbarkeit des Bodens.

Diesen „zufälligen" möchte ich „notwendige" Faktoren gegenüberstellen. „Notwendigkeit" wird hier ebenfalls nicht im strengen naturwissenschaftlichen Sinne gebraucht, d.h. in der Form, daß ein Ereignis B notwendig auf ein anderes Ereignis A folge. Erst recht nicht als ökonomischer Determinismus, sondern eher in der alltagssprachlichen Weise: „Das kann doch kein Zufall sein!" Als „notwendige Faktoren" können Bedingungen angesehen werden, die von Menschen geschaffen wurden und für ökonomische Zwecke anwendbar waren. In ihrer Gesamtwirkung müssen von ihnen Effekte ausgegangen sein, ohne die sich Industrialisierung nicht hätte durchsetzen können. Eine aussagekräftige Auswahl zu treffen ist hier sehr viel schwieriger als bei den zufälligen Faktoren. Da es mir in diesem Aufsatz vor allem darum geht, unterschiedliche Bedingungen für Industrialisierung herauszuarbeiten und nicht eine vollständige Theorie der Industrialisierung zu präsentieren, möchte ich mich auf vier Faktoren beschränken, die meiner Ansicht nach für viele europäische Staaten von entscheidender Bedeutung waren: 1. das Kapital; 2. die Technik; 3. die Unternehmerschaft und 4. die Bildung.

Zit. nach Hubert Kiesewetter: Europas Industrialisierung – Zufall oder Notwendigkeit?; in: VSWG 80, 1993, S. 32 ff.

M 8.3 Stadien der Entwicklung des Kapitalismus als Kennzeichen der Moderne – eine marxistische Sichtweise

Der Kapitalismus hat in seiner Geschichte verschiedene Stadien durchlaufen, in denen sich jeweils die Produktivkräfte quantitativ und qualitativ entwickelt und die gesellschaftlichen Verhältnisse tiefgreifend verändert haben. Jede Periodisierung steht in Gefahr, willkürlich zu sein; dennoch kann man einen solchen Versuch machen – Marx hat hierzu selbst einige Elemente geliefert, als er (im vierten Abschnitt des ersten Bandes des *Kapitals*) nacheinander Kooperation, Manufaktur und große Industrie anführte. Lenin hat ebenfalls dazu angeregt, indem er den Kapitalismus in seinem höchsten Stadium als Imperialismus beschrieb, ebenso wie Mandel, der eines seiner Werke *Der Spätkapitalismus* genannt hat. Der Handels- und Manufakturkapitalismus wäre demnach das erste Stadium: hier löst sich die feudale Produktionsweise auf, die Mechanismen der ursprünglichen Akkumulation[1] haben freies Spiel, und es entsteht eine »freie« Arbeitskraft, die sich schnell proletarisiert. Dieses Stadium dauert in England ungefähr von der Renaissance bis etwa 1760; man kann es unterteilen in eine erste Periode, in der das Handwerkszeug perfektioniert wird, und eine zweite, in der die Entwicklung zum Maschinenbetrieb einsetzt. Mit der Umwälzung der Produktivkräfte, die die industrielle Revolution auslöst, und mit der Arbeitsteilung, die der Manufakturbetrieb befestigt, geht die Entstehung des kapitalistischen Grundverhältnisses einher, des Verhältnisses Kapital/Arbeit, und die Scheidung der Gesellschaft in zwei antagonistische[2] Grundklassen, die Kapitalistenklasse und die Arbeiterklasse. Das zweite Stadium wäre das des Industrie- und Konkurrenzkapitalismus, das Marx gründlich untersucht hat. In England dauerte es von 1760 bis etwa 1880. Mit Blick auf die Entwicklung der Maschinerie läßt es sich in zwei Teilperioden zerlegen: Die Dampfmaschine ist die charakteristische Erscheinung der ersten Periode, der Elektromotor die der zweiten; die Textilindustrie ist der beherrschende Industriezweig in der ersten Periode, sie wird in der zweiten Periode von der Stahlindustrie abgelöst. Der zunächst dominierende englische Kapitalismus wird zunächst von Deutschland, dann von den Vereinigten Staaten verdrängt. Die sozialen Beziehungen, die juristisch vom Liberalismus eines Adam Smith und politisch von der Philosophie des Gesellschaftsvertrags geprägt sind, nehmen nach und nach, unter dem Druck der Arbeiterorganisationen und sozialer Kämpfe, geordnetere Formen an. Ein drittes Stadium, das des Monopolkapitalismus und Imperialismus, beginnt um 1880. Mit Blick auf die technische Entwicklung kann man es einteilen in eine Periode, in der der Maschinenbetrieb sich ausbreitet und seinen Höhepunkt erreicht, und in eine Periode der wissenschaftlich-technischen Revolution. In der Arbeitsorganisation, die zunächst vom Taylorismus und Fordismus[3] beherrscht wird, werden danach, im Zuge der Automation, neue Formen gesucht. In diesem Stadium verschärfen sich die sozialen Antagonismen, aber sie differenzieren sich zugleich auch. Die internationale Verteilung des Mehrwerts läßt z.B. in den abhängigen Ländern eine Lumpenbourgeoisie entstehen, die im nationalen Maßstab keine progressive Rolle mehr spielt, wie sie die Bourgeoisie der alten kapitalistischen Länder spielen konnte. In den imperialistischen Ländern entsteht eine Arbeiteraristokratie, die die revolutionäre Rolle des Proletariats, von dem sie doch abhängt, vergessen hat.

Zit. nach Georges Labica/Gérard Bensussan (Hrsg.): Kritisches Wörterbuch des Marxismus (Argument) Berlin 1986, Bd. 4, S. 600 f.

---

1 hier: Anhäufung von Kapital
2 unversöhnlich gegenüberstehend, da es im Wesen der Kapitalistenklasse liegt, die Arbeiterklasse auszubeuten
3 Taylorismus und Fordismus: Formen von Rationalisierungsmaßnahmen, z.B. Fließbandarbeit, zu Beginn des 20. Jahrhunderts

M 8.4 Probleme des modernen Weltbildes oder: Descartes und die Folgen

Seit die westliche cartesische Wissenschaft[1] antrat, die Welt allein durch Ratio zu erklären, seit sie Stück für Stück mythisches Bewußtsein durch „aufgeklärtes“ ersetzt, braucht sie das gesellschaftliche Guthaben an Spiritualität auf. Im Beisein der Bewirtschafter dieses Vermögens, der Kirchen, vernichtet sie Glauben im Zeichen der Vernunft.

Vor dem Zeitalter der Aufklärung herrschte in der Naturbetrachtung noch ein großer Hang zur Esoterik. Durch Naturwissenschaft, die sogar Leben in Kategorien des Toten zu erklären versucht, ist Kälte in die Weltbilder eingezogen.

Bemüht sich im 17. Jahrhundert der französische Philosoph René Descartes noch, das gesamte Universum mechanisch zu erklären, also auf materialistischer Basis, bedeuten schon wenig später die Erkenntnisse Isaac Newtons einen Schock: Die Berechnungen des englischen Mathematikers und Physikers suggerieren, ein sinnlich nicht faßbares Prinzip halte die Welt im Innersten und Äußersten zusammen: Gravitation. [...]

Hatte schon Kopernikus den Menschen aus dem Zentrum seiner Welt hinausbefördert und auf eine Bahn um die Sonne geschickt, fiel der Glaube an die göttliche Erschaffung schließlich der Evolutionslehre Darwins zum Opfer.

Die deistischen „Freidenker“ des 17. und 18. Jahrhunderts konnten im Glauben an Aufklärung *und* Gott noch denken, dieser habe die Welt in der Manier eines Uhrmachers gleichsam aufgezogen, und fortan laufe sie nach seinem Willen. Doch die moderne Physik zerstörte auch diese nette Vorstellung. Als schließlich die Idee der Schöpfung dem kosmologischen Big Bang[2] weichen mußte, wurde das erhoffte Paradies vor allem angesichts des zweiten thermodynamischen Hauptsatzes (die Welt endet zwangsläufig im Hitzetod) vollends zum Paradox.

Daß wir heute soviel wie nie über unsere Ohnmacht wissen, ist das eigentlich Demütigende zum Ende des Jahrtausends.

Und die Kirchen? Sie haben bis dato, wie der Kirchenrebell Eugen Drewermann feststellt, „einen fundamentalistischen Aberglauben verbreitet, den schon 14jährige durchschauen“.

Ausgerechnet die Physik nähert sich esoterischem Gedankengut nun auf ihre Weise an. Dem Schock auf die „übersinnliche“ Gravitation folgte das Ende des wissenschaftlichen Materialismus: Materie nach klassischer Vorstellung gibt es nicht, sondern nur Felder und Energie im leeren Raum. Das kann man glauben oder nicht.

Mit ihrer Idee, daß bei Entstehung des Universums weder Zeit noch Raum noch Materie existierten, wohl aber die heute noch gültigen Gesetze der Physik, nach denen alles entstand, nähern sich Kosmologen auf ihre Weise der Genesis[3] an: „Am Anfang war das Wort“, heißt es da. Stephen Hawking beendet sein Buch „Eine kurze Geschichte der Zeit“ mit der Hoffnung, mittels Wissenschaft könnten wir eines Tages vielleicht „Gottes Plan kennen“.

Physiker diskutieren die spirituelle Bedeutung ihrer Erkenntnisse in der Quantenmechanik: Wer den Spin, die Eigendrehung, eines subatomaren Partikels mißt, zwingt nach ihren heutigen Vorstellungen dessen Zwillingspartikel den umgekehrten Spin auf, und sei dieses Kilometer weit entfernt. Der Beobachter erschafft Realität nach Prinzipien, die auf gespenstische Weise geisterhaft erscheinen.

Ob Kosmologie, Chaosforschung oder Evolutionstheorie: Schritt für Schritt nähern sich Wissenschaft und Esoterik einander an. [...]

In jüngster Zeit setzt sich mehr und mehr die Erkenntnis durch, daß der wichtigste Teil unserer Wirklichkeit – unsere Gefühle, Träume, aber auch unsere Wertvorstellungen und unser religiöses Empfinden – durch Logik und Ratio allein nicht zu fassen ist. Kürzlich hat Antonio Damasio, Hirnforscher an der University of Iowa, unter anderem diese Gedanken in einem Buch zusammengefaßt. Es trägt den Titel: „Descartes' Error“.

aus: Der Spiegel Nr. 52/1994, S. 92 f.

---

1 Wissenschaftliches Vorgehen des französischen Philosophen René Descartes (1596–1650); er geht vom Subjekt und vom Bewußtsein aus und gewinnt den Weg zur Außenwelt in kritischer Verarbeitung von Bewußtseinstatsachen – („cogito, ergo sum = ich denke, also bin ich“)
2 sogenannte „Urknall“-theorie, nach der das gesamte Universum mit einem großen Knall entstanden ist
3 Schöpfungsbericht der Bibel

M 8.5

Die „Europäisierung" der Weltindustrieproduktion

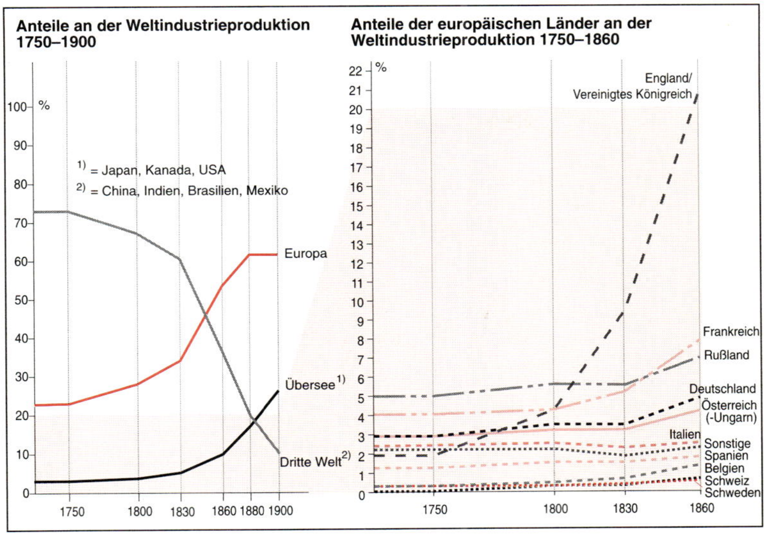

nach Wolfram Fischer u.a. (Hrsg.): Handbuch der europäischen Wirtschafts- und Sozialgeschichte. (Klett-Cotta) Stuttgart 1993, Bd. 4, S. 151

M 8.6

Strukturwandel der europäischen Wirtschaft – Methodische Probleme bei der Analyse der Indikatoren

a) Der Anteil der drei Sektoren an den **Beschäftigten** in fünf ausgewählten europäischen Ländern 1850–1910

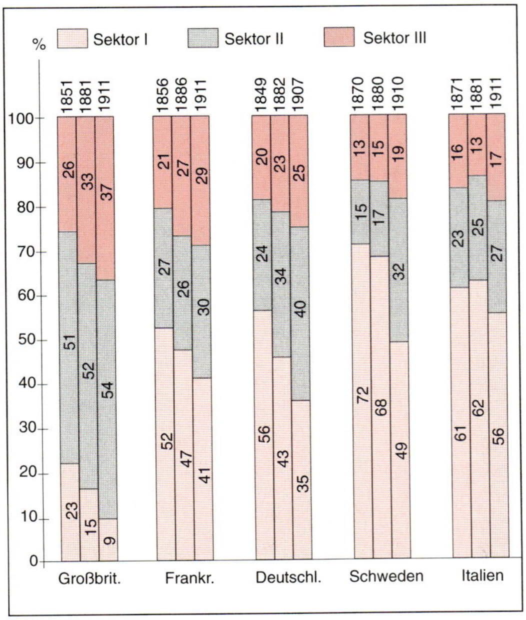

b) Der Anteil der drei Sektoren am **Sozialprodukt** in fünf ausgewählten europäischen Ländern 1850–1910

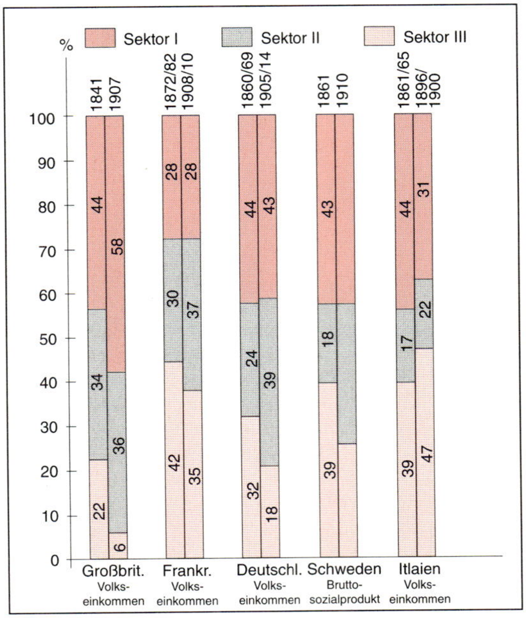

nach Wolfram Fischer u.a. (Hrsg.): Handbuch der europäischen Wirtschafts- und Sozialgeschichte. (Klett-Cotta) Stuttgart 1985, Bd. 5, S. 126,129 (gekürzt).

M 8.7 Wandel in der Fabrikarbeit im 20. Jahrhundert

a) Frauen in der Fließproduktion im Zählerwerk von Siemens in Nürnberg (1925)

b) Automatisierte Arbeit in einer menschenleeren Fabrik: Schweißroboter in der Automobilindustrie

M 8.8 „Agrarische Modernisierung" statt „Agrarrevolution" – Argumente des Historikers Ilja Mieck

Das herausragende Indiz für eine erfolgreiche agrarische Modernisierung war der relativ rasche Anstieg der landwirtschaftlichen Produktion. Wie wenig „revolutionär" sich diese Entwicklung allerdings vollzog, zeigt die nachstehende Tabelle.

Beginn der „Agrarrevolution" in ausgewählten Ländern

Flandern, Brabant	17. Jh.
England	1690–1700
Frankreich	1750–1760
USA	1760–1770
Schweiz	1780–1790
Deutschland, Dänemark	1790–1800
Österreich, Italien[1], Schweden	1820–1830
Rußland, Spanien	1860–1870

1 Der rechnerische Durchschnittswert verschleiert die Tatsache, daß die Landwirtschaft in der Poebene bereits im 17. Jh. auf hohem Niveau stand, während große Gebiete Süditaliens noch im 20. Jh. als unterentwickelt gelten.

Auch im Hinblick auf die Maßnahmen, die zur Modernisierung der Landwirtschaft führten, ruft der Begriff „Agrarrevolution" Assoziationen hervor, die dem tatsächlich ablaufenden Prozeß wenig entsprechen. Revolutionäre Neuerungen gab es im Grunde nicht; statt dessen sorgte ein ganzes Bündel von kleineren Verbesserungen und Innovationen in ihrer Addition für das im ganzen schließlich doch revolutionäre Ergebnis. Es waren im wesentlichen sechs Maßnahmen, deren intensiver und gezielter Einsatz die Landwirtschaft aus ihren jahrhundertealten Fesseln befreite und den Weg bereitete für Industrialisierung, allgemeinen Wirtschaftsaufschwung und eine allmähliche Verbesserung des Lebensstandards breiter Schichten.

1. Die Abschaffung der in der Zwei- oder Dreifelderwirtschaft üblichen Brache erhöhte die zur Verfügung stehende Nutzfläche beträchtlich. Die Erschöpfung des nunmehr jahraus, jahrein genutzten Bodens verhinderte eine durchdachte Fruchtwechselwirtschaft (regelmäßiger Wechsel von Halm- und Blattfrüchten), eine verbesserte Düngung oder der Anbau von Futterpflanzen auf der früheren Brache, der eine größere Viehhaltung ermöglichte, was zu besserer Bodendüngung und weiterer Ertragssteigerung führte.
2. Die Einführung oder der vermehrte Anbau neuer Nahrungs- und Futterpflanzen wie Rüben, Klee, Raps, Hopfen, Buchweizen, Mais, Kohl und – für die mitteleuropäische Versorgung seit dem 19. Jahrhundert unentbehrlich – Kartoffeln veränderten die traditionelle, sehr einseitige Bodennutzung durch den Getreideanbau, aber auch die Ernährungsgewohnheiten breiter Schichten grundlegend.
3. Die Verbesserung bereits bekannter und die Einführung neuer landwirtschaftlicher Geräte erleichterten die Feldarbeit. Der Pflug erhielt eine effektivere Form und kam auch dort zum Einsatz, wo bislang noch die Hacke dominiert hatte. Bei vielen Geräten wurden Holz- durch stabilere Eisenteile ersetzt. Auch die Sense, die ersten, noch primitiven Sämaschinen und der sich immer mehr durchsetzende Hufbeschlag gehören in diese Kategorie.
4. Die sorgfältige Auswahl des Saatgutes und der Zuchttiere stellte ebenfalls einen wichtigen Beitrag zur Produktivitätssteigerung dar. Die ersten Erfolge gab es bei der Tierzucht: Schlachtgewicht und Milcherträge nahmen deutlich zu.
5. Die Neugewinnung von Ackerland geschah nicht mehr nur durch die traditionelle Rodung, sondern durch neue Methoden bei der Entwässerung von Sumpfgebieten und Drainage-Systeme, die vor allem die Holländer überall in Europa anlegten.
6. Der Einsatz des Pferdes für landwirtschaftliche Arbeiten führte gegenüber dem Ochsen zu einer Arbeitsbeschleunigung von 50%. Die Pflugleistung pro Tag stieg dadurch von 0,4 ha auf 0,6 ha und durch technische Verbesserungen am Pflug selbst auf 0,8 ha im ausgehenden 18. Jahrhundert, so daß schon vor der Industrialisierung die Pflugleistung verdoppelt werden konnte. Mit dem Einsatz der Dampfkraft stieg sie dann in der Mitte des 19. Jahrhunderts auf 5 ha/Tag.

Die Aufzählung der maßgebenden Faktoren verdeutlicht, warum sich die „Agrarrevolution" jeder exakten Datierung entzieht. Das gilt in gleichem Maße für eine zweite Gruppe von Neuerungen, die in ihrer Gesamtheit erst in der zweiten Hälfte des 19. Jahrhunderts zu voller Wirksamkeit gelangt sind. Mäh- und Dreschmaschinen, der Einsatz der Dampfkraft sowie die Entwicklung und Verwendung chemischer Düngemittel infolge der bedeutenden Fortschritte der Agrikulturchemie kennzeichneten die nächste Phase der landwirtschaftlichen Umwälzung, die zu einer noch größeren Zuwachsrate der landwirtschaftlichen Produktivität führte. Da sie stark industriell geprägt war, ist es nicht überraschend, daß sich der innovatorische Ausgangspunkt von den niederländisch-belgischen Gebieten nun verlagerte, zuerst nach England, das seine Pionierrolle aber schon nach wenigen Jahrzehnten an die USA verlor, wo die riesigen Anbauflächen den Maschineneinsatz wesentlich begünstigten.

Zit. nach Wolfram Fischer u.a. (Hrsg.): (M. 8.5), S. 124 f.

M 8.9 Die „Industrialisierung“ der Landwirtschaft

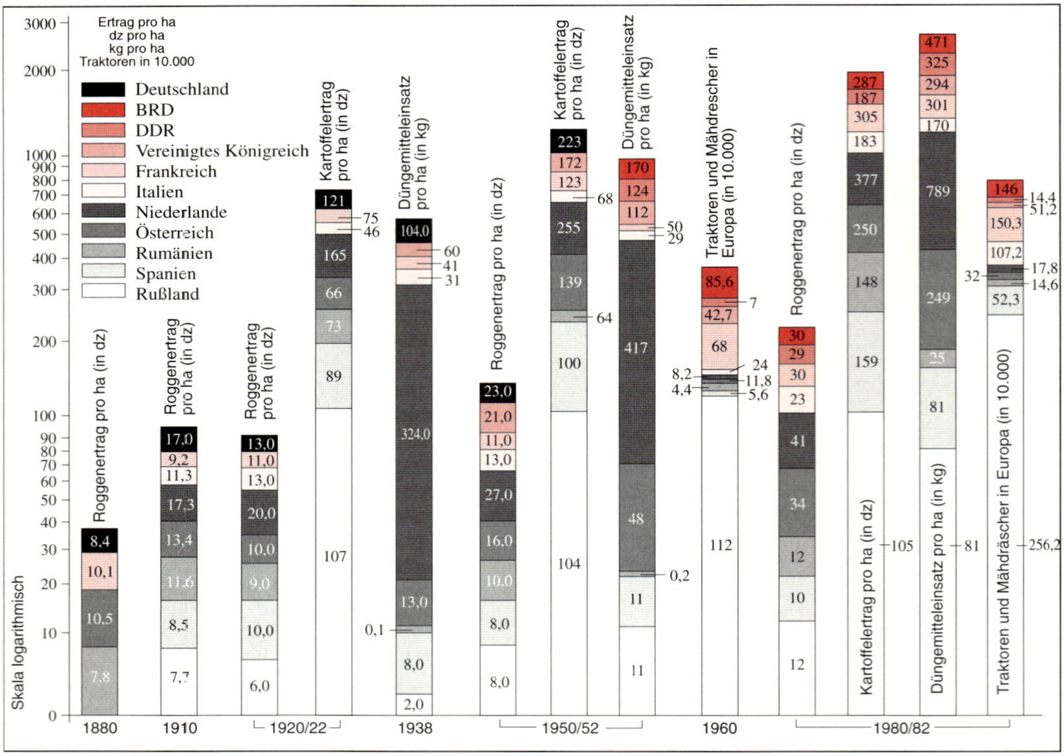

nach Handbuch der europäischen Wirtschafts- und Sozialgeschichte. (Klett-Cotta) Stuttgart 1987, Bd. 6, S. 110 f. (gekürzt).

M 8.10

Bevölkerungsdichte Europas im zeitlichen Vergleich

a) um 1600

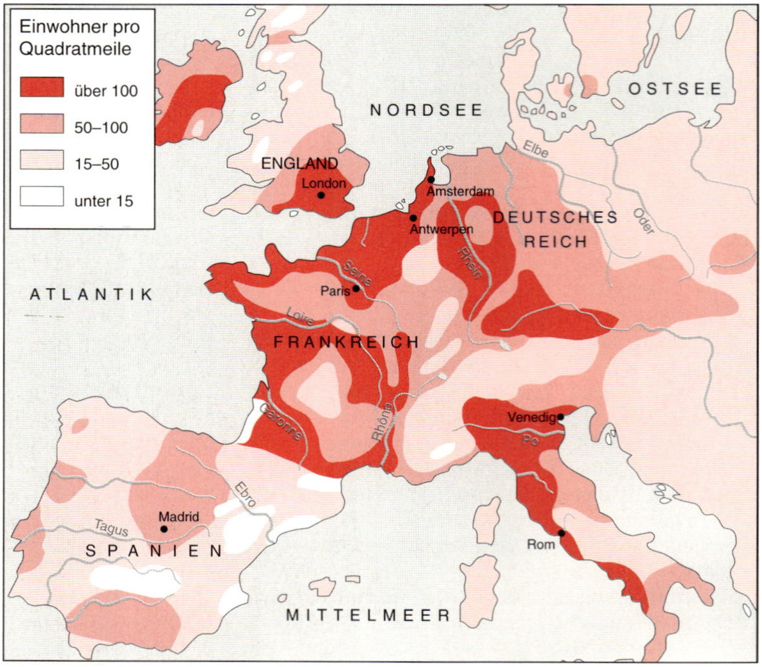

b) 1935

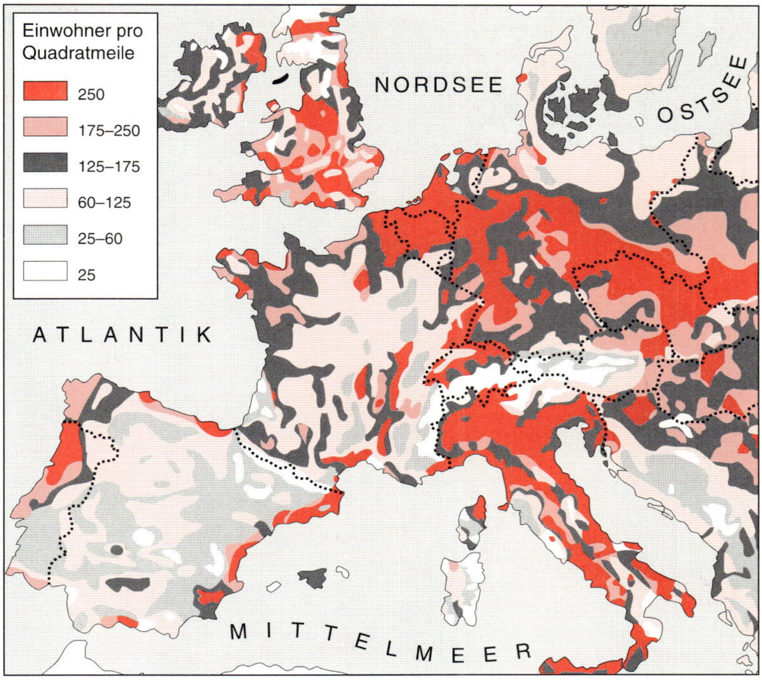

bearb. nach Ronald Rogowski: Commerce and Coalitions. How Trade affects Domestic Political Alignments. (Princeton Uni Press) Princeton 1989, S. 64, 156.

M 8.11 Der Staat und die Wirtschaft

a) Der Anteil der Steuern und Sozialversicherungsbeiträge am Bruttoinlandsprodukt 1955–1980 (in %)

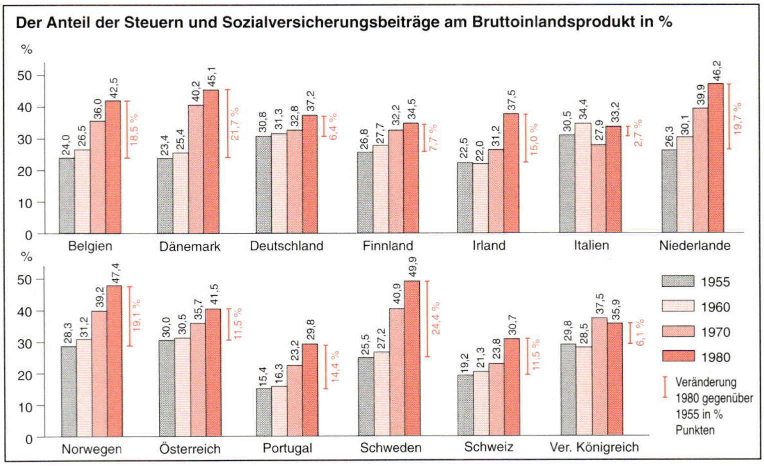

b) Der Anteil der öffentlichen Ausgaben am Bruttosozialprodukt in ausgewählten europäischen Ländern 1910–1980 (in %)

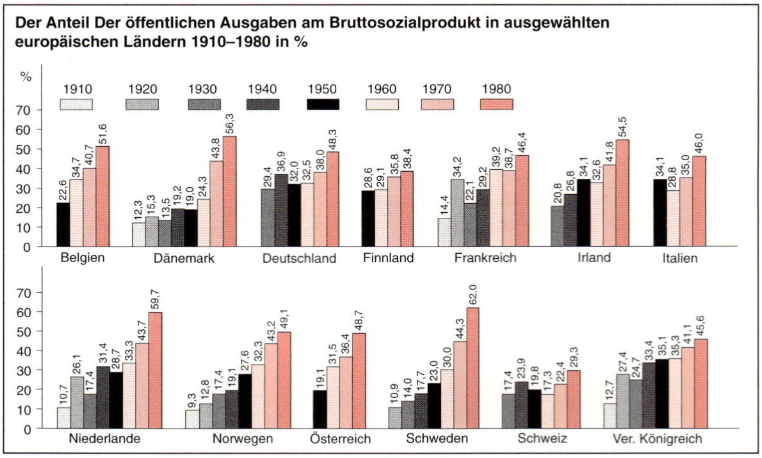

c) Das Wachstum der sozialen Transferausgaben in europäischen Ländern 1950–1980

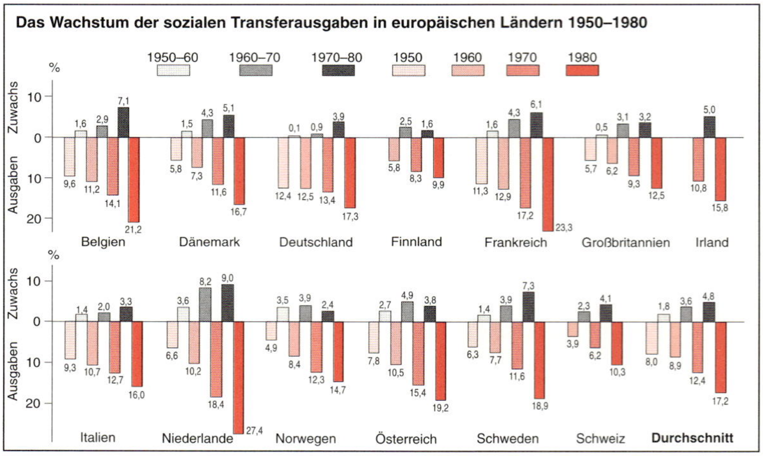

nach Wolfram Fischer u.a. (Hrsg.): Handbuch der europäischen Wirtschafts- und Sozialgeschichte. (Klett-Cotta) Stuttgart 1987, Bd. 6, S. 205, 209, 220 (gekürzt).

M 8.12 Verhalten des Staates bei sozialen Konflikten

a) Ein Fallbeispiel

1906 März 15
Erlaß des Ministers des Innern an den Oberpräsidenten der Rheinprovinz
Abschrift
(Verstärkung der örtlichen Polizei bei Bergarbeiterstreiks)

Nach dem Berichte Eurer Exzellenz vom 28. August 1905 – 21 046. – ist zur Aufrechterhaltung der öffentlichen Sicherheit, Ruhe und Ordnung bei Ausbruch größerer Arbeiterunruhen in den Bergbaubezirken der dortigen Provinz eine Verstärkung der örtlichen Polizeikräfte erforderlich, die in der dem Berichte gegebenen Nachweisung IV auf insgesamt 768 Mann beziffert ist. Eine diesen Anforderungen entsprechende Designierung von Gendarmen kann jedoch nicht erfolgen, da die Zahl der aus anderen Bezirken als abkömmlich bezeichneten Mannschaften dazu nicht ausreicht. Außer den aus nicht gefährdeten Kreisen der dortigen Provinz entbehrlichen Mannschaften, und zwar:
70 berittene und 167 Fußgendarmen
können aus anderen Provinzen herangezogen werden, 102 berittene und 86 Fußgendarmen, so daß im ganzen: 170 [sic!] berittene und 253 Fußgendarmen, zusammen 425 Mann, als Hilfskräfte für die dortige Provinz zur Verfügung stehen.
Unter den angeforderten 768 Hilfsmannschaften werden schätzungsweise 49 Oberwachtmeister enthalten sein, so daß gegenüber den hiernach verbleibenden 719 Gendarmen bei 425 verfügbaren Mannschaften ein Ausfall von 294 Mann entstehen würde. Zu dessen teilweiser Deckung sollen im Bedarfsfalle auf von Eurer Exzellenz bei mir zu stellenden Antrag 235 Schutzmänner Königlicher Polizeiverwaltungen in das Streikgebiet entsendet

werden. Im ganzen sind, außer den erforderlichen Oberwachtmeistern, für die dortige Provinz samt somit 660 Hilfsmannschaften verfügbar, die Euerer Exzellenz Anträgen entsprechend in der Weise verteilt werden sollen, daß den Landräten die Hälfte – 330 Gendarmen – überwiesen und von der anderen Hälfte 2/3 den Regierungspräsidenten, und zwar der Rest der Gendarmen mit 95 Mann und 125 Schutzmänner, und Euerer Exzellenz 1/3 – 110 Schutzmänner – zur Verfügung gestellt werden. Eine vorherige Designierung der von Königlichen Polizeiverwaltungen abzukommandierenden Mannschaften ist nicht beabsichtigt, vielmehr bleibt nähere Bestimmung über deren Verwendung von Fall zu Fall der Anordnung Euerer Exzellenz bzw. der Regierungspräsidenten vorbehalten.

Behufs Aufstellung der Designationsliste über die verfügbaren Gendarmeriekräfte ersuche ich Euere Exzellenz ergebenst, mit tunlichster Beschleunigung festzustellen und anzuzeigen, wie die für die dortige Provinz bestimmten 172 berittenen und 253 Fußgendarmen auf die einzelnen in Betracht kommenden Kreise zu verteilen oder welchen Regierungspräsidenten sie zuzuweisen sein werden, und wieviel Oberwachtmeister erforderlich, sowie wohin sie zu designieren sind.

Die Einberufung der designierten Mannschaften soll, wie bisher, durch telegraphisches Ersuchen der requirierenden Landräte bzw. Regierungspräsidenten an die Landräte der Stationsorte erfolgen.[1]

---

[1] Bereits im Januar 1906 hatten die Oberpräsidenten der Provinzen Ostpreußen, Westpreußen, Posen und Schlesien dem Innenminister mitgeteilt, daß wegen der noch anhaltenden Unruhen in den grenznahen russischen Regionen kaum Gendarmerie ins Innere Preußens abgegeben werden könne, da sie zur Bewachung der Grenze unbedingt erforderlich sei. Vgl. z.B. den Bericht des Oberpräsidenten der Provinz Ostpreußen an den Minister des Innern vom 11. Januar 1906. Archiv. Forschungen a.a.O. Bd. 2/1 Nr. 60. Der Oberpräsident der Provinz Schlesien bat um Verstärkung der Designationen, um für den etwa gleichzeitig auftretenden Fall von notwendiger Grenzüberwachung und Arbeiterunruhen hinreichend Gendarmerie zur Verfügung zu haben. Vgl. Bericht des Oberpräsidenten der Provinz Schlesien an den Minister des Innern vom 17. Juli 1906. Ebd. Nr. 94.

b) Aussperrung aus der Sicht eines Regierungspräsidenten

1906 Mai 1
Bericht des Regierungspräsidenten in Breslau an den Minister für Handel und Gewerbe

(Er berichtet über umfangreiche Aussperrungen und fährt dann fort):

Die Maßnahme der Metallindustriellen erscheint zwar hart, dürfte aber für die Unternehmer das einzige Mittel sein, um den immer mehr anwachsenden Forderungen der Arbeiter mit Erfolg entgegenzutreten. (Bereits jetzt hat durch das anmaßende Verhalten der organisierten Metallarbeiter die Disziplin, deren besonders die größeren Werke nicht entbehren können, eine erhebliche Lockerung erfahren, so daß bei den Vorgesetzten der Arbeiter, z.B. Werkmeistern, Ingenieuren, Betriebsleitern, Werkbesitzern, eine nach und nach immer tiefer gehende Verbitterung Platz greift. Auch haben die vielfachen Lohnbewegungen eine Beunruhigung in die Metallindustrie hineingebracht, die es bedeutenderen Werken, wenn überhaupt noch ermöglicht, so doch jedenfalls sehr erschwert, mit einigermaßen sicherem Kalkül größere, sich auf längere Zeiträume (ein Jahr und darüber) erstreckende Lieferungsverträge abzuschließen. Im Jahre 1904 waren es die Waggontischler, im vorigen Jahre die Eisendreher, die nicht unerhebliche Lohnaufbesserungen durchsetzten. Jetzt traten die Former und Hilfsarbeiter mit Forderungen hervor, eine Bewegung der Kessel- und Hammerschmiede ist soeben im Entstehen begriffen und daß die Montageschlosser nachfolgen, ist keineswegs unwahrscheinlich).

Der Verband der Metallindustriellen erachtet es geradezu als eine Lebensfrage, daß diese Beunruhigungen wenigstens auf längere Zeit hinaus aufhören, er hält ferner die Zusicherung eines Minimallohnsatzes für gelernte Arbeiter für eine unannehmbare Forderung, da sie notwendig zu einer Verminderung der Fähigkeiten und der Leistungskraft der gelernten Arbeiter führen muß, während die Metallindustrie in dem harten Konkurrenzkampfe mit dem Auslande nur erfolgreich bleiben könne, wenn die Güte der Arbeit und die Schnelligkeit der Ausführung Fortschritte machen.

Die Aussperrung ist ein Gewaltversuch, durch Schwächung der pekuniären Leistungsfähigkeit der Arbeiterverbände auch derer Einwirkung auf die Arbeiterschaft zu lähmen. Nach der allgemeinen Verbitterung zu schließen, die sich der Unternehmer und ihrer technischen Angestellten bemächtigt hat, scheint mit einem baldigen Aufgeben des Kampfes nicht gerechnet werden zu können. Vom unparteiischen Standpunkte aus kann nicht anerkannt werden, daß für die Former eine wirtschaftliche Notwendigkeit vorlag, in eine Lohnbewegung einzutreten; nach den obigen Angaben sind auch die Löhne der Gießerei-Hilfsarbeiter nicht unbefriedigend. Im vorliegenden Falle handelt es sich für die Organisationen nicht zum wenigsten darum, den bisher fast nur noch von den Metallindustriellen geschlossen entgegengesetzten Widerstand gegen die Anerkennung von Lohntarifen (Minimallohnsätzen) zu brechen. Daß man sich auf eine eventuelle Aussperrung gefaßt gemacht hatte, muß vermutet werden, nachdem eine solche bei dem Eisendreherstreik im vergangenen Sommer nur noch in letzter Stunde abgewendet worden war. Man ist also auf seiten des Metallarbeiterverbandes sicherlich mit großer Zuversicht in den Kampf hineingegangen, gestützt auf die Stärke der zur Verfügung stehenden finanziellen Mittel und in der Hoffnung auf eine solidarische Mitwirkung der anderen für die Metallindustrie in Betracht kommenden Organisationen. Zweifellos ist der Einfluß der Organisationen in den Betrieben der Metallindustrie ein ganz bedeutender, zumal ihr die intelligentesten Mitglieder der Arbeiterschaft angehören. Nicht minder groß, wenn nicht erheblich stärker, dürfte der moralische und physische Druck sein, der außerhalb der Werkstätten besonders in den Wohnhäusern der Nikolaivorstadt, die straßenweise fast nur von Arbeitern besetzt sind, ausgeübt wird. Unter solchen Verhältnissen läßt sich vorläufig gar nicht absehen, welchen Ausgang der Kampf nehmen wird. Können sich die in Arbeit Gebliebenen außerhalb der Betriebe den voraussichtlich nicht immer zarten Einwirkungen der Organisierten entziehen, so daß die Werke in der Lage sind, den Betrieb, wenn auch mit erheblichen Opfern, aufrechtzuerhalten, so kann sich der Kampf wochenlang hinziehen. Zur Zeit erscheint jeder Einigungsversuch nutzlos.

Zit. nach Karl E. Born (Hrsg.): Quellensammlung zur Geschichte der deutschen Sozialpolitik 1867 bis 1914, IV. Abteilung, Bd. 2: Das Jahr 1906, bearb. von Hansjoachim Henning. (Steiner) Wiesbaden 1987, S. 66 f. (=a) und S. 112 ff. (=b)

M 8.13 Der europäische Sozialstaat im 20. Jahrhundert

Der Ausdehnungsgrad der Sozialversicherungen in ausgewählten Ländern Europas 1920–1975[1] (in % der Erwerbstätigen)

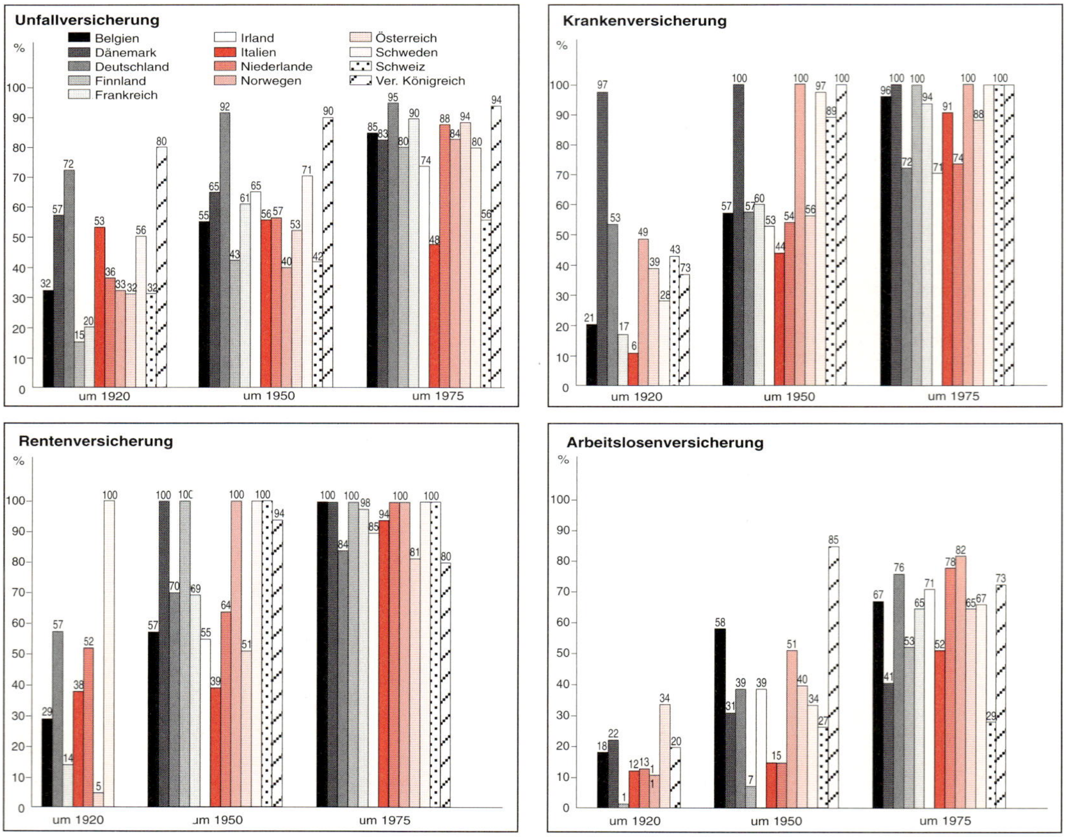

nach Wolfram Fischer u.a. (Hrsg): (M 8.11 c) und d)), S. 213 ff.

1 die Daten können bis zu zwei Jahren vor oder nach dem Stichjahr liegen; einige sind grobe Schätzungen: bei der Unfallversicherung in vielen Ländern bis 1950, bei der Krankenversicherung der Niederlande bis 1940, bei der Rentenversicherung in Italien bis 1950 und bei der Arbeitslosenversicherung der Niederlande im Jahr 1950, partielle Schätzungen sind eingeklammert

2 ab 1950 Bundesrepublik Deutschland

M 8.14

a) Arbeit von Kindern und Jugendlichen im Kaiserreich

Beschäftigung von Kindern und Jugendlichen in Fabriken im Deutschen Reich und in ausgewählten Bundesstaaten

Jahr	Dt. Reich		Preußen		Bayern		Sachsen		Baden		Württemberg	
	K	J	K	J	K	J	K	J	K	J	K	J
1875	21,2	66,8	7,1	40,0	1,1	4,6	8,3	8,7	2,2	4,5	0,6	2,4
1880			4,8	49,9					1,3	5,5	0,4	4,6
1882	14,6	108,9			1,2	4,7	4,2	9,0	1,5	6,6	0,2	5,5
1884	18,9	134,5	5,7	80,1	1,2	8,7	8,7	20,5	1,5	7,3	0,3	6,7
1886	21,1	134,5	6,0	78,1	1,0	8,6	10,2	20,6	1,6	7,6	0,6	7,5
1888	22,9	169,3	6,2	98,0	1,6	11,6	11,5	27,9	1,6	9,0	0,4	8,3
1890	27,5	214,3	6,6	119,8	2,1	14,8	12,4	43,1	2,4	11,6	0,4	9,8
1892	11,3	208,8	2,3	115,3	1,6	15,4	5,4	33,3	0,6	10,9	0,2	10,4
1894	4,3	209,7	0,9	115,3	1,4	15,6						
1896	5,3	239,6	1,1	132,6								
1898	7,1	276,4	1,5	155,4								
1902	8,1	316,3	1,8	177,6	2,4	25,8	1,7	43,8	0,4	15,6	0,8	16,2
1906	10,8	413,7	2,4	237,3	3,6	35,6	1,9	52,4	0,4	18,7	1,2	20,2
1910	12,9	476,3	2,8	269,0	3,9	43,3	2,5	59,8	0,5	22,8	1,5	24,8
1913	14,2	556,8										

Angaben in Tausend (gerundet): K = Kinder 12–14 Jahre, J = Jugendliche 14–16 Jahre

b) Anteil der Frauen an den Arbeitern nach Branchen in Industrie, Handwerk und Dienstleistungen 1875 – 1907 in Prozent (im Deutschen Reich)

Branche	Anteil der Frauen an den Arbeitern			
	1875	1882	1895	1907
Landwirtschaft, Forst, Fischerei	16,6	19,4	21,2	20,7
Bergbau	2,9	3,8	3,2	2,2
Energie, Wasserversorgung	0,1	0,2	0,4	0,8
Steine, Erden, Keramik, Glas	8,2	8,6	9,8	11,2
Metallerzeugung	3,3	3,9	5,7	6,9
Stahl-, Maschinen-, Fahrzeugbau	0,4	0,4	1,0	1,1
Optik u. Feinmechanik	4,3	5,6	9,0	14,1
Elektrotechnik	2,0	2,1	11,3	17,4
Chemische Industrie	15,3	14,7	18,8	22,0
Musikinstrumente, Spielwaren, Schmuck	18,7	18,1	25,3	28,4
Nahrungs- und Genußmittel	18,5	17,3	20,1	26,4
Ledererzeugung, -verarbeitung	4,4	4,4	9,7	15,6
Bekleidungsgewerbe	40,2	46,0	50,9	60,9
Textilindustrie	43,0	46,2	50,9	60,9
Zellstoff, Papier, Pappe	35,6	37,3	36,0	37,6
Druckerei und Vervielfältigung	14,0	15,7	19,1	24,2
Sägewerke, Holzverarbeitung	5,8	6,3	5,2	6,6
Baugewerbe	1,4	0,8	1,2	1,2
Handel	19,0	30,1	31,2	37,0
Verkehr, Nachrichten	0,9	1,5	0,9	1,2
Gaststätten, Beherbergung	59,5	67,1	66,9	61,4
Gesundheit, Hygiene, Reinigung	32,1	36,3	36,1	38,7
Banken und Versicherungen	0,9	2,0	5,6	10,2
Medien	7,4	13,1	23,7	29,5
Wissenschaft	2,2	3,5	4,5	12,8
Sonstige Dienstleistungen	6,3	8,2	8,8	12,0

a) und b) nach Gerhard A. Ritter, Klaus Tenfelde: Arbeiter im Deutschen Kaiserreich 1871 bis 1914. (Dietz) Bonn 1992, S. 201, 212.

Sozialer Wandel

M 8.15 Erwerbs- und Sozialstruktur im 19. Jahrhundert

a) Erwerbsstruktur um 1800

Verteilung der Erwerbstätigen nach Sektoren in ausgewählten Gebieten Mitteleuropas um 1800 (in % aller Erwerbstätigen)

Gebiet	Anteil der Sektoren		
	Primärer	Sekundärer	Tertiärer
Litauen (Ostpreußen)	87,1	8,8	4,1
Schievelbein-Dramburg (Neumark)	75,2	16,3	7,5
Würzburg	69,0	17,6	13,4
Uckermark	67,5	19,2	13,3
Kleve	66,2	20,3	13,5
Magdeburg	61,0	25,0	14,0
Südstarkenburg (1777)	61,6	26,2	12,2
Böhmen	55,0	32,0	13,0
Minden	49,4	41,5	9,1
Berg	25,3	59,5	15,2

Anteil der landwirtschaftlich Tätigen an allen Erwerbstätigen in Dörfern und Städten ausgewählter Gebiete um 1800 (in % aller Erwerbstätigen)

Gebiet	in den Dörfern des Gebietes	in den Städten des Gebietes	durchschnittliche Einwohnerzahl je Stadt im Gebiet
Litauen/Ostpreußen	93	43	2.500
Schievelbein-Dramburg (Neumark)	91	30	1570
Uckermark	87	33	2750
Kleve	79	28	1618
Minden	53	30	2050
Berg	37	9	3100

nach Jürgen Kocka: Weder Stand noch Klasse. Unterschichten um 1800. (Dietz) Bonn 1990, S. 78 f.

b) Sozialstruktur in der ersten Hälfte des 19. Jahrhunderts

Soziale Gliederung der Bevölkerung in einigen deutschen Territorien in der ersten Hälfte des 19. Jh. (in % der Familien)

	Kgr. Sachsen 1843	Kgr. Bayern 1840	Fürstentum Calenberg 1831	Rheinland-Pfalz[1] 1833
Klerus	0,2	0,3	?	1
Adel	0,3	0,1		
Bürger	16	10	24	25
Übrige Stadtbewohner	18	8		
Vollbauern	15	31	21	40
Mittel-, Kleinbauern	45	27	36	13
Übrige Landbevölkerung	6	24	16	21

[1] Da der Autor keine genaueren Angaben macht, ist vermutlich die Rheinpfalz gemeint

Eine ganz ähnliche Schichtung findet sich, und man wird dieses Modell trotz gewisser Vorbehalte als paradigmatisch werten dürfen, im Königreich Preußen in der Mitte des 19. Jahrhunderts. Jürgen Kocka hat in kritischer Analyse der zeitgenössischen Angaben den Versuch gemacht, die Gesamtbevölkerung Preußens sozialstrukturell zu gliedern, und ist dabei zu folgenden Ergebnissen gelangt:

1. Zur Oberschicht gehörten etwa 600 000 Personen (= 3,7% der Gesamtbevölkerung). Sie setzte sich zusammen aus Großgrundbesitzern, hohen Staatsbeamten, Bildungs- und Wirtschaftsbürgern, Offizieren, Pensionären und Rentiers, jeweils mit ihren Angehörigen.

2. Die Mittelschicht umfaßte etwa 4,7 Millionen Menschen (= 29% der Gesamtbevölkerung). Zu ihr zählten 384 000 Mittelbauern mit 30 bis 600 Morgen Landbesitz (mit Angehörigen: 1,7 Millionen) sowie der besser situierte Mittelstand (Gewerbe, Beamte, Angestellte), alles in allem etwa 3 Millionen.

3. Knapp 600 000 Kleinbauern, Alleinmeister und Kleinstangestellte waren, um ihren Lebensunterhalt sichern zu können, auf Nebenbeschäftigung angewiesen. Die zu dieser Gruppe gehörenden 1,5 Millionen lagen im unteren Grenzbereich der Mittelschicht und sollten deshalb besser zur „Unterschicht im weiteren Sinn“ gerechnet werden. Einschließlich dieser Gruppe gehörten zur Unterschicht 10,9 Millionen Menschen (= 67,3% der Gesamtbevölkerung).

nach Wolfram Fischer u.a. (Hrsg): (M 8.5) S. 190.

M 8.16 Soziale Gliederung im Ruhrgebiet 1907

Soziale Gliederung der Berufstätigen 1907 (je 100 Berufstätige der Herkunftsgebiete)

Herkunftsgruppen		Selbständige Industrie u. Handwerk	Selbständige Handel und Verkehr	Angestellte Industrie u. Handwerk	Angestellte Handel und Verkehr	Arbeiter[a] Industrie u. Handwerk	Arbeiter[a] Handel und Verkehr	„Bürgerliche“[b]
Essen	Ortsgebürtige	6,1	19,2	11,8	11,9	82,1	68,9	21,7
Essen	Nahwanderer	9,0	27,1	13,5	19,9	77,5	53,0	31,0
Essen	Hessen/Waldecker	5,5	24,2	7,8	17,7	86,7	58,1	19,8
Essen	Nordostdeutsche	2,4	16,1	3,0	10,8	94,6	73,1	9,6
Essen	Sonst. Deutsche	6,8	21,2	15,1	30,7	78,1	48,1	31,9
Essen	Ausländer	3,0	26,4	4,7	16,7	92,3	56,7	14,7
Essen	insgesamt	6,3	22,9	6,3	22,9	83,0	58,9	23,8
Gelsenkirchen	Ortsgebürtige	4,8	18,2	6,7	9,4	88,5	73,4	14,9
Gelsenkirchen	Nahwanderer	8,4	31,0	11,2	9,2	80,4	59,8	26,6
Gelsenkirchen	Hessen/Waldecker	6,8	32,7	6,9	13,6	86,3	53,7	21,4
Gelsenkirchen	Nordostdeutsche	1,3	23,7	1,1	7,1	97,6	69,2	4,5
Gelsenkirchen	Sonst. Deutsche	5,4	33,0	6,4	17,8	88,2	49,2	20,9
Gelsenkirchen	Ausländer	2,0	42,7	2,3	11,4	95,7	45,9	11,1
	insgesamt	4,6	28,5	5,8	10,1	89,6	61,4	16,4

a einschließlich der „Mithelfenden Familienangehörigen“, die nicht herauszurechnen sind.
b Selbständige und Angestellte in Industrie und Handwerk und Handel und Verkehr und alle Berufstätigen der Öffentlichen Dienste und freien Berufe.

nach Wolfgang Köllmann u.a. (Hrsg.): Das Ruhrgebiet im Industriezeitalter. (Schwann) Düsseldorf 1990, Bd. 1 S. 177 f.

M 8.17 Problematik von sozialen Schichtungskategorien

a) Schichtungsmodell von Peter Lundgreen, Margret Kraul, Karl Ditt

Soziale Schichtung der Familien mit Kindern im Schulalter, Minden und Duisburg, 1843–1900

	Sozialgruppen	Minden (1846) (1)	Duisburg (1843) (2)	Minden (1880) (3)	Duisburg (1872) (4)	Minden (1900) (5)	Duisburg (1895) (6)
Oberschicht	**Besitzbürger**	1,4	0,2	0,7	0,5	1,5	0,9
Oberschicht	**Bildungsbürger**	4,5	1,6	3,9	0,9	4,4	1,1
Oberschicht	Höhere Beamte	2,4		2,0		2,0	
Oberschicht	Offiziere	1,1		1,5		1,5	
Oberschicht	Freie Berufe	1,0		0,3		0,3	
Mittelschicht	**Alter Mittelstand**	23,7	24,8	23,5	11,3	21,3	14,6
Mittelschicht	Bauern	1,6	7,3	2,7	0,8	3,3	–
Mittelschicht	Handwerksmeister	10,8	8,7	8,7	3,9	8,4	6,8
Mittelschicht	Kaufleute	11,2	8,7	12,1	6,6	9,6	7,8
Mittelschicht	**Neuer Mittelstand**	10,3	4,6	15,1	11,3	20,9	14,0
Mittelschicht	Mittlere Beamte	9,6	4,0	13,9	4,7	17,6	5,9
Mittelschicht	Mittlere Angestellte	0,7	0,6	1,2	6,6	3,3	8,0
Unterschicht	**Arbeiter**	54,3	67,6	47,0	71,3	43,3	65,9
Unterschicht	Gelernte Arbeiter	34,6	28,8	27,7	24,5	27,6	18,8
Unterschicht	Ungelernte Arbeiter	19,6	38,9	19,3	46,8	15,6	47,1
Unterschicht	**Untere Beamte, Angest.**	6,0	1,2	9,9	4,7	8,7	3,6
	insgesamt %	100,0	100,0	100,0	100,0	100,0	100,0
	Einwohner	10.500	9.900	17.850	30.100	24.300	70.350

nach Peter Lundgreen/Margret Kraul/Karl Ditt: Bildungschancen und soziale Mobilität in der städtischen Gesellschaft des 19. Jahrhunderts. (Vandenhoeck & Ruprecht) Göttingen 1988, S. 256 mit S. 118 f.

b) Schichtungsmodell nach Konrad Exner-Seemann (Auszug)

Duisburg 1890	
Oberschicht	0,3%
obere Mittelschicht	6,8%
mittlere Mittelschicht	33,5%
untere Mittelschicht	31,3%
Unterschicht	28,1%

nach Konrad Exner-Seemann: Das Realschulwesen in Preußen – Schulentwicklung und Sozialstruktur der Realschulabiturienten der Rheinprovinz in der 2. Hälfte des 19. Jahrhunderts. (Peter Lang) Frankfurt/Main 1991, S. 156.

M 8.18 Die Entwicklung der deutschen Gesellschaft

a) Der Historiker H.-U. Wehler über den Charakter der deutschen Gesellschaft im Kaiserreich:

Die Sozialhierarchie am Ende der deutschen Industriellen Revolution: Ständische Traditionen und Klassenformationen

„Deutschland“ sei überhaupt, urteilte der Philosoph Ernst Bloch 1935, „das klassische Land“ der „Gleichzeitigkeit des Ungleichzeitigen“, wo ältere sozialstrukturelle und mentale Traditionen mit überaus modernen Elementen in einer unentwirrbaren Mischung existierten. Eben deshalb wirke „die Geometrie des Ungleichzeitigen [...] so seltsam“. Wenn diese Diagnose nach dem ersten Drittel des 20. Jahrhunderts eine folgenreiche Gemengelage richtig erfaßte, um wieviel mehr traf solch eine Charakterisierung auf das gesellschaftliche Ordnungsgefüge in den deutschen Staaten nach der Mitte des 19. Jahrhunderts zu! Überall schob sich der Überhang ständischer Lebensformen über die aufsteigenden klassengesellschaftlichen Strukturen. Überall lag ständisch orientiertes Beharrungsdenken im Widerstreit mit einem auf dem Leistungsprinzip beruhenden Veränderungsdrang. Überall überschnitten sich ständisch geprägte Formen der überlieferten Politik mit den auf die Verwirklichung liberaler Freiheitsrechte und demokratischer Gleichheitsrechte zielenden Ansprüchen, die von dem säkularen Innovationstrend eines neuen politischen Zeitalters getragen wurden.
Trotz dieser engen Verzahnung von Altem und Neuem setzte sich während der entscheidenden zweiten Phase der deutschen „Doppelrevolution“ der Aufstieg der neuzeitlichen Marktgesellschaft mit ihren marktbedingten Klassenformationen weiter fort. Am deutlichsten wird das am Aufschwung des modernen Bürgertums, das nach einer Anlaufphase vom letzten Drittel des 18. Jahrhunderts bis zum Ende der 1830er Jahre zwischen etwa 1840 und 1880 eine Zeitspanne erlebte, in der seine Durchsetzungsfähigkeit, seine Prägekraft und sein gesamtgesellschaftlich wirkender Vorbildcharakter zu kulminieren begannen. Die politische Niederlage seiner liberalen Repräsentanten im Verlauf der achtundvierziger Revolution tat dem, wie es zunächst schien, keinen Abbruch. Ja, gerade seit den fünfziger Jahren mehrten sich die Stimmen, die selbstbewußt von einem „bürgerlichen Zeitalter“ sprachen.
Unstreitig rückte die Bourgeoisie in der Sozialhierarchie weiter nach oben. Mit der revolutionären Expansion des Industrie- und Verkehrssystems stieg auch ihr Stern empor. In der sozialen Zusammensetzung dominierten weiterhin die Unternehmer mit jener privilegierten Herkunft, wo bereits das materielle Kapital vorhanden war, aber auch das nicht minder nützliche soziale und kulturelle Kapital als vielfache Begünstigung mit auf den Weg gegeben werden konnten. Zugleich stand Außenseitern, sei es aus der höheren Beamtenschaft und dem Handwerk, sei es aus bildungsbürgerlichen Berufen und dem Kaufmannsgeschäft, in jenem Fall, da sich Leistung und Glück verbanden, der Weg nach oben offen. „Es gibt keinen abgeschlossenen Stand, keine abgegrenzte Tätigkeit mehr“, urteilte damals die „Westfälische Zeitung“ über die Wachstumsregionen an der Ruhr, „das Geld kennt keinen Religions- und Standesunterschied. Das Kapital kennt keinen anderen Gott außer sich selbst.“
Zählebige Ständetraditionen und kraftvoll vordringende Klassenformationen lagen mithin überall noch im Widerstreit. Daß sich jedoch die Waagschale gerade nach der Jahrhundertmitte schneller zugunsten der Klassengesellschaft neigte, daran ist kein ernsthafter Zweifel möglich.
Freilich: Auch dieses Urteil hängt von der Perspektive ab, aus der es gefällt wird. Der Nahsicht fällt die Zerklüftung der Gesellschaft, die Mischung gegensätzlicher Sozialformen und Denkweisen auf. Blickt man dagegen von ferne, noch dazu in vergleichender Absicht auf denselben Gegenstand, verändern sich Proportionen und Eindrücke. So ging es etwa dem baltendeutschen Kulturhistoriker Viktor Hehn, der, von St. Petersburg eintreffend, während eines Besuchs in Berlin als dominante Wahrnehmung den „bürgerlichen Charakter“ aller Menschen festhielt; er gehe “bis zum untersten Arbeiter herab“, und selbst der Edelmann habe „einen bürgerlichen Zug“. Daran war in der Tat soviel richtig: Wenn seit der Revolution vieles in Deutschland im Aufbruch war, wie das zahlreiche Phänomene unterstreichen, handelte es sich häufig um die Durchsetzung der bürgerlichen Gesellschaft – einen auf lange Sicht überlegenen Rivalen besaß sie nicht mehr.

nach Hans-Ulrich Wehler: Deutsche Gesellschaftsgeschichte. (Beck) München 1995, Bd. 3, S. 189 ff.

b) Stellungnahme des Historikers Lothar Gall zur Entwicklung der deutschen Gesellschaft in der Moderne

Die Umformung der geburtsständischen in eine „berufsständische“ Gesellschaft war nämlich in der Praxis des 19. Jahrhunderts durchaus nicht linear verlaufen. Vielmehr hatte das „berufsständische“ Prinzip die überlieferte, wesentlich geburtsständisch begründete soziale Ordnung gleichsam geöffnet, ohne sie zunächst aufzulösen. Die Adelswelt, die Welt der (Stadt-)Bürger, die bäuerliche Welt und die Welt der sogenannten Unterschichten verloren, die eine mehr, die andere weniger, ihre bis dahin relativ festen Außengrenzen. Neue Berufsfelder schufen Brücken zwischen ihnen, neue Qualifikationsanforderungen und eine damit vielfach Hand in Hand gehende Bildungsidee überwölbten die traditionellen ständischen Unterschiede, neue Einkommens- und Erwerbschancen brachen überlieferte gesellschaftliche Statusvorstellungen und gesellschaftliche Hierarchien auf. Man denke nur an die aus dem Handwerk, aber auch aus den Bildungsberufen und zum Teil auch aus den Unterschichten aufsteigende Gruppe der gewerblichen Unternehmer, an die zahlenmäßig wie hinsichtlich ihres Einkommens und Besitzes geradezu explosionsartig anwachsende Schicht der Kaufleute, an die ersten Bankiers, an die mit dem Aufstieg des modernen Staates und der ständigen Erweiterung seiner Aufgaben gewaltig zunehmende Zahl der Beamten oder auch an das ganz neue Berufsfeld der Angestellten. Sie alle waren Fermente der Dekomposition der überlieferten, in starkem Maße geburtsständisch bestimmten Ordnung. Deren Grundstruktur aber blieb zunächst noch weitgehend erhalten.

Mit anderen Worten: Die Großstände, Adel, Bürgertum, Bauern im weiteren Sinne, unterbäuerliche und unterbürgerliche Schichten, behaupteten sich noch lange als übergreifende, die Gesellschaft als Ganzes gliedernde soziale Einheiten. Sie erschienen noch auf der Höhe des 19. Jahrhunderts als die eigentlich bestimmenden Faktoren der gesellschaftlichen Ordnung. [...] Demgegenüber wirkte die These, die Gesellschaft der Gegenwart sei eine Gesellschaft von Besitz- und Erwerbsklassen und werde im wesentlichen von diesem Faktor bestimmt, zumindest als einseitig ökonomistisch. Die Realitäten der Lebenswelt wie auch die politischen und gesellschaftlichen Grundvorstellungen und Grundhaltung der einzelnen sozialen Gruppen wurden, so schien es, auf diese Weise nur sehr partiell erfaßt.

Vor allem diejenige jener Großgruppen, die von ihren Lebens- und Erwerbsbedingungen, ihrer Herkunft und ihrem Bildungsgrad, ihren Berufen und politischen Optionen vielleicht die heterogenste und zugleich die dynamischste war, nämlich das Bürgertum, ließ sich im Rahmen derartiger Kategorien in ihrem unübersehbaren inneren Zusammenhang und Zusammenhalt kaum fassen. Sie repräsentierte, konzentriert in den Städten und zum großen Teil aus dem alten Stadtbürgertum im rechtlichen Sinne erwachsen, eine zwar nachständische, aber gleichsam noch nach ständischen Kriterien konstituierte gesellschaftliche Schicht mit zunächst noch starkem inneren Zusammenhalt. [...]

All das hat sich seit dem Ausgang des 19. Jahrhunderts in immer rascherem Tempo aufgelöst. [...] Hinzu kam, nicht minder bedeutungsvoll, eine Krise der kulturellen Wertvorstellungen, der das Bürgertum seit dem 18. Jahrhundert in starkem Maße zusammenführenden und verbindenden Bildungsidee. In ihr war im Gedanken übergreifender, menschheitlicher Normen und Werte und ihrer Aufnahme und Weiterentwicklung durch die autonome Persönlichkeit der säkulare Glaube an die Sinnhaftigkeit aller menschlichen Existenz und aller menschlichen Gemeinschaft enthalten gewesen – jenseits aller sich immer wieder erneuernden Krisenerfahrungen des einzelnen wie vieler einzelner Gruppen im Zuge des gewaltigen wirtschaftlichen und gesellschaftlichen Veränderungsprozesses seit dem ausgehenden 18. Jahrhundert.

Dieser Glaube gipfelte in der das Zeitalter bestimmenden Fortschrittsidee, der Überzeugung von der Vervollkommnungsfähigkeit des einzelnen wie der Völker, ja, der Menschheit insgesamt. Mit deren Anfechtung und Infragestellung aber gewannen diejenigen Kräfte endgültig die Oberhand, die den Zusammenhalt der gesellschaftlichen Großgruppen, vor allem des Bürgertums zunehmend auflösten. Der Zerfall der Gesellschaft in „Berufsstände“ und die (Zweck-)Rationalisierung des gesellschaftlichen Lebens schritten nun in immer rascherem Tempo voran. Es entstand jene *soziale* Marktgesellschaft, die sich nach – letztlich freilich doch nur partiell-rationalen – Marktkriterien formierte und die den einzelnen zunehmend auf seine (beruflichen) Funktionen in einem immer komplizierter werdenden Gesamtsystem reduzierte, dessen innere Rationalität in einem höheren, sinnvermittelnden, gar sinnstiftenden Verständnis des Begriffs um so weniger greifbar wurde, je ausgeprägter seine Zweckrationalität sich entfaltete. Der Preis des – ökonomischen, technischen, sozialen – Fortschritts ist, so scheint es, die zunehmende Sinnentleerung des (sozial-)historischen Prozesses, die Auflösung von Gesellschaft in einem übergreifenden, ordnungsstiftenden und haltgebenden Sinne bei gleichzeitigem Angewiesensein des einzelnen auf sie in allen lebenspraktischen Verhältnissen, buchstäblich im Überlebenkönnen, in einem in aller bisherigen Geschichte unbekannten Ausmaße.

Lothar Gall: Vom Stand zur Klasse? Zur Entstehung und Struktur der modernen Gesellschaft, in: H.Z, Bd. 261, Heft 1 (1995) S. 18 ff.

M 8.19 Unterschiede der Urbanisierung in der industriellen Moderne (in zeitgenössischen Darstellungen und Abbildungen)

a) **Oberhausen** – die Industriestadt auf der „grünen Wiese“, 1862 als Bürgergemeinde gegründet – Einwohnerzahl: 5995; fünfzig Jahre später 93011 Einwohner.

„Die Eisenbahn aber führt uns weiter nach Oberhausen, mitten in eine Landschaft, welche eine Staffage von nordamerikanischem Gepräge hat, wir befinden uns in ödester Sandgegend, die kaum dürftigen Fichtenausschlag nährt, in einer wahren Urheide, und mitten in ihr erblicken wir die Schöpfung des modernsten Kulturlebens, eben aus dem Boden gestiegene Stationsgebäude, Häuser, Hotels, Fabriketablissements, und ehe viel Zeit verfließt, wird mit amerikanischer Schnelligkeit eine Stadt aus diesen Sandhügeln aufwachsen, das verbürgt der Knoten der Bahnlinie, der hier sich schürzt.
(Levin Schücking über Oberhausen in seinen 1856 erschienenen „Schilderungen und Geschichten von Minden bis Köln“)

„Hier ist der Mensch und seine Wohnung dem Wahn des Mehrverdienstes geopfert. In trauriger Öde, zwischen Fabriken und Zechen eingeengt, ziehen die schwarzen Straßen zwischen schwarzen Häusern dahin. Der elende Ziegelbau mit rußig angelaufenem Zement scheint hier die einzige Bauart. Überall Schienen! Man kann es nicht begreifen, was all die Bahnen sollen. Drähte von elektrischen Bahnen und immer ein Geruch von nassen Schornsteinen in der Luft: eine Höllengegend!
(Der Dichter Wilhelm Schäfer in den 1880er Jahren über Oberhausen)

„Gewiß gibt es dort [in der Emscherzone] heute Städte, aber wie sehen sie aus? Alle zeigen sie gleichsam einen Widerwillen gegen eine echte Städtegründung. Noch jetzt ist es zu sehen, wie wenig es gelang, einen Stadtkern, eine City zu schaffen. Diese Städte – Wanne, Herne, Castrop-Rauxel, in geringerem Maße auch Gelsenkirchen und etwas mehr wieder Oberhausen – lassen gerade das vermissen: sie haben keine Mitte, gerade daß sich noch eine Hauptgeschäftsstraße durchgesetzt hat [...]“
(W. Brepohl, 1948)

Kaufhaus Tietz (1928)

Ansicht von Oberhausen um 1900

Zit. nach Heinz Reif: Die verspätete Stadt. Industrialisierung, städtischer Raum und Politik in Oberhausen 1846 – 1929. (Rheinland-Verlag) Köln 1993, S. 148, 177, 205 sowie unpag. Seiten.

b) Paris – die Metropole und ihre Vorreiterrolle auf dem Weg in die Moderne

1. Der Schriftsteller Honoré de Balzac über die Boulevards von Paris (1844)

Jede Hauptstadt hat ihre Poesie, in der sie sich ausdrückt, durch die sie sich auf einen Nenner bringen läßt, in der sie ganz sie selbst ist. Für Paris sind die Boulevards heutzutage das, was der Canale Grande in Venedig war, was die Corsia dei Servi in Mailand ist, der Corso in Rom, der Prospekt in Petersburg (eine Nachahmung der Boulevards), Unter den Linden in Berlin, der Boslaan Den Haags in Holland, Regent Street in London, der Graben in Wien, die Puerta del Sol in Madrid. Von all diesen Herzen der Städte ist keines den Boulevards von Paris vergleichbar. Der Graben, kaum so lang wie der kürzeste unserer Boulevards, gleicht einer Spießbürgerin im Sonntagsstaat. Unter den Linden ist genauso eintönig wie der Boulevard du Pont-aux-Choux. Er sieht aus wie eine Provinzpromenade, und die Stadtpalais, die an seinem Anfang stehen, gleichen staatlichen Gefängnissen. Der Prospekt ähnelt unseren Boulevards nur so wie Straß einem Diamanten ähnelt; es fehlt dieses belebende Licht der Seele, die Freiheit [...], sich über alles zu mokieren, die die Pariser Flaneure auszeichnet. Die Landessitten lassen es nicht zu, daß man zu dritt plaudert oder sich um irgendeinen Kamin schart, der zu stark qualmt. Und der Abend schließlich, der in Paris so schön ist, so aufregend, ist auf dem Prospekt eine einzige Enttäuschung; die Bauten dort sind seltsam, doch wenn die Kunst sich keine Gedanken um das verwendete Material machen muß, wird ein unparteiischer Schriftsteller zugeben, daß die architektonische Ausschmückung an bestimmten Stellen den Boulevards den Rang ablaufen könnte.[...]

Der Boulevard, ständig in Veränderung begriffen, spürt alle Erschütterungen von Paris: Er kennt seine melancholischen und seine ausgelassenen Stunden, seine einsamen und seine lauten Stunden, seine sittsamen und seine schändlichen Stunden. Um sieben Uhr morgens läßt kein Fuß die Steine widerhallen, kein rollender Wagen belästigt das Pflaster. Der Boulevard erwacht frühestens um acht Uhr vom Lärm einiger Kutschen, vom schweren Schritt vereinzelter beladener Träger, von den Rufen einiger Arbeiter in Kitteln auf dem Weg zu ihrer Werkstatt. Kein Fensterladen bewegt sich, die Geschäfte sind geschlossen wie Austern. Dies ist ein unbekanntes Schauspiel für viele Pariser, die glauben, der Boulevard sei immerzu herausgeputzt, ebenso wie sie in Übereinstimmung mit ihrem bevorzugten Kritiker glauben, daß die Hummer rot geboren werden. Um neun Uhr wäscht sich der Boulevard auf seiner gesamten Länge die Füße, seine Geschäfte öffnen die Augen, wobei sie im Innern ein schreckliches Durcheinander offenbaren. Einige Augenblicke später geht es auf ihm so geschäftig zu wie bei einem Freudenmädchen, einige umtriebige Gestalten in Überziehern laufen über seine Trottoirs. Gegen elf Uhr eilen die Kutschen zu den Prozessen, zu den Zahlungsterminen, zu den Anwälten, zu den Notaren, transportieren aufkeimende Niederlagen, einen Haufen von Geldwechslern, in Börsengeschäfte und Machenschaften Verstrickte mit nachdenklichen Gesichtern, schlafende Glücksritter mit zugeknöpften Redingotes, Schneider, Hemdenmacher, kurzum die geschäftige morgendliche Welt von Paris. Gegen zwölf hat der Boulevard Hunger, man ißt zu Mittag, die Börsianer tauchen auf. Zwischen zwei und fünf Uhr schließlich erreicht das Leben auf dem Boulevard seinen Zenit, er gibt seine große GRATIS-Vorstellung. Seine dreitausend Geschäfte glitzern, und das große Gedicht der Auslagen singt seine farbenprächtigen Strophen von der Madeleine bis zur Porte Saint-Denis. Als Künstler wider Willen geben die Passanten für Sie den Chor der antiken Tragödie: sie lachen, sie lieben, sie weinen, sie lächeln, sie jagen Grillen nach! Sie bewegen sich wie Schatten oder Irrlichter! [...] Man kann keine zwei Boulevards entlanggehen, ohne einen Freund oder einen Feind zu treffen, einen Kauz, der Anlaß gibt zum Lachen oder zum Nachdenken, einen Armen, auf der Suche nach einem Sou, einen Vaudeville-Schreiber auf der Suche nach einem Stoff, alle gleich unbemittelt, aber einer reicher als der andere. Hier kann man das Spektakel der Mode beobachten. Es gibt so viele Menschen wie es Moden gibt; und so viele Moden wie es Charaktere gibt! An schönen Tagen zeigen sich die Frauen, aber nicht in aufwendiger Garderobe. Heutzutage zeigt man die großen Roben auf der Avenue des Champs-Elysées oder im Bois de Boulogne. Die feinen Damen, die sich auf den Boulevards ergehen, befriedigen nur ihre Launen und gefallen sich darin zu feilschen; sie gehen rasch vorüber, ohne jemanden wahrzunehmen.

Honoré de Balzac: Paris. (übers. von Gerda Gensberger) (Manholt-Verlag) Bremen 1995, S. 15 ff.

2. Paris – Historische Abbildungen

Durchstich für den Boulevard de Sébastopol (1857)

Teile des neugestalteten Boulevard de Sébastopol (1858)

Die zentralen Markthallen von Victor Baltard (1853–58)

Kaufhaus „Au Bon Marché“ – das erste moderne Warenhaus; erbaut von Louis Charles Boileau und Gustave Eiffel 1869

M 8.20 Urbanisierung in Europa 1850–1980 (Urbanisierungsgrad in % der Gesamtbevölkerung)

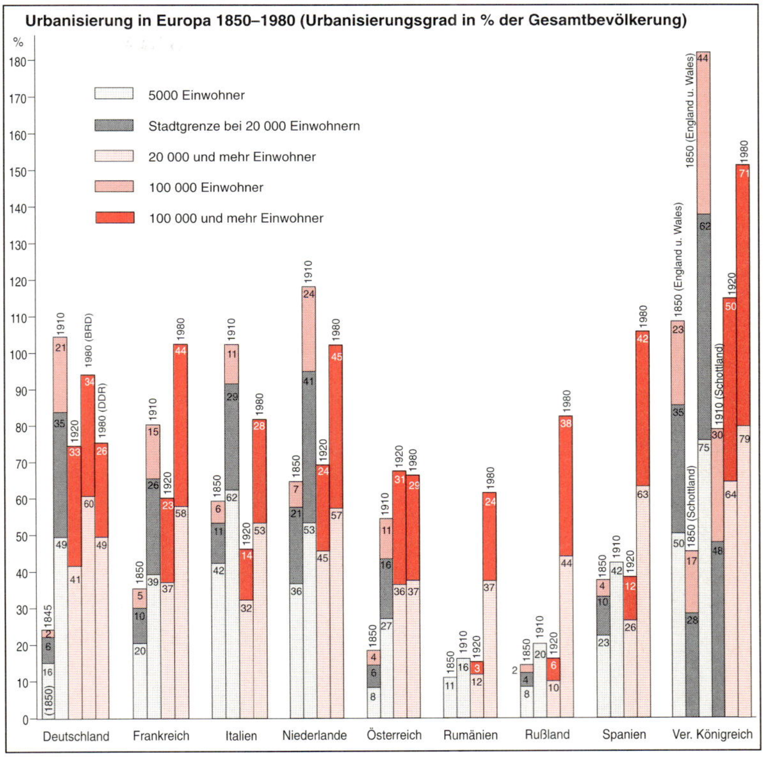

1 Der Urbanisierungsgrad wird in den Quellen für einige Länder unterschiedlich angegeben

2 eingeklammerte Zahlen beziehen sich auf Angaben, die mehr als 10 Jahre vor dem Stichjahr liegen.

nach Wolfram Fischer u.a. (Hrsg.): (M 8.6), S. 42 u. Bd. 6, S. 54

M 8.21 Entstehung des Massenkonsums

a) Die Faszination des Warenhauses

Der französische Romancier Emile Zola schildert in seinem Roman „Au bonheur des dames", wie Provinzbewohner, die elternlose Denise mit ihren Brüdern, die neuen Warenhäuser erleben (1883):

Auf Saint-Roch schlug es gerade acht, auf den Bürgersteigen herrschte das Paris des frühen Morgens, Angestellte liefen in ihre Bureaus und Dienstmädchen in die Läden. Vor der Türe standen zwei Ladengehilfen auf einer doppelten Leiter, sie hatten Wollwaren nahezu fertig aufgehängt; in einem Schaufenster der Rue Neuve Saint-Augustin dagegen kniete ein anderer Gehilfe und legte vorsichtig mit krummem Rücken ein Stück blaue Seide in Falten. Das Geschäft – noch leer von Kunden, die Angestellten trafen erst allmählich ein – summte im Inneren wie ein erwachender Bienenstock.

»Teufel noch mal!« meinte Jean. »Das geht über Valognes... So schön war deins nicht.«

Denise nickte mit dem Kopfe. Zwei Jahre hatte sie da unten bei Cornaille, dem ersten Modengeschäfte der Stadt, zugebracht; und dies Geschäft, auf das sie hier so unvermutet stieß, dies ihr so riesig vorkommende Haus beklemmte ihr Herz und hielt sie im Banne ihrer Erregung fest, so daß sie alles übrige vergaß. In der auf den Place Gaillon mündenden abgestumpften Ecke befand sich eine hohe, unter einem Gewirr vergoldeter Zierate bis in den Zwischenstock hinaufreichende Glastür. Ein paar sinnbildliche Gestalten, zwei lachende Frauen, rollten mit zurückgebogenem nackten Halse ein Fahnenband auf: »Zum Paradies der Damen« stand darauf geschrieben. An der Rue de la Michodière und der Rue Neuve Saint-Augustin entlang lagen dann tiefe Schaufenster und nahmen außer dem Eckhause noch vier weitere Häuser ein, zwei rechts und zwei links, die kürzlich angekauft und eingerichtet worden waren. Das war eine Entwicklung, die ihr in der Flucht des Schaubildes mit den Schaufenstern im Erdgeschoß und den Spiegelscheiben im Zwischenstock, durch die man das ganze innere Leben der Verkaufsstellen sah, ganz endlos vorkam. Dort oben spitzte ein in Seide gekleidetes Fräulein einen Bleistift, während neben ihr zwei andere Samtmäntel auseinanderbreiteten.

»Zum Paradies der Damen«, las Jean, ein hübscher Junge, mit weicher Stimme; in Valognes hatte er schon eine Weibergeschichte hinter sich. »Nicht? das ist nett, so was bringt die ganze Welt auf die Beine!«

Aber Denise war angesichts der Auslage neben der Mitteltüre ganz in Gedanken versunken stehengeblieben. Hier lag im vollen Lichte der Straße, unmittelbar neben dem Bürgersteig, ein wahrer Bergsturz von billigen Waren, die Versuchung zum Eintritt, Gelegenheitskäufe, die die Kundschaft im Vorbeigehen festhalten sollten. Oben aus dem Zwischenstock herab stürzten Wollwaren und Tuche, Merinos, Cheviots und Moltons und wallten wie Fahnen in ihren unaufdringlichen Farben schiefergrau, marineblau, olivgrün hernieder, nur durch die weißen Papierstücke der Auszeichnungen unterbrochen. Daneben hingen als Einfassung des Einganges Streifen von Pelzwerk herab, schmale Streifen für Kleiderbesatz, das feine Aschgrau vom Rücken kleiner Seeschwalben, der reine Schnee von Schwanenbälgen, Kaninchenfelle als falscher Hermelin und falscher Marder. Ganz unten standen dann auf Tischen in flachen Kasten unter einem Haufen von Stoffresten Riesenmengen von Sachen für Hüte, die rein umsonst verkauft wurden, Handschuhe und gestrickte wollene Halstücher, Kopftücher und Westen, eine ganze Schaustellung von Wintersachen in buntscheckigstem Farbenmischmasch, gestreift und mit blutroten Flecken. Denise sah ein schottisches Tuch für fünfundvierzig Centimes, Streifen von amerikanischem Nerz für einen Franc und Fausthandschuhe für fünf Sous. Es sah aus wie das Lager eines Riesenjahrmarktes, das Geschäft schien zu bersten und seinen Überfluß auf die Straße zu werfen.

Onkel Baudu war vergessen. Selbst Pépé, der die Hand seiner Schwester nicht losließ, machte Riesenaugen. Ein Wagen zwang sie jetzt, die Mitte des Platzes aufzugeben; und nun gingen sie wie getrieben in die Rue Neuve Saint-Augustin hinein und an den Schaufenstern entlang, wobei sie vor jeder neuen Auslage wieder stehenblieben. Die erste Versuchung bildete eine ganz verzwickte Ausstellung: oben schienen schräg gestellte Regenschirme das Dach einer Bauernhütte zu bilden; unten zeigten an dünnen Stäben aufgehängte seidene Strümpfe die Umrisse rundlicher Waden, einige mit rosa Blumensträußen übersät, andere wieder in allen möglichen Farbentönen spielend, schwarze durchbrochene, rote mit gestickten Zwickeln, fleischfarbene mit glänzendem Gewebe, weich wie die Haut blonder Frauen; schließlich waren auf dem Tuchbezug eines Seitenständers Handschuhe ganz gleichmäßig mit ausgestreckten Fingern ausgelegt, der Daumen schmal wie der einer byzantinischen Jungfrau, mit all dem etwas starren, noch nicht ausgereiften Liebreiz, den ungetragene Frauenkleidungsstücke an sich haben. Aber das letzte Schaufenster hielt sie ganz besonders fest. Hier machte sich eine Ausstellung von Seiden, Atlasstoffen und Samten breit in einer zarten, in den feinsten Blumentönen spielenden Abstufung: ganz oben die Samte, tiefschwarz oder von einem Weiß wie dicke Milch; tiefer unten die Atlasstoffe, rosa, blaue, in deren Falten sich die Farben in unendlicher Zartheit allmählich verloren; ganz unten schließlich die Seiden in einer Schicht aus allen Farben des Regenbogens, manche Stücke in Bauschen aufgepufft oder um eine sich beugende Hüfte gefaltet, als ob sie unter den klugen Fingern der Ladengehilfen Leben gewännen; und zwischen den einzelnen Gegenständen, neben jedem Farbensatze dieser Ausstellung lief als ruhigere Begleitung ein leichtes, bauschiges Band rahmfarbenen Foulards her. An beiden Enden lagen Riesenhaufen zweier Seidenstoffe, die als ausschließliches Eigentum des Hauses und Ausnahmestoffe bestimmt waren, das Modegeschäft umzuwälzen, und die »Pariser Paradies« und »Goldleder« hießen.

»Oh, diese Seide für fünf Francs sechzig!« flüsterte Denise ganz baff vor dem »Pariser Paradies« vor sich hin.

Jean fing an sich zu langweilen. Er hielt einen Vorübergehenden an.

»Die Rue de la Michodière, mein Herr?«

Nachdem die ihm als erste rechts angegeben worden war, gingen sie alle drei weiter und um das Geschäft herum. Aber beim Einbiegen in die Straße wurde Denise abermals durch eine Auslage gefesselt, in der Damenkleider ausgestellt waren. Bei Cornaille in Valognes hatte sie ganz besonders mit Damenkleidern zu tun gehabt. Aber so etwas hatte sie noch nie gesehen, wie angenagelt hielt sie die Bewunderung auf dem Bürgersteige fest. Im Hintergrunde breitete eine sehr teure Schärpe aus Brüsseler Spitzen als Altardecke, die beiden Enden weit entfaltet, ihre rauhe Weiße aus; Überwürfe aus Alençonspitzen schienen wie in Gehängen hingeworfen; dann rieselten, mit vollen Händen ausgeschüttet, Spitzen aller Art herab, Mechelner, Valencienner, Brüsseler, Venezianer, wie ein reiner Schneefall. Rechts und links umkleideten Tuchstreifen hohe Säulen, die die Tiefe dieses Allerheiligsten noch zu vergrößern schienen. Hier, in dieser dem Liebreiz der Frau erbauten Kapelle standen nun die Damenkleider: die Mitte nahm als Ausnahmeplatz ein mit Silberfuchs besetzter Samtmantel ein; auf einer Seite ein seidener Radmantel mit Seeschwalbenbesatz, auf der anderen ein Tuchmantel mit Hahnenfedern; schließlich Ballmäntel aus weißem Kaschmir, mit weißem Futter und mit Schwan oder Chenille eingefaßt. Für jede Geschmacksrichtung gab es hier was, von Ballmänteln für neunundzwanzig Francs bis zu Samtmänteln, die zu achtzehnhundert Francs ausgezeichnet waren.

Emile Zola: Zum Paradies der Damen. (zuerst 1883) (Phaidon) o. J., S. 6 ff.

b) Der Kampf um den Kunden
Der französische Romancier Emile Zola gibt eine sehr realistische Darstellung in seinem Roman „Au bonheur des dames“:

Vierzehn Tage später brach der Kampf zwischen Robineau und dem »Paradies der Damen« los. Er erlangte förmliche Berühmtheit und beschäftigte eine Zeitlang den ganzen Pariser Markt. Robineau bekämpfte seinen Gegner mit dessen eigenen Waffen und erließ öffentliche Ankündigungen in den Zeitungen. Außerdem legte er große Sorgfalt auf seine Auslage; er häufte gewaltige Massen der berühmten Seide in seinen Schaufenstern auf und kündigte sie auf großen weißen Zetteln an, von denen sich der Preis von fünf Francs fünfzig in Riesenziffern abhob. Diese Zahl brachte die ganze Frauenwelt in Aufruhr: zwei Sous billiger als im »Paradies der Damen« und die Seide schien noch fester. Schon in den ersten Tagen kam ein ganzer Strom von Kunden: Frau Marty kaufte unter dem Vorwand sich sparsam zu erweisen ein Kleid, das sie gar nicht nötig hatte; Frau Bourdelais fand den Stoff sehr schön, aber sie wollte lieber noch warten; sie witterte ohne Zweifel den Verkauf der Dinge. In der folgenden Woche setzte Mouret denn auch tatsächlich das »Pariser Paradies« glattweg um zwanzig Centimes herunter und gab es für fünf Francs vierzig ab; er hatte mit Bourdoncle und seinen Teilhabern eine lebhafte Auseinandersetzung gehabt, ehe er sie überzeugen konnte, sie müßten den Kampf aufnehmen, selbst wenn sie dabei zusetzten; diese zwanzig Centimes waren ein glatter Verlust, da sie sowieso schon zum Selbstkostenpreis verkauft hatten. Das war für Robineau ein harter Schlag; er hatte nicht geglaubt, sein Nebenbuhler würde auch heruntergehen, denn der selbstmörderische Wettbewerb, diese Ausverkäufe unter Selbstkostenpreis, waren als etwas Neues noch ohne Beispiel; und sofort floß der Kundenstrom, der Billigkeit gehorchend, zur Rue Neuve Saint-Augustin zurück, während das Geschäft in der Rue Neuve des Petits-Champs sich leerte. Gaujean kam von Lyon herübergerast, es fanden bestürzte Beratungen statt und schließlich faßte man den heldenmütigen Entschluß: die Seide sollte heruntergesetzt werden, sie wollten sie zu fünf Francs dreißig weggehen lassen, zu einem Preise, unter den niemand heruntergehen konnte, wenn er nicht wahnsinnig war. Am nächsten Tage setzte Mouret seinen Stoff auf fünf Francs zwanzig an. Und nun gerieten sie in Wut: Robineau antwortete mit fünf Francs fünfzehn, Mouret kündigte fünf Francs zehn an. Sie schlugen sich um jeden Sou und verloren beträchtliche Summen, womit sie der Allgemeinheit jedesmal ein Geschenk machten. Die Kunden lachten voller Entzücken über diesen Zweikampf und waren voller Teilnahme an den furchtbaren Streichen, die die beiden Häuser ihnen zu Gefallen aushielten. Schließlich wagte Mouret den Preis von fünf Francs; seine ganzen Leute waren blaß darüber, daß er das Glück derartig herausforderte. Robineau lag atemlos am Boden, er blieb bei fünf Francs stehen und fand nicht den Mut, noch weiter herunterzugehen. Sie schliefen Auge in Auge auf ihren Stellungen und ihre Ware lag hingemetzelt um sie her.

Emile Zola: Zum Paradies der Damen. (zuerst 1883) (Phaidon) o. J., S. 276 f.

M 8.22 Wünsche und Hoffnungen organisierter Arbeiter

Aus einer 1910 durchgeführten Umfrage:

Sozialdemokratisch organisierte Bergarbeiter wurden in einer Enquête 1910 gefragt: Was würden Sie tun, wenn Sie täglich genügend Zeit für sich hätten? Was würden Sie sich für Dinge anschaffen, wenn Sie das nötige Geld hätten? Einige Antworten lauteten (nach dem Semikolon immer die tägliche Arbeitszeit und der durchschnittliche Wochenverdienst. Entlohnungsform: durchweg Akkord):

Ein 22jähriger Bergmann, Vater von 2 Kindern; 9 Std., 27 M.: „Wenn ich von der Schicht komme da wer ich mir satessen u. dann etwas in den Wald spazieren ein schnitt Bier sich austrinken u. dan ins Bett sich ausruen daß ich wider auf die andre Schicht munter werde. – Ich wer mir ein schönes Haus bauen, damit ich in meinem Eigentum wohne.“ [B.R.][1]

Ein 27jähriger Kohlenhauer, Vater von 2 Kindern; 8 Std., 24 M.: „Ich würde mir wissenschaftliche Bücher und Zeitungen anschaffen um doch zu sehen und zu hören wie es eigentlich in der Welt richtig aussieht, damit ich mit meiner Wissenschaft vorwärts – und nicht rückwärts gehe. – Den Vorwärts und Freidenkerbücher ferner ein Kräuterbuch und Göthe Schillers Werke.“ [B. S.]

Ein 30jähriger Bergarbeiter, Vater von 2 Kindern; 8 Std., 18 M.: „Erstens ein paar Stunden sich in der frischen Luft bewegen was für den Untertagsbergmann sehr gesundt wäre. 2. Die Tageszeitung lesen daß man weis, was in der Welt vorgeht, und 3. Geistig mehr ausbilden daß der Arbeiter nicht so dum bleibt. – Wenn ich das nötige Geld hätte würde ich meiner Frau mehr Abschlag geben daß wir besser leben könnten wies einem Menschen zu kommt und nicht wie es jetzt ist daß wenn man von der Schicht kommt blos trockne Bratkartoffeln bekommdt.“ [B. Schl.]

Ein 32jähriger Bergmann, Vater von 3 Kindern; 10 1/2 Std., 18 M.: „Ich würde täglich spazieren ge-

1 [B.R.] bedeutet Bergarbeiter aus dem Ruhrgebiet. [B. Sch.] Bergarbeiter aus Schlesien, [B. S.] Bergarbeiter aus dem Saargebiet.

Insgesamt ergaben sich folgende Antworten:[2]

a) Was würden Sie tun, wenn Sie täglich genügend Zeit für sich hätten?

Branche	Malen	Der Familie widmen	Genügend schlafen	In die Naatur gehen	Mich weiterbilden	Agitieren für Partei und Gewerkschaft	Diverses
Bergarbeiter Ruhrgebiet	2	54	48	161	220	115	210
Bergarbeiter Saargebiet	–	116	21	70	152	90	271
Bergarbeiter Schlesien	1	151	82	14	61	38	207
Summa:	3	321	151	245	433	243	688

b) Was würden Sie sich für Dinge anschaffen, wenn Sie das nötige Geld hätten?

Branche	Gute Kleidung	Bibliothek	Genügend Essen	Gute Wohnung	Diverse
Bergarbeiter Ruhrgebiet	152	78	14	139	427
Bergarbeiter Saargebiet	70	84	136	181	249
Bergarbeiter Schlesien	88	18	168	47	233
Summa:	310	180	318	367	909

hen und mich mit Gartenbau beschäftigen. – Eine kleine Wirtschaft mit etwas Acker und Obstgarten.“ [B. Schl.]

Ein 34jähriger Bergmann, Vater von 4 Kindern; 8 1/2 Std., 18 M.; „1. Erholung in der freien Natur. 2. Politische, gewerkschaftliche und naturwissenschaftliche Schriften lesen. – Sozialistische Produktionswerke erbauen helfen, um das Kapitalistische im Orkus versenken zu lassen.“ [B.R.]

Ein 37jähriger Bergmann, Vater von 9 Kindern; 9 1/2 Std., 30 M.: „Ich könnte mich mehr durch spazieren im Freien ercholen und auch mehr lesen. – Zuerst bessere Kost für mich und die Familie, dann bessere Kleidung und Schuhzeug dann mehr Betten daß die Kinder nicht zu dreien in einem Bette zu schlafen brauchen. Dann für mich und die Kinder aufklärend und veredelnd wirkende Bücher und Schriften.“

Sozialdemokratisch organisierte Textilarbeiter wurden in derselben Enquête 1910 gefragt: Welche Hoffnungen und Wünsche haben Sie? Einige Antworten lauteten (nach dem Semikolon der durchschnittliche Wochenverdienst. Entlohnungsform: durchweg Akkord):

Ein 21jähriger Weber, kinderlos; 16 M.: Mein Wunsch wäre, erstens eine dauernde Existenz, einen Lohn der den Wirtschaftlichen Verhältnissen entspricht und eine Allgemeine Gleichberechtigung in Verschiedenen Angelegenheiten.“ [T. F.][3]

Ein 25jähriger Spinner, Vater eines Kindes; 20 M.: „Ich Hoffe und Wünsche das die Befreiung des Prolitariats von den Vesseln so bald wie möglich befreit wird.“ [T. F.]

Ein 28jähriger Plüschweber, Vater von 3 Kindern; 30 M.: „Ausgehend von der Erkenntnis, daß in absehbarer Zeit von der Herrschaft des Kapitals, das Volk sich zu befreien unfähig gemacht worden ist, von einigen politischen Drahtziehern – wäre es mein innigster Wunsch, wenn die Künstler und Wissenschaftler dazu schreiten würden, Fühlung zu suchen mit den Arbeitern und umgekehrt, wenn man ferner den Arbeiter nicht als Lasttier sondern als Menschen mit denselben geistigen Fähigkeiten wie alle anderen Menschen betrachten wolle.“ [T. B.]

Ein 30jähriger Weber, Vater von 5 Kindern; 16 M.: „Hofnungen habe ich nicht viel aber destomer hätte ich Wünsche. Ich will aber sehr bescheiden sein. Ich wäre froh wen ich soviel verdiente das meine Frau nicht mer in die Fabrik gehen brauchte, und sich dem Häuschen und den Kindern widmen könnte.“ [T. F.]

Ein 35jähriger Weber, Vater von 2 Kindern; 21 M.: „Ich hoffe oder wünsche mir ein erträgliches Leben im Alter sollte es nicht werden so schneide ich selbst den Lebensfaden ab. Denn nichts ist mir eklicher als ein elender, kranker u. vielleicht verspotteter alter Mensch. Ein Gnadenbrod von meinen Kindern würde ich wohl ablehnen.“ [T. F.]

Ein 41jähriger Weber, Vater eines Kindes; 21 M.: „Das ich bald von dieser bösen Weld befreit werde.“ [T. F.]

Ein 47jähriger Kettenscherer, kinderlos; 21 M.: Wenn man in meine Jahre kommt, dann läßt das

2 Insgesamt wurden an je 1000 Bergarbeiter der drei Gebiete Erhebungsformulare versandt. Sie wurden von 810 Bergarbeitern des Ruhrgebietes, 720 des Saargebietes und 554 der befragten schlesischen Bergarbeiter (insgesamt also 2084) zurückgesandt; sämtliche eingehenden Erhebungsbögen beantworteten die hier wiedergegebenen Fragen.

3 [T. F.] bedeutet Textilarbeiter aus Forst, [T. B.] Textilarbeiter aus Berlin.

Wünschen und das Hoffen langsam nach; denn gleich wie das Laub verlieren die Bäume, so schwinden in dem Leben Ideale und Träume. Daß ich eine Erlösung der darbenden Menschheit noch erleben werde, darauf hoffe ich schon lange nicht mehr. Daß aber die Arbeiter einmal aus ihrer Not und Sklaverei erlöst werden, das hoffe ich bestimmt. Für mich habe ich nur den Wunsch, ein rüstiges und gesundes Alter, damit ich mir bis an mein Ende mein Brot selber verdienen kann. Aber schon Schiller sagt: Was sind Hoffnungen, was sind Entwürfe, die der Mensch, der Sohn der flüchtigen Stunde aufbaut auf dem betrüglichen Grunde." [T. F.]

Insgesamt ergaben sich folgende Antworten:[4]

a) Welche Hoffnungen haben Sie?

Branche	Keine	Auf den Sieg der Sozialdemokratie	Mehr zu verdienen	Auf den Sieg des Guten
Textilarbeiter Berlin	19	162	180	2
Textilarbeiter Forst	7	356	291	39
Summa:	26	518	471	41

b) Welche Wünsche haben Sie?

Branche	Keine	Menschenwürdiges Dasein	Besseres Leben für die Kinder	Mit den Kapitalisten abzurechnen	Mehr zu verdienen	Den Zukunfts-Staat	Daß meine Frau nicht in die Fabrik zu gehen braucht	Alkoholverbot	Diverses
Textilarbeiter Berlin	19	54	19	27	124	60	–	4	26
Textilarbeiter Forst	7	82	104	48	204	88	48	38	14
Summa:	26	136	123	75	328	148	48	42	40

20. Die Bergarbeiter und die Organisation der Arbeiterbewegung

In derselben Enquête (siehe vorhergehende Auszüge) wurden um 1910 sozialdemokratisch organisierte Bergarbeiter (Partei- und/oder Gewerkschaftsmitglieder) nach ihrer politischen Haltung befragt:[5]

a) Welchen Einfluß hat auf Sie die politische und Gewerkschaftsbewegung? Angabe der hauptsächlichsten Motive:

Branche	Zum denkenden Menschen gemacht	Haben veredelnd gewirkt	Diverse
Bergarbeiter Ruhrgebiet	118	87	130
Bergarbeiter Saargebiet	71	140	84
Bergarbeiter Schlesien	34	3	128
Summa:	223	230	342

b) An eine baldige Umgestaltung durch die politische und Gewerkschaftsbewegung glaubten (nach Altersgruppen gegliedert) :

Branche	20–30	30–40	40–50
Bergarbeiter Ruhrgebiet	118	78	39
Bergarbeiter Saargebiet	86	114	51
Bergarbeiter Schlesien	46	18	–
Summa:	250	210	90

4 Von den je 1000 versandten Erhebungsformularen für Textilarbeiter in Berlin und Forst wurden insgesamt 1153 (Berlin: 419; Forst: 734) beantwortet. 187 der zurückgesandten Erhebungsbögen beantworteten die hier wiedergegebenen Fragen nicht.

5 Siehe oben Anm. 2. Von den 2084 eingehenden Erhebungsbögen beantworteten 291 diese Fragen nicht.

c) Keine Hoffnung hatten: Angabe der hauptsächlichsten Motive:

Branche	Da so wenig Arbeiter organisiert	Weil die Arbeiter zu denkfaul	Weil die Macht des Kapitals zu groß	Diverse
Bergarbeiter Ruhrgebiet	83	34	62	103
Bergarbeiter Saargebiet	29	4	38	–
Bergarbeiter Schlesien	84	–	61	105
Summa:	196	38	161	208

zit. nach Gerhard A. Ritter, Jürgen Kocka (Hrsg.): Deutsche Sozialgeschichte. Dokumente und Skizzen. Bd. II: 1870 – 1914. (Beck) München 1974, S. 283 ff.

M 8.23 Entstehung des Massenkonsums und die Werbung: Das Bild der Frau in der frühen Werbung

a) Typ „Hausfrau“ – hier als moderne Köchin mit einem industriell hergestellten Lebensmittel

Plakat für Maggi-Suppenwürze (1889)

b) Erotisierende Verkaufshilfen

Anzeige für Dürkopp-Automobile (1904)

Plakat von Hohlwein für Riquet-Tee (ca. 1910)

M 8.24 Die Konsumgesellschaft des 20. Jh. und die Folgen

Bericht des „SPIEGELS“ über Umweltprobleme in der Schweiz (1994):

Schwacher Trost

Warum fehlt in den Alpen der Schnee? Forscher meinen, allzu billiges Öl sei schuld.

Der Skiwinter sollte längst begonnen haben, doch im Berner Oberland stehen noch immer 90 Prozent der Lifte still. Auf dem gewöhnlich schneesicheren Hasliberg, oberhalb Meiringen, ist Skifahren noch nicht möglich – und das ist keine Ausnahme.

„Die Saison“, verspricht Matthias Kurt, der Marketingchef der Bergbahnen von Lenk, tapfer, „wird wie vorgesehen eröffnet.“

Ähnlich wie in den Westalpen sieht es auch in der Innerschweiz und teilweise in Graubünden und im Wallis aus. Der Schnee, der dieser Tage fällt, erlöst erst die am höchsten gelegenen Stationen aus ihrer Not.

Nirgendwo sonst werden die Klimaveränderungen so deutlich wie im sensiblen Ökosystem der Alpen. Und nirgendwo sonst schlagen sie so unmittelbar auf die Wirtschaft durch: Die Schweizer Tourismusindustrie erzielt 60 Prozent ihrer Einnahmen im Winter.

Selbst vorsichtige Wissenschaftler wie der Berner Klima-Historiker Christian Pfister sehen in dem Schneemangel ein Alarmzeichen. Aufgrund der weltweit längsten Schneehöhen-Datenreihe weist der Gelehrte nach, daß seit 1683 im Schweizer Mittelland nie, wie zwischen 1986 und 1993, in sieben aufeinanderfolgenden Jahren praktisch kein Schnee fiel.

Die Ursache der Erwärmung sieht Pfister in einer Fehlentwicklung, die er „1950er Syndrom“ nennt. Billiges Erdöl aus dem Mittleren Osten, so die These einer interdisziplinären Studie der Universität Bern, drängte die Industriestaaten ab 1958 auf verhängnisvolle Weise in eine ökonomische und ökologische Sackgasse.

Bis dahin waren die Europäer sparsam und umweltverträglich mit den Ressourcen umgegangen. In der Wirtschaft bestimmten die Arbeitskosten die Kalkulationen – auch im Energiesektor, der ganz von der Kohle dominiert war. Umweltschäden waren auf lokale Inseln begrenzt: die Industrie ballte sich an Knotenpunkten des Eisenbahnnetzes: die meisten Menschen lebten eng, bodensparend, nahe am öffentlichen Verkehrsnetz: die Einkaufswege in den Städten waren kurz.

Das Öl veränderte alles. Seine billige Förderung und seine scheinbar unbeschränkte Verfügbarkeit entkoppelten Arbeitskosten und Energiepreis. Verglichen mit den Lebenshaltungskosten wurden fossile Energieträger immer billiger. „Hätte der Preis

Schweizer Skizentrum Hasliberg: Klimaveränderungen bedrohen den Tourismus

des Benzins mit jenem der meisten Güter Schritt gehalten", rechnet Pfister für die Schweiz vor, „müßte ein Liter heute fünf Franken kosten."

Der Boom ließ Strukturanpassungen überflüssig erscheinen. Billige Arbeitskräfte produzierten auf energiefressenden und umweltschädlichen Anlagen Wegwerfgüter: die früher teure Mobilität wurde so billig, daß sie als Kostenfaktor zur vernachlässigbaren Randgröße schrumpfte.

Die billige Energie hat zur Zerstörung der Umwelt erheblich beigetragen – diese These ist so neu nicht. Doch die Berner Forscher belegen auch, daß eine andere Politik durchaus möglich gewesen wäre, ohne das Wirtschaftswachstum abzuwürgen.

Wie schon zwischen 1890 und 1914 wurde der Boom bis über die Mitte der fünfziger Jahre von den mit der Nachfrage steigenden Kohlepreisen nicht behindert. Zwischen 1949 und 1952 gab es an der Ruhr für viele tausend zusätzliche Kumpel Arbeit: die Bergleute wurden wieder Spitzenverdiener wie zu Beginn des Jahrhunderts.

Doch dann setzte sich die Überzeugung durch, daß die Kohle den Energiebedarf nicht mehr allein decken könne. die Barrieren gegen Ölimporte wurde aufgehoben: Der Weg in den ökonomisch-ökologischen Schlamassel war frei.

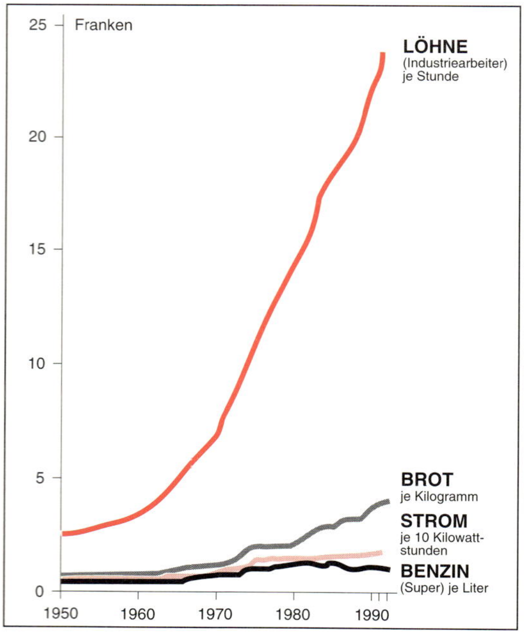

In der kriegsverschonten Schweiz verlief die Umstellung stetiger. Zwischen 1950 und 1990 vervierfachte sich der Verbrauch an fossilen Brennstoffen. Allein von 1960 bis 1964 wurde zusätzlich soviel fossile Energie benötigt wie Wirtschaft und Bevölkerung 1950 insgesamt verbraucht hatten. Der Ölschock von 1973 machte zwar die Grenzen des Wachstums deutlich, aber es änderte sich nichts. Die Probleme wurden noch immer in altbewährter Manier gelöst.

Zum Beispiel beim Autobahnbau: Die Schweizer finanzierten (und finanzieren) ihre Schnellstraßen über zweckgebundene Zuschläge auf das Benzin. Je höher der Benzinverbrauch, desto mehr Straßenbau ist damit möglich: je länger die Highways, desto mehr wird gefahren. So sei eine Umverteilung festgeschrieben worden, die nicht mehr rückgängig gemacht werden könne, meint Pfister. „Wir haben uns viele Lösungen im wahrsten Sinne des Wortes verbaut."

Pfister ist überzeugt, daß beim Wirtschaften mit realen Preisen die meisten Umweltprobleme praktisch ohne Wohlstandseinbußen hätten vermieden werden können. Energie- und ressourcensparende Techniken wären entwickelt, verbrauchsarme Autos konstruiert, die Häuser wirdungsvoll isoliert und alternative Energiesysteme konkurrenzfähig gemacht worden.

Statt dessen verfälscht die fehlende Kostenwahrheit bis heute die wichtigsten Indikatoren der nationalen Buchhaltung. die Reparaturkosten zur Linderung der Umweltschäden sind gewaltig, volkswirtschaftlich werden sie wie ein produktiver Beitrag erfaßt und zum Sozialprodukt gezählt. Langfristig aber, warnt die Züricher Ökonomin Heidi Schelbert, „läßt sich nur eine nachhaltige Wirtschaftsentwicklung durchhalten: wir müssen vom Vermögensertrag leben und nicht die Substanz verzehren."

Doch die Politiker zögern, sie verweisen auf vorhandene Forschungslücken. „Es ist eine Illusion zu glauben, warten sei gratis," warnt Heidi Schelbert. „Wir müssen heute handeln."

Für die Kurdirektionen und Bergbahnbetreiber in den schneelosen Skiorten sind solche Aufrufe nur ein schwacher Trost. In ihrer Ratlosigkeit neigen sie schon m al zu esoterischen Übungen, um sich Mut zu machen.

Matthias Kurt in Lenk empfiehlt seinen Gästen derzeit, bei Wanderungen über kuh- und schneelose, schmutzigbraune Matten „die Spiele des Lichts" zu beobachten: „Das sieht man nicht oft."

DER SPIEGEL Nr. 52/1994, S. 74 f.

M 8.24 Vergleich weltweiter Schlüsselindikatoren in der Wirtschaft- und in der Umweltepoche (1994)

Indikator	Die Wirtschaftsepoche: 1950–90	Die Umweltepoche: 1990–2030
Weltbevölkerung	Stieg von 2,5 auf 5,3 Milliarden, nahm also insgesamt um 2,8 Milliarden beziehungsweise 70 Millionen im Jahr zu und bremste so den Fortschritt.	Wird voraussichtlich von 5,3 auf 8,9 Milliarden steigen, also um 3,6 Milliarden insgesamt oder 90 Millionen im Jahr zunehmen. Dies könnte für einen Großteil der Menschheit den Fortschritt umkehren.
Getreideproduktion	Stieg von 631 Millionen Tonnen auf 1780 Millionen Tonnen beziehungswiese um 29 Millionen Tonnen im Jahr.	Mehr als ein Anstieg von 12 Millionen Tonnen im Jahr (Quote der letzten acht Jahre) ist kaum zu erwarten.
Produktion von Rind- und Hammelfleisch	Stieg um das 2,6fache, von 24 auf 62 Millionen Tonnen	Kaum Wachstum in Aussicht.
Fischfang	Stieg von 22 auf 100 Millionen Tonnen: pro Kopf von 9 auf 19 Kilogramm	Kein Wachstum zu erwarten: Pro-Kopf-Erträge fallen von 19 auf 11 Kilogramm.
Wirtschaftswachstum	Die Wirtschaft wuchs um das 4,9fache von fast 4 auf 19 Billionen Dollar, ein jährlicher Zuwachs von 4,2 Prozent. Wachstum steht im Mittelpunkt der einzelstaatlichen Wirtschaftspolitik.	Auch nur die Hälfte der Durchschnittsquote von 1950 bis 1990 zu halten, dürfte schwierig werden. Schwerpunkt wird sich von Wachstum auf Tragbarkeit und Verteilung verlagern.
Steigende Getreidenachfrage	Zwei Drittel aufgrund des Bevölkerungswachstum: ein Drittel infolge steigender Einkünfte.	Jegliche Zunahme wird fast vollständig zur Abdeckung des Bevölkerungswachstums gebracht.
Nationale Sicherheit	Weitgehend ideologischen und Militärischen Charakters: vom Kalten Krieg geprägt.	Die Sicherheit von Ernährung und Arbeitsplätzen steht im Mittelpunkt, wobei hungernde und arbeitslose Menschen häufig über Staatsgrenzen hinweg getrieben werden.

Quelle: Worldwatch Institute

nach Lester R. Brown u.a.: Worldwatch Institute Report zur Lage der Welt – 1994 – Daten für das Überleben unseres Planeten. (Fischer Tb) Frankfurt/Main 1994, S. 252.

Hinweise zur Arbeit mit Quellen

Als Grundlage für die methodische Arbeit empfiehlt es sich, eine kleine Einführung in das Fach zur Hand zu haben, z.B. Volker Sellin: Einführung in die Geschichtswissenschaft. (Vandenhoeck) Göttingen 1995.

1. Die Arbeit mit Textquellen

Das nachfolgende Schema ist eine stark vereinfachte Darstellung der Methoden, mit denen man systematisch schriftliche Quellen erschließt und interpretiert. Es werden zunächst vorbereitende Schritte (1–5) genannt, die zur eigentlichen Arbeit, der inhaltlichen Auseinandersetzung mit der Quelle, hinführen. Sie müssen nicht bei jeder Quelle in gleichem Umfang durchgeführt werden, sollten aber insgesamt verfügbar sein, damit man der Vielfalt historischer Texte gerecht werden kann.

Vorbereitende Schritte

1. *Feststellen der Quellengattung* (Urkunde, Vertrag, Rede, Brief, Tagebuch, Plakat, Bild etc.) *und Kennzeichnung ihrer Eigenart:* Aussagemöglichkeit, Grenzen und Manipulierbarkeit.
2. *Überprüfen der Quellenüberlieferung* und des Risikos von Eingriffen bei der Entstehung, Weitergabe und Publikation. In der Regel muß der Lehrer Hinweise geben, da sie nicht in der Quelle selbst enthalten sind und der Schüler sie kaum beschaffen kann. Die Quellenkritik klärt u.a. Herkunft, Authentizität und Informationswert der Quelle.
3. *Sichern des Sachverständnisses:* Die Sache durchschauen, sie einem Gegenstandsbereich zuordnen können; den Bezug zum eigenen (Hintergrund-)Wissen herstellen; reichen die Kenntnisse nicht, ist der Rückgriff auf historische Darstellungen angebracht.
4. *Erstes Lesen und Sichern des „Wort"-Verstehens: „Wort"* ist hier im weitesten Sinne gemeint; nichts darf unverstanden bleiben; der Inhalt muß vollständig geklärt werden. Mögliche Hilfsmittel: der Kontext, Lexika, Fragen an den Lehrer.
5. *Rekonstruieren des historischen Umfeldes:* Der geschichtliche Ort, die geschichtliche Zeit und der Ereigniszusammenhang, denen die Quelle angehört, müssen verdeutlicht werden.

Interpretation darstellender Texte

1. *Bestimmen des Urhebers und des Adressaten:* Angaben zur Biographie, zum sozialen Status, zur politischen Zugehörigkeit; soziale und politische Lage, Interessen, Erwartungen des Urhebers wie des Adressaten. Mögliche Fragen: Ist der Verfasser ein „Insider", ein zufälliger Zeuge oder Beteiligter, ein berufsmäßiger oder ungeübter Berichterstatter? Wieviel Erkenntnis erlauben ihm seine Bildung, seine Herkunft, sein Beruf und seine Rolle bei dem Ereignis? Kann, darf und will er zuverlässig berichten? Wie steht er zu dem Adressaten, und welche Absichten und Erwartungen setzt er bei ihm voraus? Gibt es Gründe, Tatsachen zu verfälschen oder ganz zu verschweigen?
2. *Erfassen der Aussagen und Intentionen:* Welche Absichten verfolgt der Verfasser beim Adressaten? Die verschiedenen Ebenen der Aussagen beachten: offenkundiger Inhalt und Kern der Aussagen, aber daneben offene und verdeckte Hinweise und Anspielungen.
   Mögliche Fragen: Wie argumentiert der Verfasser? Wieweit deckt er seine eigenen und anderen Interessen auf, inwieweit verschweigt er sie? Beruft er sich auf Werte und tatsächliche und vorgebliche Gesetzmäßigkeiten? Bringt er Gefühle ins Spiel? Welche Begriffe kommen im Text besonders häufig vor? Mit welchen Vorstellungen sind diese allgemein und beim Adressaten meist verbunden? Was für eine Sicht der Dinge wird offenkundig, welche wird unterschwellig gefördert?
3. *Erklären, Deuten und Diskutieren der Ergebnisse der Quellenanalyse:* Dazu gehören der Rückgriff auf eigene historische Kenntnisse und Erfahrungen, das Einordnen der Erkenntnisse, die man bei der Arbeit mit der Quelle gewonnen hat, und die Formulierung einer eigenen Stellungnahme.
   Mögliche Fragen: Ist das erzielte Ergebnis zumindest plausibel? Ist es mit bisherigen Erkenntnissen vereinbar? Wenn nicht, ist die Argumentation, die zum Ergebnis führte, nachvollziehbar? Sind die Maßstäbe, die zur Wertung herangezogen werden, dem Gegenstand angemessen? Hat die Arbeit den Erkenntnisstand erweitert?

Interpretation von Verträgen und Verfassungen

Verträge und Verfassungen beruhen sowohl auf langfristigen Ordnungsvorstellungen als auch auf konkreten historischen Ereignissen und Machtverhältnissen. Sie versuchen, dauerhafte Regelungen von Beziehungen herzustellen. Da dies konfliktträchtig ist und häufig scheitert, müssen wir beide, Ordnungsprinzipien und konkrete Bedingungen, untersuchen.

1. *Bestimmen der Vertragsparteien bzw. der politischen Teilhaber einer Verfassung:*

Bestimmung der Zahl, des sozialen Ranges und der politischen und wirtschaftlichen Mittel und Macht der Vertrags- und Verfassungspartner (eventuell auch Benennung derer, die aus der Regelung ausgeschlossen sind) und der historischen Umstände des Vertragsschlusses bzw. der Verfassungsgebung.

2. *Erfassen der Regelungen und ihrer Bedeutung:* Welche Seite hat welche Rechte und Mittel, um welche Ansprüche durchzusetzen bzw. die Gegenseite an der Durchsetzung ihrer Ansprüche zu hindern? Wie rechtfertigt sie die Regelung? Welche religiösen und moralischen Prinzipien, welche Schieds- und Gerichtsregelungen und welche Strafmittel sollen die Durchsetzung der Ansprüche sichern? Die häufig abstrakten und formalen Regelungen lassen sich meist erst durch Konkretisierung verstehen und interpretieren.
3. *Interpretation aus der Entstehung:* Welcher konkrete Konflikt, welcher Stand der Ereignisse, welche Entscheidungen und welche Verteilung von Macht und Einfluß werden in dem Dokument festgeschrieben?
4. *Interpretation durch Anwendung auf einen Konfliktfall:* Welche Rechte, Argumente und Machtmittel gibt der Vertrag bzw. die Verfassung den Konfliktparteien; wen bevorzugt die Regelung, inwieweit begünstigt sie einen Ausgleich der Interessen? – Die Ergebnisse sind in den größeren historischen Zusammenhang einzuordnen.

Interpretation literarischer Texte

Romane, Erzählungen, Dramen und Gedichte sind gewöhnlich nicht Darstellungen tatsächlicher Ereignisse; selbst wenn sie um historische Personen und Ereignisse kreisen, sind sie Fiktion, d.h. erfunden, und nicht als Faktenquellen verwendbar. Dennoch können sie von beträchtlichem historischem Aussagewert sein, wenn man sie auf das hin befragt, was genau sie darstellen.

1. *Literarische Texte können Personen, Verhaltensmuster, Werte und Konflikte darstellen, die für eine Gesellschaft und eine Zeit bedeutsam sind. Um die Bedeutung eines literarischen Werkes richtig zu verstehen, benötigen wir oft zusätzliche Informationen über den Autor, seine Zeit und seine Leser.*
   Welche Personentypen, Verhaltensmuster und Werte stellt der Autor dar? Welche Konflikte beherrschen die Personen; welche Handlungsweisen werden positiv, welche negativ gesehen?
2. *Literatur kann Gesellschaft kritisieren, indem sie sie mit historischen oder utopischen Situationen, Charakteren und Verhaltensmustern konfrontiert. Sie kann eher ungewöhnliche Verhaltensmuster hervorheben und als wünschenswert darstellen.* Wie erscheint z. B. in Richardsons Roman *Pamela* (M 6.17) das Verhalten der 15jährigen Dienerin Pamela gegenüber ihrem Herrn? Welche neuen Werte werden von Richardson propagiert?
3. *Literatur muß vom Leser her gesehen werden.* – Welche Schlüsse auf die englische Gesellschaft des 18. Jahrhunderts erlaubt der literarische Erfolg eines Werkes wie z. B. Defoes *Moll Flanders* auf die Fragen, die eine Gesellschaft bewegen? Welche neuen Verhaltensmuster ist sie bereit zu akzeptieren?

2. Die Arbeit mit historischen Bildquellen

Historische Bilder (auch Statuen, Reliefs, Münzbilder usw.) stehen literarischen Texten näher als darstellenden historischen Quellen. Sie sind anderer Natur als die meisten Fotografien; sie können ganz realistische Abbildungen von Personen und Gegenständen enthalten, stellen aber in ihrer Ganzheit meist eine komplexe Ordnung dar. Selbst realistische Details (Personen und ihre Gesten, Pflanzen, Tiere, Bauten) haben für die Zeitgenossen oft den Charakter von genau definierten Zeichen (Allegorien, Symbolen usw.) und können uns heute unverständlich sein; ihre Aussage geht über den sichtbaren Bereich hinaus. Noch in der Neuzeit erfüllten viele Bilder Aufgaben zur Veranschaulichung und Begründung religiöser, sozialer und politischer Ordnung. Für manche Aufgabenstellung genügt es, konkrete Gegenstände zu beschreiben. Für eine Interpretation aber müssen wir das „andere“, für uns Unverständliche genau beschreiben. Dann können wir ihre denkbaren Bedeutungen erörtern, wozu wir oft zusätzliche Informationen heranziehen bzw. vom Lehrer anfordern müssen.

1. *Benennen Sie zuerst Entstehungszeit, ursprünglichen Ort, Aufgabe und Gegenstand des Bildes!* Häufig ist der Auftraggeber wichtiger als der Künstler; die früheren Betrachter des Bildes können verschiedene sein und sich in unterschiedlicher Weise darin wiedererkennen.
2. *Zerlegen Sie das Bild in seine Elemente und beschreiben Sie diese, wobei Sie mit dem für Sie auffälligsten beginnen.* Man kann es auch mit einem gleichmäßigen Raster überziehen und es in der Reihenfolge der Kästchen „erzählen“.
3. *Suchen Sie aus Nachschlagewerken ergänzende Informationen über Personen, Bauten und Orte, auf die das Bild Bezug nimmt!*
4. *Beschreiben und erklären Sie die Darstellungsweise!* Manche Darstellung erscheint uns fremd, weil Personen und Bauten nicht „realistisch“, scheinbar verzerrt, vereinfacht oder vergröbert dargestellt sind oder eine Zentralperspektive fehlt, d.h. die optische Täuschung, dank derer wir ein Bild räumlich zu sehen glauben. Man

kann auch aus solchen Einzelheiten schließen, was dem Künstler und seinem Publikum wichtig und was nebensächlich schien.

5. *Ordnen Sie das Bild in einen größeren sozialen und politischen Zusammenhang ein!*

3. Die Arbeit mit wissenschaftlich-theoretischen Texten

Wissenschaftliche Texte abstrahieren und ordnen, d.h. sie fassen die ungeheure Fülle der Erscheinungen unter bestimmten Begriffen zusammen und stellen Beziehungen zwischen den Fakten her. Sie unterscheiden damit zugleich zwischen Wichtigem und Nebensächlichem und zwischen Typischem und Untypischem. Sie verringern die inneren Widersprüche der Wirklichkeit, indem sie z.B. „störende" Tatsachen zu Ausnahmen erklären. Die Begriffe entfernen sich um so mehr von der unmittelbaren Anschauung, je abstrakter sie werden; dennoch müssen sie sich mit der Anschauung wieder verbinden lassen. Wir müssen diese intellektuellen Prozesse und ihre Konsequenzen sichtbar und prüfbar machen.

Die Verallgemeinerungen über den historischen Prozeß, die sich in einer langen wissenschaftlichen Debatte herausbilden und in den Begriffen verfestigen, enthalten logische Verknüpfungen zwischen den Ereignissen. Sie ordnen nach Früher und Später, Aktion und Reaktion, Absicht und Wirklichkeit, Tat und Folge, Ursache und Wirkung.

Angesichts des unendlich komplexen historischen Geschehens ist die Theoriebildung notwendig, um einen „roten Faden" in der Geschichte diskutieren zu können. Gerade die Menge der Fakten aber macht diesen Prozeß extrem schwierig. Die Tücke des Problems besteht darin, daß wir beim Scheitern der Begriffsbildung nicht einfach nur in Verständnislosigkeit verfallen, sondern zum blinden Opfer vorurteilshafter Verständnismuster werden.

1. *Sammeln und Definieren der zentralen Begriffe des Textes und Bestimmung ihrer logischen Verknüpfungen.* Welche Begriffe werden verwendet; welche konkreten Phänomene werden darunter zusammengefaßt? Welche Behauptungen hinsichtlich Früherem und Späterem, Tatsächlichem und Vermeintlichem, Interessen und Werten, Absicht und Folgen, Ursachen und Wirkungen werden aufgestellt?
2. *Vergleich der Begriffe und Behauptungen mit den verfügbaren Kenntnissen:*
   Welche Fakten werden erfaßt, welche werden nicht berücksichtigt oder als belanglos angesehen; welche Tatsachen, Ereignisse, Entscheidungen und historischen Entwicklungen werden so erklärbar, welche bleiben unerklärt oder widersprüchlich?
3. *Überprüfung der logischen Struktur:* Werden abweichende Tatsachen einfach ignoriert, als Denkproblem akzeptiert, als Risiko für die Theoriebildung gewürdigt? Welche Implikationen von Begriffen und Assoziationen überschreiten den genau kontrollierbaren Bedeutungsbereich? Welche Einwände werden persönlich-polemisch von der Hand gewiesen oder rhetorisch abgewertet?
4. *Beurteilung und Verwendung einer theoretischen Konzeption im Vergleich mit einer anderen:* Es ist auf der schmalen Basis dessen, was ein Schulbuch an Material zur Verfügung stellen kann, sehr schwierig, eine Entscheidung zu treffen, welche der alternativen Erklärungen die größte Menge an Phänomenen mit den geringsten Anforderungen an den guten Glauben erklärt. Wir müssen es dennoch versuchen, wenn wir am Ende eines ganzen Kapitels oder des ganzen Unternehmens Ergebnisse fixieren. Dabei ist die intellektuelle Ehrlichkeit, was wir erklären können und was nicht, eine größere Leistung als eine glatte Formel.

Erläuterung wichtiger Begriffe

Absolutismus: Als Verfassungsbegriff bezeichnet er Ausbau und Zentralisierung von Herrschaft durch Vereinheitlichung, Verrechtlichung und Bürokratisierung und die Durchsetzung des Gewaltmonopols des Staates nach innen und außen. Als beschreibender Begriff in Frage gestellt, da die Annahme eines „absoluten" Herrschers mit uneingeschränkter exekutiver, legislativer und richterlicher Gewalt die fortbestehende Bedeutung von Adel und Korporationen ignoriert und den Anspruch des Herrschers bereits als gelebte Wirklichkeit ansieht.

Adel: Bevorrechtiger Stand in Agrargesellschaften, der aufgrund von Bodenbesitz und Kriegsdienst die soziale und politische Führungsschicht bildet; betont in seiner Selbsteinschätzung Abstammung aus alter, vornehmer Familie, Freiheit als Standesprivileg und kriegerische Tüchtigkeit. Ständige Neubildungen des Adels lassen neben hohem und niederem Reichsadel Dienst-, Land- und sogar Stadtadel entstehen. Im Mittelalter entstanden aus Kriegsdienst und Königsgefolgschaft ein Dienstadel, in den auch Unfreie aufsteigen konnten. Wichtigstes Kennzeichen des Adels war das Allod, das freie Eigentum, das den Aufbau von Herrschaften erlaubte. Der Hochadel baute seine Positionen zu eigenen Territorien aus (seit ca. 1200) und wurde als Stand der Reichsfürsten privilegiert. Geldwirtschaft und Preisverfall stürzten im Spätmittelalter vor allem den kleinen Adel in Krisen.

– Neuzeit: Sinkende rechtliche und politische Bedeutung des Adels im entstehenden modernen Staat, der zunehmend Aufgaben der Herrscher an bürgerliche Beamte und nichtadlige Berufssoldaten gibt. Die gesellschaftlichen Privilegien des Adels blieben weitgehend erhalten, seine Bedeutung nahm im 17. und 18. Jahrhundert erneut zu, da er bei der Besetzung wichtiger staatlicher und militärischer Funktionen wieder bevorzugt wurde.

Aufklärung: Einflußreiche geistig-intellektuelle Bewegung, die im späten 17. Jahrhundert von England und von den Niederlanden ausging und im Verlauf des 18. Jahrhunderts vor allem Frankreich und Deutschland ergriff. Ihre Ausstrahlung erreichte auch Amerika, während Ost- und Südosteuropa wenig von ihr berührt wurden. Obwohl die Aufklärungsphilosophen kein geschlossenes Lehrgebäude geschaffen haben, weist ihr Denken gewisse gemeinsame Kennzeichen auf. Sie sind, ausgehend von einem optimistischen Menschenbild, überzeugt vom Fortschritt des Menschengeschlechts im Geiste der Toleranz und Humanität, wenn es sich von Vernunft und Moral leiten läßt. Anfangs vom Adel, dann aber auch mehr und mehr vom wirtschaftlich erfolgreichen Bürgertum getragen, wurde Aufklärung zunächst in Geheimgesellschaften, wie den Freimaurern, gepflegt. Von hier aus drang sie allmählich in die Öffentlichkeit vor und verschaffte sich dort mit Hilfe der zeitgenössischen Massenmedien als sog. „Öffentliche Meinung" einen festen Platz. Als Sprachrohr der „guten" ▷ Gesellschaft übte sie nun im Namen von Vernunft und Moral öffentlich Kritik an den Repräsentanten des ▷ Staates, der Kirche und anderer Einrichtungen, sofern ihr deren Verhalten „unvernünftig" erschien.

Beamte: Siehe **Bürokratie**

Börse: Seit dem 16. Jahrhundert Ort, an dem Waren und Vermögensanteile (Aktien) nach Angebot und Nachfrage gehandelt werden; sichert eine höchstmögliche Beweglichkeit des Kapitals und ist seit der Industrialisierung zentraler Ort für Entscheidungen einer kapitalistischen Wirtschaft.

Bürger: Im Mittelalter vor allem ein rechtlicher Begriff für diejenigen Bewohner einer Stadt, die über die Bürgerrechte verfügten. Voraussetzung war eine selbständige Existenz im eigenen Haus. Bürger waren im Gegensatz zur Landbevölkerung persönlich frei, d.h. sie standen außerhalb feudaler Bindungen; sie erhielten ihre Freiheit und die ihrer Stadt durch deren Verteidigung und durch Steuerzahlung. In der Neuzeit erweiterte sich der Begriff zuerst auf die nicht-bäuerlichen Einwohner eines Landes (Kaufleute, Handwerker und Angehörige der freien Berufe), die nur dem Landesherrn untertänig waren. Sie lösten sich zunehmend von Verpflichtungen gegenüber Korporationen (Zünfte) und einzelne Städte und wurden mit zunehmender Bedeutung des nichtagrarischen Bereichs im 17./18. Jahrhundert zum neuen sozialen Leittyp. Mit dem Abbau ständischer Privilegien kam es zur Ausbildung eines rechtlich und politisch zunehmend einheitlichen Untertanenverbandes. Mit der Übernahme politischer Rechte entstand daraus zuerst in England im 17. Jahrhundert, in den USA und ab 1789 in Frankreich der Staatsbürger *(citoyen)* als Träger des Staates und als Quelle seiner Souveränität; Staatsbürger mit gleichen Rechten und Pflichten sind heute fast alle Einwohner eines Landes.

Sozial und wirtschaftlich wird der Begriff Bürger *(bourgeois)* im 19. Jahrhundert auf den nach Besitz, Bildung und Status hervorgehobenen Teil der Bevölkerung beschränkt und sowohl gegenüber Adel und Bauern, als auch gegen die neuen Unterschichten (Arbeiter) abgehoben. Zugleich findet eine innere Differenzierung nach Vermögen und Bildung statt, und es werden neue Gruppen (Angestelltenschaft) gegenüber älteren (Kaufleute, freie Berufe) unterschieden.

Bürokratie: Herausbildung institutionalisierter, verrechtlichter und in der Tendenz zentralisierter Ordnungen zur Ausübung herrschaftlicher, später auch sozialer und wirtschaftlicher Aufgaben. Träger sind Beamte, d.h. speziell ausgebildete, vertraglich bestellte und fest bezahlte Personen. Zuerst im kirchlichen Bereich (engl. *clerk* – Angestellter von lat. *clericus* – Geistlicher), dann in den Städten zu finden. Seit dem 15. Jahrhundert entstanden in den Territorien die ersten kleinen Bürokratien vor allem für Rechts- und Finanzangelegenheiten.

Demokratie (demokratisch): gesellschaftliches und politisches Ordnungsprinzip, das auf der politischen Gleichheit aller ▷ Bürger (citoyen) beruht und bei dem alle Staatsgewalt vom Volke ausgeht. Im Sinne des ▷ Liberalismus wird die Herrschaft des Volkes verfassungsmäßig geregelt und durch gewählte Vertreter im ▷ Parlament aus-geübt (**repräsentative Demokratie**); die Klassentheorie des ▷ Marxismus hat zu einem abweichenden Demokratiebegriff geführt (Herrschaft des Volkes im Sinne von Proletariat).

Familie *(familia)*: Hat vor dem 19. Jahrhundert eine vom heutigen Gebrauch abweichende Bedeutung. Vor allem im Adel ein umfangreicher Personenverband mit Bezug zu einer generationenübergreifenden *gens* (Geschlecht, Stamm) mit besonderen Rechten für das Oberhaupt. Im Mittelalter umfaßte die *familia* alle vom Grundherrn abhängigen Menschen (Hörigenverband), d.h. im wesentlichen das Hofgesinde (Knechte und Mägde), einige Handwerker und Verwalter sowie die Bauern auf einzelnen Hufen. Zuweilen bezeichnete Familie auch die Angehörigen eines adligen Hofes.

Feudalismus: abgeleitet von lat. feudum = Lehen; wegen der grundlegenden Bedeutung der ▷ Lehen für die politische Herrschaftsordnung des Mittelalters bezeichnet man sie als Lehnssystem oder Feudalismus. In einem umfassenderen Sinne – in dem auch die ▷ Grundherrschaften als wirtschaftliche Basis von Lehnsherrn und Vasallen mit einbezogen werden – bezeichnet Feudalismus dann die gesamte mittelalterliche Wirtschafts- und Gesellschaftsordnung und die von ihr geprägte Epoche vom 8. bis 18. Jh. Außerdem wird der Begriff angewandt auf alle historischen Gesellschaftsordnungen, die in vergleichbarer Weise geprägt sind von einer kriegerischen, adligen Oberschicht, von deren Verfügbarkeit über Boden und die ihn bearbeitenden Menschen (Abgaben, Dienste) und von der vorherrschend landwirtschaftlichen Produktion.

Gesellschaft: Das Wort nahm im 17. Jahrhundert die Bedeutung eines Gegenbegriffs zum absolutistischen ▷ Staat an. Wichtigen Einfluß auf das Selbstverständnis der entstehenden Gesellschaft übte der englische Philosoph Locke aus, als er die Gesellschaft als Ursprung des philosophischen oder moralischen Gesetzes bezeichnete, dessen Verbindlichkeit nicht hinter dem Gesetz des Staates zurückstehe. Tatsächlich gelang es den Vertretern der (neuen) Gesellschaft im Laufe der Zeit, die moralische Gesetzgebung in Gestalt der öffentlichen Meinung öffentlich auszuüben. Die Bewegung ist als ▷ Aufklärung in die Geschichte eingegangen.

Gesellschaftsvertrag: Die Lehre vom Gesellschaftsvertrag sucht die Entstehung des ▷ Staates und der staatlichen ▷ Herrschaft bzw. die Verteilung von Herrschaft zwischen Staatsoberhaupt und Staatsvolk zu erklären. Sie geht von der (fiktiven) Annahme aus, daß die Menschen zuerst im Naturzustand vereinzelt gelebt haben, bevor sie vertraglich übereingekommen sind, das durch gesellschaftliche Differenzierung notwendig gewordene Zusammenleben zu ordnen und einen Herrscher einzusetzen. Die bedeutendsten Theoretiker der Lehre vom Gesellschaftsvertrag waren die englischen Philosophen Hobbes und Locke sowie der Franzose Rousseau. Obwohl sie alle von ähnlichen Annahmen für den Prozeß der Vergesellschaftung der Menschen und der Staatswerdung ausgehen, unterscheiden sie sich doch grundlegend in der Auffassung darüber, wer der Träger der ▷ Souveränität im Staate ist und wo die Grenzen der Souveränität zu ziehen sind. So gilt Hobbes als der Begründer der Souveränität des absolutistischen Monarchen, während Locke und mehr noch Rousseau den (der ▷ Aufklärung nahestehenden) Standpunkt der Volkssouveränität vertreten.

Gleichgewicht der Kräfte: Politisch-diplomatische Leitvorstellung, durch deren Wirksamkeit die Vormachtstellung eines Staates zuungunsten der anderen verhindert werden sollte. Sie entstand im 15. Jahrhundert in der Welt der italienischen Stadtstaaten, und seit dem 16. Jahrhundert gehörte sie zum Bestand des politisch-diplomatischen Denkens in Europa. Sie wurde vor allen Dingen von England zunächst gegenüber der kontinentalen ▷ Hegemonie Spaniens, dann Frankreichs vertreten. England sorgte dann auch dafür, daß sie 1713 durch die Aufnahme in den englisch-französischen Friedensvertrag von Utrecht, der zwischen beiden Staaten den Spanischen Erbfolgekrieg beendete, zum erstenmal offiziell-vertragliche Anerkennung erfuhr. Von da an blieb der Grundsatz vom Gleichgewicht der Kräfte, der seit dem Ende des 18. Jahrhunderts an erster Stelle auf die Mächte der ▷ Pentarchie bezogen wurde, bis ins 20. Jahrhundert ein zentrales Element der Außenpolitik.

Grundherrschaft: Herrschaft über Grund und Boden und die darauf lebenden Menschen; basierte auf dem Obereigentum der Herren (König, Adel, Kirche) am Boden, den sie in Form des Nutzungseigentums zur Bewirtschaftung an Abhängige ausgaben, die ihnen dafür und für den herrschaftlichen Schutz Abgaben und Frondienste leisteten. Dieses über den Boden vermittelte Herrschaftsverhältnis konnte mit Leib- und Gerichtsherrschaft zusammenfallen; es prägte umfassend die Lebensverhältnisse der Bauern im ganzen Mittelalter.

Hegemonie: (griech. Führerschaft) Vormachtstellung eines Staates – entweder auf einem Gebiet, z.B. wirtschaftlich, oder mehreren Gebieten – in einer Gruppe von Staaten, die politisch miteinander verbunden sind. Bedeutende Hegemonialmächte der europäischen Neuzeit waren das Spanien Philipps II. im 16. Jahrhundert, das Frankreich Ludwigs XIV. im 17. Jahrhundert, das Frankreich der Französischen Revolution und Napoleons I. um 1800 oder die UdSSR in Osteuropa nach 1945. Das wichtigste Gegenmittel gegen die Hegemonie eines europäischen Staates war im 18. und 19. Jahrhundert die Einrichtung der nach dem Grundsatz des ▷ Gleichgewichts der Kräfte funktionierenden Konzerts der Mächte.

Herrschaft: Dauerhafte Ausübung politischer Macht einer Minderheit über eine Mehrheit (häufig, aber nicht notwendig mit deren Zustimmung); im Gegensatz zum modernen Staat mit festen, bürokratischen Institutionen, Amtsträgern und einem rationalen Verfahren wurde Herrschaft im Mittelalter überwiegend in komplizierten personalen Abhängigkeitsverhältnissen ausgeübt (vgl. Grundherrschaft).

Kapital: in einem Wirtschaftsunternehmen wie in einer Volkswirtschaft die in Geldwert ausgedrückte Summe aller geldlichen und sachlichen Vermögenswerte – Geldmittel, Gebäude, Maschinen,

Waren etc. – , die zum Zwecke der Produktion von Waren und Dienstleistungen und damit zur Erzielung von Gewinn und zur Vermehrung des Kapitals eingesetzt werden.

Kapitalismus: Wirtschafts- und Gesellschaftsordnung, die gekennzeichnet ist durch das Privateigentum an Produktionsmitteln (Kapital), Ausrichtung der Produktion an Gewinn und Kapitalvermehrung. Regelung der Produktion über einen (möglichst freien) ▷ Markt und eine konjunkturell schwankende Entwicklung der Gesamtwirtschaft (Aufschwung und Wirtschaftskrise). Gesellschaftlich ist eine kapitalistische Gesellschaft bestimmt durch den Konflikt zwischen dem kapitalbesitzenden Bürgertum und der großen Mehrheit derer, die nur ihre Arbeitskraft einsetzen können (im 19. Jahrhundert weitgehend identisch mit der Arbeiterschaft, bei Marx dem Proletariat).

Konjunkturen und Krisen: Marktwirtschaften weisen einen unregelmäßigen Gang der Entwicklung auf; die nicht miteinander koordinierten Mengen und Bedingungen von Angebot und Nachfrage führen abwechselnd zur Ausdehnung der Märkte (Hochkonjunktur) und ihrem Schrumpfen (Krise). Die wachsenden und schrumpfenden Waren- und Dienstleistungsmengen bedeuten letztlich sich verbessernde bzw. verschlechternde Lebensbedingungen der Menschen.

Landesherrschaft: Herrschaft über ein bestimmtes Gebiet (Territorium) mit oberster Gerichts-, Friedens- und Regierungsgewalt über Untertanen und Landadel. Sie entstand in Deutschland seit dem 11. Jahrhundert durch zunehmend gezielten Erwerb der verschiedensten Herrschaftsrechte (Heerbann, Hochgericht, Vogteien) und königlichen Funktionen (Regalien). Seit dem 14. Jahrhundert kann man vom Beginn eines „institutionellen Flächenstaats“ sprechen.

Liberalismus (liberal, Liberale): eines der bedeutendsten Modelle gesellschaftlicher, wirtschaftlicher und politischer Ordnung; entstanden im 18. Jahrhundert, erreichte es im 19. Jahrhundert seine größte Wirksamkeit als die Ideologie des ▷ Bürgertums und des ▷ Kapitalismus. Im Mittelpunkt des Liberalismus steht die größtmögliche Freiheit des Individuums vom Staat. Diese Freiheit beruht auf der rechtlichen und politischen Gleichheit der ▷ Bürger, der Beschränkung und Kontrolle der Regierung durch ▷ Verfassung, ▷ Parlament und unabhängige Gerichte und der Sicherung der ▷ bürgerlichen Freiheiten (Grundrechte). Entscheidend für den wirtschaftlichen Liberalismus waren das Prinzip der Chancengleichheit und die uneingeschränkte Verfügung über das Eigentum.

Manufaktur: Zentralisierte Produktionsstätte, in der marktorientiert und arbeitsteilig produziert wurde; im Vergleich zur Fabrik ist der Einsatz von spezialisierten Maschinen und von Energie noch eng begrenzt; der Einsatz größerer Wasserräder und von Dampfmaschinen markiert den Übergang zur ▷ Fabrik und zum Industriezeitalter.

Markt: ursprünglich ein Ort und ein Zeitraum, heute ein abstrakter Begriff für ein Geflecht von Angebots- und Nachfragebeziehungen für Kapital, Güter, Dienstleistungen und Arbeitskraft, in denen sich Preise und Umsatzmengen herausbilden.

Merkantilismus: Neuzeitlicher Begriff für die im Spätmittelalter beginnende Wirtschaftspolitik der Fürsten und Territorien, die durch Privilegierung von Personen und Genossenschaften, Gewerbe, Handel und Geldverkehr steigern und damit die Einnahmen des Herrschers steigern wollten. Der Vorteil wurde häufig in einem Zufluß an Edelmetallen definiert. Noch im 17./18. Jahrhundert weit verbreitet, auf die Förderung des Bevölkerungswachstums, der Kolonien und der Exportüberschüsse ausgerichtet, gilt der Merkantilismus als Attribut des Absolutismus.

Monarchie: Herrschaft eines erblichen oder auf Lebenszeit gewählten Fürsten über einen Staat. Soweit die fürstliche Macht nicht durch eine ▷ Verfassung und Repräsentanten der Untertanen beschränkt ist, spricht man von absoluter Monarchie; wenn eine Legislative (Gesetzgebung) durch ein gewähltes ▷ Parlament und unabhängige Gerichte die Respektierung der Volkssouveränität sichern, spricht man von konstitutioneller Monarchie.

Monopol: Beherrschung des Marktes für bestimmte Produkte durch einen einzigen Anbieter oder privilegierte Kaufleute einer Stadt oder eines Landes. Neben der Absprache von Preisen und Mengen (Kartell) spielt die Unterstützung durch die Staatsgewalt eine große Rolle beim Ausbau von Monopolen.

Nation: im späten 18. Jahrhundert beherrschender Begriff für die (wünschenswert scheinende) Übereinstimmung von Staaten mit ethnisch, historisch und kulturell möglichst homogenen Bevölkerungen (**Nationalstaaten**). Insofern der **Nationalismus** das monarchische Prinzip als Grundlage des Staates überflüssig machte, trug er zum politischen Aufstieg des ▷ Bürgertums bei. Die Schwierigkeit der Abgrenzungen der Nationen nach außen und gegen „Minderheiten“ nach innen ließen den Nationalismus zur Quelle zahlreicher innerer Konflikte und blutiger Kriege werden. (→ S. 100)

Naturrecht: In Antike und Mittelalter ausgebildete Theorie zur Begründung der Rechtsverhältnisse zwischen den Menschen, die aus der allen Menschen gegebenen Vernunft hervorgehen. Das Naturrecht hat einen höheren Rang als das von Menschen geschaffene „positive“ Recht. Die Juristenschule von Salamanca (Spanien) wendete das Naturrecht konsequent auch auf das Verhältnis der Christen zu den Heiden an (*jus gentium* – Heidenrecht) und schuf damit die Grundlagen eines von Religion und Weltanschauungen unabhängigen

Völkerrechts. Seit dem späten 18. Jahrhundert wurde es von Rechtsmodellen abgelöst, die wissenschaftlich besser begründbar, aber ethisch weniger verbindlich waren.

Rentenkauf: Kauf einer langfristigen jährlichen Zahlung (Rente) durch eine einmalige größere Zahlung. Er diente besonders dazu, als eine Art von Darlehen die Zahlungs- und Kreditfähigkeit vor allem der Stadtbewohner zu erweitern, zugleich aber das kirchliche Zinsverbot zu umgehen. Je nach Zweck unterschied man Stadtrenten (die Stadt verkauft eine Rente, um bei ihren Bürgern einen Kredit aufzunehmen), Hauskaufrenten (Bürger zum Zweck des Hauskaufs) und Schuldrenten (Bürger zu kaufmännischen Zwecken).

Souveränität: Die uneingeschränkte Staats- und Herrschergewalt, die von keiner höheren (außer der göttlichen) Gewalt abgeleitet ist. Sie beansprucht ein Monopol nach innen über alle innerhalb der territorialen Grenzen lebenden Einwohner und nach außen gegenüber anderen Staaten. Sie hebt historisch die Sonderrechte von Adel und Städten auf und schafft einen homogenen Untertanenverband bzw. eine einheitlich Staatsbürgerschaft; seit dem 18. Jahrhundert gelten die Bürger bzw. die Nationen als Ursprung und Träger der Souveränität („Alle Staatsgewalt geht vom Volke aus."). Sie lösten den König als Herrscher „von Gottes Gnaden" ab.

Staat: (lat. Zustand) Ein in festen Grenzen (Staatsgebiet) lebender sozialer Verband (Staatsvolk), über den durch eine zentrale Gewalt (Staatsgewalt) hoheitliche ▷ Herrschaft ausgeübt wird. Zweck der staatlichen Gewalt ist es, das Leben der Staatsbevölkerung – im weitesten Sinne – zu beschützen und zu ordnen. Nach dem eigentlichen Träger der ▷ Souveränität im Staat unterscheidet man zwischen ▷ Monarchie, Aristokratie und Demokratie. Daneben gibt es, je nachdem, worin der oberste Staatszweck gesehen wird (z.B. Sozialstaat) oder wie der Souverän seine ▷ Herrschaft ausübt (z.B. Diktatur), zahlreiche weitere Unterscheidungen. Der Begriff „Staat" war in der Antike und bis zum ausgehenden Mittelalter unbekannt. Erstmalig taucht er im 15. Jahrhundert in der italienischen Literatur auf. Die erste Ausformung von ▷ Herrschaft, die als Staat bezeichnet werden kann, erfolgte im Spätmittelalter durch den nach ▷ Ständen gegliederten Staat, den Ständestaat, der als Staatsform das 13. bis 17. Jahrhundert beherrschte. Er wurde abgelöst durch den absolutistischen Staat, der nach einem vielstufigen Prozeß, an dem ▷ Aufklärung, ▷ Revolution und Reform beteiligt waren, schließlich der Demokratie als dominierender Staatsform in Europa Platz gemacht hat.

Staatsräson: Im 16. Jahrhundert geprägter Ausdruck, dessen Praxis den absolutistischen ▷ Staat bestimmte. Leitprinzip der Staatsräson ist, daß es das oberste Gebot eines Staatsmanns sein muß, das Wohl seines ▷ Staates zu verwirklichen, und daß dieses Gebot auch Abweichungen von moralischen Forderungen erlaubt. Dadurch geriet die Staatsräson in das Schußfeld der moralischen Kritik von seiten der » Aufklärung.

Stadt: in ihrem Kern kleine, stark verdichtete Siedlung, deren Bewohner zumindest teilweise keine Bauern sind. Markt und Befestigung zeigen, daß sich in der Stadt Handelsfunktionen, teilweise auch Handwerk und Verwaltung konzentrieren. In der griechischen und römischen Antike ist die Stadt auch Wohnort der grundbesitzenden Oberschicht. Die Stadt bildet meist mit dem umliegenden Landgebiet eine sich selbst verwaltende politische Einheit (s. S. 17, ▷ Bürger, ▷ Staat). Die mittelalterliche Stadt Mitteleuropas geht an manchen Stellen auf eine Siedlungstradition, nie aber auf eine Verfassungskontinuität seit der Antike zurück. Mit ihrer Konzentration auf Handel (später auch Handwerk) grenzte sie sich scharf vom umliegenden Land ab und stand außerhalb der feudalen Rechtsordnung. Sie regierte sich weitgehend selbst und erstrebte völlige Unabhängigkeit von der landesherrlichen Macht.

Stand: Soziale Formation, die sich in einer hierarchisch gegliederten, überwiegend statischen Gesellschaft von anderen Ständen durch bestimmte Rechte und Pflichten abgrenzt. Man wird in den Stand hineingeboren und kann ihm kaum verlassen. Das Modell einer gesellschaftlichen Gliederung nach Ständen entstand im Mittelalter; seine generelle Anwendbarkeit auf andere Gesellschaften und Epochen gilt heute eher als fragwürdig. Während man im frühen Mittelalter zwischen Adel, Freien und Unfreien unterschied, veränderte sich mit der Ausdifferenzierung der Gesellschaft im Hochmittelalter diese personenrechtliche Gliederung zu einer eher berufsbezogenen, in der die Geistlichkeit (Klerus) den ersten, Adel und die meist unfreien Bauern den zweiten bzw. den dritten Stand bildeten. Seit dem späten Mittelalter gibt es noch eine feinere Differenzierung in sieben Stände mit je unterschiedlichen Graden der Ehre, dazu die „Ehrlosen" als achte, unterständische Gruppe.

Von dem sozialen Begriff ist der politische Begriff der Stände zu unterscheiden: In den spätmittelalterlichen Landesherrschaften vertraten Klerus, Adel und Bürger ihre Interessen (vor allem Steuerbewilligung) gegenüber dem Landesherrn in der Ständevertretung, die große Mehrheit der Bevölkerung, die Bauern, waren meist nicht vertreten. Auf der Ebene des Deutschen Reiches standen auf den Reichstagen dem Kaiser die Reichsstände (Kurfürsten, Fürsten, Herren, Reichsstädte) gegenüber.

Subsistenzwirtschaft: eine auf der Basis landwirtschaftlicher Produktion durch Selbstversorgung und kaum entwickelte Arbeitsteilung und Marktorientierung charakterisierte Wirtschaftsform, die in

Europa bis ins Hochmittelalter vorherrschte und dann zunehmend von der ▷ Verkehrswirtschaft abgelöst wurde.

Territorium: Siehe **Landesherrschaft**

Verfassung: politisches Grundgesetz eines Staates – sei es als Sammlung historischer Dokumente (England) oder als einheitlich verfaßtes Dokument (USA, Frankreich), das das Verhältnis zwischen Herrscher und Volk bzw. die Verteilung und Kontrolle der politischen Macht regelt.

Verkehrswirtschaft: Wirtschaftssystem, gekennzeichnet durch den Austausch von Gütern und Leistungen; diese Wirtschaftsform basiert auf Arbeitsteilung und Austausch über einen Markt mittels Geld. In der Antike bildete sich zwischen den Seestädten des Mittelmeergebiets früh ein recht hohes Niveau des Handels auf Geldbasis heraus. Im römischen Reich galt dies auch für einige küstenferne Gebiete bei gleichzeitigem Fortbestand der ▷ Subsistenzwirtschaft abseits der größeren Städte.

Sie entfaltete sich in Europa mit der Entstehung der Städte (11./12. Jh.) und erfaßte zunehmend auch die landwirtschaftliche Produktion (s. S. 168).

Verlag (Verlagssystem, Verleger): Organisation dezentraler, arbeitsteiliger handwerklicher Produktion außerhalb der Zünfte (und häufig auf dem Lande) durch Kaufleute, die Vorprodukte und Geräte „vorlegten"; im 14. Jahrhundert entstanden, Blüte im 18./19. Jahrhundert.

Völkerrecht: Die Gesamtheit der Rechtsvorstellungen und Verträge, in denen festgeschrieben wird, welche Rechte und Pflichten die Staaten in Krieg und Frieden in ihren Beziehungen zueinander zu beachten haben. Die Voraussetzung für die Entstehung des modernen Völkerrechts in Europa war, daß die mittelalterliche Vorstellung von der „universalen Christenheit" der Auffassung Platz machte, daß Europa aus souveränen Reichen bzw. Staaten bestand. Sie bahnte sich im späten Mittelalter an und kam im 16./17. Jahrhundert zur vollen Entfaltung. Auf der Grundlage des neuen ▷ Naturrechts entwickelte der spanische Gelehrte Francisco Suarez im 16. Jahrhundert seine Lehre von einem Völkerrecht, in das auch außereuropäische Völker gleichberechtigt einbezogen waren. Diese weitsichtige Anschauung begann sich allerdings erst im 19. Jahrhundert allgemeiner durchzusetzen.

Wirtschaftskrise: Siehe **Konjunktur**

Literaturverzeichnis

Die folgende Liste bietet Vorschläge für eine kleine Fachbücherei; sie enthält auch einige umfangreiche und teure Handbücher, deren Anschaffung sich langfristig lohnt. Preiswerte Taschenbücher werden nur wenige genannt, da sie meist nur zwei oder drei Jahre im Angebot sind; man wird sich hier regelmäßig neu im Angebot umsehen müssen.

Handbücher und Überblicksdarstellungen:

Wolfram Fischer u.a. (Hg.): Handbuch der europäischen Wirtschafts- und Sozialgeschichte. (Klett-Cotta) Stuttgart. 6 Bände 1986–1993.

F. W. Henning: Handbuch der Wirtschafts- und Sozialgeschichte Deutschlands. Bd. 1 (Schöningh) Paderborn 1991.

Eberhard Schmitt (Hg.): Dokumente zur Geschichte der europäischen Expansion.
Bd. 1: Die mittelalterlichen Ursprünge der europäischen Expansion. (Beck) München 1986.
Bd. 2: Die großen Entdeckungen. 1986.
Bd. 3: Der Aufbau der Kolonialreiche. Dokumente. 1984.
Bd. 4: Wirtschaft und Handel der Kolonialreiche. Dokumente. 1988.

Preiswerte wissenschaftliche Reihen sind:

J. Bleicken, L. Gall und H. Jakobs (Hg.): Oldenbourg Grundriß der Geschichte. München

Empfehlenswert trotz ihrer Begrenzung auf die deutsche Geschichte:

L. Gall u.a. (Hg.): Enzyklopädie deutscher Geschichte (Oldenbourg) München

Angesichts der kaum noch überschaubaren Fülle von Arbeiten und Materialien zu Sozialgeschichte, Mentalitäts-, Alltags-, Geschlechtergeschichte usw. empfiehlt es sich, ein paar wissenschaftlich gut gesicherte und zugleich gut lesbare Werke mit Überblick zur Hand zu haben:

Philippe Ariès, R. Chartier: Geschichte des privaten Lebens. 4 Bände (Fischer) Frankfurt 1991.
Urs Bitterli (Hg.): Die Entdeckung und Eroberung der Welt. 2 Bde. (Beck) München 1980.
–: Die ‚Wilden' und die ‚Zivilisierten'. (Beck) München 1991.
–: Europäische Mentalitätsgeschichte. (Kröner) Stuttgart 1993.

Kurt Flasch: Das philosophische Denken im Mittelalter von Augustin bis Machiavelli. (Reclam) Stuttgart 1986.

Peter Dinzelbacher (Hg.): Sachwörterbuch der Mediävistik. (Kröner) Stuttgart 1992.

Jacques Gernet: Die chinesische Welt. (Suhrkamp) Frankfurt 1979.

Joachim Heinzle (Hg.): Modernes Mittelalter. Neue Bilder einer populären Epoche. (Insel) Frankfurt u. Leipzig 1994.

Eberhard Isenmann: Die deutsche Stadt im Spätmittelalter. (Ulmer/UTB) Stuttgart 1988.

Gerhard Jaritz: Zwischen Augenblick und Ewigkeit. Einführung in die Alltagsgeschichte des Mittelalters. (Böhlau) Köln u. Wien 1989.

Manfred Kossol: 1492 – Die Welt an der Schwelle der Neuzeit. (Edition Leipzig) Leipzig 1992.

Peter Kriedte: Spätfeudalismus und Handelskapital. (Vandenhoeck) Göttingen 1980.

Cord Meckseper, Elisabeth Schrant (Hg.): Mentalität und Alltag im Spätmittelalter. (Vandenhoeck) Göttingen ^{2}1991.

Rainer A. Müller (Hg.): Deutsche Geschichte in Quellen und Darstellung. (Reclam) Stuttgart 1995 ff. (Auf 11 Bände angelegte preiswerte Quellensammlung mit Kommentar.)

Paul Münch: Lebensformen in der frühen Neuzeit. (Propyläen) Berlin 1992.

Jürgen Osterhammel (Hg.): China und die Weltgesellschaft. (Beck) München 1989.

F. Petri u.a.: Geschichte der Niederlande. (dtv/Klett-Cotta) München 1991.

Gerald Sammet: Der vermessene Planet. (Geo) Hamburg 1990.

Simon Schama: Überfluß und schöner Schein. (Kindler) München 1988.

The Times Atlas of World History. (Times Books) London 1991.

Joachim Varchmin, Joachim Radkau: Kraft, Energie und Arbeit. (rororo) Hamburg 1991.

Rudolf Vierhaus (Hg.): Frühe Neuzeit – Frühe Moderne? Forschungen zur Vielschichtigkeit von Übergangsprozessen. (Vandenhoeck) Göttingen 1992.

Dorothea Walz (Hg.): Lateinische Prosa des Mittelalters. (Reclam) Stuttgart 1995.

Auch wenn sie wissenschaftlich nicht mehr immer aktuell sind, empfiehlt sich als inspirierende Lektüre:

Fernand Braudel: Das Mittelmeer und die mediterrane Welt in der Epoche Philipps II. 3 Bde. (Suhrkamp) Frankfurt 1990.
Fernand Braudel: Sozialgeschichte des 15.–18. Jahrhunderts. (Kindler) München.
Bd. 1: Der Alltag. 1985.
Bd. 2: Der Handel. 1986.
Bd. 3: Aufbruch zur Weltwirtschaft. 1986.

Peter Burke: Venedig und Amsterdam im 17. Jahrhundert. (Steidl) Göttingen 1993.

Norbert Elias: Über den Prozeß der Zivilisation. (Suhrkamp) Frankfurt 1977.

Register

Das Register weist die wichtigsten Erwähnungen von Begriffen sowie Orts- und Personennamen nach, die für das Thema von Bedeutung sind. **Fettdruck** bezeichnet Stellen, die besonders hilfreich für das Verständnis eines Sachverhalts sind. ▷ verweist auf eine Kurzdefinition in den Erläuterungen Seite 305 ff.